EUROPA-FACHBUCHREIHE
für Berufe in der Sozialpädagogik

# Sozialpädagogik in Lernfeldern

## Grundwissen

Lehrbuch für Schülerinnen und Schüler der Berufsfachschule Sozialassistentin/
Sozialassistent, Schwerpunkt Sozialpädagogik sowie Schülerinnen und Schüler
der Berufsfachschule Sozialpädagogik

**Band 2**

2. Auflage

**Informieren – Planen – Entscheiden – Ausführen – Kontrollieren – Auswerten**

VERLAG EUROPA-LEHRMITTEL · Nourney, Vollmer GmbH & Co. KG
Düsseldorfer Straße 23 · 42781 Haan-Gruiten

**Europa-Nr.: 61459**

*Autorin:*
Alma Morgenstern

*Verlagslektorat:*
Claudia Nühs M. A.

*Illustrationen:*
Daniela Bühnen, 20144 Hamburg

Besonderer Dank gilt der Karl-Schubert-Schule Stuttgart und dem Jugendamt Stuttgart, Abteilung Hilfen zur Erziehung.

Das vorliegende Buch wurde auf Grundlage der neuen amtlichen Rechtschreibregeln erstellt.

2. Auflage 2008
Druck 5 4 3 2 1

ISBN 978-3-8085-6146-1



Umschlag: Foto: Robert Thiele, Stuttgart; Ausführung: idüll, Ulrich Dietzel, 60329 Frankfurt/Main
Satz: Punkt für Punkt GmbH · Mediendesign, 40237 Düsseldorf
Druck: Media-Print Informationstechnologie, 33100 Paderborn

# Vorwort

Der zweite Teil des Buches „Sozialpädagogik in Lernfeldern" ist ebenfalls für Schülerinnen und Schüler der Berufsfachschule Sozialassistentin bzw. Sozialassistent, Schwerpunkt Sozialpädagogik, und der Berufsfachschule Sozialpädagogik gedacht, aber auch für die Berufsfachschule Kinderpflege sowie teilweise für die Fachschule Sozialpädagogik ist es geeignet. Die Berufsbezeichnung Sozialassistentin bzw. Sozialassistent gilt hier wieder stellvertretend für die Schülerinnen anderer Berufsfachschulen, die als Vorbereitung für die Erzieherinnen- bzw. Erzieherausbildung gelten. Der Besuch der Berufsfachschulen zielt darauf ab, den Schülerinnen und Schülern grundlegende Kompetenzen für die Tätigkeit in sozialpädagogischen Arbeitsfeldern, vor allem im Kindergarten, zu vermitteln. Als Orientierung dient das Lernfeldkonzept, bei dem berufliche Handlungsfelder von Bedeutung sind. Die Lernfelder beschreiben jeweils Teilzusammenhänge, die in ihrer Zusammenschau den komplexen Erziehungs-, Bildungs- und Betreuungsauftrag der Sozialassistentin bzw. des Sozialassistenten abbilden. Hierzu gehören die Aspekte der Beziehungsgestaltung und des geplanten und zielgerichteten sozialpädagogischen Arbeitens sowie der Einsatz von Medien. Im sozialpädagogischen Alltag sind diese Aspekte nicht von eigenständigen Handlungsprozessen zu trennen, sondern bilden einen komplexen Zusammenhang. Wie das erste Buch ist auch dieses Buch curricular gestaltet, d. h., dass gleiche und ähnliche Themen mit unterschiedlichen Schwerpunkten beschrieben werden.

In dem vorliegenden Buch wird erneut betont, dass die Rolle der Sozialassistentin bzw. des Sozialassistenten vor allem durch Mitverantwortung, Mitwirkung und Unterstützung gekennzeichnet ist, daher wird in Teilbereichen des Buches nicht nur die Sozialassistentin bzw. der Sozialassistent angesprochen, sondern auch die Erzieherin bzw. der Erzieher. Eine gute Zusammenarbeit der beiden ist eine wesentliche Vorbedingung für ein positives Arbeitsklima in den Kindergärten und Jugendlichengruppen.

Ein wichtiges Anliegen dieses Buches ist es ebenfalls, die Komplexität und Mehrdimensionalität sozialpädagogischen Handelns hervorzuheben, denn der berufliche Alltag der Sozialassistentin bzw. des Sozialassistenten richtet sich nicht nur an einzelne Kinder bzw. Jugendliche, sondern an Gruppen. Durch eine regelmäßige Reflexion, für die das Buch auch wichtige Hinweise gibt, hat die Sozialassistentin bzw. der Sozialassistent die Möglichkeit, sich selbst oder in Gemeinschaft mit den anderen zu überprüfen. Die Reflexion trägt auch dazu bei, die eigene Professionalität zu erhalten.

Der unterrichtsähnliche Aufbau eines jeden Kapitels gibt den Schülerinnen und Schülern wieder die Möglichkeit, selbstständig mit dem Buch zu arbeiten. Die zahlreichen Aufgaben, angegebenen Materialien und Anregungen tragen ebenfalls zur selbstständigen Erarbeitung von Themen bei. Wichtig ist, dass die Schülerinnen und Schüler zu eigenen Erkenntnissen und Vorstellungen kommen. Die Autorin und die Lektorin des vorliegenden Buches hoffen, dass es für die Schülerinnen und Schüler sowie Lehrerinnen und Lehrer angenehm ist, mit dem Buch zu arbeiten. Anregungen, Verbesserungsvorschläge und sachliche Kritik werden gern entgegengenommen.

Im gesamten Text wurde wieder die weibliche Sprachform gewählt, da Frauen hauptsächlich in sozialpädagogischen Einrichtungen tätig sind. Selbstverständlich sind immer weibliche und männliche Schülerinnen und Schüler bzw. Teilnehmerinnen und Teilnehmer gemeint.

Winter 2008/2009

Autorin und Verlag

## Schema für die Bearbeitung einer Lernsituation

| Handlungsphasen der Lernenden/Lerngruppe: | Mögliche Methoden und Medien: |
|---|---|
| 1. **Informieren und Analysieren** der Aufgabenstellung:<br>▶ Informationen über das Thema einholen<br>▶ Aufgabenstellung überdenken und analysieren | ▶ Brainstorming<br>▶ ABC-Methode<br>▶ Kartenabfrage<br>▶ Mind-Map<br>▶ Kopfstand-Technik<br>▶ Fachbücher/Internet |
| 2. **Planen:**<br>▶ Aufstellen eines Arbeitsplanes, Erfassen der Informationsquellen, z. B. Bücher, Behörden<br>▶ Absprache über die Formen der Dokumentation und Präsentation<br>▶ Planung der Arbeitsformen | ▶ Arbeitsplan<br>▶ Thematische Landkarte<br>▶ Methode 635 (Brainwriting)<br>▶ Fachbücher, Internet |
| 3. **Entscheiden:**<br>▶ Festlegen der Arbeitsformen<br>▶ Bestimmen des Zeitrahmens<br>▶ Aufstellen der Bewertungskriterien | ▶ Zeitplan<br>▶ Entscheidungsmatrix<br>▶ Maßnahmenplan<br>▶ Muster für die Struktur einer Gliederung<br>▶ Gestaltung von Plakaten<br>▶ Erarbeiten eines Bewertungskatalogs, Selbsteinschätzungsbogens und Kriterienrasters |
| 4. **Ausführen:**<br>▶ Praktische Umsetzung der geplanten Arbeiten | ▶ Erarbeiten von Vorträgen<br>▶ Besichtigung von Einrichtungen<br>▶ Erstellen von Steckbriefen<br>▶ Rollenkarten<br>▶ Gruppenarbeit<br>▶ Bewertungsbögen |
| 5. **Präsentation:**<br>▶ Vorstellen der erzielten Ergebnisse | ▶ Vorträge<br>▶ Rollenspiel<br>▶ Wandzeitung<br>▶ Power-Point-Show |
| 6. **Kontrollieren und Bewerten:**<br>▶ Präsentation der Ergebnisse und die Vollständigkeit überprüfen<br>▶ Qualität der Ergebnisse bewerten | Einsatz des:<br>▶ Bewertungskatalogs,<br>▶ Selbsteinschätzungsbogens<br>▶ Kriterienrasters |
| 7. **Auswerten und Reflektieren:**<br>▶ Prozess und Ergebnisse im Nachhinein überdenken | ▶ Fischernetz und Teich<br>▶ Auswertungszielscheibe<br>▶ Telegramm/13-Worte-SMS. |

Jeder Handlungsschritt fordert neue Lösungswege und ist offen für vorher nicht bestimmte Wege. Vorgehensweisen entwickeln sich aus den vorherigen Schritten. Das Lernen in Lernsituationen entspricht dem Modell der vollständigen Handlung.

## Inhaltsverzeichnis Band 2
## Der Beruf der Sozialassistentin, Schwerpunkt Sozialpädagogik

## Lernfeld 7:

## Sozialpädagogische Arbeit strukturieren und organisieren

33

## Vorüberlegungen

Die Vorgehensweise in diesem Buch ist wie bei dem ersten, d. h., dass eine handlungsorientierte Vorgehensweise gewählt werden muss. Dazu ist es erforderlich, ausreichend Lernsituationen zu erarbeiten, um die Selbsttätigkeit der Schülerinnen zu fördern und entscheidend zur Fach-, Methoden- und Sozialkompetenz beizutragen. Bei der Erarbeitung der Lernsituationen sind die nachfolgenden Arbeitsschritte einzuhalten und in ein Schema einzubinden:

**Sie bestehen aus sieben Schritten:**

1. **Informieren und Analysieren:**
   Erfassen der Situation bzw. der Problemstellung, z. B. „Wir planen ein Sommerfest“.
2. **Planen:**
   Zeitrahmen festlegen, Arbeitsplan erstellen, Aufteilen der Aufgaben auf die zuständigen Fachlehrkräfte, Festlegen der Methoden, z. B. Mind-Map, Tafelanschrift.
3. **Entscheiden:**
   Festlegen der Unterrichtsinhalte nach den Vorgaben der Richtlinien. Bewertungskriterien in einem Bewertungsbogen schriftlich festhalten.
4. **Ausführen:**
   Pläne umsetzen, Informationen bearbeiten, Erkundungen durchführen, Ergebnisplakate erstellen oder einen Videofilm drehen.
5. **Präsentieren:**
   Vorstellen der erzielten Ergebnisse.
6. **Kontrollieren und Bewerten:**
   Ergebnisprotokoll oder Videofilm bewerten, evtl. Überarbeitung der Plakate oder des Filmes. Bewertungsbogen einsetzen.
7. **Auswerten und Reflektieren:**
   Vorgehensweise hinsichtlich verschiedener Kriterien auswerten und gegebenenfalls Alternativen entwickeln.

Lernfeld 5:

# Musisch-kreative Prozesse gestalten und Medien pädagogisch anwenden

Dieses Lernfeld beinhaltet die Auseinandersetzung mit musisch-kreativen Prozessen zur Entwicklung der eigenen Persönlichkeit und zur Förderung beruflicher Handlungskompetenz. Darüber hinaus gibt es die Möglichkeit, unterschiedliche Medien und Methoden in der beruflichen Praxis anzuwenden und zu bewerten. Die Vorgehensweise ist dabei folgende:

- Die eigene Sozialisation wird im Hinblick auf eigene musisch-kreative Erfahrungen überprüft und der Umgang mit Medien reflektiert.
- Das Medienverhalten und dessen Wirkung auf Kinder und Jugendliche wird analysiert und erprobt, wie dieses kreativ angewendet werden kann.
- In der Auseinandersetzung mit unterschiedlichen Methoden können vielfältige Ausdrucks- und Gestaltungsmöglichkeiten erarbeitet und an die Bedürfnisse der Kinder und Jugendlichen angepasst werden.
- Erworbenes medienpädagogisches Grundwissen kann mit der zunehmenden Methodenkompetenz angewendet und evaluiert (bewertet) werden.

***Beispiele für Lernsituationen:***

1. **Die Sozialisation hat eine große Bedeutung für den Lebensweg eines Menschen. Alle Erziehenden sollten sich dazu einen Schwerpunkt in ihrer Arbeit setzen.**
2. **Wir planen und bereiten eine Lesenacht für Vorschulkinder (Kinderliteratur) vor.**
3. **„Lukas sitzt am liebsten vor dem Fernseher oder vor seinem Computer “, erzählt Mutter Christin während eines Elternnachmittags voller Stolz. „Ich lass ihn dort sitzen, dann kann ich meine Hausarbeit in Ruhe beenden.“ Die Sozialassistentin Marita äußert dazu ihre Bedenken.**
4. **Der Kindergarten M. möchte seinen Eltern viele Tipps zum richtigen Umgang mit technischen Geräten geben. Die Sozialassistentinnen Annika und Marita haben diese Aufgabe übernommen.**
5. **Der Kindergarten S. plant einen Elternnachmittag, bei dem Gestaltungsmöglichkeiten wie Spiel und Bewegung, Musik und Rhythmus sowie Kunst und Gestalten vorgestellt werden sollen.**

# 1 Sozialisation

Das Wort **Sozialisation** kann vom Wort „sozial" abgeleitet werden. Sozial bedeutet gesellschaftlich bzw. die menschliche Gesellschaft und ihr Zusammenleben betreffend. Die gesellschaftliche Stellung, der Gemeinschaft dienend, kann im erweiterten Sinn ebenfalls unter sozial verstanden werden.

Unter Sozialisation ist der **Prozess des Hineinwachsens eines Menschen in die menschliche Gemeinschaft** zu verstehen. Es ist der Prozess der Entstehung und Entwicklung der Persönlichkeit unter dem Einfluss der sozialen und materiellen Umwelt. Zur sozialen Umwelt gehören die Familie, Freunde, Nachbarn, der Kindergarten, Schule und alle menschlichen Kontakte. Zur materiellen Umwelt gehören die Wohnung, das Wohngebiet, die Natur, das Spielzeug, die Medien usw. Die Sozialisation hat Einfluss auf:

- Persönlichkeitsmerkmale
- soziales Verhalten und Handlungsfähigkeit

Sozialisation ist ein lebenslanger Prozess. In den frühen Sozialisationsphasen werden die Grundstrukturen der Persönlichkeit wie die Sprache, das Denken und das Empfinden herausgebildet und das Fundament für soziales Verhalten gelegt.

Das elementare Erlernen von sozialen Regeln und Umgangsformen in der Kindheit wird auch als **primäre Sozialisation** bezeichnet. Die danach erfolgende Weiterentwicklung wird **sekundäre Sozialisation** genannt. Sie setzt sich in allen Altersstufen fort und bewirkt fortgesetzte Anpassungsprozesse.

## 1.1 Sozialisation und kindliche Entwicklung

Die Sozialisation des Kindes ist ein lebenswichtiger Prozess für das Kind. Es lernt dadurch, sich in die menschliche Gemeinschaft einzufügen.

Zunächst bestehen vor allem soziale Kontakte zu erwachsenen Betreuungspersonen in der Familie. Später erweitert sich der Kreis der Personen sowie das Umfeld. Mit dem Eintritt in den Kindergarten und in die Schule gewinnen Gleichaltrige an Bedeutung.

Der Jugendliche schließlich löst sich emotional von der Familie, die Beziehung bekommt eine neue Qualität. Er wendet sich verstärkt seinem Freundeskreis zu. Fragen der Berufsausbildung werden für ihn wichtig.

### 1.1.1 Bedeutung der Sozialisation

**AUFGABE**

*Beschreiben Sie die Bedeutung der Mutter für ihr Kind.*

Die Sozialisation hat einen großen Einfluss auf die gesamte Entwicklung des Kindes. Von entscheidender Bedeutung ist die sichere Bindung des Babys an feste Bezugspersonen. Das **Urvertrauen** entwickelt sich im Kind durch die verlässliche, liebende und sorgende Zuwendung der Eltern. Kinder, die dieses Urvertrauen aufgebaut haben, sind später ausgeglichener und selbstsicherer. Sie können besser mit Konflikten umgehen und sind beziehungsfähiger als Kinder mit einer unsicheren Bindung.

Das Urvertrauen ist also die Grundlage für:

- Vertrauen in sich Selbst
- Vertrauen in Andere
- Vertrauen in das Ganze, die Existenz

Abb. Schmid

Kinder mit fester Bindung entwickeln sich positiv in den unterschiedlichen **Entwicklungsbereichen**. Besonders betroffen ist davon die kognitive Entwicklung. Die Umwelt wird aktiver erforscht, was besonders ihre Denkfähigkeit fördert. Gegenüber negativen Einflüssen, wie dem Drogenkonsum, sind sie eher abgesichert als Kinder mit einer unsicheren Bindung.

Kinder, die die **Austauschregeln** Geben, Nehmen, Teilen u. a. beherrschen, sind in der Gruppe anerkannt und können damit rechnen, in schwierigen Situationen Hilfe von anderen Kindern zu bekommen.

In einer so genannten Außenseiterrolle finden sich oft Kinder, die sich unsozial verhalten, z. B. Kinder, die aggressiv oder unfähig sind, Kontakte aufzubauen. Sie behalten diese Rolle meistens auch in der Schule und als Jugendliche bei. Da sie aber den Kontakt zu Gleichaltrigen suchen, kommen sie häufig mit solchen Jugendlichen zusammen, die in der gleichen Rolle leben wie sie selbst. Die Folge kann die Häufung negativer sozialer Verhaltensweisen sein, die zu Kriminalität und Rauschgiftkonsum führen können.

## MERKSATZ

Eine positive Sozialisation trägt zu einer zufriedenen Lebenseinstellung bei.

## AUFGABEN

1. *Begründen Sie, warum die feste Bindung eine wichtige Voraussetzung für eine positive Sozialentwicklung ist.*
2. *Stellen Sie Spiele für Kinder im Kindergarten zusammen, die die Sozialentwicklung fördern.*

## 1.1.2 Sozialisationsvorgänge in den verschiedenen Altersstufen

## AUFGABE

*Nennen Sie Gründe dafür, dass der Sozialisationsprozess durch das kindliche Spiel entscheidend gefördert wird.*

**Sozialverhalten** ist nicht angeboren, sondern es muss gelernt werden. Dazu gehören das Knüpfen und Aufrechterhalten von Kontakten, eine gemeinsame Arbeit bzw. ein gemeinsames Spiel und Freundschaften genauso wie die Konfliktbewältigung. Jedes Verhalten, das den Umgang mit anderen Menschen betrifft, ist Sozialverhalten.

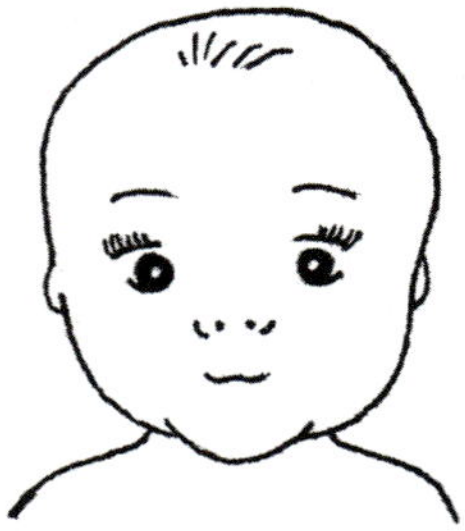

Bereits das Neugeborene ist mit Merkmalen und Fähigkeiten ausgestattet, die die erwachsenen Personen dazu bewegen, sich ihm zuzuwenden. Ein wichtiges Merkmal ist das **Kindchenschema**, das nicht nur beim Menschen sondern auch beim Tier vorhanden ist. Typisch dafür sind die hohe Stirn, große tief liegende Augen und die ausgeprägten Wangen. Bei Erwachsenen wird der Beschützerinstinkt geweckt.

Lächeln und Anschmiegen tragen ebenfalls dazu bei, beim Erwachsenen eine verstärkte Zuwendung auszulösen. Mit etwa sechs Monaten ist das Kind in der Lage, die Mutter oder eine andere Bezugsperson zu erkennen und in schwierigen Situationen ihre Nähe zu suchen.

Abb. Nühs

Als Hinweis auf eine entstandene Bindung kann das **Fremdeln** angesehen werden. Mit etwa acht Monaten tritt es auf. Kinder reagieren auf fremde Personen abwehrend, sie schauen sie ängstlich an, ihre Körperhaltung versteift sich und u. U. fangen sie an zu weinen. Das Fremdeln darf nicht mit der **Trennungsangst** verwechselt werden. Sie kann ebenfalls als Zeichen der Bindung an eine Person verstanden werden. Die Trennungsangst kann auftreten, wenn das Kind mit einer fremden Person allein gelassen wird. In dieser Situation weint es und seine Spielaktivität nimmt deutlich ab. In fast allen Kulturen kommen das Fremdeln und die Trennungsangst vor.

Das Kind sollte nicht nur zu einer, sondern zu mehreren Personen **Bindungen** aufbauen. Diese Bindungen geben dem Kind ein Gefühl der Sicherheit. Das ist besonders wichtig, wenn es anfängt beweglicher zu werden, d. h. sprechen zu lernen und aktiv die Umgebung zu erkunden. Damit beginnt ein wichtiger Entwicklungsprozess, bei dem sich das Kind zu einer eigenständigen Persönlichkeit entwickelt.

Mit der Entdeckung der **eigenen Person** (2 Jahre) versucht das Kind herauszufinden, was es alles bewirken kann und wo seine Grenzen sind. Bei Konflikten kommt es zu Wutausbrüchen: Es stampft auf, schreit und wirft sich auf den Boden. Der Begriff Trotzphase wird dem Verhalten des Kindes nicht gerecht, besser ist es, vom **Autonomiealter** zu sprechen. Der Begriff macht deutlich, dass das Kind seine Eigenständigkeit erproben möchte.

## Sozialisationsvorgänge im Kindergartenalter

Mit dem Eintritt in den Kindergarten erweitert sich das **soziale Bezugssystem**. Sozialassistentinnen, Erzieherinnen und andere Kinder werden zu wichtigen Bezugspersonen und Vorbildern. Die Kinder werden den Erwachsenen gegenüber immer kritischer, obwohl sie auf die Geborgenheit und Zuwendung der Erwachsenen angewiesen sind.

Im Alter von vier bis fünf Jahren gehen Kinder erste **freundschaftliche Bindungen** mit anderen Kindern ein. Im Umgang mit anderen Kindern lernt das Kind, sich in eine **Gemeinschaft** einzufügen und damit den sozialen Umgang und die dazu notwendigen Ordnungen. Fähigkeiten und Fertigkeiten werden leichter gelernt, wenn das Kind sieht, dass die anderen das auch können, z. B. Schuhe zubinden, Jacke anziehen oder Spielsachen wegräumen. Die Vielfalt der Angebote im Kindergarten fördern das Kind nicht nur in sozialer, sondern auch in körperlicher und geistiger Hinsicht.

In seiner Gruppe im Kindergarten lernt das Kind, seine **persönlichen Ansprüche** auf den Anteil zurückzunehmen, der ihm wie allen anderen Kindern auch zusteht. An der Art der Bewältigung von Konflikten sowie an der Entwicklung von sozialen Verhaltensweisen ist der positive Einfluss des Umgangs mit anderen Kindern im Kindergarten festzustellen. Soziale Verhaltensweisen wie Einfühlen, Miterleben, Geben und Nehmen, Erzählen und Zuhören oder das Teilen von Spielsachen und Süßigkeiten sind wichtige Voraussetzungen für dauerhafte Sozialbeziehungen und die soziale Anerkennung in der Gruppe. **Gemeinsame Spiele** fördern ebenfalls das Sozialverhalten.

## Sozialisationsvorgänge im Jugendalter

Mit der Entwicklung des sozialen Verhaltens kommt es auch häufig zu **Konflikten**, die bewältigt werden müssen. Zwei Kinder möchten mit dem gleichen Spielzeug spielen oder beim Rollenspiel die gleiche Rolle übernehmen. Die Auseinandersetzungen, die das Kind oder der Jugendliche mit einem Gleichaltrigen hat, sind nicht mit denen zu vergleichen, die sie mit einem Erwachsenen haben: Bei den Gleichaltrigen herrscht kein **Machtgefälle**. Sozialverhalten kann auf der gleichen Ebene erprobt werden. Auch der Konflikt mit dem älteren Kind ist einfacher als mit dem Erwachsenen. Das Kind muss neue Strategien entwickeln, um den Konflikt zu lösen. Untersuchungen haben ergeben, dass fünfjährige Kinder etwa 20-mal täglich mit Sozialpartnern in Konflikte geraten. Die Lösung von Konflikten trägt dazu bei, ein Selbstbild über sich selbst aufzubauen. Kritik von anderen zeigt dem Kind, was sie von ihm halten.

Im Jugendalter beginnt dann die bewusste **emotionale Ablösung** von den Eltern. Diese Zeit ist von Konflikten mit den Eltern geprägt, da der Jugendliche die Werte und Normen, die er früher einfach übernommen hat, nun in Frage stellt.

Der Jugendliche möchte mehr Freiheit, will für sich selbst entscheiden und sich nichts von den Eltern sagen lassen. Die Gleichaltrigen gewinnen an Bedeutung: Sie werden zu seinen Vertrauenspersonen, denen er sich mitteilt und mit denen er seine Probleme bespricht.

## DEFINITION

Sozialverhalten muss der Mensch in allen Alterstufen lernen. Dazu gehört nicht nur das Anknüpfen von Kontakten, sondern auch das Bewältigen von Konflikten.

## AUFGABEN

1. *Nennen Sie Merkmale, mit denen das Neugeborene ausgestattet ist, um die Aufmerksamkeit auf sich zu ziehen.*
2. *Tragen Sie Beispiele zusammen, wie die Erziehenden dem Kind bzw. Jugendlichen die Sozialisation erleichtern können.*

### 1.1.3 Sozialisation und Gewissensbildung

Die Entwicklung des Sozialverhaltens lässt sich nicht nur bei der Interaktion und Kommunikation aufzeigen, sondern trägt auch zur Übernahme von Werten bei. Das heißt, dass die Entwicklung des Sozialverhaltens Wertvorstellungen, Normen, Rollen und Einstellungen im Kind entwickelt sowie zur **Gewissensbildung** beiträgt. Die Entwicklung des Gewissens bzw. der Moral ist ein Vorgang, der nur relativ ungenau zu beschreiben ist. Die Untersuchung dieser Frage führt zu vielfältigen Forschungsproblemen, da es kaum möglich ist, eine wertfreie empirische Studie über das Gewissen bzw. die Moral zu entwickeln. Piaget stellte in seinen Untersuchungen nur drei Stufen der kindlichen Moral fest:

- Die Stufe des **einfachen moralischen Realismus**: Alles, was bestraft wird, ist verboten.
- Die Stufe der **heteronomen Moral** (heteronom: fremdbestimmt): Alles, was andere Personen für gut heißen und vormachen, ist erlaubt. Was andere nicht für gut halten, ist nicht erlaubt.
- Die Stufe der **autonomen Moral** (autonom: selbstbestimmt): Die Beurteilung des Verhaltens und Handelns erfolgt aufgrund des eigenen Gewissens.

An einem Beispiel veranschaulicht sehen die drei Stufen wie folgt aus:

- Stehlen darf man nicht, weil man bestraft wird. Würde das nicht der Fall sein, dann dürfte man es.
- Stehlen darf man nicht, weil die Eltern bzw. die Bezugsperson es verboten haben (= heteronome Moral).
- Stehlen darf man nicht, denn wenn das jeder tun würde, wäre niemand mehr seines Eigentums sicher, und niemand könnte mehr ein Vertrauen zum anderen haben.

Der amerikanische Sozialpsychologe **Lawrence Kohlberg** (1927–1987) stellt die Entwicklung der Moral etwas differenzierter dar. Seiner Meinung nach vollzieht sie sich in sechs Stufen und ist vom Alter abhängig. Kohlberg unterscheidet zwischen den Niveaustufen A, B und C:

- Die Niveaustufe A (ca. 5–12 Jahre) bezeichnet er als präkonventionell, das heißt als Vorläufer der Moral. Dieser Ebene ordnet er die meisten Kinder unter 9 Jahren zu.
- Die Niveaustufe B (ca. 12–16 Jahre) wird von ihm als konventionelle bzw. als fremdbestimmte Moral bezeichnet. Zu dieser Entwicklungsstufe zählen die meisten Jugendlichen und Erwachsenen.
- Der Niveaustufe C (ab ca. 16 Jahre) ordnet er die postkonventionellen bzw. der selbst bestimmten Moral zu, d. h. diese Entwicklungsstufe geht über das übliche Maß hinaus, daher wird sie auch nur von wenigen Menschen erreicht.
- Die Niveaustufen A, B und C werden von Kohlberg in weitere Stufen unterteilt:
- **Stufe 1** bei der Niveaustufe A ist die **heteronome Stufe**: Sie beinhaltet die Abhängigkeit des Menschen von Gesetzen bzw. vom Gehorsam gegenüber Vorschriften und Autoritäten.
- **Stufe 2** der gleichen Niveaustufe beinhaltet ein **Zweck-Mittel-Denken** und den Austausch miteinander. Ein sinnvolles Verhalten ist dann gegeben, wenn jemand den eigenen Bedürfnissen bzw. den Bedürfnissen der anderen dient und im konkreten Austausch fair mit dem anderen umgeht.

- **Stufe 3** der Niveaustufe B enthält **Erwartungen, Beziehungen und Übereinstimmungen der Menschen** miteinander. Jeder sollte eine gute Rolle spielen, sich um andere kümmern, sich zuverlässig verhalten und bereit sein, Regeln einzuhalten und den Erwartungen gerecht zu werden.
- **Stufe 4** der gleichen Niveaustufe geht auf das **soziale System und das Gewissen** ein. Es heißt auf dieser Stufe, dass es wichtig ist, seine Pflichten zu erfüllen, Gesetze zu befolgen und für das Wohlergehen der Gesellschaft Sorge zu tragen.
- **Stufe 5** der Niveaustufe C enthält Ausführungen über den **sozialen Kontakt**, über die **gesellschaftliche Nützlichkeit** und über **die individuellen Rechte**. Inhalt dieser Stufe sind die Werte und Meinungen, die in der Gesellschaft vertreten werden und auch eingehalten werden sollten. Doch darüber hinaus gibt es absolute Werte und Rechte, wie Leben und Freiheit, die jeder respektieren muss, auch unabhängig von der Meinung der Mehrheit.
- **Stufe 6** derselben Niveaustufe beschreibt **universale ethische Prinzipien**. Bei diesen Prinzipien handelt es sich um Gerechtigkeit: Alle Menschen haben gleiche Rechte und die Würde des Einzelnen ist zu achten.

Das Stufenkonzept lässt sich nicht ohne Weiteres umsetzen, wie die nachfolgenden Anmerkungen zeigen:

- Es gibt Zwischen- und Übergangsphasen.
- Beim Stufenwechsel geht es nicht um die Veränderung von Meinungen, sondern um die Transformation des Denkens.
- Jeder Mensch muss sich die Urteilsstrukturen Schritt für Schritt erarbeiten.
- Die moralische Entwicklung von Erwachsenen wie auch Jugendlichen kann auf einer niedrigen Stufe stehen bleiben.
- Die Stufenbeschreibung ist empirisch, d. h. die Aussagen wurden durch Längsschnittuntersuchungen an Versuchspersonen im Interview gewonnen.

Die Sozialentwicklung und Gewissensbildung hängen entscheidend von den Menschen ab, mit denen das Kind zu tun hat sowie von den gemachten Erfahrungen. Sie sagen und zeigen ihm, was gut oder schlecht ist.

**DEFINITION**

Die Sozialentwicklung erfolgt in Stufen und führt zur Übernahme von Wertvorstellungen, Normen, Rollen und Einstellungen und schließlich zur Gewissensbildung.

**AUFGABEN**

1. *Begründen Sie die Wichtigkeit des positiven Vorbildes der Erziehenden bei der Sozialentwicklung und Gewissensbildung des Kindes.*
2. *Wie können die genannten Fähigkeiten im Kindergarten gezielt gefördert werden?*

## 1.1.4 Störungen des Sozialverhaltens

**FALLBEISPIEL**

Marten und Jasper können nicht miteinander spielen! Das begann mit dem Eintritt der beiden in den Kindergarten. Wenn Jasper das blaue Auto zum Spielen haben wollte, hatte es Marten bereits. Oder wenn Marten schaukeln wollte, saß Jasper bereits in der Schaukel. Sozialassistentin Marion versucht jedes Mal auf die beiden beruhigend einzuwirken, aber umsonst, es gibt immer wieder Streit.

**AUFGABE**

*Geben Sie der Sozialassistentin einen Tipp, wie sie besser mit den beiden „Streithähnen" fertig wird.*

Mit dem Erwerb des Sozialverhaltens erlernen Kinder und Jugendliche Fähigkeiten, die für das Zusammenleben mit anderen Menschen notwendig sind. Zu diesen Fähigkeiten gehören:

- **Selbstkontrolle**
- **Frustrationstoleranz**
- **Kontaktfähigkeit**
- **Toleranz**

Wenn Kinder diese Fähigkeiten nicht gelernt haben, kommt es zu Störungen im sozialen Bereich. Die Störungen treten in vielfältigen Formen und mit unterschiedlicher Ausprägung auf. Zu den Störungen zählen:

- **gewalttätiges Verhalten,**
- **Kriminalität,**
- **Sucht,**
- **Überangepasstheit,**
- **übertriebene Hilfsbereitschaft.**

Auch Bettnässen, Mangel an Konzentrationsfähigkeit, chronischer Durchfall oder eine generelle Schwäche des Immunsystems können Folgen von Störungen im psycho-sozialen Bereich sein.

Die Ursachen für diese Störungen sind vielfältig:

- Dem Kind kann die **liebevolle Zuwendung durch eine Bezugsperson** in den ersten Lebensjahren gefehlt haben.
- Das Kind hatte keine Gelegenheit, vor dem Schuleintritt ausreichend mit **Gleichaltrigen zu spielen**.
- Ein **positives Vorbild der Erziehenden** kann dem Kind gefehlt haben.
- Das Kind kann falsch erzogen worden sein. Zu **strenge Erziehung** oder auch der Mangel an Regeln/Grenzen kann zu aggressivem oder überängstlichem Verhalten führen.
- Beim Kind kann eine **psychische Störung** vorliegen.

Auch eine schlechte soziale und ökonomische Situation des Elternhauses kann sich auf das Sozialverhalten des Kindes negativ auswirken, z. B. fühlen sich Kinder nicht als gleichwertig mit den anderen Kindern, wenn sie schlechter gekleidet sind als sie oder bestimmte Spielsachen nicht haben.

Ebenfalls können Schicksalsschläge, Konfliktsituationen und häufige Misserfolgserfahrungen die Entwicklung des Sozialverhaltens beeinträchtigen. In diesen Situationen müssen Kinder erst wieder mit sich selbst zurechtkommen.

## DEFINITION

Störungen des Sozialverhaltens können unterschiedliche Ursachen haben. Erziehende sollten diese durch den richtigen Umgang mit dem Kind gar nicht erst aufkommen lassen.

## AUFGABEN

1. *Wie verhalten Sie sich als Sozialassistentin,*
   - *wenn ein Kind dem anderen Kind das Spielzeug wegnimmt,*
   - *wenn ein Kind das andere Kind schlägt,*
   - *wenn ein Kind das andere Kind hinschubst usw.?*
2. *Entwickeln Sie Regeln für den Umgang mit dem Kind im Kindergarten.*

### 1.1.5 Förderung des Sozialverhaltens

## AUFGABEN

1. *Nennen Sie Erwartungen, die Sie an das Spiel Gleichaltriger stellen.*
2. *Wie können Sie das Spiel fördern?*

Eine wichtige Grundlage für die Entwicklung des Sozialverhaltens ist die liebevolle Zuwendung einer festen Bezugsperson in den ersten Lebensjahren. Kinder, die keine Eltern haben, benötigen einen entsprechenden Ersatz durch Pflegeeltern oder eine Pflegeperson. Schon vor dem Schuleintritt müssen Kinder Sozialverhalten kennen gelernt haben. Daher ist es wichtig, dass sie mit Gleichaltrigen zusammenkommen. Im Kindergarten haben sie die Möglichkeit, durch Gesellschafts- und Rollenspiele sowie beim Freispiel den Umgang miteinander zu üben.

Abb. Thiele

Hier haben sie die Möglichkeit, die nachfolgenden Fähigkeiten zu lernen:

- **Konflikte auszutragen,**
- **Hilfsbereitschaft und Fürsorge zu zeigen,**
- **auf die Bedürfnisse der anderen einzugehen,**
- **eigene Bedürfnisse zu reduzieren.**

Das Vorbild der Eltern, der Pflegeperson oder der Sozialassistentin trägt ebenfalls zur Sozialentwicklung bei. Kinder achten genau darauf, wie Erwachsene mit ihren Freunden, den Arbeitskollegen und anderen Menschen umgehen. Vorbildliches Verhalten vermittelt beim Kind Toleranz, Kompromissbereitschaft und Einfühlungsvermögen. Ohne diese Verhaltensweisen wäre ein Zusammenleben in der Gesellschaft nicht möglich.

### MERKSATZ

Mit dem Sozialverhalten erwerben Kinder bzw. Jugendliche Schlüsselqualifikationen wie **Selbstkontrolle, Kontaktfähigkeit und Toleranz**.

### AUFGABEN

1. *Nennen Sie Beispiele für positives Sozialverhalten, wie Sie es möglicherweise im Kindergarten erlebt haben.*
2. *Stellen Sie eine Liste mit Übungsmöglichkeiten für ein positives Sozialverhalten zusammen.*
3. *Geben Sie Erklärungen zu den nachfolgenden Stichpunkten ab:*
   - *Das Einfügen in die Familie, Gruppe, Klasse u. a.*
   - *Erlernen von Wert- und Normvorstellungen.*
   - *Formierung des Gewissens usw.*

## 1.2 Mediensozialisation

### FALLBEISPIEL

**Ein Tag im Leben des Tim M.**

Gerade hat der Radiowecker geläutet und die Eltern des fünfjährigen Tim aufgeweckt. Während der Vater den Wecker auf das Radio umstellt, um die Nachrichten zu hören, weckt die Mutter ihren Sohn. Sie stellt bei ihm ebenfalls das Radio an. „Es ist leichter bei Musik aufzustehen", meint sie aufmunternd. Bevor sie in die Küche geht, holt sie die Zeitung aus dem Briefkasten und überfliegt die Nachrichten. Beim Zubereiten des Frühstücks stellt sie den Fernseher an, um sich das Morgenmagazin anzusehen.

Nach dem Frühstück fährt sie Tim mit dem Auto in den Kindergarten. Unterwegs hören sich beide die CD „Hänsel und Gretel" an. Nachdem sie Tim abgeliefert hat, fahren sie und Tims Vater in die nahe gelegene Computerfirma, in der sie beide arbeiten.

Im Kindergarten unterhalten sich die Kinder über ihr neues Gameboy-Programm, von dem sie ganz angetan sind.

Während der Anleitung liest die Sozialassistentin Marion eine Geschichte aus dem neuen Kinderbuch „Lustige Geschichten für Kinder" vor. Danach fordert sie die Kinder auf, die Hauptperson zu zeichnen.

Am Nachmittag sitzt Tim vor seiner Playstation und probiert das neue Abenteuerspiel aus, das ihm sein Vater geschenkt hat.

Abends sieht er sich mit seinen Eltern das von ihnen gewählte Fernsehprogramm an. Zum Sandmännchen wird umgeschaltet und danach geht es ins Bett.

Ab und an lesen ihm seine Eltern noch eine Geschichte vor oder sie stellen den CD-Player an.

Nachts träumt Tim manchmal von den vielen Menschen und Ereignissen, mit denen er es tagsüber zu tun gehabt hat.

### AUFGABEN

1. *Unterstreichen Sie die im Text genannten Medien.*
2. *Beurteilen Sie den Medienkonsum des Jungen Tim.*

Medien gehören heute zum festen Bestandteil der Kinderwelt in Deutschland und sind damit eine wesentliche Sozialisationsbedingung heutiger Kindheit. Sie beeinflussen das soziale Verhalten ebenso wie die Geschlechterrollen, die Berufsbilder, die Einstellungen zu Minderheiten, das Bild der Sexualität oder die Handlungsmodelle für Problemlösungen.

Im Einzelnen haben die Medien folgende Funktionen:

- Sie informieren,
- sie wirken bei der Meinungsbildung mit,
- sie unterhalten,
- sie tragen zur Bildung bei,
- sie üben eine demokratische Kontrolle und Kritik aus.

Durch die Medien können Menschen, auch ohne direkten Kontakt, miteinander in Kommunikation treten und ihre Meinung austauschen.

Informationen an ein großes Publikum bringen die Massenmedien. Dazu zählen Fernsehen, Radio, CDs, Videokassetten, Zeitschriften, Bücher, Zeitungen, Software, Internet, usw.

Die digitalen Kommunikationstechnologien tragen dazu bei, dass sich die Gesellschaft in einem Umbruchprozess befindet, der sich immer mehr auf das Arbeits- und Privatleben auswirken wird. Die Welt wird zu einer **Medienwelt**, mit der alle Menschen, besonders die Kinder, zurechtkommen müssen. Wichtig ist daher, die Heranwachsenden – weit stärker als bisher – auf die „schöne bunte" Welt vorzubereiten.

## MERKSATZ

Medien sind eine wesentliche Sozialisationsbedingung heutiger Kindheit. Kinder und Erwachsene müssen lernen, richtig damit umzugehen.

## AUFGABE

*Erarbeiten Sie in Gruppen ein Mind-Map über die Medien, mit denen es die Kinder im Kindergarten zu tun haben.*

## 1.2.1 Fernsehen

### Fernsehnutzung

Im Prozess der Mediensozialisation nimmt das Leitmedium Fernsehen eine herausragende Stellung ein. Die Hälfte der Zeit, die Kinder mit Medien verbringen, ist Fernsehzeit. Wenn man sich die Fernsehnutzungsdaten von Kindern ansieht, kommt man zu folgenden Ergebnissen:

- 61 % der Kinder zwischen drei und dreizehn Jahren schalten täglich mindestens einmal den Fernseher an.
- Bereits jedes sechste Kind im Alter zwischen sechs und dreizehn Jahren besitzt ein Fernsehgerät.
- In der Altersgruppe zwischen zwölf und dreizehn hat schon jedes dritte Kind einen eigenen Fernseher.
- So verwundert es nicht, wenn jedes fünfte Kind im Alter von drei bis sechs Jahren durchschnittlich wöchentlich knappe 6 Stunden vor dem Bildschirm sitzt. Jedes zehnte Kind dieser Gruppe sieht noch wesentlich länger Fernsehen.

Medienwissenschaftliche Untersuchungen zeigen, dass Kinder Fernsehsendungen gezielt nach ihrer momentanen Interessenlage und Bedürfnisstruktur auswählen. Comicfiguren und Heldinnen und Helden aus Fernsehserien und Kinofilmen geben vielen Heranwachsenden einen Identifikations- und Orientierungsrahmen vor und dienen als Vorbilder und **Muster der eigenen Identitätsfindung.**

Beim Fernsehen begegnen Kinder neben positiven auch vielen **fragwürdigen und negativen Vorbildern,** die ihnen nicht nur Antworten auf ihre Fragen und Probleme geben, sondern sie auch in die falsche Richtung führen. Kinder müssen lernen, das Gesehene und Gehörte kritisch zu hinterfragen und richtig einzuordnen. Dieses kann nur gelingen, wenn sie in besonderem Maße über eine eigene **Medienkompetenz,** d. h. über den richtigen Umgang mit dem Medium Fernsehen, verfügen, die sie so früh wie möglich erwerben müssen. Mediennutzung und Medienwirkung sind im Spannungsfeld zwischen Chance und Risiko angesiedelt. Bestimmte Themenbereiche haben für Kinder eine besondere Brisanz:

- Der hohe Werbedruck, der auf Kinder und Eltern ausgeübt wird.
- Die Gewalt, die als legitimes und erfolgreiches Mittel bei der Lösung von Konflikten und Durchsetzung von Interessen vorgeführt wird.

### Fernsehwerbung

Die Werbeindustrie hat erkannt, dass Kinder eine lukrative und Gewinn bringende Ziel- und Käufergruppe sind. Von den ca. 12 000 bis 17 000 Werbespots, die wöchentlich über den Bildschirm flimmern, richtet sich eine Vielzahl an den Bedürfnissen und Wünschen der Kinder und Jugendlichen aus oder nutzt diese Meinungsführer innerhalb familiärer Kaufentscheidungsprozesse. Kinder üben einen besonders starken Druck aus, wenn es um den Kauf bestimmter Marken geht. Auch bei der Kleidung sind bestimmte Marken „in", während andere abgelehnt werden. Eltern beklagen insbesondere die **Konsumansprüche** ihrer Kinder und sehen sich oft nicht in der Lage, diese zu erfüllen.

### Werbemittel

Die Werbung arbeitet äußerst trickreich:

- Sie nimmt im Programm **viel Platz** ein. Der Anteil schwankt in den einzelnen Monaten. Während der Werbeanteil in den öffentlich-rechtlichen Sendern etwa ein bis zwei Prozent beträgt, schwankt er bei den privaten Sendern zwischen 7 bis 17 Prozent. Bei einem **Drittel** davon sind Kinder die Zielgruppe. In der Vorweihnachtszeit ist der prozentuale Anteil in der Regel noch höher. Auffällig ist, dass die Kinderwerbespots, die im Durchschnitt 20 bis 30 Sekunden dauern, häufig sehr schnell geschnitten sind. Die Schnittfrequenz liegt bei ein bis drei Sekunden Abstand zwischen zwei Schnitten. Sie prägen sich ein, ohne richtig ins Bewusstsein gelangt zu sein.
- Die Spots sind größtenteils als **Realfilme** gestaltet, etwa 20 Prozent enthalten **Zeichentrickelemente** und 5 Prozent sind reine **Zeichentrickfilme**.
- Bei **Lifestyle-Werbung** haben Kinder große Schwierigkeiten, sie als solche zu erkennen, da dort nicht das Produkt sondern das **Lebensgefühl im Mittelpunkt** der Werbung steht. Bei Werbeformen wie das Sponsoring ist es ähnlich, dort steht der Werbeeffekt ebenfalls nicht eindeutig im Mittelpunkt, obgleich der Firmen- und Produktname genannt wird.
- Der **Werbedruck** auf die Kinder ist sehr groß, was durch die häufigen Wiederholfrequenzen einzelner Werbespots deutlich wird. Kinderwerbung in Werbeblöcken wird bevorzugt vor Kindersendungen geschaltet.

In der Regel sehen sich die Kinder im Vorschulalter gerne Werbung an, während die älteren Kinder (11 bis 12 Jahre) lieber davon Abstand nehmen. Die **Änderung der Einstellung** mit zunehmendem Alter ist auf Lerneffekte und kognitive Entwicklungsprozesse zurückzuführen.

Kinder im Alter von vier bis sechs Jahren sind oft nicht in der Lage, Werbung und Programm zu unterscheiden, da sie keine **Kategorisierungsstrategien** haben, d. h. sie können Werbung nicht vom üblichen Programm unterscheiden. Wenn sie etwas älter sind, stellen sie intuitiv fest, was Werbung ist und was Programm und können auch **formale Merkmale** als Kriterium hinzuziehen.

Besonders leicht zu beeinflussen sind also **Kinder im Vorschulalter**, die in der Regel nicht die Absichten erkennen, die hinter der Werbung stehen.

An den nachfolgenden Bausteinen kann festgestellt werden, inwieweit Kinder Werbung von dem üblichen Programm unterscheiden können:

1. Werbung wird bzw. wird nicht als solche erkannt.
2. Werbung wird bzw. wird nicht intuitiv an bestimmten Merkmalen erkannt, z. B. an der Lautstärke der Spots gegenüber dem sonstigen Programm.
3. Werbung wird bzw. wird nicht an formalen Kriterien erkannt, z. B. Inserts, Fehlen des Senderlogos.
4. Werbung wird bzw. wird nicht daran erkannt, dass Produkte im Mittelpunkt der Handlung stehen.
5. Werbung wird bzw. wird nicht an seiner Bedeutung erkannt, z. B. am appellativen Charakter.

Kinder werden heute als Konsumenten ernst genommen. Es werden ihnen eigene Standpunkte und Urteile zugestanden.

**MERKSATZ**

Das Fernsehen konfrontiert Kinder nicht nur mit positiven Vorbildern. Kinder müssen daher lernen, das Gesehene kritisch zu hinterfragen.

## AUFGABEN

1. *Stellen Sie eine Liste von Kinder- und Jugendsendungen des Fernsehens zusammen und beurteilen Sie diese hinsichtlich der Fragen und Probleme, die Kinder und Jugendliche haben.*
2. *Warum richtet sich die Werbung zunehmend an die Zielgruppe „Kind?*

## 1.2.2 Hörfunk und Tonträger

### AUFGABE

*Berichten Sie über Ihre Erfahrungen mit Radio und anderen Audiogeräten*

Fast jeder Haushalt verfügt über ein Radio und einen CD-Player. Kinder und Jugendliche verbringen im Durchschnitt täglich eine Stunde und 20 Minuten mit dem Anhören von CDs und Kassetten sowie eine weitere Stunde mit dem Radiohören.

Das **Medium Radio** gewinnt besonders an Interesse bei älteren Kindern und Jugendlichen, die „ihre Musik" hören möchten. Mit der Wahl zu einer bestimmten Musikrichtung grenzen sie sich von den anderen ab und finden hier ihre Identität. Viele Radiosender bieten Kindersendungen an.

**Hörspiele** und Hörbücher tragen dazu bei, dass Kinder – ähnlich wie beim Fernsehen – sich und ihre Umwelt besser zu verstehen lernen. Das Fehlen visueller Reize gibt dem Kind die Möglichkeit, seine Fantasie zu entfalten. Problematisch kann allerdings die medienpädagogische Qualität dieser massenhaft vertriebenen Hörspiele sein. Sinnvoll und notwendig ist daher eine Auseinandersetzung mit der Qualität hinsichtlich des Inhaltes, der Dramaturgie, der Sprache, des Einsatzes von Musik und Geräuschen. Positiv anzumerken ist, dass diese Tonträger beliebig oft abgespielt werden können:

Die Geschichten und Lieder vermitteln dadurch ein Gefühl der Sicherheit und Orientierung und es verfestigt sich das Gehörte.

### MERKSATZ

Auditiver Medienkonsum kann zur Identitätsfindung bei Jugendlichen beitragen, während Kinder ihre Fantasie beim Hören entfalten können.

### AUFGABEN

1. *Nennen Sie Rundfunksendungen, die gut bei den Kindern ankommen.*
2. *Stellen Sie Hörspiele zusammen, die besonders gut für Kinder im Kindergarten geeignet sind.*

## 1.2.3 Computernutzung

### AUFGABE

*Schreiben Sie Stichpunkte der vielseitigen Einsatzmöglichkeiten des Computers an die Tafel.*

Der Computer hält neben den TV- und Audiogeräten immer häufiger Einzug in den Kinderzimmern. Jedes achte Kind in der Altersgruppe von sechs bis dreizehn Jahren besitzt bereits einen eigenen Computer. Und die Tendenz ist steigend! Gameboys, Playstations und anderes elektronisches Spielmaterial sind ein Beweis dafür, dass Kinder bereits im Vorschulalter mit

Abb. Morgenstern

Elektronik vertraut gemacht werden. Kindercomputer mit eigener Tastatur und spezieller Software kommen für diese Altersgruppe auf den Markt. Kinder und Jugendliche können den Computer vielfältig nutzen: Am beliebtesten sind nach wie vor die **Computerspiele**, die eingeteilt werden in:

- Autofahrer- und Pilotspiele,
- Sportspiele,
- Kriegs- und Science-Fiction-Spiele,
- Labyrinth- und Abenteuerspiele,
- Übernahme traditioneller Spiele wie Schach und Mühle,
- Lernspiele,
- kreative Spiele.

Die Heranwachsenden erkennen sehr schnell die vielseitigen Möglichkeiten, die der Computer bietet. So nutzen sie ihn zur **Textverarbeitung**, zum **Malen** oder für die **Lernprogramme**. Ältere Kinder und Jugendliche machen sogar erste Schritte im Bereich der **Softwareprogrammierung**. Kinder, die Computer nutzen, haben in der Regel mehr soziale Kontakte als gleichaltrige Computerabstinenzler. Darüber hinaus sind diese Kinder vielseitiger interessiert und lesen mehr. Meistens sind sie nicht nur am Computer interessiert, sondern nutzen auch verstärkt andere Medien.

Die Möglichkeit zur Nutzung eines Computers hängt auch mit der **Kaufkraft** der Eltern zusammen, so dass Kinder, die diese Geräte zu Hause nicht haben, benachteiligt sind. In den letzten Jahren ist es durch starke finanzielle Unterstützung der **Kultusministerien** gelungen, die Ausstattung in den Schulen wesentlich zu verbessern, so dass Kinder und Jugendliche, die keinen Computer zu Hause haben, hier die Möglichkeit bekommen, sich die entsprechenden Kenntnisse anzueignen. **Internet-Cafes** tragen ebenfalls dazu bei, sich mit dem Computer zu beschäftigen.

Kenntnisse im Umgang mit dem Medium Computer sind erforderlich, um später Chancen auf dem **Arbeitsmarkt** zu haben und in der Gesellschaft einen Status zu erwerben, der eine angemessene Lebensgestaltung ermöglicht.

### MERKSATZ

Der vielseitige Einsatz des Computers trägt dazu bei, dass er bereits von den Kindern im Kindergarten genutzt werden kann. Vor dem Einsatz sollte aber die Qualität des Programms geprüft werden.

### AUFGABEN

1. *Nennen Sie Möglichkeiten, Kinder an den Computer heranzuführen.*
2. *Berichten Sie über Ihre eigene Mediensozialisation. Welchen Einfluss hatten Medien auf Ihre Entwicklung?*

## 1.2.4 Umgang mit neuen Medien

### FALLBEISPIEL

Die Mütter Verena und Sybille treffen sich im Kaufhaus und kommen zufälligerweise auf das Fernsehverhalten ihrer Kinder zu sprechen. Mutter Verena erzählt, dass sich ihre Zwillinge Max und Mara höchstens 45 Minuten den Kinderkanal (KI.KA) ansehen. Mutter Sybille erwidert, dass es bei ihren Kindern auch nicht anders sei. Beide Kinder, fünf und sechs Jahre alt, würden nur am Nachmittag fernsehen. In einer Fachzeitschrift beim Kinderarzt habe sie gelesen, dass die Fernsehzeit bei Kindern begrenzt werden müsse. „Allerdings“, fügt sie nach einer Zeit hinzu, „am Sonnabend ist alles anders: Dann sitzen beide stundenlang mit ihrem Vater am Computer und probieren alle möglichen Kriegs- und Science-Fiction-Spiele aus. Alles Dagegenangehen hat bisher nichts genützt. Der enge Kontakt der Kinder mit ihrem Vater ist ihnen sehr wichtig.“

### AUFGABEN

1. *Beurteilen Sie die Aussagen der beiden Mütter.*
2. *Was halten Sie von den Computerspielen des Vaters?*

Nach Ansicht von Medienwissenschaftlern muss der Umgang der Kinder mit den Medien kontrolliert und die Zeit begrenzt werden. Die Schlüsselqualifikation heißt daher „Medienkompetenz“, das bedeutet der richtige Umgang mit den Medien. Kinder müssen lernen, kritisch mit dem Fernsehen und dem Computer umzugehen. Eltern und Bezugspersonen haben eine Vorbildrolle. Sie setzen Maßstäbe für den Umfang und die Qualität der Sendungen.

Vor Action-Filmen und Kriegsbildern, die beispielsweise in der Tagesschau gezeigt werden, muss gewarnt werden. Sie können bei Kindern zu Ängsten führen. Sinnvoll ist die Anlage eines **Medienkontos**, das den Konsum regelt. Filme und Zeiten werden klar geregelt. Falls ein Kinderfilm zu lange dauert, lässt er sich mit dem Videorecorder oder auf DVD in kleinere Zeiteinheiten zerschneiden. Aus der Programmzeitschrift oder aus dem Internet (www.schauhin.info oder www.flimmo.de) ist es möglich, sehenswerte Sendungen auszusuchen. Nachfolgende Fernsehsendungen und Zeiten sind für Kinder gut geeignet:

- Die Fernsehzeit von **Kindern im Alter von drei bis fünf Jahren sollte** höchstens 30 Minuten betragen. In der Zeit können sie sich z. B. die Sesamstraße oder die Sendung mit der Maus ansehen.
- Die Fernsehdauer von **Kindern im Alter von sechs bis neun Jahren** sollte nicht länger als eine Stunde dauern. In dieser Zeit können sie sich z. B. folgende Sendungen ansehen: Löwenzahn, Logo, oder Tigerentenclub.
- **Kinder im Alter von zehn bis dreizehn Jahren** sollten maximal 90 Minuten fernsehen. Als Sendung bietet sich z. B. an: Abenteuer Leben, oder Wissen macht Ah!
- Ab **14 Jahren** sollten **Kinder** ihre Fernsehnutzung – in Absprache mit den Eltern – selbst bestimmen.

Besonders beeindruckende Medieninhalte können durch Nachspielen verarbeitet werden.

Kinder können ihre Gefühle über eine Sendung nicht immer in Worten ausdrücken, daher neigen sie dazu, Freude, Bewunderung oder Angst in einem Spiel zum Ausdruck zu bringen. Hier haben sie die Möglichkeit, die Erlebnisse nachzuvollziehen und zu überprüfen. Dabei liefern die Inhalte die Ideen. Das Nachspielen kann als **Bewältigungsstrategie** bezeichnet werden. Es trägt dazu bei:

- Spannungen zu entladen,
- Angst zu vermindern,
- Aggressionen zu bewältigen,
- Handlungsmöglichkeiten und Verhaltensalternativen zu erproben.

Es gibt viele Möglichkeiten, dem kindlichen Medienerleben so zu begegnen, dass ein Höchstmaß an Nutzen entsteht.

## MERKSATZ

Aufgabe der Erziehung wird es sein, den Kindern und Jugendlichen eine **kommunikative Kompetenz** zu vermitteln, um mit der Medienvielfalt zurechtzukommen.

## AUFGABEN

1. *Versuchen Sie, rechtliche Grundlagen für die Ächtung von Gewalt in den Medien über das Internet bzw. über Ihre Politikbücher herauszufinden.*
2. *Es gibt Eltern, die den Fernseh- und Computerkonsum ihrer Kinder streng reglementieren. Wie ist Ihre Meinung dazu?*
3. *Nennen Sie Beispiele für gute Sendungen, die den Kindern „etwas bringen".*
4. *Entwickeln Sie einen Selbstbeobachtungsbogen über Ihren Medienkonsum und setzen Sie diesen ein.*

## 1.3 Spiel- und Bewegungserfahrung

## FALLBEISPIEL

**Kinder brauchen Bewegung**

Die meisten Kinder bewegen sich zu wenig. Die Folge sind Muskel- und Haltungsschwächen, Wahrnehmungs- und Koordinationsstörungen sowie Übergewicht. Früher hatten die Kinder genug Spiel- und Bewegungsfreiräume. Diese fehlen heute. Dafür sitzen Kinder fast bewegungslos vor Computern und Fernsehgeräten. Seilspringen, Hula-Hoop und Hüpfball sind Sportarten, die die Koordination, die Motorik und den Gleichgewichtssinn trainieren.

Abb. MEV

## AUFGABEN

1. *Beurteilen Sie den vorliegenden Text.*
2. *Können Sie die dort gemachten Aussagen bestätigen?*
3. *Halten Sie stichpunktartig die Folgeschäden fest, die auftreten können, wenn sich Kinder nicht genug bewegen.*

Spiel und Bewegung sind wesentliche Elemente kindlicher Entwicklung, denn Kinder lernen durch Bewegung sich und ihren Körper kennen. Fühlen und Denken, Wahrnehmen und Sichbewegen sind untrennbar miteinander verbunden. Eine vielseitige und differenzierte Entfaltung der Motorik stellt eine wichtige Vorbedingung für die Entwicklung der kindlichen Persönlichkeit dar. Bewegung bietet nicht nur die Möglichkeit, Erfahrungen über sich selbst zu machen, sondern man kann zusätzlich Selbstsicherheit und Selbstvertrauen gewinnen. Kinder werden auch eher in der Gemeinschaft akzeptiert, wenn sie sich mit anderen zusammen bewegen.

Durch Bewegungsmangel bei Kindern sind die nachfolgend genannten negativen Folgeerscheinungen aufgetreten:

- 50–60 % der Schulkinder weisen Haltungsschäden auf,
- 30–40 % haben Koordinationsschwächen,
- über 30 % sind übergewichtig und
- 20–25 % leiden bereits an Herz- und Kreislaufschwächen.

Dem Spiel und der Bewegung muss daher in Zukunft mehr Aufmerksamkeit geschenkt werden, als es bisher geschehen ist.

## MERKSATZ

Spiel und Bewegung tragen entscheidend dazu bei, dass Kinder ihren Körper kennen lernen. Darüber hinaus fördern Spiel und Bewegung die Denkentwicklung.

## AUFGABE

*Bilden Sie Gruppen und tragen Sie Spiele zusammen, die die körperliche Entwicklung und Denkentwicklung fördern.*

## 1.3.1 Entwicklung des Kindes

## AUFGABE

*Welche Fähigkeiten erwirbt ein Kind, wenn es lernt, eine Treppe hochzusteigen?*

Das Kind erschließt sich seine Welt über die Wahrnehmung und Bewegung. Neben den fünf Sinnen (Auge, Ohr, Nase, Mund und Haut) steht ihm noch der Gleichgewichtssinn (das vestibuläre System) zur Verfügung. Er hat Bedeutung, wenn sich der Mensch bewegt oder bewegt wird. Das kleine Kind fühlt sich wohl, wenn es sich aufrichten und mit dem Laufen beginnen kann. Später freut es sich über das Klettern, Fahrrad- oder Skateboardfahren.

Wahrnehmung und Bewegung sind das **Tor zur Welt** und damit die Voraussetzung für die geistige Entwicklung. Die ersten Spiele des Säuglings sind Übungsspiele, die er im Zusammenhang mit der Bewegung und Wahrnehmung ausübt. Er schaut und folgt den Gegenständen

Abb. Bader

mit seinen Augen, er tastet und greift, er hört Geräusche – auch seine eigene Stimme – und spielt damit. Später, wenn er krabbelt, sich aufrichtet, zu stehen beginnt, übt er seinen Gleichgewichtssinn.

Mit **wachsender Mobilität wird der Wahrnehmungsradius** erweitert. Eltern fühlen sich von der unstillbaren Neugierde des kleinen Kindes, sich und die Welt wahrzunehmen, manchmal überfordert. Das Kind ergreift, was in erreichbarer Nähe ist, steckt alles in den Mund, um mit den Lippen zu tasten und mit der Zunge zu schmecken. Es klettert, bleibt beim Spazierengehen nicht auf dem Bürgersteig, geschweige denn an der Hand, um alle möglichen Mauern und Stufen zu ersteigen. Kinder müssen gebremst werden, wenn sie sich in Gefahr begeben, aber oft werden sie unnötig gebremst.

Das **Erforschen der Welt** außerhalb der Wohnung ist für Kleinkinder nur in Begleitung Erwachsenen möglich. Kinder möchten aber die meisten Dinge gern selbst erforschen und erkunden. Was eine Gefahr für das Kind darstellt, wird ihm verboten. So rückt das Sehen und Hören in den Mittelpunkt. **Sehen und Hören sind Fernsinne, denn die Wahrnehmung ist auch aus der Ferne möglich**, ohne dass die Dinge berührt und begangen werden müssen. Die Fernsinne holen dem Menschen die Welt nahe heran. Die Technik hat diese Entwicklung verfeinert, z. B. durch das Fernsehen.

Die Nahsinne, wie das Schmecken und Ertasten, sind eine wesentliche Voraussetzung für das Denken. **Kinder begreifen viele Dinge erst, wenn sie sie erfühlt haben.**

## Entwicklung und Bewegung

Kinder können vieles erst unternehmen, wenn die entsprechenden körperlichen Voraussetzungen dafür vorhanden sind. Die Entwicklung vollzieht sich bei jedem Kind anders, daher sind die Angaben in der folgenden Tabelle als Durchschnittswerte zu verstehen:

| | |
|---|---|
| **1. Lebensjahr:** | Das Kind lernt den Kopf im Liegen zu heben, Sitzen und Krabbeln |
| **2. Lebensjahr:** | Das Kind steht und macht die ersten Gehversuche. Ab dem 18. Monat kann es die Treppe hochgehen und sich festhalten. Es kann Türen öffnen, auf Stühle klettern, freistehend leichte Gegenstände aufheben und gegen Ende des 2. Jahres hopsen und einen Ball wegstoßen. |
| **3. Lebensjahr:** | Das Kind kritzelt mit dem Bleistift und kann diesen sogar mit drei Fingern festhalten. Süßigkeiten kann es auswickeln, aus der Tasse trinken und mit dem Löffel essen. |
| **4. Lebensjahr:** | Das Kind kann den Mantel und das Kleid ausziehen, wenn die Knöpfe geöffnet sind. Es kann Situationen erkennen, in denen es fallen, sich verbrennen oder schneiden könnte, und meidet diese daher. Viele Kinder in dieser Altersstufe können mit der Schere umgehen. |
| **5. Lebensjahr:** | Das Kind wäscht sich ohne Hilfe die Hände. Die Treppe kann es allein hoch- und heruntergehen; es kann die Jacke auf- und zuknöpfen, wenn es nicht zu schwer geht. Zu den Nachbarn kann es allein gehen. Einfache Dinge kann es mit dem Blei- oder Farbstift zeichnen. |
| **6. Lebensjahr:** | Einfache Wörter kann es nachmalen. Gegen Ende des Jahres ist es in der Lage, seinen Namen mit großen Druckbuchstaben zu schreiben. Es kann Dreirad und Roller fahren und mit einfachen Werkzeugen im Haushalt hantieren.<br>Im Bereich der Grobmotorik kann es sehr viel Geschicklichkeit entwickeln, z. B. im Spiel mit den Freunden, beim Laufen, Klettern, Werfen oder Hüpfen.<br>Diese motorischen Fähigkeiten werden beim Spielen unbewusst eingeübt und fördern die Konzentrationsfähigkeit. |

### MERKSATZ

Wahrnehmung und Bewegung erweitern den Horizont des Kindes, wenn entsprechende Räumlichkeiten und Anreize von außen vorhanden sind.

### AUFGABE

*Nennen Sie Beispiele dafür, wie Sie die Entwicklung des Kindes in den einzelnen Lebensjahren fördern können.*

## 1.3.2 Wahrnehmung des Kindes

### AUFGABE

*Nennen Sie Erfahrungen, die Kinder durch den Spaziergang im Regen machen.*

Für die drei- bis sechsjährigen Kinder ist die sinnliche Erfahrung der Welt nach wie vor wichtig. Daher muss darauf geachtet werden, dass nicht nur über die Dinge gesprochen, oder die Geschehnisse gezeigt werden, sondern dass die Kinder vor allem **tasten** und mit ihrem ganzen Körper **wahrnehmen**. So sollte nicht nur über den Regen gesprochen werden, sondern die Kinder müssen den Regen spüren,

- indem sie durch den Regen laufen,
- indem sie ihn auf ihrer Haut spüren,
- indem sie ihn mit der Zunge schmecken,
- indem sie in eine Wasserpfütze springen.

Das Gleiche trifft auch für den Wald zu: Sie müssen ihn mit **allen ihren Sinnen** erfahren, sie müssen

- im Wald gewandert sein,
- ihn gerochen haben,
- Tiere im Wald beobachtet haben,
- Erde, Laub und Bäume angefasst haben,
- ihn bei unterschiedlichem Wetter kennengelernt haben.

Es reicht nicht aus, dass die Kinder den Wald nur auf einer Abbildung sehen oder den Regen nur vom Fenster aus erfahren haben. Elternarbeit, z. B. mit den Kindern in den Wald gehen, ist hier besonders wichtig, aber auch die konkrete Erfahrung mit der Kindergruppe in einer sozialpädagogischen Einrichtung.

Mit Kindern im Kindergarten ist es zwar schon möglich, über vieles zu sprechen, Geschichten zu erzählen, Bilderbücher zu betrachten, mit Handpuppen vorzuspielen, dennoch ist die direkte **sinnliche Erfahrung** der Kern des kindlichen Lebens und Lernens.

### MERKSATZ

Drei- bis sechsjährige Kinder begreifen viele Dinge erst durch die direkte sinnliche Erfahrung. Sie bedeutet den Kern des kindlichen Lebens und Lernens.

### AUFGABEN

1. *Nennen Sie weitere Beispiele für die direkte sinnliche Förderung der Wahrnehmung.*
2. *Probieren Sie die nachfolgenden Wahrnehmungsspiele aus und werten Sie Ihre Erfahrungen aus:*
   *Legen Sie sich mit einer Gruppe von zwölf Personen dicht nebeneinander auf dem Boden. Ein Gruppenmitglied legt sich quer über die liegende Gruppe. Die Gruppenmitglieder beginnen zu rollen und rollen die „Jungfrau" mit.*
   *Wenn möglich, sollten alle Gruppenmitglieder diese Bewegungsform erproben.*
   **Die „steife Puppe"**
   *Eine Gruppe von bis zu zwölf Teilnehmern steht dicht im Kreis und sorgt für einen festen Stand. Ein Gruppenmitglied steht in der Mitte und lässt sich steif wie eine unbewegliche Puppe fallen, während die Füße im Kreismittelpunkt auf dem Boden bleiben. Die steife Puppe wird von den Gruppenmitgliedern aufgefangen und weitergegeben.*
   *Nicht alle Menschen haben das ausreichende Vertrauen, sich fallen zu lassen, daher sollten nur diejenigen, die die Rolle der Puppe übernehmen möchten, sie auch übernehmen.*

Abb. MEV

## 1.3.3 Übungs- und Funktionsspiele

Die ersten Spiele des Kindes sind **Übungsspiele** (nach Jean Piaget) oder **Funktionsspiele** (Charlotte Bühler). Das Kind übt seine zunehmenden Fähigkeiten (Funktionen) durch einfache Handlungsschemata. Die Handlungsabläufe werden im Laufe der Entwicklung vielfältiger und komplizierter. Während der Säugling Freude am Funktionieren seiner Stimme hat, am Schauen und Hören, am Ausprobieren seines Tastsinnes oder an einfachen Bewegungen mit seinen Gliedmaßen, sind für das ältere Kind Laufen, Balancieren, Springen, Werfen, Fahrrad fahren oder Stelzen laufen wichtig.

Auch im Erwachsenenalter verschwindet das Übungs- und Funktionsspiel nicht ganz und zeigt sich im spielerischen Ausprobieren von Bewegungen und Wahrnehmungen, z. B. ist auf dem Jahrmarkt beim Fahren mit den unterschiedlichen Karussells oder beim Schießen Gelegenheit dazu gegeben.

### DEFINITION

Übungs- und Funktionsspiele tragen dazu bei, dass das Kind (und auch der Erwachsene) seine Motorik und Sinne erprobt.

### AUFGABE

*Nennen Sie Beispiele dafür, wie Sie die Bewegungen und Wahrnehmungen des Säuglings und Kleinkindes fördern können.*

## 1.3.4 Körpererfahrungs- und Bewegungsspiele

### AUFGABE

*Welche Vorteile hat das Krabbeln gegenüber dem Liegen für die körperliche und geistige Entwicklung des Kindes?*

Bei den Körpererfahrungs- und Bewegungsspielen stehen das **Erfassen** des **eigenen Körpers** mit seinen unterschiedlichen Fähigkeiten sowie das **Umgehen mit dem Körper** im Mittelpunkt. Der Säugling spielt zuerst mit seinem **Körper**, bevor er Gegenstände aus der Umwelt zum Spiel benutzt. Es macht ihm Freude, wenn er lallt, lustvoll strampelt und feststellt, dass er seine Hände gezielt bewegen und nach etwas greifen kann.

Das Kleinkind entdeckt seine wachsenden Fähigkeiten beim Krabbeln, Springen, Balancieren oder beim Werfen mit Gegenständen. Bei den Bewegungsspielen geht es nicht nur um die reine Bewegung, sondern das Kind möchte etwas **Neues** entdecken. Es kullert sich einen Hang hinunter, springt die letzten Stufen von einer Treppe oder klettert auf einen Baum. Bei diesen Spielen versucht das Kind, seine Grenzen festzustellen und beendet sein Spiel erst, wenn es sie erreicht hat. Bewegungsspiele sind voller Spannung und vermitteln häufig abenteuerliche Gefühle.

Abb. Nühs

**Bewegungsspiele** dürfen nicht mit **Sport** gleichgestellt werden, sondern im Mittelpunkt steht die Lust, während es beim Sport um die Körperertüchtigung geht. Sicherlich gibt es auch Übergänge, bei denen beides berücksichtigt wird.

Kinder bewegen sich in heutiger Zeit nicht genug. Das liegt an einem **Mangel an Spielplätzen** aber auch an den Fernseh- oder Computerprogrammen, die Kinder davon abhalten, sich zu bewegen. Wenn zum Bewegungsmangel noch Übergewicht hinzukommt, können diese Kinder körperlich träge werden und entwickeln nicht die physische Tüchtigkeit und Widerstandsfähigkeit, die ihrem Alter entspricht. Auf die Bedeutung von gesunder Ernährung wurde bereits im Kapitel 13 im ersten Buch hingewiesen.

Mangelnde Bewegung führt nicht nur zur Trägheit, sondern kann auch das Gegenteil bewirken: nämlich Unruhe und Rastlosigkeit.

Bei schwierigen und quirligen Kindern sollte immer zunächst geprüft werden, wie die **Bewegungsmöglichkeiten** der Kinder in der Familie und in den sozialpädagogischen Einrichtungen beschaffen sind. Wenn diese nicht ausreichend sind, sollte überlegt werden, ob und wie sie erweitert werden können. Kinder denken sich in der Regel viele Spiele aus, wenn sie genug Platz haben. Anregungen durch die Sozialassistentin sowie das entsprechende Spielmaterial tragen ebenfalls dazu bei, dass Kinder Ideen entwickeln.

Bei der Planung der Tagesgestaltung in sozialpädagogischen Einrichtungen ist es wichtig, **Bewegungsmöglichkeiten** mit einzuplanen. Sie sollten nicht nur den einzelnen Tagesabschnitten, z. B. dem freien Spiel oder der wöchentlichen Turnstunde zugeordnet werden, sondern Kinder sollten immer die Möglichkeit haben, sich zu bewegen.

Allerdings brauchen Kinder auch **Ruhe** und **Besinnung**. Sinnvoll ist daher die Einteilung des Spielraumes im Kindergarten in eine ruhige Ecke und in eine Ecke, in der bewegungsreiche Spiele stattfinden können. Der Flur, der Turnraum oder der Platz im Freien bieten sich ebenfalls zum Toben an. Voraussetzung für bewegungsreiche Spiele ist auch eine flexible Tagesgestaltung.

## MERKSATZ

Vielfältige Bewegungsmöglichkeiten, ein Ausgleich zwischen Bewegung und Ruhe sowie eine ausgewogene Ernährung sind wichtige Faktoren für die gesunde Entwicklung eines Kindes.

## AUFGABE

1. *Bringen Sie verschiedene Geh- und Fahrspielzeuge mit wie Stelzen, Dosenstelzen (Dosen, die an langen Schnüren unter den Schuhsohlen festgehalten werden), Pedalos, Skateboards, Inlineskates, Rollschuhe u. a. Probieren Sie diese mit Ihrer Klasse aus und berichten über Ihre Erfahrungen.*
2. *Versuchen Sie die genannten Geh- und Fahrspielzeuge den unterschiedlichen Altersstufen der Kinder zuzuordnen.*

### 1.3.5 Selbsterfahrung beim Ausprobieren von Konstruktionsspielen

Fantasiebegabte Kinder können ihre Ideen bei den Konstruktionsspielen voll und ganz ausleben.

Abb. Nühs

## AUFGABE

*Bringen Sie Bausteine, Knete, industrielles Wegwerfmaterial, Naturmaterial, Papier, Farben und anderes mit.*

*Bilden Sie Zweiergruppen und beginnen Sie damit, etwas aus dem Material zusammenzubauen. Während der eine das Werk erstellt, schaut der andere zu und gibt Ratschläge. Danach werden die Rollen ohne Aussprache getauscht. Anschließend tauschen beide ihre Erfahrungen in beiden Rollen aus.*

*In der Klasse werden die Erfahrungen gesammelt, verglichen und Übertragungen auf die pädagogische Arbeit mit den Kindern und Jugendlichen erörtert.*

Konstruktionsspiele unterscheiden sich von anderen Spielen dadurch, dass bei ihnen etwas hergestellt wird, z. B. eine Figur aus Knete. Das Material ist meistens wieder verwendbar. Beim Malen, Werken und Formen wird es dagegen verbraucht.

### Zwei Phasen des Konstruktionsspiels

Beim Konstruktionsspiel werden zwei Phasen unterschieden:

1. Übungs- oder Erprobungsphase,
2. Konstruktions- oder Gestaltungsphase:

**Zu Übungs- oder Erprobungsphase:**

Das Erste, was ein Kind bauen kann, ist ein einfacher Turm. Das Kind legt die Bausteine aufeinander und probiert, ob das Ganze hält. Es macht sich Gedanken darüber, wie es den Turm noch höher bauen kann. Das Gleiche passiert mit dem Material, aus dem es etwas konstruieren möchte. Es nimmt das Material in die Hand und probiert die Funktionen aus. Bevor es aus Sand etwas baut, werden die Eigenschaften des Sandes gründlich erforscht. Das Kind schaufelt den Sand hin und her, füllt ihn in einen Eimer oder siebt ihn durch ein Sieb. Danach kann die „Arbeit" mit dem Sand beginnen.

Diese Phase ist **prozessorientiert**. Das Ergebnis ist unwichtig. Das Kind hat Spaß am Erkunden und Ausprobieren und erlernt dabei die Technik.

**Zu Konstruktions- oder Gestaltungsphase:**

Nach Abschluss der Übungsphase fängt das Kind an, etwas zu gestalten. Es hat eine Vorstellung, die es verwirklichen möchte. Das Spiel ist nun **ergebnisorientiert**. So stellt es sich vor, ein Haus zu malen, ein Schiff zu bauen oder ein Fernrohr zu basteln. Diese Dinge sind nicht real, sondern symbolisieren die Realität. Jean Piaget hat das Konstruktionsspiel deshalb auch Symbolspiel genannt.

Konstruktionsspiele sind eine eigene Spielform, die eine besondere methodische Vorgehensweise verlangt, da sie auf ein Ergebnis orientiert sind.

Für die Umsetzung der Vorstellung sind **Konzentration** und **Handgeschicklichkeit** erforderlich. Das Kind benötigt Zeit und häufig auch Zurückgezogenheit. Jetzt möchte es nicht angesprochen werden.

Die Sozialassistentin muss sich zurückhalten und darf das Kind in seinem Spiel nicht stören und voreilig nach dem Ergebnis fragen. Manchmal „arbeiten" auch zwei Kinder an einem gemeinsamen Werk und regen sich gegenseitig an. Auch in diesem Fall ist ein beratender Außenstehender nicht gefragt.

Die Sozialassistentin muss der Kreativität dann **Grenzen** setzen, wenn andere Gruppenmitglieder davon beeinträchtigt werden und sich nicht entfalten können, z. B. nicht ausreichend Spielmaterial haben, da es von den anderen Kindern beansprucht wird.

Das Konstruktionsspiel macht dem Kind bewusst, dass es **selbst etwas gestalten** und dadurch sein **Umfeld verändern** kann. Im Kind werden dadurch **Energien** freigesetzt, die verbal nicht zu vermitteln sind. Kinder, die sich ihr Spielzeug oder ihre Musikinstrumente selbst herstellen, gehen anders damit um, als wenn sie etwas Gekauftes benutzen. Sie wissen den Wert richtig einzuschätzen.

## DEFINITION

Konstruktionsspiele machen dem Kind bewusst, dass es etwas verändern kann. Es lernt eine ergebnisorientierte Vorgehensweise.

## AUFGABEN

1. *Wie können Sie Kinder beim Konstruktionsspiel fördern?*
2. *Berichten Sie über Ihre Erfahrungen beim Beobachten der Kinder während des Konstruktionsspieles.*
3. *Befragen Sie Kinder nach den Gründen für ihre Vorgehensweise.*

## 1.3.6 Spielmaterialien und Experimentiergeräte

## AUFGABE

*Wie können Kinder die Lupe, das Fernglas und das Kaleidoskop einsetzen?*

Die differenzierte Wahrnehmung kann durch **Spielmaterialien und Experimentiergeräte** gefördert werden. Dies kann eine Lupe sein, ein Fernglas, ein leeres Kaleidoskop (das von Kindern gefüllt werden kann) oder ein ausgedienter Fotoapparat, denn mit diesen Geräten lassen sich Ausschnitte aus der Welt betrachten. Das Spielmaterial, das von Maria Montessori entwickelt wurde und insbesondere auf die Sinneswahrnehmung ausgerichtet ist, ist besonders zu empfehlen. Es bietet den Kindern eine Fülle an Anregungen. Dinge des täglichen Lebens sind für Kinder fast noch wichtiger. Dazu gehören z. B. ein Eimer mit Wasser, eine Balkenwaage, um Gewichte miteinander zu vergleichen und vieles andere.

Sinnvoll ist auch die Einrichtung einer **Experimentierecke** im Kindergarten oder zu Hause mit einer Tastwand, einem Tastmemory, verschieden hoch gefüllten Flaschen als Gewichtsvergleich und vielen anderen Dingen. Kinder haben hier die Möglichkeit, Verschiedenes auszuprobieren und Erfahrungen zu sammeln.

Neben den selbst gewählten Wahrnehmungsspielen gibt es auch gelenkte Spiele, auf die an anderer Stelle eingegangen werden soll. Wichtig ist, dass Kinder beim Wahrnehmen nicht nur etwas aufnehmen, sondern dass sie auch darauf reagieren.

## MERKSATZ

Spielmaterial und Experimentiergeräte fördern die kindliche Fantasie und geben ihm die Möglichkeit, etwas auszuprobieren.

## AUFGABEN

1. *Entwerfen Sie einen Plan für die Einrichtung einer Experimentierecke für Kinder. Inwieweit waren die Kindergärten, in denen Sie Ihr Praktikum gemacht haben, damit ausgestattet?*
2. *Welche Erfahrungen haben Sie mit der Experimentierecke gemacht. Wurde sie von den Kindern angenommen?*

## 1.3.7 Bedeutung der Psychomotorik für die Bewegungserfahrung

Abb. Nühs (links)
Abb. Thiele (rechts)

## AUFGABEN

1. *Tragen Sie die Bewegungsabläufe der Kinder zusammen, die auf dem Foto zu sehen sind.*
2. *Welche Empfindungen lösen die Bewegungen in den Kindern aus?*

Bewegungsabläufe und damit verbundene Empfindungen werden als **Psychomotorik** bezeichnet. Sie stellt den Zusammenhang zwischen körperlich-motorischen Vorgängen und geistig-seelischem Erleben da. Psychomotorische Erfahrungen sind infolgedessen Erfahrungen, die der Mensch mit Körper, Geist und Seele macht.

Die deutsche Psychomotorik ist eng verknüpft mit dem Namen von **Professor Ernst Jonny Kiphard**. Er hat die Psychomotorik ab 1956 in das Bewusstsein der Menschen als **psychomotorische Entwicklungsbegleitung** gebracht. Heute ist sie in der Kindererziehung von großer Bedeutung, da sie die Auswirkungen der Motorik auf alle anderen Entwicklungsbereiche untersucht.

Bekannt wurde die Psychomotorik durch spezifische, die Wahrnehmung und das Gleichgewicht **ansprechende Geräte**, wie z. B. Pedalos, Schwungtücher und Rollbretter.

Sie waren zunächst zur Förderung entwicklungs- und bewegungsauffälliger Kinder bestimmt. Zunehmend fanden sie Eingang in die Sport- und Bewegungserziehung für Kinder.

Zu den Inhalten der Psychomotorik zählen:

- **Körper-Erfahrungen bzw. Selbst-Erfahrungen**, z. B. Wahrnehmung und Erleben des eigenen Körpers, Sinneserfahrungen, Körperbewusstsein, Erfahren der körperlichen Ausdrucksmöglichkeiten;
- **Material-Erfahrungen,** z. B. sich mit den räumlichen und dinglichen Gegebenheiten der Umwelt auseinanderzusetzen, sich den Gesetzmäßigkeiten der Objekte anzupassen bzw. sie sich passend zu machen, erkundendes und experimentelles Lernen über die Bewegung;
- **Sozial-Erfahrungen,** z. B. mit anderen über Bewegung zu kommunizieren, Regelspiel mit selbst erstellten bzw. auf die Situation abgestimmten Spielregeln, miteinander- bzw. gegeneinanderzuspielen.

Im Vordergrund stehen erlebnisorientierte Bewegungsangebote, die dem Kind die Möglichkeit geben, sich selbst als ein wichtiges Glied der Gruppe zu erfahren, das den Aufbau eines positiven Selbstkonzepts unterstützt und ihm Erfahrungen des Selber-Wirksam-Seins vermitteln.

Im Kindergarten gibt es viele Gelegenheiten, die Grundsätze der Psychomotorik umzusetzen:

- In Alltagssituationen sollte der **natürliche Bewegungsdrang** der Kinder unterstützt werden und ihnen die Freude an der Bewegung erhalten bleiben.
- Gezielte **Bewegungserziehung** durch spielerische Sportbeschäftigung oder Sportstunden sind wichtig.
- Kinder brauchen **Raum**, um ihre Bewegungen zu trainieren und sicher in der Bewegung zu werden. Der Spielplatz, Garten oder Wald sind besonders gut dafür geeignet.
- **Geeignete Materialien und Geräte** können ebenfalls Kinder dazu bringen, sich zu bewegen. Sie werden den Kindern zur Verfügung gestellt und sie entscheiden dann selbst, was sie damit machen möchten.

Es gibt viele Möglichkeiten, Kinder dazu zu bringen, sich zu bewegen und damit zur **emotionalen, kognitiven und sozialen Weiterentwicklung der Kinder** beizutragen.

Abb. Nühs

## DEFINITION

Psychomotorik bezeichnet die Verbindung von psychischen und motorischen Vorgängen und ist besonders dazu geeignet, Kinder motorisch und emotional zu fördern.

## AUFGABEN

1. *Besorgen Sie sich weitere Informationen über die Psychomotorik und leiten Sie daraus Beschäftigungen für Kinder im Kindergarten ab.*
2. *Erarbeiten Sie diese Beschäftigungen in Gruppen oder paarweise und stellen Sie sie in der Klasse vor.*

## 1.4 Soziokulturelle Umwelt

**Aussage von Pestalozzi:**

Das Kind hat von tausend Waffen,
die wir Erwachsenen in Kunst,
Wissenschaft und Erfahrung finden,
keine einzige.
Es hat nichts
als sein kleines,
unbeschütztes, nacktes Herz,
das wir ebenso leicht erheben
wie zu Boden schlagen können.

Johann Heinrich Pestalozzi,1746–1827

## AUFGABEN

1. *Beurteilen Sie o. g. Aussage von Pestalozzi.*
2. *Trifft die Aussage auch heute noch zu?*

Bis in die Mitte des 17. Jahrhunderts hat die Menschheit der Tatsache, dass Kinder ohne Liebe nicht geistig gesund aufwachsen können, keine Beachtung geschenkt. Erst Jean-Jacques Rousseau (franz. Dichter und Philosoph, 1712–1778) warnte davor, dass es nicht angehen könne, wenn Eltern keine emotionalen Bindungen zu ihren Kindern aufbauen würden. Erst Mitte des 19. Jahrhunderts kam die Einsicht, dass Kinder auf die elterliche Liebe bzw. auf die Liebe einer Bezugsperson angewiesen sind und dass diese für ihr Wohlergehen erforderlich ist.

Im Grundgesetz der Bundesrepublik Deutschland heißt es dazu:

„(1) Ehe und Familie stehen unter dem besonderen Schutz der staatlichen Ordnung.

(2) Pflege und Erziehung der Kinder sind das natürliche Recht der Eltern und die zuvörderst ihnen obliegende Pflicht. Über ihre Betätigung wacht die staatliche Gemeinschaft."

## AUFGABE

*Lesen Sie sich in Ergänzung dazu die Bestimmungen der Länderverfassungen durch!*

### 1.4.1 Familie

## AUFGABEN

1. *Schreiben Sie Stichworte an die Tafel, die Ihnen bei dem Wort „Familie" einfallen.*
2. *Definieren Sie aus den Stichworten den Begriff „Familie".*

Abb. MEV

## Soziokulturelle Umwelt

Das soziokulturelle Umfeld des Kindes ist zunächst einmal das Elternhaus und nahe stehende Verwandte und Bekannte, später kommen der Kindergarten und die Schule hinzu.

Es gibt nicht **die Familie**, sondern jede Familie ist anders. Jede Familie hat ihre eigene Struktur, d. h. ihr eigenes Gefüge, ihre eigene innere Gliederung und ihren eigenen Aufbau.

Hinter den Unterschieden zwischen den Familien stehen abweichende Wertordnungen und Normen. Jede **soziale Gruppe**, ob Familie, Kindergartengruppe, Schulklasse oder Volk, hat ihre bzw. seine spezifischen Ausprägungen hinsichtlich der

- **Werte:** an ihnen orientiert sich das Verhalten der Gruppenmitglieder,
- **Normen:** inhaltlich festgelegte, verbindliche Verhaltensregeln.

Die jeweilige Gewichtung der einzelnen Normen und Werte führt zu einer Wertordnung und zu einem Normengefüge, die einen wesentlichen Bestandteil der **Kultur** ausmachen. Die Kultur ist von Gruppe zu Gruppe regional und zeitlich unterschiedlich. Sie wirkt sich auf alle gesellschaftlichen Systeme aus. Politische, weltanschauliche oder religiöse Überzeugungen, Sitte und Brauchtum, Massenmedien, Zeitgeist, Trends, Spielzeug oder Bücher sind diesem Bereich ebenfalls zuzuordnen.

Für das Kind ist seine Familie wichtig und sind die eigenen häuslichen Verhältnisse von Bedeutung. Sie bestimmen sein Leben und nehmen Einfluss auf es. Anhand der folgenden Fragen lassen sich verschiedene Familienverhältnisse unterscheiden:

- Lebt das Kind mit seiner Familie auf dem Land oder in der Stadt?
- Wächst es in einer Großfamilie mit Großeltern, Eltern und Geschwistern oder in einer Kleinfamilie allein mit den Eltern oder einem Elternteil mit wenigen Geschwistern oder ohne Geschwister auf?
- Zu welcher sozialen Gruppierung gehören die Eltern?
- Sind beide Elternteile gleichermaßen an der Erziehung beteiligt?
- Haben die Eltern, wenn sie beide arbeiten, genug Zeit für ihr Kind?
- Wie stehen die Familienmitglieder zueinander? Gibt es Streitigkeiten in den Beziehungen der Eltern zueinander?
- Steht ausreichend Spiel- bzw. Lernraum zur Verfügung?
- Wie wird die Freizeit gestaltet? Verbringen die Familienmitglieder sie miteinander oder lebt jeder für sich?
- Ist das Kind willkommen oder wird es als störend empfunden?

Diese Aufzählung ist nicht vollständig, sondern es geht zunächst einmal darum, gewisse Grundbedingungen für das soziokulturelle Umfeld eines Kindes festzustellen.

Das soziokulturelle Umfeld hat zwei Dimensionen, zum einen ist es die **personelle Kompetenz**, d. h. das Verhalten der Eltern zu ihrem Kind, zum anderen die **institutionelle Kompetenz**, d. h. das Umfeld des Kindes, wie Wohnort usw.

Nach wie vor ist die Familie der Ort der personalen Entfaltung des Menschen.

Die gesicherte Beständigkeit der Beziehungen, die auch Belastungen durchsteht, gibt Kindern das notwenige Vertrauen in die Zukunft und in den **Wert der eigenen Person**. Sie vermittelt die Erfahrung, dass der einzelne nicht schutzlos ist und dass die Belastungen tragbar werden. Familie ist aber nicht nur der Ort individueller Geborgenheit und Entfaltung der Persönlichkeit, sie ist auch der Bereich, in dem Gleichberechtigung und Partnerschaft erfahren und gelernt werden. Familie ist so das Muster für das Leben des Menschen in der Gesellschaft, wo mit der Akzeptanz seiner Persönlichkeit auch Toleranz, Rücksichtnahme, Opferbereitschaft und Mitverantwortung möglich werden.

Den genannten Ansprüchen kann die Familie nur gerecht werden, wenn bestimmte **Bedingungen** erfüllt werden:

- Wichtig ist, dass das Kind von Anfang an bejaht und liebevoll aufgenommen wird, denn es hat nicht nur ein Recht auf Leben, sondern auch einen Anspruch auf Zärtlichkeit, Geborgenheit und Gemeinsamkeit.
- Das Kind muss die Möglichkeit haben, sich im **Schonraum Familie** zunehmend zu entfalten und Lebenszuversicht zu gewinnen. Dafür darf es weder überbehütet noch vernachlässigt werden.
- Das spätere **Sozialverhalten** des Kindes hängt weitgehend davon ab, wie es in seiner Familie **soziale Bindungen** erfährt. Dabei ist der Umgang der Eltern miteinander und mit

den Kindern entscheidend. Die Eltern leben den Kindern vor, wie Konflikte bereinigt werden und sollten sich dessen auch bewusst werden. Meinungsverschiedenheiten zwischen Eltern und Kindern gehören in die **Gesprächsrunde am Familientisch** und **müssen miteinander ausgetragen** werden. Die Meinungsverschiedenheiten sind nicht nur zur Bereinigung von Konflikten notwendig, sondern üben zugleich den **demokratischen und sozialen Umgang** für andere Gemeinschaften ein.

- Für die Kleinfamilie ist es erforderlich, dass sie eigene **Formen von Gemeinsamkeiten** entwickelt. In den meisten Familie ist mindestens ein Elternteil berufstätig und verlässt die Familie morgens, um zur Arbeit zu gehen. Diese Arbeit kann sich das Kind kaum vorstellen. Erst abends, wenn der Tag des Kindes vorüber ist, kehrt der bzw. die Berufstätige zurück. Oft sind beide müde und die gemeinsame Zeit ist knapp. Daher ist es besonders wichtig, dass die **Freizeit** gemeinsam verbracht wird, um **Beziehungen** zueinander aufzubauen.
- Familie muss auch während des Tages erfahrbar und erlebbar sein. Das ist nur zu verwirklichen, wenn sich alle Familienmitglieder bemühen, möglichst viel Zeit in ihrer Familie zu verbringen.

## DEFINITION

Es gibt nicht die eine Familie, sondern viele verschiedene Varianten und jede hat ihre Wertordnungen und Normen. Die Sozialisation in der Familie hat Einfluss auf alle Systeme, in denen Menschen miteinander umgehen.

## AUFGABEN

1. *Erkundigen Sie sich nach den Familienverhältnissen der von Ihnen betreuten Kinder im Kindergarten.*
2. *Versuchen Sie Informationen über das Familienleben von Kindern aus anderen Kulturen (z. B. der Türkei) zu bekommen.*
3. *Was wissen Sie über die Entwicklung der Familie in unserem Kulturraum im Laufe der letzten Jahrhunderte bis in die Gegenwart? Leihen Sie sich zu dem Thema die entsprechende Literatur aus Ihrer Stadt- oder Schulbücherei aus.*

### 1.4.2 Geschwister

## AUFGABEN

1. *Welche Umgangsformen kann es zwischen Geschwistern geben?*
2. *Nennen Sie Beispiele für einen guten Umgang mit den Geschwistern.*

Pädagogik und Psychologie kommen in den Forschungen über die Bedeutung von Geschwistern für den Einzelnen und von seinem Platz innerhalb der Geschwisterreihe zu keinem eindeutigen Ergebnis:

Generelle Aussagen lassen sich somit nicht aufstellen. Jedoch lassen sich bestimmte Verhaltensweisen von Kindern besser erklären, wenn die Sozialassistentin weiß, an welcher Stelle in der Geschwisterreihe das von ihr betreute Kind steht. Festgestellt werden kann Folgendes:

- **Geschwisterliebe** ist nicht von vornherein selbstverständlich.
- Häufig treten **Rivalitätsprobleme** auf.
- Der Kampf um die elterliche Liebe wird hart ausgefochten. „Immer zieht ihr den (die) anderen vor!"

Das sind die Äußerungen, die Kinder von sich geben, wenn sie das Gefühl haben, von den Eltern nicht genug beachtet zu werden. Diesen Aussagen sollte auf den Grund gegangen werden und Eltern sollten sich überprüfen, ob sie ihre Kinder alle gleichmäßig gut behandeln. Manchmal ist eine **ungleiche Behandlung** kaum zu vermeiden, wenn z. B. eine stärkere Zuwendung zu dem einen oder anderen Kind erforderlich ist, da es Probleme mit der Gesundheit oder im Umgang mit anderen Kindern hat. Kinder sehen das aber anders, und so müssen Eltern ihren Kindern ihre Erziehungsmethode durchsichtig und annehmbar machen.

Das erstgeborene Kind ist etwas Besonderes und der Mittelpunkt der Familie. Es hat vor allem Erwachsene als Umgang und Vorbild. Mit der Geburt des Geschwisters wird es entthront. Die erste Zeit ist besonders belastend. Haben sich die Erstgeborenen an die Situation gewöhnt, übernehmen sie oft gerne **Mitverantwortung** für jüngere Geschwister. Ihre Mithilfe ist vielfach nötig und pädagogisch sinnvoll, doch sollten sie nicht ständig auf das kleine Geschwister aufpassen müssen. Ihm selbst muss reichlich Zeit zum Spielen und Lernen bleiben. Es darf sich nicht als Hilfskraft vorkommen, die immer für die anderen da sein muss. Eltern sollen dem älteren Kind zeigen, wie froh sie über seine Mithilfe sind und es mit einer gesonderten Spielstunde oder einem Besuch im Zoo belohnen. An solchen Gesten erkennt das Kind die Anerkennung der Eltern.

Geschwister mit geringem Altersunterschied und dem gleichen Geschlecht rivalisieren besonders intensiv miteinander. Da sie sich als ähnlich erleben und viel Zeit miteinander verbringen, vergleichen sie sich ständig, und das birgt so manchen Konfliktstoff. Gefühle wie Benachteiligung und Frustration sind an der Tagesordnung. Die Neid- und Eifersuchtsgefühle können auch bei dem deutlich älteren Kind auftreten. Manchmal fallen sie in **frühere Entwicklungsstadien** wieder zurück und möchten wieder aus der Flasche trinken oder machen wieder in die Hose.

Umgekehrt finden nachfolgende Kinder ältere Geschwister vor, die ihnen geistig und körperlich überlegen sind und ihnen dies in den „täglichen Kämpfen“ klarmachen. Soweit wie möglich sollen die Kinder die Streitereien selbst klären. Bei dem Hin und Her der **Schuldzuweisungen** ist der Haupttäter meistens schwer zu ermitteln. Andererseits neigen Geschwister auch dazu, sich gegenseitig vor den Eltern zu „decken“. Besser ist es daher, dass sich Eltern nicht in die Auseinandersetzungen ihrer Kinder einmischen, außer wenn sie in Handgreiflichkeiten ausarten.

Mit Kindern am Ende der Geschwisterreihe gehen Eltern allgemein sorgloser um, da sie **Erfahrung im Umgang mit Kindern** haben. Jüngere Kinder sind daher weniger eifersüchtig und werden mit dem angeblichen Liebesentzug leichter fertig. Sie haben die anderen Geschwister, spielen miteinander, streiten sich und vertragen sich auch wieder.

Mit wachsender Kinderzahl haben Eltern zwangsläufig nicht mehr so viel Zeit für das einzelne Kind. Das kann dazu führen, dass die Leistungen der Kinder in der Schule nachlassen. Hier muss von Seiten der Eltern aufgepasst werden und die Zuwendung zu allen Kindern muss gleich groß sein. Ältere Geschwister können auch den jüngeren helfen.

Ohne Geschwister aufwachsende Kinder sind ebenso kontaktfreudig und umgänglich wie Kinder mit Geschwistern. Das Vorurteil vom verwöhnten Einzelkind ist längst überholt.

Auch außerhalb der Familie kann ein Kind auf Freunde und Spielkameraden treffen. Der Kontakt mit anderen Kindern sollte jedoch stärker unterstützt werden.

Einzelkinder müssen die Gelegenheit haben, sich mit gleichaltrigen Kindern auseinander zu setzen. So können sie alle soziale Erfahrungen machen, die sie brauchen.

Wichtig ist auch, dass die Eltern die **Besonderheit** ihrer Kinder erkennen und bei ihren Erziehungsmaßnahmen berücksichtigen. So benötigt das ängstliche Kind mehr Ermunterung, das selbstbewusste mehr Mitverantwortung. Aufgabe der Eltern ist die individuelle Förderung jedes Kindes.

---

Abb. Oehne

## MERKSATZ

Über die Bedeutung des Kindes in der Geschwisterreihe gibt es keine eindeutigen Aussagen. Neid und Eifersucht können auftreten, wenn Kinder das Gefühl haben, ihre Eltern bevorzugen ihre Geschwister.

## AUFGABEN

1. *Wie können Sie als Sozialassistentin dazu beitragen, dass ein Kind im Kindergarten nicht wieder in frühere Entwicklungsstadien zurückfällt, wenn es einen Bruder oder eine Schwester bekommen hat?*
2. *Nennen Sie Beispiele dafür, warum die Ungleichbehandlung von Kindern in der Familie erforderlich werden kann.*
3. *Wie können Eltern gegen Rivalitätsprobleme zwischen ihren Kindern vorbeugen?*
4. *Erstellen Sie ein Mind-Map über das Kind in der Geschwisterreihe bzw. als Einzelkind.*
5. *Konnten Sie während Ihres Praktikums im Kindergarten feststellen, welche Kinder Einzel- bzw. Kinder mit Geschwistern waren?*

### 1.4.3 Aufwachsen ohne Eltern

## AUFGABE

*Machen Sie sich Gedanken über das Aufwachsen von Kindern ohne die leiblichen Eltern.*

Aus unterschiedlichen Gründen müssen Kinder zeitweise oder für immer auf ihre Eltern verzichten, z. B. können die Eltern verstorben oder aus anderen Gründen nicht in der Lage sein, für ihre Kinder zu sorgen. In diesen Situationen helfen Verwandte oder sozial engagierte kinderliebe Menschen, die bei verwaisten und verlassenen Kindern die Rolle der Eltern übernehmen. Es kann aber auch sein, dass niemand da ist, der die Kinder übernimmt, so dass dann nur noch das Kinderheim übrig bleibt.

**Großeltern:** Sie erziehen ihre Enkel allein oder helfen aus, wenn die Eltern verstorben sind, ein Elternteil fehlt oder beide Eltern ganztägig arbeiten oder studieren. Die Großeltern von heute sind meistens wendig, haben beruflich ihre Spitzenpositionen erreicht und fühlen sich nicht zu alt, um ihre Enkelkinder zu erziehen. Doch ganz so einfach ist es nicht: Immerhin beträgt der Abstand zu den Enkeln **zwei Generationen**. In diesen Jahrzehnten haben sich **pädagogische Wertmaßstäbe und Ansichten geändert**. Außerdem ist die Welt des Kindes anders als zu der Zeit, in der die Großeltern ihre Kinder aufgezogen haben. Der Gebrauch von neuer Technik fällt einigen Goßeltern schwer.

Großeltern neigen dazu, ihre Enkel zu verwöhnen, da sie der Meinung sind, diese seien besonders empfindlich und schutzbedürftig. Hinzu kommt, dass sie durch ihre Lebenserfahrungen ängstlicher geworden sind und dazu neigen, ihre Enkel zu „überbehüten“. Beides hat Auswirkungen auf die Kinder.

Wenn die Enkel nur tagsüber bei den Großeltern sind, dann kommt es für die Eltern darauf an, gegensätzliche Ansichten abzubauen und **gemeinsame Leitlinien** für den Umgang mit dem Kind bzw. den Kindern festzulegen. Bei gutem Willen gelingt dies, ansonsten gibt

Abb. MEV

es auch noch Erziehungsberatungsstellen, die weiterhelfen.

Wenn Großeltern jahrelang ein Kind betreuen, dann sollten es die Eltern nicht **plötzlich** und **unvorbereitet** zurückholen. Der Übergang sollte nur allmählich erfolgen, denn Eltern und Kind können sich nur in Ruhe und in entspannter Atmosphäre näherkommen. Dem Kind muss Gelegenheit eingeräumt werden, sich in die neue Umgebung einzuleben und Vertrauen zu seinen Eltern aufzubauen. Der Kontakt zu den Großeltern darf nicht abrupt unterbrochen werden, denn die Großeltern waren die bisherigen Bezugspersonen des Kindes.

### MERKSATZ

Beim Tod der Eltern werden Großeltern häufig als Ersatzeltern herangezogen. Dabei wird leicht übersehen, dass diese einer anderen Generation angehören und das Kind bzw. die Kinder nicht in jedem Fall zeitgemäß erziehen.

### AUFGABE

*Gehen Sie auf die Problematik der Erziehung durch die Großeltern ein.*

## 1.4.4 Pflegeeltern

### FALLBEISPIEL

„Schon wieder hat Maren bei mir angerufen und gefragt, wann sie nach Hause kommen kann“, teilt Lore M. am Abend ihrem Mann mit. „Mich macht das Ganze noch krank,“ erwidert ihr Mann, Jochen M., „ich verstehe das Jugendamt nicht, dass es nicht sieht, was mit der Mutter von Maren ist. Bereits als Baby hatten wir Maren, jetzt ist sie vier Jahre alt und muss zur Mutter zurück, unverständlich!“

Der Hintergrund dieser Geschichte stellt sich folgendermaßen dar: Maren ist als Baby zu Familie M. gekommen, weil die Mutter nicht in der Lage war, das Kind großzuziehen. Lore M. und ihr Mann, Jochen M., haben das Baby gern aufgenommen, zumal sie bereits ein Kind von einem Jahr hatten. „Beide können später gut miteinander spielen“, war die Meinung des Ehepaares.

Dann ist die leibliche Mutter in einen anderen Landkreis umgezogen. Das Jugendamt des neuen Landkreises beurteilte die Situation anders und war der Meinung, dass es höchste Zeit für das Kind sei, zu seiner Mutter zurückzukehren. Unbeachtet blieb, dass die Mutter Alkoholikerin geworden war. Alle Proteste der Familie M. beim Jgendamt und bei der Mutter blieben ergebnislos. Das Kind blieb bei der leiblichen Mutter.

### AUFGABEN

1. *Beurteilen Sie den Fall. War die Entscheidung des Jugendamtes in Ordnung?*
2. *Was spricht generell für eine Rückkehr von Kindern zu ihren Eltern, nach dem sie längere Zeit bei Pflegefamilien gelebt haben? Was spricht dagegen?*

Pflegekinder kommen oft aus Herkunftsfamilien, in denen sie wenig Liebe, Geborgenheit und Anerkennung erfahren haben. Die Kinder haben selten in stabilen Beziehungen gelebt. Aufgrund dieser Herkunftsumstände haben sie häufig Schwierigkeiten, Beziehungen einzugehen und Vertrauen aufzubauen. Das kann für die Pflegefamilie äußerst belastend sein. Ein Vertrauensverhältnis aufzubauen, kann sich über Jahre ziehen und mit großen Brüchen einhergehen.

Pflegeeltern sollten eine positive Lebenseinstellung haben, viel Zeit mit ihrem Pflegekind verbringen und über Geduld und Durchhaltevermögen verfügen. Sie müssen die Herkunftsfamilie akzeptieren und bereit sein, gegebenfalls engen Kontakt mit den leiblichen Eltern zu haben. Vor allem müssen die Pflegeeltern die Kraft haben, sich unter Umständen wieder vom Pflegekind zu trennen.

Es gibt verschiedene Pflegeverhätnisse: Kurzzeit-, Wochen- und Dauerpflege. In jedem Fall erhält die Pflegefamilie finanzielle und pädagogische Unterstützung und Beratung vom Jugendamt.

### DEFINITION

Pflegeeltern nehmen ein fremdes Kind, dass aus verschiedenen Gründen nicht mehr von seinen leiblichen Eltern erzogen werden kann, zeitweise oder auf Dauer bei sich auf.

### AUFGABE

*Nennen Sie Vor- und Nachteile der Pflegefamilie.*

## 1.4.5 Adoptiveltern

**AUFGABEN**

1. *Warum ist es sinnvoll, Kinder möglichst als Baby zur Adoption freizugeben?*
2. *Welche Probleme können bei der Adoption älterer Kinder entstehen?*

Die Adoption eines Kindes sollte möglichst gleich nach der Geburt erfolgen, damit es von Anfang an bei seinen Adoptiveltern wie deren **leibliches Kind** aufwachsen kann.

Später adoptierte Kinder können ebenfalls in ihrer Adoptivfamilie heimisch werden, benötigen jedoch mehr Unterstützung, um die Trennung von ihrer bisherigen Umgebung zu verarbeiten.

Kinder leiden besonders stark, wenn sie plötzlich von geliebten Menschen getrennt werden, z. B. durch den Tod der Eltern. Der Aufbau neuer Kontakte ist für diese Kinder besonders schwer, da sie unter einem starken Misstrauen gegenüber anderen Menschen leiden. Sie benötigen immer wieder die Bestätigung, geliebt und nie mehr abgeschoben zu werden.

Eltern, die ein Kind adoptieren möchten, können sich beim Jugendamt und bei den karitativen Verbänden beraten lassen. Positiv zeichnet sich heute ab, dass Ehepaare auch bereit sind, ältere und Kinder mit Behinderung zu adoptieren.

**DEFINITION**

Adoptierte Kinder haben an ihren Adoptiveltern die gleichen Rechte wie die leiblichen Kinder.

**AUFGABEN**

1. *Nennen Sie weitere Gründe für die Adoption von Kindern in jungen Jahren.*
2. *Wie kann das Misstrauen der Kinder gegenüber fremden Menschen abgebaut werden?*

## 1.4.6 Kinderheime

**AUFGABE**

*Nennen Sie Gründe für die negative Bewertung von Kinderheimen in der Öffentlichkeit.*

Kinderheime sind nach wie vor notwendig, obwohl viele elternlose Kinder in Pflegefamilien aufgenommen oder adoptiert werden. Besonders wichtig sind sie für die Kinder, deren Eltern sich so gut wie gar nicht um sie kümmern oder wenn sie mit ihren Eltern nicht zurechtkommen. Diese Kinder müssen aus dem sie **schädigenden Lebensraum** herausgeholt und von besonders ausgebildeten Pädagogen und Psychologen betreut werden. Die seelischen Verletzungen, die sie erlitten haben, können sie nur durch eine intensive Betreuung überwinden. Oft sind es Aggressionen gegenüber anderen Menschen, die sie als Folge von Misshandlung, Verlassensein, Vernachlässigung, Beziehungsabbruch oder sexuellem Missbrauch entwickelt haben.

Die Erfahrungen verlieren nicht von allein im Laufe der Zeit ihren zerstörenden Einfluss auf die Psyche des jungen Menschen, sondern sie müssen verarbeitet werden. Das Heim ist für

Abb. Morgenstern

solche Fälle eine gute Lösung, da es für jedes Kind **Perspektiven entwickelt**, um Defizite und Verhaltensauffälligkeiten abzubauen. Die Kinder bzw. Jugendlichen müssen vor allem Mut zu sich selbst fassen, mit Gleichaltrigen umzugehen lernen und ihr Verhältnis zu den Erwachsenen stabilisieren. Die sozialpädagogischen Arbeit innerhalb des Heimbereiches und die Differenzierung in Gruppen orientiert sich allein daran, was dieser Zielsetzung dient, denn jedes Kind hat sein **besonderes Schicksal**.

## MERKSATZ

Der Vorteil des Heimes ist in der ganztätigen Betreuung durch Fachpersonal zu sehen. Die persönliche Zuwendung kommt allerdings manchmal zu kurz.

## AUFGABEN

1. *Bevor ein Kind in einem Heim untergebracht wird, wird versucht, eine Pflegefamilie zu finden. Begründen Sie diese Vorgehensweise.*
2. *Nennen Sie weitere Möglichkeiten im Vorfeld, um eine Heimeinweisung zu verhindern.*
3. *Welche Vorteile kann eine zeitlich begrenzte Unterbringung im Heim haben?*
4. *Ein Heimleiter hat folgende Aussage gemacht: „Die Auffassung, Kinder gehören zu ihren natürlichen Eltern, verlängert so manches Leid von Kindern!“ Nehmen Sie zu dieser Äußerung Stellung.*

## 1.4.7 SOS-Kinderdörfer

**Dr. Hermann Gmeiner**

Einen besonderen Weg in der Fremderziehung für Kinder in Not und Verlassenheit ging Dr. Hermann Gmeiner, der Gründer der SOS-Kinderdörfer. Er wurde 1919 in Alberschwende in Österreich geboren und starb am 26. April 1986. Seine Eltern waren Bergbauern. Seine Mutter starb früh.

Hermann Gmeiner studierte nach dem zweiten Weltkrieg Medizin in Innsbruck. Die Not und Verlassenheit der Nachkriegsjugend lernte er durch die Flüchtlingskinder kennen und suchte nach einem Weg, ihnen zu helfen. Da kam er auf die Idee, SOS-Kinderdörfer zu gründen. Das erste Kinderdorf entstand in Imst, in den Tiroler Bergen. Es wurde zum Ausgangspunkt des weltweit bedeutendsten Sozialwerkes für alleingelassene Kinder. Insgesamt gründete Hermann Gmeiner 438 Kinderdörfer und über 1000 begleitende Einrichtungen. Unter den begleitenden Einrichtungen sind SOS-Jugendhilfen, SOS-Jugenddörfer, Wohngruppen, Mädchenwohngemeinschaften, Lehrwerkstätten, Schulen, Mutter-Kind-Stationen, Sozialstationen, medizinische Zentren und Einrichtungen für Menschen mit Behinderung zu verstehen. Bis zum heutigen Tag werden in allen Teilen der Welt Einrichtungen im Sinne der Gründeridee von Hermann Gmeiner geschaffen.

Die SOS-Kinderdorf-Familie ist eine Ersatzfamilie, die weniger in ihrer Struktur aber in ihrer Funktion einer normalen Familie entspricht. Das Kind findet in der SOS-Kinderdorf-Familie stets ein **festes Zuhause** und die **Geborgenheit**, die für seine Entwicklung erforderlich ist. Geschulte

Abb. SOS-Kinderdorf e. V.

und mit **seinen Problemen** vertraute Erzieherinnen und Erzieher sorgen sich um die Pflege des Kindes. Die psychischen und seelischen Beeinträchtungungen der Kinder, die durch Probleme in der Herkunftsfamilie verursacht werden, versuchen die Mitarbeiterinnen und Mitarbeiter im SOS-Kinderdorf zu heilen. Die Mädchen und Jungen bleiben so lange in der Obhut des Kinderdorfs bis sie selbstständig sind, d. h. bis sie auf eigenen Füßen stehen können, einen Beruf erlernt haben oder ein Studium abgeschlossen haben. Viele ehemalige Bewohner des Kinderdorfs halten auch später, wenn sie sich bereits im Beruf befinden oder eine eigene Familie gegründet haben, den Kontakt zum Kinderdorf. Das SOS-Kinderdorf ist nach **allen Seiten offen**: Die Kinder besuchen die öffentlichen Schulen und Kindergärten, sie laden Kinder von außerhalb zu sich ein und umgekehrt besuchen sie ihre Freunde außerhalb des Dorfes. Eigentlich ist das alltägliche Leben in einem SOS-Kinderdorf mit dem normalen Alltag eines jeden kleinen Dorfes zu vergleichen.

Die Verwaltung des Dorfes ist so gut wie unsichtbar. In der Regel gibt es neben den Büros für die pädagogischen Mitarbeiter ein Büro mit einem Dorfleiter, der für die Verwaltungsaufgaben zuständig ist.

Für die SOS-Kinderdörfer gelten folgende Grundsätze:

- Jedes verlassene Kind wird von der SOS-Kinderdorfmutter wie von einer richtigen Mutter betreut, die ihm Liebe und Geborgenheit gibt.
- Eine SOS-Kinderdorf-Familie besteht aus fünf bis sechs Jungen und Mädchen unterschiedlichen Alters, die mit ihrer SOS-Kinderdorf-Mutter wie in einer **natürlichen Familie** leben. Geschwister bleiben grundsätzlich zusammen.
- Das **Haus** ist die bleibende Heimat der Kinder. Darin leben sie und darin arbeitet ihre Kinderdorf-Mutter für sie.
- Das **SOS-Kinderdorf** umfasst in der Regel 10 bis 15 Häuser. Für die Heranwachsenden ist es eine kleine überschaubare Welt, in der sie ein normales Leben führen können.

Neben den SOS-Kinderdörfern gibt es andere Kinderdörfer, z. B. haben der Albert-Schweitzer-Verband oder die Gesellschaft österreichischer Kinderdörfer ähnliche Einrichtungen.

## DEFINITION

Kinderdörfer geben verlassenen Kindern die Möglichkeit, wie in einer Familie zu leben. Psychische Schäden, die die Kinder erlitten haben, versuchen Fachkräfte zu heilen.

## AUFGABE

*Vergleichen Sie diese Einrichtung mit einer Familie. Welche Gemeinsamkeiten und Unterschiede gibt es?*

### 1.4.8 Alleinerziehende

## FALLBEISPIEL

**Martina hat einen Job**

„Endlich habe ich einen Job", meinte die 42-jährige Martina Paul zu sich selbst. Sie hatte eine Stelle in der Schulverwaltung in Aussicht und fragte bei der Stadt nach einem Hortplatz für ihre beiden Kinder. Leider, leider, wurde ihr gesagt, gebe es keine freien Hortplätze. Damit war der Job weg.

## AUFGABEN

1. *Beurteilen Sie die Situation von Frau Paul.*
2. *Woher könnte sie noch Hilfe bekommen?*

Laut statistischem Bundesamt wuchsen 2003 knapp 2,2 Millionen Kinder unter 18 Jahren bei Alleinerziehenden auf, und somit 15 % der Kinder in Deutschland.

Alleinerziehende leben ohne Partner und tragen daher große Verantwortung für sich und ihre Kinder. Anstelle von Alleinerziehenden kann auch von der Ein-Eltern-Familie gesprochen werden.

Entgegen dem vielfach beschworenen Bild der dysfunktionellen Ein-Eltern-Familie scheint ein guter Teil der Alleinerziehenden ihre Sache sehr kompetent zu bewältigen. Unter ihnen befindet sich eine wachsende Zahl von Frauen, die sich von Anfang an für diese Lebens- und Familienform entschieden haben. Dennoch sollten die folgenden Faktoren berücksichtigt werden:

- **Erziehung und Versorgung** des Kindes müssen während der Arbeitszeit des Alleinerziehenden gesichert sein, d. h. das Kind muss wissen, wo es hingehen kann, wenn der Kindergarten oder die Schule beendet ist.

- **Halbtagsstellen** oder Heimarbeit sind eine gute Lösung, um Geldverdienen und Kinderbetreuung sinnvoll miteinander zu verbinden.
- **Probleme** kann es bei der Beschaffung einer passenden **Wohnung** geben, da die Mieten häufig die finanziellen Möglichkeiten übersteigen.
- In vielen Fällen haben Alleinerziehende **seelische Verletzungen** durch Scheidung oder Trennung vom Partner zu verarbeiten und zeigen dies in Hass oder Verbitterung gegenüber dem ehemaligen Partner. Das Kind erlebt dies mit und neigt daher öfter als Familienkinder zu Verhaltensauffälligkeiten.
- In der Erziehung **fehlt ein Elternteil**, der aber wichtig für das Kind ist, denn keiner von beiden kann den anderen voll ersetzen. Der Verlust familiärer Erziehungsbedingungen erschwert die Erziehung der Kinder Alleinerziehender häufiger.
- Das Kind kann **kontakt- und bindungsscheu** werden, wenn es zwischen den geschiedenen Eltern hin- und hergerissen wird, da es beide Eltern liebt. Das eine Elternteil darf es nur in der Woche besuchen und das andere nur am Wochenende. Seine Eltern möchte es aber immer bei sich haben. Die Trennung der Eltern bestimmt sein Leben und seine Entwicklung mit.
- Es gibt auch Kinder, die sehr schnell lernen, die Eltern gegeneinander **auszuspielen**, um daraus einen **Nutzen** für sich zu ziehen. Auch das ist nicht gut für die kindliche Entwicklung. Dagegen beugt das **elterliche Sorgerecht** vor. Danach sind beide Eltern verantwortlich für die Erziehung und Betreuung ihrer Kinder. Sie haben die Pflicht, sich ständig gegenseitig abzusprechen und alle Probleme miteinander abzustimmen. Aber häufig versperren gegenseitige Kränkungen den Weg zu einer Zusammenarbeit.
- Für das Kind kann es auch problematisch werden, wenn Mutter und Vater einen **neuen Partner** haben. Manche Kinder erleben mehrere Male solche Wechsel. Sie erfahren, dass Menschen, zu denen es gerade eine enge Beziehung aufgebaut hat, ausgetauscht werden. Auf die Partnerwahl dürfen die Kinder keinen Einfluss nehmen, das übersteigt ihre **Kompetenzen.** Umgekehrt sollte das neue Familienmitglied keinesfalls sofort eine Elternrolle übernehmen, sondern als Freund und Berater des Kindes wertvolle Unterstützung leisten.
- Häufig laufen Alleinerziehende Gefahr, ausgegrenzt zu werden bzw. sich selbst auszugrenzen, wenn es um die Beziehung zu Ehepaarkreisen geht, zu denen sie früher gemeinsam mit ihrem Partner Kontakt hatten. Allein auszugehen oder zu verreisen macht wenig Spaß. Kinder sind kein Ersatz für den fehlenden Partner. Wichtig ist es daher, dass Nachbarn oder der Freundeskreis sich dieser Menschen annehmen und sie allein oder zusammen mit den Kindern einladen, um sie vor einer **Vereinsamung und Isolierung** zu bewahren.

Der Staat kommt den Alleinerziehenden entgegen, dennoch ist die wirtschaftliche und soziale Lage in den meisten Fällen nicht besonders positiv.

## MERKSATZ

Alleinerziehende benötigen in den meisten Fällen die Unterstützung der Nachbarn und Freunde. Viele haben nicht nur wirtschaftliche Probleme, sondern es besteht auch die Gefahr der Vereinsamung.

## AUFGABEN

1. *Nehmen Sie Stellung zu der Tatsache, dass die Zahl der Alleinerziehenden eine steigende Tendenz hat.*
2. *Welche Folgen kann das für das Kind bzw. die Kinder haben, wenn es ohne Vater bzw. ohne Mutter aufwächst?*

## 1.4.9 Kindergarten

### Geschichtliche Entwicklung

Von den ersten Fröbelkindergärten um 1840 bis zum heutigen familienergänzende Institution Kindergarten mit einem eigenen Programm war ein langer Weg. Die Pädagogen Pestalozzi und Maria Montessori haben die Arbeit im Kindergarten maßgeblich weiterentwickelt.

## AUFGABEN

1. *Vergleichen Sie diese frühe Form des Kindergartens mit der heutigen.*
2. *Versuchen Sie, über eine Bibliothek an weitere Literatur über die Entwicklungsgeschichte des Kindergartens und seinen Aufgaben heranzukommen.*

Nicht alle Familien sind in der Lage, ihre Kinder so zu fördern, wie es sein müsste. Aufgabe der Kindergärten ist es daher, die **Mängel an Spiel- und Lernmöglichkeiten, sozialen Kontakten und Umwelterfahrungen auszugleichen**. Anregungen, Ermutigungen und gezielte Hilfen, die ein Kind im Vorschulalter bekommt, tragen entscheidend dazu bei, dass ein Kind zuversichtlich und wissbegierig seine Schulzeit beginnt. Intelligenz entwickelt sich besonders in den ersten Kinderjahren durch spielerisch gestellte Aufgaben. Wissenschaftliche Untersuchungen an benachteiligten Kindern liefern hierfür die Beweise.

Kinder können einen Kindergarten besuchen, sobald sie über einen längeren Zeitraum die Trennung von den Eltern verkraften. Sie müssen auch gelernt haben, sich mit Spielgefährten zu beschäftigen und sich in eine Kindergruppe einzugliedern. Mit drei Jahren sind Kinder in der Regel dazu in der Lage. Sie haben einen Abschnitt in ihrer Entwicklung erreicht, der die Ablösung aus der Familie, die Erweiterung der familiären Umwelt in einen neuen sozialen Umweltbereich verlangt.

Die Kindergartenerziehung hat einen hohen Stellenwert in der heutigen Gesellschaft. Kindergärten sind in das Umfeld der Kinder eingegliedert, sie gehören dazu. Vorbildlich ist in den meisten Fällen der **partnerschaftliche Austausch** von Eltern, Sozialassistentinnen und Erzieherinnen über alle Erfahrungsbereiche des Kindes hinweg. Erzieherinnen **dokumentieren** die erbrachten **Leistungen** des Kindes und machen damit deutlich, wie sich das Kind entwickelt hat. Kinder werden heute nicht mehr nur durch die Familie, sondern in gleicher Weise durch den Kindergarten geprägt. Bei der Kindergartenerziehung muss aber ein höherer Maßstab angelegt werden, wie bei der häuslichen Erziehung. Der heutige Kindergarten gilt als vorschulische Einrichtung, da er einen Teil der Elementarerziehung abdeckt. In den Bundesländern gibt es Bildungspläne für die pädagogische Arbeit in den Kindertagesstätten.

Träger der Kindergärten sind Wohlfahrtsverbände, Vereine, Unternehmen, Kirchen und Gemeinden. Die Pflege und Erziehung der Kinder wird von Erzieherinnen, Sozialpädagoginnen, Sozialassistentinnen und Kinderpflegerinnen geleistet.

Außerdem gibt es kindergartenähnliche Einrichtungen, z. B. Spielkreise. Dort treffen sich die Kinder unter Anleitung einer Erzieherin oder Sozialassistentin zwei- bis dreimal in der Woche.

## MERKSATZ

Der Kindergarten bietet viele Möglichkeiten für soziales Lernen, er berücksichtigt individuelle Unterschiede und legt Grundlagen für späteres Lernen.

## FALLBEISPIEL

Lukas, vier Jahre alt, besucht keinen Kindergarten und spielt vormittags allein in seinem Zimmer. Seine Mutter meint, es reicht aus, wenn er ein Jahr vor dem Schulbesuch in den Kindergarten geht. Marvin, ebenfalls vier Jahre alt, besucht den Kindergarten. Er möchte dort mit Bauklötzen, mit denen gerade Luisa spielt, ein Haus bauen.

## AUFGABEN

1. *Welche unterschiedlichen Sozialerfahrungen machen Lukas und Marvin?*
2. *Der Kindergarten soll die Benachteiligungen zwischen den Kindern ausgleichen. Welche Vorgehensweise bietet sich dafür an?*

### 1.4.10 Hort

## AUFGABE

*Welche Aufgaben des Horts sind Ihnen bekannt?*

Der Hort kann die Familie bei der Erziehung der Kinder im Schulalter unterstützen. Eine besondere Bedeutung hat er für die Kinder **berufstätiger Eltern**. Sie haben die Möglichkeit, die Zeit nach der Schule nicht allein und auf sich selbst gestellt zu verbringen, sondern in der Geborgenheit einer Gemeinschaft. Dabei geht es nicht nur um die **Beaufsichtigung durch Erwachsene:**

- Es gibt eine **Tischgemeinschaft**, mit der man zusammen das Essen einnimmt,
- eine **Spielgemeinschaft**, die viel Anregung bringt und Freundschaften untereinander entstehen lässt,
- eine **Lerngruppe**, die das Lernen für die Schule leichter macht.

Ein Hort kann nicht nur zeitweise die Familie ersetzen, er kann wesentliche Aufgaben zur Förderung der Schulkinder übernehmen. So kann **soziales Verhalten** in den Gruppen erprobt werden, was dem Kind hilft, seine Rolle zu finden.

**DEFINITION**

Der Hort bietet Betreuung (und Erziehung) bei den Hausaufgaben, bei der Freizeitgestaltung und Möglichkeiten für soziales Lernen.

**AUFGABEN**

1. *Die Leistungsanforderungen der Schule erzeugen bei den Kindern häufig Versagensängste. Wie kann der Hort dagegen vorbeugen?*
2. *Nennen Sie Beispiele für soziales Lernen im Hort.*

## 1.4.11 Schule

**AUFGABE**

*Was gehört außer dem Lernen zum Schulalltag?*

Vom fünften oder sechsten Lebensjahr an beansprucht die Schule von den Kindern und Jugendlichen einen wesentlichen Anteil am Tag. Der Schulbesuch ist bis zum 9. Schuljahr Pflicht. Die Schule ist nicht nur **Lernort** sondern auch **Lebensort,** da Lehrerinnen sowie Schülerinnen und Schüler viele gemeinsame Stunden miteinander verbringen.

In den Schuljahren entwickeln sich die **Kinder** zu **Jugendlichen** und sogar zu **jungen Erwachsenen**, wenn sie das Gymnasium oder die Berufsschule besuchen. Lehrerinnen müssen **Wissen** und **Bildung** vermitteln und gleichzeitig die Kinder **erziehen**, also den Schülerinnen und Schülern wünschenswerte Verhaltensweisen vermitteln sowie Begabungen entdecken und entfalten.

Pädagoginnen können diesen **Anforderungen** nur gerecht werden, wenn die Schüler- und Elternschaft sie unterstützt. In Problemfällen muss ehrlich und offen miteinander gesprochen werden. In den spannungsreichen Entwicklungs-

Abb. Nühs (links)
Abb. MEV (rechts)

jahren ist das ein schwer zu erreichendes Ziel. Der Jugendliche bringt seine Labilität, Gemütsbewegungen und Stimmungsschwankungen in den Unterricht mit ein und hat nicht immer Lust, sich am Unterricht zu beteiligen. Verweigern ist häufig die Folge dieses unausgeglichenen Verhaltens.

Die Vertretung der Schülerschaft in der Schulverwaltung ist die **Schülermitverwaltung**. Bei wichtigen Entscheidungen, die die Schülerschaft betreffen, muss sie ihre Meinung abgeben.

Wichtig ist auch, dass Eltern **widerspenstiges und schlechtes Benehmen** ihrer Kinder in der Schule nicht hinnehmen, sondern sich um ein positives Verhalten bemühen. Aggressionen auf dem Schulhof und Erpressungen auf dem Weg nach Hause dürfen nicht zugelassen werden. Umgekehrt muss den Schülerinnen und Schülern die Möglichkeit gegeben werden, sich frei entfalten und Selbstbewusstsein entwickeln zu können. Im Kontext einer verlässlichen Bindung an die Klassenlehrerin ist das auch für die meisten Kinder bzw. Jugendlichen möglich.

Die drei großen **„F" Feiern, Feste und Fahrten** sagen ebenfalls etwas über das Schulklima aus: Abschlussfeiern, Schulfeste und Klassenfahrten sind bleibende, meist positive Erinnerungen an die Schule.

Die Reformpädagogen (z. B. Theodor Litt, Klafki u. a.) haben in einigen Bundesländern wieder Einzug in die Schulen gehalten. Sie fordern ein aktives Mittun im Unterricht, was positiv zu unterstützen ist und den Schülern mehr Spaß macht als das Zuhören.

## DEFINITION

Die Schule ist ein wichtiger Lern- und Lebensraum für Kinder und Jugendliche. Die Förderung der Lernbereitschaft und das soziale Verhalten trägt dazu bei, dass die Kinder und Jugendlichen ihre Rollen im späteren Leben finden.

## AUFGABEN

1. *Von Kindergarten und Schule wird gefordert, dass sie eng miteinander zusammenarbeiten. Begründen Sie diese Aussage.*
2. *Denken Sie darüber nach, wie die Schule auf Ihr Denken, Handeln und Empfinden Einfluss genommen hat.*
3. *Inwieweit hat die Schule Ihre Berufswahl beeinflusst und damit einen starken Einfluss auf Ihr Leben genommen?*

Abb. MEV

## 2 Medienpädagogische Grundlagen

**Vorüberlegungen**

Kinder und Jugendliche wachsen heute in komplexen Medienwelten auf.

Der Ausdruck „Medienwelten" bedeutet, dass Medien heute nicht mehr nur als technische Installation in wenigen Räumen zur Verfügung stehen, sondern die Alltagswelt in Familie, Schule und Freizeit in unterschiedlicher Bündelung und in differenzierten Angeboten durchdringen.

Eine solche ganzheitliche Betrachtung bleibt nicht bei den Angaben zu Medienbesitz und Mediennutzung stehen, sondern bezieht Fragen nach Medienwirkungen, nach dem aktiven Umgang mit den Medien, nach sozialen Kontexten, lebensweltlichen Bindungen, unterschiedlichen Medienorten, differenten Milieus mit ein.

**AUFGABE**

*Nehmen Sie Stellung zu dem o. g. Text.*

Ein Leben ohne Fernsehen, Hörfunk, Tageszeitungen oder Computer ist heute nicht mehr denkbar. Die Medien durchdringen fast alle Bereiche unseres gesellschaftlichen Lebens.

Erwachsene nutzen die neuen technischen Geräte ganz selbstverständlich. Im Leben vieler Kinder haben die Medien ebenfalls einen großen Stellenwert, wie Untersuchungen ergeben haben.

- So schauen Kinder unter drei Jahren durchschnittlich 20 bis 30 Min. täglich Fernsehen,
- bei den Vier- bis Sechsjährigen sind es schon 1 bis 1,5 Stunden.
- Durchschnittlich sitzt jedes sechs- bis achtjährige Kind täglich etwa 2 Stunden vor dem Fernseher.

Extreme Vielseherei kann folgende negativen Auswirkungen haben:

- Konzentrationsstörungen,
- schrumpfende Wortschätze und Satzumfänge,
- verminderte Kommunikationsfähigkeit, Motivationsmangel,
- Verlust der Kreativität und Fantasie,
- Zunahme an Aggressionen und vieles mehr.

Während elektronische Medien vielfach als bedenklich gelten, genießt das Lesen den Ruf einer pädagogisch sinnvollen Beschäftigung. Die positiven Attribute des Lesens, die dem Fernsehen fehlen, wie die Sprachförderung, Verbesserung der Konzentrationsfähigkeit, Beflügelung der Fantasie, sind heute klar. Das war nicht immer so: Noch am Anfang des letzten Jahrhunderts wurde vor den sozialen und psychischen Schäden des Lesens gewarnt. Interessant ist die Ähnlichkeit der pädagogischen Bewertung mit dem Fernsehen in heutiger Zeit. Damals waren es die **Printmedien**, die im Kreuzfeuer der Kritik standen, heute sind es die **elektrischen und elektronischen Medien**, vor denen die Kinder geschützt werden müssen. Der Einfluss dieser Medien wird zukünftig noch mehr zunehmen. Nicht das Medium selbst, sondern der Inhalt und der Umgang mit dem Medium entscheidet darüber, ob der Konsum pädagogisch bedenklich ist oder nicht. Handlungskonzepte für den Umgang sind mehr denn je erforderlich. Aufgabe der Pädagoginnen, Erzieherinnen und Sozialassistentinnen wird sein, die Kinder zu einem kompetenten Umgang mit den Medien zu befähigen.

### 2.1 Medienangebote

Die massenmediale Kommunikation ist ein Merkmal der modernen Informations- und Mediengesellschaft, bei der die Medienrezipienten

Abb. Imagesource

(Zuschauer und Zuhörer) in dieser Ein-Wege-Kommunikation die Konsumenten bilden. Sie haben keine oder nur begrenzte Möglichkeiten, selbst aktiv zu werden.

Medien sind nicht nur ein Mittel für den Zeitvertreib, sondern sie können den Kindern vieles vermitteln, was sie im Laufe ihrer Entwicklung benötigen. Mediale und nicht mediale Erfahrungen ergänzen sich daher und stehen mehr oder minder gleichberechtigt nebeneinander.

Kinder erwerben die ersten Medienerfahrungen zwangsläufig durch ihre Eltern. So läuft beim Frühstück das Radio und am Abend wird der Fernseher eingeschaltet. Allmählich lernen sie die **Bedeutung dieser Medien** und erfahren, wie sie sie **für sich nutzen** können. Sehr früh erfahren sie, dass mediale Aktivitäten in ihr häusliches Alltagsleben eingebunden sind: z. B. Das Sandmännchen als Gute-Nacht-Geschichte. Auch beim Geschichtensehen und -hören sind die Medien wichtig für sie. Wenn sie etwas älter sind, bevorzugen sie Unterhaltungssendungen, die Abenteuer, Action, Spaß und Spannung enthalten.

Medienangebote lassen sich in drei Gruppen einteilen, wie sie nachfolgend dargestellt werden:

**Printmedien (= gedruckt):** Bücher, Zeitschriften.

**Auditive Medien (= hörbar):** Hörfunk, CDs, Hörbücher.

**Audiovisuelle Medien (= hör- und sehbar):** Fernsehen, Kino, Video und Bildschirmspiele.

**Interaktive Medien (= wechselweises Handeln von Personen)**: Computer, Handy u. a.

## AUFGABEN

1. *Vergleichen Sie die vier Medien miteinander und äußern Sie Ihre Meinung dazu.*
2. *Welches Medium hat aus Ihrer Sicht die größte Zukunftsbedeutung? Begründen Sie Ihre Aussage.*

## 2.1.1 Printmedien

Die neuen Medien haben dazu beigetragen, dass die Lesekultur zwar zurückgegangen, aber nicht verschwunden ist. 67 % der Mädchen und 46 % der Jungen im Alter von 6 bis 13 Jahre lesen gern. Dennoch sollen Kinder und Jugendliche durch alle Gattungen der Kinder- und Jugendliteratur stark angeregt werden. Das beginnt beim Bilderbuch, der Vorlesegeschichte, dem Märchen und endet bei der Sachliteratur und dem Jugendbuch. Kinder lernen durch Bücher Einzelheiten in Bildern und Texten detailliert zu erfassen und sich über längere Zeit auf ein Bild oder einen Inhalt zu konzentrieren. Bücher fördern neben der Aufnahmefähigkeit das Gedächtnis, das sprachliche Ausdrucksvermögen und das ästhetische Empfinden.

Die Lesefähigkeit und der kritische Umgang mit der Sprache sind wichtige Voraussetzungen, um mit der heutigen Informationsflut zurechtzukommen.

### Das Bilderbuch

Im Bilderbuch werden Inhalt und Handlungsverlauf hauptsächlich über Bilder vermittelt. Es gibt **Bilderbücher ohne Text**, in denen Gegenstände, Tiere oder Personen dargestellt werden oder eine Geschichte ausschließlich über Illus-

Abb. Imagesource

trationen vermittelt wird. Diese werden **Elementarbilderbücher** genannt. Sie zeigen in der Regel Objekte aus der nächsten Umgebung des Kindes, wie Teddy oder Puppe, und sollen dazu anregen, dass das Kind seine Umgebung wahrnimmt, sie wieder erkennt und bald benennen kann. Elementarbilderbücher sind für Kinder im Alter von etwa fünf Monaten gedacht.

Bei **Bilderbüchern mit wenig Text** dominiert ebenfalls das Bild, das aber durch kurze Sätze ergänzt wird. Bilderbücher, in denen **Text und Bild gleichwertig** nebeneinander stehen, setzen ein noch größeres Sprachverständnis voraus.

So reichhaltig das Titelangebot des Bilderbuchmarktes ist, so vielfältig sind auch die Gestaltungsweisen und Ausgabenformate. **Elementarbilderbücher** umfassen acht bis zwölf Seiten, sie sind klein und handlich und können auch in den Mund genommen werden, da sie mit dem Prädikat „unzerreißbar" ausgestattet sind.

Für etwas ältere Kinder gibt es **Pappbilderbücher**. Inhaltlich folgen sie dem Prinzip vom Bekannten zum Unbekannten, d. h. es werden Abbildungen aus dem Nahbereich des Kindes mit Abbildungen aus dem Fernbereich verbunden. Pappbilderbücher werden auch als **Spielbücher** zusammen mit einem Spielzeug angeboten.

Im **Szenenbilderbuch** werden Bereiche bzw. eine Szene der alltäglichen Umwelt gezeigt, z. B. ein Spielplatz, ein Dorf oder eine Stadt. Meistens ist das Szenenbilderbuch textlos.

**Wimmelbilderbücher** sind ebenfalls ohne Text. In ihnen sind komplexe Szenen mit vielen Aktionen dargestellt. Sie sind sehr großformatig und eignen sich daher gut zum konzentrierten Betrachten und Suchen von Einzelheiten.

**Bildwörterbücher** dienen vor allem dem Spracherwerb. Zu den Abbildungen werden kurze Texte verfasst.

Einen bemerkenswerten Aufschwung haben die so genannten **Pop-up-Bilderbücher** genommen. Zusätzlich zu den Bildern und Texten enthalten sie **Überraschungen aus Papier**, die von den Kindern zusammengebaut werden müssen. Kinder lieben diese Bilderbücher wegen ihrer Überraschungseffekte.

Besonders beliebt bei den Eltern sind die **Ausmalbücher**, in denen die Umrisse von Menschen, Tieren und Pflanzen abgebildet sind, die die Kinder ausmalen müssen.

**Märchenbilderbücher** tragen dazu bei, dass sich bereits Kinder im Kindergarten selbstständig mit Märchen beschäftigen können. In einfacher Form werden die Inhalte der Märchen durch Bild und Text dargestellt.

Nicht vergessen werden dürfen die **sogenannten Klassiker** wie der „Struwwelpeter" von Heinrich Hoffmann oder „Max und Moritz" von Wilhelm Busch. Diese Bücher müssen in ihrem historischen Zusammenhang gesehen werden, d. h.

---

Abb. Beltz Verlagsgruppe (links)
Abb. (C) 2005 Loewe Verlag GmbH (rechts)

dem vorletzten und dem Beginn des letzten Jahrhunderts zugeordnet werden, in dem die Kinder ausschließlich autoritär erzogen wurden.

Die Neugier auf Sachthemen ist bei Kindern sehr ausgeprägt. Diesem Wissensdrang versuchen die **Sachbilderbücher** gerecht zu werden. Das Themenfeld reicht von der unmittelbaren Umwelt über Fragen aus der Technik und Geschichte bis zur Kultur. In der Regel wenden sie sich an Kinder im Alter von vier bis zehn Jahren.

Inzwischen gibt es auch **Problembilderbücher**, die sich die Kinder nicht allein, sondern in Begleitung Erwachsener ansehen sollten. Sie behandeln Themen wie Krieg und Frieden, Reichtum und Armut sowie Konflikte in der Familie.

## MERKSATZ

Bilderbücher sind besonders für Kinder zwischen zwei und zehn Jahren geeignet. Ihr wesentliches Merkmal ist die Dominanz des Bildes über dem Text.

### Die Kinderlyrik

Lyrik bedeutet Dichtungsart in Reimen, die Stimmungen und Gefühle ausdrückt.

Die Kinderlyrik wendet sich an Kinder aller **Altersstufen**. Sie beinhaltet: Fingerverse, Kniereiter, Abzählreime, Trostreime, Schlaflieder und kurze Gedichte.

***Dazu einige Beispiele:***

*Eene meene muh,*
*und raus bist du,*
*raus bist du noch lange nicht,*
*sag mir erst wie alt du bist.*

*Ich und du und dem Müller*
*seine Kuh*
*und dem Müller sein Stier sind unsre vier.*

*Eins, zwei, Papagei,*
*drei, vier, Offizier,*
*fünf sechs, alte Hex´,*
*sieben, acht, Kaffee gemacht,*
*neun, zehn, weiter gehen,*
*elf, zwölf, junge Wölf`,*
*dreizehn, vierzehn, Haselnuss,*
*fünfzehn, sechzehn, du bist Dus.*

*Frau von Hagen,*
*darf ich´s wagen,*
*sie zu fragen,*
*wieviel Kragen sie getragen,*
*als Sie lagen,*
*krank am Magen,*
*im Spital zu Kopenhagen?*

Während Kinderlyrik im 18. und 19. Jahrhundert als Erziehungsmittel diente und Reim und Rhythmus Verhaltensregeln für das Kind deutlich machten, wandelte sich diese Zeigefinger-Pädagogik. Man entdeckte den **Eigenwert der Kindheit**. Die Dichter stellten sich mit den Kindern auf eine Stufe und versuchten, aus deren Perspektive heraus zu schreiben. Die Kinderliteratur öffnete sich dem Lebensumfeld des Kindes und versuchte, aktuelle Themen wie Naturschutz, Tod, Straßenverkehr mit einzubeziehen. Sie umfasst nicht nur Verse und Reime, sondern auch Kinderlieder.

### Das Märchen

Man unterscheidet zwei Arten von Märchen: Volks- und Kunstmärchen. Beide richten sich an alle Leser, unabhängig vom Alter und Geschlecht. Besonders geeignet sind sie für Kinder im Alter von vier bis fünf Jahren. Diese Entwicklungsphase beschreibt die Psychologin Charlotte Bühler als eine mythisch-magische, die durch das Märchen eine neue Dimension der Fantasie erhält.

Die **Herkunft der Volksmärchen** ist nicht genau festzulegen. Einige Märchenforscher verfolgen ihre Ursprünge bis in die vorchristliche Zeit. Andere gehen davon aus, dass sie später entstanden sind. Wieder andere Märchenforscher sind der Meinung, der Ursprung der Märchen sei in der Seele des Menschen zu finden. Ihre Urbilder fänden sich in allen Mythen und Märchen dieser Welt wieder.

Der Aufbau der Märchen ist klar und einfach. Die Handlung ist straff gegliedert und hat eine überschaubare **Dreierstrukturierung** in Einleitung, Hauptteil und Schluss. Kinder können in Märchen **Wirkliches und Außerwirkliches** zugleich erleben. In den Märchen sind alle Grenzen aufgehoben. Mysteriöses und Reales wirken unlösbar ineinander. Die Gegensätze schön und hässlich bzw. gut und böse treten scharf hervor. Volksmärchen sind von einem strikten Rechtsbewusstsein geprägt: Der Sieg der Gerechtigkeit fordert erbarmungslose und tödliche Strafen. So wird die Pechmarie bei Frau Holle mit heißem Pech übergossen.

Viele Pädagogen bewerten die Anwendung von Gewalt zur Lösung von Konflikten in den Märchen negativ und lehnen sie zum Teil ab.

Bei den **Kunstmärchen** ist der Verfasser bekannt. Der Däne Hans Christian Andersen (1805–1875) und der Deutsche Wilhelm Hauff (1802–1827) sind bekannte Märchendichter bzw. Erzähler. In der Regel sind die Kunstmärchen anspruchsvoller als die Volksmärchen. Autoren des 20. Jahrhunderts, wie Hermann Hesse oder Michael Ende, haben die Form des Kunstmärchens aufgenommen. Wie in den Volksmärchen gibt es viel Fantastisches in den Kunstmärchen: So können Steine, Tiere und Pflanzen sprechen und viele Wunder vollbringen.

## MERKSATZ

Kunst- und Volksmärchen wollen Hörer, Leser und Betrachter verzaubern und den Alltag vergessen lassen.

### Klassiker der Kinder- und Jugendliteratur

Darunter versteht man Bücher, die zeitlos und an keine sprachlichen und kulturellen Grenzen gebunden sind und somit nicht an Aktualität verlieren. Dazu zählen:

„Emil und die Detektive“ von Erich Kästner, „Jim Knopf und Lukas der Lokomotivführer“ sowie „Momo“ und „Die unendliche Geschichte“ von Michael Ende. Außerdem gehören dazu: „Robinson Crusoe“ von Daniel Defoe, „Gullivers Reisen“ von Jonathan Swift, „Pippi Langstrumpf“ von Astrid Lindgren oder „Lederstrumpf-Geschichten“ von James Fenimoore Cooper usw.

Ständig erweitert sich die Zahl guter Kinder- und Jugendbücher, so dass es unmöglich ist, sie alle zu nennen.

## MERKSATZ

Klassiker der Kinder- und Jugendliteratur verlieren nicht an Aktualität. Sie haben einen bleibenden Wert.

### Kinder- und Jugendzeitschriften

Es gibt etwa 100 verschiedene Kinder- und Jugendzeitschriften. Das Angebot ist zwar sehr umfangreich, doch die Mehrheit der Zeitschriften ist austauschbar, d. h. die Inhalte sind beliebig, beschränken sich aber auf einen gleichbleibenden Zeitvertreib oder schlichte Rätsel und Beschäftigungen, d. h. die Inhalte sind für Kinder nicht anspruchsvoll genug.

Die Zeitschriften können nach ihrem Bezugsort eingeteilt werden. So gibt es:

- Abonnementzeitschriften, z. B. Olli und Molli,
- Kioskzeitschriften, z. B. Mütze und Co.
- Onlinezeitschriften, z. B. Geoline,
- Werbezeitschriften, z. B. Jojo von der AOK.

Abb. Verlag Herder GmbH

Diese Zeitschriften werden noch nach verschiedenen Altersstufen unterteilt:

- Für Kinder im Alter von 4 bis 6 Jahren,
- für Kinder im Alter von 7 bis 9 Jahren,
- für Kinder im Alter von 10 bis 13 Jahren,
- für Jugendliche ab 14 Jahren.

Kinderzeitschriften sind für Kinder gut geeignet, wenn sie

- geschmackvoll gestaltet sind, d. h. der Umschlag ansprechend, Text- und Bildanordnung übersichtlich,
- kindgerechte Alltagsthemen enthalten,
- die Figuren differenziert genug darstellen,
- Werte und Normen vermitteln,
- zur Horizonterweiterung beitragen,
- den Kindern sinnliche Erfahrungen ermöglichen,
- zum Nachdenken anregen,
- Beschäftigungen enthalten, wie Rätsel, Spiel- und Bastelanleitungen.

Für Schulkinder sind solche Zeitschriften zu empfehlen, die sich an Sachthemen orientieren. Positiv zu bewerten ist auch, wenn die Zeitschriften Themen des Lehrplans enthalten.

Bei den Zeitschriften der Jugendlichen gelten ähnliche Kriterien wie bei den Kinderzeitschriften. Die Themen müssen aber umfangreicher sein, z. B. können Beschreibungen über große Expeditionen oder über die Weltreligionen Inhalt der Zeitschriften sein. Auch Hinweise auf Veranstaltungen bieten sich an.

Nach wie vor haben Zeitschriften wie die „Bravo" und ähnliche Zeitschriften eine Spitzenposition. Besonderes Interesse finden Zeitschriften bei Jugendlichen, die sich mit Starkult, Lifestyle und Konsumthemen befassen. Ambitionierte Kinder- und Jugendzeitschriften sind an Kiosken nur noch selten zu finden.

## MERKSATZ

Kinder- und Jugendzeitschriften sind empfehlenswert, wenn sie den angegebenen Kriterien entsprechen.

## AUFGABEN

1. *Erarbeiten Sie in Gruppen die Grundsätze einer Ausstellung über Kinder- und Jugendliteratur. Stellen Sie dazu Bücher- und Zeitschriftenlisten zusammen.*
2. *Überprüfen Sie Kinder- und Jugendzeitschriften nach den genannten Kriterien.*

## 2.1.2 Auditive Medien

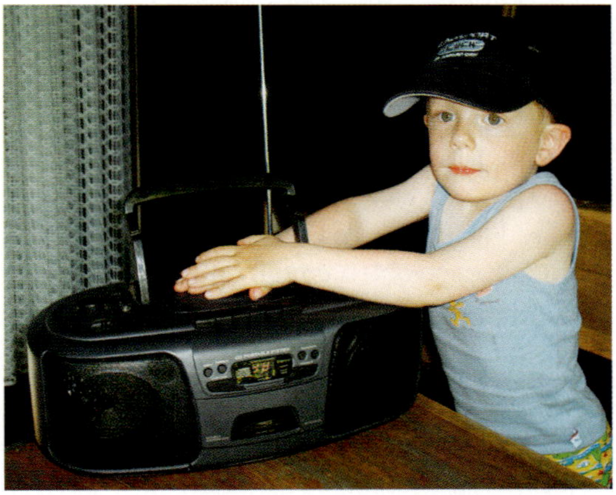

In der Mediennutzung spielen die Hörmedien bei den Kindern eine geringere Rolle. Vor allem das Radio hat praktisch keine Bedeutung. Erst die **Jugendlichen** werden durch das Nebenbeihören zu **täglichen Konsumenten**, vor allem von Musiksendungen.

Mit zunehmendem Alter ergibt sich auch hier eine **Ausdifferenzierung der Angebote**. Während die Sechs- bis Siebenjährigen nur auf drei Programmsparten (Musik, Märchen, Werbung) kommen, sind es bei den Zwölf- bis Dreizehnjährigen zehn Sparten bei insgesamt höherer Radionutzung.

- Bei den Sechs- bis Siebenjährigen liegt der Anteil der täglichen Nutzung bei 36 %,
- bei den Zwölf- bis Dreizehnjährigen erreicht der Wert 59 %.

Abb. Morgenstern

Beim Radio, aber noch stärker bei den CDs und MCs, zeichnet sich eine stärkere Nutzung durch Mädchen als durch Jungen ab.

Attraktiv an den auditiven Medien für Kinder ist, wenn sie selbst bestimmen können, was sie hören möchten. In der kindlichen Medienentwicklung sind die auditiven Medien meistens die ersten Medien, die von ihnen selbstbestimmt konsumiert werden. Die **Hör-CD** bzw. Kassette hat Priorität, zumal es kindgerechte preiswerte Kassettenrecorder bzw. CD-Player gibt, die schon früh von den Kindern **selbstständig und problemlos bedient werden** können.

Tonträger haben heute die traditionellen Aufgaben des **Geschichtenerzählens** übernommen. Hörbücher geben Kindern die Möglichkeit, ihre Lieblingsgeschichten immer wieder zu hören und spannende Stellen erneut zu durchleben oder über bestimmte Stellen wieder zu lachen. Für Kinder ist es wichtig, selbstständig mit den Geschichten umgehen zu können.

Kassetten und CDs sind nur dann für Kinder interessant, wenn sie eine ansprechende **Qualität** haben. Die Inhalte müssen witzig, spannend und logisch sein. Die Sprache sollte zu den Figuren passen. Geräusche und Musik müssen die Handlung unterstützen und die nötige Atmosphäre schaffen.

Ein Kassettenrecorder bzw. CD-Player gehört in jedes Kinderzimmer. Er ist nicht nur zum Abspielen von Kassetten bzw. CDs geeignet, sondern man kann damit auch aufnehmen und anschließend seine eigene Stimme hören.

## MERKSATZ

Auditive Medien geben die Möglichkeit der vielseitigen Nutzung. Jugendliche nutzen sie mehr als Kinder.

## AUFGABEN

1. *Untersuchen und bewerten Sie das Radioangebot für Kinder. Wie könnte es verbessert werden?*
2. *Diskutieren Sie die Vor- und Nachteile von Radiosendungen und Hörkassetten bzw. CDs.*

### 2.1.3 Audiovisuelle Medien

Der Begriff „audiovisuelle Medien“ fasst, wie schon erwähnt, die Medien zusammen, die etwas mit dem Hören (lat. audire) und Sehen (lat. videre) zu tun haben. Es sind die Medien, deren Technik gleichzeitig Bilder und Töne vermitteln. Sie sind heute ein nicht mehr wegzudenkender Teil unseres Alltags. Hauptsächlich ist damit das Fernsehen gemeint, aber auch Kino, Video und DVD gehören dazu, denn das **Fernsehen** ist das **Leitmedium in unserer Gesellschaft**. Kinder nutzen die audiovisuellen Medien meistens völlig selbstverständlich, eher beiläufig und routiniert.

Bereits kleine Kinder sind von den bunten Bildern des Fernsehens fasziniert. Da Kinder ein Bedürfnis nach **Tagträumen** haben, macht es ihnen viel Freude dieses Medium zu nutzen. Durch das Erzählen von Geschichten wird zwar das Gleiche erreicht, aber das Fernsehen wirkt sehr viel intensiver. Es stillt auch das Bedürfnis der Kinder nach **Freiheit und Abenteuer**. Das Fernsehen fungiert hier als eine Art Ersatzbefriedigung. Spaß und Spannung werden aus zweiter Hand erlebt. Fernsehen verringert Einsamkeit und Langeweile und ermöglicht den Kindern die **Identifikation mit Figuren**, die über Stärke und Macht verfügen.

Doch das Fernsehen birgt auch viele Gefahren, deshalb muss der Umgang damit gelernt werden.

Im Unterschied zu den Erwachsenen erleben Kinder Fernsehen anders. Die Unterschiede sind umso größer, je jünger Kinder sind.

Kinder unter drei Jahren sollten nicht fernsehen, da sie mit der schnellen Abfolge von Bildern nichts anfangen können, sondern dadurch nur überfordert werden. Kinder im Alter von **drei bis ca. sechs Jahren** sind nicht in der Lage, ursächliche Zusammenhänge oder Rückblenden zu erkennen. Sie können nur einzelne Filmsequenzen wiedergeben, wenn sie die Geschichte nacherzählen sollen. Diese Altersgruppe benötigt einfache Muster, wie gut und böse und mutig und feige. Kinder in diesem Alter polarisieren stark und benötigen Filmfiguren, auf die sie dieses Schema anwenden können. Komplizierteren Charakteren können sie nicht folgen. Darüber hinaus können kleine Kinder nicht begreifen, dass das, was im Fernsehen gezeigt wird, nicht die Wirklichkeit ist. Sie halten das Gesehene für ebenso real wie die Umwelt. Erst im Vorschulalter begreifen Kinder allmählich, dass es sich um eine Geschichte handelt. Grundsätzlich gilt in jedem Alter: **Das Kind muss verstehen, was es sieht, um es verarbeiten zu können.** Ansonsten können Probleme entstehen, die im Unterbewusstsein weiterarbeiten.

Für Kinder im Kindergarten ist die „Sendung mit der Maus" gut geeignet. Sie hat

- immer die gleichen Moderatoren und Tiere,
- kurze und altersgemäße Filmszenen,
- keinen schnellen Bildwechsel.

Kinder im Alter von **7 bis 10 Jahren** können bereits die Wirklichkeit von der Fiktion unterscheiden, Kausalzusammenhänge erkennen sowie sich in die einzelnen Filmfiguren einfühlen. Dennoch benötigen sie noch ein gemäßigtes Tempo und nur eine Erzählebene. Wenn der Film diese Merkmale nicht aufweist, werden die Kinder überfordert.

Kinder im Alter von **11 bis 12 Jahren** können bereits logisch denken und der Handlung gut folgen. Im Unterschied zu den Erwachsenen sind sie noch nicht in der Lage sich von dem dargebotenen Inhalt zu distanzieren.

Grundsätzlich ist bei allen Filmen für Kinder zu bedenken, dass

- der Film nicht zu lange dauert,
- er nicht zu spannend ist,
- er genügend Pausen zur Entspannung bietet,
- die Musik und Geräuschuntermalung nicht zu aufregend sind.

Ein dreijähriges Kind sollte sich einen Film nicht länger als 20 bis 30 Minuten ansehen. Ein Video bzw. eine DVD ließe sich beispielsweise in mehrere Sequenzen aufteilen, zwischen denen Erholungspausen eingelegt werden.

Günstig ist, wenn die Eltern mitsehen und den kleineren Kindern durch ihre Gegenwart Sicherheit geben. Indem man die Kinder anregt, den Film nachzuerzählen, lässt sich überprüfen, ob sie ihn verstanden haben. Außerdem hilft das Nacherzählen bei der Verarbeitung des Filmes und fördert den Spracherwerb.

Das Gesehene wird von den kleineren Kindern durch Nachspielen verarbeitet, während die größeren Kinder miteinander reden oder mit ihren Eltern oder Bezugspersonen.

**Hinweise zum Umgang mit dem Fernsehen:**

- Sendungen, die nicht dem **Werte- und Normensystem** der Erziehenden entsprechen, sollten den Kindern nicht gezeigt werden.
- Den Kindern sollten beim Fernsehen **Grenzen** gesetzt werden. Zu langes Fernsehen wirkt sich nachteilig auf die Gesundheit des Kindes aus.
- Kinder sollten die Möglichkeit haben, das Gesehene mit **unterschiedlichen Mitteln** nachzugestalten, z. B. Rollenspiel, Malen usw.
- Das **Zappen** (häufiger Programmwechsel) sollte vermieden werden, stattdessen sollte vorher mit dem Kind das Programm gezielt ausgesucht werden.
- **Reality-TV und Talkshows** sind in der Regel für Kinder ungeeignet, da sie entweder spektakuläre Unfälle und Verbrechen zeigen bzw. oberflächlich sind.

Für **Video bzw. DVD** gilt ähnliches wie für Kassette oder CD. Sie müssen

- eine gute Bild- und Tontechnik haben,
- einen Inhalt haben, der auf das Alter des Kindes abgestimmt ist,
- Geräusche und Musik haben, die die Handlung unterstützen, aber nicht zu stark beherrschen.

## Kinobesuch

Ein Kinobesuch ist für Kinder ein besonderes Erlebnis, während er für Jugendliche und Erwachsene ein fester Bestandteil der Freizeitkultur ist.

Kinder können die Kinoatmosphäre genießen, wenn sie sich einen Film ansehen, der altersgemäß bearbeitet ist.

Aber nicht alle Filme sind für Kinder zugelassen. Sie sind mit Altersfreigaben gekennzeichnet, die von der Freiwilligen Selbstkontrolle Film (FSK) vergeben werden.

Seit April 2003 gibt es für den Kinobesuch mit Kindern eine neue gesetzliche Regelung im Jugendschutzgesetz (JUSchG). Kinder ab 6 Jahre können nun auch Filme im Kino ansehen, die von der Freiwilligen Selbstkontrolle erst ab 12 Jahren freigegeben sind, sofern Eltern oder eine Betreuungsperson sie begleiten.

Nicht unberücksichtigt bleiben sollten bei der Wahl eines Films für Kinder die Zeitgrenzen für den Kinobesuch. Empfehlenswerte Filme für Kinder können unter den http:schauhin.info gefunden werden.

## MERKSATZ

Der Konsum audio-visueller Medien unterstützt die Entwicklung des Kindes. Er muss aber bei Kindern zeitlich und thematisch begrenzt werden.

## AUFGABEN

1. *Tragen Sie die Vor- und Nachteile audiovisueller Medien zusammen und schreiben Sie Stichpunkte an die Tafel.*
2. *Untersuchen und bewerten Sie das Fernsehangebot für Kinder. Wie könnte ein Fernsehkanal für Kinder aussehen? Entwickeln Sie in Gruppenarbeit einen Vorschlag.*
3. *Überprüfen Sie, ob das genannte Medium die Wahrnehmungs- und Auffassungsfähigkeit des Kindes beeinträchtigt oder fördert?*

### 2.1.4 Interaktive Medien

## AUFGABEN

1. *Beurteilen Sie den Einsatz eines Computers im Kindergarten.*
2. *Welche Erfahrungen haben Sie mit Computern während Ihres Praktikums im Kindergarten gemacht? Berichten Sie auch darüber, wie der Computer eingesetzt wurde.*

Viele Kinder besitzen heute ihre eigenen Medien wie Kassettenrekorder, CD-Player oder Computer. Die veränderten Lebens- und Sozialisationsbedingungen lassen Kinder neue Formen der Kommunikation und Interaktion suchen. Über die Medien, besonders über den Computer, finden sie Möglichkeiten, über das eigene Umfeld hinaus andere Normen, Werte und Verhaltensweisen zu beobachten. Die Unterhaltungsindustrie hat hierbei besonders die Kinder im Visier, denn diese sind es, die die Angebote an CDs besonders nutzen können. Sie sind gegenüber allem Neuen offen und von daher eine lohnende Zielgruppe.

Das Kind am Computer ist nicht mehr nur Zuhörer oder Zuschauer sondern selbst handelnde Person. Es wird quasi zur Gestalt auf dem Bildschirm, die in jeder Bewegung und Aktion dem Willen des Spielers folgt, zu dem er selbst wird. Die kritische Auswahl des Programms ist daher notwendig.

Der Computer bietet viele Möglichkeiten des Einsatzes. Als Spielgerät bietet er nachfolgende Spiele an:

**Jump'n'Run-Spiele:** Bei diesem Spiel bewegt sich die zu steuernde Person springend und rennend vorwärts. Ihre eigentliche Aufgabe besteht aber darin, plötzlich auftauchende Hindernisse zu überwinden und Gegner abzuschießen.

**Ego-Shooter:** Bei diesem Spiel geht es hauptsächlich um das **Abschießen** der Gegner.

**Adventure-Spiele:** Bei diesen Spielen handelt es sich meistens um sehr komplexe Szenarien, die von unrealistischen Fantasiewelten bis zu detailgetreuen Wirklichkeitsdarstellungen handeln. In den Szenarien müssen gefährliche Abenteuer bestanden werden. Einen vorgeschriebenen Weg zur Rettung der eigenen Person gibt es nicht, sondern er muss selbstständig ausgekundschaftet oder gefunden werden.

**Simulationen:** Hierbei werden Szenarien simuliert. Bei dem Spiel müssen Entscheidungen in einer simulierten Welt gefällt werden: So kann es sein, dass man als Bürgermeister Entscheidungen treffen muss oder man ist Manager in einem großen Unternehmen, in dem ebenfalls

Abb. Nühs

entschieden werden muss. Für den Ausgang des Spiels ist wichtig, dass man jeweils die richtige Entscheidung trifft.

**Denk- und Logikspiele:** Der Name bedarf keiner großen Erläuterung: Vom Kreuzworträtsel bis zum Puzzle wird bei den Denk- und Logikspielen alles angeboten, was nur möglich ist. Oft sind bekannte klassische Spiele computertauglich gemacht worden.

**Bilderbücher:** Bilderbücher werden ebenfalls als Computerspiel umgesetzt. Szenenbilder und Trickanimationen werden gemischt und ein Text hinterlegt. Nun kann der Leser interaktiv arbeiten, d. h. er bestimmt seinen Weg durch das Buch selbst und braucht nicht umzublättern.

Einen besonderen Stellenwert bekommt der Computer, wenn er als **Wissensvermittler** fungiert. Bei den **Lernprogrammen** steht die Schülerin im Vordergrund, sie bestimmt den Ablauf, dadurch bekommt das Lernen eine neue Qualität. Bei der Erledigung der Hausaufgaben sind die Möglichkeiten des Computers sehr begrenzt, anders sieht das bei der Nachhilfe aus. Da gibt es gute Möglichkeiten, Defizite aufzuarbeiten.

**Internet** bedeutet, dass man weltweit miteinander vernetzt ist. Die bereitgestellten Daten umfassen die unterschiedlichsten Themen und Inhalte, Zeitungsartikel, Werbeanzeigen, Spiele, Fahrpläne, Büchereibestände, Firmenangebote und vieles mehr. Auch der private Anwender kann Daten ins Netz stellen und so über eine Homepage veröffentlichen oder als E-Mail an einen bestimmten anderen Teilnehmer schicken.

**Chatten** (Plaudern) macht den Kindern in der Regel viel Spaß. Im Chatroom können sie mit Kindern in allen Teilen der Welt kommunizieren.

Darüber hinaus bietet der Computer die nachfolgenden Möglichkeiten:

- Textverarbeitung,
- Grafik,
- Musikbearbeitung,
- Foto- und Videobearbeitung,
- Tabellenkalkulation,
- Datenbank,
- Programmiersprachen.

## Spielkonsolen

Die **Spielkonsole** kann den Computer und Fernseher ergänzen. Der Vorteil der Spielkonsole ist, dass die Installation wegfällt, das Spiel läuft, wenn das Gerät angestellt ist. Im Unterschied zu Kinder-Software-Titeln und manchen Computerspielen können mehrere Spieler gegen- und miteinander antreten, was den Kindern und Erwachsenen Spaß bereitet, denn Spielkonsolen haben einen Mehrspielermodus. Wichtig ist, dass nach friedlichen und spannenden Titeln Ausschau gehalten wird. Das Gleiche gilt auch für den Umgang mit der Play-Station, der Game Cube und der XBox.

## MERKSATZ

Interaktive Medien haben den Vorteil der Mehrfachnutzung. Entscheidend ist, dass Kinder und Jugendliche den richtigen Umgang damit lernen.

## AUFGABE

*Machen Sie sich Gedanken über den sinnvollen Umgang mit interaktiven Medien für Kinder im Kindergarten bzw. für Jugendliche in den Jugendtreffs. Erarbeiten Sie dazu ein Mind-Map.*

Abb. MEV

## 2.2 Medienwirkung

### AUFGABEN

*1. Interpretieren Sie die obige Grafik.*

*2. Nennen Sie Beispiele dafür, wie aus dem Ständer wieder ein Rad werden kann.*

Medien dienen in erster Linie der Unterhaltung. Dennoch beeinflussen sie das Verhalten von Kindern, Jugendlichen und Erwachsenen.

### 2.2.1 Medienwirkung auf Kinder

### FALLBEISPIEL

„Am Montagmorgen war bei uns immer der Teufel los", berichtet eine angehende Sozialassistentin nach Abschluss ihres Praktikums in einem Kindergarten ihren Mitschülerinnen. „Die meisten Kinder waren damit beschäftigt, über ihre Fernseherlebnisse zu berichten oder wie sie ihre Geschwister bei den Computerspielen ‚geschlagen' haben. Auf meine Frage, ob es denn nichts anderes als Fernsehen und Computer gebe, meinten einige Kinder zögerlich, sie wären mit den Eltern auf einem Spielplatz gewesen. Fernsehen, Konsolenspiele und Computerspiele waren aber das vorherrschende Thema!"
„Bei uns war das auch nicht anders", bestätigen die anderen Mitschülerinnen. „Insbesondere die Jungen spielen ihre Mediengeschichten laut und eindringlich nach. Sie imitieren alle möglichen Helden."

### AUFGABE

*Ergänzen Sie die Aussagen durch Ihre Erfahrungen während des Praktikums.*

Die Beobachtungen der angehenden Sozialassistentinnen sind kein Einzelfall. Medienerfahrungen sind aus dem Kindergartenalltag nicht mehr wegzudenken, und so ergeben sich folgende Fragen:

- Machen bestimmte Fernsehsendungen und Computerspiele den Kindern Angst bzw. regen sie sie zu stark auf?
- Wie wirken sich Gewaltdarstellungen in den Medien auf die Kinder aus?
- Was kann die Sozialassistentin unternehmen, um den Kindern bei der Ver- und Bearbeitung von verunsichernden oder ängstigenden Fernseherlebnissen sowie aufregenden Computerspielen zu helfen?
- Muss die Sozialassistentin ihre Sichtweise über medienbezogene Reaktionen von Kindern überdenken und differenzieren?

Nicht nur Sozialassistentinnen, sondern auch die Psychologen berichten über die Auswirkungen negativer Videofilme, die sich die Kinder heimlich oder mit Erlaubnis der Eltern angesehen haben.

Psychologe R. nennt Beispiele aus seiner Praxis:

„Videogeschockte Kinder habe ich fast an jedem zweiten Tag in der Sprechstunde, es ist sehr schwer, sie wieder in die Realität zurückzuführen!"

„Es kann sein, dass 6-Jährige durch einen schrecklichen Film wieder ins Bett nässen oder 15-Jährige plötzlich im Schlaf aufschreien!"

„Ein 12-Jähriger Schüler musste zu mir in die Behandlung kommen, da er seine Klassenkameraden in der Pause mit Ketten erschlagen und ihnen die Augen ausstechen wollte! Leider hat er das nicht nur gesagt, sondern auch versucht."

Die Beispiele machen deutlich, dass Kinder und Jugendliche durch Fernsehsendungen und Playstations beeinflusst (manipuliert) werden und darauf reagieren. Die oben genannten Schlussfolgerungen entsprechen einem vereinfachten **Wirkungsmodell**. In der Medienwirkungsforschung wird dieses Modell **„Reiz-Reaktions-** oder **Stimulus-Response-Modell"** genannt.

Es unterstellt zum einen, dass die Fernsehinhalte auf alle Menschen dieselbe Wirkung haben. Zum anderen seien Kinder den Aussagen der Sendungen ausgeliefert und würden von ihrer Fülle überfordert. Man spricht auch von einer Reizüberflutung. Die häufig anzutreffende Vorstellung von Sozialassistentinnen bzw. Erzieherinnen und Lehrkräften, Kinder säßen zu Hause beständig vor dem Fernseher bzw. seien mit Computerspielen beschäftigt, beeinflusst die Beobachtung und Interpretation medienbezogener Äußerungen von Kindern. Folgende Wirkungen werden dabei der Fernseh-, Video- und auch Computernutzung nachgesagt:

- Die **Wahrnehmung** wird dahingehend verändert, dass die bildhafte Wahrnehmung zunimmt.
- Die **Wirklichkeitserfahrung** wird nicht mehr richtig aufgenommen: Es ist ein Leben „aus zweiter Hand".
- **Kulturelle Tätigkeiten** verflachen: Rückgang der Lesekultur, einseitige Ausbildung des formalisierten Denkens.
- **Kognitionen und Emotionen** verarmen: Es kommt zu einem „schleichenden Sprachverlust", die Lernfähigkeit nimmt ab, die Konzentrationsfähigkeit lässt nach und die Aggressionsbereitschaft steigt an.

Diese vermeintlichen Wirkungen werden besonders über neuere Medien, wie Fernsehen, Videos und Computer geäußert. Die Problematik solcher Aussagen, Behauptungen und Vermutungen liegt jedoch darin, dass sie nicht verallgemeinert werden können. Sinnvoll ist es daher, sich mit **konkreten Einzelfällen** zu beschäftigen.

## MERKSATZ

Durch häufigen Gebrauch der Medien ändern sich angeblich die Wahrnehmungs- und Denkfähigkeit sowie das Verhalten der Kinder. Die Lesekultur nimmt ab.

## AUFGABEN

1. *Nennen Sie Beispiele dafür, wie Sie Kinder wieder verstärkt an das Lesen und Betrachten von Büchern heranführen können.*
2. *Wie können sich Kinder nach einem aufregenden Film bzw. Spiel abreagieren?*

### 2.2.2 Wirkungstheorien der Medien

In einer Vielzahl von Untersuchungen wurde versucht, soziale und psychische Auswirkungen medialer Darstellungen auf den Menschen festzustellen. Leider waren sie alle ohne eindeutige Ergebnisse. Dabei wurden die unterschiedlichsten Theorien entwickelt:

- **Katharsisthese (Reinigung):** Diese These geht davon aus, dass der Zuschauer bei der Betrachtung von Gewaltdarstellungen sein Aggressionspotenzial abbaut, indem er die gewalttätige Szene miterlebt.
- **Stimulationsthese (Anregung/Nachahmung):** Sie besagt das Gegenteil der Katharsisthese und geht davon aus, dass mediale Gewaltdarstellungen die Bereitschaft zu Aggressionen bei den Zuschauern noch erhöht.
- **Inhibitionsthese (Hemmung):** Diese These besagt, dass Gewaltdarstellungen aggressives Verhalten verhindert und dafür „Aggressionsangst" erzeugt.
- **Habitualisierungsthese (Gewöhnung):** Diese These beinhaltet, dass Zuschauer von regelmäßigen Gewaltdarstellungen in den Medien ihre Sensibilität gegenüber Gewalt verlieren und diese als normales Alltagsverhalten betrachten.

Bis heute ist die Frage der Medienwirkung in der **medienpädagogischen Forschung nicht eindeutig geklärt**. Da jeder Mensch mediale Darstellungen anders wahrnimmt, reagiert und handelt er unterschiedlich. Der Einfluss der Medien hängt auch ganz entscheidend davon ab, wie das soziale Umfeld beschaffen ist und wie viel Einfluss ihnen in den entsprechenden sozialen Zusammenhängen eingeräumt wird. Die Medienforschung stellt im Wesentlichen eine Abhängigkeit von den nachfolgenden Einflussfaktoren fest:

- **Medieninhalt:** Inhalt und Aufbau, Realitätsentsprechung, quantitative Nutzung usw.
- **Persönlichkeit des Kindes bzw. Jugendlichen:** Alter, Geschlecht, Selbstwertgefühl, Intelligenz, Bildung, soziale Beziehung, Schichtzugehörigkeit, Berufe der Eltern, familiärer Status und politisch-soziale Situation.
- **Soziale Umwelt:** Erlebnisalternativen, Kindergarten, Wohnsituation, Familie, Religion und Schule.

- **Rezeptionssituation:** mit Eltern, bei Großeltern, mit Freunden oder allein.

Die Wirkung der Medien hängt auch damit zusammen, ob Kinder sie zu Hause allein nutzen. Mit dem Alleinsein ist meistens verbunden, dass das Kind keine Möglichkeit hat, mit den Eltern, Geschwistern oder sonst jemanden über den Inhalt zu sprechen oder den Inhalt im Spiel umzusetzen, da der Spielpartner fehlt. In diesem Fall geht die Gefahr nicht vom Medium aus, sondern vom **Alleinsein**.

**Elterliche Fernsehgewohnheiten** prägen ganz entscheidend den Fernsehkonsum der Kinder. Wenn Eltern viel fernsehen, machen Kinder das nach. Wichtig ist, dass Eltern über die Quantität und Qualität ihres Fernsehverhaltens nachdenken. Für die Kinder ist nicht einsehbar, dass sie nicht fernsehen dürfen, wenn ihre Eltern selbst stundenlang vor dem Fernseher sitzen. Kinder nehmen diese Doppelmoral der Eltern deutlich wahr und fühlen sich ungerecht behandelt, wenn sie sich nicht genauso verhalten dürfen.

Neben dem elterlichen Fernsehverhalten hat auch die **fernsehbezogene Kommunikation** einen verstärkenden oder störenden Einfluss. Grundsätzlich sollte immer ein **Gespräch** nach einer Fernsehsendung stattfinden, weil Kinder den Inhalt häufig anders verstehen als die Erwachsenen, so dass Klärung erforderlich ist.

Die **Dauer des Fernsehkonsums** und die Auswahl des Programms hängen auch von den strukturellen Bedingungen der Familie ab. In Familien, in denen ein Familienmitglied arbeitslos geworden ist, lässt sich häufig auch eine Veränderung der Mediennutzung feststellen. Häufig wird das Zeitungsabonnement gekündigt und dafür die Fernsehzeit verlängert. Stark belastete Eltern nutzen eher den **Fernseher, die Konsole oder den Computer** dazu, ihre Kinder damit **zu beschäftigen**. Das kann zu Problemen führen, da die Konflikte, die in den Fernsehsendungen oder Filmen gezeigt werden, dann nicht gemeinsam besprochen werden können.

**Gespräche über Konflikte** sind für Kinder aber generell sehr wichtig. Diese Konfliktgespräche können Gewaltdarstellungen in den Medien beinhalten, sich aber auch auf das Zusammenleben mit den Eltern, Geschwistern oder Freunden beziehen. Je offener Konflikte in einer Familie angesprochen werden, umso geringer ist die Wahrscheinlichkeit, dass Kinder gewalttätige Konfliktlösungsstrategien in Fernsehsendungen oder Filmen nachahmen. Denn sie lernen den Umgang und das Verarbeiten von Konflikten.

Das Zusammenspiel vieler Faktoren ist also zu betrachten, will man die Auswirkung von Gewaltdarstellungen in den Medien auf Kinder erfassen. Insbesondere hängt sie ab von:

- der **Persönlichkeit** des Kindes,
- seinem **Alter**,
- seiner **Schulbildung**,
- seiner **Familiensituation**,
- seinem **Freundeskreis.**

Aus der Perspektive des Erwachsenen kann es schwer sein, die Gefährlichkeit eines Medieninhaltes für Kinder festzustellen. Eine Hilfe können Äußerungen des Kindes sein sowie die Beachtung oben genannter Aspekte. Mit dem Alter und der Schulbildung nimmt die Fähigkeit zu, verschiedene Formen der Gewaltdarstellung, wie sie in der Tagesschau, im Reality-TV oder im Spielfilm gezeigt werden, zu erkennen und einzuordnen. Die Bewertung medialer Gewaltdarstellungen sollte nicht von der Gewalthandlung an sich aus erfolgen, sondern aus der Sicht der **Folgen für das Opfer**. Dadurch kommen Kinder von sich aus dazu, Gewalthandlungen negativ zu bewerten. Wenn das Opfer z. B. regungslos am Boden liegt, stark blutet und ins Krankenhaus gebracht werden muss, werden die negativen Folgen von Gewalthandlungen für das Kind sichtbar. Verunsicherungen und Ängste bei Kindern sind besonders auch dann zu beobachten, wenn reale Opfer in Nachrichten oder Informationssendungen gezeigt werden.

Kinder sollten sich daher nur solche **Programme ansehen**, die **für sie geeignet** sind und wo sie für sie wichtige Informationen bekommen können. Damit sind sie allerdings oft nicht einverstanden. Sie bevorzugen Sendungen, in denen der Held gefährliche Abenteuer zu bestehen hat. Durch das Identifizieren mit dem Helden fühlen sie sich stärker und erwachsener. Besonders Jugendliche mit einem geringen Selbstwertgefühl sind an diesen Filmen interessiert und sie sehen darin eine „psychische Prothese“ für sich. Diese Prothese sollten sie aber auf andere Art und Weise bekommen.

Aus dem Gesagten lässt sich schließen, dass Medien nicht nur negative, sondern auch positive Auswirkungen auf das Kind haben. Entscheidend ist die richtige Auswahl des Programms und das Gespräch mit den Erwachsenen nach Problemfilmen.

**MERKSATZ**

Kinder regieren auf Medieninhalte unterschiedlich: Ihre Reaktion hängt ab von dem Inhalt des Mediums, von ihrem Umfeld, ihrer Persönlichkeit, von der Rezeptionssituation und von der Schulbildung.

**AUFGABEN**

1. *Befragen Sie Kinder nach ihrem Fernsehkonsum. Erarbeiten Sie dazu einen Fragebogen.*
2. *Sehen Sie sich Kindersendungen kritisch an und beurteilen Sie den Inhalt hinsichtlich seiner möglichen Wirkung auf Kinder.*
3. *Ordnen Sie die Sendungen unterschiedlichen Altersstufen des Kindes zu.*

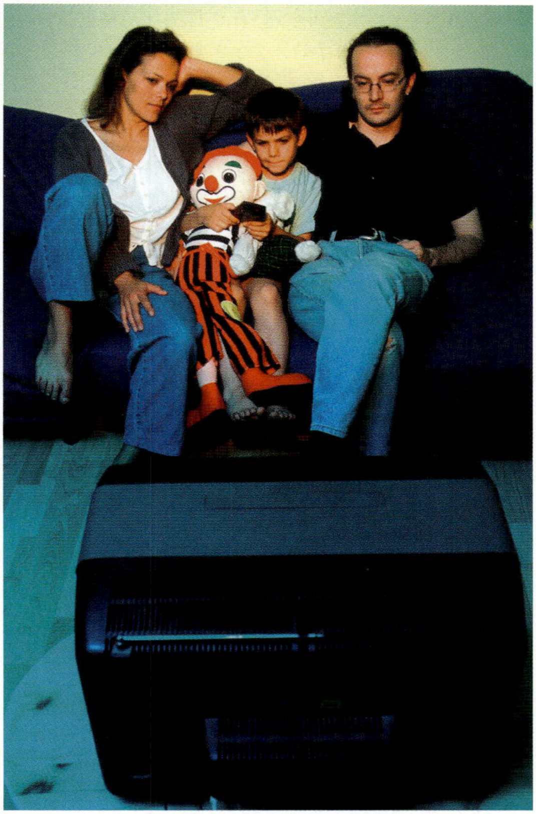

## 2.3 Medienreflexion

Medien dienen nicht nur der Unterhaltung, sondern sie können auch Einfluss auf Entscheidungen und auf den Gesundheitszustand des Kindes haben.

### 2.3.1 Medienreflexion von Kindern

**AUFGABE**

*Nennen Sie Vorteile dafür, dass sich die Familie gemeinsam einen Film ansieht.*

Die Reflexion (reflexiv: rückwirkend, Reflexion: Zurückwerfen) von **Medienerlebnissen** hängt bei Kindern von der entwicklungsbedingten Wahrnehmung und dem Verständnis ab, das sie zu den Themen im Fernsehen bzw. Kino haben.

Fernsehsendungen werden von Kindern anders aufgenommen als von Erwachsenen. Meistens erinnern sie sich nicht an die vollständige Handlung, sondern nennen lediglich einige wichtige Szenen und Bilder. Hinsichtlich der Medienreflexion von Kindern lassen sich drei Feststellungen machen:

- Sie verfügen nur über eine **punktuelle Wahrnehmung**.
- Außerdem steht für Vor- und Grundschülerinnen das **Erleben vor dem Verstehen** im Vordergrund.
- Meistens folgt der kindlichen Wahrnehmung eine **gefühlsbetonte Aktivität.**

Das hat zur Folge, dass das psychische Erleben auch noch körperlich ausgelebt wird. So versuchen Kinder **Szenen und Menschen**, die sie besonders beeindruckt haben, **nachzuspielen**. Daran wird deutlich, dass sie die Menschen als real und nicht als irgendwelche Traummenschen

Abb. Ullsteinbild

empfinden. Das intensive Erleben von Menschen und Szenen hat nicht nur positive Auswirkungen zur Folge, sondern es kann auch ein Zeichen von **Angst und Verunsicherung** sein. Eltern und Sozialassistentinnen sollten daher das kindliche Spiel beobachten und notfalls das Gespräch mit dem Kind suchen. Am intensivsten ist das kindliche Spiel, wenn persönliche Erlebnisse und Beziehungen des Kindes in das Spiel mit einbezogen werden.

Ein Film kann ein Kind dazu veranlassen, genau so vorzugehen, wenn es sich in einer ähnlichen Situation befindet. Die Folge können auch neue Einstellungen, Gewohnheiten und Verhaltensweisen des Kindes sein. Ein Film hat daher auch eine Vorbildfunktion für das Kind. Er hinterlässt „seine Spuren“ im Kind.

### Einflussnahme von Medien

Medieninhalte und -figuren können dazu beitragen, dass Kinder ihre **Alltags- und Lebensprobleme** bewältigen, indem sie über medienbezogene Spiele und Gespräche soziale Beziehungen herstellen.

Es können aber auch unbewusste und verdrängte Ängste reaktiviert werden. Da ist das **Gespräch** mit den Eltern oder der Sozialassistentin erforderlich. Medieninhalte können dazu führen, dass Kinder an Themen herangeführt werden, die vorher nicht relevant für sie waren, dazu können beispielsweise zählen:

- Ein Thema über das Geschlecht kann dazu führen, dass Kinder nach der eigenen Geschlechtlichkeit fragen.
- Ein Thema über die Schwangerschaft und Geburt kann zur Folge haben, dass nach der Herkunft der Babys gefragt wird.
- Ein Thema über das Alleinsein kann bei Kindern Gefühle der Einsamkeit auslösen.

Medien können Kindern aber auch Mut machen, wenn Kräfte in ihnen aktiviert werden, die ihnen vorher nicht bewusst waren.

### Bearbeitung und Verarbeitung von Medienreflexionen

Medienreflexionen bestehen aus zwei Schwerpunkten:

- **Bearbeitung**: Sie ist vor allem nach außen gerichtet.
- **Verarbeitung**: Sie ist nach innen orientiert.

Das heißt, wenn das Kind sich einen Film angesehen hat, der eine Betroffenheit in ihm ausgelöst hat, so sollte mit ihm gesprochen werden. Meistens beginnt das Kind das Gespräch von sich aus. Kinder neigen auch dazu, ihre Betroffenheit in ihren Bildern auszudrücken. Im Unterschied zu den Erwachsenen, geben Kinder ihren **Eindrücken** viel stärker einen **körperlichen oder gestalterischen Ausdruck**.

Ausdruck bedeutet, **Erlebtes nach außen zu tragen**. Erlebnisse werden nie vollständig verarbeitet, sondern sie können durch die Musik, Bilder und Texte wieder aktuell werden. Medienbezogene Kinderzeichnungen können hilfreich sein, Verständnis für die kindliche Erlebniswelt zu bekommen und festzustellen, was sie ängstigt.

Neben dem Verständnis, das medienbezogene Kinderzeichnungen bei den Erwachsenen erzeugen, helfen sie Kindern bei der aktiven Ver- und Bearbeitung des Erlebten. Mit der Aufgabe, Inhalte eines Films zu zeichnen, bei dem das Kind Angst hatte, wird eine **schöpferische Auseinandersetzung** mit dem **Medienerlebnis** und der eigenen Angst angeregt. Das Zeichnen macht unbestimmte, bedrohliche Gefühle sichtbar, eine wesentliche Voraussetzung für einen aktiven Umgang mit der Angst des Kindes.

## MERKSATZ

Reflexion macht deutlich, wie Kinder Medieninhalte aufgenommen haben. Die aktive Be- und Verarbeitung trägt zu einer positiven Reflexion bei.

## AUFGABEN

1. *Begründen Sie die Aussage, dass Kinder Fernsehsendungen anders aufnehmen als Erwachsene.*
2. *Wie werden Medienerlebnisse von Kindern verarbeitet?*
3. *Nennen Sie Beispiele aus dem Praktikum über eine positive bzw. negative Reflexion von Medieninhalten.*

## 2.3.2 Reflexion der eigenen Medienerfahrung

### AUFGABE

*Wie reflektieren Sie Filme oder Geschehnisse im Fernsehen bzw. Kino, die Ihnen unter die „Haut“ gegangen sind?*

Sinnvolle medienpädagogische Arbeit mit Kindern setzt voraus, dass sich die Sozialassistentin Gedanken über die eigenen Medienerfahrungen macht. Sie kann sich nur auf die Medienvorstellungen der anderen einlassen, wenn sie sich kritisch und konstruktiv mit der eigenen Medienbiografie auseinandergesetzt hat. Die Medienbiografie kann Erlebnisse und Erfahrungen enthalten, die die Sozialassistentin zwar nicht tief geprägt haben, aber doch auf die eine oder andere Weise Einfluss auf eine **Entscheidung** gehabt haben und so in Erinnerung geblieben sind.

So kann man sich noch gut an Bücher erinnern, die man als Kind oder Jugendlicher gelesen hat. Bei den Kindersendungen sind die Marionettenspiele der Augsburger Puppenkiste meistens in Erinnerung geblieben sowie die Lach- und Sachgeschichten aus der Sendung mit der Maus, die Natur- und Umweltsendung Löwenzahn mit Peter Lustig oder die Geschichten von Meister Eder und Pumuckl.

Medien spielen im Leben fast aller Menschen eine Rolle. Sie haben eine wichtige Funktion bei der Bewältigung von Entwicklungsaufgaben, Lebensproblemen oder bei der Identitätsfindung. Medienerlebnisse sind stark emotional geprägt, d. h. man erinnert sich an die Gefühle, die sie in einem hinterlassen haben. Vielen Menschen ist nicht bewusst, welchen Einfluss diese Erfahrungen auf die Bewältigung aktueller Aufgaben und Probleme gehabt haben und noch haben. Wichtig ist, dass dieser Einfluss erkannt und bewusst gemacht wird.

Die Nutzung der Medien sollte nicht nur auf die eigene Person bezogen werden, sondern sollte auch in der Interaktion mit anderen gesehen werden. So kann der Walkman dazu benutzt werden, um sich von anderen Menschen zu distanzieren, während laute Musik auch provozieren kann. Die Identifikation mit Pumuckl kann den Wunsch ausdrücken, symbolisch aus den festgefahrenen Bahnen auszubrechen, die Bewunderung der Power Rangers, Macht zu besitzen und über andere bestimmen zu können. In der persönlichen Lebensgestaltung können Medien Veränderungen bewirken. Kino- und Fernsehfilme oder entsprechende Geschichten in Büchern können ebenfalls Gefühle wecken, die das tägliche Leben beeinflussen können.

Abb. MEV (links)
Abb. Kosmos/Lentz Verlag (rechts)

## MERKSATZ

Medien beeinflussen das Leben jedes Menschen. Entscheidend ist, dass er die Einflüsse positiv für sich zu nutzen weiß.

## AUFGABEN

*Bearbeiten Sie allein oder in der Gruppe die nachfolgenden Fragen:*

1. *Welche Medien (Buch, Kassette, Fernsehen u. a.) waren in Ihrer Kindheit von Bedeutung? Wieweit haben Sie sie genutzt?*
2. *An welche Serien im Fernsehen können Sie sich besonders gut erinnern?*
3. *Welche Bedeutung haben Medienfiguren und -geschichten heute für Sie? Nutzen Sie Medien (Bücher, Musikkassetten, Fernsehsendungen u. a.), um sich abzulenken, weiterzubilden oder um zu entspannen?*
4. *Sehen Sie sich bestimmte Sendungen regelmäßig an? Wie ist Ihre Meinung dazu?*

### 2.3.3 Reflexion der Gefahren durch Medien (am Beispiel Fernsehen)

## FALLBEISPIEL

Familie Meier sitzt im Wohnzimmer. Die Stimmung ist bedrückt. Plötzlich stürmt Tochter Susanne herein: „Was ist los!“ ruft sie, „Warum ist der Fernseher nicht an, ich möchte mir Marienhof ansehen!“ „Geht nicht“, sagt der Vater, „der Fernseher ist defekt, und heute kommt auch keiner mehr zu uns, um ihn zu reparieren. Alle haben Feierabend!“ „Das kann nicht wahr sein!“, erwidert Susanne verärgert. „Ich finde es überhaupt nicht schlimm“, sagt die Mutter, „endlich können wir einmal über unsere Probleme sprechen. Ständig ist der Fernseher an. Da möchte keiner angesprochen werden!“

## AUFGABEN

1. *Beurteilen Sie das Verhalten der Familie Meier. Können Sie dem Vorschlag der Mutter folgen, einmal über die eigenen Probleme zu sprechen.*
2. *Wie sieht das Fernsehverhalten in Ihrer Familie aus? Ist da ebenfalls keine Zeit mehr für Gespräche?*

Untersuchungen haben ergeben, dass in Familien, in denen viel ferngesehen wird, die **Qualität des Zusammenlebens** abnimmt. Mit steigender Freizeit, besonders auch am Wochenende, steigt der Fernsehkonsum. Eltern haben wegen der „Glotze“ **wenig Zeit** für ihre Kinder. Die Folge ist, dass sie ihren Kindern keine Anregungen für die Freizeitgestaltung geben. Den Kindern bleibt meistens nichts anderes übrig, als sich dem elterlichen Verhalten anzupassen und auch fernzusehen. Bei etwa 10 % der Familien läuft bereits beim Essen das Fernsehgerät. Wenn Kinder das Bedürfnis nach Nähe zu ihren Eltern haben, können sie diese nur beim Fernsehen erreichen. Man sitzt zwar zusammen, aber im Grunde hat jeder wenig mit dem anderen zu tun. Die Folge ist **Isolation** zwischen den Kindern und Eltern, zwischen den Geschwistern sowie zwischen den Eltern. Die Familienmitglieder **vereinsamen**.

Das **Vielsehen** kann auch zu **Verhaltensänderungen** führen, wie nachfolgend beschrieben ist:

Durch Beobachtung eines Modells (= Vorbild) wird ein Verhalten gelernt. Der Lernvorgang wird begünstigt, wenn das Modell Erfolg mit seinem Verhalten hat. Ähnlich kann es beim Sehen von Gewalt im Fernsehen oder beim Lesen von Comic-Heften sein. Wenn Kinder sehen, dass ihr Held durch die Anwendung von Gewalt zum Erfolg kommt, versuchen sie es nachzumachen. Auf Dauer können folgende Reaktionen eintreten:

- Abstumpfen der emotionalen Sensibilität gegenüber Gewalttätigkeiten, auch im Alltagsleben;
- Gewöhnung an Gewalt als relativ alltäglicher Verhaltensweise;
- Einstellungsänderung gegenüber Gewaltanwendungen: zunehmende Bereitschaft, Gewalt als Mittel zur Durchsetzung eigener Interessen sowie zur Lösung von Konflikten anzuwenden.

(Allerdings gibt es auch gegenteilige Beobachtungen, siehe Katharsisthese und Inhibitionsthese).

**Vielsehen** kann auch zu **körperlichen Schäden** führen: Kinder sitzen oft stundenlang vor dem Fernseher, ohne eine Wort miteinander zu sprechen. Dieses Verhalten kann zu nachfolgenden Störungen führen:

- Nervosität,
- Verdauungsprobleme,

- Kreislaufprobleme,
- Haltungsfehler,
- Beeinträchtigung der Sehschärfe,
- Kopfschmerzen,
- Schlafstörungen.

Eltern sollten unbedingt darauf achten, dass die Kinder nicht zu dicht am Fernsehgerät sitzen und der Raum genügend beleuchtet ist. Eltern können außerdem als Vorbild dienen, indem sie das Essen vor dem Fernsehgerät nicht gestatten. Dadurch beugen sie **Verdauungsstörungen** vor, denn vor dem Fernseher wird meistens unkontrolliert, d. h. zu hastig gegessen. Nach einer längeren Sendung ist es wichtig, dass sich die Sozialassistentin bzw. Eltern und Kinder **bewegen** (Spaziergang, Bewegungsspiele, Gymnastik) und bereits während der Sendung für frische Luft sorgen.

Oft wird nicht daran gedacht, dass Sendungen auch **Angst** einflößen können. Je jünger ein Mensch ist, umso mehr Einfluss haben die nachfolgenden Darstellungen:

- Darstellung von Feuer und Dunkelheit,
- Handlungen über verlassene Kinder,
- heftige verbale Auseinandersetzungen zwischen Personen, mit denen sie sich identifizieren können,
- Handlungen über verletzte, gefährdete und getötete Tiere oder Kinder,
- Bedrohungen mit den Fäusten oder einem Messer.

Angstauslösende Sendungen können bei Kindern zu Konzentrations- und Schlafstörungen führen.

Auf die Frage nach den Folgen bei einem **Dauerkonsum** von Fernsehen kann man ebenfalls keine eindeutige Antwort geben. In Untersuchungen konnte festgestellt werden, dass in solchen Fällen

- die Wirkungen negativer Sendungen bei vielen Kindern verstärkt werden wie Gefühlsabschwächung, Aggressionsneigung oder Nervosität,
- die Kreativität beeinträchtigt wird,
- Störungen in der aktiven Sprachentwicklung auftreten können, weil das Kind wenig Möglichkeiten hat, selbst zu formulieren,
- Kontaktschwierigkeiten begünstigt werden, weil zu wenig Zeit für die Einübung von Kontakten besteht,
- Überreizungen in Form von Appetitlosigkeit, Kopfschmerzen, Kreislauf- und Verdauungsstörungen auftreten können,
- der Aufbau einer geordneten Vorstellungswelt und die Entwicklung der Fantasie durch unverarbeitete Programminhalte gestört werden.

Kinder benötigen stattdessen ein Rüstzeug, mit dem sie die Welt und ihre Kultur erobern können.

**MERKSATZ**

Über den negativen Einfluss von Fernsehen gibt es keine allgemein gültigen Aussagen, sondern es gibt nur Hinweise darauf. Daher ist der sinnvolle Einsatz unbedingt erforderlich.

**AUFGABE**

*Schreiben Sie einen Aufsatz über die Folgen von langem Fernsehen bei Kindern.*

## 2.4 Pädagogische Nutzung von Medien

Kinder tragen auf vielfältige Art und Weise ihre Medienerlebnisse nach außen und damit in den Kindergarten und in die Schule hinein. Von der Intensität der Erlebnisse hängt es ab, ob sie im Kindergarten oder in der Schule aufgearbeitet werden müssen. Auf jeden Fall sollte ein Gespräch mit dem Kind stattfinden. Außerdem kann es sinnvoll sein, die anderen Kinder in diesen Vorfall mit einzubeziehen. In vielen Fällen bietet sich der zusätzliche Einsatz eines Mediums an.

### 2.4.1 Pädagogische Nutzung der Printmedien

**AUFGABEN**

1. *Berichten Sie über Ihre Erfahrungen beim Vorlesen einer Geschichte im Kindergarten.*
2. *Nennen Sie Bücher, die besonders gut zum Vorlesen geeignet sind.*

Bei der pädagogischen Nutzung von Bilder- und Kinderbüchern sowie von Zeitschriften und Zeitungen vermischen sich oft persönliche und objektivierbare Maßstäbe miteinander. Der erste Eindruck kann trügen und hält häufig der nachfolgenden kritischen Betrachtung nicht stand. Die **eigene Einschätzung** sollte nicht **verabsolutiert** werden. Ein von Fachleuten disqualifiziertes Buch kann dennoch von Kindern heiß geliebt werden und umgekehrt. Dennoch gibt es eine Reihe allgemeiner Kriterien und Fragen, die bei der Auswahl eines Mediums beachtet werden sollten:

- Weist der Umschlag ausreichend auf den Inhalt hin?
- Ist die Geschichte zum Vorlesen geeignet?
- Ist sie anschaulich, leicht verständlich und spannend geschrieben?
- Entspricht die Geschichte dem Alter des Kindes? Kann das Kind den Inhalt nachvollziehen?
- Enthält die Geschichte Möglichkeiten, sie kreativ umzusetzen?
- Werden die Unterschiede der dargestellten Personen stark genug herausgestellt?
- Vermittelt die Geschichte Werte und Normen? Sind die Werte und Normen verständlich für das Kind?
- Erweitert die Geschichte den Kenntnisstand des Kindes oder dient sie nur zu seiner Unterhaltung usw.?

Wenn die genannten Fragen beantwortet worden sind, kann die Auswahl und der Einsatz eines Bilder- oder Kinderbuches bzw. einer Zeitschrift erfolgen. Sinnvoll ist immer der Ausgang von einem **Fallbeispiel**, um eine hohe Motivation bei den Kindern zu erreichen.

## Das Bilderbuch in der erzieherischen Praxis

Nachfolgend werden Möglichkeiten aufgezeigt, wie man mit Bilderbüchern im Kindergarten umgehen kann.

Ausgangspunkt für die Auswahl eines Themas sollte möglichst eine **lebensweltliche Erfahrung** der Kinder sein, z. B. Großwerden, Unfall, Scheidung der Eltern oder die Rolle der Außenseiter in der Gesellschaft. Kinder verknüpfen ihre Medienerfahrungen mit ihren lebensweltlichen Erfahrungen, um in Form von Identifikationen mit bestimmten Medienfiguren ihre „Themen", Probleme oder Situationen symbolisch zu be- und verarbeiten. Lebensweltliche Themen können auch Alltagssituationen der Kinder sein.

Die Vorgehensweise beim Umgang mit dem Bilderbuch richtet sich zunächst einmal nach der Größe und Zusammensetzung der Gruppe, nach der Zeit, die zur Verfügung steht, und nach der Zahl der Bücher. Wenn jedes Kind ein Buch zur Verfügung hat, lässt sich manches schneller erklären, als wenn nur ein Buch vorhanden ist. Zu vielen Büchern gibt es noch Dias oder CD-ROMs.

### Vorlesen bzw. Vorzeigen:

Das Vorlesen und Vorzeigen macht Kindern immer viel Spaß. Sinnvoll ist es, sich zu diesem Zweck in einen **Kreis** zu setzen, so dass jeder

Abb. Morgenstern

jeden sehen kann. Die Neugierde der Kinder kann durch das **Zeigen des Titelbildes** gesteigert werden. Zum Titelbild können die Kinder erste Vermutungen über den Inhalt des Buches äußern. Auf die eine oder andere Person kann eingegangen werden und es kann versucht werden, einen Handlungszusammenhang herzustellen. Nachdem alle Vermutungen zusammengetragen worden sind, kann mit dem Vorlesen begonnen werden. Beim Vorlesen ist es sinnvoll, die nachfolgenden Regeln einzuhalten:

- Nicht nur vorlesen, sondern auch einige Textstellen **frei** vortragen! Die Anschaulichkeit wird erhöht.
- Dialoge **textgetreu** wiedergeben, damit der Inhalt nicht zu stark verändert wird.
- **Unterbrechungen** der Kinder zulassen! Auf Unklarheiten und Nichtverstandenes kann eingegangen werden.
- Auf **antizipierendes Lesen** hinarbeiten! Das heißt, die Kinder sollen versuchen, den Inhalt teilweise vorwegzunehmen. Die Spannung wird dadurch erhöht.
- Vor dem Weiterlesen den Kindern eine **Bildseite** zeigen und daran den möglichen **Fortgang** der Geschichte erklären lassen!

Nach dem Vorlesen der Geschichte bzw. des Buches sind spontane Äußerungen der Kinder aufzugreifen und zu erklären. **Verständnisfragen** sollten ebenfalls gestellt werden, um festzustellen, ob die Kinder alle Textstellen richtig verstanden haben. Viele Kinder werden sofort versuchen, eigene Erlebnisse mit dem Text zu verbinden. Aufgabe der Sozialassistentin ist es, solche Äußerungen nicht ausufern zu lassen, sondern sie geschickt in den Reflexionskontext einzubinden. Die Aufarbeitungsphase kann folgende Schwerpunkte haben:

- Die ganze Geschichte kann nacherzählt werden.
- Die Geschichte kann in **Einzelszenen** gegliedert werden, auf die näher eingegangen wird.
- Anhand von **Bildern oder Dias** wird auf den Inhalt zurückgegriffen.
- Auf die **Gefühle** der betroffenen Menschen wird näher eingegangen.
- **Anfang und Schluss** der Geschichte können miteinander verglichen werden.

Die Geschichte darf nicht zerredet werden, damit die Kinder Spaß daran behalten. Der **nächste Auftrag** zu der Geschichte könnte so aussehen, dass die Kinder den Eltern den Inhalt der Geschichte mitteilen und am anderen Tag darüber berichten, wie die Eltern die Geschichte aufgenommen haben.

## Darstellung in Szenen

Einzelne Szenen von Bilderbuchgeschichten können als darstellendes Spiel oder Stegreifspiel vorgeführt werden, um Problemsituationen noch einmal zu verdeutlichen und für die Kinder nachvollziehbar zu machen.

## Bildnerisch-kreative Gestaltung

Auch wenn die meisten Kinderbücher illustriert sind, können Kinder aufgefordert werden, eigene Bilder zu malen, Bastelarbeiten zu dem Thema anzufertigen oder sich sogar zu verkleiden:

- Das **Malen** der Hauptfigur oder einer Szene mit Wachsmal- oder Buntstiften oder sogar mit Wasserfarben bietet sich an.
- Das **Basteln** kleiner Geschenke (aus Wegwerfmaterial) oder von Papierblumen (aus Krepppapier) kann erfolgen.
- Die Kinder **verkleiden** sich wie die Hauptfigur oder wie eine Figur, die ihnen besonders gut gefallen hat.

Abb. Thiele

Bei der Umsetzung des Inhalts geht es darum, ihn aus unterschiedlicher Sicht mit methodisch-didaktischen Aktivitäten herauszuarbeiten. Zur Lebenssituation der Kinder lässt sich dann sehr schnell eine Querverbindung herstellen.

## MERKSATZ

Es reicht nicht aus, Kindern nur Geschichten vorzutragen, sinnvoller ist es, sie durch unterschiedliche Aktivitäten in das Geschehen einzubinden.

## AUFGABEN

1. *Nennen Sie Beispiele dafür, wie Geschichten an Sie herangetragen wurden.*
2. *Erarbeiten Sie ein Projekt, bei dem Sie Literatur und Aktivitäten der Kinder miteinander verknüpfen. Gut geeignet sind die Themen: „Die Indianer“, „Menschen im Wald“ oder „Der Verkehr in unserer Stadt“.*

### 2.4.2 Pädagogische Nutzung auditiver Medien

## AUFGABEN

1. *Berichten Sie darüber, inwieweit Radio und Kassettenrekorder während Ihres Praktikums eingesetzt wurden.*
2. *Wie ist Ihre Meinung zur Nutzung dieser Geräte?*

Obwohl das Fernsehen bei den Kindern eine bevorzugte Stellung einnimmt, sind die auditiven Medien aus dem Kinderalltag nicht verschwunden. In Form von **Hörspiel- und Hörbuchkassetten** gehören sie bei den jüngeren, als **Musikträgern** bei den älteren Kindern, immer noch zu beliebten Freizeitmedien. Viele Kinder nutzen das Radio als **Nebenmedium, um Kindersendungen zu hören**. Ältere Kinder, meistens schon Jugendliche, schätzen das Radio, um über **aktuelle Musiktrends** informiert zu werden.

Aus **physiologischen Gründen** sollte auf den Einsatz von Tonträgern nicht verzichtet werden:

- Bei Kindern bis zu drei Jahren dominiert die Wahrnehmung über das Ohr und dem Tastsinn vor dem Sehsinn. Bereits im Mutterleib nimmt das Kind Töne wahr.
- Bis ins Grundschulalter hinein haben Kinder eine besondere Freude am Entdecken von Klängen, Tönen und Geräuschen.
- Der Hörsinn hat auch für den Erwachsenen eine besondere Bedeutung. Er kann nicht – wie beispielsweise der Sehsinn – willkürlich verschlossen werden.
- Durch das Ohr dringt die Außenwelt in den Menschen hinein.
- Für die Kommunikation zwischen den Menschen ist der Hörsinn wichtiger als der Sehsinn.

Daraus ergibt sich nachfolgender pädagogischer Auftrag:

Beim Einsatz von Tonträgern gelten ähnliche Grundsätze wie bei den Printmedien. Geeignet sind nur solche Sendungen für Kinder,

- die dem **Alter des Kindes** entsprechen,
- **leicht verständlich und anschaulich** dargestellt sind, z. B. durch entsprechende Musik und Geräusche,
- die **Werte und Normen** vermitteln,
- die den **Kenntnisstand** des Kindes erweitern.

Gut geeignete Sendungen für das **Kind im Kindergarten und in der Vorschule** sind:

- Märchen,
- Spiele für den Hörsinn,
- Magazinprogramme zu Umwelt- und Alltagsthemen,
- Anregungen für kreatives Gestalten.

Abb. Nühs

Für die **Grundschulkinder** bieten sich nachfolgende Programme an:

- Musiksendungen,
- Hörspiele oder Comedysendungen,
- Schulfunk,
- zielgruppengerechte Aufbereitung von Informationen zu elementaren Themen aus der Technik, Ökologie oder Politik,
- selbst produzierte Reportagen, Berichte, Features, Interviews usw.

Kinder, die häufiger Lesungen oder Hörspiele hören, sind eher bereit, die Texte mit- oder nachzulesen. Hörfunkprogramme benötigen ein stärkeres Einlassen des Kindes, sie fordern und fördern die Konzentration auf das Gehörte und damit auf den Inhalt.

**DEFINITION**

Tonträger beeinflussen das Kind in besonders intensiver Form. Das hängt damit zusammen, dass der Hörsinn stärker ausgeprägt ist als der Sehsinn und dass er nicht einfach ausgeschaltet werden kann.

**AUFGABE**

*Entwickeln Sie in Gruppen in Ihrer Klasse ein Hörspiel für Kinder im Kindergarten.*

## 2.4.3 Pädagogische Nutzung audiovisueller Medien

Abb. Morgenstern

**AUFGABE**

*Berichten Sie über Ihre Erfahrungen beim Einsatz von Fernsehsendungen im Kindergarten.*

Bei der pädagogischen Nutzung audiovisueller Medien muss sich die verantwortungsvolle Sozialassistentin die Frage nach dem **Verständnis medialer Sendungen und seiner Einflussnahme** auf das Kind stellen. Allgemein ist davon auszugehen, dass Kinder unter sechs Jahren die Sendungen (Filme, Videos, CDs), die für sie produziert worden sind, gut verstehen. Meistens lässt die Aufmerksamkeit bereits nach 15 Minuten nach, d. h. Kinder dürfen nicht zu lange vor dem Fernseher sitzen. Darüber hinaus ist bei der Auswahl des Programms von Bedeutung:

- **Inhalt:** Er muss leicht verständlich sein und zur Alltagswelt des Kindes passen.
- **Art der Darstellung:** Sendungen mit gewalttätigen Szenen müssen vermieden werden.
- **Auswahl der Schauspieler:** Sie müssen in ihrer schauspielerischen Leistung überzeugend sein.
- **Sprache:** Kinder kommen am besten mit der Umgangssprache zurecht, d. h. einer Sprache mit kurzen Sätzen und ohne Fremdwörter.
- **Begleitmusik:** Sie muss zur Handlung passen.
- **Drehort:** Er muss ebenfalls der Handlung angepasst sein.
- **Vermittlung von Werten und Normen:** Sie muss vorhanden sein.
- **Zuwachs an Kenntnissen:** Kinder müssen die Möglichkeit haben, ihr Wissen zu erweitern.

Wichtig ist auch, dass Kinder nicht zu **viele Sendungen (Filme)** nacheinander sehen. Sie bringen dann die Inhalte durcheinander. Kinder sollten die Sendungen möglichst **nicht allein** sehen, sondern besser ist es, wenn ein Erwachsener sich die Sendung mit ihnen zusammen ansieht, so dass die Kinder zwischendurch Verständnisfragen stellen können.

Kinder werden bei der Nutzung audiovisueller Medien am besten motiviert, wenn die Sendung **einen konkreten Anlass aus ihrem Alltag** beinhaltet.

Weitere Gründe für den Einsatz sind:

- Unterhaltung,
- Erklärung einer Arbeitsanleitung,
- Veranschaulichung einer Lebenswirklichkeit oder eines Phänomens, das anders nicht zugänglich ist.

Nach dem Film bietet sich ein Gespräch an, in dem Fragen zum Inhalt geklärt werden. Die Sozialassistentin kann auch Fragen während der Sendung aufschreiben, die die Kinder dann nach der Sendung beantworten müssen. Den Kindern sollte auch Gelegenheit gegeben werden, ihre Empfindungen zur Sendung zu äußern. Sinnvoll ist auch die Aufnahme der Sendung auf Video oder CD, um einzelne Szenen noch einmal vorführen zu können. In Ergänzung dazu bieten sich Spiele an, die sich die Kinder selbst ausdenken, bildnerisch-kreatives Gestalten sowie die Darstellung einzelner Szenen.

### Beispiel einer medienpädagogischen Aufarbeitung von Fernsehwerbung für Kinder

Fernsehwerbung macht vor Kindern nicht halt. Kinder sammeln schon früh Erfahrungen mit der Fernsehwerbung. Oft sind Kinder nicht in der Lage, Programm und Werbung auseinander zu halten. Untersuchungen haben ergeben, dass 37 % der vierjährigen, 21 % der fünfjährigen und 12 % der sechsjährigen Kinder den Unterschied nicht kennen und der Werbung schutzlos ausgeliefert sind. Das Thema Fernsehwerbung gehört daher in jedes Kindergarten- und Vorschulprogramm, um die Kinder „werbekompetent" zu machen.

Wichtig ist, dass Kinder die im Fernsehen angebotenen **Werbeformen** von den **Programmangeboten** zu unterscheiden lernen. Darüber hinaus sollten sie die Botschaften von Werbung durchschauen und differenzieren können. Dafür bietet sich die nachfolgende Übung an:

### Programmlogos und Fernsehbilder

**Vorarbeit:** Zwei Sozialassistentinnen erstellen einen einfachen Pappfernseher, eine Drehscheibe, auf der sich vier Senderlogos und zwei ausgeschnittene Kreise befinden. Die letzteren haben kein Logo, da sie als Symbol für die Werbung gedacht sind.

Zusätzlich müssen 15 großformatige Videoprintbilder beschafft werden.

### Vorgehensweise:

Eine Kindergruppe im Kindergarten setzt sich im Halbkreis um zwei Sozialassistentinnen. Die Sozialassistentinnen haben das Fernsehgerät aus Pappe aufgebaut, die Drehscheibe befestigt und die großformatigen Videoprintbilder dazugelegt.

Zunächst unterhalten sich zwei Handpuppen (von zwei Sozialassistentinnen geführt) über das Fernsehen und die Schwierigkeit, festzustellen, was Werbung und was Programm ist. Eine Puppe erklärt schließlich, dass das Programm am **Fernsehlogo** zu erkennen sei, während die Werbung ohne Logo sei. Die andere Puppe fordert nun die Kinder auf, festzustellen, was Werbung und was Programm ist. Jeweils ein Kind bekommt den Auftrag, an der Scheibe zu drehen, nach kurzer Zeit hält es an und bittet nun ein weiteres Kind unter den 15 großformatigen Videoprintbildern das passende auszuwählen. Wenn ein ZDF-Logo auf der Drehscheibe im Bildschirm erscheint, dann ist ein Bild mit ZDF-Logo auszuwählen. Bei dem ausgeschnittenen Kreis ist ein Werbebild ohne ZDF-Logo auszusuchen. Wenn das Kind das entsprechende Bild gefunden hat, dann wird dieses in das Pappfenster gehängt. Die anderen Kinder entscheiden jeweils, ob das richtige oder falsche Bild ausgesucht worden ist. Sinnvoll ist es, das alle Kinder jeweils ein Bild aussuchen und es zuordnen.

Abschließend müssen die Unterschiede noch einmal in einem Gespräch genannt werden.

## MERKSATZ

Audiovisuelle Medien haben einen sehr viel stärkeren Einfluss auf Kinder als Hörmedien. Der Einsatz bedarf daher einer sehr viel strengeren Prüfung.

## AUFGABEN

1. *Überlegen Sie in Gruppen, wie Sie Kindersendungen sinnvoll in den Tagesplan einer Kindertagesstätte integrieren können.*
2. *Tragen Sie Vorschläge für einen Kinderkanal zusammen.*
3. *Nehmen Sie Kindersendungen mit einem Video- bzw. DVD-Gerät auf und analysieren Sie die darin enthaltenen Werbeblocks.*

## 2.4.4 Pädagogische Nutzung interaktiver Medien

### AUFGABE

*Beurteilen Sie die Vorgehensweise der Mutter bzw. Erzieherin/Sozialassistentin: Sie erklärt den Kindern das Bild u.a. am Computer.*

Der Europäische Rat hat die Forderung aufgestellt, „jedem Bürger müssen die Fähigkeiten vermittelt werden, die für das Leben und die Arbeit in dieser Informationsgesellschaft erforderlich sind." („Eine Informationsgesellschaft für alle", Lissabon, 23. und 24. März 2000, eEuropa-Dok.6978/00)

Die Arbeit am Computer ist neben Lesen, Schreiben und Rechnen als vierte Kulturtechnik anzusehen. Durch den Einsatz von Computern, Telekommunikation und die weltweite Vernetzung werden bisherige Formen des Wissenserwerbs nachhaltig verändert. Selbstständig und eigenverantwortlich wird es zukünftig möglich sein, sich Wissen anzueignen und auszuwerten. Die Arbeit am Computer beginnt aber nicht erst in der Schule, sondern bereits im Kindergarten.

**Medienkompetenz** gewinnt auch hier an Bedeutung. Schließlich möchten die Kinder die jetzige Welt kennenlernen. Die frühzeitige Förderung der Medienkompetenz gehört zu dem pädagogischen Auftrag der Erziehenden. Dabei geht es nicht um das Bedienungslernen von Geräten, sondern um die Aneignung von Kenntnissen und Fähigkeiten.

Abb. MEV

Für Kindertageseinrichtungen ist es umso wichtiger, neue Technologien einzusetzen, weil gerade hier frühzeitige Benachteiligungen ausgeglichen werden können. Das kindliche Spiel mit Medien bedeutet mehr als ein Zeitvertreib und bloßes Konsumieren. Im Spiel entdecken und erforschen die Kinder ihr **Umfeld** und eignen sich dieses an. Mediale Spiele sind von großem Interesse.

Die Aufgabe der Sozialassistentin besteht darin, die Kinder behutsam in die digitalen Spielwelten einzuführen. Diese kann erfolgen als

- gezielte Anleitung,
- Einzelunterweisung während des Freispiels,
- Projekt.

Wichtig ist, dass die Kinder den Computer und das damit verbundene Internet nicht als Fremdkörper empfinden, sondern als **Gebrauchsgegenstand**. Sinnvoll ist es auch, wenn der Computer den Kindern jederzeit zur Verfügung steht und sie selbst entscheiden können, was sie damit machen möchten, z. B. für Spiele oder zum Malen. Der freie Zugang zum Computer ist aber erst möglich, wenn die Kinder sicher im Umgang damit sind.

Gut geeignet für Kinder im Kindergarten sind **Geschicklichkeits- sowie Rätsel- und Abenteuerspiele**. Abzulehnen sind Spiele, die auf Zerstörung aus sind, sowie Spiele mit einem okkulten Hintergrund, rassistische und pornographische Spiele. Computerspiele müssen den Kindern die Möglichkeit geben, ihre **Handgeschicklichkeit, Denk- und Konzentrationsfähigkeit** zu schulen.

Kinder sitzen gern zu zweit am Computer, um sich gegenseitig zu beobachten und miteinander zu kommunizieren. Das fördert ihre **Sozialkompetenz**. Sozialkompetenz bedeutet, mit anderen gemeinsam zu lernen und zu leben. Weitere Kompetenzen, die ebenfalls über den Computer trainiert werden können, sind:

- **Sachkompetenz** bzw. Wissen anwenden,
- **Methodenkompetenz** bzw. Arbeitstechniken sachgerecht anwenden,
- **Selbstkompetenz** bzw. eigene Fähigkeiten und Stärken erkennen und situationsgerecht damit umgehen.

Eine neue **Lernkultur** ist im Kommen, bei der besonders die Denkfähigkeit des Kindes erforderlich ist. Es muss lernen, Informationen aus den unterschiedlichen digitalen Medien zu verknüpfen und diese den anderen zugänglich zu machen. Lernen am Computer ist:

- ein aktiver Konstruktionsprozess,
- ein autonomer Prozess,
- ein Prozess, den die Erziehenden organisieren müssen.

Dem Menschen wird zukünftig eine noch aktivere Rolle als bisher beigemessen, in der er eigene Entscheidungen über Ziele, Inhalte, Medien und Methoden seines Lernvorhabens fällt.

**MERKSATZ**

Der Einsatz von Computern, Telekommunikation und die weltweite Vernetzung werden zu neuen Lernformen führen, mit denen bereits im Kindergarten begonnen werden muss.

**AUFGABEN**

1. *Entwerfen Sie einen Brief an die Eltern der Kinder eines Kindergartens, in dem Sie auf die Notwendigkeit des Einsatzes eines Computers im Kindergarten hinweisen.*
2. *Nennen Sie Beispiele dafür, wie Sie Kinder an den Computer heranführen können.*

## 2.5 Konzepte der Medienpädagogik

Von einigen Vorläufer-Initiativen abgesehen, begann die neuzeitliche Medienpädagogik 1920 als Filmpädagogik mit dem Reichslichtspielgesetz, nach dem alle Filme einer Prüfstelle vorgelegt werden mussten, die über ihre Zulassung entschied. In ihrer Tradition stehen die **Freiwillige Selbstkontrolle Fernsehen** und die **Bundesprüfstelle für jugendgefährdende Medien** in Bonn, die seit langem auch Tonkassetten, Videos, CDs und Computerspiele auf Jugendgefährdung prüfen.

Fast alle Kinder in der modernen Industriegesellschaft wachsen mit Medien auf, sodass man von einer **Medienkindheit** sprechen kann. Eine wichtige pädagogische Aufgabe in heutiger Zeit ist daher der sinnvolle Umgang mit den Medien. Diese Aufgabe hat nicht nur die Familie zu leisten, sondern auch der Kindergarten und die Schule.

Die Auseinandersetzung mit den Medien betrifft insbesondere die **neuen Medien**. Dazu gehören:

- das **Internet,**
- die **Computerprogramme,**
- die **Programme der Konsolen.**

Die Medienpädagogik fragt zum einen nach den möglichen Einflüssen der Medien auf den Menschen, andererseits möchte sie die unterschiedlichen Aspekte in ein **pädagogisches Konzept** integrieren. Sie hat aber auch die Absicht, Menschen mit Medien vertraut zu machen, ihnen zu helfen, sich mit Medien auszudrücken, sie zur Informationsübermittlung, für kreative Zwecke und zur Verständigung zu benutzen.

### 2.5.1 Medienkompetenz als pädagogische Orientierungslinie

**AUFGABE**

*Schreiben Sie in Stichpunkten an die Tafel, was Sie unter Medienkompetenz verstehen.*

Der Begriff „Medienkompetenz" ist schwer einzuordnen, da er sehr viele Fähigkeiten umfasst: Diese beginnen bei der Mediennutzung und enden bei Medienkunde.

Allen Medien liegt eine Problematik zugrunde, mit der Kinder und Jugendliche lernen müssen, kompetent umzugehen, wenn sie in der zukünftigen Informationsgesellschaft bestehen wollen. Die Problematik beinhaltet den Umgang mit der Technik als auch den Einsatz der Medien. Letztendlich muss jeder breite Basisqualifikationen im Umgang mit den Medien besitzen, da diese unentbehrlich für das tägliche Leben sind. Wenn sie diese dann beherrschen, sind sie in der Lage, kompetent und souverän damit umzugehen.

Die Medienkompetenz hat vier Schwerpunkte:

1. **Technisch** als Notwendigkeit, Medien richtig zu handhaben und die mit ihnen verbundenen Gestaltungsmöglichkeiten zu beherrschen. Dazu gehören:
   - einfache Wartungs- und Installationsarbeiten an Mediengeräten,
   - Umgang mit den Grundfunktionen von elektronischen Geräten (Hard- und Software) im Sinne von Userkompetenzen,
   - Denken in einfachen Programmier- und Navigationsschemata, z. B. Anpassung einer Textverarbeitung an die persönlichen Bedürfnisse, Programmieren einer Fernbedienung usw.
2. **Kulturell** als Vertrautsein mit den jeweiligen Codes der Medien sowie mit ihren ästhetischen und gesellschaftlichen Ausdrucksformen. Das bedeutet:
   - Offenheit und Neugier für die Angebote der neuen Medien,
   - Entwicklung von Orientierungskompetenz in einer Welt der überquellenden Informationen,
   - kreativ und gestaltend mit den neuen Formen des Medienkommunikation umgehen können usw.
3. **Sozial** als Fähigkeit, auf die mit den Medien verbundenen Kommunikationsangebote sinnvoll eingehen zu können. Darunter ist zu verstehen:
   - sich kompetent im Rahmen von Medien geprägten Beziehungsformen und Beziehungsmuster zu verhalten,
   - sich in einer Mischung von realen und virtuellen Beziehungsanteilen zurechtzufinden,
   - sich auf neue Formen der Arbeitsorganisation und Arbeitsinhalte einzustellen (z. B. Telearbeit, auf Internet beruhenden Handels- und Betriebsformen) usw.
4. **Reflexiv** als kritische Vergewisserung der Funktion der Medien im Kindergarten und in der Schule. Darunter ist zu verstehen:
   - einzelne Medien und die Medienentwicklung kritisch zu beurteilen,
   - fähig zu sein, das eigene Medien-Nutzungs-Verhalten einzuschätzen,
   - über Kriterien zu verfügen, um Medieninformationen auf ihre Stichhaltigkeit und Relevanz zu beurteilen.

Der Begriff Medienkompetenz weist darauf hin, dass über die einzelnen Medien hinweg eine gemeinsame Grundproblematik besteht. Anliegen der Medienpädagogik muss daher sein, eine Verbindung von informationstechnischer Grundbildung mit medienerziehenden Aktivitäten herzustellen, um eine sinnvolle Nutzung sicherzustellen. Durch die Reflexion kann festgestellt werden, wo es der gezielten pädagogischen Unterstützung während des Lernvorganges bedarf. In den nachfolgenden Ansätzen sind unterschiedliche Möglichkeiten, Medien einzusetzen, aufgeführt.

**DEFINITION**

Medienkompetenz beinhaltet eine breite Basisqualifikation, die technische, kulturelle, soziale und reflexive Kompetenzen umfasst.

**AUFGABEN**

1. *Nennen Sie Beispiele dafür, wie die Kinder im Kindergarten bzw. im Elternhaus erste Medienerfahrungen sammeln können.*
2. *Stellen Sie Kriterien zusammen, die Sie für den Einsatz von Medien im Kindergarten für wichtig halten.*

## 2.5.2 Der bewahrpädagogische Ansatz

## AUFGABE

*Halten Sie es für sinnvoll, Kindern das Fernsehen vorzuenthalten?*

Dieses Medienkonzept zielt auf die Abschirmung der Kinder vor angeblich schädlichen Medieneinflüssen.

Der bewahrpädagogische Ansatz geht einher mit einer einseitigen Ablehnung moderner Medien. Dabei wird übersehen, dass viele Probleme auch bei älteren Medien genannt wurden, z. B. wurde das Lesen im letzten Jahrhundert als äußerst negativ dargestellt. Die konsequente Abschirmung von Kindern und Jugendlichen von problematischen Sendungen bzw. Filmen ist heute nicht mehr möglich. Was zuhause nicht gesehen werden kann, ist bei Freunden und Bekannten möglich.

Im Übrigen ist es nicht einfach festzustellen, was eine schädliche Sendung bzw. Film ist. Der Wertepluralismus moderner Medien erschwert einen entsprechenden Konsens. So wurde in England ein Computerspiel vom dortigen Kinderschutzbund zugelassen, das in Deutschland auf dem Index der Bundesprüfstelle für jugendgefährdendes Schrifttum steht.

Kinder, die durch ihre Eltern von Medien ferngehalten werden, können dadurch Nachteile haben:

- Sie geraten leicht in eine soziale Isolierung, da sie nicht mit den anderen mitreden können.
- Die eigene Auseinandersetzung der Kinder und Jugendlichen mit Medien wird eingeschränkt, da sie sich nicht selbst ein Urteil bilden können.

Allerdings hat der bewahrpädagogische Ansatz eine begrenzte Berechtigung, z. B. bei besonders drastischen Mediendarstellungen.

Ein begrenzter Medienkonsum wird sich bei Kindern nicht vermeiden lassen, wenn Kinder sehr lange vor dem Fernseher sitzen. Die Begrenzung sollte aber mit den Kindern besprochen werden.

## DEFINITION

Der bewahrpädagogische Ansatz schirmt vor dem Medienkonsum ab. Dies ist eine einseitige Vorgehensweise, denn Kinder und Jugendliche müssen auch lernen, sich selbst ein Urteil zu bilden.

## AUFGABE

*Zählen Sie Sendungen auf, die aus Ihrer Sicht für Kinder im Kindergarten ungeeignet sind.*

### 2.5.3 Der behütend-pflegende Ansatz

Dieses Konzept bemüht sich sowohl um eine Abschirmung der Kinder und Jugendlichen vor schädlichen Medieneinflüssen als auch um die Hinführung zu einer sinnvollen Nutzungspraxis.

Diesem Ansatz geht es um das Vertrautmachen mit Medien sowie um Bewahrung vor schädlichen Medien. Der Vorteil dieser Vorgehensweise liegt in einer ausgewogenen Bewertung, bei der die einseitige Ablehnung vermieden wird. Als favorisierte Methode gilt das „Filmgespräch". Trotz der größeren Ausgewogenheit ist auch dieser Ansatz noch in mehrfacher Hinsicht nachteilig:

- Kinder und Jugendliche werden als Rezipienten (Aufnehmer) der Medien gesehen. Unbeachtet bleibt, dass sie Medien auch aktiv aussuchen und interpretieren können.
- Der Rezeptionsprozess wird noch überwiegend als ein kognitiver gesehen, infolgedessen nimmt das Gespräch eine zentrale Rolle in der Medienerziehung ein. Übersehen werden die früh im Sozialisationsprozess erworbenen Gewohnheiten und Wahrnehmungsmuster bei der Medienrezeption.
- Medienrezeption wird als ein Geschehen gesehen, das sich zwischen dem Medium und den Nutzern ereignet. Nicht beachtet wird der historische und politisch-gesellschaftliche Kontext, d. h. dass sich das Medienangebot keineswegs nur nach dem Publikumsgeschmack richtet, sondern dass es diesen massiv durch das Setzen von Trends beeinflusst.

## DEFINITION

Der behütend-pflegende Ansatz weist trotz seiner größeren Ausgewogenheit Mängel auf, da er die kreativen Nutzungsmöglichkeiten der Medien und ihrer Einflussnahme unberücksichtigt lässt.

**AUFGABE**

*Nennen Sie Beispiele dafür, wie die Mängel dieses Ansatzes ausgeglichen werden können. Bilden Sie dazu Gruppen in der Klasse.*

## 2.5.4 Der bedürfnisorientierte Ansatz

Dieser Ansatz fragt nach den tieferen Gründen für ein spezielles Nutzungsverhalten und findet dieses in den Grundbedürfnissen, welche Kinder und Jugendliche über die Mediennutzung zu befriedigen suchen. Dabei geht es um die Befriedigung nachfolgender Bedürfnisse:

- Bedürfnis nach **unmittelbaren Erfahrungsmöglichkeiten**, das in den Ballungsräumen immer weniger gestillt werden kann.
- **Orientierungsbedürfnisse**, die sich aus dem Wertepluralismus der Gesellschaft ergeben.
- Bedürfnis nach **Sicherheit und Ansehen**, das als Folge der allgemeinen Verschlechterung beruflich-sozialer Lebensperspektiven immer dringlicher wird.
- Bedürfnis nach **Sinneserregung** und Spannung, das in einer durch und durch geregelten Alltagswelt kaum gestillt wird.
- Bedürfnis nach **Geborgenheit, Liebe, Achtung und Wertschätzung**, dessen Befriedigung für viele Kinder und Jugendliche, die ohne intakte Familien aufwachsen, nicht mehr gewährleistet ist.

Die genannten Bedürfnisse werden verstärkt an die Medien herangetragen, diese bieten größtenteils nur eine Ersatzbefriedigung, die oftmals nur noch eine Leere hinterlässt. Positiv zu bewerten ist an diesem Ansatz, dass er auf die dem Medienkonsum zugrunde liegenden Bedürfnisse eingeht und an ihnen zu arbeiten versucht. Bedürfnisse können nicht einfach unterdrückt werden, sondern müssen befriedigt werden, damit die Persönlichkeitsentwicklung keinen Schaden nimmt.

Der bedürfnisorientierte Ansatz übersieht allerdings, dass es auch Bedürfnisse gibt, die durch gesellschaftliche Gruppen, manchmal auch durch die Medien geweckt werden und damit nicht zur Grundausstattung des Menschen gehören. Ebenfalls bleibt der historische und gesellschaftliche Kontext unberücksichtigt. Im Zusammenhang damit ist zu sehen, dass die gesellschaftliche Funktion von Bedürfnissen unterschätzt wird.

**DEFINITION**

Der bedürfnisorientierte Ansatz ist das erste medienpädagogische Konzept, das sich um ein wirkliches Verständnis des kindlichen und jugendlichen Medienkonsums bemüht. Es übersieht allerdings die Bedürfnisse, die durch das Umfeld entstehen.

**AUFGABE**

*Tragen Sie Grundbedürfnisse der Kinder und Jugendlichen zusammen, die durch das Fernsehen bzw. durch die Computerspiele befriedigt werden.*

## 2.5.5 Kritische Medienerziehung

**AUFGABE**

*Nennen Sie Beispiele dafür, wie auf das Fernsehprogramm Einfluss genommen werden kann.*

Diese Medienerziehung zielt auf das, was alle bisher genannten Konzepte vernachlässigt haben, nämlich auf den Medieneinfluss als Mittel und Instrument zur Erhöhung des Profits und damit auf die Manipulation des Menschen. Dagegen fordert dieses Konzept die Darstellung einer **Gegenöffentlichkeit**, zu der die Verantwortlichen qualifiziert werden müssen, da sie eine Senderrolle übernehmen sollen. Sie bleiben nicht länger Rezipienten von Medienbotschaften, sondern gestalten die Medien selbst. Der Vorteil dieser Medienerziehung ist:

- Der Nutzer kommt erstmals als potenzieller Sender in den Blick.
- Er wird für eine wertvolle Medienproduktion sensibilisiert.

Nicht übersehen werden darf, das diese Medienerziehung auch zu einer einseitig negativen Bewertung der jetzigen Medienproduktion führen kann und dadurch an Objektivität verliert.

**DEFINITION**

Die kritische Medienerziehung zielt auf eine stärkere Beeinflussung der öffentlichen Programme durch die Zuschauer und erhofft sich dadurch eine Verbesserung der Programme.

**AUFGABE**

*Wie können Kindersendungen verbessert werden? Schreiben Sie dazu Stichpunkte an die Tafel.*

### 2.5.6 Handlungs- und kommunikationsorientierter Ansatz

**AUFGABE**

*Erklären Sie die obige Grafik.*

Dieses Konzept zielt auf eine Verbesserung der zwischenmenschlichen und gesellschaftlichen Kommunikation durch Medien. Kinder und Jugendliche sollen zu einem selbstbestimmten Handeln befähigt werden und ihre Kommunikation durch technische Medien verbessern. Dabei soll die kritische Betrachtung durch eine ausgewogene Sichtweise überwunden werden. Die Methode, die sich für die Umsetzung dieses Konzepts anbietet, ist vor allem projektorientiert und auf die Lebenssituation der Kinder und Jugendlichen abgestimmt.

Vorteile dieses Ansatzes sind:

- Die einseitig rezeptive Sichtweise, die mit der kritischen Medienerziehung begonnen hat, wird aufgegeben.
- Die Medienerziehung versteht sich als aktive Medienarbeit und Begründerin einer eigenen alternativen Medienpraxis für Kinder und Jugendliche.

Trotz der guten Bewertung dieses Konzeptes gibt es noch einige negative Anmerkungen:

- Es reicht nicht aus, den Kindern Medien zur Verfügung zu stellen, um sie zu motivieren, sondern sie benötigen dazu die gute Anleitung durch die Erziehenden.
- Das Selbst-Produzieren von Medien macht Kinder und Jugendliche nicht automatisch kritisch. Dafür ist ebenfalls die Anleitung durch die Erziehenden erforderlich.

Aktive Medienarbeit erhöht den Vorbereitungs- und Organisationsaufwand der Erziehenden. Sie muss jeweils gründlich aufgearbeitet werden und in vorhandenes Wissen integriert werden.

**MERKSATZ**

Der handlungs- und kommunikative Ansatz möchte Kinder durch aktive Medienarbeit zur kritischen Beurteilung vorgegebener Medien führen.

**AUFGABE**

1. *Erarbeiten Sie in Gruppen Möglichkeiten, Kinder im Kindergarten an der aktiven Medienarbeit zu beteiligen.*
2. *Stellen Sie dazu Themen zusammen, die die Lebenswelt der Kinder beinhalten.*

## 2.5.7 Integrative Medienerziehung

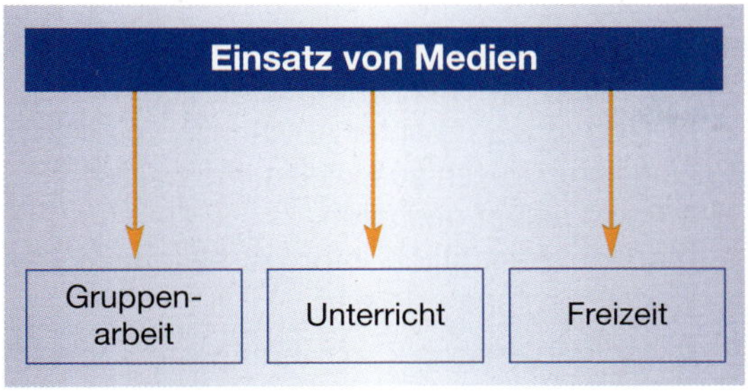


Dieses Konzept geht von einer Analyse aus, bei der das Verhältnis von Medienentwicklung, Medienforschung und Schul- bzw. Kindergartenerziehung erforscht wird. Aus der Bestandsaufnahme wird dann ein Konzept entwickelt, das durch folgende Merkmale charakterisiert ist:

- Integration der außerschulischen Medienerfahrungen und -kompetenzen in das Schul- und Kindergartenleben,
- Nutzung der verschiedenen Medien im Zusammenhang mit den unterrichtlichen, erzieherischen und organisatorischen Aufgaben,
- gleichberechtigte Integration aller Medien ohne pädagogische Vorbehalte,
- Integration schulischer Medienerziehung und informationstechnischer Grundbildung aller Beteiligter,
- Integration der Medienerziehung in den Gesamtzusammenhang der Schulerziehung,
- Verantwortung jeder Lehrkraft bzw. Erziehenden für die integrative schulische Medienerziehung bzw. Medienerziehung im Kindergarten,
- Orientierung an Leitmedien, d. h. auf jeder Klassenstufe bzw. im Kindergarten soll schwerpunktmäßig ein Medium eingesetzt und thematisiert werden,
- Einrichtung einer Medienwerkstatt als Zentrum schulischer Medienarbeit und schulhaus- bzw. kindergarteninterner Fortbildung,
- Entwicklung eines Profils „Medienerziehung", um der Medienarbeit eine einheitliche Ausrichtung und Effizienz zu geben.

Neben vielen Vorteilen dieses Systems kommt eine starke Arbeitsbelastung auf die Erziehenden zu. Darüber hinaus ist es nicht leicht, Medienerziehung in die Gruppenarbeit des Kindergartens und in die Unterrichtsfächer zu integrieren.

### DEFINITION

Integrative Medienerziehung bezieht Medieninhalte in die Gruppenarbeit, Unterrichtsfächer und Freizeit mit ein.

### AUFGABEN

*Erarbeiten Sie ein Mind-Map, in dem Sie die integrative Medienerziehung in die Gruppenarbeit im Kindergarten mit einbeziehen.*

## 2.5.8 Medienpädagogik und Erziehung

### AUFGABEN

1. *Suchen Sie mit Hilfe des Lexikons alle Wörter heraus, die mit „Medien ..." beginnen. Lesen Sie die Erklärung dazu vor.*
2. *Stellen Sie die Gemeinsamkeiten und Unterschiede der Begriffe heraus. Fällt Ihnen etwas auf? Setzen Sie in Ergänzung dazu den Computer ein.*

Die Medienpädagogik kann als Teildisziplin der Erziehungswissenschaften angesehen werden. Sie muss wissenschaftlich begründete Konzepte für den praktischen Umgang mit den Medien bereitstellen. Außerdem untersucht die Medienpädagogik den bestehenden Umgang mit Medien in der Alltagswelt der Menschen und Institutionen. Ihre Ergebnisse gibt sie an die Praxis weiter, die wiederum Rückschlüsse daraus zieht.

Medienpädagogisch arbeiten oder Erkenntnisse der Medienerziehung umsetzen kann die Sozialassistentin nur, wenn ihr die Grundlagen für die Auseinandersetzung mit Medien bekannt sind (s. Kapitel 1.2):

- Die **Forschungsergebnisse** in der **Mediensozialisation** sind hier an erster Stelle zu nennen. Sie enthalten die Bedingungen und Folgen, die mit dem Aufwachsen in der Medienwelt verbunden sind.
- Die **Medienpsychologie** und die **Erziehungswissenschaft** liefern der Sozialassistentin ebenfalls wichtige Erkenntnisse: Während sich die Medienpsychologie mit dem Ein-

fluss der Medien auf das Denken, Fühlen und Handeln beschäftigt, fragt die Erziehungswissenschaft nach den Methoden und Konzepten für den Einsatz von Medien.

Die **Medienpädagogik** wiederum wird in verschiedene Bereiche unterteilt:

- Da ist als erstes die **Medienerziehung** zu nennen. Sie beinhaltet die Orientierung an den Kindern und Heranwachsenden als Mediennutzer sowie die Erlebnis- und Handlungsorientierung.
- Als nächstes gehört die **Mediendidaktik** dazu, die sich mit dem Einsatz von Medien in Lehr- und Lernprozessen auseinandersetzt.
- **Die Medientheorie** versucht eine Bestimmung der unterschiedlichen Medien vorzunehmen und legt damit einen wesentlichen Grundstein für die Medienpädagogik.
- Mit Fragen des verantwortlichen Umgangs mit den Medien beschäftigt sich die **Medienethik**.
- Natürlich muss auch die **Medienkunde** genannt werden. Sie vermittelt das Wissen über die Medien und ihre Handhabung. Sie wird erweitert durch das Wissen über **Mediensysteme**, die die gesellschaftlichen, kulturellen und politischen Dimensionen der Medien einbeziehen.

Insgesamt umfasst die Medienerziehung die nachfolgenden Aufgabenbereiche, die von den Sozialassistentinnen wahrzunehmen sind:

- Medieneinflüsse erkennen und aufarbeiten,
- Medienbotschaften verstehen und bewerten,
- Medienangebote unter Abwägung von Handlungsalternativen auswählen und nutzen,
- Medien selbst gestalten,
- Medien hinsichtlich ihrer gesellschaftlichen Bedeutung analysieren.

Die Medienpädagogik mit ihren unterschiedlichen Bereichen liefert wertvolle Hilfen für den Umgang mit den Medien.

## DEFINITION

Medienpädagogik ist ein Teilbereich der Erziehungswissenschaften. Sie liefert die wissenschaftliche Grundlage für den Umgang mit den Medien.

## AUFGABEN

1. *Stellen Sie eine Liste der Medien zusammen, die Sie für die Kinder im Kindergarten für sehr wichtig halten.*
2. *Berichten Sie über den Einsatz von Medien im Kindergarten, den Sie während Ihres Praktikums beobachten konnten.*

## 3 Grundlagen zu Inhalten und Methoden von Ausdrucks- und Gestaltungsmöglichkeiten

Für die kindliche Entwicklung ist wichtig, durch Ausdrucks- und Gestaltungsübungen und -spiele gefördert zu werden. Diese Förderung vollzieht das Kind von sich aus, es ist aber auch auf Anregungen von außen, z. B. durch die Erziehenden, angewiesen. Bei den äußeren Anregungen hat der **Lernaspekt** häufig eine hohe Bedeutung, denn Ausdrucks- und Gestaltungsübungen werden bewusst angewendet, weil bestimmte Lernziele damit verfolgt werden. Der Nützlichkeits- und Lernaspekt darf aber nicht zu stark in den Vordergrund gerückt werden, da das ungezielte und lustvolle Handeln für Kinder wichtig ist. Ein zu hoher und gezielter Lernanspruch von Seiten der Erziehenden kann dazu führen, dass dem Kind die Entwicklungsrichtung, die Erziehende für es anstreben, vorschreiben und für es festlegen. Damit wird der eigene Handlungs- und Entwicklungsraum für das Kind möglicherweise zu sehr eingeschränkt:

Es kann vorkommen, dass Kinder im kognitiven Bereich intensiv gefördert werden, während sie für ihre gestalterischen und sozialen Fähigkeiten zu wenig Übungsmöglichkeiten haben.

Die Folge kann eine negative Entwicklung des Kindes sein, die sich beispielsweise auf seine Leistungsfreude, auf sein Selbstbild oder auf sein soziales Verhalten auswirken kann. Das Angebot muss daher ausgeglichen sein.

Ausdrucks- und Gestaltungsübungen werden am besten konkretisiert in den Bereichen:

- Spiel und Bewegung,
- Musik und Rhythmik,
- Kunst und Gestalten,
- Printmedien und Literatur,
- Technische Medien.

### 3.1 Spiel und Bewegung

Abb. Nühs

## AUFGABEN

1. *Vergleichen Sie die Abbildungen bezüglich der unterschiedlichen Bewegungsmöglichkeiten.*
2. *Begründen Sie, warum sich Kinder viel bewegen müssen?*

Spiel und Bewegung gehören zusammen, denn die Bewegung ermöglicht das Spiel und umgekehrt führt das Spiel zur Bewegung.

Kinder beginnen als Säugling zu spielen und sich dabei zu bewegen. Mit zunehmendem Alter werden das Spiel und die Bewegung differenzierter und vielfältiger. Die Entwicklung der Grundformen des kindlichen Spieles und der Bewegung sind bei allen gesunden Kindern ähnlich.

Spiel und Bewegung haben vielfältige Einflüsse auf das Kind. Sie können

- eine Vorübung für eine zukünftige Ernstsituation sein,
- dazu beitragen, dass Erlebnisse, auch Negativerlebnisse, verarbeitet werden,
- eine gegenwärtige Stimmungslage verdeutlichen, z. B. Freude,
- dazu beitragen, sich im gesellschaftlichen Zusammenleben, z. B. in der Gruppe, in der Familie zurechtzufinden.

Spiel und Bewegung tragen dazu bei, dass sich das Kind langsam der Realität annähert und sie schrittweise verinnerlicht, indem es Szenen aus dem täglichen Leben nachspielt. Seine Wahrnehmungen, Gedanken, Gefühle, Erkenntnisse, Erfahrungen und Fantasie erprobt es auf einer unrealistischen bzw. realistischen Ebene. Das Kind schafft sich einen Spielraum, in den es ein- bzw. austreten kann.

## MERKSATZ

Spiel und Bewegung sind vielgestaltete Tätigkeiten, die auf das reale Leben vorbereiten, aber auch zweckfrei sein können.

## AUFGABE

*Nennen Sie Beispiele dafür, dass das Spiel und die Bewegung auf das zukünftige Leben vorbereiten.*

### 3.1.1 Spiel und Bewegung als Grundlage der Entwicklung

## FALLBEISPIEL

**Bens erste Krabbelversuche**

Ben macht seine ersten Krabbelversuche. Er hält oft inne, wippt in dieser Stellung hin und her, ist unregelmäßig in den Arm- und Beinbewegungen und auch im Krabbeltempo. Nach einigen Wochen wird er am Boden nicht mehr zu bremsen sein und beginnen, auch über Hindernisse zu krabbeln.

## AUFGABEN

1. *Wie übt Ben das Krabbeln ein?*
2. *Gibt es Möglichkeiten, die Fähigkeit des Krabbelns zu fördern?*

Die motorischen und sensorischen Fähigkeiten von Kindern gelten weit verbreitet als Bereiche, die sich im Gegensatz zur Kognition (der geistigen Wahrnehmung bzw. Erkenntnis) **„von selbst“** entwickeln und dadurch keiner besonderen Aufmerksamkeit bedürfen. Dabei wird übersehen, dass heute viele Kinder in einer Umgebung aufwachsen, in der die normale **Spiel- und Bewegungsentwicklung** eingeschränkt ist, so dass aus den nachfolgenden Gründen eine Bestandsaufnahme erfolgen und gegebenenfalls nachgeholfen werden muss:

- Gesellschaftliche Entwicklungen und veränderte Umweltbedingungen, wie Reizüberflutung durch Medien, Konzentration auf Konsumartikel, beengte Wohnverhältnisse und zu geringem Bewegungsangebot in den Städten, können dazu führen, dass sich die **Persönlichkeit des Kindes, aufgrund von Bewegungsmangel**, nicht richtig entwickeln kann.
- Spiel und Bewegung haben für den **ganzheitlichen Entwicklungsprozess** des Kindes, für seine individuelle Persönlichkeitsentfaltung, eine grundlegende Bedeutung. Ohne Spiel und Bewegung ist es nicht möglich, Gedanken und Empfindungen auszudrücken und damit ist weder eine mimische noch gestische Verständigung möglich. **Spieltätigkeit** und spätere Arbeitstätigkeit kann ohne Bewegung nicht stattfinden.

- Durch Spiel und Bewegung erforscht sich das Kind zunächst selbst. Seinen Körper lernt es durch Ausprobieren zu verstehen und zu beherrschen. Durch Greifen und Tasten, durch Schmecken, Riechen und Fühlen, also durch praktisches Erleben und Bewegen begreift es schließlich seine Um- und Mitwelt.

- Die Auseinandersetzung mit sich selbst, den es umgebenden Personen und den materiellen Dingen vermitteln dem Kind die Erkenntnisse und Erfahrungen, die es zum Erwerb vieler Fähigkeiten benötigt. Fantasie und Vorstellungsvermögen sowie Abstraktion und Zuordnung sind nur möglich, wenn das Kind eine Vorstellung von sich und seinem Körper hat.
- Wenn dem Kind nur wenige Spiel- und Bewegungsangebote zur Verfügung stehen, so führt dies zu einer Unterdrückung der kindlichen Bedürfnisse und zu **sensorischen und motorischen Defiziten**. Mithalten können ist in der heutigen Zeit eine Selbstverständlichkeit, Nicht mithalten können bedeutet an den **Rand** gedrängt zu werden. Hänseleien oder Ablehnungen von Gleichaltrigen und die häufig unangemessenen Reaktionen der Erwachsen verschlechtern das emotionale und soziale Befinden der Kinder zunehmend. Unangemessene Verhaltensweisen entstehen und festigen sich, die Kinder ziehen sich zurück oder reagieren aggressiv. Die fehlende soziale Anerkennung drängt das Kind immer mehr in die Position des **Leistungsschwachen**, ein Leistungsrückgang in der Schule kann die Folge sein.

Kinder benötigen daher an erster Stelle **Spiel- und Bewegungsräume**. Wenn diese nicht mehr vorhanden sind, dann müssen sekundäre Spiel- und Bewegungsmöglichkeiten (z. B. Spielplätze) geschaffen werden.

Kleine Kinder haben eine natürliche Neugier, es macht ihnen Spaß, etwas auszuprobieren. Daher gilt es, diese Kräfte und Möglichkeiten der Kinder zu nutzen und ihnen Freiräume dafür zur Verfügung zu stellen.

Viele Familien können sich aufgrund hoher Mieten keine großen Wohnungen mit Garten leisten. Kleine Kinder benötigen nicht viele Möbel, sie brauchen auch in kleinen Wohnungen **Spiel- und Bewegungsfreiheit**. In den Kindergärten und Schulen muss den Kindern ebenfalls genügend Spiel- und Bewegungsfreiheit zur Verfügung gestellt werden. Im näheren Umfeld fehlen häufig gefahrlos erreichbare Spiel- und Bewegungsräume, in denen sich Kinder ausprobieren können. Früher konnten die Eltern ihre Kinder auf der Straße spielen lassen, damit sie dort ihren Spiel- und Bewegungsdrang voll ausleben konnten. Das ist heute nicht mehr möglich. Rangeln und Toben ist nur noch im Kindergarten oder in der Schule möglich. Dort wird das aber nicht gern gesehen.

Spielplätze sollten nicht nur mit Sandkästen und Schaukeln ausgestattet sein, sondern auch **Spielgeräte mit spezifischem Aufforderungscharakter** zum Klettern, Krabbeln, Rutschen und Schwingen haben.

Kinder können keine **Beziehung** zur **Pflanzen- und Tierwelt** aufbauen, wenn sie nicht die Möglichkeit erhalten, die Natur bewusst zu erleben. Klimatische Reize wie Wind und Regen lernen sie nur kennen, wenn sie sie erleben. Auch in Städten muss den Kindern genügend Zugang zu natürlichen Bewegungsräumen wie Wald und Wiesen ermöglicht werden.

Der Lebensplan vieler Erwachsenen sieht heute nur ein Kind vor, so dass diese Einzelkinder nur noch für sich allein spielen und wichtige **Konflikte** mit sich **allein** austragen müssen. Kinder benötigen für ihre Entwicklung andere Kinder, mit denen sie sich austauschen können.

**Bewegungsfeindliche Freizeitaktivitäten** und Spiele, aber auch der vermehrte Medienkonsum tragen dazu bei, dass Kinder sich ihre Spiel- und Bewegungsumwelt nicht mehr in gleichem

Abb. MEV

Maß erschließen können, als das noch vor einigen Jahren möglich war. Damit werden ihnen bedeutsame Entwicklungschancen vorenthalten.

## MERKSATZ

Bewegung und Spiel sind für die kindliche Entwicklung unbedingt erforderlich. Die Kinder lernen dadurch den eigenen Körper kennen, entwickeln ein Bild von sich und erkunden die Umwelt.

## AUFGABEN

1. *Die kindliche Entwicklung wird auch als die schrittweise Eroberung von Lebensräumen bezeichnet. Begründen Sie die Aussage.*
2. *Wie können Sie den kindlichen Forscherdrang fördern?*
3. *Vergleichen Sie den Freiraum der heutigen Kinder mit dem in früheren Jahren.*

## 3.1.2 Lernen durch Spielen und Bewegen

## AUFGABE

*Vergleichen Sie die beiden Bilder miteinander und nennen Sie Gemeinsamkeiten und Unterschiede der körperlichen Betätigung.*

Abb. MEV (links)
Abb. Nühs (rechts)

Für viele Erwachsene sind Gesundheit und Fitness wichtige Gründe, um sich zu bewegen und Sport zu treiben. Für Kinder sind diese Attribute keine Triebfeder. Sie bewegen sich aus dem einfachen Grund, weil sie **Freude, Spaß und Lust** dabei erfahren wollen. Es liegt grundsätzlich in der Natur des Menschen, sich zu bewegen. Während für den Erwachsenen eine **zwei- bis dreimalige körperliche Belastung von ca. 60 Minuten in der Woche** erforderlich ist, benötigen Kinder zum Aufbau ihrer organischen Funktionen eine **tägliche Belastungseinheit von mindestens zwei Stunden**. Aber in der Bewegung steckt mehr als nur eine gesunde körperliche Entwicklung:

- Der Säugling strampelt vor Lust, denn Bewegung ist zunächst die einzige Möglichkeit der nonverbalen Kommunikation, des Ausdrucks von psychoemotionaler Befindlichkeit.
- Das Kind hüpft spontan vor Freude, rennt, klettert, schaukelt, springt und tobt; damit gelangt es zu immer mehr Sicherheit, Selbstständigkeit und räumlicher Erkundung und somit Umwelterfahrung.
- Kinder und Jugendliche drängen nach Spielen mit anderen, nach Leistung und Wettbewerb. Heranwachsende lernen, unterschiedliche Rollen einzunehmen, Regeln zu akzeptieren, Konflikte auszutragen, Toleranz und Rücksichtnahme zu zeigen sowie Absprachen zu treffen. Sie sammeln dadurch wichtige Erfahrungen mit Gleichaltrigen.

Vielen Erwachsenen ist nicht bewusst, dass sie als Kinder grundlegende Erfahrungen für das Leben in der Gesellschaft, für den Umgang miteinander, erworben haben. Das Gehirn ist in der Lage, diese Eindrücke aufzunehmen und sie als komplexe Muster zu speichern. Zu keiner Zeit können Menschen mehr Sinneserfahrungen und Körpererlebnisse sammeln als in der Kindheit. Durch **sinnlich aktive Auseinandersetzung mit der Umwelt** und im **bewussten Umgang mit dem Körper** sammelt das Kind folgende Körpererfahrungen:

- verschiedene Positionen des Körpers und vielfältige Fortbewegungsarten auszuprobieren wie Laufen, Klettern, Springen, Kriechen Hüpfen oder Rutschen;

- das Körpergleichgewicht in verschiedenen Lagen und auf verschiedenen Untergründen zu erproben, z. B. durch Schaukeln, Schwingen, Rollen, Drehen, Hüpfen bzw. Balancieren auf schmalen und labilen Untergründen;
- Spannung und Entspannung zu erfahren, körperliche Belastung mit ihren Wirkungen auf Herz, Atmung und Muskulatur zu spüren;
- die Körpergrenzen durch Berührungsreize wie Tastspiele und Bewegung in begrenzten Räumen zu erfahren.

Beim Anfassen, Fühlen, Riechen, Hören und Sehen erfahren Kinder aktiv ihre Umwelt und ihren Körper. Sie trainieren damit ganz unbewusst, was ein Leben lang für sie wichtig ist.

### Finger benötigen das „Greifbare“

Kinder brauchen eine Umwelt, die sie anfassen, fühlen und riechen können müssen. Das von ihnen so häufig praktizierte Greifen aller Art wird zum Begreifen, das Fassen zum Erfassen. Die Erfahrungen des **Selbst-Machens**, die Dinge **selbst zu verändern** und **selbst zu entscheiden**, sind unerlässlich, um selbstständig und selbstbewusst zu werden. Man kann davon ausgehen, dass Erfolgserlebnisse im Bewegungsbereich zu einem größeren Vertrauen in die eigenen Fähigkeiten beitragen.

Der Reiz so manchen Tuns liegt häufig in der Ungewissheit begründet, inwieweit die gesteckten Ziele erreicht werden können. Darüber hinaus lernen Kinder frühzeitig, unbekannte und manchmal auch gefährliche Situationen einzuschätzen und sich in ihrem Verhalten darauf einzustellen. Gerade Gefahrensituationen oder der Umgang mit gefährlichen Gegenständen vermittelt den Kindern nachhaltigere **Erfahrungen und Kompetenzen**, als wenn sie durch Verbote vom Tun abgehalten und jahrelang nur durch Belehrungen theoretisch auf Gefahren vorbereitet würden.

Die kindliche Autonomie darf nicht eingeschränkt werden, daher benötigen Kinder Freiräume, in denen sie sich aktiv an der Gestaltung ihres Lebens beteiligen können. Erwachsene sollten zwar ein **Sicherheitsnetz** spannen, dann aber müssen sie ihre Kinder auch allein balancieren lassen.

Abb. Thiele (links)
Abb. Nühs (rechts)

Kinder müssen frühzeitig lernen, ihre eigenen Fähigkeiten einzuschätzen, sich auf Gefahren einzustellen und ihr Handeln auf spezifische Situationen flexibel auszurichten.

Kinder brauchen vor allem Zeit und Gelegenheit für **Experimente und eigene Aktivitäten**, die nicht durch enges Regelwerk und Bevormundungen seitens der Erwachsenen eingeschränkt werden dürfen. Kinder benötigen spezifische Rahmenbedingungen, damit sie erwachsen werden und ihre Persönlichkeit entwickeln können. Das Kind braucht geeignete Hilfen und Anreize aus seiner sozialen Umgebung, die seine natürlichen Grundbedürfnisse befriedigen und ausbauen. Neben Liebe, Zuneigung, Anerkennung und sozialer Bindung stellt das Bedürfnis nach Spiel und Bewegung ein grundlegendes Bedürfnis dar.

## MERKSATZ

Experimente und eigene Aktivität des Kindes dürfen nicht durch ein enges Regelwerk und Bevormundungen der Erwachsenen eingeengt werden, sondern Spiel und Bewegung sind ein grundlegendes Bedürfnis des Kindes.

## AUFGABEN

1. *Begründen Sie die obige Aussage.*
2. *Stellen Sie eine Übersicht zusammen, in der Sie Spiel- und Bewegungsmöglichkeiten für Kinder miteinander verbinden.*

### 3.1.3 Spiel und Bewegung als Vorbereitung auf die Schule

Spiel und Bewegung tragen entscheidend dazu bei, dass Kinder schulreif werden. Auf die Einzelheiten dazu wird nachfolgend eingegangen:

Kinder im Vorschulalter lernen im Spiel, denn die **Spielfähigkeit** eines Kindes steht in direktem Zusammenhang zu seiner **Lernfähigkeit**. Das Spiel und die Bewegung sind wichtig für eine ganzheitliche Entwicklung des Kindes. Es ist eine kindgemäße Form der Betätigung, in der die Bewegung, die Gefühle, das Denken und das soziale Handeln gefördert werden.

**Spiel, Bewegung und Handlungsmöglichkeiten** müssen einen hohen **Stellenwert** erhalten, um den Bedürfnissen und Interessen und auch den Lern- und Erfahrungsmöglichkeiten der Kinder für ihre Entwicklung gerecht zu werden.

Schon kleine Kinder sind ständig aktiv in ihrer Bewegung. Sie benutzen alle Sinne, wie das Tasten, Riechen, Schmecken, Sehen und Hören, und lernen dadurch nach und nach ihr Tun, sich selbst und ihre nähere Umgebung kennen. Diese „kleinen Persönlichkeiten" sind neugierig auf ihre Welt und wollen sie entdecken.

Wenn Kinder in den Kindergarten kommen, wird ihre Welt wieder etwas erweitert.

Sie lernen zunächst fremde Erwachsene und eine große Zahl unbekannter Kinder kennen, eine neue, erlebnisreiche Umgebung und den bewussten Umgang mit vielfältigem Material. Diese neue Welt weckt die Neugier der Kinder und fordert sie zum **Entdecken und Handeln**

Abb. Thiele (links)
Abb. Nühs (rechts)

auf. Wichtig ist, dass sich die Kinder ihre neue Welt spielend mit viel Bewegung aneignen.

Im Spiel kann das Kind all seine Fähigkeiten frei entfalten und sich ausdauernd und konzentriert mit seiner Sache beschäftigen. Das Spiel ist eine **selbst gewünschte Handlungsform** des Kindes. Im Spiel werden Erlebnisse und Erfahrungen der Kinder nachgelebt und in ihr Denken und Handeln eingebaut.

So haben die meisten Kindergärten heute Puppenecken oder einen Bauteppich. Dort können die Kinder die **Erlebnisse des Alltags** nachspielen, um sie besser zu verarbeiten. Das Spiel zeigt den Kindern, was ihnen möglich ist. Sie erfahren dort auch ihre **Grenzen** im Miteinander mit anderen Kindern.

Spiel ist ein Ventil, um vorhandene Gefühle auszuleben. Sie benutzen das Spiel als Ausdrucksmittel, um anderen ihre **Sorgen und Freuden, Hoffnungen und Ängste** mitzuteilen. Aufgabe der Erzieherin und Sozialassistentin ist, Kinder zu begleiten und in ihrem Spiel zu folgen. Das ist eine spannende und aufregende Tätigkeit. Sie erfordert Wachheit, Offenheit und Hingabe. Durch Hinweise auf weitere Materialien kann die Kreativität und Fantasie der Kinder noch bereichert werden.

Im Spiel und in der damit verbundenen Bewegung erreichen Kinder alle **Fähigkeiten und Fertigkeiten**, **die sie für die Schule gebrauchen**, denn ein Kind, das spielt, lernt auch zugleich: Es entwickelt sich umfassend in seiner Persönlichkeit, seiner Fantasie und Kreativität, weiter. Kinder würden in ihrer Entwicklung gehemmt, wenn sie nicht spielen, sich bewegen und selbstständig handeln könnten.

Kindergärten müssen sich immer wieder die Frage stellen, ob ihre **Räume** noch für die Kinder **anregend und herausfordernd genug** sind. Aufgrund veränderter Bedürfnisse der Kinder sollten sie sie verändern und neue interessante Spielmöglichkeiten schaffen. Der Einsatz moderner Medien muss mit überlegt werden.

Im Kindergarten werden zwei Formen des Spiels unterschieden:

- **Das freie Spiel:** Das Kind wählt Spiel, Mitspieler, Ort, Zeit und Material nach eigenen Wünschen und Interessen aus. Es entwickelt im Freispiel seine Fantasie und Kreativität und lernt seine Grenzen kennen.
- **Das gelenkte Spiel:** Erzieherinnen und Sozialassistentinnen bringen Spielvorschläge ein, geben den Impuls des Angebots und verfolgen dabei ein bestimmtes Ziel. Ideen und Vorschläge der Kinder werden in das gelenkte Spiel mit einbezogen.

**Beide Spielformen** gehen ineinander über und sind **gleichwertig**, denn auch während des freien Spiels erwirbt das Kind Fertigkeiten und Fähigkeiten. Es erwirbt sie im freien Spiel in spielerischer Form und in „Eigenarbeit“; beim gelenkten Spiel dagegen, werden ihm alle Gegenstände und Sachzusammenhänge von der Erzieherin und Sozialassistentin erklärt und gezeigt.

Kinder sollten immer die Möglichkeit haben, **selbstständig zu handeln.** Die Gelegenheit haben sie im Kindergarten beim Experimentieren, Werken, Gestalten und Formen, Basteln, Töpfern und Malen (auf vorgegebene Schablonen sollte möglichst verzichtet werden).

**Angeleitetes Handeln bzw. Handeln unter Aufsicht** der Erzieherin bzw. Sozialassistentin bietet sich an beim Kochen, Backen, Feste gestalten und feiern, teilweise bei den Rollenspielen, bei Bewegungsspielen, Konstruktionsspielen, Sand- und Wasserspielen und Exkursionen in den Wald.

## MERKSATZ

Durch das Spiel und die Bewegung lernt das Kind alle Fähigkeiten und Fertigkeiten, die es für die Schule gebraucht.

## AUFGABEN

1. *Stellen Sie eine Fotoshow (auch Fotos aus Zeitschriften, Zeitungen usw.) zusammen, die spielende Kinder zeigt. Erklären Sie die Fotos hinsichtlich ihres spielerischen Wertes.*
2. *Nennen Sie Beispiele für die Förderung des freien Spiels.*
3. *Durch das Spiel und die Bewegung erreicht das Kind alle Fertigkeiten und Fähigkeiten, um eine Grundschule besuchen zu können. Begründen Sie diese Aussage.*

## 3.2 Musik und Rhythmik

### AUFGABEN

1. *Nennen Sie Gründe für die Notwendigkeit musikalischer Erziehung bei Kindern.*
2. *Wie wurde Musik an Sie herangeführt?*

Kinder begreifen die Elemente der Musik wie Melodie, Harmonie und Rhythmus ohne viel zu denken. Musik wird spielerisch in Bewegung und auf einfachsten Instrumenten wie Rasseln, Trommeln, Töpfen oder Sieben umgesetzt.

Die geordnete gegliederte Bewegung in Tanz, Musik, Poesie (Metrik), Gymnastik wird als Rhythmus bezeichnet. Der Ton- oder Bewegungsablauf wird in zeitlich oder inhaltlich gleiche oder ähnliche, periodisch wiederkehrende Abschnitte gegliedert.

Der Mensch trägt **musikalische Bedürfnisse und Fähigkeiten** in sich. Diese wachzurufen, zu entwickeln und auszuformen ist eine wichtige Aufgabe der Eltern, Kindergärten und Schulen. Mit Stimme, Körper, Materialien und Instrumenten wird spielerisch ein sinnhafter und unmittelbarer Umgang mit Musik ermöglicht.

Musik ist ein wichtiges Element des menschlichen Lebens.

### 3.2.1 Vorteile einer musikalischen Erziehung

„Erziehung durch Musik sei darum die vorzüglichste, weil Rhythmus und Harmonie am tiefsten in das Innere der Seele dringen!"

Diese Worte sprach der griechische Philosoph Sokrates vor über 2300 Jahren. Indische Wissenschaftler berichten, dass Kleinkinder Namen und Funktionen der Körperteile am besten durch Musik und Tanz lernen. An einer englischen Universität beobachteten Forscher, dass Kinder, die Klänge zu unterscheiden lernen, auch früher und besser lesen lernen. Ebenso belegt eine Langzeitstudie an einer Berliner Grundschule (Prof. Hans Günther Bastian), dass Kinder mit **regelmäßigem Musikunterricht** in vielen Bereichen (Sozialverhalten, Intelligenz, Psychomotorik, Wahrnehmungsfähigkeit), im Vergleich mit ihren nicht musizierenden Altersgenossen, einen **Vorsprung** besitzen.

Die Gründe dafür sind physiologischer Natur. So haben Gehirnforscher aus Deutschland herausgefunden, dass Musizieren vor dem siebten Lebensjahr die **Entwicklung der Assoziationsbahnen** (Balken/Corpus callosum) zwischen den beiden Gehirnhälften stark fördert. Die linke Gehirnhälfte ist zuständig für die Sprache bzw. verbale Kommunikation, Wortgedächtnis, Mathematik, Logik, Analyse und für das Erfassen von Details. Im Gegensatz dazu verarbeitet die rechte Gehirnhälfte Informationen, bildhaftes Denken, Musikalität, Rhythmus, Tanz, Raumwahrnehmung, Emotionen und ist das Gedächtnis für Personen, Sachen und Erlebnisse.

Durch das **Singen oder Sprechen** von Liedern und Reimen mit gleichzeitig ausgeführten Bewegungen in Grob- und Feinmotorik wird das **Zusammenspiel beider Gehirnhälften** gefördert, da die Zentren für Sprache in der linken und für Musik/Rhythmus/Tanz in der rechten Großhirnrinde liegen.

#### Gute Voraussetzungen für das Erlernen eines Musikinstruments

Kleinkinder und Kindergartenkinder bekommen bei einer kindgerechten musikalischen Förderung mit Spielliedern, Finger- und Handgestenspielen, sensormotorischen Wahrnehmungsspielen, Tänzen usw. viele Verhaltensweisen vermittelt, die für das **Erlernen eines Instruments** eine **gute Basis** sind. Auch beim gemeinsamen Musizieren mit Orff-Instrumenten (Handtrommel, Klanghölzchen, Xylophon sowie Metallophon) lernen sie aufeinander zu hören

Abb. Nühs

und in unterschiedlicher Weise zu spielen und sich auszudrücken. Dabei wird der Grundstein für die benötigte **Feinmotorik** und **Konzentrationsfähigkeit** zum späteren Instrumentalspiel gelegt. Zusätzliche Bausteine für das spätere Musizieren in jeder Altersstufe sind die Anpassungsfähigkeit und der **Teamgeist**. Im Zusammenspiel mit den anderen lernen Kinder sich anzupassen und Rücksicht zu nehmen.

Vom **fünften bis zum neunten Lebensjahr** ist es für Kinder besonders leicht, ein Instrument spielen zu lernen. Das liegt daran, dass sie sich in der **sensiblen Phase** befinden, in der zum Beispiel auch das Erlernen einer Zweitsprache besonders leicht fällt.

Kinder lieben Musik, Tanz und Spiel. Dadurch bekommen sie ein gutes Rüstzeug für ihr Leben.

Bei kleineren Kindern besteht eine emotionale und körperliche Einheit. Sie erfahren Musik über alle Sinne. Die größeren Kinder benötigen die Musik und den Tanz, um die **Gesetzmäßigkeiten von Musik und Tanz** kennenzulernen und im Zusammenspiel mit den anderen ihre **Persönlichkeit** zu entwickeln.

**MERKSATZ**

Kinder lieben Musik, Tanz und Spiel. Kleinere Kinder erleben Musik über alle Sinne, größere benötigen sie, um die Gesetzmäßigkeiten zu erkennen und zur Entwicklung ihrer Persönlichkeit.

**AUFGABE**

1. *Fachleute behaupten, dass der Mensch musikalische Bedürfnisse und Fähigkeiten in sich trägt. Begründen Sie diese Aussage!*
2. *Erklären Sie die Bedeutung der rechten und linken Hirnhälfte für die Entwicklung des Kindes.*

### 3.2.2 Bedeutung der musikalisch-rhythmischen Erziehung

**AUFGABE**

*Versuchen Sie den Unterschied zwischen Musik und Rhythmus zu erklären.*

Die musikalische-rhythmische Erziehung ist eine **ganzheitliche Pädagogik**, die auf dem spielerischen Einsatz von Musik, Sprache und Bewegung basiert. Sie ist aus den Gemeinsamkeiten von musikalischer Grundbildung und Rhythmik entstanden. Sowohl in der Musik als auch in der Rhythmik werden vielfältige musikalische Basiskompetenzen erworben. Beide Angebote arbeiten mit der Verbindung von **Musik und Bewegung**. Sie setzen Abläufe in Bewegung um und umgekehrt arbeiten sie mit Tänzen und der Entwicklung des persönlichen Ausdruckspotenzials in Musik sowie in der Bewegung. Während die musikalische Grundausbildung von Bedeutung ist für Kinder im Kindergarten, der Vorschule und in der Grundschule, wird Musik und Rhythmik an Menschen aller Altersstufen sowie in den Bereichen der Heil- und Sonderpädagogik vermittelt. Dieser methodische Ansatz geht zurück auf die Anfang des 20. Jahrhunderts entstandenen Ideen des Schweizer Musikpädagogen Emile Jacques Dalcroze (1865–1950). In den nachfolgenden Aussagen sind seine Ideen umgesetzt worden:

Bei der **musikalischen Grundausbildung** erleben und begreifen Kinder die vielfältigen Erscheinungsformen der **Musik.** Bei dieser Ausbildung sollen sowohl Freude, kreatives Spiel als auch eine aktive Auseinandersetzung mit Musik im Vordergrund stehen. Neben dem Erwerb von Fertigkeiten und elementarem Sachwissen stehen die Erweiterung der Sozial- und Selbstkompetenz.

Abb. Nühs

Bei der Rhythmik steht die Förderung **persönlicher Kompetenzen** im Bereich der Musik im Vordergrund. Die Unterweisung geht immer aus von **individuellen Erfahrungen** und führt durch die handelnde Auseinandersetzung zum Erwerb von vielfältigen Kompetenzen im Bereich Musik und Bewegung. Dabei werden sowohl spezifische Fertigkeiten erlernt als auch die individuelle Ausdrucksfähigkeit gestärkt sowie die Sozial- und Selbstkompetenz gefördert. Die Unterweisung geht davon aus, dass jeder musikalische Ablauf in Bewegung und umgekehrt jeder **Bewegungsablauf** in **Musik** umgesetzt werden kann. Das verbindende Medium dieser Bereiche ist der Rhythmus.

Das ganzheitliche Erleben wird noch durch fantasievolles Gestalten von Reimen, Versen, Bewegungsspielen, Liedern und Tänzen verstärkt. Sie fördern die **natürliche Musikalität** des Kindes sowie sein **Bewegungsvermögen** und **seine Sprachentwicklung**. Das Gestalten von Reimen und Versen wird durch den spielerischen Umgang von Sprache-Bewegung sowie Musik-Bewegung angeregt und führt zusätzlich zum Improvisieren auf einfachen Instrumenten. Die musikalischen Inhalte, wie Rhythmus, Lautstärke, Melodie, Tempo oder Artikulation können durch das gemeinsame Singen, Experimentieren mit Klängen und Tönen auf einfachen Instrumenten (z. B. Handtrommel, Glockenspiel, Klanghölzchen, Rasseln) besonders hervorgehoben werden.

Die Kinder erleben durch die bewegt-musikalischen Spielgeschichten die emotionalen Inhalte der Geschichten und Märchen. Sie haben dann die Möglichkeit, auf das innerlich Erlebte in Musik, Sprache und Bewegung zu reagieren.

In diesen ganzheitlichen und komplexen Spielangeboten werden viele Lern- und Entwicklungsprozesse positiv beeinflusst und gefördert.

Eine gezielte Förderung von **Musikalität, Sprachentwicklung und Bewegungsvermögen** erfolgt durch die nachfolgend genannten Spielangebote:

**Musik:**

- Lieder,
- Einsatz der Orff-Instrumente wie Xylophon, Glockenspiel, Handtrommel, Schellen oder Rasseln,
- Musik zu den Fortbewegungsarten wie Gehen, Laufen, Hüpfen, Galoppieren und Schreiten,
- Reime und Verse, die Sprechrhythmus und Sprachmelodie beinhalten.

**Sprache:**

- Reime und Verse, Finger- und Handgestenspiele,
- Sprachspiele,
- Liedtexte.

**Bewegung:**

- Bewegungsspiele,
- Finger- und Handgestenspiele,
- sensormotorische Wahrnehmungsspiele für den Seh-, Hör-, Tast-, Gleichgewichts-, Geruchs- und Geschmackssinn,
- Lieder in großen und kleinen Bewegungen,
- Verse und Reime in großen und kleinen Bewegungen,
- Fortbewegungsarten.

**MERKSATZ**

Die musikalisch-rhythmische Erziehung trägt dazu bei, Musikalität, Sprachentwicklung und Bewegungsvermögen zu fördern und sie erweitert die Sozial- und Selbstkompetenz.

**AUFGABE**

*Nennen Sie Beispiele aus Ihrem Praktikum im Kindergarten, wie Kinder durch die Kombination Musik, Sprache und Bewegung in ihrer Entwicklung gefördert wurden.*

## 3.2.3 Lernbereiche der musikalisch-rhythmischen Anleitung

**AUFGABE**

*Welche Fähigkeiten werden durch das Spielen eines Musikinstrumentes gefördert?*

Die musikalisch-rhythmische Anleitung fördert die in jedem Kind vorhandene **Musikalität** und beeinflusst auf positive Weise das **Sozialverhalten**. Durch kreatives experimentelles Spielen mit Materialien und Instrumenten und durch darstellende Spiele und Rollenspiele wird die **Persönlichkeitsentwicklung** unterstützt und das Selbstwertgefühl positiv gestärkt. Außerdem werden die **Fein- und Grobmotorik** verbessert, der sprachliche Ausdruck und das bewusste Wahrnehmen der eigenen Person und der Umwelt gefördert. Wahrnehmungsspiele verbessern unter anderem die Körperwahrnehmung und die Konzentrationsfähigkeit.

Kinder werden durch ganzheitliche kreative Spielangebote in ihrem Wesen angesprochen und reagieren auf spontane und kreative Weise.

Im Folgenden eine Übersicht über die **Lernbereiche**, die gezielt gefördert werden:

### Musikalität und Gesang:

- Elementare Grunderfahrungen aus der Bewegung und der Sprache (z. B. laut-leise, schnell-langsam) auf ein Instrument übertragen.
- Gehörtes in Bewegung umsetzen: z. B. Musik zu den Fortbewegungsarten, Improvisation auf einem Instrument, Sprechrhythmus in Versen und Reimen.
- Lieder und Klanggeschichten auf einfachen Instrumenten wie dem Xylophon, dem Metallophon oder der Handtrommel begleiten oder mit Klängen oder Geräuschen experimentieren.
- Musik und Sprache durch das Singen von Liedern vermitteln.
- Mit Kindern zu Musik singen und gleichzeitig tanzen.
- Kinder durch kindgerechte Inhalte der Lieder (z. B. über Tiere oder Märchen) in ihrer emotionalen Gesamtheit ansprechen.
- Die Ausdrucks- und Empfindungsfähigkeit und die Konzentration durch Singen fördern. Dadurch wird die kindliche Psyche harmonisiert.

### Bewegung bzw. Motorik

- Den Bewegungs- und Gleichgewichtssinn fördern durch Fortbewegungen aller Art, durch Geschicklichkeits-, Gleichgewichts-, Koordinations- und Reaktionsspiele sowie sensomotorische Wahrnehmungsspiele für den Hör-, Seh- und Tastsinn, durch Tänze und Lieder, Verse und Reime.

### Sinneswahrnehmung bzw. Sensorik

- Förderung der Konzentrationsfähigkeit, Körperwahrnehmung, Bewegung, Raumwahrnehmung und sozialer Kompetenz. Sensibilisierung des Gehörs, Koordination von Sinneswahrnehmung, musikalischer Ausdrucksfähigkeit.
- Tiefenwahrnehmung des Körpers (propriozeptive Wahrnehmung) und den Tast- und Spürsinn bei Spielen ansprechen.
- Das Wechselspiel von Hören und Bewegen, von Sehen und Bewegen sowie von Tasten/Spüren und Bewegen bei sensormotorischen Wahrnehmungsspielen fördern.

### Fantasie und Kreativität:

- Ein kindgerechtes Spielangebot aus Märchen, Geschichten, über Tiere und Jahreszeiten anbieten.
- Rollenspiele, darstellendes Spiel, Experimentieren mit Materialien und Instrumenten.

### Sozialverhalten:

- Anpassung an die Regeln innerhalb einer Gruppe und an die Regeln eines Spiels.
- Harmonisierung unterschiedlicher Verhaltensdefizite: Überaktiven Kindern wird in der Gruppe ein soziales Grundverständnis (Rücksichtnahme) vermittelt, während schüchterne Kinder im Schutz der Gruppe zu handeln lernen.

Abb. Nühs

**Beispiel einer elementaren Musik- und Rhythmikerziehung:**

Sie beginnt bei Kindern im Alter von zwei Jahren. Nachfolgende **Musik und Rhythmik** ist für diese Altersstufe geeignet:

- Eltern regen ihre Kinder zum einfachen Musikerleben an und führen Fingerspiele usw. mit ihnen durch.
- **Musik für Kinder im Alter von drei Jahren:** Mit Spiel- und Bewegungsliedern sowie kleinen Tänzen gehen Kinder auf die musikalische Entdeckungsreise. Eltern und Großeltern sind ebenfalls als Partner angesprochen.
- **Musik für Kinder im Alter von vier Jahren:** Neben den Spielen aller Art werden Kinder an das gängige Instrumentarium herangeführt. Darüber hinaus werden sie mit ihrem Umfeld durch Sehen, Hören, Fühlen und Bewegen vertraut gemacht.
- **Musik für Kinder im Alter von fünf Jahren:** Durch die Bewegung kommen Kinder zur Begriffsbildung, z. B. große Sprünge oder kleine Schritte.

  Auf spielerische Art und Weise lernen Kinder ihren Körper und seine Bewegungsmöglichkeiten kennen.
- **Musik für Kinder im Alter von sechs bis acht Jahren:** Kinder sind nun in der Lage im Chor zu singen. Die Pflege und Betreuung der einzelnen Stimme darf nicht vernachlässigt werden.
- **Das Instrumentenkarussell** bietet sich für diese Altersstufe ebenfalls an: Kinder lernen hierbei in einer Gruppe von vier Kindern nach und nach sechs Instrumente kennen. Zusätzlich kann in einer Gruppe von 12 Kindern gemeinsam musiziert, getanzt und gesungen werden.

**MERKSATZ**

Die musikalisch-rhythmische Anleitung führt zu einer ganzheitlichen Förderung des Kindes. Sie trägt zum bewussten Wahrnehmen der eigenen Person und der Umwelt bei.

**AUFGABE**

*Stellen Sie musikalisch-rhythmische Spiele für Kinder im Kindergarten zusammen und führen Sie diese Ihrer Klasse vor.*

## 3.2.4 Rhythmische Spiele und Lieder

**Beweg-musikalische Spiele werden nachfolgend am Lied „Lauf mein Schäfchen, lauf“ dargestellt:**

### Reim

Die Kinder verteilen sich im Raum. Sie sprechen den Reim und führen dazu folgende Bewegungen aus:
Tippel, tappel, tippel, tappel,
*Durch den Raum laufen.*

lauf mein Schäfchen, lauf.
Tippel, tappel, tippel, tappel,
auf den Berg hinauf.

Tippel, tappel, tippel, tappel,
schneller Schritt bergauf,
droben auf der grünen Weide
*Langsamer werden und in die Hocke gehen.*
ruhen wir uns aus.

Hei, wie kann das Schäfchen springen,
*Durch den Raum hüpfen.*
Hopp-di-hopp-di-hopp.
Stock und Steine überwinden,
hopp-di-hopp-hopp.

Doch nun wird das Schäfchen müde,
*Langsam durch den Raum gehen.*

tipp-tapp,tipp-tapp.
Stellt sich in den kühlen Schatten,
wo die anderen Schäfchen warten,
*Alle hocken sich in den Sitzkreis.*
tipp-tapp-tapp, tipp-tipp.

Und das Schäfchen geht jetzt weiter,
*Durch den Raum gehen.*
Tipp-tapp-tapp, tipp-tipp.
Blinzelt in die Sonne heiter,
tipp-tapp-tapp, tipp-tipp.

Kommt der Abend geht´s hinunter,
*Immer langsamer gehen.*
heim in unsern Stall.
Auch die Sonne geht jetzt unter,
Ruh' ist überall.
*Alle legen sich in den Sitzkreis (Stall).*

Für den Reim können noch Klanghölzchen und ein Xylophon eingesetzt werden

## 3.3 Kunst und Gestalten

Die Begriffe „Kunst" und „Gestalten" hängen eng miteinander zusammen, wie an den nachfolgenden Erklärungen deutlich wird:

- Kunst im weiteren Sinne bedeutet jede zur Meisterschaft gediehene Fähigkeit. Im engeren Sinne bedeutet sie Erlebnisfähigkeit des Menschen durch wirksame Gestaltung eines gegebenen Materials. Kunst schafft in sich abgeschlossene, allgemeingültige, aber nicht immer allgemeinverständliche Werke.
- Gestalten, allgemeine Fertigkeit, Gewandtheit in einer Tätigkeit; im engeren Sinne bedeutet sie das ästhetische Schaffen, die schöpferische Gestaltung geistiger Inhalte, besonders die bildenden Künste (Malerei, Plastik), aber auch Musik, Dichtung, Tanz usw.

**DEFINITION**

Kunst bedeutet einerseits jede zur Meisterschaft gediehene Fertigkeit, andererseits schöpferische Gestaltung geistiger Inhalte.

**AUFGABE**

*Versuchen Sie die o. g. Aussage über Kunst und Gestalten an Beispielen zu erklären.*

### 3.3.1 Bedeutung der Kunst für das Kind

„Früher zeichnete ich wie Raphael, aber ich brauchte mein ganzes Leben, um zeichnen zu lernen wie ein Kind," sagte Pablo Picasso (spanischer Maler, Grafiker, Bildhauer und Keramiker, 1881–1973).

**AUFGABE**

*Diskutieren Sie die Aussage Picassos.*

Mit diesem Ausspruch macht Picasso das hohe Maß an Kreativität, Spontaneität und Unverfälschtheit des bildnerischen Ausdrucks deutlich, über das Kinder verfügen. Die schöpferische Kraft ist in der Kindheit am höchsten entwickelt. In der Schulzeit nimmt sie drastisch ab. Erzieherinnen und Sozialassistentinnen sind daher verpflichtet, Kindern die Möglichkeit zu geben, ihre Sinne zu aktivieren und ihre Empfindungen in künstlerischem Schaffen zu erleben und auszudrücken. Auch in der Schule

Abb. Picasso: Mother and child; Ullsteinbild

sollte die „freie Malerei für Kinder“ selbstverständlich sein. In der Erziehung hat die Kunst eine lange Tradition. Ästhetische Erziehung ist ein Beitrag auf dem Weg zum mündigen Bürger.

Nachfolgend einige Besonderheiten zur kindlichen Malerei:

- Kinder beweisen eine eigentümliche Kreativität, wenn sie sich malend und zeichnend betätigen. Die Fähigkeiten im kreativen Gestalten werden als neue **Denkimpulse** hervorgebracht. Diese Denkinhalte sind die **subjektive** (vom Ich abhängig, unsachlich) **Kreativität** des Kindes und sollten ihnen ermöglicht werden.
- Nicht selten wird der Vorwurf erhoben, dass ausgestellte Bilder der Kinder nicht Kunst seien, da diese Kunst „jedes Kind“ könne! Hier wird Künstlerisches mit Kindlichem assoziiert (sich zusammenschließen, verknüpfen).
- Das Kindliche in der Kunst ist daran zu erkennen, dass das Kind seine Welt auf seine Weise ausdrückt. Der künstlerische Ausdruck bedeutet für das Kind nicht „hübsche“ Bilder zu malen. Nicht äußerliches Hübschsein ist die kindliche Kunst, sondern das Wachsen der Kinder an ihrer Kunst ist das Wichtigste. **Kindern gefällt ihre Kunst**.

Die Sozialassistentin hat nicht die Aufgabe, großartige Kunstwerke mit den Kindern zu schaffen, sondern die große Freiheit, den Prozess des kindlichen Gestaltens zu fördern und zu verstehen. Neben der Sprache sind Malen und Gestalten die wichtigsten Ausdrucksmöglichkeiten von Kindern. Kinder können mit ihren Kunstwerken ihre individuelle Sprache zum Ausdruck bringen. Durch kreatives Malen und Gestalten erwerben sie die Fähigkeit, die Vielfalt und Schönheit dieser Welt zu erleben.

## DEFINITION

Malen und Gestalten sind wichtige Ausdrucksmittel des Kindes. Sie fördern seine Denkentwicklung, geben ihm neue Impulse und aktivieren seine Sinne.

## AUFGABE

*Begründen Sie das starke Interesse der Kinder am Malen und Gestalten.*

### 3.3.2 Freies Gestalten fördert die Entwicklung

„Mit Kindern kreativ sein, heißt nicht, ihnen möglichst genaue Anleitungen zu geben, sondern sie selbst ausprobieren zu lassen.“ Diese Aussage von Professor Rudolf Seitz, Gründer der Schule der Fantasie in München, enthält die Grundlage für kreatives Gestalten.

## AUFGABE

*Können Sie diese Aussage von Prof. Seitz unterstützen?*

Wenn man davon ausgeht, dass ein Kind verschiedene Materialien beim Spielen und Experimentieren ausprobiert und kennenlernt und daraus Spielzeug oder Schmuck für sein Zimmer herstellen möchte, so sollte man es gewähren lassen. Es möchte dabei Erfahrungen, die es bisher mit dem Material sammeln konnte, erproben und anwenden. Dies kann aber nur dann funktionieren, wenn das Kind seine Bastelarbeit ohne einschränkende Vorlagen ausführen kann. Nur dann kann es die Fantasien, die es im Kopf hat, verwirklichen.

Freies Gestalten, Malen und Basteln hat nachfolgende Vorteile für das Kind:

- Das Kind kann seine **Fantasie und Kreativität** ausleben. Dazu gehört die freie Wahl der Materialien oder aber das Zurechtkommen mit dem Material, auch wenn es Probleme gibt.
- Die **Selbstständigkeit und das Kombinationsvermögen** des Kindes werden gefördert, da es nicht an bestimmte Arbeitsschritte und Vorlagen gebunden ist. Das Kind muss eigenständig denken. Diese Eigenschaft ist auch für die Schulfähigkeit des Kindes sehr wichtig.
- Das Kind kann entsprechend seinem Entwicklungsstand arbeiten. Es lernt seine **eigenen Fähigkeiten besser einzuschätzen und einzusetzen.**
- Das Kind schafft **originelle Unikate**, wie sie seiner Vorstellung entsprechen, z. B. Zwerge ohne Zipfelmütze.

Kreatives Gestalten, Malen und Basteln heißt aber auch nicht, dass man sich nie von Modellen und Mustern inspirieren lassen darf. **Der Versuch, Gleiches zu schaffen, weil ein Modell dem Kind einfach gefällt, behindert dieses nicht in seiner Kreativität.** Allerdings sollte dem Kind zugestanden werden, dass es die Arbeitsschritte und die Ausführung in eigener Regie macht. Dann kann es Veränderungen oder sogar Verbesserungen anbringen, die ihm während der Arbeit eingefallen sind. So kann beispielsweise ein altbekanntes Spiel beim Basteln mit Fantasie und Kreativität abgewandelt werden und bringt nun ein ganz neues Spielerlebnis.

Nachfolgend dazu ein Beispiel:

### Spielsteine und Steinspiele

Immer wieder finden Kinder unterwegs Steine, die sie durch ihre Farben und Formenvielfalt begeistern. Da liegt der Gedanke nahe, aus den Steinen etwas Besonderes zu machen, z. B. ein Domino oder ein Memory.

### Stein-Domino

**Material:** *Steine mit glatter Oberfläche, Filzstifte oder Plakafarbe, Wasserfarbe und dünner Pinsel.*

**Herstellung:** *Jeder Stein erhält in der Mitte einen Strich. Rechts und links werden Punkte wie auf einem Würfel aufgemalt, also eins bis sechs. Ein Feld kann frei bleiben.*

**Anwendung:** *Gespielt wird wie beim herkömmlichen Domino. Immer die gleiche Augenzahl wird an die Reihe angelegt. Je länger die Reihe wird, desto erfolgreicher ist das Spiel für beide. Gewinner und Verlierer braucht es nicht zu geben.*

**Abänderung:** *Mit Steinen können auch Figuren und Muster gelegt werden. Dazu folgender Spielvorschlag: Die Spielsteine werden auf zwei Kinder verteilt. Ein Kind legt mit den Steinen eine Figur. Das andere Kind darf diese Figur kurz betrachten und dann aus dem Gedächtnis nachzulegen versuchen.*

## MERKSATZ

Durch Eigeninitiative und Freude am schöpferischen Tun können Kinder in ihrer Entwicklung gefördert werden. So lernen sie, auf eigenen Füßen zu stehen.

## AUFGABEN

1. *Erarbeiten Sie weitere Möglichkeiten, Kinder durch Gestaltungsaufgaben sinnvoll zu beschäftigen.*
2. *Legen Sie sich dazu einen Ordner an, in dem Sie die Mal- und Gestaltungsaufgaben sammeln.*

## 3.3.3 Malentwicklung des Kindes

## AUFGABE

*Nennen Sie Gründe dafür, warum Kinder so gerne malen.*

Kinder malen gerne. Mit sichtlichem Vergnügen hantieren und probieren sie mit Stiften, Pinseln und Farben. **Gestaltend entdecken und begreifen sie ihre Welt**. Dabei ist ihr Gestalten gefühlsnah und spontan. Es ist naiv-unverstellter Ausdruck ihres inneren Erlebens. Diese unverfälschte Direktheit des Ausdrucks geht im Erwachsenenalter zumeist verloren.

Insbesondere in der ersten Hälfte des 20. Jahrhunderts haben sich viele bedeutende Künstler mit der Kinderzeichnung auseinandergesetzt und das schöpferische Potenzial der Kinderzeichnung künstlerisch fruchtbar gemacht.

Abb. Nühs

## Entwicklungsstufen des Kindes:

Mit etwa eineinhalb Jahren beginnen Kinder zu entdecken, dass ein **bewegter Stift eine Spur bzw. Linie** hinterlässt. Diese interessante Entdeckung wird vom Kind vielfältig wiederholt und variiert. Aus dem zunächst offenen Kritzeln entwickelt sich bald eine geschlossene rundliche Form, das **Allrund**.

Sehr schnell versehen Kinder diese geschlossenen, rundlichen Kringel mit wechselnden Bedeutungen. Diese unspezifischen „Ausgedehntheiten" können dann Sonne, Haus, Teddy, Mama oder das Kind selbst sein.

Die geschlossenen kreisrunden Kritzel werden durch das Einzeichnen von Augen, Mund und Nase zunehmend differenzierter. Schließlich werden vom Kind außen an dem Kopf Füße und Arme angesetzt: **ein Kopffüßler ist entstanden**. Dabei ist das Fehlen der Arme sehr häufig und darf nicht als Hinweis auf eine Störung gedeutet werden.

Kinder beginnen sehr schnell damit, **Menschen** zu malen, denn sie gestalten alles, was ihnen **persönlich wichtig** ist: Mama, Papa, Geschwister, Oma, Opa. Hier zeigt sich bereits ein wesentlicher Unterschied zum Erwachsenen, der im Malen eher unsicher und gehemmt ist und deshalb Menschen lieber weglässt.

Durch ein zweites Allrund als Bauch werden Kopffüßler zu Körperfüßler. Der Körperfüßler der obigen Abbildung hat zwar keine Arme, aber dennoch scheint es ihm gut zu gehen.

Abb. Nühs

Die Zusammenstellung veranschaulicht anhand einiger weiterer Körperfüßler sowohl die Formenvielfalt als auch die typische Charakteristik kindlicher Figuren dieses Alters (Mitte des vierten Lebensjahres):

- Betonung des Kopfes,
- die Neigung zur Frontalität in Kombination mit Seitenansichten einiger Teile, z. B. Seitwärtsklappung der Füße,
- die Neigung zur Spiegel-Symmetrie.
- Das Gesetz der deutlichen Richtungsunterscheidung: So werden die Arme nicht dem Körper anliegend gemalt, was der üblichen Körperhaltung entsprechen würde, sondern vielmehr seitlich gestreckt, so dass sie sich deutlicher vom Körper abheben.
- Die Anordnung und Anzahl der Finger gehorchen bildnerischen Ordnungsprinzipien, insbesondere Symmetrie, Reihung und deutlicher Richtungsunterscheidung.
- Die Figuren werden durch personentypische Attribute charakterisiert, z. B. Cowboyhut oder Haare.

Die Abbildung zeigt ein weiter differenziertes Schneewittchen, dessen Körper noch als einfacher Körperfüßler gestaltet ist. Der Kopf zeigt die typischen Merkmale von Schneewittchen: Schwarze Haare, blaue Augen und rote Lippen. In der kindlichen Malentwicklung gibt es große Entwicklungsunterschiede und einzelne Phasen können auch ganz übersprungen werden.

In den so genannten **Röntgenbildern** wird besonders deutlich, dass Kinder nicht fotorealistisch sehen, sondern vielmehr das, was sie fühlen, erleben, begreifen oder sich vorstellen können, malen.

Bei dem Jahrmarktswagen sind die Wände röntgenbildartig durchsichtig gestaltet, so dass die Produkte, die verkauft werden sollen, zu erkennen sind.

Häufig malen Kinder in diesem Stil ganze Häuser, die dann aussehen, wie vorne offene Puppenstuben.

Kinder gestalten häufig auch ihr Körperinneres röntgenbildartig.

Am liebsten malen Kinder so, dass die **Bildobjekte überschneidungsfrei und flächig nebeneinander angeordnet** sind. Dabei wird jedes Teil möglichst in der Ansicht dargestellt, in der seine charakteristische Gestalt am besten zum Ausdruck kommt. Dies führt häufig zu einer Kombination unterschiedlicher Ansichten in einem einzigen Bild. So werden z. B. die Beine eines Tisches gerne frontal dargestellt, während die Tischplatte und die Teller in der Aufsicht gemalt werden, damit die runden Teller auch kreisrund erkennbar sind. Beim Malen von Häusern führt diese Ansichtenkombination häufig zur Klappung einer oder mehrerer Hausseiten in die Frontalebene. Übrigens fehlt bei kindlichen Hausdarstellungen fast nie eine Tür mit einer Türklinke. Letztere sind für Kinder in bestimmten Entwicklungsphasen ähnlich faszinierend, wie die Knöpfe am Hemd oder die Schnürsenkel an den Schuhen.

Auch diese Neigung, der Welt menschliche Züge zu geben, ist charakteristisch. Man bezeichnet das als **Anthropomorphisierung**, d. h. vermenschlichend gestaltet, oder auch als **Physiognomisierung**, d. h. dem menschlichen Gesicht ähnlich gestaltet. So bekommt z. B. die Sonne ein Gesicht, das strahlend lacht, Wolken können weinen und bei einem Haus werden die Fenster und die Tür gern wie Augen und Nase angeordnet.

### MERKSATZ

Das Besondere der Kinderzeichnungen ist der naiv-unverstellte Ausdruck des inneren Erlebens eines Kindes. Diese unverfälschte Direktheit des Ausdrucks geht im Erwachsenenalter meistens verloren.

### AUFGABEN

1. *Erarbeiten Sie eine Ausstellung mit Kinderzeichnungen, in der Sie den Entwicklungsstand des Kindes als Schwerpunkt setzen.*
2. *Vergleichen Sie die hier dargestellten Kinderzeichnungen mit Ihren eigenen. Stellen Sie Gemeinsamkeiten und Unterschiede fest.*

## 3.4 Printmedien/Literatur

### FALLBEISPIEL

**Maren möchte eine Geschichte vorgelesen bekommen**

Kaum ist Maren im Bett, dann geht das Betteln los: „Mama, liest Du mir eine Geschichte vor?“ „Das habe ich aber erst gestern gemacht“, meint die Mutter leicht ungeduldig, „heute geht es auch ohne Geschichte!“ „So geht das jeden Abend“, äußert die Mutter zu ihrer Freundin Karen. „Freue dich“, erwidert diese, „meine Kinder möchten nichts mehr vorgelesen bekommen, sondern lieber noch etwas länger fernsehen. Das finde ich überhaupt nicht gut! Vor einigen Tagen habe ich in einer Fachzeitschrift gelesen, dass bei Kindern die Fantasie und die Sprechentwicklung angeregt werden, wenn sie etwas vorgelesen bekommen. Ich hoffe, ich schaffe es auch noch, dass meine Kinder ebenfalls etwas am Abend vorgelesen bekommen möchten.“ „Vielen Dank“, sagt Marens Mutter, „so habe ich das noch nicht gesehen!“

### AUFGABE

*Nennen Sie Gründe dafür, dass Maren so gern eine Geschichte am Abend hört.*

Kinder und Jugendliche werden durch alle Formen der Kinder- und Jugendliteratur auf vielerlei Art und Weise angeregt. Das beginnt beim Bilderbuch und endet bei der Sachliteratur und dem Jugendbuch. Besonders Kindergarten- und Schulkinder lernen anhand von Büchern, sich über längere Zeit auf ein Bild oder einen Inhalt zu konzentrieren. Bücher fördern nicht nur die Aufnahmefähigkeit des Gedächtnisses, sondern schulen auch das Wortbildgedächtnis und die Lesefähigkeit.

Da viele Printmedien bereits unter 2.1.1 Printmedien beschrieben worden sind, soll an dieser Stelle auf die eingegangen werden, die noch nicht vorgestellt worden sind.

### 3.4.1 Bilderbuch

### AUFGABE

*Zählen Sie Ihnen bekannte Bilderbücher auf und versuchen Sie, diese zu Gruppen zusammenzufassen.*

Abb. GoBo Kinderbücher GmbH

### Gestaltungsweisen und Ausgabenformate

So reichhaltig das Titelangebot des Bilderbuchmarktes ist, so vielfältig sind auch die Gestaltungsweisen und Ausgabenformate. So gibt es Bilderbücher in einer Normal-, Mini-Papp- und Ganzgroßausgabe. Bei den Pappbilderbüchern gibt es neben dem normalen Buchformat auch Bücher als

- **Leporello** (Zieharmonika–Bilderbuch),
- **Spielgerät** zum Aufstellen und Begehen,
- **Pop-up** mit dreh-, zieh- und veränderbaren Mechanismen.

Die Pop-ups sind bei den Kindern wegen ihrer **Überraschungseffekte** besonders beliebt. Sie haben in den letzten Jahren einen bemerkenswerten Aufschwung genommen. Zu Bilderbuchtexten und Bildern treten hier die **paper engineers** (Papieringenieure) hinzu, die die Überraschungseffekte gestalten. So kann aus einer Bilderbuchseite ein Haus oder Auto gebaut werden.

Die Pop-ups verlangen eine gute Feinmotorik. Aufgrund ihrer komplizierten Gestaltung sind sie auch entsprechend teuer und können leicht beschädigt werden. Daher kommen sie in den Kindergärten und Kindertagesstätten nur selten vor.

Moderne Bilderbücher experimentieren mit vielen neuen und überraschenden Stilen und gehen dabei über den eingängigen Realismus und Naturalismus hinaus. So kann man neben fotografisch detailgetreuen Abbildungen **abstrakte und futuristische Elemente** finden sowie Karikaturen und Cartoons.

**Ausmalbücher** gehören ebenfalls in diese Reihe hinein. Sie bieten den Kindern entweder Vorlagen, die nachgezeichnet werden müssen, oder stark konturierte Bilder zur Umwelt der Kinder und zu Märchenthemen, die mit Farbe auszumalen sind. Bei besonders genauen und scheinbar perfekten Zeichenvorlagen, wie etwa bei Comicfiguren, kann es vorkommen, dass die Bildsprache des Kindes vernachlässigt oder überformt wird. Besser sind daher **Weitermalbücher.** Sie bieten eine kreative Alternative, da in ihnen weiter gemalt und ausgestaltet werden kann.

Die Geldknappheit in den Kindergärten und Kindertagesstätten hat zur Folge, dass sich dort nur ein begrenztes Angebot an Büchern befindet. Durch Verkaufsausstellungen mit den Buchhandlungen vor Ort sowie durch **Spendenaufrufe** und **Sponsoring** kann versucht werden, die Buchbestände aufzufüllen.

### Fotobilderbücher

In Fotobilderbüchern werden meist sachbezogene Themen behandelt. Sie bieten genaue Einblicke in die nähere Umgebung der Kinder. Aber auch das Leben der Tiere, der Umweltschutz und ferne Länder gehören zu den Themenbereichen dieses Genres. In den Fotobilderbüchern werden alle Möglichkeiten der modernen Aufnahmetechnik genutzt. Sie erscheinen seltener als Einzelausgaben, sondern meist im Rahmen einer Reihe.

### Merchandising und Marketing

Eine zunehmende Kommerzialisierung beliebter Gestalten und Figuren aus dem Bilder- und Kinderbuchmarkt ist festzustellen. Diese offensive Vermarktung umfasst ein kaum noch zu übertreffendes Spektrum an Non-Book-Produkten. Die Produkte können z. B. mit Leitfiguren bedrucktes Briefpapier, Bettwäsche, T-Shirts, Baseball-Kappen, Servietten und Sticker sein. Sie finden sich als Kalender, Aufdrucke von Federmappen und Schulranzen oder als Spielgerät auf Rollen wieder.

Wie weit die Produkte den Umsatz der Bücher steigern, ist bisher nicht festgestellt worden. Fest steht allerdings, dass diese Nebenprodukte den Bekanntheitsgrad der Figuren und ihrer Urheber lebendig halten.

Ausgelöst wurden diese **Vermarktungsstrategien** zuerst in Amerika und Großbritannien, wo sich bestimmte Modeerscheinungen bis ins vergangene Jahrhundert zurückverfolgen lassen. Bis in die Gegenwart hinein profitieren Erfolgsautoren von den Nebenprodukten wie Postern, Kalendern, Postkarten sowie Geschirr.

Seit Beginn der 60er-Jahre setzte ein ähnlicher Boom in der Bundesrepublik Deutschland ein, der bis zum heutigen Tag anhält und im Moment auch nicht mehr zu stoppen ist.

### Pädagogische Bedeutung von Bilderbüchern

**Bilderbücher unterstützen Kinder**

- beim **Kennenlernen ihrer Umwelt**. Sie bieten darüber hinaus Ausschnitte aus einer

ihnen unbekannten Welt an und regen Kinder an, neugierig zu sein und ihre Fantasie zu entwickeln.
- in der **sprachlichen Entwicklung.** Das beginnt beim Benennen einzelner Gegenstände bis zum Nacherzählen und freien Sprechen über Bücher. Mit den literarischen Gattungen **Märchen, Sachbuch und erzählende Literatur** wird das Kind über das Bilderbuch vertraut gemacht und zum Lesen und der Beschäftigung mit Büchern hingeführt.
- beim Einüben von **sozialem Verhalten** sowie das **Bewusstmachen ethischer und gesellschaftlicher Werte.** Auch Bilderbücher, die vordergründig keine pädagogischen Botschaften erkennen lassen und mit ihren lustigen Inhalten der Unterhaltung dienen, haben wichtige didaktische Absichten. Sie dienen, der
  - Wertevermittlung,
  - Lesemotivation,
  - Sprachförderung,
  - Wissensvermittlung.

Bilderbücher sind eine „Schule des Sehens“: Kinder bekommen Verständnis für die Farb- und Formgebung, lernen verschiedene Stilrichtungen kennen und können ästhetische Maßstäbe entwickeln.

## Vorlesen von Bilderbüchern

Das Bilderbuch ist das erste Buch, das den Kindern vorgelesen wird. Vorlesezeiten sollten im Kindergarten und im Elternhaus einen festen Platz im Tagesablauf haben, damit sich die Kinder darauf freuen können. Das Hören einer Geschichte ist nicht allein von Bedeutung für das Kind, sondern wichtig für das Kind sind auch das Gefühl von Gemeinschaft und Geborgenheit sowie der körperliche Kontakt, der während des Vorlesens gesucht wird:

- Kinder lehnen sich an,
- halten bei spannenden Stellen einander die Hände,
- genießen das enge Zusammensitzen.

Der äußere Rahmen muss beim Vorlesen stimmen. Die Sozialassistentin muss den Kindern genug Zeit lassen, sich hinzusetzen und sich auf das Vorlesen einzustellen.

Die Sozialassistentin muss aber auch in der Lage sein, die Geschichte richtig „rüberzubringen“. Dazu darf die Geschichte

- nicht einfach vorgelesen werden, sondern der Text muss durch **Gestik, Mimik und Pausen** gestaltet werden.
- nicht **Wort für Wort** vorgelesen werden, sondern die Sozialassistentin muss einige Textpassagen frei wiedergeben, damit keine Langeweile aufkommt.
- nicht zu schnell vorgelesen werden. Alt bewährt ist die Formel „l-l-d“. Das heißt: **langsam, laut und deutlich**.
- nicht durch **Störungen** unterbrochen werden. Hüsteln, Räuspern, Schniefen oder Stühlerücken sollten auf ein Minimum reduziert werden.
- nur **gut vorbereitet** vorgetragen werden. Der Sozialassistentin muss der Aufbau, die Abschnittsgliederung der Geschichte mit wichtigen Inhaltspunkten deutlich sein.
- durch **Pausen** unterbrochen werden, damit Zwischenfragen bzw. einzelne Ausdrücke geklärt werden können.

## Vorschläge zum Umgang mit Bilderbüchern

Beim Umgang mit Bilderbüchern sollten die nachfolgenden Regeln eingehalten werden:

- **Großformatige Bilderbücher** sollten nur in kleinen Gruppen betrachtet werden. So kommen die Kinder leichter ins Gespräch und die Sozialassistentin kann besser antworten.

Abb. Morgenstern

- Bilderbücher sollten ausgelegt sein, damit sich die Kinder die Bücher jederzeit ansehen können. Manchmal genügt es, den Kindern ein **attraktives Umschlagbild** zu zeigen, um die Neugierde zu wecken.
- Die Vorlesepause sollte dazu genutzt werden, die **Eigenaktivität** der Kinder anzuregen, z. B. kann ein Gespräch oder ein Streit zwischen den Figuren aus dem Buch nachgespielt werden.
- Wimmelbilderbücher beispielsweise sind dazu geeignet, die **Konzentration und Aufmerksamkeit** der Kinder zu üben. Die Kinder können eine Doppelseite aufschlagen und darüber berichten, was sie sehen.
- Bilderbücher sollten ihrem **Zweck** entsprechend eingesetzt werden, z. B. für bewusstes Beobachten und Erkennen von Bildeinzelheiten, für die Beurteilung des Gesehenen oder für die Schulung der Sprachfähigkeit.
- Das Aufsuchen einer **Bibliothek** oder einer **Buchhandlung** oder sogar die Teilnahme der Kinder an einer Autorenlesung kann das Interesse der Kinder an Büchern fördern. In vielen Bibliotheken und Buchhandlungen gibt es spezielle Kinderabteilungen, in denen sich die Kinder die Bücher ansehen können.

## DEFINITION

Bilderbücher dienen der Wertevermittlung, der Lesemotivation, der Sprachförderung und der Wissensvermittlung. Nicht nur die Themen sind außerordentlich vielfältig, sondern auch die Möglichkeiten, diese Bücher einzusetzen.

## AUFGABEN

1. *Nennen Sie einige wichtige Unterschiede in der Gestaltung von Kinderbüchern.*
2. *Üben Sie das Vorlesen, Zeigen und Erklären von Bilderbüchern. Veranstalten Sie dazu einen Wettbewerb in der Klasse.*
3. *Nennen Sie Bilderbücher, die Ihnen gar nicht gefallen, die aber bei den Kindern beliebt sind. Woran könnte das liegen?*
4. *Gehen Sie in die Stadtbücherei und stellen Sie sich dort ein Bücherpaket zu den Themen „Freundschaft“ oder „Eifersucht“ zusammen. Beurteilen Sie die Bücher in inhaltlicher, didaktischer, sprachlicher und ästhetischer Hinsicht und stellen Sie diese in Ihrer Klasse vor.*

### 3.4.2 Kinderlyrik

## AUFGABEN

1. *„Da, wo man singt, da lass dich nieder, böse Menschen haben keine Lieder!“ Begründen Sie die Aussage.*
2. *Nennen Sie Lieder und Reime, die mit Ihnen als Kind gesungen bzw. gesprochen wurden?*
3. *Beurteilen Sie das nachfolgende Kinderlied und stellen Sie die genannten Aktivitäten zusammen.*

---

**„Früh kann ich es kaum erwarten“**

1. Früh kann ich es kaum erwarten,
   dass ich aus dem Hause kann;
   denn ich geh zum Kindergarten,
   und der Tag fängt fröhlich an.
2. Mit den Kindern, all den vielen,
   kann man froh und lustig sein;
   denn wenn wir zusammen spielen,
   ist es schöner als allein.
3. Alle basteln um die Wette,
   und wir kleben aus Papier
   eine lange bunte Kette.
   Sieh mal her, ich zeig sie dir.
4. Und wir lernen neue Lieder
   wie ein richtiger Kinderchor.
   Bin ich dann zu Hause wieder,
   sing ich sie der Mutti vor.

Neben dem Bilderbuch hat die lyrische Dichtung für das Kind eine große Bedeutung (Lyrik, grch. Lyrikos: zum Spiel der Leier). Seit dem 18. Jahrhundert wird sie neben der **Epik** und **Dramatik** als dritte literarische Hauptgattung definiert. Hervorgegangen ist sie aus Gesängen, die in direkter Verbindung zum Mythos, als auch zur Alltagswelt standen. Von allen literarischen Äußerungen ist sie am engsten an die **Muttersprache** des Urhebers gebunden. Die Lyrik kommt nicht nur in Form von Gedichten, sondern auch in Form von Hymnen, Oden oder als Sonett vor. Die Übergänge vom Gedicht zum Lied sind fließend, da viele Gedichte vertont worden sind.

Kinderlyrik umfasst sowohl Kinderlieder als auch Kinderreime. Dabei ist zu unterscheiden zwischen **Kinderkunstlyrik** von Dichtern früherer und unserer Zeit und von **Kindervolkslyrik**, die von Generation zu Generation mündlich weiter vermittelt wurde. Zur Kinderlyrik gehören jedoch auch die von Kindern selbst geschaffenen Verse und Reime.

In erzählender Balladenform wurde das alte Volksgut der Kinderlyrik von Generation zu Generation weitergegeben. „Die Vogelhochzeit“ oder „Der Herr, der schickt den Jockel aus“ sind Beispiele dafür. Der in diesen Gedichten immer präsente **moralisierende Zeigestock** war durch die erzählende Gedichtform am besten zu übermitteln. Heute dominiert eine **Alltagslyrik**, die ebenso wie die Erwachsenenlyrik eine Vielfalt an Formen, Stilen und Inhalten aufweist. Neben Heiterem und Unterhaltsamem findet man in den Gedichten auch **Nachdenkliches** oder Gedichte mit gesellschaftskritischem Anspruch.

Neuere Fingerverse und Kniereiter haben als Themen und Motive die nächste Umwelt des Kindes, wie Eltern, Familie, Wohnung und Nachbarschaft, ferner Märchenmotive, utopische und fantastische Themen. Auch die Traumwelt spielt in der Kinderlyrik eine große Rolle. Die Übergänge von Kinderlyrik und -gedichten zum Liedgut für Kinder und zum Volkslied sind fließend. Viele Gedichte sind, wie schon erwähnt, vertont worden, z. B. Hänsel und Gretel verliefen sich im Wald.

Der größte Teil der gegenwärtigen Kinderlyrik bevorzugt eine kurze knappe Form:

**A, b, c**
Die Katze lief im Schnee.
Als sie wieder raus kam,
hat sie weiße Stiefel an.
Da ging der Schnee hinweg,
da lief die Katz' im Dreck.

Eichen, Buchen Tannen,
und du musst fangen.
Eichen, Tannen, Buchen,
und du musst suchen.

---
Abb. Nühs

### Pädagogische Bedeutung von Kinderlyrik

Das Kind wird durch die Abzählreime **ganzheitlich** angesprochen, da sie Kontakt und körperliche Berührung voraussetzen. Die Finger wandeln sich zu Realfiguren, zu Märchen- und Fantasiegestalten, zu magischen Wesen oder anderen Geschöpfen, die eine ganz eigene Sprache sprechen. Viele dieser frühen Reime „wandern" über Finger, Hände, Kopf, Schultern und Arme. Meistens sind sie mit einer rhythmischen Begleitung wie Sprechen, Singen, Stampfen, Klatschen verbunden oder es müssen Klanghölzer, Klappern, Rasseln und Trommeln eingesetzt werden.

Kinder lernen die elementaren Anfänge lyrischer Sprache sehr schnell auswendig. Das setzt natürlich voraus, dass die Sozialassistentin einen Grundstock dieser Literatur auswendig kann und jederzeit verfügbar hat, denn Kinderreime können in allen erdenklichen Situationen eingesetzt werden.

Kindern macht es auch Spaß, sich über Erwachsene lustig zu machen und sie durch Reime zu provozieren und geltende Tabus zu brechen.

***Dazu ein Beispiel:***

*Eine kleine Micki,*
*Muss mal Pipi,*
*Macht vorbei,*
*Und du bist frei. (Peter Rümkorf)*

Kinderlyrik kann somit zu einer Art Freiraum werden, in dem Kinder das aussprechen, was sie sonst nicht zu sagen wagen. Von Kindern geschaffene Reime und Verse grenzen sich dadurch von den Erwachsenen ab. Nonsensgedichte (Gedichte ohne Inhalt) und Wortspielereien zeigen, dass Sprache veränderbar ist und zum Spiel werden kann. Die befreiende Funktion ist es, die Kinderlyrik so attraktiv macht.

### Möglichkeiten des Einsatzes von Kinderlyrik

Kinderlyrik eignet sich hervorragend zur Entwicklung eigener kleiner **Spielszenen**, die dann bei Festen aufgeführt werden können. Sie kann aber auch für **Glückwunsch-, Trost- und Abschiedsverse** eingesetzt werden. Kindern macht es auch Spaß, Verse weiter zu dichten. Diese Verse können – je nach Qualität – beispielsweise auf Elternabenden vorgetragen werden.

Bewährt hat sich auch der Einsatz von **Hörkassetten**, auf denen die unterschiedlichsten Formen der Kinderlyrik, meist musikalisch umrahmt, enthalten sind.

**DEFINITION**

Kinderlyrik dient der Unterhaltung, der Belehrung, Erklärung oder auch der Problemlösung. Tabus können ebenfalls mit ihr gebrochen werden.

**AUFGABEN**

1. *Versuchen Sie, in kleinen Gruppen in Ihrer Klasse Aufzählreime oder Fingerspiele zu entwickeln und probieren Sie sie während Ihres Praktikums im Kindergarten aus.*
2. *Wie gehen Sie im Kindergarten mit beleidigenden und obszönen Versen der Kinder im Kindergarten um?*

## 3.4.3 Märchen

**AUFGABEN**

1. *Was wissen Sie über Hans Christian Andersen? Nehmen Sie dazu ein Lexikon zur Hand.*
2. *Schreiben Sie die Titel seiner Märchen an die Tafel.*

### Entstehung der Märchen

Der Ursprung der Märchen ist nicht eindeutig festzustellen. Wurzeln finden sich weltweit in frühzeitlichen Mythen. Märchen aus dem Orient und Asien bereicherten und beeinflussten die

Abb. Ullsteinbild

abendländische Kultur. In der Antike (z. B. bei Homer und Platon) und auch im Mittelalter (z. B. in der Kaiserchronik) stellt das Märchen noch keine selbstständige Gattung dar, sondern ist Bestandteil anderer epischer Dichtungen. Sogar in der germanischen Heldensage lassen märchenhafte Bestandteile schon auf ein sehr frühes Vorhandensein der Ur-Märchen in unserem Sprachraum schließen.

Aus dem keltischen Erbe strömt Märchengut nach England, Schottland und Irland. Die ersten deutschen Sammlungen an Märchen stammen von Brentano (1778–1842) und insbesondere von den Brüdern Grimm (1785–1863). Seither gibt es viele weitere Märchensammlungen und -aufzeichnungen, besonders in den Alpenländern. Während sich hier deutsche, romanische und slawische Überlieferungen mischen, ist das skandinavische Märchen dem deutschen sehr verwandt. Schon J. Grimm verweist auf Motivzusammenhänge zum germanischen Heldenepos, zur Tierfabel und zum romanischen Märchen. Seit Herder (1744–1803) entwickelt sich eine eigene literaturwissenschaftliche Theorie des Märchens. Es wurden seither zahlreiche vergleichende Untersuchungen der Märchen aller Länder und Erdteile durchgeführt, ausgebreitete Märchenwanderungen nachgewiesen und vielfältige anthropologische und mythologische Deutungen vorgelegt.

Unter einem **Volksmärchen** versteht man eine kürzere volksläufig-unterhaltsame Prosaerzählung von **phantastisch-wundersamen Begebenheiten** ohne zeitliche und räumliche Festlegung. Dabei ist die Hauptfigur des Märchens stets so gezeichnet, dass sie zur Identifikation anregt. Typisch sind

- das Eingreifen übernatürlicher Gewalten ins Alltagsleben,
- sprechende und Menschengestalt annehmende Tiere,
- Tier- oder Pflanzengestalt annehmende verwunschene Menschen, Hexen, Zauberer, Feen, Zwerge, Riesen, Drachen u. ä.
- Bestrafung des Bösen,
- Belohnung des Guten (Happy End),
- einfache Form,
- eindimensionales Erzählen.

Das Volksmärchen ist aus den Erzählungen des Volkes hervorgegangen und hat den Zusammenhang mit der Erzählweise des Volkes nicht verloren. Es ist daher auch Gegenstand der Volkskunde. In der Erzählweise wird die ganze Welt eingefangen: alles in ihr ist an seinem Platz. Das Volksmärchen ist auf einfache, naive Weise, eine erzählerische, in sich geschlossene Bewältigung der Welt.

Neben dem reinen Volksmärchen entwickelte sich das Kunstmärchen.

Das **Kunstmärchen** geht ebenfalls auf die im höfischen Epos, Tierepos und Volksbüchern des **Mittelalters** verarbeiteten **Motive** zurück. Es ist bewusste Kunstschöpfung eines Dichters, der wohl die Erzähltechnik und die Motive des Volksmärchens übernimmt, sein Werk aber mit voller Absicht dichterisch gestaltet. Im französischen Rokoko beginnt das Kunstmärchen, sich als witzige, ironische, satirische Kunstform zu verselbstständigen und in Versen oder Prosa zur geistreichen Unterhaltung der aufgeklärten Gesellschaft beizutragen. Noch Ludwig Tiecks (1773–1853) frühe Märchen sind satirisch. Während der Romantik erfolgt der Umschlag zum Märchen als bewusste Poetisierung der Welt mit Durchbrechung der Wirklichkeit sowie der Loslösung von Zeit und Raum: Goethe, Fouque, Chamisso und später auch Hauff sind typische Vertreter dieser Richtung.

Doch spielen in diesen immer noch volkstümlichen Formen dann auch philosophische (Novalis) und dämonische Elemente (E.T.A. Hoffmann) mit hinein und belasten somit die Form des Märchens durch **Symbolik und subjektive Problematik.**

Im Realismus (Epoche von etwa 1830–1880) treten dann auch Mörike, Raimund, Keller, Storm, O. Ludwig und Marie von Ebner-Eschenbach als Märchendichter hervor.

Zum Vorbild für moderne Märchendichtung wird der dänische Dichter Hans Christian Andersen (1805–1875) in seiner typischen Verbindung von **Realistik und behäbigem Humor**. Im 19. Jahrhundert werden dann noch zahlreiche Märchen der Weltliteratur (z. B. auch japanische) ins Deutsche übersetzt. Nicht nur durch das herkömmliche Märchenbuch, sondern auch durch die modernen Medien (Hörspielkassetten, Radio, Fernsehen, Kinoverfilmungen und sogar Computersoftware) finden Märchen gerade heutzutage eine noch nie dagewesene Verbreitungsvielfalt.

## Bedeutung des Märchens für das Kind

Kinder brauchen Märchen und lieben es, sich mit ihnen zu beschäftigen. So ergibt sich die Bedeutung dieser Literatur einerseits aus der Funktion des Märchens für die **kindliche Persönlichkeitsentwicklung** und andererseits aus ihrer Rolle im Prozess der **literarischen Sozialisation**. Nach Meinung der Entwicklungspsychologen ist der Wert des Märchens für die kindliche Entwicklung auch am Ende des 20. Jahrhunderts ungebrochen.

Die Frage, ob Märchen als wertvolles Medium für die Kindererziehung betrachtet werden können, ist vor allem in den 70er- und 80er-Jahren diskutiert worden. Kritiker betonen, dass die Märchen der Brüder Grimm überholt seien, da sie eine Welt zeigen, die es nicht mehr gebe. Die **Machtstrukturen**, die das Wirken von Königen, Fürsten und Mächtigen der Kirche zeigten, seien **reaktionär**, ebenfalls die Darstellung von Frauen- und Männerrollen. Kinder lernten aus Märchen nicht, autonome und selbstbestimmte Persönlichkeiten zu werden, sondern würden mit hilfesuchenden und auf Wunder wartenden Menschen konfrontiert. Sprechende Tiere, Pflanzen und Steine sowie logisch nicht erklärbare Wunderkräfte förderten nur irrationale Denk- und Verhaltensweisen. Die direkte Folge dieser Auseinandersetzung war ein Bücherboom von „Anti-Märchen", die teilweise sehr unterhaltsam und erheiternd sind.

Allen Einwänden zum Trotz wird heute der Einsatz von Märchen in der Kindererziehung wieder befürwortet. Sie ermöglichen dem Kind:

- seine Fantasie zu entfalten,
- Urmotive menschlichen Verhaltens nachzuempfinden und kritisch zu überdenken,
- die Rechtsprechung und Strafen im Märchen zu überprüfen und darüber mit den Eltern oder der Sozialassistentin zu diskutieren.

In vielen Märchen dominieren die männlichen Helden. Diesen Helden sollten Märchen mit Mädchengestalt gegenübergestellt werden, z. B. „Mensch-Märchen: Die schönsten Märchen von schlauen Mädchen", Sammlung von Ethel Johnston und Gabriele Phelps.

## Der Umgang mit dem Märchen

Märchen werden am besten erzählt. Erzählen ist eine Kunst, die gelernt werden kann. Der klare **Handlungsaufbau**, die **Formeln** und **Wiederholungen** in den Märchen geben dem Erzählenden eine Richtschnur, an die er sich halten kann. Erzählen bedeutet **direkte Anrede**. Die Zuhörer sitzen nicht still und unbeteiligt auf ihren Stühlen, sie beteiligen sich aktiv an der Geschichte und sind Gesprächspartner. Beim Erzählen sollten die nachfolgenden Regeln eingehalten werden:

- Die Erzählerin muss sich in die Geschichte hineinversetzen.
- Sie darf den Blickkontakt zu den Zuhörern nicht verlieren.
- Ihre Sprache muss schlüssig, zügig und bilderreich sein.
- Die Sprache muss dem Inhalt angepasst werden (besinnlich, lustig, traurig, tröstlich).
- Der Vortrag darf nicht mimisch übertrieben dargestellt werden.

Natürlich können Märchen auch **vorgelesen** werden. Aber beim Erzählen mit eigenen Worten kann die Sozialassistentin besser auf die **emotionalen Reaktionen** der Kinder eingehen. Sie ermuntert die Kinder durch ihr freies Erzählen, selbst einmal ein Märchen zu erzählen. Kindern macht es auch Spaß, wenn sie ein Märchen zu

Abb. Morgenstern

Ende erzählen dürfen oder die Sozialassistentin teilt den Kindern den Höhepunkt der Geschichte mit und die Kinder berichten über den Anfang und das Ende der Geschichte.

Reizvoll kann es auch für Kinder sein:

- Gestalten aus den Märchen zu malen oder sie aus unterschiedlichem Material zu gestalten,
- Szenen nachzuspielen.

Kinder können Märchen aber auch im Kindertheater, in den Kinderstunden des Fernsehens, als Trick- oder Spielfilm und als Parodie erleben.

## DEFINITION

Märchen üben eine große Faszination auf Menschen jeden Alters aus. Typisch sind ihre ritualisierte Form, inhaltliche Wiederholungen, Flächenhaftigkeit, Unbestimmbarkeit von Ort und Zeit und typenhafte Darstellung der Figuren.

## AUFGABEN

1. *Bereiten Sie einen Elterntag mit dem Thema „Märchen" vor. Planen Sie dazu eine Pro- und Contradiskussion über die pädagogische Bedeutung der Märchen mit ein.*
2. *Üben Sie in Ihrer Klasse das freie Erzählen von Märchen.*

## 3.4.4 Klassiker der Kinder- und Jugendliteratur

## AUFGABEN

1. *Kennen Sie außer Pipi Langstrumpf noch andere Werke von Astrid Lindgren (1907–2002)?*
2. *Begründen Sie, warum Astrid Lindgren zu den Klassikern der Kinder- und Jugendliteratur gehört.*

Neben den genannten Klassikern (2.1.1 Printmedien) der Kinder- und Jugendliteratur gibt es noch die älteren Klassiker wie

- „Till Eulenspiegel", „Die Schildbürger" und die „Lügenmärchen des Münchhausen" von Gottfried August Bürger.

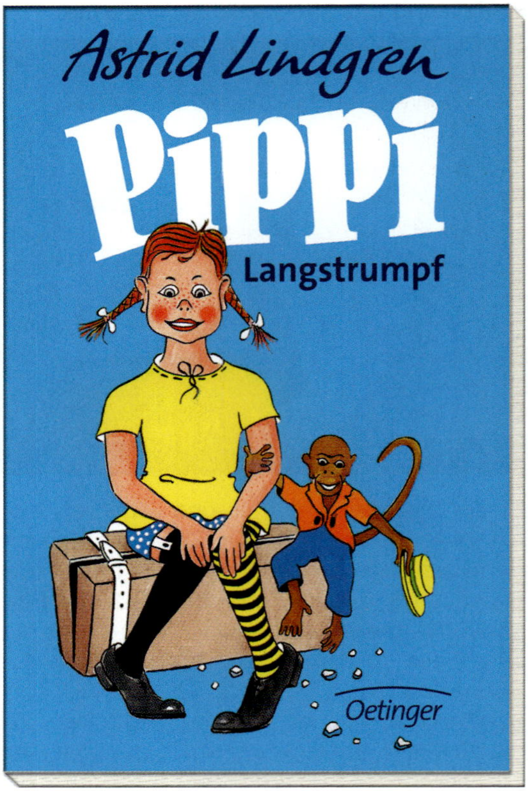


- Klassische illustrierte Bücher sind „Der Struwwelpeter" von Heinrich Hoffmann,
- die Bildergeschichten „Max und Moritz" von Wilhelm Busch,
- „Die kleine Raupe Nimmersatt" von Eric Carle,
- „Emil und die Detektive" von Erich Kästner,
- „Der Räuber Hotzenplotz" von Otfried Preußler,
- „Pippi Langstrumpf", „Die Kinder von Bullerbü" von Astrid Lindgren.

Typisch für die so genannten Klassiker ist, dass sie an **Aktualität** nicht verlieren. Dabei sind viele dieser ursprünglichen Klassiker der Erwachsenenliteratur zuzuordnen. Durch entsprechende Bearbeitungen wurde sie für Kinder und Jugendliche zugänglich gemacht.

### Das Abenteuerbuch

Viele der genannten Klassiker gehören zur Abenteuerliteratur. Ihre Merkmale sind **spannende Inhalte über Persönlichkeiten und Helden**, die sich in **ungewöhnlichen Situationen bewähren müssen**. Die meisten Abenteuerbücher

Abb. Verlag Friedrich Oetinger GmbH

spielen in fernen Ländern und unter ungewöhnlichen Bedingungen. Zu den klassischen Abenteuerbüchern zählen die Robinson-Bücher sowie Geschichten von gefährlichen Wander-, See- und Flugreisen.

Das moderne Abenteuerbuch nutzt ähnliche Spielräume und Protagonisten, Hauptthelden und Darsteller wie das klassische Abenteuerbuch, gibt aber bei Expeditionen, Mondflügen, Wüstendurchquerungen, Tiefsee- und Arktiserkundungen dem technisch am **besten ausgerüstetem Team den Vorrang**. Im modernen Abenteuerbuch werden die letzten weißen Flecken der Erde erforscht und der Zugriff auf ferne Gestirne im Weltraum gewagt. In vielen Abenteuerbüchern finden interessante Einblicke in neue geografische, historische und naturkundliche Gegebenheiten statt. Sie haben daher auch Verbindungen zum Sachbuch.

## DEFINITION

Die klassische Abenteuerliteratur erweitert die Weltsicht des Kindes. Der Handlungsreichtum und die anhaltende Spannung sorgen für Unterhaltung.

## AUFGABE

*Schreiben Sie Kommentare zu den Abenteuerbüchern aus der Schülerbücherei, die Sie für besonders geeignet für Kinder im Kindergarten halten.*

## 3.4.5 Comics

Abb. Nühs

## AUFGABEN

1. *Begründen Sie die große Beliebtheit der Comics bei den Kindern.*
2. *Lesen Sie ebenfalls sehr gerne Comics?*

Der Kindermedienmarkt bietet viele Comics an. Sie folgen anderen Gestaltungsprinzipien als Kinderbücher:

- Sie setzen ohne Vorreden und mit starkem Tempo ein.
- Sie steuern rasch einem Höhepunkt zu.
- An einer spannenden Stelle brechen sie ab, um Neugierde auf die Fortsetzung zu wecken.
- Für Kinder sind sie leicht zugänglich.

Comics sind ein Produkt der Massenpresse. Ihr Siegeszug begann vor über 100 Jahren, als in den USA konkurrierende Tageszeitungen als „daily strips“ und „weekly strips“ sie veröffentlichten. Diese wurden bald in Heftform als „comic books“ veröffentlicht. Comics werden heute in einer unüberschaubaren Vielfalt angeboten.

In den vergangenen Jahrzehnten haben auf dem internationalen Markt neben amerikanischen Zeichnern vor allem europäische Künstler an Bedeutung gewonnen. Übersetzte japanische Comics sind ebenfalls erhältlich.

Die Themen der Comics sind mannigfaltig. So gibt es:

- die sogenannten Funnies, d. h. die lustigen und heiteren Comics,
- Comics, deren Helden übermenschliche Fähigkeiten besitzen,
- Comics mit weiblichen und kindlichen Heldenfiguren,
- Comics mit einem geschichtlichen und bzw. religiösen Hintergrund.

### Merkmale der Comics

Comics nutzen je nach **Dramatik** unterschiedliche Bildformate. Das Einzelbild wird als „panel“ bezeichnet. Das Hauptkennzeichen der Comics sind aber die **Sprechblasen**, „balloons“ genannt. Je nach Bedeutung werden sie unterschiedlich gestaltet. Wut, Staunen und Ratlosigkeit werden mit **Fragezeichen und Ausrufezeichen** in verschiedener Größe gekennzeichnet. Verwandte optische Signale sind aus **Sternen, Spiralen,**

**Kringeln, Knochen und Totenschädeln** ablesbar. Schwunglinien oder Mehrfachzeichnungen verdeutlichen Bewegungsabläufe. Auch die Farbe ist ein wesentliches Mittel, um Atmosphäre und Stimmungen zu erzeugen und zu verstärken.

Rodolphe Toepffer (1799–1846) und Wilhelm Busch (1832–1908) nutzten diese Arten der Sprachgestaltung schon vor mehr als hundert Jahren in ihren Bildgeschichten.

Die meisten Comics sind dem Film näher verwandt als der Literatur. So gibt es einen entsprechend raschen Szenen- und Blendenwechsel sowie Überblendungen. Viele in sich geschlossene Bildfolgen laufen wie beim Film ab. Der Comic kennt auch den Gummilinsen-Effekt, das rasche oder allmähliche Annähern an Gesichter und Landschaftsausschnitten, oder auch ihre Entfernung, die Distanzierung im Zoom-Effekt.

### Bedeutung der Comics für das Kind

Wichtig ist, dass sich die Sozialassistentin mit Comics vertraut macht, um reagieren zu können, wenn Kinder Comics in den Kindergarten mitbringen. Sie sollte auch das Gespräch mit den Eltern suchen und sich nach der Bekanntheit von Comics erkundigen. Viele Kinder kennen Lieder und Melodien aus Comicfilmen.

Die offene Gestaltungsweise hat viele Berührungspunkte mit den modernen Bilderbüchern. Als Übergangsmedium vom Buch zum Film haben Comics einen **Aufforderungscharakter**. Sie erleichtern der kindlichen Fantasie und Kreativität, **Sinnlücken** zwischen den einzelnen Bildern mit eigenen Vorstellungen zu füllen. Kinder können Lieder nachsingen und interpretieren (z. B. „Die Schlümpfe"). Comics bieten die Gelegenheit, abwertende Witze von Ironie und schwarzem Humor zu unterscheiden.

**MERKSATZ**

Comics sind ein Massenmedium unserer Zeit, das nicht von vornherein negativ bewertet werden sollte. Es sollte danach beurteilt werden, inwieweit es förderlich für Kinder sein kann.

**AUFGABEN**

1. *Nennen Sie Vor- und Nachteile der Comics.*
2. *Erkundigen Sie sich nach den derzeitigen Comik-Bestseller.*
3. *Beurteilen Sie die Gewaltdarstellungen in den Comics. Können Sie negative Auswirkungen auf Kinder haben?*

## 3.4.6 Kinderzeitschriften

**AUFGABEN**

1. *Kennen Sie außer der Sesamstraße noch weitere Kinderzeitschriften?*
2. *Welche Erfahrungen haben Sie mit dem Einsatz von Kinderzeitschriften im Kindergarten gemacht?*

Kinderzeitschriften wenden sich an Kinder im Vorschul- und Lesealter. An ihrem Grundsatz, **erzieherisch**, **informierend** und **unterhaltend** zu wirken, hat sich bis zum heutigen Tag wenig geändert. Es gibt sehr viele deutschsprachige Zeitschriften für Kinder in den verschiedensten Erscheinungsformen.

**Selbstständig erscheinende Kinderzeitschriften**, die hauptsächlich per Abonnement gekauft werden, verfolgen vor allem **pädagogische Ziele**. In einer Mischung aus Sachinformationen, Geschichten, Basteln und Rätselraten informieren und beschäftigen sie die Kinder sehr vielseitig.

Abb. Wilhelm Busch

Zu den nicht kommerziellen Kinderzeitschriften zählen die kostenlosen **Werbezeitschriften** für Kinder, die in Apotheken, Drogerien, Schuhläden und anderen Läden erhältlich sind. Sie enthalten ebenfalls Sachinformationen, Rätsel usw., mit denen sie die Kinder unterhalten.

In den Erwachsenenzeitschriften, z. B. „Stern" oder „Brigitte", gibt es Sonderseiten für Kinder, in denen es vor allem um die Beschäftigung von Kindern geht.

Kinderzeitschriften sind auch am Kiosk erhältlich. Den Zeitschriften sind meistens kleine Spielzeuggeschenke beigelegt, um zusätzlich Leser anzusprechen. Die Kioskzeitschriften sind verhältnismäßig **teuer** und haben einen großen Anteil an Werbung. Die Inhalte dieser Zeitschriften sind meistens sehr **oberflächlich** und enthalten wenig Wissen, dafür aber Klamauk und leichte Unterhaltung. Kinder werden darin kaum zum Nachdenken angeregt. Durch die starke Nutzung von Illustrationen in unterschiedlicher Technik rücken diese Zeitschriften in die Nähe von Comics.

Alle Zeitschriften fühlen sich dem weit gefächerten Prinzip von Unterhaltung und Lebenshilfe verpflichtet. Neben Sachinformationen bieten sie einen unterhaltsamen Teil aus Witzen, Rätseln, Preisausschreiben und Fortsetzungsgeschichten. Darüber hinaus können Zeitschriften gesellschaftliche Verkrustungen in Frage stellen und Rollenfixierungen aufzubrechen helfen. Sie finden vor allem bei Kindern eine Leserschaft, die sonst mit Büchern weniger zu fesseln ist. Für viele Kinder sind Zeitschriften ein wichtiges Medium, um über das **eigene Umfeld** und die **weitere Welt** Genaueres zu erfahren.

### MERKSATZ

Zeitschriften beeinflussen Kinder hinsichtlich von Normen, Wertvorstellungen und Konsumverhalten. Sozialassistentinnen sollten Kinder daher gezielt mit dem kritischen Gebrauch von Zeitschriften vertraut machen.

### AUFGABEN

1. *Vergleichen Sie die Kinderzeitschriften, die abonniert werden, mit denen, die Sie kostenlos in den Geschäften bekommen.*
2. *Machen Sie Vorschläge für die Gestaltung einer neuen Kinderzeitschrift.*
3. *Wie beurteilen Sie die Beigabe von Kinderspielzeug bei den Kioskkinderzeitschriften?*

## 3.5 Technische Medien

Neben den Bilderbüchern, Büchern, Comics und Zeitschriften gibt es die technischen Medien. Es wird unterschieden zwischen:

- den alten Medien, das sind die Medien, die es in jedem Haushalt gibt, wie Fernsehen, Radio, Videokassetten, CD und MC,
- den neuen Medien, wie Computer, MP3-Player.

Mit den alten und neuen Medien sollte jeder Kindergarten ausgestattet sein, denn die Kindheit wird heute von Medien mitbestimmt. Kinder erhalten durch die Medien wichtige Hilfen, sich in der Medien- und Informationsgesellschaft zurechtzufinden. Aufgabe der Sozialassistentin ist es, den Kindern Medienkompetenz zu vermitteln.

## 3.5.1 Auditive und audiovisuelle Medien

Der Begriff „audiovisuelle Medien“ fasst die Medien zusammen, deren Technik Bilder und/ oder Töne erzeugen. Ihre mediale Wirkung und Faszination beruhen auf der Kombination von Bild und Ton.

Wie schon unter Kapitel 2.2 erwähnt, ist das Fernsehen das Medium, das von Kindern am meisten genutzt wird. Für öffentliche und private Anbieter sind Kinder daher eine wichtige und bedeutsame Zuschauergruppe. Ihre Programmvorlieben verbinden Kinder mit bestimmten Sendern, die wiederum versuchen, Kinder zur Markentreue zu erziehen.

Während die öffentlich-rechtlichen Fernsehanstalten nur noch wenige Kindersendungen anbieten, sieht das bei den privaten Anbietern anders aus, sie haben ein **vielfältiges Programm** für Kinder, das sie fast ganztägig ausstrahlen. Bei den öffentlich-rechtlichen Fernsehanstalten wurden Kindersendungen eingeschränkt, da Kritiker Bedenken hinsichtlich des Fernsehkonsums von Kindern, der ihrer Meinung nach nun noch zunehmen würde, äußerten.

Insgesamt gesehen nimmt **Fernsehen** als Alltagsmedium bei Kindern einen **dominanten Platz** ein. So beträgt die Fernsehzeit von:

- Drei- bis Fünfjährigen ca. 76 Min,
- Sechs- bis Neunjährigen ca. 96 Min,
- Zehn- bis 13-Jährigen ca. 117 Min.

Es gibt bei Kindern auch den Trend zu so genannten **Vielsehern**. Die Vielseher- Kinder (9,4 %) verbringen jeden Tag zwischen 120 und 180 Minuten vor dem Fernseher. 6,3 % konsumieren sogar mehr als drei Stunden täglich, das sind 600.000 Kinder.

Der Fernsehkonsum der Kinder beschränkt sich dabei aber nicht nur auf die Kinderprogramme. Es gibt eine Vielzahl von Sendungen, die zwar zur kindgerechten Zeit laufen, aber nicht nur für Kinder konzipiert worden sind und dennoch zu deren **Lieblingssendungen** gehören.

Kinder entwickeln ihre Programmvorlieben:
- anhand von **Empfehlungen** aus Programmzeitschriften,
- aufgrund von **Hinweisen, Bitten oder Verboten** von Eltern und Sozialassistentinnen,
- aus dem Fernsehangebot, was sie für ihre **Entwicklung** und **Welterkundung** benötigen,
- nach dem Fernsehprogramm, das von der **„peer-group“**, der sie angehören, angesehen wird.

**Reine Kinderprogramme** sind vor allem für die Drei- bis Neunjährigen wichtig. Kinder und Jugendliche ab zehn Jahren sehen sich zunehmend **Programme der Erwachsenen** an.

Kinder entwickeln nicht nur Vorlieben für **bestimmt Sendungen**, sondern auch für **bestimmte Sender**. Private Sender werden vor allem von den drei- bis 13-Jährigen bevorzugt.

Insgesamt ist das tägliche Fernsehangebot für Kinder sehr umfangreich. Dies erfordert zunehmend eine gezielte und **sachkundige Auswahl** und begünstigt eine **individuelle Strukturierung**, denn das Interesse der Kinder bewegt sich zwischen den Polen **Unterhaltung und Bildung.**

### Fernsehen als Leitmedium

Über das Fernsehen erfahren Kinder viel **Wichtiges** für ihren **Alltag**. Die Informationen sind

Abb. Nühs

dabei nicht nur auf kognitives Lernen ausgerichtet, sondern sprechen das Kind auch als **Sozialwesen** an und schließen **emotionales und moralisches Lernen** mit ein. Medien werden mehr und mehr zu einem eigenständigen Lernbereich, indem:

- Kinder ihre Lern-, Wissens- und Erfahrungsbedürfnisse eigenständig abrufen können,
- die traditionelle Lernformen der Kinder mehr und mehr auflösen.

Dafür entwickelt sich besonders das Fernsehen als ein Mittel, die **Welt** kennenzulernen.

Vorschulkinder können durch das Fernsehen **vielfältige Anregungen** bekommen, die ihnen helfen, sich in ihrem **Alltag** und **sozialem Umfeld** zurechtzufinden. Sie erfahren Dinge, die sie neugierig machen, Fragen stellen lassen, ihr Wissen erweitern. Für diese Kindergruppe ist es **elementar**, dass sie Ansprechpartner finden, die ihnen helfen das Gesehene und Gehörte einzuordnen. Es ist wichtig den Bedeutungen nachzugehen, die Kinder den Medien zubilligen.

Kritisch anzumerken ist aber, dass das Lernen beim Medium Fernsehen nur über den **Hör- und Sehsinn** abläuft und die Kinder nicht die Möglichkeit haben, sich ihr Umfeld aktiv zu erschließen. Sie konsumieren lediglich vorgegebene Angebote.

Eine elterliche und erzieherische **Verurteilung** des Fernsehens und des Fernsehkonsums ist dagegen wenig hilfreich. Kinder fühlen sich bei einer ihrer besonderen Vorlieben nicht angenommen und sehen keine Basis, mit den Eltern oder der Sozialassistentin über das Gesehene zu sprechen. Die Vorteile des Fernsehens, auch ein Bildungsmittel und ein Lerngegenstand zu sein, dürfen dennoch nicht außer Acht gelassen werden.

Das Fernsehen hat eine wichtige Funktion für die **Realitätsbewältigung** der Kinder. Sie können ihre Lern-, Wissens-, und Erfahrungsbedürfnisse bei Bedarf abrufen.

## Kassetten-, CD- und MC-Angebote

### AUFGABE

*Nennen Sie für Kinder im Alter von vier Jahren geeignete CDs.*

Der Kassettenmarkt bietet auf der einen Seite **Serienproduktionen** an, d. h. die Geschichten werden immer weitergeschrieben, andererseits werden viele **klassische Kinderbücher als Kassette** veröffentlicht. Dazu zählen „Ronja Räubertochter“ von Astrid Lindgren oder „Die kleine Raupe Nimmersatt“ von Eric Carle.

Das kommerzielle System der **Mehrfachauswertung populärer Medien** ergibt einen riesigen Markt an Kassetten und zunehmend an CDs. Die Produkte werden zu verhältnismäßig niedrigen Preisen an der Tankstelle bis zum Schreibwarenladen angeboten. Anspruchsvollere Produkte kann man nur im entsprechenden Buch- und Musikfachhandel kaufen. Es sind Hörversionen von **Märchen, Musikkassetten mit Kinderliedern, Klassik in kindgerechter Bearbeitung, Kinder-Pop, Tanzmusik, Bewegungs- und Spiellieder, erzählte und vertonte Janoschgeschichten**. Auf CDs gibt es zunehmend auch **Lernangebote**, z. B. „Natur zum Hören“.

Kassetten und CDs ersetzen häufig die geschichtenerzählenden Eltern und Sozialassistentinnen. Die Möglichkeit der permanenten Wiederholung und der Chance, nebenbei zu hören, machen die Hörgeschichte so attraktiv. Die Geschichten auf den Kassetten und CDs sind wichtig für Kinder: Sie

- beflügeln die Fantasie,
- bringen Anregungen,
- sind Begleiter.

---

Abb. MCP Sound & Media GmbH, Österreich

Bemerkenswert ist, dass es Kinder nicht langweilt, dieselbe Geschichte im Bilderbuch zu betrachten, auf Kassette zu hören und im Fernsehen zu erleben.

## Radio

### FALLBEISPIEL

**Eltern empört!**

Nachdem der NDR I beschlossen hatte, eine beliebte Kindersendung auf den Vormittag zu verlegen, gab es heftige Proteste von Seiten der Elternschaft. Sogar die Politiker ließen wissen, dass sie diese Entscheidung nicht mittragen könnten.

### AUFGABE

*Nennen Sie Gründe für die Proteste der Eltern und Politiker?*

Angebote der Rundfunksender haben für Kinder im Hörfunkbereich nach wie vor eine Bedeutung. Das Radio findet in der pädagogischen Forschung keine besondere Beachtung, da es sich im erzieherischen Alltag als völlig unproblematisch erweist. Das Radio ist ein Gebrauchsgegenstand, der in vielen Familien nebenbei läuft während aller häuslichen und familiären Tätigkeiten.

Das Radio gehört für Kinder als **Unterhaltungs- und Informationsmittel** dazu. Es bietet schnelle und interessante Informationen, unterstützt aber auch das Ausleben von Emotionen in unterschiedlichen Alltagssituationen. Kinder können sich beim Radiohören **entspannen**, sich **unterhalten**, haben **keine Langeweile**, es macht **Spaß**, sie sind **nicht allein**. Für ältere Kinder können die Nachrichtensendungen von Bedeutung sein, da sie stündlich gesendet werden.

Beliebt ist nach vor der Kinderfunk, der am Sonntag gesendet wird. Er möchte die Kinder:

- informieren,
- Hintergründe und Zusammenhänge deutlich machen,
- Probleme darstellen,
- Lösungen anbieten,
- die Angst vor der Zukunft nehmen,
- Spaß und Unterhaltung bringen.

## Video/CD-ROM

### AUFGABE

*Nennen Sie Einsatzmöglichkeiten der Videokassette.*

Die Videokassette hat sich nach ihrer Einführung vor etwa 20 Jahren auf dem Medienmarkt etabliert. Videotheken und Bibliotheken bieten ein **breites Angebot an Videokassetten** auch für Kinder an. Sogar im staatlichen und kirchlichen Bereich gibt es Videotheken.

Der Videomarkt bietet für Kinder inzwischen eine große und interessante Auswahl an Filmen an: z. B. Märchenfilme oder Filme über die Natur. Der Videomarkt erhält eine Ergänzung durch die **CD**. Sie ist kleiner und handlicher und kann sowohl für den Computer als auch für das Fernsehen genutzt werden.

CD bedeutet **Compactdisc**. Sie ist eine durch Laserstrahlen abtastbare Schallplatte. Texte und Datensammlungen können auf der CD-ROM (**r**ead-**o**nly-**m**emory oder Lese-Speicher) abgespeichert und mit einem Wiedergabegerät abgehört und gesehen werden.

Die Videokassette bzw. CD ist ein beliebtes **Aufnahme- und Vervielfältigungsmedium**, das technisch unproblematisch ist.

Videos und CDs sind auch ein **Medium für pädagogische Einrichtungen**. Sie eignen sich dafür, gemeinsam Filme anzusehen, sowie Aufnahmen über die Kinder mit der Video- bzw. Digitalkamera zu machen, die dann als Film gezeigt werden.

Videokassetten und CDs sind für viele Kinder eine wichtige Ergänzung oder auch ein Ersatz für das Buch, auch für das Bilderbuch. Sie holen sich mit der Videokassette und CD ihre **Lieblinge, Helden und Identifikationsfiguren** ins Wohnzimmer. Darüber hinaus bieten die Kassette und CD die Möglichkeit, Handlungen anzuhalten, Teile zu überspielen und Szenen zu wiederholen. Mediale Reize können dadurch individuell verarbeitet und genutzt werden.

Für ältere Kinder sind das Video und die CD ein wichtiges **kreatives Medium**, mit dem sie Bilder und Töne in hoher Qualität aufzeichnen können. Geschichten des Alltags sowie Konflikte können ebenfalls über das Video und die CD aufgearbeitet werden.

Die audiovisuellen Medien sind heute für Kinder alltäglich. Das Leitmedium Fernsehen muss sich zunehmend gegen die Konkurrenz, insbesondere gegen Videokassetten und die CDs behaupten.

Die kindliche Vorliebe für Geschichten aller Art wird nach wie vor von der Hörkassette, der CD aber auch durch die Videokassette zur Verfügung gestellt.

Angesichts der technologischen Entwicklung ist es heute ratsam, wenn Kindergärten, Kindertagesstätten oder Horte die genannten Medien haben. Im vorschulischen Bereich muss sich die pädagogische Arbeit an den vorhandenen Mediengewohnheiten und -kompetenzen der Kinder orientieren und frühzeitig einen **eigenverantwortlichen Umgang mit den audiovisuellen Medien** vermitteln.

## AUFGABEN

1. *Nehmen Sie Kindersendungen auf und beurteilen Sie diese in Ihrer Klasse.*
2. *Erarbeiten Sie Vorschläge für einen Kinder-Fernsehkanal und nehmen Sie dazu Kontakt mit einem Sender auf.*
3. *Diskutieren Sie die unterschiedliche Bedeutung von Hörkassetten und Videokassetten.*
4. *Stellen Sie Kriterien zur Beurteilung von Kinderfilmen zusammen.*
5. *Produzieren Sie mit den Kindern eine Hörkassette.*
6. *Probieren Sie verschiedene Spiele einer Playstation aus und stellen Sie diese Ihrer Klasse vor.*
7. *Ordnen Sie die Spiele Kindern in unterschiedlichen Altersstufen zu.*

### Playstation

## AUFGABEN

1. *Welche Erfahrungen haben Sie mit Playstations gemacht?*
2. *Nennen Sie die Einsatzmöglichkeiten.*

Playstations müssen an einen Fernseher angeschlossen werden. Über Playstations können Filme gezeigt werden, aber viel interessanter sind die **Spiele**, von denen es bis zu 500 unterschiedliche gibt. Bei der Auswahl der Spiele muss man **sehr kritisch** sein, da die meisten nicht für Kinder geeignet sind.

Die Spiele werden eingeteilt in:
- Jump'n Run,
- Action,
- Sport & Racing,
- weitere Spiele.

Andere Spielkonsolen sind: XBOX, Game Cube, Game Boy Advance, die wieder andere Spielmöglichkeiten eröffnen.

## MERKSATZ

Die Vielfalt an Medien gibt den Kindern gute Möglichkeiten der Unterhaltung und Weiterbildung. Sie sollten ihren Konsum aber auch kritisch hinterfragen können.

## 3.5.2 Interaktive Medien

## AUFGABE

*In Amerika gibt es bereits Programme für Säuglinge ab ca. 6 Monaten. In Deutschland ist man dagegen eher zögerlich und möchte die Kinder lieber erst mit neun oder zehn Jahren an den Computer setzen. Diskutieren Sie die unterschiedlichen Einstellungen.*

Der Computer ist ein interaktives Medium. Interaktiv bedeutet vereinfacht übersetzt der **Austausch von Aktivitäten**.

Abb. MEV

Der Benutzer wählt einen Begriff aus dem Inhaltsverzeichnis und bekommt dann eine Auswahl verschiedener Darstellungsformen angezeigt. Bei manchen Programmen erscheint zunächst ein kurzer Text. Von dort kann über verschiedene Symbole die Ausgabe von **Filmsequenzen, Tonbeispielen oder Texten** gestartet werden. Meist lassen sich Text und Bild ausdrucken. Interaktiv bedeutet daher auch, dass sowohl der Mensch als auch der Computer sich wechselseitig beeinflussen, wobei der Mensch der Bestimmende sein sollte.

## Die Bedeutung der Computernetze für Kinder

Das Internet ermöglicht jeden nur denkbaren **Austausch von Informationen**. So können Kinder mit Kindern in anderen Teilen der Welt kommunizieren, vorausgesetzt sie sprechen die gleiche Sprache. Kinder können auch ihre **Identität verändern**, d. h. sie sind erst sechs Jahre alt, können sich aber als Acht- oder Zehnjährige ausgeben, sie sind Jungen, können aber sagen, dass sie Mädchen sind.

Die **bekannte Realität** wird um neue Möglichkeiten und Kommunikationsformen in einer **neuen Welt** erweitert. In dieser neuen Welt darf aber der Bezug zur alten nicht verlorengehen. Das ist eine Gefahr, die besonders bei Kindern besteht. Ein positiver Effekt ist nur gegeben, wenn **Alt und Neu** zusammenwirken und sich nicht gegenseitig ausschalten.

Eine andere Gefahr, die Kinder bedroht, stellen die Anbieter von „Sex und Crime“ dar. Von **pornografischen Bildern** und Texten bis **zu neonazistischen Inhalten** ist alles im Internet vertreten. Aufgrund der Größe und Anonymität des Netzes ist eine Kontrolle praktisch nicht durchführbar. Den Eltern bleibt hier nur eine Möglichkeit, ihren Kindern über die Schulter zu sehen und ungeeignete Themen in ihre erzieherische Arbeit aufzunehmen.

## Einsatzmöglichkeiten des Computers für Kinder und Jugendliche

Der Computer hat sich verändert. Er ist vom reinen Rechner zum Wissensvermittler geworden. Zu den Medien Zeitung, Bücher, Radio und Fernsehen kann er mühelos eingeordnet werden. Mit dem Internet ist er zum Bildungsmedium geworden, das ständig zur Verfügung steht. Bereits Kinder können dieses Medium vielseitig einsetzen:

- zur Aufnahme von Wissen,
- als Hilfsmittel bei der Bearbeitung von Berichten (Schriftverkehr), Kalkulationen usw.,
- als Spielmaschine.

Die technischen Möglichkeiten, die in dem Computer stecken, können am besten festgestellt werden, wenn mit dem Computer gearbeitet wird. Für Kinder und Jugendliche eignen sich die nachfolgenden Einsatzgebiete:

- **Textverarbeitung,**
- **Tabellenkalkulation,**
- **Datenbank,**
- **Grafik,**
- **Musikbearbeitung,**
- **Digitale Foto- und Film-Bearbeitung.**

**Zu Textverarbeitung:** Die klassische Anwendung des Computers ist die **Textverarbeitung.** In der Regel macht es Kindern Spaß, mit dem

Abb. UNICEF Deutschland

Computer zu schreiben, auch wenn das Tippen am Anfang noch mit Schwierigkeiten verbunden ist. Das Bearbeiten des Textes mit unterschiedlichen Schriftarten und Schriftgrößen und das Ausdrucken kann die Freude dann noch mehr erhöhen.

**Zu Tabellenkalkulation:** Im privaten Bereich kommt die **Tabellenkalkulation** nicht so häufig zum Einsatz wie in Firmen, obwohl sich viele interessante Aufgaben finden ließen. Mit etwas Übung und einigen mathematischen Grundkenntnissen können Kinder vieles mit der Tabellenkalkulation berechnen.

**Zu Datenbank:** Mit einem Blick für die praktische Anwendung kann die Datenbank auch von Kindern und Jugendlichen genutzt werden. Sie kann:

- beliebig viele Informationen speichern,
- Beziehungen zwischen den einzelnen Einträgen herstellen,
- bestimmte Einträge selbstständig suchen,
- ausgewählte Informationen in neuer Zusammenstellung ausdrucken.

Der Ausdruck verschiedener Listen nach unterschiedlichen Kriterien kann ein echter Anreiz sein, sich für einige Zeit mit der Datenbank zu beschäftigen.

**Zu Grafik:** Für jede Altersstufe ist im Grafikbereich etwas zu finden. Das beginnt beim einfachen **Strichmännchen** und geht weiter bei **symmetrischen, farbigen Fantasiegebilden** bis hin zu **technischen Zeichnungen** und **ganzen Zeichentrickfilmen**. Alles ist machbar. Beim Kauf eines neuen Computers werden gute Programme zu einem geringen Aufpreis angeboten und beinhalten ausreichend Funktionen, um einen Einstieg in diesen Bereich zu wagen.

**Zu Musikbearbeitung:** Vor allem Jugendlichen macht es Spaß, Musik zu bearbeiten. Dafür sind entsprechende Möglichkeiten in den Programmen enthalten. Wer also einen guten Draht zu Musik hat, kann sich eine faszinierende Welt erschließen.

**Zu digitale Foto- und Film-Bearbeitung:** Auch hierfür sind entsprechende Möglichkeiten in den Programmen enthalten. Mit Kindern und Jugendlichen lassen sich in diesem Bereich schnell Erfolge erzielen, wenn man nicht zu anspruchsvoll ist.

Kinder und Jugendliche sollten nicht zu lange vor dem Computer sitzen. Es gelten folgende Richtwerte:

| Alter des Kindes: | Dauer: | Anwesenheit der Eltern: |
|---|---|---|
| 3–6 Jahre | ca. 30 Min. | Eltern müssen anfangs dabei sein. |
| 7–10 Jahre | ca. 45–60 Min. | Die Anwesenheit der Eltern ist nicht zwingend erforderlich. |
| 11–12 Jahre | ca. 60 Min. | Allein. Die Zeit darf auch einmal überzogen werden. |
| 13–17 Jahre | ca. 60–90 Min. | Hier sind die Spiele sehr komplex. Daher kann die Zeit schon einmal aus technischen Gründen überschritten werden. |

## MERKSATZ

In der praktischen Arbeit mit Kindern und Jugendlichen kann der Computer kreativ eingesetzt werden. Bei der täglichen Arbeit ist er der Sozialassistentin eine große Hilfe.

## AUFGABEN

1. *Nennen Sie zu den genannten Nutzungsmöglichkeiten des Computers jeweils Beispiele.*
2. *Erarbeiten Sie gruppenweise in Ihrer Klasse Möglichkeiten dafür, den Computer im Kindergarten einzusetzen.*
3. *Überprüfen Sie Kindersoftware, die Sie sich aus dem Internet herunterladen bzw. aus der Schul- bzw. Stadtbücherei ausleihen.*
4. *Ordnen Sie diese Software den verschiedenen Altersstufen der Kinder zu.*

Lernfeld 6:

# Bildungs-, Erziehungs- und Betreuungsprozesse planen, durchführen und evaluieren

In diesem Lernfeld werden die bereits erworbenen Beobachtungsfähigkeiten vertieft und weitere Handlungskompetenzen erworben. Bildungs- und Erziehungsprozesse haben nur Erfolg, wenn neben der zielgerichteten Planung und Durchführung eine stabile und wertschätzende Beziehung zum Kind bzw. zum Jugendlichen aufgebaut wird. Dazu ist es wichtig:

- Lebenswelten von Kindern zu analysieren,
- die Merkmale einer lernanregenden Umgebung in ihrer Bedeutung für Erziehung und Bildung zu definieren,
- Aktivitäten auf der Grundlage einer wertschätzenden und am Wohl des Kindes orientierten Erziehungshaltung zu planen.

Bei der Durchführung kommen unterschiedliche Methoden zum Einsatz und werden verschiedene sozialpädagogische Medien eingesetzt. Dadurch kann der Bildungs- und Selbstbildungsprozess von Kindern unterstützt werden. In Ergänzung dazu müssen die Räume als lern- und erfahrungsanregendes Umfeld gestaltet werden.

***Beispiele für Lernsituationen:***

1. **Mustafa feiert seinen fünften Geburtstag in seiner Kindergartengruppe. Außer Mustafa gibt es noch fünf weitere türkische Kinder in der 24-köpfigen Gruppe. Die Praktikantin Marlene möchte den Geburtstag zu einem besonderen Ereignis machen.**
2. **Das Umfeld des Kindes hat Einfluss auf seine Entwicklung. Kindergarten und Elternhaus haben diese Tatsache bei der Einrichtung zu bedenken.**
3. **Der Kindergarten A. hat fünf neue Computer bekommen. Die Aufgabe besteht nun darin, diese Geräte bei den Kindern einzuführen.**
4. **Frau und Herr Lehmann haben eine Tochter von vier Jahren und einen Sohn von drei Jahren. Sie machen sich Gedanken darüber, inwieweit sie die Kinder geschlechtsspezifisch erziehen müssen.**

## 4 Erziehung und Bildung

Unter den Begriffen Erziehung und Bildung ist zu verstehen:

**Erziehung** bedeutet Unterstützung und Förderung des heranwachsenden Menschen, die ihn in seiner geistigen und charakterlichen Entwicklung befähigen soll, sich sozial zu verhalten und als selbstständiger Mensch eigenverantwortlich zu handeln. Der zu Erziehende soll die Verhaltenserwartung seiner sozialen Umwelt kennen, beurteilen, gegebenenfalls als begründet anerkennen und erfüllen lernen. Das bedeutet aber nicht, dass Werte und Regeln aufgezwungen werden sollen. Vielmehr soll der heranwachsende Mensch zum kritischen Hinterfragen von Vorgaben erzogen werden; er muss sich mit den Normen seiner Gesellschaft auseinandersetzen. Werte und Regeln sollte er weitgehend freiwillig übernehmen, weil er sie als sinnvoll und wahr erkannt hat. Nur dann wird er entsprechend seiner eigenen sittlichen Grundsätze handeln, sein Verhalten kritisch überprüfen und bei Abweichungen zu ändern versuchen.

Obwohl vereinzelt auch von Selbsterziehung gesprochen wird, so ist in der Regel mit Erziehung das Handeln erwachsener Menschen an der jungen Generation gemeint. Sie erfolgt absichtlich und direkt anhand von Erziehungszielen und -leitbildern und verwendet dazu Erziehungsmittel. Erziehung erfolgt aber nicht nur **intentional**, sondern auch **funktional**. Die Entwicklung des heranwachsenden Menschen wird geprägt durch das Elternhaus, das soziale Milieu, die Gestaltung der Umwelt, die Auswahl von Medien und Materialien und natürlich besonders durch seine Erzieherin. Die funktionale Erziehung ist die Regel, nur gelegentlich ist im täglichen Umgang miteinander die intentionale Erziehung erforderlich.

**Bildung** bezeichnet die Entwicklung des Menschen im Hinblick auf seine geistigen, kulturellen und sozialen Fähigkeiten. Basierend auf religiös mystischen und naturphilosophischen Wurzeln trat der Bildungsbegriff seit der Renaissance vor allem im 18. Jahrhundert im Zusammenhang mit der Aufklärung, der Goethezeit und dem Neuhumanismus, durch J. H. Pestalozzi (1746–1827) und W. von Humboldt (1767–1835), neben den herkömmlichen Begriff Erziehung. Anerkannte Persönlichkeiten wie F. Fröbel (1782–1852) und G. W. F. Hegel (1770–1831) haben sich ebenfalls mit dem Begriff der Bildung beschäftigt:
Für Fröbel war der Mensch ein göttliches Gewächs und der Erzieher der Gärtner, der ihm Licht und Nahrung verschafft, das Wesentliche aber seinen Lebenskräften überlässt. Bildung erfolgt weitgehend durch Selbsttätigkeit, in der sich die inneren Kräfte des Menschen äußern und die Welt gestalten, durch die aber zugleich von außen Kommendes verarbeitet und in Inneres verwandelt wird.
Hegel betonte das Zu-sich-selber-Kommen des Menschen durch die Arbeit. Dadurch, dass der Mensch die Natur bearbeitet und sie so in menschliche Kultur umwandelt, erhebt er sich über die Natur und wird dadurch seiner selbst als Nichtnatur, als Geistwesen bewusst. Bildung umfasst die Einführung des Heranwachsenden in Kultur und Gesellschaft.
Ähnlich wie Fröbel betonte Maria Montessori (1870–1952) die Selbsttätigkeit und Selbstbildung des Kleinkindes. Sie war überzeugt, dass das Kind einen „Bauplan der Seele" in sich hat und sich diesem entsprechend entfalten soll. Bildung gilt heute vor allem als lebenslange, nie endgültig abschließende Leistung der Eigentätigkeit und Selbstbestimmung des sich bildenden Menschen.

Sie umfasst sowohl die Allgemeinbildung als auch die Berufsausbildung, Schul- bzw. Hochschulbildung und betriebliche Ausbildung.

Bildung bedeutet sowohl einen Prozess des kognitiven, moralischen, sozialen und emotionalen Lernens als auch das Ergebnis eigener Studien.

---
Abb. MEV

## AUFGABEN

1. *Erklären Sie an Beispielen den Unterschied zwischen Erziehung und Bildung.*
2. *Was unterscheidet Allgemeinbildung von Berufsausbildung.*

## 4.1 Erziehung, Erziehungsziele, Menschenbild

Die Begriffe Erziehung, Erziehungsziele und Menschenbild gehören zusammen:

- Erziehung kann nur erfolgen, wenn Erziehungskonzepte vorhanden sind.
- Erziehungskonzepte beinhalten Erziehungsziele und Methoden
- Die Erziehungsziele wiederum sind vom Menschenbild abhängig.

### 4.1.1 Konzepte der Erziehung

## FALLBEISPIEL

**Vater A:**
Mein Erziehungskonzept ist, meinen Kindern ein gutes Vorbild zu sein, von dem sie das lernen können, was sie können müssen, um eine sichere Position in der Gesellschaft zu bekommen.

**Mutter A:**
Das Wichtigste in der Erziehung ist uns, eine gute Beziehung zu unserer Tochter aufzubauen, damit sie mit ihren Problemen und Sorgen jederzeit zu uns kommen kann.

**Mutter B:**
Die Erziehung unserer Kinder zu selbstständigen Persönlichkeiten ist mein Erziehungskonzept. Meine Kinder müssen später in der Lage sein, ihre Fähigkeiten zu nutzen und mit ihren Mitmenschen gut zurechtzukommen.

**Vater B:**
Ein eigenes Erziehungskonzept hat wenig Sinn, die äußeren Einflüsse sind zu stark. Das Fernsehen und die Freunde prägen meine Kinder.

## AUFGABEN

1. *Erklären Sie den Begriff „Erziehungskonzept“ an den genannten Aussagen.*
2. *Vergleichen Sie die genannten Erziehungskonzepte miteinander.*
3. *Nach welchem Erziehungskonzept sind Sie erzogen worden? Schreiben Sie dazu Stichpunkte auf.*

Erziehungskonzept bedeutet die Vorgehensweise bei der Erziehung. Diese kann ganz unterschiedlich sein. Daher sollten Eltern bei der Wahl des Kindergartens für ihre Kinder prüfen, ob ihr Erziehungskonzept mit dem des Kindergartens übereinstimmt. Ansonsten kann es sehr schnell zu Unstimmigkeiten zwischen den Eltern und dem Kindergarten kommen, was sich bei der richtigen Wahl des Kindergartens vermeiden ließe.

In jedem Kindergarten gibt es ein anderes Konzept: Es hängt von den **Schwerpunkten** ab, die sich das Team des Kindergartens gesetzt hat. Viele Kindergärten haben ein schriftliches Konzept, in dem sie ihre pädagogische Arbeit festgelegt haben.

#### Inhalt und Aufbau eines Konzepts

Das Konzept muss so aufgebaut sein, dass das Team damit umgehen kann. Es kann unterschiedlich umfangreich sein:

- Es kann sich auf wesentliche Aussagen beschränken.
- Die Arbeit kann aber auch detailliert beschrieben und begründet werden.

Im Wesentlichen hat jedes Konzept die nachfolgenden drei Teile:

- Ziele und deren Begründung, einschließlich einer Situationsbeschreibung,
- Angaben über die Methoden,
- Kontrollmöglichkeiten bzw. Reflexionen der pädagogischen Arbeit.

Die Begründung der Ziele in einem Konzept ist sinnvoll, damit dem Team die Zusammenhänge, die zu diesen Zielen führen sollen, durchschaubar werden. Das bedeutet, dass ein etwas ausführlicheres Konzept eine Situationsanalyse, d. h. die Beschreibung einer Situation, enthalten sollte, aus der heraus es die Ziele ableitet. Konzepte benennen innerhalb allgemein gültiger Ziele **ihre speziellen Schwerpunkte**, die sich aus ihrer jeweiligen Situation ergeben. Für einzelne Kinder und Jugendliche kann das Konzept für einen bestimmten Zeitabschnitt besonders wichtige Ziele vorgeben. Das bedeutet, dass ein Konzept auch zeitliche oder auf eine Bezugsgruppe bezogene Schwerpunkte setzen kann. Ein weiterer wichtiger Punkt ist die **Beschreibung der Methoden**. Dazu muss geklärt werden, ob eine offene Vorgehensweise angestrebt wird und in welchen Bereichen geschlossener gearbeitet werden muss, z. B. bei verhaltensauffälligen Kindern. Die Tagesablaufgestaltung sowie die Raumgestaltung und das Spielmaterialangebot sind ebenfalls von den Zielen, Inhalten und Methoden der Einrichtung abhängig.

Das Erstellen eines Konzeptes bzw. das Überprüfen eines vorhandenen Konzeptes veranlasst Teammitglieder über ihre Arbeit nachzudenken und diese offen zu legen. Ohne Konzept würde jedes Teammitglied mit anderen Zielen und Methoden arbeiten.

In der Regel erstellt das Team einer Einrichtung sein Konzept selbst. Es gibt allerdings Konzepte für mehrere Einrichtungen, die von dem Träger, z. B. Kirchen oder Wohlfahrtsverbänden, erarbeitet worden sind. Diese Konzepte können aber nur die Rahmenbedingungen liefern. Die Teams in den Einrichtungen müssen dann die Konzepte für sich umsetzen.

Das Erstellen eines Konzepts ist sehr arbeitsaufwendig. Alle Teammitglieder einer Einrichtung müssen sich daran beteiligen, da es um die **Grundzüge ihrer Arbeit** geht. Teile des Konzeptes können zwar von Untergruppen bzw. einzelnen Erzieherinnen vorgearbeitet werden, aber das Gesamtteam muss entscheiden, ob wesentliche Anliegen hereingenommen worden sind.

Ein Konzept braucht nicht schriftlich niedergelegt zu werden. Durch Absprache können Teammitglieder ebenfalls zu einer Übereinstimmung von wesentlichen Zielen und Methoden kommen.

Das schriftliche Konzept hat aber die nachfolgenden Vorteile:

- Es wird intensiver durchdacht.
- Es kann nachgelesen werden.
- Jedes Teammitglied muss es kennen und danach handeln.
- Neue Mitarbeiter können leichter in die Arbeitsweise eingeführt werden.
- Missverständnisse sind bei einem schriftlichen Konzept geringer.
- Veränderungen können deutlich gemacht werden.
- Außenstehende, wie Eltern, Behörden, das Umfeld, kann leichter informiert werden.

Nicht vergessen werden dürfen die regelmäßige Überprüfung des Konzeptes und seine Anpassung an Veränderungen.

## DEFINITION

Das Konzept beinhaltet die wesentlichen Grundzüge der pädagogischen Arbeit einer Einrichtung. Es wird vom Team einer Einrichtung erarbeitet bzw. vom Träger vorgegeben und von Zeit zu Zeit auf seine Gültigkeit geprüft.

## AUFGABE

*Sicherlich haben Sie während der Reflexion nach Ihrem Praktikum unterschiedliche Konzepte der Kindergärten kennengelernt. Diskutieren Sie in Ihrer Klasse die unterschiedlichen Konzepte.*

Abb. Nühs

## 4.1.2 Erziehungsstil

### FALLBEISPIEL

Marvin, vier Jahre alt, baut in der Sandkiste im Kindergarten einen riesigen Tunnel mit mehreren Ausgängen. Er versucht immer wieder Autos durch den Tunnel zu schieben, um festzustellen, ob alles richtig funktioniert. Obwohl die Sozialassistentin Elke K. Marvin schon etliche Male gerufen hat, reagiert er nicht. Sie möchte mit den Kindern verschiedene Abzählreime üben und damit das Freispiel beenden.

### AUFGABE

*Wie würden Sie reagieren? Begründen Sie Ihre Antwort. Sehen Sie sich die nachfolgenden Antworten an:*

*Marvin in Ruhe weiter bauen lassen und mit den Abzählreimen beginnen.*
*Marvin dazu bringen, mit dem Spiel aufzuhören und umgehend zu kommen.*
*Marvin aufgrund des gut gelungenen Tunnels zu loben und ihn zu bitten, mit dem Bauen aufzuhören. Darüber hinaus aber auf die Vorteile der Abzählreime hinzuweisen, z. B., dass sie ihm immer viel Spaß gemacht haben.*

Die Reaktion der Erziehenden ist nicht eindeutig festlegbar, da ihr Verhalten von vielen Bedingungen abhängig ist:

- von der Art und Weise, wie sie das Kind wahrnimmt,
- von der Gruppe,
- von der Situation,
- von ihren Erfahrungen mit solchen Situationen,
- von ihrer persönlichen Verfassung.

Dennoch lässt sich bei jeder Erziehenden eine bestimmte **Tendenz des Verhaltens** feststellen, die sich in anderen Erziehungssituationen in ähnlicher Weise wiederholt. Man spricht auch von dem **persönlichen Erziehungsstil**. Der persönliche Erziehungsstil ist nicht eine bestimmte Methode, sondern eine relativ konstante erzieherische Verhaltensweise oder **typische Ausprägung des Umganges eines erwachsenen Menschen mit den Kindern.**

Für die erzieherische Praxis ist es wichtig zu wissen, wie Erziehungsstile zustande kommen und wie sie eingeteilt werden.

Wissenschaftler haben dazu zahlreiche Experimente, Befragungen und Beobachtungen durchgeführt. Sie sind zu folgenden Ergebnissen gekommen:

- Jede Situation wird von der Erziehenden **subjektiv** wahrgenommen.
- Das Wahrgenommene vergleicht sie **mit ihren Zielen**.
- Aus allen ihr zur Verfügung stehenden Handlungsalternativen wählt sie jenes Verhalten aus, von dem sie sich die **größte Wirkung** erhofft.

Jedes genannte Element ist wiederum abhängig von ganz persönlichen Erfahrungen, Eigenschaften und Fähigkeiten der Erziehenden.

### MERKSATZ

Erziehungsstile werden von dem Denken und Handeln der Erziehenden geprägt.

### AUFGABE

*Haben Sie schon einmal über Ihren Erziehungsstil nachgedacht? Nennen Sie Ihre persönliche Art des Vorgehens.*

#### Situationswahrnehmung

Die Wahrnehmung einer Situation wird von den so genannten **„naiven Theorien“** der Erziehenden bestimmt. **Naive Theorie ist eine Laien-**

Abb. MEV

**theorie, bzw. eine Theorie, die sich jeder selbst zurechtlegt.** Sie ist wissenschaftlich nicht nachgewiesen. Jeder Mensch hat im Laufe seiner Sozialisation naive Theorien gelernt. Sie helfen ihm, in der komplexen Welt zurechtzukommen und das Verhalten den Anforderungen der Umwelt anzupassen. So gibt es beispielsweise folgende Theorien:

- „Ordnung ist das halbe Leben."
- „Wer sich nicht durchsetzt, ist ein Versager!"

Das heißt, dass naive Theorien das menschliche Verhalten lenken und auf den Erziehungsstil eines Menschen Einfluss nehmen.

In Abhängigkeit von der naiven Theorie könnte die Sozialassistentin (s. Fallbeispiel) das Kind Marvin und sein Verhalten wie folgt einschätzen:

**Zu Marvin:**

Marvin ist ein Träumer.
Marvin ist ein Störenfried.

**Zum Verhalten von Marvin:**

Sein Verhalten ist ein Disziplinverstoß.
Sein Verhalten ist Unkonzentriertheit.

Sie wird auch nach dem **Grund seines Verhaltens** fragen und könnte zu folgenden Ergebnissen kommen:

- Er ist ein undiszipliniertes Kind,
- er wollte sie ärgern,
- er war so in den Tunnelbau vertieft.

Auf die **zukünftige Entwicklung** könnte die Sozialassistentin ebenfalls gedanklich eingehen, die sich – wie nachfolgend angegeben – darstellen könnten:

- Wenn Marvin nicht kommt, werden es ihm die anderen Kinder nachmachen.
- Wenn ich das bei Marvin durchgehen lasse, wird er in Zukunft nicht mehr auf mich hören.
- Wenn Marvin nicht kommt, dann stört er auch nicht bei den Abzählreimen.

## MERKSATZ

Der Erziehungsstil jedes Menschen wird von seinen naiven Theorien mitbestimmt.

## AUFGABE

Wieweit sind Ihnen Ihre naiven Theorien bekannt. Berichten Sie darüber.

## Zielvorstellung

Die Erziehungsziele nehmen einen starken Einfluss auf den Erziehungsstil der Erziehenden. Davon hängt es ab, wie sie auf das Verhalten der Kinder reagieren.

Nachfolgend einige Beispiele über Zielvorstellungen und das Verhalten der Erziehenden. Die Kinder sollen lernen,

- sich gut in die Gruppe zu integrieren, die Gruppe hat Vorrang vor den Wünschen einzelner Kinder,
- das zu tun, was die Erziehenden von ihnen fordern.
- zunächst den eigenen Wünschen nachzugehen, bevor sie den Anweisungen der Erziehenden folgen.

In den beiden ersten Fällen wird sich die Erziehende immer bemühen, Kinder in die Gruppe zurückzuholen, obwohl diese mit anderen Dingen beschäftigt sind. Im letzten Fall wird sie die Kinder gewähren lassen. Es kann sein, dass die Kinder dann eines Tages überhaupt nicht mehr auf die Anweisungen der Erziehenden hören.

Das Verhalten der Erziehenden wird von ihrer **Kompetenz** bestimmt. Je größer ihre erzieherischen Fähigkeiten, ihr didaktisches Wissen und ihre Erfahrung sind, umso mehr Handlungsalternativen stehen ihr zur Verfügung. Aus diesen kann sie dann die wirkungsvollste Alternative aussuchen.

## Selbstwirksamkeitserfahrung

Die **Selbstwirksamkeitserfahrung** ist ein weiterer Faktor, der den Erziehungsstil der Sozialassistentin bestimmt. Die Selbstwirksamkeitserfahrung bezeichnet die Erwartung, durch die die eigene Handlung ein Ziel erreicht. Vorstellungen darüber, wie schwierig die Handlung für den Betroffenen sein wird, das Ziel zu erreichen, sind ebenfalls in der Selbstwirksamkeitserfahrung enthalten. Entscheidend für die Sozialassistentin ist, dass sie den Weg wählt, der mit dem geringsten Aufwand verbunden ist.

Nachfolgend die Selbstwirksamkeitserfahrung der Sozialassistentin im Fall „Marvin". Sie gliedert sich in die drei Stufen:

- **Ergebniserwartung,**
- **Selbsteinschätzung,**
- **Aufwanderwartung.**

### Ergebniserwartung:

Aufgrund ihrer bisherigen Erfahrungen kann die Sozialassistentin abschätzen, wie erfolgreich einzelne Handlungsalternativen sind:

- Sie könnte Marvin noch einmal rufen.
- Sie könnte ein anderes Kind zu ihm schicken, um ihn zu bitten, doch zu kommen. Eher ist aber zu erwarten, dass Marvin dieses Kind wegschubst und nicht darauf hört, was das Kind von ihm möchte.
- Sie könnte mit den Abzählreimen beginnen. Marvin würde dann sicher kommen.

### Selbsteinschätzung:

Sie kann ihre Fähigkeiten einschätzen. Sie sind abhängig von ihrer Kompetenz und ihrem Selbstbewusstsein:

- Sie kann sich vorstellen, dass sie ihr Erziehungsziel, Marvin in die Gruppe zu integrieren, eher erreichen wird, wenn sie einige Kinder aus der Gruppe bittet, an dem Tunnel mitzubauen. Aber diese Entscheidung ist gefährlich, da ihr die Gruppe aus der Hand gleiten könnte.

### Aufwanderwartung:

Sie muss abschätzen, wie aufwendig die einzelnen Handlungsalternativen sind und wie groß ihr Nutzen ist.

## DEFINITION

Der Erziehungsstil setzt sich zusammen aus:

- Wahrnehmung,
- Zielen,
- Kompetenz (Fachwissen, Erfahrung),
- naiver Theorie (Wissen, Erfahrungen, Normen, Werte, Einstellungen),
- Selbstwirksamkeit (Ergebniserwartung, Selbsteinschätzung, Aufwanderwartung).

## AUFGABEN

1. *Wählen Sie eine beliebige Problemsituation aus Ihrem Praktikum im Kindergarten aus und beschreiben Sie möglichst detailliert Ihre Vorgehensweise und die Begründung dazu.*
2. *Einigen Sie sich in Ihrer Klasse auf ein Erziehungsziel in einer Kindergartengruppe und erarbeiten Sie dazu die Vorgehensweise.*
3. *Nennen Sie Beispiele dafür, wie Sie Ihren Erziehungsstil möglicherweise verändern können!*
4. *Nennen Sie Erziehungsstile, die Ihnen bekannt sind und vergleichen Sie diese.*

### Erziehungsstile

Unterschiede und Auswirkungen der Erziehungsstile wurden in verschiedenen Zeiten durch Befragungen und Beobachtungen sowohl der Erziehenden als auch der Zu-Erziehenden herausgefunden. Nicht nur die psychologische Forschung beschäftigte sich mit diesem Thema, sondern auch die soziologische und pädagogische. Einer der ersten Psychologen auf diesem Gebiet war **Kurt Lewin**. Bereits 1939 legte er die Terminologie für die drei wichtigsten Erziehungsstile fest: Das sind der **autoritäre, demokratische und der Laissez-faire-Stil.**

### Autoritäre Erziehung

Als wichtigste Kennzeichen sind zu nennen:

- Die Erziehenden erteilen **Befehle und Anordnungen**, ohne Rücksicht auf die Wünsche und Bedürfnisse der Kinder und Jugendlichen.
- Sie lassen **eigene Initiative** der Kinder gar nicht erst aufkommen und ermöglichen **keine Mitverantwortung**.
- **Gebote und Verbote** sind die Regel und die Kontrolle durch die Erziehenden findet häufig statt.
- **Häufiger Tadel**, **Drohungen** und auch **Strafen** sind möglich.

Die **Auswirkungen** des autoritären Erziehungsstils sind entsprechend:

- Die absoluten Befehle und Gebote fordern den **Widerstand der Kinder und Jugendlichen** heraus und können zu **Opposition und Aggressionen** führen.
- Die Entwicklung zur **Selbstständigkeit** wird **erschwert** oder gar unmöglich gemacht.
- Die **Kreativität**, eigene originelle Einfälle, können sich **kaum entfalten**.
- Das **Verantwortungsbewusstsein** wird **nicht geweckt**.

Die autoritäre Erziehung hat einen **geistigen, politischen und sozialen Hintergrund**. In vielen Jahrhunderten, in denen Staat und Kirche nach einer strengen hierarchischen Ordnung aufgebaut waren, forderten sie Gehorsam von ihren Untertanen. Die absoluten Herrscher an der Spitze des Staates verfügten über die Autorität. Sie delegierten die Autorität an ihre Staats- und Kirchendiener und es entstand eine Rangordnung, in der jeder Stand, jede Gesellschaft ihren Platz hatte.

In der Familie war der **Vater der Träger der Autorität**. Er konnte über seine Frau und die Kinder, wie über das Hab und Gut verfügen.

## MERKSATZ

Bei der autoritären Erziehung haben die Kinder und Jugendlichen den Anweisungen der Erwachsenen zu folgen. Ihre Eigeninitiative und Meinung bleiben unberücksichtigt.

## AUFGABEN

1. *Erkundigen Sie sich nach dem Erziehungsstil Ihrer Eltern und Großeltern.*
2. *Überlegen Sie, warum sich ein autoritärer Stil in heutiger Zeit nicht mehr durchsetzen kann.*

### Demokratische Erziehung

Dieser Erziehungsstil wird auch partnerschaftlicher Erziehungsstil genannt, weil er die Partnerschaft zwischen der Sozialassistentin und den Kindern vorsieht. Seine wichtigsten Kennzeichen sind eine Umsetzung dieser Grundhaltung.

- Die Erziehenden sehen sich als **Partnerinnen der Kinder und Jugendlichen.**
- Ihre Anregungen werden auf der **Grundlage des Vertrauens** und der **Freundschaft** gegeben.
- Die persönliche **Eigenart** des Kindes und seine **Bedürfnisse** werden berücksichtigt.
- Die eigene Meinung des Kindes wird anerkannt, seine **Mitsprache und Mitverantwortung** ist erwünscht.
- **Freiraum** für eigene **Erfahrungen** wird eingeräumt.
- Die **Kontrolle** beschränkt sich auf das **notwendige Maß**.

Die **Auswirkungen dieses Erziehungsstils** sind:

- Zwischen den Erziehenden und dem Kind entwickelt sich ein **Vertrauensverhältnis**.
- Kinder und Jugendliche werden zur **Kreativität und Originalität** angeregt.
- Die **Selbstständigkeit** wird gefördert.
- Das **Selbstbewusstsein und Selbstwertgefühl** kann sich entwickeln.
- **Entscheidungs- und Urteilsfähigkeit** wird gefördert.
- Eine **positive Einstellung zum partnerschaftlichen Verhalten** und zur Zusammenarbeit kann durch eigene Erfahrung erworben werden.

Die demokratische Erziehung gibt Kindern die Möglichkeit, selbstständig zu werden, ein Selbstwertgefühl zu entwickeln und sich zu einer eigenständigen Persönlichkeit zu entwickeln.

Auch bei einer demokratischen Erziehung gibt es Momente, in denen die Erziehende autoritär sein muss, z. B. wenn ein Kind unkontrolliert über die Straße läuft oder einen Stecker im Kindergarten untersucht.

Dennoch gilt der nachfolgende Satz als Leitsatz für die demokratische Erziehung:

**Ein Kind braucht so viel Freiheit wie möglich und so viel Führung wie nötig.**

## DEFINITION

Typisches Merkmal des demokratischen Erziehungsstils ist das partnerschaftliche Verhältnis zwischen dem Kind und seinen Erziehenden. Gegenseitiges Verständnis, Offenheit und hohe wechselseitige Akzeptanz kennzeichnen diesen Stil.

## AUFGABEN

1. *Überlegen Sie sich die wichtigsten Kennzeichen des demokratischen Erziehungsstils und seine Auswirkungen in der Erziehung.*
2. *Welche Eigenschaften muss eine Autoritätsperson besitzen, um anerkannt zu sein.*

### Laissez-faire-Erziehung

Dieser Begriff, der aus der französischen Sprache stammt, heißt frei übersetzt: **„Lasst sie nur machen!"** Die Vertreter dieser Grundhaltung in der Erziehung erwarten, dass die Kinder selber ihren Weg finden. Die Bezeichnung „Gleichgültigkeitsstil" bezieht sich auf das Verhalten der Erzieher. Der Name „antiautoritäre Erziehung" bedeutet übersetzt: **„Gegen die Autorität erziehen!"**

Die wichtigsten Kennzeichen der „Laissez-faire-Erziehung" lassen sich vom Verhalten des Erziehers ableiten:

- Der Erzieher bleibt weitgehend **passiv** und greift selten ein.
- Er überlässt den Kindern und Jugendlichen weitgehend sich selber und gibt **wenige Anregungen.**
- Kinder und Jugendliche haben einen **großen Freiraum**.

Die Auswirkungen sind sicher nicht alle negativ zu beurteilen, machen aber den Erfolg dieser Erziehung fragwürdig:

- Den Kindern und Jugendlichen **fehlt die Orientierung**, sie lernen die Grenzen zwischen Freiheit und Ordnung nicht kennen.
- Sie lernen **kaum**, wie man sich **anderen gegenüber verhält** und entwickeln sich daher leicht zu Egoisten.
- Sie haben nicht gelernt, sich **sozial zu verhalten** und können sich nicht einordnen. Oft werden sie zu **Einzelgängern und Außenseitern**.
- Sie sind oft **wenig interessiert und motiviert**.

Auch dieser Erziehungsstil hat seine **geistigen, politischen und sozialen Hintergründe**. Eine lange Epoche, in der starre Ordnungsprinzipien festgelegt waren, verlangte geradezu eine Gegenreaktion. Die Veränderung der sozialen Struktur in der Gesellschaft machte sie möglich. Den gewonnenen Freiheitsraum wollte man nutzen und **das Recht auf Selbstbestimmung im eigenen Leben verwirklichen.**

Die **Entwicklung des Kindes** verläuft in vielen Bereichen **relativ unabhängig**. Fortschritte werden erreicht, wenn die körperliche und geistige Reife gegeben ist. Sitzen, Stehen und Laufen lernt ein Kind selbst. Doch die Zuwendung der Eltern ist notwendig, damit die Entwicklung gefördert wird. Das zeigen viele Beispiele. So können bei einer starken Vernachlässigung in der Familie **Entwicklungsstörungen** eintreten, z. B. dass ein Kind zu einem bestimmten Zeitpunkt nicht gelernt hat, richtig zu sprechen.

In den antiautoritären Kinderläden in der Zeit von 1968 bis ca. 1973 versuchte man, die Prinzipien der Laissez-faire-Erziehung umzusetzen. Es waren selbst organisierte Kindergärten der Studentenbewegung. Antiautoritäre Erziehung lehnt Unterdrückung, Zwang, Machtausübung ab und legt Wert auf hohe Wertschätzung und größtmögliche Freiheit für die Kinder. Der Begriff der antiautoritären Erziehung wurde in der Pädagogik oft missverstanden und viel diskutiert. Pädagogische Autorität wird hierbei nicht abgelehnt.

## DEFINITION

Der Laissez-faire-Erziehungsstil ist dadurch gekennzeichnet, dass die Erziehenden die Kinder gewähren lassen. Die Kinder dürfen alles machen, was sie wollen. Die Erziehenden greifen nur dann ein, wenn Kinder gefährdet sind.

## AUFGABEN

1. *Nennen Sie Auswirkungen des Laissez-faire-Erziehungsstil auf das Verhalten des Kindes.*
2. *Begründen Sie die Lustlosigkeit und Passivität dieser Kinder.*
3. *Erinnern Sie sich an eine Konfliktsituation, z. B. wie sich zwei Kinder in Ihrer Praktikumsstelle schlagen. Kann dieser Konflikt auch nach der Laissez-faire-Erziehungsmethode gelöst werden?*
4. *Die antiautoritäre Erziehung wird häufig als Erziehung ohne jede Autorität und Disziplin verstanden. Informieren Sie sich über diesen Erziehungsstil auch im historischen Zusammenhang.*
5. *Erstellen Sie eine Tabelle, bei der Sie die drei Erziehungsstile vergleichen.*

## 4.1.3 Erziehungsziele

## AUFGABEN

1. *Versuchen Sie den Begriff „Erziehungsziele“ durch Beispiele zu konkretisieren.*
2. *Denken Sie darüber nach, welche Erziehungsziele Sie während Ihres Praktikums im Kindergarten eingesetzt haben.*

### Allgemeine Ziele

Ein Kind kann seinen Standort in der Gesellschaft, in seinem Leben, nur finden, wenn es die **Grenzen zwischen Freiheit und Ordnung** akzeptiert. Das ist nur möglich, wenn die Zielrichtung bekannt ist.

Das Hauptziel jeder Erziehung ist, dass die Zu-Erziehenden zu **handlungsfähigen Mitgliedern der Gesellschaft** werden. Das bedeutet, dass sie die jeweiligen Normen und Werte der Kultur kennenlernen sowie Kenntnisse und Fertigkeiten erwerben, die es ihnen erlauben, bestimmte Rollen in der Gesellschaft auszufüllen.

In der heutigen Gesellschaft, die sich immer schneller verändert, kann nicht ausschließlich auf bestimmte Rollen und Berufe hingearbeitet werden, sondern Mobilität, Austauschbarkeit,

Abb. Thiele

Disponibilität nehmen einen immer größeren Rahmen ein. So genannte **Schlüsselqualifikationen** werden immer wichtiger. Dazu gehören:

- **Ich-Kompetenz** wie Verantwortungsbewusstsein, Belastbarkeit, Lernbereitschaft, Reflexionsfähigkeit usw.
- **Sozialkompetenz** wie Kommunikationsfähigkeit, Einfühlungsvermögen, Toleranz usw.
- **Sachkompetenz** wie pädagogisches und psychologisches Fachwissen, Erfassen und Analysieren von Situationen usw.

## AUFGABEN

1. *Was versteht man unter handlungsfähigen Mitgliedern der Gesellschaft?*
2. *Ergänzen Sie die Merkmale der genannten Kompetenzen. Nehmen Sie dazu verschiedene Lexika zur Hand.*

### Erziehungsziele in den Einrichtungen

Neben den individuellen Werten, die bei der Festlegung der Erziehungsziele eine Rolle spielen, müssen Sozialassistentinnen auch die **Normen und Werte** ihrer **Arbeitsgeber** beachten. Die unterschiedlichen Institutionen können sich erheblich in ihren Weltanschauungen und Erziehungszielen unterscheiden. So gibt es in einem katholischen Kindergarten andere Erziehungsziele als in einem Waldorf- oder Montessorikindergarten. Das Erziehungsverständnis hängt vom Menschenbild ab, das die jeweilige Einrichtung vertritt.

Erziehungsziele sind Leitnormen für den Erziehungsprozess im Hinblick auf wünschbare Verhaltensweisen, Kenntnisse, Wertorientierungen, Ausdrucksformen des Denkens und Fühlens. Sie bestimmen das pädagogische Handeln und nehmen Einfluss auf die Aktivitäten in den Einrichtungen. Die Sozialassistentin als auch die Einrichtung sind in die Gesellschaft und Gruppe eingegliedert. Die Werte und Normen der Gesellschaft und Gruppen beeinflussen die pädagogischen Ziele der Sozialassistentin und der Einrichtung. Alle Forderungen an das Kind müssen sich an den gegenwärtigen Möglichkeiten des Kindes orientieren.

Die Bedingungsfaktoren sehen wie folgt aus:

**Gesellschaftliche Ziele**

**sind:**

Normen- und Wertvorstellungen, politische Ordnung, Wirtschaftsordnung

**Sie beeinfussen**

**die Gruppenziele:**

Diese werden von den Vorstellungen der Kirchen, Verbände usw. geprägt. Sie gehen in die persönlichen Ziele mit ein.

Persönliche Ziele enthalten Vorstellungen durch eigene Lebenserfahrungen, Sozialisation, Fähigkeiten und Wünsche.

Persönliche Ziele beeinflussen:

Persönliche Erziehungsziele und Erziehungsziele der Einrichtung ergeben:

**Erziehungsziele für die erzieherische Praxis**

## AUFGABEN

1. *Erkundigen Sie sich während Ihres Praktikums nach den Erziehungszielen der Einrichtung und danach, inwieweit diese durch den Träger der Einrichtung vorgegeben sind.*
2. *Erarbeiten Sie Erziehungsziele in Gruppen in Ihrer Klasse für das Praktikum im Kindergarten.*

### Aufstellen von Zielen

Erziehungsziele können auf unterschiedlichen Abstraktionsebenen formuliert werden. Man unterscheidet zwischen:

Richtzielen, Grobzielen, Feinzielen.

Manchmal wird auch von Fern- und Nahzielen gesprochen. Drei Zielebenen sind etwas ausführlicher.

Die Grenzen zwischen den einzelnen Zielebenen sind fließend. Die theoretische Gliederung trägt dazu bei, sich die Ziele für die Praxis besser bewusst zu machen und verdeutlichen zu können.

**Richtziele** können ganz allgemeine, grundlegende Verhaltens- und Umgangsformen enthalten, z. B. Selbstständigkeit, Fleiß, Kooperation.

**Grobziele** sind schon konkreter. Sie enthalten Bereiche oder Themen, mit denen langfristig die Richtziele erreicht werden können, z. B. Kinder helfen sich gegenseitig, Kinder können schon Verantwortung übernehmen. Grobziele können auch noch weiter differenziert werden.

**Feinziele** können durch bestimmte Handlungen erreicht werden, z. B. Kinder einigen sich auf ein gemeinsames Spiel.

Wichtig ist, dass die Grob- und Feinziele mit den **Fähigkeiten der Kinder** zusammenpassen und zu einem **positiven Selbstkonzept** beim Kind führen.

Jedes Richtziel teilt sich auf in verschiedene Grobziele und jedes Grobziel in Feinziele.

## FALLBEISPIEL

**Das Freispiel**

**Richtziel:**
Handlungsbedarf erkennen

**Grobziel:**
Wünsche und Bedürfnisse der Kinder erkennen und angemessen damit umgehen.

**Feinziele:**
- dem jüngeren Kind beispielsweise beim Anziehen helfen,
- Spielführung im Rollenspiel übernehmen oder sich einer angemessenen Spielführung eines anderen Kindes unterordnen.

## AUFGABE

*Entwickeln Sie Grob- und Feinziele zu einem weiteren Fallbeispiel.*

### Weitere Unterteilung der Erziehungsziele

Neben dem Festlegen von Richt-, Grob- und Feinzielen sind noch affektive, kognitive und psychomotorische Dimensionen (Ausdehnung, Bereich) bei der Festlegung der Erziehungsziele zu berücksichtigen. Darunter versteht man:

- Den Umgang mit den Gefühlen **(affektive Dimension)**,
- den Erwerb von Fähigkeiten oder Fertigkeiten **(kognitive Dimension)**,
- die Verbesserung aller körperlichen Bewegungsabläufe **(psychomotorische Dimension)**.

***Dazu ein Beispiel:***

Wenn Kinder schwimmen lernen, dann reicht es nicht aus, dass sie schwimmen können, sondern sie sollen auch Freude am Schwimmen erwerben und es als gute Freizeitgestaltung betrachten.

## AUFGABE

*Erklären Sie an einem weiteren Beispiel das Richtziel sowie Grob- und Feinziele, die insbesondere die psychomotorischen Dimensionen berücksichtigen.*

### Erziehungsplan

Das Erziehungsgeschehen wird zu Hause und in allen Einrichtungen nicht ausschließlich durch eine Sozialassistentin bzw. Erzieherin bestimmt. Meist sind mehrere Menschen an dem Prozess beteiligt. Es kann sein, dass diese Menschen widersprüchliche Erziehungsziele verfolgen:

Eine Sozialassistentin im Kindergarten kann sich für eine **leistungsbezogene Kooperationsbereitschaft** einsetzen, während die für sie zuständige Erzieherin das **konkurrenzorientierte Leistungsdenken** fördern möchte.

Die Unklarheit über einzelne Erziehungsziele führt häufig zu Schwierigkeiten bei der Arbeit mit den Kindern. Missverständnisse können von vornherein ausgeschaltet werden, wenn entsprechende Absprachen erfolgen, noch besser ist aber ein gemeinsam erstellter **Erziehungsplan**. Durch ihn können alle am Erziehungsprozess Beteiligte einen Überblick gewinnen und behalten.

Der Erziehungsplan ist ein **Handlungsentwurf**, in dem die Ziele und alle am Erziehungsprozess beteiligte Personen und Institute integriert werden.

### Nachfolgend ein Entwurf für einen möglichen Erziehungsplan:

| Ablauf | Aufgabe |
|---|---|
| **Datenerhebung über:**<br>familiäre Situation, Krankheiten, Entwicklungsauffälligkeiten | Sammeln und Ordnen von Daten |
| **Teambesprechung:**<br>Erstellung des Erziehungsplans (Besprechung möglichst aller am Erziehungsprozess Beteiligten) | ▶ Festlegung des Ist-Zustandes<br>▶ Festlegung des Soll-Zustandes durch Ziele auf verschiedenen Ebenen und in unterschiedlichen Dimensionen<br>▶ Festlegung konkreter Mittel, Methoden und deren zeitliche Abfolge |
| **Anwendung und Kontrolle** | ▶ Ziele werden verfolgt |
| **Reflexion:**<br>bis das gewünschte Verhalten erreicht ist oder in dieser Einrichtung keine weitere Hilfe mehr möglich ist. | ▶ Feststellung eines neuen Ist-Zustandes<br>▶ Festlegen der neuen Vorgehensweise |

### Vorteile eines Erziehungsplanes:

- Koordination des erzieherischen Vorgehens,
- geplante gegenseitige Ergänzung in der Zusammenarbeit,
- gemeinsame Auswertung der Daten,
- gemeinsames Erarbeiten von Hilfsmöglichkeiten in verschiedenen Bereichen,
- methodisches Überprüfen und, wenn notwendig, korrigieren des Erziehungsprozesses und des pädagogisch-therapeutischen Handelns.

## MERKSATZ

Erziehungsziele entstehen durch gesellschaftliche und institutionelle Vorgaben, die mit persönlichen Werten und Einstellungen verbunden werden. Sie haben unterschiedliche Ebenen und Dimensionen.

## AUFGABEN

1. *Stellen Sie bei einem beliebigen Kindergartenkind die Zahl der Personen fest, die an seiner Erziehung beteiligt sind. Verfolgen alle dieselben Erziehungsziele?*
2. *Nennen Sie Vorteile eines Erziehungsplanes.*
3. *Erkundigen Sie sich in Ihrem Praktikumskindergarten nach einem Erziehungsplan für einzelne Kinder.*
4. *Stellen Sie eine Liste mit den Kindern während Ihres Kindergartenpraktikums zusammen, für die aus Ihrer Sicht ein Erziehungsplan erstellt werden sollte.*

## 4.1.4 Menschenbild

Abb. MEV

## AUFGABE

*Beschreiben Sie die abgebildeten Menschen und überlegen Sie, was für Charaktereigenschaften sie haben könnten.*

Erziehungsziele, die in den einzelnen Einrichtungen verfolgt werden, hängen vom Bild des Menschen ab, das diese Einrichtungen haben. Es wird in Kindergärten, Kinderhorten und Kinderheimen mit einem kirchlichen Träger anders interpretiert, als in einem Kindergarten in freier oder öffentlicher Trägerschaft. Waldorf- und Montessorikindergärten haben wieder ein anderes Menschenbild.

Die äußere Erscheinung ist ein Teil des Menschen. Zu einem Menschen gehören aber auch noch seine **Empfindungen, Einstellungen und Beurteilungen.**

Deshalb ist es sinnvoll, ein ganzheitliches Bild vom Menschen zu zeichnen, das alle Seiten einbezieht.

Das ganzheitliche Menschenbild orientiert sich zunächst an den **Grundbedürfnissen des Menschen** und den daraus folgenden Werten für eine menschliche Gesellschaft. Danach hat jeder Mensch ein Recht auf:

- Akzeptanz und Achtung seiner Individualität,
- geistige Freiheit und Toleranz,
- Gewaltfreiheit,
- Förderung und Verwirklichung von Kreativität und Fantasie,
- Gleichheit und Gerechtigkeit im sozialen Miteinander,
- Gefühle der Geborgenheit und menschliche Nähe,
- Verwurzelung des Menschen durch Wahrung und Pflege von Vertrautem und von Traditionen.

Der ganzheitliche Mensch ist eine Einheit aus **Körper, Seele und Geist**. Wenn alle Bereiche gefördert werden sollen, müssen Lehr- und Lernformen gewählt werden, die nicht ausschließlich kognitiv geprägt sind, sondern solche, die **ganzheitliche Lern- und Erfahrungsprozesse fördern.**

Der Mensch ist ein **soziales Wesen.** Die Prozesse seiner Entwicklung werden wesentlich geprägt durch die **Begegnung mit anderen Menschen**. Die Pädagogik muss daher in die vielfältigen Beziehungsfelder zwischen den Menschen hineinführen und diese Felder bewusst schaffen.

Durch die Einbindung in die Familie und die Kindertagesstätten, durch vielfältige Rollen- und Verhaltensvorbilder der Erwachsenen und älteren Kinder sowie durch das Zusammenleben in der Gruppe lernt das Kind **soziales Verhalten in sozialer Verantwortung** kennen. Dieses Lernen geschieht kindgemäß über Vorbild und eigene Erfahrungen und weniger über intellektuelle Bewusstmachung. Darum ist besonderer Wert zu legen auf:

- die Begegnung mit anderen Menschen,
- die Zuwendung der Erwachsenen zu den Kindern, um deren Beziehungsfähigkeit zu fördern und damit das Fundament für die Entwicklung seiner Persönlichkeit zu schaffen.

Die Erziehung soll der Entfaltung eines **freien und selbstständigen Menschen** dienen, der zugleich soziale Verantwortung in der Gesellschaft wahrnimmt. Daher ist besonderer Wert zu legen auf:

- Angebote zur Wertorientierung,
- Angebote positiver emotionaler Erfahrungen,
- Vorbildwirkung in Fragen eines verantwortungsvollen menschlichen Miteinanders,
- das pädagogische Ziel eines selbst verantwortlichen und sozial handelnden Menschen.

Die Erziehung muss eine **aktive und eigenverantwortliche Begegnung mit Menschen fördern** und gleichzeitig auf die **Erfüllung der kindlichen Bedürfnisse** achten. Dabei sind die Bedürfnisse nach Kontakt, Nähe, Geborgenheit und Beachtung im gleichen Maße wahrzunehmen und zu erfüllen, wie die nach selbstständigen Entdeckungen (Neugier) und nach Bewegungsfreiheit. Die einfühlsame Wahrnehmung und Erfüllung sowie ihre Spannung von Nähe und Distanz können zugleich vorteilhaft für Kinder sein. Besonders berücksichtigt werden müssen zugleich:

- die entwicklungspsychologisch zu differenzierenden Bedürfnisse junger Menschen,
- die prägende Bedeutung menschlicher Urerfahrungen wie Urvertrauen, Geborgenheit.

Für seine Entwicklung benötigt der Mensch **Raum und Zeit**. Der intime Raum dient dem Schutz und der Ruhe, der weitere Raum lädt zu einer Vielzahl neuer Entdeckungen ein.

Der ganzheitliche Mensch sollte über einen **Realitätssinn** und **unbedingtes Streben nach Wahrhaftigkeit** verfügen, um zu einer inneren Sicherheit und Stabilität zu kommen. Der Dichter Hermann Hesse (1877–1962) sagte dazu:

**„Wir haben den schwersten Weg betreten, den ein Mensch und gar ein Volk gehen kann: den Weg der Aufrichtigkeit, den Weg der Liebe. Gehen wir diesen Weg zu Ende, dann haben wir gewonnen."**

Der Arzt Sigmund Freud (1856–1939) meinte:

**„Das Tier im Menschen kann nicht ausgerottet werden. Daher muss diesem Tier ins Auge gesehen und mit ihm gelebt werden ... Die Schicksalsfrage der Menschenart scheint mir zu sein, ob und in welchem Maße es ihrer Kulturentwicklung gelingen wird, der Störung des Zusammenlebens durch den menschlichen Aggressions- und Selbstvernichtungstrieb Herr zu werden."**

Hesse und Freud machen die Verantwortung des Menschen für sich und andere deutlich. Die Erziehung zur Übernahme von Verantwortung muss im Kindesalter beginnen. Das eigene und durch die Einrichtung vorgegebene Menschenbild dient dabei als Orientierungshilfe.

## MERKSATZ

Das Leitbild (Menschenbild) für den Menschen sollte die größtmögliche **Entfaltung und Vervollkommnung seiner Persönlichkeit** sein. Er sollte sie in größtmöglicher Harmonie und Verbundenheit zu seiner Mitwelt erwerben.

## AUFGABEN

1. *Entwerfen Sie eine Skizze über Ihr Menschenbild und stellen Sie fest, inwieweit es mit dem hier beschriebenen übereinstimmt.*
2. *Erkundigen Sie sich bei Ihrem Religionslehrer nach einem christlichen Menschenbild.*
3. *Welches Menschenbild hatten Rudolf Steiner (Waldorfpädagogik), Maria Montessori und die Reggio-Pädagogen? Holen Sie sich dazu die Literatur aus der Bücherei bzw. lesen Sie sich die entsprechende Stelle im ersten Band durch.*
4. *Äußern Sie sich zu dem nachfolgendem Ausspruch:*

***„Ihr nennt uns die Zukunft, aber wir sind auch die Gegenwart."*** *Der UN-Kindergipfel zwischen Aufbruchstimmung und US-Obstruktion. Bericht von der UN-Sondergeneralversammlung zu Kindern am 8.–10.Mai 2002, New York.*

## 4.2 Bildungsauftrag, Bildungsprozess

Der Begriff „Bildung", die Grundlage für den Bildungsauftrag und Bildungsprozess, hängt eng mit der Erziehung zusammen. Doch zählt er zu den Fachausdrücken, die vielfältig verwendet werden und deren Inhalt von der jeweiligen kulturellen Epoche abhängig ist.

Abb. Nühs

Im Wesentlichen ist Bildung die aktive Auseinandersetzung mit der Welt, in der man lebt. Inhalte der Kultur sowie der sozialen und politischen Wirklichkeit gehören dazu. Durch die Auseinandersetzung mit der Welt wird sie für den Menschen überschaubar, durchsichtiger und vertrauter. Das Kennenlernen der Zusammenhänge trägt dazu bei, dass der Mensch lernt, mit seiner Umwelt umzugehen. Zugleich erschließt er sich selbst, indem das **eigene Ich für ihn erfahrbar wird**. Er wird fähig, sein Leben in der Welt autonom und verantwortlich zu gestalten. In diesem Sinn ist Bildung ein **Vorgang der Entfaltung der menschlichen Persönlichkeit**.

Dieser Prozess ist ein subjektiver, persönlicher Vorgang, der sich einmalig und einzigartig in jedem Menschen vollzieht. Die Aufgabe der Kindergärten und später der Schule besteht darin, Bildungsprozesse zu ermöglichen. Sie haben im Elementarbereich einen Bildungsauftrag. Dieser Bildungsauftrag sieht die Förderung der Persönlichkeitsentwicklung vor.

Mit Bildung ist aber nicht nur der Prozess der Erschließung der Welt für den Menschen gemeint, sondern auch das Ergebnis. Es besteht darin, dass der Mensch über das, was er sich zu eigen gemacht hat, auch verfügen kann. Daher ist Bildung das Ziel sowohl des selbstständigen als auch des durch Erziehung unterstützten Lernens.

Bildung ist kein Privileg für bestimmte Klassen oder Schichten, sondern ein subjektiver, persönlicher Vorgang, der sich in jedem Menschen vollzieht. **Bildung bedeutet nicht die Anhäufung von Wissen, sondern gebildet ist derjenige, der sein Leben selbst gestalten und sich selbst verwirklichen kann.** Dieser Prozess stellt eine lebenslängliche, durch Lernen immer wieder neu zu bewältigende Aufgabe dar, der durch Erziehung unterstützt wird.

Wie bereits im Menschenbild beschrieben, ist **pädagogische Arbeit und damit verbundene Bildung ein lebendiger Prozess**, der im Alltag und in der Diskussion ständig weiterentwickelt werden muss.

**DEFINITION**

Bildung ist ein Prozess und das Ergebnis eines Prozesses, in dem der Mensch lernt, durch aktive Auseinandersetzung mit der Welt ein selbstbestimmtes Leben zu führen.

**AUFGABE**

*Nennen Sie typische Merkmale des Begriffes „Bildung“.*

## 4.2.1 Bildungsauftrag

**AUFGABE**

*Laden Sie sich Definitionen des Begriffes „Bildungsauftrag“ aus dem Internet herunter. Vergleichen Sie Ihre Ergebnisse miteinander.*

Die Verantwortung für Erziehung und Bildung liegt in den ersten Lebensjahren eines Kindes hauptsächlich bei den Eltern. Dann geht sie teilweise in die Verantwortung des Kindergartens über. In allen Bundesländern hat jedes Kind, das drei Jahre alt ist, einen Anspruch auf einen Kindergartenplatz. Der Besuch dieser Einrichtung ist freiwillig, erst mit dem Eintritt in die Grundschule tritt die **„gesetzliche Bildungspflicht“** in Kraft.

In den letzten Jahren sind Forderungen nach bereits früher einsetzender Bildung der Kinder laut geworden. Der Kindergarten soll die Kinder verstärkt auf die Schule vorbereiten und Wissen vermitteln. Den Auftrag haben inzwischen alle Einrichtungen, die Kinder zwischen drei und sechs Jahren betreuen. Der **Bildungsauftrag im Kindergarten** sieht wie folgt aus:

Die **Förderung der Persönlichkeitsentwicklung** des Kindes und die Beratung und die Information der Erziehungsberechtigten sind von wesentlicher Bedeutung; der Kindergarten ergänzt und unterstützt dadurch die Erziehung des Kindes in der Familie.

Der Kindergarten hat seinen Bildungsauftrag in **ständigem Kontakt mit dem Elternhaus und anderen beteiligten Erziehungsberechtigten** durchzuführen und dabei insbesondere:

- die Lebenssituation jedes Kindes zu berücksichtigen,
- dem Kind zur größtmöglichen Selbstständigkeit und Eigenaktivität zu verhelfen,
- seine Lernfreude anzuregen und zu stärken,
- dem Kind zu ermöglichen, seine emotionalen Kräfte aufzubauen,

- die schöpferischen Kräfte des Kindes unter Berücksichtigung seiner individuellen Neigungen und Begabungen zu fördern,
- dem Kind Grundwissen über seinen Körper zu vermitteln und seine körperliche Entfaltung zu fördern,
- die geistigen Fähigkeiten des Kindes zu entfalten und ihm dabei durch ein breites Angebot von Erfahrungsmöglichkeiten elementare Kenntnisse von der Umwelt zu vermitteln.

Der Kindergarten hat außerdem die Aufgabe, dem Kind unterschiedliche soziale Verhaltensweisen, Situationen und Probleme bewusst erleben zu lassen. Jedem Kind muss die Möglichkeit gegeben werden, seine eigene soziale Rolle innerhalb der Gruppe zu erfahren und **demokratische Verhaltensweisen** einzuüben.

Die Eigenständigkeit des Erziehungs- und Bildungsauftrages des Kindergartens leitet sich aus der **Besonderheit des Kindes in dieser Altersgruppe** ab. Der Kindergarten hat als familienergänzende und -unterstützende Einrichtung seinen Bildungsauftrag im ständigen Kontakt mit dem Elternhaus durchzuführen. Im Rahmen vielfältiger Kontakte und einer sich ständig erweiternden Umwelt hilft der Kindergarten dem Kind bei der Bewältigung seiner gegenwärtigen und damit auch zukünftigen Lebenssituation.

Neben den genannten Möglichkeiten, ein Kind zu fördern, hat der Kindergarten noch einen **Betreuungsauftrag** zu erfüllen. Er besteht darin, dem Kind eine **vertrauensvolle, verlässliche Partnerschaft** anzubieten, deren Basis die **Achtung und Wertschätzung des Kindes ist sowie Respektierung seiner Persönlichkeit.**

Der Kindergarten bereitet nicht direkt auf die Schule vor, sondern unterstützt Fähigkeiten, die auch für die Schule erforderlich sind. **Aufmerksamkeit, Konzentration, Geduld und Belastbarkeit** sind Fähigkeiten, die die Folge einer ausgedehnten Spielzeit im Kindergarten und zu Hause sind.

## MERKSATZ

Der Kindergarten muss der Ort sein, der Kindern hilft, **sich selbst** und **die Welt** zu **begreifen und zu verstehen**. Er ist ein Ort, der gegenwartsorientiert arbeitet und eine Zukunftsorientierung als notwendige Folge versteht.

## AUFGABEN

1. *Erarbeiten Sie ein Mind-Map über den Bildungsauftrag des Kindergartens.*
2. *Nennen Sie Gründe dafür, aus denen es für Kinder dieser Altersgruppe einen eigenständigen Bildungsauftrag gibt.*

### 4.2.2 Bildungsprozess

Abb. Nühs (links)
Abb. Thiele (rechts)

## AUFGABE

*Nennen Sie Fähigkeiten, die Kinder durch das Spielen erwerben können.*

Die Kindheit hat sich in den letzten Jahrzehnten geändert, was bei der Umsetzung des Bildungsprozesses im Kindergarten bedacht werden muss. Es darf nicht übersehen werden, dass die veränderte Kindheit nachfolgende Situationen zur Folge hat:

- Kinder haben nur noch geringe Möglichkeiten, **soziale Erfahrungen** in unmittelbarer und mittelbarer Umgebung zu machen.
- Kinder müssen einen weitest gehenden Verlust einer **kontinuierlichen emotional-stabilen Basis** hinnehmen.
- Die Erschließung der Welt erfolgt bei den Kindern vermehrt über **Medien**.
- Kinder haben in verstärktem Maß zu **Leistungsanforderungen, Konsumausgerichtetheit und erwachsenenorientierten Erwartungen** zu stehen.
- Kindheit vollzieht sich immer mehr im Feld zunehmender **„Verpädagogisierung und Therapeutisierung"**.
- Das Aufwachsen erfolgt in **vorgegebenen Bedingungen**. Sie haben zur Folge, dass immer weniger Platz für **eigene Ideen und Wünsche und Vorstellungen** der Kinder vorhanden ist.
- Die **Selbstbestimmungsmöglichkeiten** von Kindern werden erheblich reduziert. Das spontane freie Spielen auf der Straße oder im Garten mit Kindern aus der Nachbarschaft ist durch den zunehmenden Autoverkehr und den Rückgang der Geburtenzahlen oft nicht mehr möglich. Häufig können Programme gewählt werden, die in den Tagesablauf passen, so dass der Alltag aus dem Zusammensetzen von **vorgefertigten Einzelbausteinen** besteht.

Biografien von Kindern zeigen, dass sie gekennzeichnet sind durch **zerteilte Kinderzeiten, eingegrenzte Kinderräume und zerrissene Kinderwelten**. Aufgabe der Kindergärten ist es daher, vielfältige Möglichkeiten zu bieten, vergangene und gegenwärtige Erlebnisse der Kinder zu verarbeiten, ihre **Identität weiter zu entwickeln** und ihnen **Zukunftsperspektiven** zu geben. Die genannten Ziele sind nur durch nachfolgende Hinweise zu erreichen und eine wichtige Voraussetzung dafür, dass Bildungsprozesse beginnen können:

- Der Kindergarten muss **Zeit- und Raummöglichkeiten** zur Verfügung stellen, die Kindern Platz für eigene **Gestaltungsideen** lassen.
- Der Kindergarten darf nicht zur Überforderung des Kindes beitragen. Zu **viele Sinneseindrücke** führen dazu, dass den Kindern Zeit zur Verarbeitung fehlt. Wenn zu den unverarbeiteten Eindrücken neue Anforderungen hinzukommen, so kann dieses zu **Reizüberflutungsverhalten** führen, was sich darin äußert, dass Kinder sich zurückziehen oder herumkaspern.
- Im Kindergarten geht es zunächst um eine **Aufarbeitungspädagogik**, danach folgt die **Angebotspädagogik**.
- Durch die **Verarbeitung gegenwärtiger Erlebnisse** können Kinder ihr **Leben und ihre Umwelt begreifen.**
- Wenn die **Gefühlswelt ausgeglichen** ist, können sich Kinder **neuen Situationen zuwenden**.
- Durch das **Begreifen von Situationen** und dem **Verstehen von Vorgängen** stellen Kinder einen **intensiven Kontakt zu sich selbst her**, so dass sie in ihrer eigenen Entwicklung Sicherheit und Zutrauen erleben. Das ist für ihre Identitätsentwicklung notwendig.
- Ein **verantwortungsvoll geführtes Leben**, seine notwendigen und hilfreichen Verhaltensweisen sind eine Folge aus der **Gegenwartsbewältigung**.

Bildungsprozesse finden im Kindergarten immer statt. Allerdings lässt sich ihre Qualität beeinflussen. Wichtig ist, dass die altersspezifische Entwicklung und Sozialisation des Kindes berücksichtigt werden. Darüber hinaus muss den individuellen Spiel- und Lernbedürfnissen des Kindes Rechnung getragen werden. Zusätzlich muss das freie Spiel und ein Angebot zu angeleitetem Tätigsein beinhaltet sein.

Da der Kindergarten sich seines familienergänzenden Auftrags bewusst ist, bietet er den Eltern vielfältige Möglichkeiten zur Mitwirkung im Kindergartenalltag. In der Regel werden Ziele und Inhalte der Arbeit des einzelnen Kindergartens sowie die Arbeitsplanung mit den Eltern erörtert.

Fachberater der Trägerorganisationen begleiten die Arbeit in den Kindergärten.

## MERKSATZ

Die Arbeit im Kindergarten führt zu Bildungsprozessen, wenn das sachbezogene Lernen mit der Emotionalität des Kindes, mit seiner Fantasie und Kreativität verknüpft wird. Die altersspezifische Entwicklung und Sozialisation des Kindes muss die Grundlage für die Vorgehensweise bilden.

## AUFGABEN

1. *Führen Sie eine Kartenabfrage mit dem Thema „Bildungsprozesse im Kindergarten" durch.*
2. *Stellen Sie Verhaltensauffälligkeiten von Kindergartenkindern zusammen und versuchen Sie die Ursachen dafür zu finden.*

## 4.2.3 Der Begriff „Schulfähigkeit"

## AUFGABE

*Tragen Sie die Fähigkeiten zusammen, die ein Kind Ihrer Meinung nach haben sollte, wenn es mit dem Schulbesuch beginnt.*

Der Übergang vom Kindergarten in die Grundschule ist für jedes Kind ein bedeutsames Ereignis. Auch im Elternhaus und im Bekanntenkreis wird dieser Schritt lange vor dem Schulbeginn besprochen.

Nicht nur die Eltern und die Schule müssen sich mit dem Begriff der **Schulfähigkeit** auseinandersetzen, sondern auch der Kindergarten.

Nach einem Erlass der Kultusministerien sind alle Kinder ab dem 6. Lebensjahr schulpflichtig. Es können jedoch auch schon Kinder mit 5 einhalb eingeschult werden. Wenn vorschulische Einrichtungen (Kindergarten, Vorklasse, Schulkindergarten) begründete Zweifel an der Einschulung eines Kindes äußern, dann sollte die Einschulung auch verzögert werden.

Aus der heutigen Sicht ist Schulfähigkeit das Ergebnis eines Lernprozesses, der als **Interaktion zwischen Person und Umwelt** abläuft. Das ist als die Summe der Voraussetzungen zu sehen, die ein Kind zum erfolgreichen Durchlaufen des jeweils üblichen Erstunterrichtes mitbringt. Damit wird deutlich, dass es sich um einen relativen Begriff handelt, der von den jeweiligen Erwartungen und Voraussetzungen abhängt, die die Schule an das aufzunehmende Kind stellt.

Kenntnisse über den Entwicklungsstand eines Kindes und den Verlauf seiner Entwicklung können durch Gespräche, gezielte Beobachtungen und Untersuchungen gewonnen werden. Die nachfolgende Aufstellung soll für Faktoren im sozial-emotionalen, im motorischen und im kognitiven Bereich sensibilisieren, die bei der Einschätzung der Schulfähigkeit durch Erzieherinnen und Lehrkräfte wichtig sind:

Abb. Nühs

| Schulfähigkeit des Kindes | | |
|---|---|---|
| **Sozial-emotionaler Bereich:** | **Motoraischer Bereich:** | **Kognitiver Bereich:** |
| **Kontaktfähigkeit gegenüber Erwachsenen und Kindern:**<br>▶ Das Kind spricht andere an,<br>▶ holt Material von anderen,<br>▶ fragt um Rat,<br>▶ bittet um etwas,<br>▶ spielt gerne mit anderen.<br>**Gruppenfähigkeit:**<br>Das Kind kann mit anderen Kindern gemeinsam handeln. Es:<br>▶ erkennt, übernimmt, führt Teilaufgaben durch,<br>▶ kann Kompromisse annehmen,<br>▶ akzeptiert Vorschläge anderer,<br>▶ hilft anderen Kindern,<br>▶ erlebt allgemein gestellte Forderungen für sich verbindlich.<br>**Konfliktverhalten:**<br>Das Kind:<br>▶ hält Konflikte aus,<br>▶ trägt Konflikte verbal aus,<br>▶ zeigt Kompromissbereitschaft.<br>**Selbstsicherheit:**<br>Das Kind:<br>▶ wirkt angstfrei,<br>▶ äußert seine Wünsche,<br>▶ erinnert an Versprechen,<br>▶ wehrt sich gegen ungerechtfertigte Anschuldigungen,<br>▶ vertritt seine Meinungen und Ideen.<br>**Selbstständigkeit:**<br>Das Kind:<br>▶ erledigt alltägliche Verrichtungen,<br>▶ kann sich Aufgaben stellen,<br>▶ arbeitet ohne zusätzliche Hilfe. | **Grobmotorik:**<br>Das Kind kann:<br>▶ das Gleichgewicht halten,<br>▶ Bewegungen koordinieren,<br>▶ Lauf-, Fang- und Ballspiele,<br>▶ Hindernissen überspringen,<br>▶ Hampelmannübung.<br>**Feinmotorik:**<br>Das Kind<br>▶ kann Handbewegungen koordinieren und steuern, kneten, ausschneiden,<br>▶ Papier reißen, falten und flechten,<br>▶ Perlen aufreihen,<br>▶ Mikado, Fingerspiele. | **Visuelle Wahrnehmungs- und Differenzierungsfähigkeit sowie Raumlage:**<br>Das Kind kann:<br>▶ anderen „zublinzeln“,<br>▶ Domino spielen,<br>▶ nach Farbe, Form und Größe sortieren,<br>▶ Puzzle mit und ohne Vorlage zusammenstellen,<br>▶ vorgegebene Muster übertragen,<br>▶ Spiegelbilder finden,<br>▶ Richtungswechsel auf Bilder erfassen.<br>**Akustische Wahrnehmungs- und Differenzierungsfähigkeit:**<br>Das Kind kann:<br>▶ unterschiedlich gefüllte Flaschen sortieren,<br>▶ einer Tonrichtung nachgehen,<br>▶ Geräusche erkennen,<br>▶ Reime finden.<br>**Taktile Wahrnehmung:**<br>Das Kind kann:<br>▶ tastend Gegenstände erkennen,<br>▶ Materialien tastend erkennen und zuordnen.<br>**Sprache und Sprechfähigkeit:**<br>Das Kind kann:<br>▶ mit Zungenbrechern umgehen,<br>▶ Wörter in verschiedenen Situationen bilden,<br>▶ frei erzählen,<br>▶ Gegenstände durch Angabe des Verwendungszweckes definieren,<br>▶ Oberbegriffe zuordnen.<br>**Anweisungverständnis:**<br>**Mengenverständnis:**<br>Das Kind kann:<br>▶ kurze Aufträge ausführen<br>▶ Mengenvergleiche anstellen,<br>▶ Abzähl- und Aufteilungsaufgaben erfassen,<br>▶ mit Würfelspielen umgehen.<br>**Konzentrationsfähigkeit:**<br>**Ausdauer:**<br>Das Kind:<br>▶ kann Figuren nachzeichnen,<br>▶ begreift Bilderlotto und Memory sowie Sortier- und Geduldspiele.<br>**Merkfähigkeit:**<br>Das Kind kann:<br>▶ Mengen und Formen wieder geben,<br>▶ kurze Geschichten nacherzählen, Memory spielen. |

## MERKSATZ

Bei der Einschätzung der Schulfähigkeit sind auch die individuellen Lernvoraussetzungen des Kindes wie Familie und schulische Bedingungen mit zu berücksichtigen.

## AUFGABEN

1. *Beurteilen Sie die Angaben über die Schulreife von Kindern.*
2. *Kreuzen Sie die Angaben an, die Sie für besonders wichtig halten.*
3. *Erkundigen Sie sich in einer Grundschule, wie die Schulreife festgestellt wird. Evtl. ist es auch möglich, dass Sie bei der Überprüfung der Kinder dabei sein dürfen.*

## 4.3 Betreuungsaufgaben

## FALLBEISPIEL

Der Deutsche Kinderschutzbund stellte fest, dass immer noch Kinder unter sechs Jahren in den Familien erheblich vernachlässigt, sexuell missbraucht oder Gewalt gegen sie angewandt wird.

## AUFGABEN

1. *Nennen Sie Gründe für die Vernachlässigung bzw. den Missbrauch von Kindern.*
2. *Kinder dürfen nicht vernachlässigt werden, sondern sind auf intensive Betreuung angewiesen. Ergänzen Sie die nachfolgende Kartenabfrage über die Betreuungsaufgaben bei Kindern:*

   *Zuwendung*
   *Geborgenheit*
   *Lob bzw. Anerkennung*
   *Freiraum und Beständigkeit*
   *...*

Der Begriff „Betreuung“ kann vielfältig ausgelegt werden. Unter Betreuung im Kindergarten wird – wie nachfolgend angegeben – verstanden:

- angeleitete Aktivitäten,
- Beobachtung während des Freispiels,
- Kontakt mit den Eltern.

Grundlage über das Ausmaß der Betreuung von Kindern sind die **Kindergartengesetze**, über die alle Bundesländer verfügen, sowie auf Bundesebene das **Kinder- und Jugendhilfegesetz.** Aufgabe der Kindergärten besteht darin, die dort gemachten Aussagen umzusetzen.

### 4.3.1 Betreuungsaufgaben im Umgang mit Kindern

## AUFGABE

*Welche Informationen vermittelt diese Homepage?*

Evangelischer Haigst-Kindergarten

Tagesablauf
Kreativität
Spiel / Freispiel
Projektarbeit
Miteinander Leben
Religiöse Erziehung
Öffentlichkeitsarbeit
Elternarbeit
Termine
Träger
Lage
Kontakt

**Tagesablauf**

**8.00 - 9.15 Uhr** Bringzeit

ab **9.15 Uhr** Freispielzeit bzw. vorbereitete Angebote ( je nach Tag/Projekte)
frei zugängliche Räume während der Freispielzeit sind:
- Mehrzweckraum
- Garderobe

ca. **11.00 Uhr** gemeinsame Aufräumzeit für alle Kinder
**11.15 Uhr** Stuhlkreis; dies beinhaltet insbesondere Lieder-, Kreis- ,Sing- und Fingerspiele, Gespräche, Er-zählen und Vorlesen von Geschichten, Einbeziehen der Kinder in verschiedene Aktivitäten.

Anschließend Freispielzeit im Garten bis ca. **12.15 Uhr.**

**12. 15 Uhr** Abschlusskreis
( Abschiedslied singen, Ankündigungen von Themen / Aktivitäten für den nächsten Tag)

**12.30 - 14.00 Uhr** 1. Abholzeit sowie gemeinsames Vesper und ruhig gestaltete Freispielzeit.

Die Uhrzeiten die hier aufgeführt sind, werden von uns nicht streng eingehalten.

Es sind vielmehr Richtlinien im Tagesablauf. Sie variieren täglich etwas je nach den Bedürfnissen der Kinder.

Zurück

Zur Betreuung gehört das Vermitteln eines **Wohlfühlgefühls** bei Kindern. Wenn Kinder den Kindergarten betreten, müssen sie das Gefühl haben, dass sie zu Hause sind, dass sie willkommen sind. Dazu gehört der **gute Kontakt** zu den Kindern in ihrer Gruppe und zu ihrer Erzieherin und Sozialassistentin. Sie brauchen eine **Umgebung**, die **kindgemäß** gestaltet, d. h. hell und freundlich ist. Die Räume müssen ausreichend Platz für Spiele und Bastelarbeiten bieten. Es gehört ein Garten dazu, der die Möglichkeit bietet, nach draußen zu gehen.

Die Kinder müssen mit unterschiedlicher Kleidung versorgt sein, um auch bei Regenwetter nach draußen gehen zu können.

Die Ankunftszeiten und das Abholen des Kindes müssen geregelt sein, um den Beginn und das Ende der Betreuung festzulegen. Auf den Wegen zwischen dem Kindergarten und dem häuslichen Bereich sind die Eltern aufsichtspflichtig. Im Kindergarten beginnt die **Aufsichtspflicht** durch die Erziehenden (§ 1631, BGB). Die Aufsicht dient dem Schutz des Kindes und dem Schutz Dritter durch Schäden, die das Kind anrichten kann.

Für die Art und den Umfang der Betreuung gibt es keine festen Regeln. Entscheidend ist, dass pädagogische Maßnahmen nicht eingeschränkt werden.

Zu den Betreuungsaufgaben gehört auch, Kindern **erwünschtes Verhalten** beizubringen. Das ist nur möglich, wenn Kinder

- positiv verstärkt werden,
- ermutigt werden,
- ein Vorbild haben,
- zur Einsicht geführt werden,
- Eigenerfahrungen ermöglicht werden,
- Impulse erhalten.

Auf negative Sanktionen sollte möglichst verzichtet werden.

**Zu positiv verstärken**: Ein Kind positiv verstärken bedeutet, dass ihm im Anschluss an ein bestimmtes Verhalten ein Lob ausgesprochen wird oder dass es sogar eine Belohnung erhält. Diese Vorgehensweise kann dazu führen, dass sich das Kind in ähnlichen Situationen wieder so verhält. Belohnungen sind häufig materieller Art. Sie können aber auch eine Besichtigung, z. B. den Besuch eines Zoos, beinhalten.

Lob und Belohnung haben eine positive Wirkung auf die Psyche des Kindes. Sie tragen zur Selbstsicherheit und zum Selbstvertrauen des Kindes bei.

**Zu ermutigen:** Genau so wichtig wie das Lob und die Belohnung ist die Ermutigung. Ermutigen heißt, jemandem Mut machen und ihm das Gefühl geben, dass er die bevorstehende Aufgabe bewältigen kann. Es ist das wirksamste Mittel gegen Minderwertigkeitsgefühle, die Hauptursache vieler seelischer Konflikte. Besonders leistungsschwache Kinder und Jugendliche benötigen ermutigende Worte und Erfolgserlebnisse.

**Zu Vorbild sein, vormachen:** Erwünschtes Verhalten sollte dem Kind auch vorgemacht werden. Kinder sind aber nicht immer bereit, das nachzumachen, was Ihnen die Erziehenden vormachen.

- Kinder ahmen aber das nach, was ihnen besonders reizvoll erscheint, z. B. schminken sich kleine Mädchen sehr gern, wenn sie es bei der Mutter oder der älteren Schwester gesehen haben.
- Kinder ahmen denjenigen nach, den sie gern mögen, z. B. die Erzieherin oder Sozialassistentin.

**Zu Einsicht geführt werden:** Eine weitere Möglichkeit, Kinder dazu zu veranlassen, ein gewünschtes Verhalten anzunehmen, ist das Einsichtigmachen und Erklären. Wenn ein Kind beispielsweise keinen Regenmantel anziehen möchte, obwohl es draußen in Strömen regnet, dann sollte ihm die Erziehende mitteilen, dass es krank wird, wenn es den Regenmantel nicht anzieht.

**Zu Eigenerfahrungen ermöglichen:** Kinder lernen durch eigenes Ausprobieren und eigene Erfahrungen besser, als wenn ihnen alles erklärt wird. Wenn ein Kind sich im Winter dagegen wehrt, zum Spielen im Freien Handschuhe anzuziehen, dann kann es, indem es draußen kalte Hände bekommt, den Sinn der Handschuhe durch eigene Erfahrungen begreifen.

**Zu Impulse geben:** Kinder können Impulse bekommen, wenn ihnen beispielsweise eine Aufgabe verantwortlich übertragen wird, z. B. das Blumengießen.

Kinder können auch durch ein Spiel Fähigkeiten erwerben, die ihnen im täglichen Leben von Nutzen sein können, z. B. das Verlieren beim Brettspiel.

**Zu negativ sanktionieren:** Erziehende ermahnen, tadeln oder bestrafen Kinder, wenn diese sich nicht so verhalten, wie es von ihnen erwartet wird. Beispielsweise kann eine Sozialassistentin ihre Kindergruppe damit bestrafen, dass sie nicht mit ihnen nach draußen geht, da sie zu laut gewesen ist.

Negative Sanktionen haben zur Folge, dass das Kind abgeschreckt wird. Sie vermitteln dem Kind ein unangenehmes Gefühl und hemmen seine Aktivität, daher sollte vorsichtig mit dieser Form umgegangen werden.

## MERKSATZ

Die Umsetzung der genannten Betreuungsaufgaben trägt dazu bei, dass Kinder angemessene Umgangsformen und Selbstständigkeit lernen.

## AUFGABEN

1. *Nennen Sie weitere Beispiele zu den aufgeführten Betreuungsaufgaben.*
2. *Machen Sie Vorschläge, wie das Wohlfühlgefühl der Kinder im Kindergarten gefördert werden kann.*

### 4.3.2 Betreuungsbedarf beim Kind

## AUFGABE

*Der Betreuungsbedarf ist bei Kindern ganz unterschiedlich. Nennen Sie dafür Gründe.*

Der Bedarf der Kinder, betreut zu werden, ist ganz unterschiedlich. Es gibt Kinder, die viel Betreuung benötigen, andere Kinder sind sehr kreativ und möchten alles selbstständig ausprobieren. Diesen vielfältigen Wünschen können sie nur nachgehen, wenn bestimmte Bedingungen gegeben sind. Kinder benötigen

- ausreichend Raum,
- genug Bewegungsmöglichkeiten,
- viele Spielplätze,
- kleine Gruppen.

Das Betreuungspersonal hat dann die Möglichkeit, sich entsprechend um die Kinder zu kümmern und ihnen die erwartete Zuwendung zu geben. Die Untersuchungen zeigen, dass gerade Bedürfnisse wie Ausruhen, Zurückziehen und Schlafen bei der ganztägigen Betreuung im Kindergarten zu kurz kommen, weil die Räumlichkeiten fehlen.

Untersuchungen vom Charlotte-Bühler-Institut haben ergeben, dass Kinder, wenn sie etwa sechs bis sieben Stunden im Kindergarten sind, sich noch wohl fühlen. Bei einer längeren Verweildauer zeigen sich **starke Ermüdungserscheinungen** und es wird ein **Aggressionspotenzial** sichtbar. Befragungen bei Kindern haben ergeben, dass ein Aufenthalt im Kindergarten von vier bis höchstens sechs Stunden als angenehm empfunden wird.

Wenn sich Kinder viele Jahre im Kindergarten aufhalten, dann ist dieser Aufenthalt prägend für ihre Zukunft. Daher gehört ein **festgeschriebener Mindeststandard an Ausstattung in alle Kindergärten**.

Erziehende stellen immer wieder fest, dass **2 m²** Fläche, wie sie in den Bauvorschriften für Kindergärten vorgegeben sind, zu wenig für ein Kind sind. Besonders bei der Ganztagsbetreuung von Kindern sollte die Fläche größer sein. Hinzu kommt, dass in den 2 m² die Möbel für die Ausstattung mit eingerechnet sind. Die Nachmittagsgruppe sollte **höchstens 10 Kinder** umfassen, da Kinder am Nachmittag nicht mehr so aufmerksam sind wie am Vormittag und intensiver betreut werden müssen.

Bei den Betriebskindergärten ist die **Anpassung der Kindergartenzeiten an die Arbeitszeit der Eltern sinnvoll**. Bei der Planung und Durchführung der täglichen Arbeit hat der Arbeitgeber einen entscheidenden Einfluss. Er ist auch für die Raumausstattung zuständig.

## MERKSATZ

Die optimale Ausstattung eines Kindergartens trägt entscheidend zu einer guten Betreuung bei.

## AUFGABEN

1. *Welchen Eindruck hatten Sie über die Zufriedenheit der Kinder im Kindergarten?*
2. *Erkundigen Sie sich bei den Trägern unterschiedlicher Kindergärten über die Raum- und Gruppengröße.*

---

Abb. Thiele

## 4.3.3 Betreuungsaufgaben aufgrund gesetzlicher Vorschriften

### AUFGABE

*Nennen Sie Gesetze, die die Betreuung der Kinder und Jugendlichen regeln (vgl. Band 1).*

Die Kindergartengesetze der Bundesländer regeln die Betreuungsaufgaben der Kindergärten Sie bestehen vor allem darin:

- Allgemeine und individuelle erzieherische Hilfe zu gewähren,
- Persönlichkeitsentfaltung und soziale Verhaltensweisen zu fördern,
- Entwicklungsmängel auszugleichen,
- kindgemäße Bildungsangebote anzubieten.

Auf Bundesebene sind die gesetzlichen Vorgaben im **Kinder- und Jugendhilfegesetz geregelt**. Es heißt dort: „In Kindergärten, in denen sich Kinder für einen Teil des Tages oder ganztags aufhalten, soll die Entwicklung des Kindes zu einer eigenverantwortlichen und gemeinschaftsfähigen Persönlichkeit gefördert werden. Die Aufgabe umfasst Betreuung, Bildung und Erziehung des Kindes. Das Leistungsangebot soll sich pädagogisch und organisatorisch an den Bedürfnissen der Kinder und ihrer Familien orientieren." Darüber hinaus haben die Kindergärten die Aufgaben:

- mit den Eltern zu kooperieren,
- Angebote der Jugend- und Familienhilfe zu nutzen.

Die **Bildungskommission des Deutschen Bundesrates** hat sich ebenfalls mit dem Kind im Kindergarten beschäftigt. Sie hat einen Bericht vorgelegt, der mit allen Bundesländern abgestimmt worden ist und dessen Inhalt von vielen Kindergarten- oder Kindertagesstättengesetzen übernommen worden ist. Die Kindergärten haben nach Meinung der Bildungskommission zwei Betreuungsaufgaben:

- Die Kinder für eine bestimmte Zeit aufzunehmen, um dadurch insbesondere die Mütter zu entlasten,
- die Kinder pädagogisch zu fördern.

Die Aufgaben können nach Aussage der Bildungskommission nur realisiert werden:

- wenn der Eigenart des Kindes entsprochen wird,
- wenn dem Kind Gelegenheit zu kindgemäß-spielerischer Betätigung in einer Gemeinschaft gegeben wird,
- wenn dem Kind die Umwelt über die eigene Familie nähergebracht wird.

Die heutige Kindergartenpädagogik muss sich neben der Förderung der kognitiven und sozialen Entwicklung in verstärktem Maße den Problemen der emotionalen Entwicklung eines Kindes widmen und besonders den emotionalen Störungen nachgehen, wie sie häufig als Folge von Erziehungsschäden entstehen. Vielfach sind diese die eigentliche Ursache für den

Abb. Imagesource

Entwicklungsrückstand von Kindern, so dass die gesteigerten Lernmöglichkeiten einer Reizumwelt nur wenig nützen, weil sie von solchen Kindern nicht aufgegriffen werden können.

Beim Eintritt des Kindes in den Kindergarten ist eine enge Zusammenarbeit zwischen Kindergarten und Elternhaus notwendig. Die Eltern sollten regelmäßig über die Entwicklung ihres Kindes unterrichtet werden und mit informierendem Material versehen werden, damit sie die Arbeit im Kindergarten verstehen und unterstützen können. Auftretende Schwierigkeiten sollen in gemeinsamen Besprechungen mit den Eltern beraten und weitere Formen der aktiven Mitarbeit entwickelt werden.

## MERKSATZ

Die Kindergartengesetze der Bundesländer, das Kinder- und Jugendhilfegesetz und der Bericht der Bildungskommission des Deutschen Bundesrates geben die Betreuungsaufgaben für die Kindergärten vor, die dann von diesen umgesetzt werden müssen.

## AUFGABEN

1. *Vergleichen Sie die Vorgaben der Kindergartengesetze der Länder mit dem Kinder- und Jugendhilfegesetz und dem Bericht der Bildungskommission des Deutschen Bundesrates. Nennen Sie Gemeinsamkeiten und Unterschiede.*
2. *Nennen Sie Gründe dafür, warum Lernstörungen häufig auf Probleme der emotionalen Entwicklung des Kindes zurückzuführen sind.*

### 4.3.4 Merkblatt über die Aufsichtspflicht im Kindergarten

## AUFGABE

*Mit der Anmeldung zum Besuch des Kindergartens erhalten Eltern ein Merkblatt über die Aufsichtspflicht im Kindergarten. Welche Vorteile hat dieses Merkblatt für sie?*

Kreisverband Gifhorn — Deutsches Rotes Kreuz

**Liebe Eltern,**

Sie haben sich in der Betreuung ihres Kindes für unsere Kindertagesstätte entschieden.
Wir danken ihnen für das damit zum Ausdruck gebrachte Vertrauen und werden alles daran setzen, in unserer pädagogischen Arbeit ihrem Kind, seinen Interessen und Bedürfnissen, gerecht zu werden.
Hierbei ist es unser Wunsch, mit ihnen als Eltern eng zusammen zu arbeiten.

Auf den folgenden Seiten wollen wir sie über die wichtigsten rechtlichen und organisatorischen Rahmenbedingungen informieren.

Wir freuen uns auf eine gute Zusammenarbeit und hoffen, dass sich ihr Kind in unserer Kindertagesstätte wohl fühlt.

Sollte dieses einmal nicht so sein - sprechen sie uns bitte an.

Unser Serviceplan als Wegweiser durchs Kindergartenjahr

- Ansprache
- Richtlinien des DRK – Kreisverbandes Gifhorn e.V.
- Vereinbarung ( 1 Exemplar umgehend an uns zurück)
- Antrag auf Festsetzung eines ermäßigten Elternbeitrages ( umgehend an den DRK- Kreisverband oder Abgabe im Kindergarten)
- Schweigepflichtentbindung
- Einverständniserklärung zum Fotografieren (verbleibt im Kindergarten)
- Abholberechtigung (verbleibt im Kindergarten)
- Änderungsmeldungen
- Abmeldung
- Angebotsplan
- Gruppen und Mitarbeiterinnen
- Unsere Kindergartenordnung
- Hospitationsgutscheine (nach Absprache mit dem Gruppenpersonal)
- Hygienevorschriften
- Belehrung für Eltern durch das Gesundheitsamt
- Fragebogen zum Kind

## Merkblatt über die Aufsichtspflicht

### Vorwort

Kinder bedürfen als Minderjährige der Aufsicht. Wegen ihres wachsenden Verlangens nach selbstständigem, eigenverantwortlichem Handeln ist es ein Erziehungsziel, die Fähigkeit der Kinder zu solchem Handeln einzuüben. Dem muss sich die Aufsicht anpassen.

Abb. Imagesource

| Das Enstehen der Aufsichtspflicht: | Aufsichtspersonen: | Beginn und Ende der Aufsichtspflicht: |
|---|---|---|
| Das Recht und die Pflicht, das Kind zu beaufsichtigen ist zunächst Teil des Personensorgerechts der Eltern (§ 1631 Bürgerliches Gesetzbuch). Die Beaufsichtigung dient dem Schutz des Kindes und dem Schutz Dritter vor Schäden, die das Kind anrichten könnte.<br>Die Aufsicht über das Kind kann einem anderen übertragen werden. Bei der Aufnahme in den Kindergarten erfolgt dies durch einen Vertrag, der oft mündlich mit der Leiterin des Kindergartens als Vertreterin des Trägers abgeschlossen wird. | Die Leiterin des Kindergartens hat aufgrund des Arbeitsvertrages oder Dienstanweisung die Aufsicht über den ganzen Kindergarten. Die Gesamtverantwortung beinhaltet, dass sie die anderen pädagogischen Kräfte anleiten und überwachen muss. Ein kooperativer Führungsstil schärft das Bewusstsein der Mitarbeiter auch hinsichtlich ihrer Aufsichtspflichten. Die Leiterin bleibt aber auch dann verpflichtet, ungenügende Aufsichtsführung zu beanstanden, Weisungen durchzusetzen und im äußersten Fall den Träger einzuschalten. | Grundsätzlich beginnt die Aufsicht über die Kinder bei dem Betreten des Kindergartengeländes zu Beginn der Öffnungszeit und endet mit dem Verlassen nach der Öffnungszeit. Auf den Wegen zwischen dem Kindergarten und dem häuslichen Bereich sind die Eltern aufsichtspflichtig. |
| **Inhalt der Aufsichtspflicht:** | **Von der Gefährlichkeit der Beschäftigung:** | **Von den örtlichen Verhältnissen:** |
| Hauptaufgabe des Kindergartens ist die Erziehung des Kindes, nicht dessen Beaufsichtigung. Deshalb richten sich Art und Umfang der Aufsicht nach den Erziehungsaufgaben und nicht umgekehrt. Aus diesem Grund gibt es auch keine festen Regeln, wie und in welchem Umfang die Aufsicht ausgeübt werden muss. Keinesfalls darf sie pädagogische Maßnahmen einschränken. | Ruhig malende oder bastelnde Kinder sind anders zu beaufsichtigen als herumtollende Kinder auf dem Spielplatz oder in ein Gruppenspiel eingebundene Kinder benötigen nicht so viel Aufsicht wie eine Kindergartengruppe im Straßenverkehr. | Ein abgeschlossenes Kindergartengelände, öffentlicher Verkehrsraum oder besondere Gefahren bei Ausflügen bedingen eine unterschiedliche Intensität der Aufsicht. Hier kann evtl. schon im Vorfeld ein Erkundungsgang erforderlich sein. |
| **Von der Gruppengröße:** | **Von der Zumutbarkeit:** | **Verkehrssicherungspflicht:** |
| Größere Gruppen erfordern ebenfalls je nach Situation eine strengere Aufsicht, die oft von den Erziehern nicht geleistet werden kann. Hier empfiehlt es sich, ausgewählte und eingewiesene Eltern in die Aufsicht mit einzubinden. Handelt es sich zudem um eine etwas gefährlichere Beschäftigung (z.B. Schwimmbadbesuch), muss die Gruppe so klein sein, dass sie überschaubar bleibt. | Eine ständige Überwachung „auf Schritt und Tritt“ ist für Kinder im Kindergartenalter nicht erforderlich – und oft nicht möglich. Dahin zielende Maßnahmen wären unzumutbar. „Gefährliche Tätigkeiten“ wie der Umgang mit Scheren oder das Klettern auf Bäume müssen den Kindern nicht grundsätzlich verboten werden, zumal wenn sie „das zu Hause dürfen“. | Der Träger einer Einrichtung muss dafür sorgen, dass die Einrichtung verkehrssicher ist. Jeder, der ein Gebäude oder ein Gelände für den allgemeinen Verkehr zugänglich macht, muss alles Zumutbare tun, um voraussehbare Schäden Dritter zu verhindern. Die Leiterin der Einrichtung muss den Zustand des Kindergartens überwachen und auftretende Mängel beseitigen lassen oder den Träger zur Beseitigung veranlassen. |
| **Haftung:** | **Unfallversicherungsschutz:** | |
| Die Haftung ist die Kehrseite der Aufsichtspflicht: Sie entsteht, wenn eingefordertes Verhalten – etwa eine erforderliche Aufsicht nach den oben genannten Kriterien – nicht oder nur schlecht erfüllt wurde. Die zivilrechtliche Haftung führt zur Verpflichtung, für eine entstandene Körperverletzung oder Sachbeschädigung Schadensersatz zu leisten, die strafrechtliche Haftung führt zu einer strafrechtlichen Sanktion, die dienstrechtliche Haftung hat dienstrechtliche, arbeitsrechtliche oder disziplinarische Konsequenzen. | Das Sozialgesetzbuch – Siebtes Buch, Gesetzliche Unfallversicherung – hat die Reichsversicherungsordnung als Versicherungsgrundlage abgelöst. Der Gesetzgeber hat dabei den Begriff „Kindergarten“ durch „Tageseinrichtung“ ersetzt, um der geänderten Funktion der Betreuung von Kindern und Jugendlichen Rechnung zu tragen.<br>Nach der so geänderten Rechtslage sind die Besuchskinder gesetzlich unfallversichert, wenn ein Vertrag mit den Eltern abgeschlossen worden ist. Der Versicherungsschutz umfasst nach § 8 SGB VII auch die direkten Wege von und zum Kindergarten, vom Kindergarten zu einer externen Veranstaltung und von dort zurück oder nach Hause. | |

## MERKSATZ

Während der Träger der Einrichtung für die räumliche Sicherheit der Einrichtung zuständig ist, haben Erziehende das Personensorgerecht für die Kinder.

## AUFGABEN

1. *Beurteilen Sie das Merkblatt über die Aufsichtspflicht im Kindergarten.*
2. *Nennen Sie Textstellen, die aus Ihrer Sicht besonders wichtig sind.*
3. *An einer Stelle heißt es, dass das Maß der Aufsicht situationsbezogen ist. Wie ist diese Aussage zu verstehen?*

## 4.4 Wertschätzende Grundhaltung

Erziehende müssen ein Klima verbreiten, das nicht einengt, sondern entfalten und wachsen lässt. Kinder und Jugendliche erhalten dadurch ein Gefühl der Anerkennung und Sicherheit. Erziehende können diese Gefühle nur vermitteln, wenn sie über eine wertschätzende Grundhaltung verfügen. Das ist eine Haltung, die den anderen Menschen mit all seinen Fehlern anerkennt. Für den Umgang mit Kindern und Jugendlichen ist diese Einstellung sehr wichtig. Sie können sich nicht entwickeln, wenn ihre Persönlichkeit abgelehnt wird. Die Folge ist, dass sie verkümmern.

### Einfühlungsvermögen, Empathie

Zu einer wertschätzenden Grundhaltung gehört das **Einfühlungsvermögen**. Erziehende müssen mit einem starken Einfühlungsvermögen ausgestattet sein. Sie müssen sich in ihre Bezugspersonen eindenken und deren Gefühle nachempfinden können. Gerade im Umgang mit Kindern ist diese Fähigkeit wichtig, denn Kinder können ihre Gedanken und Wünsche oft nicht zum Ausdruck bringen. Besonders verhaltensauffällige Kinder und Jugendliche, die psychische Verletzungen und Belastungen hinter sich haben, benötigen ein ausgeprägtes Einfühlungsvermögen.

### Echtheit, Kongruenz

Zu einer wertschätzenden Grundhaltung gehört auch die Echtheit. Darunter ist Offenheit und hilfreiche Ehrlichkeit zu verstehen, bei der Kopf und Herz übereinstimmen. Verbale und nonverbale Aussagen, wie Mimik, Gestik und Stimme, dürfen sich nicht widersprechen. Die Erziehenden müssen mit ihren Gefühlen hinter dem stehen, was sie mit ihrem Verstand entscheiden.

### Verantwortungsgefühl

Ein weiteres Persönlichkeitsmerkmal, das Erziehende in den Beruf einbringen bzw. im Beruf aufbauen müssen, ist das Verantwortungsgefühl. Es ist ebenfalls ein Teil einer wertschätzenden Grundhaltung.

Im Unterschied zu den anderen Berufen sind die Ergebnisse der Berufsarbeit bei den Erziehenden schwer zu kontrollieren. Wichtig ist es daher für sie, dass sie ihre Arbeit regelmäßig hinterfragen und sie gegenüber den Kolleginnen offen legen. Darüber hinaus müssen sie bereit sein, Kritik entgegenzunehmen und ihr Verhalten darauf einzustellen.

Über die Wertschätzung hat einmal ein kluger Mann gesagt:

„Man kann niemanden beeinflussen, wenn nicht zuvor eine wertschätzende Beziehung hergestellt worden ist."

## MERKSATZ

Die wertschätzende Grundhaltung ist ein wesentlicher Bestandteil jeder Erziehung. Sie ist für die emotionale Fundierung des Kleinkindes bedeutsam. Aber auch in den späteren Kindheitsjahren, ja selbst bei den Erwachsenen, ist sie wichtig.

Abb. Nühs

## AUFGABE

*Wie kann die wertschätzende Haltung aufgebaut werden zwischen*
- *den Erziehenden und den Kindern sowie Jugendlichen,*
- *den Kindern und Jugendlichen untereinander?*

## 4.4.1 Herstellung einer wertschätzenden Grundhaltung

### Wertschätzung

Wertschätzungen können **verbal und nonverbal geäußert** werden. Sie lassen sich mit den Merkmalen **Geduld, Achtung, Toleranz, Hilfe und Partnerschaft** umschreiben. Dabei ist es wichtig, dass gleichzeitig Lieblosigkeit, Grobheit, Intoleranz oder Ungeduld vermieden werden. Die Erziehende zeigt ihre Wertschätzung auch dann, wenn sie bereit ist, Kritik der Zu-Erziehenden zu akzeptieren.

Wertschätzung zeigt sich in folgenden Äußerungen:

„Bitte schön, du wolltest etwas sagen!"

„Das habe ich gar nicht bemerkt, entschuldige bitte!"

Verständnis zeigen hängt eng mit der Wertschätzung des Kindes zusammen. Wenn eine Erziehende Verständnis zeigt, geht sie auf die Zu-Erziehenden zu, sie ist offen für die **Gefühle** der Kinder, aber auch für ihre **Probleme und Schwierigkeiten**. Verständnis äußert sich in Mimik und Gestik (Lächeln, Nicken). Deutlicher wird es in der Verbalisierung von Gefühlen,

***zum Beispiel:***

*„Es ist dir unangenehm, vor allen zu sprechen!"*
*„Du wolltest etwas sagen!"*
*„Du bist müde, hat dich die Arbeit angestrengt?"*

Wertschätzung und verständnisvolle Äußerungen der Erziehenden haben folgende positive Auswirkungen:

- Bei den Kindern und Jugendlichen entstehen positive Gefühle.
- Ängste und Unsicherheiten werden vermindert.
- Kinder und Jugendliche orientieren sich durch eine positive Einstellung zur Erziehenden stärker an ihren Erwartungen.
- Das Lernen am Erfolg und am Modell wird begünstigt.
- Für das Grundbedürfnis des Menschen nach positiven zwischenmenschlichen Beziehungen hat es Vorteile.
- Gefühlsmäßige Reaktionen bei Erwachsenen und Gleichaltrigen werden genauer wahrgenommen und berücksichtigt.

**Bedeutung der Wertschätzung für den Umgang mit Kindern und Jugendlichen:**

Nicht nur in der Erziehung, sondern auch in der Psychotherapie sind Wertschätzung und Verständnis von großer Bedeutung:

Die **Persönlichkeit des Kindes** kann nur aufgebaut werden, wenn eine wertschätzende Beziehung zwischen dem Kind und seinen Eltern sowie der Erziehenden im Kindergarten besteht. Ohne sie wird die Persönlichkeitsentwicklung misslingen. Es reicht aber nicht aus, Wertschätzung lediglich zu verbalisieren, das Verständnis muss echt sein.

Die Erziehende kann ihre innere Einstellung nur in Übereinstimmung mit ihrem Verhalten darstellen. Ihre Äußerungen bleiben sonst leere Worthülsen. Die Kinder erfahren beispielsweise Wertschätzung, wenn ihre gemalten Bilder aufgehängt werden.

Weiterhin ist es wichtig, dass die Erziehende:

- Unterdrückung, Zwang und Macht ablehnt,
- Verständnis und einen größtmöglichen Raum an Freiheit bei den Kindern und Jugendlichen zulässt,
- Selbstständigkeit und Selbstbestimmung bei den Kindern und Jugendlichen fördert,
- die Bereitschaft zur Zusammenarbeit mit anderen unterstützt,
- Hilfen zur Lösung von Problemen anbietet.

Menschen mit einer wertschätzenden Grundeinstellung haben eine **optimistische Lebenseinstellung**. Sie gehen davon aus, dass allgemeine **Ziele der Kultur** und damit auch der **Erziehung in der Natur des Menschen** verankert sind. Sie müssen dem Kind nicht aufgezwungen werden, sondern sind im Kind vorhanden und müssen nur gefördert werden. Das Kind ist sozusagen von Natur aus auf ein konstruktives Zusammenleben in der Gemeinschaft programmiert. Die Kunst der Erziehung besteht nicht darin, dem einzelnen Kind **Verhaltensweisen** von außen aufzuzwingen, sondern die Anlagen müssen geduldig und konsequent gefördert und entfaltet werden. Der griechische Philosoph Sokrates nannte die Erziehung auch **Hebammenkunst** oder die Kunst, der geistigen Kraft im Menschen zur Geburt zu verhelfen.

Erziehung mit einer wertschätzenden Grundhaltung spricht den selbstständigen Menschen an, der zu einem konstruktiven Zusammenleben in der Gesellschaft fähig ist. Die dafür notwendigen Kräfte kann er nur durch vielfältige Anregungen und verständnisvolle Führung erwerben.

Erziehung auf der wertschätzenden Grundlage bedeutet,

- Partnerschaft zwischen Sozialassistentin und Zu-Erziehenden,
- Einhalten von Erziehungszielen und Erziehungsgrundsätzen.

Erziehungsziele enthalten vor allem grundsätzliche Aussagen. Nicht alle Einzelheiten sind vorweg festgelegt.

## MERKSATZ

Die Sozialassistentin, die über eine wertschätzende Grundhaltung verfügt, lässt eine Partnerschaft mit den Zu-Erziehenden zu. Sie ist offen für die Gefühle ihrer Kinder, aber auch für die Probleme und Schwierigkeiten der Kinder.

## AUFGABE

*Stellen Sie fest, wieweit die nachfolgenden Aussagen eine Wertschätzung bzw. Geringschätzung ausdrücken:*

*Lehrer A. machte während einer Unterrichtsstunde die nachfolgenden Aussagen:*

*„Ihr werdet einmal dazugehören!“*

*„Du gehst jetzt raus!“*

*„Halte doch deinen Mund!“*

*„Hast du Flöhe, die du warm halten musst!“*

*„Gleich helfe ich dir!“*

*„Denkst du, du brauchst nicht mitzumachen, weil ich dich einmal bei deinem Vater gelobt habe?“*

*„Ihr habt noch gar nichts gesagt, ihr Trantüten!“*

*„Ihr wisst, dass ihr mich wild macht, wenn ihr so herumrutscht!“*

*„Du Idiot, wenn du noch einmal solch einen Quatsch sagst, dann scheuere ich dir eine!“*

*„Ihr wisst auch wieder nicht, was das ist!“*

*„Sei du lieber heute morgen ruhig!“*

*„Einigt euch, dass ihr nicht dasselbe schreibt!“*

*„Lass den Tisch stehen, du Trottel!“*

*„Nennt mir mal eine römische Stadt, ihr Mädchen und Jungen!“*

*„Ein dusseliges Volk seid ihr!“*

## 4.4.2 Folgen einer fehlenden Wertschätzung

### AUFGABE

*Können Sie sich vorstellen, welche Folgen eintreten, wenn die Kinder nicht genug geachtet werden?*

Unter anderem hat der Psychoanalytiker Rene Spitz beobachtet, dass Säuglinge und Kleinkinder körperlich und seelisch leiden und zu verkümmern drohen, wenn sie trotz einer Versorgung mit Nahrung und Pflege keine emotionale und wertschätzende Zuwendung erfahren. Diese leib-seelische Störung nennt man bei Kleinkindern **Hospitalismus**. Sie ist auf mangelnde emotionale Zuwendung und Reizvermittlung zurückzuführen und kann zu irreversiblen Verhaltensstörungen führen, die sich wie folgt äußern:

- Kinder nehmen an Gewicht ab, sie haben ein geringeres Größenwachstum.
- Sie haben eine erhöhte Anfälligkeit für Infektionskrankheiten.
- Eine verstärkte Weinerlichkeit, ein teilnahmsloses Verhalten gegenüber anderen Menschen und der Umwelt sowie ein schwaches Neugierverhalten treten bei diesen Kindern auf.
- Die körperliche, motorische, sprachliche und geistige Entwicklung ist verzögert.
- Gesteigerte Ängstlichkeit, Depressionen, Misstrauen und Aggressivität gehören ebenfalls zu dem Erscheinungsbild dieser Störung.

Die weitere Entwicklung dieser Kinder zeigt in der Regel große Störungen im Gefühls- und Sozialbereich. Folgende Auswirkungen wurden beobachtet:

- Wenig Interesse an der Umwelt, apathisches Verhalten,
- geringe Intelligenz, teilweise Schwachsinn,
- Stimmungslabilität,
- gesteigerte Ängstlichkeit und Aggressivität, Lieblosigkeit, Affekthandlungen bis hin zu Grausamkeit und Sadismus,
- übersteigertes Gefühl der Niedergeschlagenheit, Traurigkeit, innere Leere,
- Zurückgezogenheit und Kontaktarmut,
- übersteigertes Bedürfnis nach Anerkennung,
- infantile Verhaltensweisen,
- Erziehungsschwierigkeiten,
- Unfähigkeit, sich in eine Gruppe einzuordnen,
- erhöhte Sterblichkeit.

Ein Wechsel zu liebevollen Bezugspersonen in der frühesten Kindheit können Rückstände im körperlichen, motorischen und geistigen Bereich noch aufholen. Wenn Kleinkinder jedoch mehrere Jahre an der genannten Störung leiden, sind die Folgen nicht mehr aufzuhalten. Selbst eine psychotherapeutische oder heilpädagogische Behandlung bleibt ohne Erfolg.

Hospitalismus (oder Gefühlsmangelkrankheit) wird verhindert, wenn Säuglinge und Kleinkinder eine feste und dauerhafte Bezugsperson haben, die sie liebevoll und geduldig umsorgt, mit ihnen lacht, spricht und singt. Darüber hinaus benötigen diese Kinder **Anregungen von außen**, die ihre motorische und geistige Entwicklung fördern. Das beginnt damit, dass Säuglinge ein Mobile zum Beobachten oder eine Rassel zum Bewegen haben. Eine reizarme Umgebung lässt Säuglinge und Kinder verkümmern.

### MERKSATZ

Der Mensch ist von Anfang an auf eine individuelle, wohlwollende mitmenschliche Fürsorge und Vorsorge angewiesen. Sie schaffen erst die Voraussetzungen für alles Lernen und Erziehen.

### AUFGABEN

1. *Berichten Sie über Beobachtungen, die Sie bei Kindern gemacht haben, die wenig Wertschätzung erhalten haben.*
2. *Wie kann in Kinderheimen gegen den Hospitalismus vorgebeugt werden?*

## 4.4.3 Bedeutung einer wertschätzenden Grundhaltung im Beruf

Die Sozialassistentin kommt ohne eine wertschätzende Grundhaltung gegenüber den Kindern und Jugendlichen, die sie zu betreuen hat, nicht zurecht. Das bedeutet, dass sie sich der eigenen Wertvorstellung bewusst sein muss. Sie muss sie begründen können und die Fähigkeit entwickeln, sich mit ethischen Fragen und Normen auseinanderzusetzen, da sie von Bedeutung für die tägliche Arbeit sind:

- Gegenüber den Menschen sowie der Mit- und Umwelt hat sie eine **respektvolle und verantwortungsbewusste Haltung einzunehmen**, die zu nachhaltigem Handeln verpflichtet.
- Eine sensible Offenheit und Neugier muss sie entwickeln und bereit sein, die **Sinnfragen** als unabschließbar zu verstehen und an **der eigenen Selbst- und Weltdeutung stets weiterzuarbeiten.**
- Die eigene Kultur hat die Sozialassistentin wertzuschätzen, **andersartigen Kulturen mit Respekt zu begegnen** und offen zu sein für den Dialog mit Menschen mit anderen Weltanschauungen und Wertvorstellungen.
- Die **Welt** muss sie **mehrperspektivisch betrachten** und eine entsprechende Grundhaltung aufbauen.
- Sie hat ein **verantwortungsbewusstes Handeln** anhand zentraler Anliegen wie der **Umweltbildung, dem globalen Lernen, der Förderung der Gesundheit zu unterstützen.**
- Zu **weltanschaulichen Grundfragen** muss sie bereit und fähig sein und eine **eigene Position einnehmen.**

Bei den Anleitungen im Kindergarten hat die Sozialassistentin die **Alltagserfahrungen** der Kinder mit zu berücksichtigen und **neue Verstehens- und Handlungsmöglichkeiten** aufzubauen.

- Wichtig ist, dass sie darauf achtet, dass die Kinder sich **aktiv sowie selbstständig forschend und entdeckend mit der Umwelt auseinandersetzen.**
- Sie muss versuchen, den Kindern in ihrer gegenwärtigen Lebensphase **Verstehens-, Urteils- und Handlungsmöglichkeiten** zu erschließen, damit sie sich zu einer **eigenständigen Persönlichkeit** entwickeln können.
- Exemplarisch sind den Kindern **Sinn- und Sachzusammenhänge** sowie **elementare Methoden und Techniken** zu erklären. Soziales Lernen unter dem Aspekt **ethischer Grundsätze** ist dabei einzubeziehen.
- Zu berücksichtigen hat sie insbesondere **multikulturelle Aspekte,** wenn sie Kinder aus unterschiedlichen Nationen zu betreuen hat. In den Themen können Möglichkeiten des Lernens von- und miteinander vorhanden sein.

### MERKSATZ

Die Vielschichtigkeit der Gesellschaft verlangt die ständige Suche nach der eigenen Position in Bezug auf die gewachsenen und sich ständig verändernden Werte.

Abb. Thiele

## AUFGABEN

1. *Wie kann die Sozialassistentin Kindern in ihrer gegenwärtigen Lebensphase* ***Verstehens-, Urteils- und Handlungsmöglichkeiten*** *vermitteln? Nennen Sie dafür Beispiele.*
2. *Das* ***Einbeziehen multikultureller Aspekte*** *ist eine wichtige Aufgabe der Sozialassistentin. Erklären Sie an einigen Beispielen, wie das zu lösen ist.*

## 4.5 Werte und Normen

Schon zu Platons Zeiten (428–348 v. Chr.) wurde der Verfall der Sitten beklagt. In Politheia, Buch V, wird die Frage aufgeworfen: „Ist es nicht so, dass sich die Demokratie selber durch eine gewisse Unersättlichkeit in der Freiheit auflöst? Wenn sich Väter daran gewöhnen, ihre Kinder einfach gewähren und laufen zu lassen, wie sie wollen und sich vor ihren erwachsenen Kindern geradezu fürchten, ein Wort zu reden. [...] Und auch Lehrer zittern bei solchen Verhältnissen vor ihren Schülern und schmeicheln ihnen lieber, statt sie sicher und mit starker Hand auf einen geraden Weg zu führen, so dass sich die Kinder nichts aus solchen Lehrern machen. [...]
Am Ende verachten sie dann auch die Gesetze, weil sie niemanden und nichts mehr als Herr über sich anerkennen wollen.
Und das ist der schöne, jugendfrohe Anfang der Tyrannei."

## AUFGABE

*Beurteilen Sie die Aussage Platons. Sind Sie auch der Meinung, dass sich die Demokratie von allein auflöst?*

Heute wird wieder viel über Normen und Werte, Wertordnungen, Wertewandel und Werteverfall in der Demokratie gesprochen. Das liegt nicht zuletzt daran, dass wiederholt Straftaten mit großer Gleichgültigkeit an wehrlosen Menschen begangen worden sind. Die hierdurch erneut aufgekommene Wertediskussion ist verbunden mit einem **sozial-ökonomischen Umfeld,** zu dem komplexe Felder gehören, wie

- **die Informationsgesellschaft,**
- **die Globalisierung,**
- **der Mangel an Ausbildungsplätzen,**
- **die Arbeitslosigkeit,**
- **die zunehmende Individualisierung.**

Von all dem sind insbesondere junge Menschen betroffen. Wenn man die Auswirkungen dieser komplexen Bewegungen bedenkt, dann ist es nicht verwunderlich, dass für Heranwachsende Arbeit, Soziales und Bildung wichtige Themen sind.

Die Werteunsicherheit wird vor allem dadurch bestimmt, dass die traditionellen sinnstiftenden Institutionen wie die Familie, Kirche und Verbände vielfach an Bedeutung verloren haben. Dieser Prozess ist nicht neu. Bereits Max Weber (Soziologe, 1864–1920) stellte Folgendes fest:
„Es ist das Schicksal unserer Zeit mit der eigenen Rationalisierung und Intellektualisierung, dass gerade die letzten und sublimsten Werte zurückgetreten sind aus der Öffentlichkeit. Entweder in das hinterweltliche Reich mystischen Lebens oder in die Brüderlichkeit unmittelbarer Beziehungen der Einzelnen zueinander."
Was Max Weber 1919 über den „Werteraum" gesagt hat, gilt auch – noch verschärft – heute. Neil Postmann hat in seinem 1995 erschienenen Buch über „Das Ende der Erziehung" Ähnliches beklagt. Er identifiziert mit dem exzessiven, tabulosen Medienkonsum das Ende der Erziehung und damit weitestgehenden Sinnverlust.

Diese Normen- und Werteunsicherheit verlangt konkrete Maßnahmen. Der Werteunsicherheit kann nicht allein durch Diskussionen begegnet werden, sondern **anerkannte ethische Werthaltungen** müssen immer wieder **neu definiert und vermittelt** werden, und zwar in und außerhalb von Kindergarten und Schule.

## MERKSATZ

Es reicht nicht aus, nur über Normen und Werte im Kindergarten und in der Schule zu sprechen, sondern Kindern und Jugendlichen muss die Gelegenheit gegeben werden, in Projekten „Normen und Werten zu leben", z. B. durch das altersgemäße Thematisieren öffentlicher Gedenktage (3. Oktober) oder Besichtigen eines jüdischen Friedhofes.

## AUFGABE

*Das Grundgesetz der Bundesrepublik Deutschland vermittelt ein Bild vom Menschen, der Individualcharakter hat, aber gleichzeitig sozial verpflichtet ist.*

*Suchen Sie die entsprechenden Textstellen aus dem ersten Teil des Grundgesetzes heraus, die die obige Aussage bestätigen.*

## 4.5.1 Umgang mit Werten und Normen

## FALLBEISPIEL

**Krach bei Familie Schulze**

Tochter Karin, zwölf Jahre alt, möchte zur Diskothek. „Nein", sagt die Mutter mit aller Entschiedenheit, „das gibt es nicht. Marion, unsere Nachbarin, ist auch erst mit 14 Jahren zum ersten Mal in einer Diskothek gewesen!" „Die anderen dürfen dort auch hin", antwortet Karin, „immer muss ich zurückstehen!" „Ich habe meine Gründe", teilt die Mutter mit, „dort wird Alkohol getrunken, Drogen werden verteilt und ihr beginnt mit dem Rauchen." „Das liegt ja wohl an mir, ob ich da mitmache", erwidert Karin, „ich weiß, wie weit ich gehen darf!" „Nein", sagt die Mutter abschließend, „du kommst dort nicht hin, jetzt ist Schluss mit der Debatte!"

## AUFGABE

*Beurteilen Sie das Verhalten von Mutter und Tochter. Wer hat Recht?*

Menschen richten ihr Verhalten sehr gern an dem Verhalten anderer Menschen aus. Das liegt daran, dass der Mensch nicht nur ein kulturelles Wesen ist, sondern auch ein **soziales**, das auf eine gesellschaftliche Lebensweise hin angelegt und von Geburt an auf Mitmenschen und **soziale Beziehungen** angewiesen ist. Das Erlernen des sozialen Verhaltens, den Prozess der Eingliederung eines Individuums in die Gesellschaft bzw. in eine Gruppe, wird **als Sozialisation** bezeichnet. Die Erziehung hat es dabei mit Lernprozessen zu tun, die dem Hineinwachsen des Menschen in das geregelte Zusammenleben mit anderen Menschen dienen. Damit sich der Mensch sozial verhalten kann, muss er die Werte und Normen der betreffenden Gesellschaft bzw. Gruppe lernen.

Die **Werte** drücken aus, was sein soll. Sie sind die Konzeptionen des Wünschenswerten, sie verkörpern das letztlich erstrebenswert Angesehene.

Werte sind die Grundlage eines jeden Zusammenlebens, ohne die ein solches nicht möglich wäre. Das grundsätzliche Verhalten der Menschen in einer Gesellschaft oder Gruppe, ihr Tun und Lassen wird durch sie motiviert.

Die **Erziehung** muss daher dem Kind Werte lehren, die das Kind für sich zu unterscheiden lernt.

Werte bilden auch das Grundelement menschlicher Einstellungen und Haltungen. Wertvorstellungen werden verinnerlicht und wirken so als gemeinsame Einstellung und Haltung im Sinne von Überzeugung für die Mitglieder einer Gesellschaft und Gruppe.

Werte sind auf unterschiedliche Weise zu erklären und sagen noch nichts darüber aus, wie sie zu erfüllen und zu befolgen sind. **Solche Ausführungsbestimmungen werden als soziale Normen bezeichnet.**

Abb. MEV

***Beispiel:***

*Für viele Eltern ist es wichtig, dass sich ihre Kinder ordentlich verhalten. Damit ist noch nichts darüber ausgesagt, wie das ordentliche Verhalten aussieht. Hierzu gibt es verschiedene Ausführungsbestimmungen, die von Kultur zu Kultur unterschiedlich sind. In Deutschland bedeutet ordentliches Verhalten* **ein freundliches und aufrichtiges Verhalten.** *Es gehört auch dazu, dass man sich bei Tisch benehmen kann und weiß, wie man die Gabel zu halten hat. Das Rülpsen bei Tisch wird in Deutschland als unanständig empfunden, in anderen Ländern ist es ein Zeichen dafür, dass das Essen gut geschmeckt hat.*

**Normen** sind mehr oder weniger verbindliche Verhaltensvorschriften und -erwartungen, die bestimmen, wie die Werte einer Gesellschaft oder Gruppe zu erfüllen sind, und so das Tun und Lassen der Mitglieder dieser Gesellschaft oder Gruppe regulieren.

Die Übernahme von Wert- und Normvorstellungen ist für jede Gesellschaft bzw. Gruppe eine Lernhilfe im **Sozialisationsprozess**. Verhaltensvorschriften im Sinne von sozialen Normen sind immer mit Verhaltenserwartungen verbunden. So erwartet man beispielsweise von einer Sozialassistentin, dass sie gute Ideen bei der Anleitung von Kindergruppen hat. Ebenso sieht sich die Mutter, die ebenfalls eine soziale Position besetzt, vielen Erwartungen ausgesetzt.

**Verhaltenserwartungen**, die an eine soziale Position gebunden sind, werden auch mit **sozialer Rolle** bezeichnet. Wenn der Inhaber einer Position den Erwartungen nicht entspricht, sozusagen aus der Rolle fällt, hat das Verhalten Konsequenzen zur Folge.

## Mensch und Gesellschaft

Wert- und Normvorstellungen sowie Verhaltenserwartungen werden von außen an das Individuum herangetragen und durch entsprechende Lernprozesse verinnerlicht. Den Prozess, in welchem äußere Verhaltensmuster verinnerlicht werden, nennen wir **Gewissensbildung.**
Bewusste Hilfe und Unterstützung beim Erlernen von sozialen Wert- und Normvorstellungen erfolgt durch die Erziehungsprozesse im Elternhaus, im Kindergarten und später in der Schule. Hier lernen Kinder auch, soziale Rollen zu übernehmen sowie bestimmte Einstellungen und Verhaltensweisen auszubilden.

## DEFINITION

Gewissen ist diejenige Instanz, die das menschliche Verhalten hinsichtlich seiner Übereinstimmung mit den Wert- und Normvorstellungen sowie mit den Verhaltenserwartungen einer Gesellschaft bzw. Gruppe überprüft und sich bei Differenzen bemerkbar macht.

## AUFGABEN

1. *Nennen Sie Werte und Normen, die Kinder im Kindergarten einzuhalten haben.*
2. *Wie können Sie als Sozialassistentin im Kindergarten verstärkt auf die Einhaltung von Werten und Normen achten?*

## 4.5.2 Soziale Werte und Normen als Grundlage für Erziehungsziele

### AUFGABE

*Erklären Sie die angegebenen Begriffe. Nehmen Sie ein Wörterbuch zur Hand.*

Soziale Wert- und Normenvorstellungen bilden immer die Grundlage für Erziehungsziele, da sie in einer Gesellschaft bzw. einer Gruppe aktuell sind. Dabei wird unterschieden zwischen

- Normen, die in der Erziehung wirksam werden,
- Normen, die nicht in die Erziehung einfließen.

So ist es beispielsweise wahrscheinlich, dass der Zu-Erziehende mit der Norm „beim Essen nicht zu kleckern" in der Erziehung konfrontiert wird, während er mit dem Brauch von Schützenvereinen, die Fahne zu tragen, kaum in Berührung kommt.

Zum anderen ist bei den Normen zu unterscheiden zwischen solchen,

- die in der Erziehung **unreflektiert** und oft gar nicht bewusst in den Erziehungsprozess einfließen,
- die **ausdrücklich und bewusst** in der Erziehung eingesetzt werden.

Beispielsweise kann eine Schwester ihrer älteren Schwester eine dominierende Stellung bei der Meinungsfindung in einer Auseinandersetzung einräumen, in dem sie sie nur unterstützend berät. Die Norm „Anerkennung der Dominanz der älteren Schwester gegenüber der jüngeren" kann gleichsam unbemerkt, vielleicht gar nicht bewusst in den Erziehungsprozess mit einfließen. Die Norm „beim Essen kleckert man nicht" wird dagegen bewusst und ausdrücklich in der Erziehung eingesetzt.

**Erziehungsziele** sind in der Erziehung **bewusst gesetzte Normenvorstellungen** über das **Ergebnis der Erziehung**, die Auskunft darüber geben, wie sich **der Zu-Erziehende gegenwärtig und zukünftig verhalten** soll und wie Eltern und andere Erzieher in der Erziehung handeln sollen.

Der Begriff Erziehungsziel ist genau abzugrenzen von den Lehr- und Lernzielen. Diese beziehen sich auf konkrete Inhalte der Kultur wie zum Beispiel Sprache, Kunst, Zahlen, Symbole, also auf das „Was" in Erziehung und Unterricht.

**Erziehungsziele** als bewusst gesetzte Wert- und Normenvorstellung in der Erziehung geben **Orientierung** hinsichtlich

- der **Persönlichkeitseigenschaften** und **Verhaltensweisen des Zu-Erziehenden,**
- des **erzieherischen Verhaltens der Eltern und anderer Erzieher.**

### MERKSATZ

Wert- und Normenvorstellungen sind die Grundlage für die Erziehungsziele. Sie dürfen nicht mit den Lehr- und Lernzielen verwechselt werden. Diese beziehen sich auf Inhalte in der Erziehung und im Unterricht.

### AUFGABEN

1. *Nennen Sie Erziehungs- und Lernziele im Kindergarten. Führen Sie dazu eine Kartenabfrage durch:*

   ***Erziehungsziele:***
   *Freundlich im Umgang miteinander*
   *Pünktlichkeit*
   *...........*

   ***Lernziele:***
   *Mit der Schere schneiden*
   *Ein Gedicht aufsagen*
   *.........*

2. *Begründen Sie, warum Wert- und Normenvorstellung die Grundlage für die Erziehung sind.*

## 4.5.3 Probleme durch den Wert- und Normenpluralismus

### AUFGABE

*Überlegen Sie, wie sich das Kind in der Abbildung fühlt.*

Probleme bei der **pädagogischen Zielsetzung** kann es in unserer Demokratie durch den **Werte- und Normenpluralismus** geben. So kann es zu einem Sachverhalt verschiedene, gelegentlich widersprüchliche Wert- und Normenvorstellungen geben. Für die Sozialassistentin ist es schwierig, aus der Vielfalt der Erziehungsziele diejenigen herauszusuchen, die für sie verbindlich sind.

Bei dem Versuch, bestimmte Erziehungsziele anzustreben, kann es zu einem **Normenkonflikt** kommen:

Zum Beispiel lassen sich Ziele wie **Rücksichtnahme und Hilfsbereitschaft** nur schwer mit Vorstellungen wie **Durchsetzungsvermögen oder Wahrung eigener Interessen vereinbaren.**

Zu einem Normenkonflikt kann es auch kommen, wenn sich ausdrücklich und bewusst **angestrebte Erziehungsziele mit den in der Erziehung unreflektiert mitwirkenden Normen widersprechen.** Zum Beispiel verfolgen Eltern bei ihren Kindern das Erziehungsziel der Kritikfähigkeit. Andererseits erwarten sie aber auch, dass ihre Kinder anpassungsfähig sind und sich mit ihrer Kritik zurückhalten.

Normenkonflikte kann es ebenfalls geben, wenn die Erziehungsziele:

- sich an unerreichbaren Idealen ausrichten,
- Leitbilder weltanschaulicher Manipulationen sind,
- zur Verschleierung und Durchsetzung von bestimmten Interessen benutzt werden.

### MERKSATZ

In der demokratischen Gesellschaft kann es durch den Wert- und Normenpluralismus zu Konflikten kommen, wenn es zu Sachverhalten sich widersprechende, aber gleichwertige, Aussagen gibt.

### AUFGABEN

1. *Frau A. sagt: „Mein Kind braucht bei älteren Menschen im Bus nicht aufzustehen. Schließlich hat es seinen Platz bezahlt!" Frau B. sagt das Gegenteil. Sie meint, es sei wichtig für ihr Kind, dass es lernt, rücksichtsvoll mit älteren Menschen umzugehen. Wer hat Recht?*
2. *Sozialassistentin P. möchte mit den Kindern im Regen spazieren gehen, damit die Kinder lernen, mit dem Regen umzugehen. Sozialassistentin K. ist strikt dagegen. Sie befürchtet Ärger mit den Eltern, weil die Kleidung nass wird. Welche Entscheidung ist sinnvoller?*
3. *Wie wirken sich unterschiedlich vermittelte Werte auf die Entwicklung der Kinder aus?*

## 5 Ausgewählte Schwerpunkte von Erziehung und Bildung

Wie aus der Überschrift hervorgeht, wird in den nachfolgenden Kapiteln auf Schwerpunkte in der Erziehung und Bildung eingegangen. Zu diesen Schwerpunkten gehört:

- Interkulturelle Erziehung,
- Ökologische Erziehung.

### 5.1 Interkulturelle Erziehung

**AUFGABEN**

1. *Nennen Sie Vor- und Nachteile, wenn sich Kinder aus unterschiedlichen Kulturen in einem Kindergarten aufhalten.*
2. *Sollen die abgebildeten Kinder eine eigene oder mit den anderen Kindern eine gemeinsame Gruppe bilden? Überlegen Sie sich eine zweckmäßige Vorgehensweise.*

Die Kultusministerkonferenz der Bundesländer hat 1996 die Empfehlung „Interkulturelle Bildung und Erziehung in der Schule" einstimmig beschlossen, in der folgende Grundsatzaussage zu der hier anstehenden Problematik getroffen wurde:

„In der Auseinandersetzung zwischen Fremdem und Vertrautem ist der Perspektivwechsel, der die eigene Wahrnehmung erweitert und den Blickwinkel der anderen einzunehmen versucht, ein Schlüssel zu Selbstvertrauen und reflektierter Fremdwahrnehmung. Die durch Perspektivwechsel erlangte Wahrnehmung der Differenz im Spiegel des anderen fördert die Herausbildung einer stabilen Ich-Identität und trägt zur gesellschaftlichen Integration bei. Eine auf dieser Grundlage gewonnene Toleranz akzeptiert auch lebensweltliche Orientierungen, die mit den eigenen unvereinbar erscheinen, sofern sie Menschenwürde und -rechte sowie demokratische Grundregeln achten."

Gerade in Zeiten eines sich unter Jugendlichen ausbreitenden erschreckenden Rechtsextremismus können interkulturelle Ansätze helfen, Rückfälle in Zeiten des Rassismus zu verhindern, wenn auch die Schule allein mit der Schwere der Aufgabe überfordert bleibt. Der Kindergarten, besonders aber das Elternhaus, ist vor allem gefordert.

Egal wie der im politischen Raum geführte Streit um eine Neuorientierung der Wertevermittlung und der Einbindung anderer Religionen im Religionsunterricht ausgeht, wird es für alle Schüler unerlässlich sein, sich in der Schule mit den Grundlagen anderer Religionen, besonders des Islams, zu beschäftigen. Erziehung zu religiöser Toleranz setzt zumindest gewisse Grundkenntnisse anderer Religionen voraus.

In den vergangenen Jahren wurden im Bildungsbereich eine Fülle von Anregungen und Pro-

Abb. MEV

grammen entwickelt, die auf die größer gewordene kulturelle Vielfalt in der Bundesrepublik Deutschland angemessen reagiert. Die heranwachsende Generation wird dadurch auf die Anforderungen einer erhöhten Mobilität, der **europäischen Integration** und auf das **Leben in einer Welt** vorbereitet.

## MERKSATZ

Interkulturelle Bildung und Erziehung sollte Toleranz gegenüber Menschen mit einer anderen Religion, anderen Sitten und Gebräuchen und einer anderen Hautfarbe zur Folge haben.

## AUFGABEN

1. *Geben Sie Ihre Meinung zur Empfehlung der Kultusministerkonferenz ab.*
2. *Berichten Sie über Programme hinsichtlich der Integration von Kindern und Jugendlichen aus anderen Kulturkreisen.*

## 5.1.1 Kinder aus anderen Kulturen

## FALLBEISPIEL

**Abschied aus Odessa**

Es war wie ein Fest – der Abschied Tatjanas aus Odessa. All ihre Freunde und Freundinnen kamen, um sich zu verabschieden und brachten Geschenke. Doch erst, als sich Tatjana von Großvater Schojl verabschiedete, wurde ihr deutlich, dass sie ihn nie wieder sehen würde. Tatjanas Eltern lebten in Odessa in Russland. Sie sind jüdischer Herkunft. Ihr Leben wurde immer schwerer, und Tatjanas Großvater weiß auch warum: „Immer wenn es einem Land schlecht geht, wenn es Schwierigkeiten gibt, dann sind wir Juden schuld." Tatjanas Familie geht nach Deutschland, um den Schwierigkeiten zu entgehen.

Sie wird in einer jüdischen Gemeinde aufgenommen. In der Schule findet Tatjana schnell eine deutsche Freundin, sie heißt Beate. Schwierigkeiten bereitet ihr das Einleben in der jüdischen Gemeinde. Zum ersten Mal wird ihr bewusst, was es heißt, eine Jüdin zu sein.

## AUFGABEN

1. *Geben Sie Ihre Meinung zu dem Fallbeispiel wieder.*
2. *Nennen Sie Probleme, die Tatjana bei der Einbürgerung haben könnte.*
3. *Halten Sie in Ihrer Klasse – in Zusammenarbeit mit dem Politikunterricht – Referate zum Thema „Juden in unserer Stadt".*

In Deutschland leben etwa 7 Millionen Menschen mit Migrationshintergrund, darunter 1,3 Millionen Kinder und Jugendliche. Viele von ihnen besuchen pädagogische Einrichtungen. In Großstädten und in industriellen Ballungsgebieten beträgt der Anteil ausländischer Kinder in den Gruppen der Kindergärten über 90 Prozent.

Für die Erziehenden ist es daher wichtig, über die Herkunft und Lebenssituation von Kindern mit Migratioshintergrund Bescheid zu wissen. Nicht nur die Herkunft, auch die Lebensweise dieser Kinder kann ganz unterschiedlich sein. In folgende Gruppen kann man die meisten ausländischen Kinder einteilen:

- Gastarbeiterkinder,
- Kinder von Flüchtlingen und Asylsuchenden,
- Spätaussiedlerkinder.

### Zu den Gastarbeiterkindern:

In Deutschland leben Gastarbeiterkinder aus Italien, Spanien, Griechenland, Portugal, dem ehemaligen Jugoslawien und der Türkei. Die meisten heute noch in Deutschland lebenden Gastarbeiter sind türkischer Herkunft. **In der Zeit von 1955 bis 1973 wurden Gastarbeiter von der deutschen Industrie angeworben, um den Arbeitskräftemangel in der Bundesrepublik Deutschland auszugleichen.** Heute lebt die dritte Generation in Deutschland. Die meisten haben inzwischen eine unbefristete Aufenthaltserlaubnis.

Für viele türkische Gastarbeiterkinder sind folgende Punkte bezeichnend:

- Sie leben in der Bundesrepublik Deutschland wie in der Türkei, d. h. in **Großfamilien**. Großeltern, Eltern und Kinder „wohnen unter einem Dach".
- Die verwandtschaftlichen Beziehungen sind sehr eng und durch ein ausgeprägtes **Wir-Gefühl** gekennzeichnet. Die Verpflichtung zu gegenseitiger Hilfeleistung hat jeder, der dieser Familie angehört.

- Das **Familienoberhaupt** ist der **Vater**. Er ist für die Ehre der Familie verantwortlich, ihm müssen sich die Frauen unterordnen. Wenn der Vater vorzeitig verstirbt oder nicht anwesend ist, übernimmt der älteste Sohn die Rolle des Vaters.
- Das tägliche Leben wird durch den Islam geprägt, z. B. müssen Mädchen von einem bestimmten Alter an **Kopftücher** tragen.
- **Achtung und Respekt** werden dem jeweils **Älteren** entgegengebracht, auch unter den Geschwistern.
- Über das Thema **Sexualität** wird nicht gesprochen, es ist **tabuisiert**.
- **Erwerbstätige** arbeiten häufig in Berufen der **unteren Lohngruppen,** da sie nur wenig oder gar nicht ausgebildet sind.
- Die Rückkehr in die Türkei ist immer wieder ein Thema. **Unsicherheit** verursacht sie insbesondere bei den **Kindern**, die lieber in Deutschland bleiben möchten.
- **Die ältere Generation** hat große Probleme **mit der deutschen Sprache** und ist auch nicht unbedingt bereit, sie zu erlernen.

### Zu den Kindern von Flüchtlingen und Asylsuchenden:

Laut der Genfer Flüchtlingskonvention (GFK) sind Flüchtlinge Personen, die aus der begründeten Furcht vor Verfolgung wegen ihrer Rasse, Religion, Nationalität, Zugehörigkeit zu einer sozialen Gruppe oder wegen ihrer politischen Überzeugung aus ihrem Land geflohen sind. Zu den 10 stärksten Herkunftsländern zählen 2005 Serbien und Montenegro, Türkei, Irak, die Russische Föderation, Vietnam, Syrien, Iran, Aserbaidschan, Afghanistan und China. Man unterscheidet zwischen Asylbewerbern, Asylberechtigten und De-facto-Flüchtlingen. Die **Asylbewerber** warten darauf, dass ihr Asylantrag anerkannt und sie damit **Asylberechtigte** werden. Dann dürfen sie in Deutschland bleiben. **De-facto-Flüchtlinge** halten sich in Deutschland auf (de facto = tatsächlich), sie sind aber de jure (= rechtlich) nicht als asylberechtigt anerkannt. Da ihre Abschiebung in ihr Heimatland jedoch „Gefahren für Leib und Seele" (Krieg, Verfolgung, Folter) nach sich ziehen könnte, können sie **vorübergehend in Deutschland** bleiben.

Die Situation für die Kinder stellt sich wie folgt dar:

- **Krisenerlebnisse** wie Krieg und Verfolgung, die sie psychisch verarbeiten müssen, liegen hinter ihnen.
- Ihre **Zukunftsperspektiven** sind sehr ungewiss, was eine zusätzliche Belastung für alle darstellt.
- Den Familien wird der **Wohnort** zugewiesen, sie dürfen ihn nicht ohne Genehmigung verlassen.
- Häufig leben die Familien in **Sammelunterkünften**, was zu sozialen Spannungen führen kann.
- Die **finanzielle Situation** ist angespannt, da die Eltern in der Regel nicht arbeiten dürfen.
- Die **deutsche Sprache und Kultur** ist vielen Familien fremd.
- Die **Haltung vieler Deutschen** gegenüber den Flüchtlingen ist sehr ablehnend.

Für **Asylberechtigte** ist die Situation etwas anders:

- Sie können sich **ihren Wohnort** selbst suchen und dürfen auch arbeiten. Allerdings haben sie große Probleme eine Wohnung und einen **Arbeitsplatz** zu finden.
- Hilfen zum Erlernen der **deutschen Sprache** sind grundsätzlich vorgesehen, oftmals jedoch kaum realisierbar, da die Einrichtungen zu weit entfernt sind.
- Der **Eingliederungsprozess** in die deutsche Gesellschaft ist möglich, da die Zukunft nicht mehr ganz so unsicher ist und eine Abschiebung nicht mehr droht.

Für die Kinder ist entscheidend, ob sie in der Bundesrepublik Deutschland leben können und sich nicht in der Ungewissheit befinden, abgeschoben zu werden.

### Zu den deutschen und doch fremden Kindern (Aussiedlerkinder):

Aussiedler sind Menschen aus Ost- und Südosteuropa (Russland, Kasachstan, Rumänien usw.) mit deutscher Staatsangehörigkeit. Ihre Vorfahren sind einst aus Deutschland dorthin gezogen und haben als deutsche Minderheit gelebt.

Typische Kennzeichen der Situation von Aussiedlerkindern sind:

- Je nach Herkunft verfügen sie über **Grundlagen in der deutschen Sprache**.

- Die **Frauen- und Männerrolle** ist in der Regel traditionell verteilt, obwohl die Frauen berufstätig sind.
- Der **Zusammenhalt in der Familie** ist sehr gut.
- Finanziell geht es ihnen in der Bundesrepublik Deutschland besser, doch sie erfahren hier **weniger soziale Anerkennung**, da ihre Berufe hier nicht anerkannt werden und sie in untergeordnete Berufe wechseln müssen.
- Anfänglich wohnen die Familien in Aufnahmelagern oder Übergangsheimen, bis sie eine Wohnung finden.
- Sie fühlen sich in Deutschland als **Fremde,** obwohl sie Deutsche sind.
- Häufig erfahren sie **Ablehnung und Isolation**.

## MERKSATZ

Für den richtigen Umgang mit Kindern aus anderen Kulturen sind Kenntnisse über deren Lebensweise erforderlich.

## AUFGABEN

1. *Überlegen Sie sich ein Projekt für eine Kindergartengruppe, in der deutsche Kinder und Kinder aus anderen Ländern vertreten sind. Setzen Sie es mit einer Kindergartengruppe um.*
2. *Denken Sie über die Befindlichkeiten dieser Familien, besonders der Kinder, aus anderen Kulturen nach.*
3. *Nehmen Sie Kontakt mit einer der oben genannten Familien auf und erkundigen Sie sich nach dem Leben dieser Menschen in Deutschland. Berichten Sie darüber im Plenum.*

## 5.1.2 Probleme der Kinder aus anderen Kulturen in pädagogischen Einrichtungen

## AUFGABE

*Berichten Sie über Ihre Erfahrungen mit Kindern aus anderen Kulturkreisen. Schreiben Sie dazu Stichpunkte an die Tafel.*

Abb. Ullsteinbild

Die Auseinandersetzung mit der Lebenssituation ausländischer Familien in Deutschland zeigt, dass die Probleme dieser Familien ganz unterschiedlich sind, so dass es die Ausländerfamilie nicht gibt. Hintergründe und Folgen der Einwanderung sowie eine andere kulturelle Tradition der Kinder führen dazu, dass Probleme bei allen Beteiligten entstehen können, wenn man sich nicht auf die Situation einstellt. Aufgabe der Sozialassistentin ist es, sich mit der Lebenssituation ausländischer Kinder vertraut zu machen und entsprechend auf die Kinder einzugehen.

Nachfolgend soll auf einige typische Problemsituationen hingewiesen werden:

- **Sprachprobleme:** Die Integration in die Gruppe wird erschwert, wenn mangelnde Sprachkenntnisse bzw. besondere Sprachakzente vorhanden sind. Das kann soweit gehen, dass Kinder zu **Außenseitern** werden, weil sie nicht in Anleitungen eingebunden werden können bzw. sie ziehen sich von vornherein zurück, weil sie davon ausgehen, wieder nicht mitzukommen.

- **Konflikte durch den Glauben:** Muslime feiern keinen Geburtstag, deshalb dürfen die Kinder teilweise nicht an Kindergeburtstagen von Freunden teilnehmen. Muslimische Mädchen dürfen an vielen Vergnügungen nicht teilnehmen, z. B. am Baden, weil der Islam von Frauen und Mädchen verlangt, sich in der Öffentlichkeit nur völlig angekleidet aufzuhalten.
- Darüber hinaus verbietet die islamische Religion den **Verzehr von Schweinefleisch und den Genuss von Alkohol**.
- Kinder mit Migrationshintergrund können in solchen Situationen **Probleme** bekommen und wissen oft nicht, wie sie sich verhalten sollen. Es kommt aber vor, dass sie den Konflikt auf ihre Art lösen und die **Freiheiten** im Kindergarten oder Kinderhort **für sich nutzen**: Sie baden und planschen mit den anderen Kindern, ziehen sich aber schnell wieder an, so dass ihre Eltern nichts von der Übertretung des Verbotes mitbekommen.
- **Fremdes Aussehen, fremde Dinge und Werte:** Streng muslimische Mädchen müssen von einem bestimmten Alter an ein **Kopftuch** und eine **Hose** nur unter dem Rock tragen. Das hat zur Folge, dass sie von den anderen Kindern häufig ausgelacht werden. Aufgabe der Sozialassistentin ist dann, als Vermittlerin aufzutreten.
- In anderen Kulturen herrscht oft ein anderes Verständnis, was **Pünktlichkeit** angeht. Das kann zu einer Belastung für die Gruppe im Kindergarten werden. Auch hier hat sich die Sozialassistentin einzuschalten und vorsichtig auf deutsche Geflogenheiten hinzuweisen.
- Bei den muslimischen Familien ist der **Vater das Familienoberhaupt**. Auch das kann zu Konflikten mit den Kindern führen, da hier andere Verhältnisse herrschen.

Erziehende in pädagogischen Einrichtungen sind auf solche Situationen oft nicht ausreichend vorbereitet und haben dann Probleme, mit den ausländischen Kindern fertig zu werden. Dennoch dürfen die Kinder nicht als Problemkinder bezeichnet werden, sondern die Einrichtung hat Probleme mit ihnen.

Obwohl jedes Kind durch sein Elternhaus geprägt ist, besonders aber auch durch die Religion, gibt es trotzdem **kulturelle und soziale Gemeinsamkeiten**, die die Sozialassistentin kennen und für ihre tägliche Arbeit nutzen sollte.

Für den Umgang mit Kindern aus fremden Kulturen ist eine umfangreiche **Erfassung der Situation** unbedingt erforderlich. Dazu kann ein Fragebogen, den die Erziehende mit den Eltern ausfüllt, eine gute Hilfe sein. Dadurch können genauere Kenntnisse über das Kind und sein Elternhaus erfragt werden.

Nachfolgende Fragen können von Bedeutung sein:

- Welches Herkunftsland hat das Kind?
- Seit wann ist das Kind in Deutschland?
- Warum ist die Familie in Deutschland?
- Welchem Kulturkreis wird das Herkunftsland zugeordnet?
- Welche Traditionen und Wertvorstellungen sind dort gültig?
- Wie stark ist die religiöse Bindung?
- Welche Erziehungsvorstellungen und -ziele gelten in der Familie?
- Wie wohnt die Familie (Haus oder Wohnung)?
- Welche Zukunftsperspektiven hat die Familie? Wird sie in Deutschland bleiben?
- Ist mit einem Wohnungswechsel zu rechnen?

Diese Fragen können durch weitere ergänzt werden. Wichtig ist, dass sich die Sozialassistentin gründlich mit den **Familienverhältnissen** ihrer Kinder auseinandersetzt und den **Kontakt zu den Elternhäusern** sucht.

## MERKSATZ

Wenn **Kinder aus einer anderen kulturellen Tradition** Probleme in einer pädagogischer Einrichtungen haben, muss die Sozialassistentin genaue Kenntnisse über das Anderssein der Kinder haben und in die Problemlösung miteinbeziehen.

## AUFGABEN

1. *Beschreiben Sie einige typische Problemsituationen in pädagogischen Einrichtungen mit ausländischen Kindern.*
2. *Nennen Sie Gemeinsamkeiten aller Kinder, die es trotz kultureller und sozialer Unterschiede gibt.*

## 5.1.3 Ursachen und Umgang mit Vorurteilen gegen Kinder mit Migrationshintergund

### FALLBEISPIEL

„Bahan, geh weg, ich will nicht mit dir spielen", sagt Jonas eines Morgens im Kindergarten zu Bahan. Erst später meint er: „Gestern sind im Bus zwei Türken schwarz gefahren. Meine Mutter hat gesagt, dass Ausländer nur Ärger machen!"
Cindy meint zu Pavel: „Mit dir spiele ich nicht, du riechst so komisch!"
Marvin, der Wortführer in der Gruppe, pöbelt Hamman an, obwohl kein Grund dafür vorhanden ist. „Weil Ausländer doof sind", rechtfertigt er sich.

### AUFGABEN

1. *Wie entstehen die Äußerungen der Kinder?*
2. *Wie würden Sie reagieren, wenn Sie diese Äußerungen der Kinder im Kindergarten hören?*

Viele Menschen haben Vorurteile gegenüber Menschen aus anderen Kulturen, d. h. sie be- oder verurteilen sie, ohne zuvor nach dem Wahrheitsgehalt ihrer Aussagen zu fragen. Sie bilden sich ein Urteil über andere Menschen und prüfen nicht nach, ob es stimmt. So entstehen **Vorurteile**.

Erzieherinnen und Sozialassistentinnen gehen in der Regel davon aus, dass Kinder anderen Kindern ohne Vorurteile begegnen. Leider ist das nicht so.

Man kann davon ausgehen, dass Kinder zunächst ohne Vorbehalte auf andere Menschen zugehen. Sie suchen sich ihre Freunde nicht nach deren Nationalität oder sozialer Schicht aus. Die vorurteilsfreie Haltung wird jedoch durch ihr gesellschaftliches Umfeld beeinflusst. Kinder lernen **Vorurteile von den Erwachsenen.**

Wie sollte im Kindergarten mit Vorurteilen umgegangen werden?

Zunächst müssen sich die Erziehenden im Klaren sein, dass es niemanden gibt, der keine Vorurteile hat. Sie müssen ihre eigenen Vorurteile ebenfalls abbauen und sich bewusst sein, dass sie die Vorurteile der Kinder nur begrenzt abbauen können. Dennoch ist es falsch, wenn sie die Aussagen der Kinder **ignorieren**. Die Kinder haben dann keine Möglichkeit**, ihre Urteile als Vorurteile zu erkennen** und sehen keinen Anlass, ihr Verhalten zu ändern. Vor dem Hintergrund, dass Vorurteile immer wieder entstehen, sollten sich die Erziehenden der nachfolgenden Regeln bewusst sein:

- Als Vorbild für die Kinder müssen sie ihr eigenes Verhalten immer wieder kritisch unter die Lupe nehmen, besonders im Umgang mit den ausländischen Kindern.
- Sie müssen dafür sorgen, dass die Kinder ausreichend Gelegenheit haben, positive Erfahrungen mit den Kindern aus anderen Ländern zu machen, z. B. durch ein Projekt, in dem die ausländischen Kinder die Besonderheiten ihres Landes darstellen können.
- Sie müssen Möglichkeiten schaffen, dass die Kinder fremde Kulturen und ihre Hintergründe näher kennenlernen.
- Sie müssen ihre Kinder darin unterstützen, negative Gefühle gegenüber den anderen Kindern abzubauen und zu verarbeiten und zu einer positiven Einstellung zu verhelfen.

Fremdenfeindlichkeit kann nur überwunden werden, wenn das ausländische Kind voll in die Gruppe integriert ist. Der rechtliche Status des Ausländers ist nicht entscheidend, sondern das Gefühl kultureller Zugehörigkeit.

### MERKSATZ

Vorurteile gegenüber ausländischen Kindern können nur abgebaut werden durch die Auseinandersetzung mit Menschen aus fremden Kulturen und einem anderen sozialen Umfeld.

Abb. pixelquelle.de

## AUFGABEN

1. *Nennen Sie Beispiele dafür, wie die Vorurteile der Kinder gegenüber ausländischen Kindern abgebaut werden können.*
2. *Beschäftigen Sie sich mit der Kultur und Lebensweise von Menschen aus anderen Kulturen. Erarbeiten Sie dazu ein Mind-Map.*

## 5.1.4 Ziele und Methoden der interkulturellen Erziehung

**Ziele der interkulturellen Erziehung**

Die Zielsetzung der pädagogischen Arbeit mit ausländischen Kindern und Erwachsenen wird in der Öffentlichkeit immer wieder diskutiert. Drei Standpunkte lassen sich dabei unterscheiden:

**Anpassung (Assimilation):** Ausländische Mitbürgerinnen und Mitbürger sollen ihre Lebensweise aufgeben und die deutsche Lebensweise annehmen.

**Bewahrung der Eigenständigkeit:** Die Menschen aus fremden Kulturen sollen ihre kulturelle Eigenständigkeit und Eigenart bewahren. Eigene pädagogische Einrichtungen sollen eine Überanpassung verhindern.

**Interkulturelle Erziehung:** Diese Kinder besuchen dieselben Einrichtungen wie die deutschen Kinder. Die kulturellen und sozialen Identitäten aller aufeinandertreffenden Kulturen sollen aber weitgehend bewahrt werden, d. h. es wird Rücksicht auf die unterschiedlichen Kulturen genommen.

## AUFGABE

*Vergleichen Sie die drei Aussagen miteinander und nennen Sie die Vor- und Nachteile der jeweiligen Vorgehensweise.*

Aufgabe der pädagogischen Einrichtungen ist es, Ziele und Methoden zum Umgang mit anderen Kulturen zu entwickeln und zu formulieren.

Die pädagogischen Einrichtungen sind sich darin einig, dass den ausländischen Kindern nicht einfach die deutsche Identität aufgezwungen werden kann, wie es im ersten Standpunkt gefordert wird. Der zweite Standpunkt würde zur Isolierung der Ausländer führen, auch das kann nicht gewollt sein. Am besten ist daher der dritte Standpunkt. Die Kinder sollen in den pädagogischen Einrichtungen voneinander lernen. Sie sollen interkulturell erzogen werden, d. h. **ein Austausch zwischen den Kulturen und kulturelle Eigenheiten soll erfahrbar gemacht werden.**

Daher kann es nur darum gehen, die jeweils andere Kultur in ihrer Eigenständigkeit zu achten, Vorurteilen und fremdenfeindlichen Tendenzen entgegenzuwirken. Grundlage ist hierfür die **Stärkung der eigenen Persönlichkeit mit ihrer kulturellen Wurzel** und andererseits die **Integration in die deutsche Gesellschaft.**

Für die pädagogische Praxis sind die **nachfolgenden Ziele** zu verfolgen:

- **Die Entfaltung der Persönlichkeit des Kindes muss gefördert werden.** Dies ist wichtig, da in pädagogischen Einrichtungen beobachtet werden konnte, dass Kinder sich nur integrieren können, wenn sie vorher eine ungestörte Identitätsentwicklung erfahren haben.
- **Kulturelle Unterschiede sollten erlebbar gemacht werden**, d. h. dass Kinder lernen, die eigene und fremde Kultur wahrzunehmen.
- **Gegenseitige und wechselseitige Anpassung muss unterstützt werden.** Die interkulturelle Erziehung zielt nicht auf die einseitige Anpassung der Minderheit an die Mehrheit, sondern die kulturellen Unterschiede stehen im Mittelpunkt.
- **Neugierde auf andere Kulturen muss geweckt werden**. Sie kann eine wichtige Triebfeder für die Kinder sein, sich mit den anderen Kulturen zu beschäftigen.
- **Ängste und Hemmungen sollten gemeinsam überwunden werden.** Vorurteile und Berührungsängste, die Kinder mitbringen, sollten besprochen und verarbeitet werden.
- **Konflikte,** die durch unterschiedliche ethnische, kulturelle und religiöse Zugehörigkeit entstehen, müssen durch gemeinsam **festgelegte Regeln** beigelegt werden.

Die genannten Ziele müssen akzeptiert werden. Problematisch wird immer die Frage sein, **wie**

**viel Eigenständigkeit** kann **den fremden Kulturen** zugebilligt werden.

## Methoden der interkulturellen Erziehung

Die interkulturelle Erziehung ist eine wichtige Aufgabe im Kindergarten und danach in der Schule. Sie darf aber nicht dazu führen, dass der Kindergarten vollständig umgestaltet wird, sondern sie muss einen Schwerpunkt innerhalb des Programms im Kindergarten bilden. Wichtig ist, dass alle Mitarbeiterinnen eine tolerante Einstellung gegenüber den Kindern aus anderen Ländern zeigen.

Möglichkeiten, Kinder aus anderen Ländern verstärkt zu integrieren, sind sehr vielfältig. Sie können geschaffen werden durch die

- **Raumgestaltung,**
- **Materialien,**
- **Spiele,**
- **Gemeinschaftsarbeiten und Projekte,**
- **Feste,**
- **Sprache,**
- **Eltern.**

### Zu der Raumgestaltung:

An der Raumgestaltung sollte zu erkennen sein, dass in dem Kindergarten Kinder aus unterschiedlichen Ländern sind: So sollten an den Wänden Raumschmuck und Fotos von Menschen und Sehenswürdigkeiten aus den Ländern hängen, aus denen die Kinder kommen.

### Zu den Materialien:

Bei den Materialien kann ebenfalls die internationale Zusammensetzung der Gruppen betont werden, indem auch Material aus anderen Ländern eingesetzt wird, z. B. Hirtenflöten oder indische Tücher.

### Zu den Spielen:

Bei den Spielen sollten auch ausländische Spiele mit berücksichtigt werden.

#### *Zum Beispiel:*

***Steinchen-Spiel oder Bestas*** *(bestas, türkisch: fünf)*
Dieses Spiel ist in der Türkei, in Tunesien und in Italien verbreitet.

Vier Steine liegen auf dem Boden, ein Stein, auch Spielstein genannt, liegt in der Handinnenfläche. Der Spielstein wird hochgeworfen. Während der Stein in der Luft ist, wird mit derselben Hand ein Stein vom Boden aufgenommen und zur Seite gelegt. Wenn das nicht klappt, kommt der nächste Spieler dran. Das wird so fortgeführt, bis alle Steine abgeräumt sind. Wer es einmal nicht schafft, muss immer wieder von vorn beginnen.

### Zu den Gemeinschaftsarbeiten und Projekten:

Gemeinschaftsarbeiten und Projekte tragen dazu bei, gegenseitige Vorurteile und Ängste bei den Kindern abzubauen. Neue Erkenntnisse können praktisch erprobt werden und Erfahrungen beispielhaft gewonnen und verinnerlicht werden. Beim gemeinsamen Handeln lassen sich interkulturelle Konflikte bewältigen. Das sozial- und praxisorientierte Lernen muss besonders sorgfältig vorbereitet und umgesetzt werden. Zu berücksichtigen sind insbesondere die entwicklungspsychologischen Voraussetzungen der ausländischen Kinder und der Grad ihrer Integration.

### Zu den Festen:

**Gemeinsame Feste** tragen ebenfalls zur gegenseitigen **Akzeptanz** bei. Selbstverständlich können nicht alle Feste gefeiert werden, aber einige sind von besonderer Bedeutung und daher geeignet in einem Kindergarten, der interkulturell besetzt ist, gefeiert zu werden:

Februar: **Rosenmontag/Aschermittwoch**. Die Feiertage haben Bedeutung für Deutschland, Holland, Schweiz und Luxemburg.

Abb. Nühs

- Februar: **Nationalfeiertag in Sri Lanka**. Das Land wurde nach 450-jähriger Kolonialherrschaft unabhängig.
- 14. April: **Neujahrsfest der Tamilen.**
- 15. April: **Pessachfest:** Jüdisches Fest: Es erinnert an den Auszug der Kinder Israel aus Ägypten. Es wird ungesäuertes Brot gegessen.
- 23. April: **Kindertag und Unabhängigkeitstag der Türkei.**
- Mai: **Kindertag in Korea.**
- Mai: **Vesak-Poya-Vollmond: ein buddhistisches Fest in Vietnam und Sri Lanka.** Erster Vollmond im Mai, Buddhas Geburtstag, Erleuchtung und Eingang ins Nirwana. Das Fest wird fröhlich gefeiert, alles wird mit bunten Papierlaternen und Bändern geschmückt.
- 23. Juni: **Mittsommerfest in Finnland und Schweden**. Das Fest wird fröhlich gefeiert.
- 25. Juni: **Tag der Staatsgründung in Slowenien.**
- 14. Juli: **Nationalfeiertag Frankreich.**
- September: **Nationalfeiertag in Vietnam**.
- September: **Erntedankfest in Deutschland.**
- 18. und 19. September: **Neujahr in Israel.**
- Oktober: **Ramadan**, muslimischer Fastenmonat.
- Oktober: **Mondfest in China.**
- 3. Oktober: **Tag der Deutschen Einheit**.
- Oktober: **Laubhüttenfest der Juden**: Es werden Hütten aus Laub gebaut, die an die 40 Jahre dauernde Wanderung der Juden durch die Wüste nach Kanaan erinnern. Hütten aus Laub boten Schutz.
- November: **Tag der Oktoberrevolution in der Ukraine.**

Interessant ist es auch für Kinder, einen Wochenmarkt zu besuchen, auf dem es fremde und deutsche Spezialitäten zu kaufen gibt.

## Zu der Sprache:

Die Integration ausländischer Kinder wird entscheidend durch die Sprachförderung unterstützt. Dabei ist zu bedenken, dass die Kinder die Muttersprache nicht verlernen dürfen. Sie verlieren sonst den Anschluss an die Familie und können auch in ihrer Persönlichkeitsbildung beeinträchtigt werden. Im Alter von drei bis vier Jahren sind Kinder in der Lage, die Sprachen auseinanderzuhalten.

Die Erziehenden sollten Kommunikationssituationen schaffen, in denen auch die Muttersprache der Kinder mit einbezogen ist, z. B. durch das Vorlesen von Geschichten aus den Herkunftsländern der Kinder. Wünschenswert ist es, wenn **zwei- oder mehrsprachiges Personal** im Kindergarten beschäftigt wird. Wenn das nicht der Fall ist, sollte überlegt werden, ob nicht ab und an die Eltern ausländischer Kinder in die Spracherziehung mit einbezogen werden können.

## Zur Elternarbeit:

Kinder können nur dann in einer pädagogischen Einrichtung voll integriert werden, wenn die Eltern mit einbezogen werden, sonst besteht die Gefahr, dass sich die Eltern und Kinder voneinander entfremden. Aufgabe der Erziehenden ist es daher,

- Kontakte zu den Familien zu knüpfen, um die Situation der Kinder zu verstehen.
- Probleme mit den Eltern zu besprechen.
- Festtage, die gefeiert werden sollen, den Eltern bekannt zu machen und zu erklären,
- bei den Elternabenden die kulturellen Unterschiede zu berücksichtigen,
- den Eltern Möglichkeiten zum Handeln zu verschaffen, z. B. durch Mitarbeit im Kindergarten, gemeinsame Ausflüge, Elternnachmittage.

Interkulturelle Erziehung trägt dazu bei, dass die erzieherische Arbeit erweitert und vielfältiger und somit für die Kinder und Erziehenden interessanter wird. In den Kindergärten kann das **multikulturelle Zusammenleben der Menschen** vorbereitet werden. Ein afrikanischer Spruch heißt:

> Wenn viele kleine Leute an
> vielen kleinen Orten
> viele kleine Schritte tun,
> können sie das Gesicht der Welt verändern.

## DEFINITION

Interkulturelle Erziehung bedeutet wechselseitige Lernerfahrungen ermöglichen, um die Toleranz zwischen verschiedenen Kulturen zu fördern.

## AUFGABEN

1. *Nennen Sie einige typische Vorurteile gegen Ausländer.*
2. *Warum ist die Elternmitarbeit im Kindergarten ein wichtiger Bestandteil innerhalb der interkulturellen Pädagogik?*
3. *Ein Kind sagt zu Pavel: „Du fauler Russe!" Wie sollte die Erziehende reagieren?*
4. *Angenommen, Sie müssten in einem fremden Land leben. Welche Gewohnheiten, Bräuche und Bedingungen würden Sie nicht ablegen?*
5. *Diskutieren Sie über die Aussage vieler Deutscher: Die Ausländer sollen sich gefälligst anpassen.*
6. *Nennen Sie positive Einflüsse von Menschen aus anderen Ländern auf das Leben in Deutschland.*

## 5.2 Ökologische Erziehung

## AUFGABEN

1. *Nennen Sie Folgeerscheinungen, wenn Kinder beständig dem Autoverkehr ausgesetzt sind.*
2. *Wie können sie vor Autogasen geschützt werden?*

Diese Form der Erziehung beinhaltet Themen der Ökologie. Ökologie bedeutet wörtlich übersetzt eine Wissenschaft von den Beziehungen der Tiere und Pflanzen zu ihrer Umwelt. Sie unterscheidet zwischen abiotischen und biotischen Faktoren. Zu den **abiotischen Faktoren** zählen:

- Licht, Temperatur und Boden.

Die **biotischen** (auf Lebewesen bezogen) **Faktoren** beinhalten:

- Geschlechtspartner, Nahrung, Konkurrenten, Parasiten, stoffliche Ausscheidungen.

Die Umweltfaktoren bestimmen Entwicklung, Fortpflanzung, Leben und Tod des Individuums und der Population sowie Arterhaltung. Meist bestehen Wechselbeziehungen zwischen Einzelfaktoren, so dass diese als Faktorenkomplexe wirksam werden.

Verunreinigungen können zur **Umweltverschmutzung** führen, wenn sie über die natürliche Regenerationskraft der verschmutzten Medien hinausgehen. Umweltauflagen sorgen dafür, dass es nicht zu einer Ausuferung der Umweltverschmutzung kommt.

---

Abb. Karsten Smid/Greenpeace (links)
Abb. MEV (rechts)

Die Einbeziehung und Unterweisung dieser Inhalte im täglichen Umgang im Kindergarten bedeutet ökologische Erziehung. Kenntnisse über die Ökologie können auch gezielt bei den Anleitungen vermittelt werden.

## DEFINITION

Ökologische Erziehung beschäftigt sich mit der Gesunderhaltung der Umwelt, damit Mensch, Tier und Pflanze eine Zukunft haben.

## AUFGABEN

1. *Nennen Sie Bereiche, die stark verunreinigt sind.*
2. *Machen Sie sich Gedanken darüber, wie Sie Kinder für den Umweltschutz sensibilisieren können.*

## 5.2.1 Kinder und Ökologie

## FALLBEISPIEL

**Aktion „Saubere Stadt“**

Auf die Frage der Sozialassistentin Monique, ob sich die Kindergruppe Meise des Kindergartens H. ebenfalls an der Aktion „Saubere Stadt“ beteiligen möchte, waren alle Kinder sofort dafür. „Wir machen ein Projekt daraus und nennen es ‚Abfälle sammeln‘, meint Kindergartenleiterin Meyer dazu.
Mit Eimern bewaffnet startet die Aktion. Die Aufgabe der Kinder besteht vor allem darin, das Papier und andere Abfälle um den Kindergarten herum aufzusuchen. „Was weiterhin verwertet werden kann, kommt in den gelben Sack“, meint Marvin, 5 Jahre alt, ganz klug. Die anderen Kinder nicken ihm zu.
Am Mittag kommen alle schwer beladen zum Kindergarten zurück.

## AUFGABEN

1. *Bewerten Sie die Vorgehensweise der Sozialassistentin.*
2. *Halten Sie es für sinnvoll, das sich Kinder an Aktionen wie die „Saubere Stadt“ beteiligen?*
3. *Erkundigen Sie sich in den Kindergärten nach weiteren Umweltprojekten bzw. berichten Sie über Ihre Erfahrungen darüber.*

Bereits Kinder im Kindergarten sollten sich mit dem Thema „Ökologie“ beschäftigen, um zur Erhaltung einer gesunden Umwelt beizutragen. Die ökologische Erziehung sollte ein Schwerpunkt in der Kindererziehung sein und im täglichen Umgang miteinander geübt werden. Projekte sind besonders dazu geeignet, nachhaltig auf das Verhalten der Kinder einzuwirken.

Folgende inhaltliche Schwerpunktthemen sind für Kinder im Kindergarten als Projekt gut geeignet und verursachen keine oder nur geringe Kosten:

- Im Garten Blumen, Kräuter und Gemüse aussäen und ernten,
- ein Feuchtbiotop anlegen und beobachten,
- Werken mit Holz und Metall, z. B. ein Klettergerüst erstellen,
- Hütten aus natürlichem Material bauen,

---
Abb. Nühs

- mit Lehm und Ton arbeiten,
- Nisthilfen für Vögel, Fledermäuse und seltene Insekten anlegen,
- Sonnenenergie und Windkraft nutzen,
- gesunde Ernährung durch den ökologischen Landbau fördern,
- Wasser, die Lebensgrundlage, bewusst nutzen usw.

Der Lerngegenstand muss dem **Lebens- und Erfahrungsbereich der Kinder** entsprechen. Direkte eigene Erfahrungen müssen in der Wahrnehmung und im Umgang mit der Natur ermöglicht werden. Dazu sind neben den Projekten insbesondere **Erkundungen und Spiele in der freien Natur** geeignet. Die Kinder lernen in Wald und Flur die einheimische Pflanzen- und Tierwelt kennen und es wird ihnen bewusst, dass die Natur für den Menschen etwas Positives, Lebendiges darstellen kann.

Das Naturerleben mit allen Sinnen ist wichtig, denn es stellt einen entscheidenden Gegenpol zum Wissen über Umweltzerstörung dar.

Wer durch Erkundungen und Projekte das Leben im und am Wasser, in Wald und Flur kennen gelernt hat und sich daran erfreuen kann, ist auch daran interessiert, die Natur zu erhalten.

Eine wichtige Ergänzung zur Erkundung können auch Filme sein:

- Sie können Themen beinhalten, die außerhalb der Lebenswelt der Kinder liegen, z. B. Ozonprobleme.
- Sie können die historische Entwicklung unseres Umgangs mit der Natur zeigen.
- Sie können ökologische Zusammenhänge vermitteln, die der unmittelbaren Wahrnehmung nicht zugänglich sind.
- Sie können Themen und Fragestellungen aufgreifen, die gegenwärtig noch nicht als Problemfelder gelten.

Selbstverständlich müssen diese Filme kindgemäß gestaltet sein.

Der Kindergarten kann dazu beitragen, Kindern Umweltkenntnisse zu vermitteln. Den Kindern muss bewusst werden, dass sie einerseits

- Nutzer von Rohstoff- und Energievorräten sind, die begrenzt vorhanden sind,

anderseits

- aber Materialien und Schadstoffe verwenden, die der Natur schaden und entsorgt werden müssen.

Das Kind im Kindergarten hat von diesem Zusammenhang noch keine Vorstellung. Es muss aber auf den sparsamen Verbrauch der vorhandenen Ressourcen hingewiesen und zur vorschriftsmäßigen Entsorgung angehalten werden.

Die Umwelterziehung der Kinder im Vorschulalter hat einen hohen Stellenwert, denn in diesem Alter wird der **Grundstein für ein späteres umweltbewusstes Handeln** gelegt. Die Umwelterziehung der Kindergärten soll sich nicht nur auf die klassischen Bereiche wie Kenntnisse über Pflanzen und Tiere, Themen wie Liebe zur Natur oder Schutz der Natur und Umwelt konzentrieren, sondern auch Themen wie Zusammenhänge in der Natur, Konsumverhalten, Ernährung, Abfall, Energie, Sparsamkeit, Sozialverhalten, Toleranz und Akzeptanz beinhalten.

**Die Internationale Gesellschaft für Umwelterziehung und Umweltaufklärung e. V.** (IGU) ist zurzeit die einzige europäische Organisation, die schwerpunktmäßig international im Bereich Umwelterziehung im Vorschulalter hauptsächlich in Belgien, Deutschland, Polen, Tschechien und der Slowakei, aber auch in anderen europäischen

Abb. Nühs

Ländern tätig ist. Sie wurde 1994 in Prag gegründet und im selben Jahr wurde in Gießen die erste Geschäftsstelle dieser Organisation eröffnet. Dort kann auch entsprechendes Info-Material angefordert werden.

## MERKSATZ

Das Kind muss lernen, sorgfältig mit den vorhandenen Ressourcen in der Natur umzugehen und auf die Erzeugung von Abfallstoffen weitgehend zu verzichten.

## AUFGABE

*Erarbeiten Sie zu zweit ein Projekt über ein Umweltthema. Notieren Sie die Vor-, Haupt- und Nacharbeiten. Schreiben Sie darüber hinaus auf, welche Aufgaben selbstständig von Kindern übernommen werden können.*

### 5.2.2 Umweltschutz im Beruf der Sozialassistentin

## AUFGABEN

1. *Nennen Sie Anforderungen an das Frühstück für Kinder.*
2. *Die Verpackung sollte ebenfalls kritisch unter die Lupe genommen werden. Begründen Sie die Aussage.*

Erziehende können sich nur umweltgerecht verhalten, wenn sie über entsprechende Qualifikationen verfügen. Daher setzt verantwortliches, umweltbewusstes Handeln im Beruf voraus, dass

- Kenntnisse über die Erfüllung der gesetzlichen Umweltschutzanforderungen vorhanden sind,
- Kenntnisse über ökologische Wirkungszusammenhänge zur Verfügung stehen,
- die Bereitschaft zu umweltbewusstem Verhalten vorhanden ist.

Dies schließt analytische Fähigkeiten im beruflichen Alltag genau so ein, wie die Fähigkeit zur sozial verpflichteten, naturgerechten Gestaltung gesellschaftlicher Umwelten wie der Umwelt im Kindergarten. Qualifizierung für den Umweltschutz muss in besonderer Weise die Konflikte zwischen **Ökonomie und Ökologie** thematisieren und Lösungsmöglichkeiten entwickeln. Diese Konflikte bewegen sich zwischen Beschäftigung und Wirtschaftlichkeitserwägungen auf der einen Seite und der Wahrung des natürlichen Gleichgewichts und der gesundheitlichen Unversehrtheit auf der anderen Seite. Für den beruflichen Alltag der Sozialassistentin bedeutet das, dass sie darauf achtet, dass

- das Frühstücksbrot der Kinder möglichst in Brotdosen verpackt ist, damit kein Verpackungsmaterial entsorgt zu werden braucht,
- Mineralwasser, Säfte, Kaffee, Kakao und Tee nicht aus Plastikbechern oder -tassen getrunken wird, sondern aus Gläsern und Tassen.
- die Kinder entsprechend der Witterung und möglichst umweltgerecht gekleidet sind, d. h. natürliche Fasern gegenüber synthetischen bevorzugen,
- die Kinder im Haus Hausschuhe anziehen, um unnötige Bodenpflegearbeiten zu vermeiden,
- bei der Toilettenspülung und beim Händewaschen nicht zu viel Wasser verbraucht wird,
- die Räume nicht übermäßig geheizt werden,
- beim Einkauf von neuem Spielzeug und Spielgeräten auf umweltgerechtes Spielzeug und umweltgerechte Spielgeräte geachtet wird („spiel gut“ Arbeitsausschuss Kinderspiel und Spielzeug e. V.),
- Pflanzen in den Gruppenräumen vorhanden sind, da sie zur Sauerstoffversorgung beitragen,
- die Kinder draußen in der Natur vorsichtig mit den Pflanzen und Tieren umgehen, um die Natur zu schonen,
- Kinder bei Ausflügen an die Benutzung von öffentlichen Verkehrsmittel heranführen.

Abb. Nühs

Das Einhalten von Umweltschutzbestimmungen ist für alle Erziehenden von großer Bedeutung und sollte daher ein Teil der Berufsausbildung sein.

## MERKSATZ

Jeder Mensch sollte sich über unnötige Umweltbelastungen Gedanken machen und sich umweltbewusster verhalten.

## AUFGABEN

1. *Notieren Sie stichpunktartig an der Tafel, wie Sie als Sozialassistentin zur Umweltentlastung beitragen können.*
2. *Stellen Sie für Ihren Beruf die Kenntnisse zusammen, die erforderlich sind, um ökologisch handeln zu können.*

### 5.2.3 Ökologietest im Kindergarten

## AUFGABE

*Wie kann Energie in einem Kindergarten eingespart werden?*

Jedes Unternehmen, auch der Kindergarten, belastet die Umwelt. Eine regelmäßige Überprüfung der Umweltbelastung ist daher unbedingt erforderlich. Dabei ist zu prüfen, ob es möglich ist,

- **Material** einzusparen,
- **Schadstoffausscheidungen** zu mindern,
- **bessere Input- und Outputwerte** zu erzielen.

Hierbei muss der Kindergarten zwischen mehreren, oft im Konflikt zueinander stehenden Zielvorstellungen entscheiden. Die Vorgehensweise soll:

- **umweltverträglich** sein, d. h. so wenig wie möglich in die Natur eingreifen,
- **sozialverträglich** sein, d. h. die Menschen, die sich im Kindergarten befinden, dürfen keine gesundheitsschädlichen oder andere nachteilige Folgen haben,
- **ökonomieverträglich** sein, d. h. der Kindergarten muss angemessene Angebote machen, damit er auch in Zukunft von den Kindern besucht wird.

Die Umwelt diente den Kindergärten in früheren Jahren als kostenlose Ressource und Deponie, solange sie konfliktlos und ohne bürokratischen Aufwand zur Verfügung stand. Durch die **Zunahme an Natur- und Gesundheitsschäden verschärften sich die staatlichen Umweltauflagen** und schränkten den Bewegungsspielraum ein. Für Kindergärten ist wichtig, dass

- Anreize, Umweltschutzmaßnahmen durchzuführen, vorhanden sind,
- sich der Umweltschutz lohnen muss. Die finanziellen Anreize für den Umweltschutz müssen daher verbessert werden.

Umweltschutz ist nicht nur eine nationale sondern auch eine **Aufgabe auf internationaler Ebene.** Entscheidend ist, dass jeder bei sich zu Hause und im Betrieb, in dem er arbeitet, den Umweltschutz berücksichtigt und sich an gegebene Regeln hält. Dazu muss zunächst eine Analyse erfolgen, die die Input- und Output-

Abb. Nühs (oben)

beziehungen deutlich macht. Hier ist sie am Beispiel eines Kindergartens erfolgt:

**Input- und Outputbeziehungen des Kindergartens zur Umwelt:**

**Input (Naturverbrauch):**
Energie,
Luft,
Wasser,
Flächenverbrauch,
Material,
Betriebsmittel.

**Output (Emissionen und Abfälle):**
Abwärme,
Abluft und Abgase,
Abwässer,
Lärm,
Abfälle.

Wichtig ist, dass im Inputbereich gespart wird. Darauf sollten die Kinder immer wieder hingewiesen werden. Entscheidend bei der Umwelterziehung ist das Vorbild der Erwachsenen. Kinder gehen mit großen Augen und Ohren durch die Welt. Sie lernen im Alltag. Wenn es in der Familie oder im Kindergarten üblich ist, dass der Müll getrennt wird, dass Einwegdosen vermieden werden oder das Auto nicht für jede kleine Strecke benutzt wird, dann werden sie sich auch an diese Regeln halten. Erwachsene sollten ihr eigenes Umweltverhalten kritisch betrachten und sich an vorgegebene Regeln halten, dann werden diese auch von den Kindern übernommen. Bei Kauf von Produkten (Papier, Farben usw.) auf den blauen Umweltschutzengel oder das EU-Umweltzeichen achten.

Im Einzelnen können die Regeln wie folgt aussehen:

**Energieverhalten:**

- Licht muss nur brennen, wenn es benötigt wird.
- Die Heizung muss nicht immer auf höchster Stufe sein. Nachts und wenn keine Kinder im Kindergarten sind, sollte sie zurückgedreht werden.
- Wenn ein Heizkörper gluckert, ist es Zeit, ihn zu entlüften. Luft isoliert und behindert die Zirkulation des warmen Heizungswassers.
- Sind Rollläden, Fensterläden oder Vorhänge an den Fenstern, so sollten diese bei einbrechender Dunkelheit geschlossen werden, um Wärmeverluste durch die Fenster zu verhindern.
- Sinnvoll ist die regelmäßige Kontrolle des Energieverbrauchs, um rechtzeitig sparen zu können.
- Bei Spül- oder Waschmaschinen sollte das Stromsparprogramm eingeschaltet werden.
- Bei der Anschaffung von Elektrogeräten ist der Stromverbrauch mit zu berücksichtigen.
- An Stelle von normalen Batterien sollten Akku-Batterien verwendet werden.

**Verhalten zur Reinhaltung der Luft:**

- Zum Lüften die Fenster nur kurz öffnen, dabei sollte die Heizung abgedreht werden. Dauerlüften durch gekippte Fenster verbraucht zu viel Wärme.
- Einzelne Fliegen mit der Fliegenklatsche bekämpfen statt mit Insektengift.
- Beim Kauf von Insektenspray auf den blauen Umweltschutzengel achten.
- Auf ausreichend feuchte Luft achten. Sie wirkt wärmer als trockene und ist darüber hinaus gesünder.

**Abfallverhalten:**

- Grundsätzlich sollte nur wenig Abfall produziert werden. Bevorzugt sollten Recycling-Flaschen, Recycling-Toilettenpapier und Recycling-Spielzeug, unverpackte Waren und dauerhafte Behälter verwendet werden. Das Frühstück ist in einem dauerhaften Behälter besser untergebracht als in einem Plastikbeutel.

- Mülltrennung muss selbstverständlich sein.
- Abfälle dürfen nicht auf die Straße oder in den Wald geworfen werden. Selbst das kleinste Bonbonpapier darf nicht achtlos weggeworfen werden. Dies ist nicht nur ein Dienst an der Umwelt, sondern auch an den Menschen.
- Bei der Entscheidung über den Kauf von Produkten sollten auch Überlegungen zur Verpackung berücksichtigt werden. Lebensmittel sind in Glas oder Papier umweltverträglicher verpackt. Aufwendig verpackte Lebensmittel sollten vermieden werden.
- Stoffbeutel sind wesentlich umweltfreundlicher als Plastiktüten.
- Altglas, wie Flaschen oder Gläser, gehört in den Altglascontainer.

**Verkehrsverhalten:**

- Für kurze Strecken sollte ein Fahrrad anstelle eines Autos genutzt werden, um die Umwelt nicht mit Abgasen zu belasten.
- Bei weiten Strecken ist zu überlegen, ob es nicht sinnvoller ist, öffentliche Verkehrsmittel zu benutzen.

Jeder Einzelne hat viele Möglichkeiten zur Entlastung der Umwelt beizutragen. Das betrifft auch den Kindergarten, der für sich allein nur wenig bewirken kann, aber in der Summe mit anderen eine große Bedeutung hat.

## MERKSATZ

Die Arbeit im Kindergarten sollte umweltfreundlich sein, denn Umweltschutz erhöht die Lebensqualität und gibt kommenden Generationen eine Chance.

## AUFGABEN

1. *Schreiben Sie Regeln für Kinder im Kindergarten auf, damit sich diese umweltgerecht verhalten.*
2. *Nennen Sie Beispiele, wie beim Input gespart werden kann.*
3. *Bereiten Sie einen Elternabend mit dem Thema „Umweltschutz" vor.*

Abb. Nühs

## 5.2.4 Kindergärten ökologisch einrichten

Der englische Philosoph John Locke (1632–1704) formulierte die pädagogische Aussage: „Nihil est in intellectu quod non prius fuerit in sensu!" (Nichts ist im Verstand, das nicht vorher in den Sinnen war)

## AUFGABE

*Beurteilen Sie die Aussage von John Locke. Können Sie ihr zustimmen?*

Diese Erkenntnis macht deutlich, dass es wichtig ist, von der reinen Zweckdienlichkeit vieler Kindergärten abzugehen und stattdessen den Kindern im Kindergarten **Naturerfahrungen** zu ermöglichen. Sie bilden quasi einen Gegenpol zu einer überaus medienintensiven Gesellschaft.

Selbst mit geringsten Finanzmitteln kann zumindest ein Anfang zur Umgestaltung des Außengeländes gemacht werden. Hilfreich ist es, den Umbauprozess von Fachleuten wie etwa Landschaftsarchitekten, Landschaftsplanern oder Landschaftsgärtnern begleiten zu lassen.

Anliegen aller Einzelaktionen muss es sein, viele möglichst **vernetzte Lebensräume als naturnahe Erlebnis- und Spielräume** zu schaffen. Das emotionale Erleben und die unmittelbare Begegnung mit originalen Gegenständen und Elementen wie etwa Bäumen, Sträuchern, Pflanzen und Tieren sind für eine gesunde Entwicklung der Kinder von maßgebender Bedeutung. Die kindliche Entwicklung ist ein Reifeprozess, der sich an der vielgestaltigen Lebenswelt und den damit verbundenen Reizen für das Kind orientiert. Begegnung und Erfahrung mit den Gegenständen und Phänomenen der Umwelt ist somit für diesen Wachstums- und Reifeprozess unabdingbar.

Aus diesen Zusammenhängen zwischen kindlicher Entwicklung und späterem Umweltbewusstsein und Umwelthandeln lassen sich Kriterien für eine kind- und naturgerechte Gestaltung des Außengeländes in Kindergärten ableiten.

### Pädagogische Kriterien:

Das Außengelände soll:

- Aufforderungscharakter für Kinder haben,
- den Kindern für das kindliche Spiel Entfaltungsmöglichkeiten bieten,
- Platz haben für verschiedene Bewegungs- und Spielformen,
- abwechslungsreich und unterschiedlich gestaltet sein,
- offen sein für Veränderungen,
- die Möglichkeit bieten, Umweltwissen zu vermitteln,
- zum ganzheitlichen Denken in Kreisläufen und ökologischen Beziehungen anregen,
- Artenkenntnisse vermitteln,
- in den Spielbereichen nicht trittempfindlich sein und kindlicher Belastung standhalten,
- viele Sinneserfahrungen ermöglichen.

### Ökologische Kriterien:

Die Gestaltung von Kindergartenaußenbereiche soll:

- **standortgerecht** sein, d. h. die Pflanzen sollen nach den Bodenverhältnissen ausgesucht werden. Pflanzen, die einen schattigen Platz bevorzugen, sollten nicht an einem sonnigen gepflanzt werden.
- **heimische Arten** bevorzugen: Viele heimische Tierarten, z. B. Falter sind in ihrer Entwicklung auf bestimmte Pflanzenarten angewiesen. Exotische Gehölze und Stauden sollten höchstens zusätzlich gepflanzt werden.
- sich an **jahreszeitlichen Aspekten** orientieren. Die Anlage muss so geplant sein, dass sie auch sommerliche Trockenperioden bzw. winterliche Starkfröste überstehen kann.
- den **Platzbedarf** einzelner Naturerlebnisbiotope berücksichtigen: Es hat z. B. wenig Sinn, große Bäume zu pflanzen, wenn diese sich nicht entwickeln können.
- **in Aktions- und Erlebnisbereiche** eingeteilt werden: Uferbereiche am Teich, wo Frösche, Libellen und Wasserläufer beobachtet werden können, sind Tabuzonen für Schaufel und Hacke. Aus dem Naturteich sollte auch kein Wasser zum Matschen und Bauen geholt werden. Hier hat die Natur Vorrang.
- keine **Giftpflanzen** enthalten. Giftpflanzen wie Pfaffenhütchen, Goldregen, Seidelbast, Eiben und Stechpalme sollten im Freigelände nicht gepflanzt werden, da sie häufig einen besonderen Reiz auf Kinder ausüben.

Vor der Gestaltung der Außenflächen sollte ein **Pflegeplan** aufgestellt werden: Es muss festgestellt werden, welche regelmäßigen Arbeiten, z. B. Gehölzschnitt oder das Mähen bestimmter Spielbereiche, anfallen und wer dafür zuständig ist. Möglicherweise muss Kontakt mit dem Gartenamt aufgenommen werden.

Diese Überlegungen tragen entscheidend dazu bei, Planungsfehler, Misserfolge und Frustrationen zu vermeiden.

### Sicherheitskriterien:

Naturnahe Spielelemente wie Erdhügel, Holzbrücken usw. sind so zu gestalten, dass sich Kinder daran nicht verletzen können. In DIN 18034 heißt es darum: „Freude am Abenteuer und Bestehen eines Risikos als Bestandteil des Spielwerts sind im Rahmen kalkulierter spielerisch-sportlicher Betätigung erwünscht. Für Kinder nicht erkennbare Gefahren sind zu vermeiden."

## Raumgliederung als Prinzip

Lange Gänge, Flure, die wie Tunnel wirken, animieren zum Rennen und Schreien. **„Die Ursache ist nicht Freude, sondern Angst, das Rennen ist Flucht",** sagen Wissenschaftler. Besonders gehemmte Kinder könnten in solchen Räumen ihre Angst kaum zügeln. Das Schreien würde dem Pfeifen im dunklen Wald bei Nacht entsprechen. Eine Folge dieser natürlichen Reaktion sei oft ein nahezu unerträglicher Lärm. Bei richtiger Raumaufteilung müsste er nicht sein.

Bei einem zeitgemäßen Raumangebot in einem Kindergartenneubau wird für eine Gruppenraumeinheit eine ca. 70 $m^2$ große Fläche für jeweils 25 Kinder gefordert, die in einen größeren Raum mit ca. 50 $m^2$ und in einen kleineren Raum mit ca. 20 $m^2$ gegliedert werden. Sinnvoll ist auch der Einbau einer **zweiten Aufenthaltsebene**. Als Baustoff eignet sich Holz sehr gut, da es sich gut anfühlt und eine freundliche Atmosphäre verbreitet.

Da man sich bei der Bemessung der Einbauten am Kind orientieren muss, reicht eine Raumhöhe von 2,70 m für die zweite Ebene aus. Dorthin können sich einzelne Kinder, aber auch kleine Gruppen zurückziehen, wenn ihnen unten zu viel Betrieb ist. Auf diese Weise können Kinder ihren jeweiligen Beschäftigungen ohne ständige Störung nachgehen und diese mit Erfolg beenden. Wichtig für die Einbauten ist, dass sie sich besonders gut im Raum einfügen. Ungeeignet sind tribünenartige Aussichtsplattformen, da sich Kinder dort beobachtet fühlen, stattdessen benötigen sie **kleine Nischen und Winkel**, die nicht einsehbar sind. Das Kind benötigt ebenso eine Gelegenheit zum **Alleinsein**, wo es konzentriert und kreativ spielen kann, wie zur Gemeinsamkeit, zum Rennen und Toben. Der Raum, der dem Kind zugewiesen wird, muss seinem Entwicklungsprozess entsprechen.

Hauptsächlich wird die zweite Ebene besonders von den ausländischen Kindern und jüngeren Kindern genutzt. Beide Gruppen sind anfänglich hauptsächlich damit beschäftigt, die anderen Kinder **zu beobachten** und sich erst nach und nach am allgemeinen Geschehen zu beteiligen. Aus ihrer „sicheren Ecke" können sie alles sehr gut überblicken, so dass die Integration ohne Probleme erfolgen kann.

Eine bauliche Umweltplanung ist nur dann kindgerecht, wenn sie Projektion und Provokation ist.

## Material zur Innengestaltung

Alles Material, das im Kindergarten verwendet wird, sollte grundsätzlich ökologischen und gesundheitlichen Kriterien genügen. Für die **Möbel** sollte **Holz** gegenüber Kunststoff bevorzugt werden, da es ein natürliches Material ist.

Für den Fußboden eignet sich am besten **Holz, Kork, Stein oder Wolle als Teppichboden**. Mit PVC-Fußböden ist Vorsicht geboten, da einige von ihnen das Gift Tributylzinn oder TBT enthalten. Das starke Gift zeigt bereits in winzigen Konzentrationen Wirkung auf das Hormon- und Immunsystem. Außerdem geht im Brandfall eine Gefahr von diesen Fußböden aus und die Herstellung und Entsorgung ist besonders problematisch.

Weitere wichtige Kriterien für die Wahl des Fußbodens sind seine

- **Reinigung,**
- **Optik,**
- **Schalldämpfungseigenschaften.**

Besonders schlecht schneidet diesbezüglich der Steinfußboden ab, der weniger als fünf Prozent des Schalls schluckt. Am besten geeignet sind weiche Teppichböden, die bis zu 50 Prozent des Geräuschpegels aufnehmen. Beim Trittschall ist ein Holzdielenboden mit dämpfender Hohlraumfüllung günstig. Dieser Bodenbelag reduziert den Trittschall um etwa 20 Dezibel. Kokosläufer nehmen immerhin noch 17 Dezibel auf, und eine 5 Millimeter dicke Korkplatte dämpft um etwa 15 Dezibel.

Elektrostatische Aufladung kann man durch einen natürlichen Bodenbelag vermeiden. Weder Naturwolle, noch Kork, Holz oder Linoleum, die

Abb. Morgenstern

mit Öl oder Wachs behandelt wurden, laden sich auf.

| Linoleum: |
|---|
| ▶ sehr haltbar,<br>▶ einfach zu pflegen,<br>▶ preisgünstig im Vergleich zum Holz. |
| **Korkfußboden:** |
| ▶ gut geeignet,<br>▶ kann sich weiß färben, wenn er mit Wasser in Berührung kommt, er muss dann abgeschliffen werden. |
| **Holzfußboden:** |
| ▶ fußwarm,<br>▶ belastbar,<br>▶ pflegeleicht,<br>▶ sieht gut aus.<br>Industrieparkett und Holzpflaster haben sich bei Kindern bewährt. |
| **Steine, Fliesen, Platten:** |
| ▶ kratz- und wasserfest,<br>▶ hygienisch,<br>▶ fußkalt,<br>▶ sicherheitstechnisch nicht ganz harmlos.<br>Steine, Fliesen, Platten sollte man daher nur in einzelnen Räumen verwenden, z. B. in der Toilette und Dusche. |
| **Sisal- und Kokosboden:** |
| ▶ sehr strapazierfähig,<br>▶ empfindlich bei farbigen Flüssigkeiten,<br>▶ können mit Pflanzenschutzmitteln behandelt worden sein, daher sollte man sich vor dem Verlegen einen Prüfbericht zeigen lassen. |
| **Wollteppiche:** |
| ▶ ökologisch und sozial verträglich, da er zu den bestüberwachten Produkten zählt,<br>▶ lädt zu vielen Spielen ein. |

### Mut zur Farbe:

Farbgestaltung kann auch bauliche Mängel unauffällig kaschieren und von unschönen Details zwanglos ablenken. Kleine Zimmer mit niedrigen Decken wirken nicht mehr so beengt, wenn sie in einem hellen, die Decken aber in einem noch helleren Farbton, gestrichen sind. In hohen Räumen fühlt man sich weniger verloren, wenn sie in einem dunkleren Farbton gehalten werden.

Bei der Farbe ist darauf zu achten, dass sie mit dem **„Blauen Engel"** versehen ist. Sie enthält dann **weniger Schadstoffe** als andere vergleichbare Produkte. Noch besser als die Farben mit dem blauen Engel sind **Naturfarben**. Sie werden hauptsächlich aus Pflanzenprodukten hergestellt.

## MERKSATZ

Das Wechselspiel von Natur und Mensch, das Geborgensein in der Natur, wird von den Kindern positiv verarbeitet und verinnerlicht und später Messlatte für eigenes Umwelthandeln sein.

## AUFGABEN

1. *Beurteilen Sie den Kindergarten, in dem Sie Ihr Praktikum absolviert haben, hinsichtlich seiner ökologischen Gestaltung sowie der Einhaltung von Umweltschutzbestimmungen.*
2. *Was halten Sie von einer Solaranlage in einem Kindergarten. Fragen Sie dazu den Fachmann?*

## 5.3 Geschlechtsspezifische Erziehung

Abb. Thiele/Nühs

## FALLBEISPIEL

**Sonntagmorgen bei Familie Mertens**

Vater Claus-Hinrich ist gerade aufgewacht. Am liebsten hätte er es, wenn ihm das Frühstück direkt an das Bett serviert würde. Seine Frau Carola darf er nicht mit diesem Wunsch belästigen. Fast jeden Tag rechnet sie ihm vor, was sie alles im Haushalt macht im Unterschied zu ihm, der sich angeblich überhaupt nicht für den Haushalt verantwortlich fühlt und das, obwohl Carola, genau wie er, berufstätig ist. Aber da fällt ihm ein, wie sieht es mit Tochter Monique aus, sie ist fünf Jahre alt. Letztens hat sie sogar Kaffee gekocht. Ein Brötchen auf ein Tablett anzurichten, dürfte nicht zu schwer für sie sein. Gedacht, getan! Monique bekommt den Auftrag, ihm das Frühstück zu bringen. „Aber gern", erwidert Monique, „du wirst sehen, dass ich das kann!"
Die Mutter ist ganz empört über den Arbeitsauftrag für Monique. Sie meint: „Warum bittest du Monique und nicht Olli, der ist doch schon acht Jahre alt und auch sehr geschickt im Haushalt?" „Aber nein", erwidert der Vater, „Frühstückzubereiten ist Mädchensache!"

## AUFGABE

*Diskutieren Sie in Ihrer Klasse die Äußerungen der Eltern von Monique und Olli.*

Bei der Mithilfe im Haushalt, bei Gartenarbeit oder handwerklichen Arbeiten sollten Jungen und Mädchen gleichmäßig belastet werden. Bei der Mithilfe sollte individuell auf die Fähigkeiten der Kinder eingegangen werden und nicht nach Geschlechtern getrennt werden.

### 5.3.1 Kindliche Sexualität

Mit der **Geburt des Kindes** beginnt seine Sexualität, denn von Anfang ist es mit allen Sinnen ausgestattet. Die Trennung von Zärtlichkeit, Sinnlichkeit und Sexualität gibt es bei Kindern nicht. Der Mund ist die wichtigste erogene Zone. Sie nutzen ihn nicht nur zur Nahrungsaufnahme sondern auch zum Nuckeln, was ihnen Freude bereitet.

Sowohl das Nuckeln, Schmusen oder Kuscheln als auch das Berühren ihrer Genitalien erleben Kinder als lustvoll. Die Erfahrungen, die sie im zärtlichen Kontakt mit ihren Eltern machen, sind sexuelle **Lernerfahrungen**. Sie schaffen ein bestimmtes Körpergefühl und fördern die Beziehungs- und Liebesfähigkeit. Im Alter von etwa zwei Jahren erlebt sich das Kind zunehmend als **Mädchen** oder **Junge**. Nun entwickelt es Selbstbewusstsein und weiß sich einzuordnen. An realen Personen kann es lernen, was es heißt, weiblich oder männlich zu sein. Die Sinnlichkeit des Kindes kann verkümmern, wenn es diese Lern- und Erfahrungsmöglichkeiten nicht hat. Mit dem Kind sollte daher nicht nur gesprochen werden, sondern das Schmusen und Wiegen sind genauso wichtig. Dadurch entsteht ein Band zwischen dem Kind und der Außenwelt.

Mit der Nacktheit des Kindes sollten Eltern und Bezugspersonen ganz unbefangen umgehen und ihm Gelegenheit geben, auch die Geschlechtsteile zu berühren. Wichtig ist, dass Eltern bzw. Bezugspersonen Geschlechtsteile, genau wie die Arme und Beine, benennen. Das Kind lernt dadurch, ganz unbefangen mit diesem Teil seines Körpers umzugehen.

Viele Eltern sind nach wie vor der Meinung, Sexualerziehung sei Sache der Mutter. Das gilt insbesondere für die Töchter. Gespräche „unter Frauen" sind sicher in dem einen oder anderen Fall erforderlich. Es darf aber nicht übersehen werden, dass der Vater ein wichtiges körperliches Gegenüber ist und er in gleicherweise ein Vorbild, Gesprächspartner und eine Bezugsperson ist. Väter sollten ihr eigenes Verhalten gegenüber dem Kind gestalten und ebenfalls ihre Verantwortung für die Familie zum Ausdruck bringen.

Wünschenswert ist, dass Eltern und Bezugspersonen das Kind jederzeit in seiner psychosexuellen Entwicklung begleiten und es bei seinen Experimenten unterstützen.

Mit dem **Eintritt in den Kindergarten** eröffnen sich auch im Bereich des Geschlechtlichen neue Lernmöglichkeiten. Das Kind erlebt hier andere Mädchen und Jungen seines Alters, mit denen es sich vergleichen kann oder die es nachahmen kann. Auch die **Körperlichkeit** der anderen Kinder erweckt seine Neugier: Sind die

Genitalien der anderen Kinder genauso geformt wie die eigenen. Es kann vorkommen, dass ein Kind, das seine Genitalien noch nicht als Lustquelle entdeckt hat, von einem anderen Kind lernt, sich selbst zu berühren und zu befriedigen. Es kann auch sein, dass es sich in aller Öffentlichkeit befriedigt, denn das Schamgefühl ist noch nicht ausgeprägt. Erst während eines längeren Lernprozesses lernt es die üblichen sozialen Verhaltensweisen.

Im Alter von drei bis fünf Jahren entwickeln viele Jungen und Mädchen besondere Zuneigung zum andersgeschlechtlichen Elternteil (Ödipusphase). Diesem Verhalten sollte keine besondere Beachtung geschenkt werden, denn es legt sich nach einiger Zeit.

Die geistige Entwicklung des Kindes ist nun so weit fortgeschritten, dass es sich verstärkt mit dem eigenen und dem anderen Geschlecht beschäftigt. Das kommt in den Vater-Mutter-Kind-Spielen zum Ausdruck, in denen es die Rolle der Eltern bzw. der Kinder in allen möglichen Variationen nachahmt. Hier ist die Gelegenheit für die Eltern gegeben, dem Kind mitzuteilen, dass es auch andere Formen des Zusammenlebens gibt.

Auch die so genannten **Doktorspiele** dienen dazu, Genaueres über die Geschlechtsorgane zu erfahren. Das kann so weit gehen, dass der Geschlechtsverkehr nachgeahmt wird. Bei diesen Spielen möchten die Kinder unter sich sein und nicht von den Erwachsenen gestört werden.

Auch bei vielen anderen Spielen wird das erwachsene Leben nachgespielt, z. B. schlüpfen kleine Mädchen sehr gern in die Rolle der Puppenmutter, während der Junge die Rolle des Vaters übernimmt.

Auffällig ist im **6. Lebensjahr**, dass sich ein Großteil der Jungen und Mädchen auf das eigene Geschlecht konzentriert und das andere Geschlecht herabwertet. Jungen und Mädchen wollen nichts mehr voneinander wissen und finden sich gegenseitig blöd. Zur Geburtstagsfeier werden meist Kinder des eigenen Geschlechtes eingeladen.

Im Alter von **9 bis 10 Jahren** kann sich alles ändern, da in diesem Alter bereits die Geschlechtsreife der Kinder eintreten kann. In diesem Alter sollten Eltern oder Bezugspersonen mit der Aufklärung ihrer Kinder beginnen Die Kinder möchten alles über die Schwangerschaft und Geburt wissen. Die hormonelle Veränderung trägt nicht nur zur Geschlechtsreife bei, sondern führt auch zu Verliebtheit und zu erotischen Fantasien. Selbstbefriedigung gewinnt an Bedeutung.

In diesem Alter sollte auch die Körperpflege im Intimbereich mit dem Kind eingeübt werden. Für **Jungen** bedeutet das: Vorsichtig die Vorhaut an der Eichel zurückziehen und mit einer milden Seife und warmem Wasser Eichel, Penis, Hoden und After waschen. **Mädchen** falten bei der Intimpflege die Schamlippen behutsam auseinander und waschen sich dort und in der Afterspalte ebenfalls mit einer milden Seife.

Kinder in der Grundschule sind in einer Phase intensiver **Medienaneignung**. Dabei kommen

Abb. MEV

sie mit den verschiedensten Bildern und Informationen zur Sexualität in Berührung. Während die jüngeren Kinder das Küssen als ekelig empfinden, sind die älteren Grundschulkinder an Erotiksendungen und Sex-Heftchen interessiert. Untersuchungen haben ergeben, dass das gelegentliche Betrachten sexueller Bilder nicht zu einer verfrühten Sexualisierung der Kinder führt.

Damit Kinder kompetent mit der Vielfalt der Medien umgehen, ist es sinnvoll, den kindlichen Medienkonsum zu begleiten und Regeln für das Fernsehen und Internetsurfen zu vereinbaren. Bei Spielfilmen im Fernsehen oder im Kino ist auf die Altersfreigabe zu achten.

| Alter | Äußerung der Sexualität |
|---|---|
| **1–3 Jahre** | Der Mund ist die wichtigste erogene Zone, darüber hinaus entdeckt das Kind seine Genitalien und stellt den Unterschied zwischen männlich und weiblich fest. |
| **4–6 Jahre**<br><br><br><br>**6 Jahre** | Doktorspiele: Kind erforscht seinen Körper<br>Vater-Mutter-Kind-Spiele:<br>Kind entwickelt seine Identität<br>Trennung der Geschlechter |
| **7–10 Jahre** | Mädchen und Jungen beginnen sich dem anderen Geschlecht anzunähern. Sie wünschen sich Aufklärung über Schwangerschaft und Geburt. |

## MERKSATZ

Mit der Geburt des Kindes beginnt seine Sexualität, die es in den nachfolgenden Jahren immer weiterentwickelt. Wichtig ist, dass Eltern bzw. Bezugspersonen ihre Kinder begleiten.

## AUFGABEN

1. *Nennen Sie Beispiele für sexuelles Verhalten von Kindern in den beschriebenen Altersstufen.*
2. *Üben Sie ein mögliches Eltern- bzw. Betreuergespräch über die Aufklärung eines Kindes im Alter von 8–10 Jahren.*

### 5.3.2 Vorpubertät

## AUFGABEN

1. *Beurteilen Sie das Bild „Pubertät" (von Edvard Munch, 1894).*
2. *Nennen Sie Anzeichen für ein pubertierendes Verhalten bei dem jungen Mädchen.*

In der krisenreichen Zeit der Vorpubertät wird von den Eltern, Lehrern und allen, die mit Jugendlichen umgehen, ein besonderes **pädagogisches Einfühlungsvermögen** verlangt. Die jungen Menschen sind im Umbruch, auf dem Weg, erwachsen zu werden. Körperlich und seelisch geraten sie durch den Reifungsprozess in vorübergehende **Unordnung und Disharmonie**. Die Jugendlichen sind auf der Suche nach ihrer eigenen Identität. Dazu müssen sie sich von ihren Eltern abgrenzen. Ein wichtiges Mittel zur Abgrenzung sind Konflikte, die in dieser Zeit häufig provoziert werden. Die Peergroups sind ein wichtiger Sicherheitsanker

Abb. © The Munch Museum/The Munch Ellingsen Group/VG Bild Kunst, Bonn 2006/„Bildarchiv Foto Marburg" bei der Ablösung vom Elternhaus. Jugendliche wollen sich nicht nur abgrenzen, sondern auch unverwechselbar sein. Ein weiteres wichtiges Mittel bei der Identitätssuche ist das Ausprobieren verschiedener Rollen und das genaue Beobachten von Vorbildern.

Erziehung muss nun Hilfe leisten, damit die Jugendlichen nicht in Unausgeglichenheit und Unreife stecken bleiben, sondern nach und nach persönliche Stabilität gewinnen. Im Einzelnen benötigen sie jetzt:

- **Interesse und Anteilnahme** an allem, was sie bewegt und was ihnen wichtig ist. Die Erwachsenen sollen sich nicht über sie, sondern neben sie stellen. Bei Mädchen stehen Modewünsche und Kleidung oft im Mittelpunkt, besonders wichtig ist für sie das Urteil der Freundin. Eltern können einen harten Stand haben, wenn die Freundin einen anderen Geschmack hat als sie. Jungen interessieren sich mehr für Autos. Je schneller ein Auto ist, umso schicker finden sie es.
- **Gesprächsbereitschaft:** Jugendliche benötigen die Gesprächsbereitschaft der Erwachsenen, um mit ihnen über ihre Gedanken und Nöte reden zu können. Die Gespräche verlaufen keinesfalls ruhig, sondern die Standpunkte können hart aufeinander prallen. Wichtig ist, dass die Erwachsenen ruhig und ausgeglichen bleiben und das Gespräch nicht vorzeitig bei Auseinandersetzungen beenden.
- **Gespräche zwischen Eltern, Lehrern und Jugendlichen** können aus der **Sackgasse** in der Erziehung herausführen, wenn es um schlechte Noten in der Schule oder sogar um schulisches Versagen geht. Mit den Lehrerinnen zusammen müssen Wege gefunden werden, den weiteren Leistungsabfall aufzuhalten. Auch über negatives Verhalten der Jugendlichen in der Schule und im Elternhaus können Lehrerinnen und Eltern gemeinsam Überlegungen anstellen, dieses Verhalten zu verbessern.
- Die Gratwanderung von Eltern und Lehrern zwischen zu strenger und zu lascher Erziehung bleibt. **Ständige Gebote und Verbote fordern den nach allen Richtungen ausbrechenden Jugendlichen zu noch mehr Eigensinn und Auflehnung heraus.** Die allzu lange Leine, das laufen lassen, bekommt ihm ebenfalls nicht gut: Er findet sich ohne Anweisungen nicht zurecht. Angebote aller Art stürmen auf ihn ein, er kann noch nicht wie Erwachsene unterscheiden und auswählen. Die bereits alkoholsüchtigen oder bzw. und drogenabhängigen 14-jährigen Jugendlichen sind hierfür ein Beweis.
- **Kompromisse** schließen heißt: Beide, die Eltern und Betreuer auf der einen Seite, der Jugendliche auf der anderen Seite einigen sich in der Mitte, z. B. wenn es um das Ausgehen oder um die Schularbeits- und Freizeiteinteilung geht. Kompromisslos müssen Eltern dagegen sein, wenn der Jugendliche sich selbst und andere gefährdet und wenn das Jugendschutzgesetz und das Jugendarbeitsschutzgesetz nicht eingehalten werden.
- **Körperliche Kräftigung:** Die seelischen Unstimmigkeiten hängen deutlich mit den körperlichen Veränderungen zusammen, daher kann durch Bewegung, Sport und gesunde Ernährung die Stimmungslage angehoben werden. Entspannende Spiele tragen ebenfalls dazu bei.
- Trotz der genannten Hilfen wird es nicht gelingen, Konflikte zwischen den Eltern, den Betreuern und dem Jugendlichen abzubauen. **Auseinandersetzungen** finden immer wieder statt, obwohl alle Beteiligten davon Abstand nehmen möchten. Aber Klären und Abändern von Gegensätzen fördern das menschliche Reifen. Fehlverhalten kann sowohl auf der Seite der Eltern und der Betreuer vorhanden sein wie auf der Seite des Jugendlichen. Entscheidend ist, dass alle Seiten nach den Auseinandersetzungen wieder aufeinander zugehen.

## MERKSATZ

Die körperlichen und geistig-seelischen Veränderungen während der Vorreifezeit bei Jugendlichen haben zur Folge, dass es häufig zu Konflikten zwischen den Eltern, den Betreuern und dem Jugendlichen kommen kann. Das ausgleichende Gespräch ist in dieser Zeit besonders notwendig.

## AUFGABE

*Bringen Sie Fotos aus Ihrem 12., 13. und 14. Lebensjahr mit und berichten Sie über Probleme, die Sie in der Zeit hatten.*

### 5.3.3 Pubertät

## FALLBEISPIEL

**Eine 16-jährige Schülerin schreibt**

Manchmal ist mir so, als ob ich vier oder fünf Jahre wäre. Ich spiele in der Sandkiste oder mit Figuren, mit Knete oder Puppen wie früher, als ich noch in die Grundschule ging. Aber schon kurze Zeit später meine ich, älter als 20 zu sein. Ich denke, so alt und erfahren bin ich, ich bin überaus vernünftig, dass ich mich fast selbst nicht kenne. Ich denke, ich stehe an einem tiefen Bergsee, der mein Leben ist; ich brauche nur hineinzuspringen.

Abb. MEV

## AUFGABEN

1. *Schreiben Sie auf, welche Gefühle, Empfindungen und Zukunftswünsche die 16-jährige Schülerin hat.*
2. *Nehmen Sie Stellung zu Gegenwartsfragen über Jugendliche.*

Die **körperliche Entwicklung** geht bei den Jugendlichen weiter:

- Bei den 14- bis 15-jährigen Mädchen zeigen **Brust und Hüften frauliche Rundungen**: die Scham- und Achselbehaarung nimmt deutlich zu; die Menstruation erfolgt regelmäßig.
- Bei den Jungen entwickelt sich allmählich die **männliche Gestalt**. Der Bart wächst dichter, der Adamsapfel wird sichtbar; die Schultern verbreitern sich; das Verhältnis von Gliedern und Rumpf wird wieder harmonischer; Penis und Hodensack nehmen die männliche Form an; Scham-, Achsel-, Brust- und Beinbehaarung wird stärker; die Stimme nimmt den tiefen männlichen Ton an.

Die **geschlechtliche Reifung** bei Mädchen und Jungen ist erreicht. **Das äußere Erscheinungsbild des Erwachsenen** wird immer klarer.

Nachdem die Jugendlichen ihre vorpubertäre Unausgeglichenheit abgelegt haben, zeigen sie eine **zunehmende Verinnerlichung**. Erste Erfahrungen mit der Geschlechtlichkeit liegen hinter ihnen, so dass sie sich nun ihrem emotionellen (gefühlsmäßigen) Bereich zuwenden können:

- Sie versuchen **Tiefe und Weite der eigenen Empfindungen** zu erforschen und den wesentlichen Sinn des Lebens zu finden. Sie werden von Empfindungen und Stimmungen erfasst, die zwischen tiefer Traurigkeit, Weltschmerz, Todessehnsucht, Einsamkeit, Verlassenheit, Wehmut und Heiterkeit sowie Fröhlichkeit und Ausgelassenheit liegen.
- **Tagebüchern** wird anvertraut, was Herz und Gemüt bewegt. Alle Beunruhigungen, Verunsicherungen und das Unverstandensein werden in das Tagebuch hineingeschrieben.
- In **Briefen** teilen vor allem junge Mädchen mit, was ihnen wichtig ist. Über die erste Liebe wird genauso berichtet, wie über die Nachtwanderung auf einer Klassenfahrt.

**Gespräche und Aussprachen** suchen Jugendliche nicht nur bei Gleichaltrigen, sondern auch bei Älteren, zu denen sie Vertrauen haben. Seltener wenden sie sich an die Eltern. Geduldige Zuhörer finden sie bei den Großeltern und anderen bekannten Menschen. In der Regel kreisen die Gespräche um:

- Lebenssinn-Fragen,
- das eigene Aufgewühltsein,
- Zukunftsträume und Zukunftschancen,
- das aufregende Ich.

Die Lebensumstände des anderen interessieren bei diesen Aussprachen den Jugendlichen kaum. Er soll einfach für ihn da sein, mitdenken und zurückhaltend beraten, vor allem aber aufmerksam zuhören.

Die Gespräche und Aussprachen tragen zur **Selbstfindung des Jugendlichen** bei. Niemand möchte in der Masse untergehen, jeder legt Wert auf seine persönliche Note.

Jugendliche versuchen auf vielfache Weise, ihre **Eigenart** zu betonen. Das beginnt mit der Kleidung, Jugendsprache und Haarfrisur und endet beim Verhalten. So gibt es in jeder Klasse

- den so genannten Revoluzzer, der seine Umsturzideen verkündet,
- den Schweiger,
- den Mitschüler mit dem Gammellook,
- den Punker oder Skinhead.

Der eine ist intellektuell begabt, der andere praktisch, der dritte ist eine Führungspersönlichkeit und der vierte ist Mitläufer. Die Unterschiede sind so vielfältig, dass eine vollständige Aufzählung unmöglich ist. Jeder Mensch ist anders, niemand ist so, wie der andere. Das wird jungen Menschen jetzt deutlich und klar. Sie lassen sich in kein Schema pressen. Gleiche Interessen verbinden über Gruppierungen und Schichten hinweg. In den Hobbyclubs kennen sich alle beim Vornamen, kaum jemand achtet auf den familiären oder bildungsmäßigen Hintergrund des anderen.

Der berechtigte **Individualitätsanspruch** kann aber auch dazu führen, dass sich Jugendliche zu kriminellen Gangs zusammenschließen und Erziehung ablehnen. Bei diesen Fehlentwicklungen ist die Hilfe von Spezialisten wie Ärzten, Psychotherapeuten, Seelsorgern, Jugendrichtern sowie Sozialarbeitern erforderlich. Teilweise haben sich Eltern-Selbsthilfegruppen gebildet, in denen die betroffenen Eltern gemeinsam versuchen, ihre Kinder zurückzuholen.

**Kritik** an den Eltern und Lehrern üben 15- bis 16-Jährige nicht mehr in der ungezügelten Art einer 13-Jährigen. Urteilsvermögen, vernünftiges und logisches Denken, Selbstkritik sowie die Fähigkeit, eigene Schuld von der fremden zu unterscheiden, haben zugenommen. Kompromisslos und direkt werden Verhaltensweisen der Eltern, Lehrerinnen sowie der Frauen und Männer in der Öffentlichkeit beurteilt. Kaum ein Bereich bleibt von der Kritik verschont.

Nur **echte Autorität** überzeugt junge Menschen. Erwachsene sollen keine „Sprüche klopfen“, sondern in redlicher Weise das tun, was sie mit Worten empfehlen. Die Beobachtung, wie Wort und Tat auseinanderklaffen, führt zu Auseinandersetzungen, die länger andauernde Konflikte nach sich ziehen können. Jugendliche möchten, dass Erkenntnisse und Ziele geradlinig und kompromisslos auf den Weg gebracht werden. Die Lebenserfahrungen Erwachsener, dass ein Entweder-Oder nicht immer möglich ist, sondern dass möglicherweise ein Mittelweg gefunden werden muss, ist für Jugendliche oft schwer nachvollziehbar und führt häufig zu der resignierenden Aussage Erwachsener: „Die jungen Leute lassen sich ja doch nichts mehr sagen!“

Chancen zum Krisenabbau liegen im **Gespräch und in der Eigenkorrektur**. Das Überschätzen des eigenen Standpunkts hilft nicht weiter, sondern das Beurteilen und Einordnen der anderen Position ist genauso wichtig. Dazu muss jeder Gesprächspartner dem anderen zuhören, dessen Überlegenheit durchdenken und bereit sein, sich vom besseren Argument überzeugen zu lassen.

**Miteinander statt gegeneinander** sollte die Devise im Zusammenleben der Jugendlichen mit ihren Eltern heißen. Viele Jugendliche, die bereits Geld verdienen, möchten alles selbst entscheiden, wie und wo und mit wem sie ihre freie Zeit verbringen. Dennoch sollten Eltern korrigierend eingreifen, wenn sie Gefahren erkennen, z. B. bei der Einnahme von Drogen. Eltern brauchen viel Geduld und Gelassenheit für ihre Tochter und/bzw. ihren Sohn in der Pubertät. Wenn es auch manchmal „knallt“, so ist es dennoch wichtig, **miteinander im Gespräch** zu bleiben.

## MERKSATZ

Die Pubertät ist gekennzeichnet durch das Herauslösen aus dem Elternhaus, Hineinwachsen in die Aufgaben des Berufs, einer Partnerschaft, der Gesellschaft und Finden der eigenen Identität.

## AUFGABEN

1. *Tragen Sie Verhaltensauffälligkeiten Jugendlicher zusammen.*
2. *Nennen Sie Beispiele für den Umgang mit Jugendlichen in kritischen Situationen.*

### 5.3.4 Endgültiger Schritt in die Welt der Erwachsenen

Die letzte Phase des Heranwachsenden bezeichnet man als Adoleszenz (adolescere = heranwachsen). Nach überstandenen Krisensituationen folgen jetzt ruhigere Jahre, wenn die Reife in den vorher gehenden Jahren erreicht worden ist. Von der Führung durch die Eltern hängt es ab, ob der Weg von der **Abhängigkeit in die Selbstständigkeit**, vom Elternhaus in die Fremde, leicht oder mühsam war. Die Adoleszenz ist eine Zeit des Überganges von der Reife der Geschlechtlichkeit bis zur gültigen Mündigkeit des erwachsenen Menschen. In diesen Jahren wird die körperliche Gestalt vollendet und die soziale und geistig-seelische Reife erreicht.

Mit 18 bis 21 Jahren hat die **Gestalt ihre volle Größe** erreicht. Am Ende dieser Phase ist die typische Gestalt von Frau und Mann erreicht. Mit den ausgeglichenen Formen des Körpers verändert sich der gesamte Eindruck. **Die wachsende Harmonie des Körpers hat auch eine innere Ausgeglichenheit zur Folge.** Das macht den Umgang mit anderen Menschen leichter. Die Leistungen werden zuverlässiger. Junge Frauen und Männer, die bereits in der Ausbildung etwas erreicht haben, sind von sich aus bestrebt, ihre Leistungen zu steigern. In dieser Übergangsphase erreichen sie aber noch nicht ihre volle Leistungsfähigkeit.

In der Pubertät sind Jugendliche so stark mit sich beschäftigt, dass eine Hinwendung zur Umwelt schwierig ist. Das ändert sich in dieser Altersstufe. Die jungen Erwachsenen treten der **Welt nun wieder sicherer gegenüber** und festigen ihren Standpunkt hinsichtlich ihrer Umwelt. Sie können nun auf eigene Erfahrungen zurückgreifen. Meistens schließen sie in dieser Zeit die Schule ab und haben damit einen Erfolg zu verbuchen. Ihre Pläne, den Beruf und das Leben betreffend, sind nun schon konkreter. Mit dem Festlegen von Zielen für ihr künftiges Leben erwerben sie sich ein weiteres Stück an persönlicher Reife.

Die **Bindung an die gleichaltrigen Peergroups** beginnt, sich nun zu lösen, da sie auf die Zustimmung und Anerkennung dieser Gruppe nicht mehr angewiesen sind. Die Zuwendung zur Gemeinschaft hat jetzt andere Beweggründe. Sie akzeptieren, dass Autorität, Gesetze und Ordnungen für das Zusammenleben der Menschen notwendig sind.

Sie finden immer bewusster den **Weg vom Ich zum Du**. Das ermöglicht die wahre soziale Gesinnung, die Bereitschaft, einander helfen zu wollen, füreinander da zu sein. Jetzt erst entwickelt sich wahres Einfühlungsvermögen und dadurch die Grundlage des Verständnisses für den anderen.

Mit 16 oder 17 Jahren nehmen die meisten Jugendlichen erste **konkrete Beziehungen** zum

Abb. MEV

**anderen Geschlecht** auf. In dieser Zeit kommt aber auch für manche die erste wirkliche Liebe mit einer dauerhaften Bindung an einen Partner.

Mit der Vollendung des 18. Lebensjahres werden dem jungen Menschen **Selbstständigkeit und eigene Verantwortung** zugestanden. Richtige Entscheidungen zu treffen, ist oft nicht einfach. Hinzu kommt, dass den jungen Erwachsenen oft mehr zugetraut wird, als sie leisten können. Das liegt vor allem daran, dass sie in vielen Fällen körperlich wesentlich größer sind als ihre Eltern. Die Gründe für die Akzeleration (beschleunigtes Wachstum) sollen vor allem mit den besseren Lebensbedingungen der jungen Generation zusammen hängen. Eltern sollten aber das tatsächliche Alter ihrer Töchter und Söhne als Grundlage für ihre Anforderungen nehmen.

Dennoch darf nicht übersehen werden, dass der junge Erwachsene auf der letzten Wegstrecke zum Erwachsenen mehr und mehr als **gleichberechtigter Partner** gelten möchte. In der Gruppe der Gleichaltrigen hat er Gleichberechtigung kennengelernt. Sein gefestigtes Selbstvertrauen lässt ihn mit der Forderung auf Anerkennung seiner Persönlichkeit den Erwachsenen gegenübertreten.

Die Partnerschaft mit den Erwachsenen wird zu einer „Wechselbeziehung“:

- Der junge Erwachsene möchte in Fragen, die ihn betreffen, selbstständig handeln und entscheiden.
- Er möchte, unabhängig von den Erwachsenen, eigene Bindungen eingehen.
- Er erhebt Anspruch auf seine Meinung.

### MERKSATZ

Der junge Erwachsene verlangt sein Recht auf Selbstständigkeit und protestiert zu Recht, wenn er bevormundet, gelenkt, kontrolliert oder gar bestraft wird. Die Selbsterziehung hat Vorrang bekommen.

### AUFGABEN

1. *Erkundigen Sie sich bei Ihrer Politiklehrerin nach den Rechten, die eine 18-Jährige hat.*
2. *Die Zeit der Reife kann für Eltern, Betreuer und Jugendliche Probleme bringen. Nennen Sie Schwierigkeiten, die am häufigsten vorkommen und überlegen Sie, wie man dabei helfen kann.*

## 5.4 Technische Früherziehung

### FALLBEISPIEL

Herr Keuner sah sich die Zeichnung seiner kleinen Nichte an. Sie stellte ein Huhn dar, das über einen Hof flog. „Warum hat dein Huhn eigentlich drei Beine?“, fragte Herr Keuner. „Hühner können nicht fliegen“, sagte die kleine Künstlerin, „darum brauchte ich ein drittes Bein zum Abstoßen.“ „Ich bin froh, dass ich gefragt habe“, sagte Herr Keuner. (Berthold Brecht)

### AUFGABE

*Können Sie die Antwort von Herrn Keuner bestätigen?*

Im Vorschulalter befindet sich das Kind in einer **Entwicklungsphase**, die in besonderem Maße von der Ausformung seiner Sinne und prägenden körperlichen Grunderfahrungen gekennzeichnet ist.

In dieser Zeit werden wichtige Fundamente für das Vertrauen in die eigenen schöpferischen Kräfte und **handwerklichen Fertigkeiten** gelegt.

Zur technischen Früherziehung gehört daher:

- Die Anleitung im Kindergarten oder zu Hause zum Erwerb von **Grundfertigkeiten** wie Rhythmik und Sport, Natur- und Sachbegegnung, Übungen des täglichen Lebens, Hauswirtschaft, musikalische Früherziehung, Verkehrserziehung, bildnerisches Gestalten.
- **Spielentwicklung** als Effekt individueller Entscheidungen des Kindes wie auch Förderung durch die Eltern und anderer Bezugspersonen.
- **Umgang mit technischen Geräten.**

### 5.4.1 Das Erlernen von Grundfertigkeiten

### AUFGABE

*Das Zurechtkommen mit den Grundfertigkeiten des täglichen Lebens hat nicht nur Vorteile für die Eltern und Betreuer, sondern insbesondere auch für das Kind selbst.*
*Nennen Sie die Vorteile für das Kind, wenn es sich selbstständig waschen, Zähne putzen und anziehen kann.*

Der Erwerb der genannten Grundfertigkeiten trägt dazu bei, dass Kinder ihre Eindrücke und Erfahrungen verarbeiten und strukturieren können. Das ist für die geistige und psychische Entwicklung von großer Bedeutung. So können die praktischen Einsichten später als lebendiger Wissens- und Erfahrungsschatz zur Verfügung stehen.

## Rhythmik und Sport

Turn- und Rhythmikangebote sollten einen festen Platz in der Wochenplanung des Kindergartens einnehmen. Sie dienen dazu, die Grobmotorik des Kindes zu fördern, Haltungsschäden zu erkennen und dagegen anzugehen.

## Natur- und Sachbegegnung

Angebote der Natur- und Sachbegegnung führen dazu, dass Kinder sensibel für die Umwelt (Abschnitt 5.2) werden. Hierzu kann die Pflege der Pflanzen in Haus und Hof zählen, das Säen, Pflanzen und Beobachten des Wachstums der Pflanzen sowie das Praktizieren des Umweltschutzes. Sie lernen dadurch auch, Verantwortung zu übernehmen. Die Besichtigung des Arbeitsplatzes der Eltern hat zur Folge, dass Kinder einen ersten Einblick in die Arbeitswelt der Eltern gewinnen. Ausflüge in die Stadt machen Fortschritt und Entwicklung deutlich. In die Natur sollten ebenfalls regelmäßig Ausflüge stattfinden, um Bäume, Pflanzen, Blumen usw. zu beobachten und Teile davon zu sammeln.

## Übungen des täglichen Lebens

Zu den Übungen des täglichen Lebens gehören alle Notwendigkeiten, die sich aus den Anforderungen des täglichen Lebens ergeben. Dazu gehört die selbstständige Pflege des eigenen Körpers:

- Waschen und Duschen,
- Zähne putzen,
- Hände waschen,
- Haare bürsten,
- Ernährung,
- Toilettengang,
- An- und Ausziehen von Kleidung.

Die Kinder lernen, für sich und ihren Körper selbst Verantwortung zu übernehmen, wenn sie zum Küchendienst und zur Mithilfe beim Kochen herangezogen werden. Die genannten Techniken sollten regelmäßig geübt werden.

Zu den Übungen des täglichen Lebens gehören auch die weniger beliebten Tätigkeiten wie das Aufräumen, Pflegen und Ausbessern von defektem Spielmaterial, Mithelfen bei der Pflege der Möbel, das Vorbereiten der Mahlzeiten durch gemeinsame Einkäufe, Küchendienste, Erstellen von Speiseplänen, Tisch decken, Geschirr spülen sowie den Tisch sauber wischen.

## Musikalische Früherziehung

Die musikalische Früherziehung fördert die gesame Entwicklung des Kindes. Kindgerechte Lieder motivieren zum Singen. Dazu sollte eine Auswahl an Instrumenten, z. B. das Orff-Instrumentarium, zur Verfügung gestellt werden. Den Kindern muss der sachgerechte Umgang mit den Instrumenten nähergebracht werden und sie müssen die Möglichkeit haben, Erfahrungen durch einzelne Übungen im Hören, Singen, Musizieren und Improvisieren zu gewinnen. Darüber hinaus ist es sinnvoll, wenn die Kinder Primärerfahrungen machen können, wie die Selbst-

Abb. Nühs

darstellung und Selbstentfaltung durch Mimik, Gestik und die Handhabung elementarer Klangwerkzeuge. Dazu gehören auch **Singrunden** und **Tanzangebote**.

Bei den Tanzangeboten spielt das Bewusstsein des eigenen Körpers eine wichtige Rolle. Die Kinder können:

- die besonderen Ausdrucksmöglichkeiten der einzelnen Körperteile und ihres Ausdrucksvermögens im Tanz kennen lernen,
- ihre eigenen und neuen Bewegungsmöglichkeiten entdecken und erfinden,
- Spannungs- und Entspannungsübungen ausprobieren,
- Verbindungen zur Musik, zum Spiel und zur Kunst herstellen.

Der **Musikunterricht** ist auf die Förderung der Wahrnehmung unterschiedlicher Töne und Geräusche, auf das Aufbauen eines rhythmischen Gefühls für Musikabläufe und das Erkennen, Benennen und Nachspielen einzelner Töne und Lieder ausgerichtet. Die Orgel und das Orff-Instrumentarium können bei neuen Liedern noch zusätzlich eingesetzt werden.

## Verkehrserziehung

Die wachsende Verkehrsdichte macht es erforderlich, dass Kinder in die Rolle des Verkehrsteilnehmers hineinwachsen. Das geschieht in einigen Städten in Zusammenarbeit mit der Polizei.

Darüber hinaus bieten Ausflüge und Besichtigungen eine gute Gelegenheit, das Verhalten im Verkehr zu üben. So lernen die Kinder Ampeln, Verkehrsschilder und die Rücksichtnahme auf andere Verkehrsteilnehmer kennen. Zusätzlich kann die Verkehrserziehung mit entsprechenden Spielen sowie Rollenspielen geübt werden.

## Bildnerisches Gestalten

Kreativität ist die schöpferische Fähigkeit des Menschen. In den Tagesstätten steht eine Fülle an Material zur Verfügung. Zu aktuellen Themen wird gemalt, gebastelt und gewerkt. In den meisten Kindertagesstätten steht ein separater Werkraum zur Verfügung. Mit Materialien wie Papier, Holz, Korken und Knete kann hier mit und ohne Anleitung gearbeitet und experimentiert werden. Durch den Gebrauch unterschiedlicher Werkzeuge und Materialien lernen die Kinder diese kennen und sachgerecht einzusetzen.

Die Kreativitätserziehung schafft den Kindern Lebens- und Schaffensfreude sowie Selbstbestätigung durch das individuelle und gemeinschaftlich erstellte Werk.

## Hauswirtschaft

Einige Tagesstätten haben auch eine Küche. Dort können die Kinder bei der Zubereitung des Essens mithelfen und Erfahrungen sammeln beim Gemüse- und Kartoffelschälen und -schneiden.

**MERKSATZ**

Das Erlernen von Grundfertigkeiten öffnet dem Kind die Pforten zur Welt. Es begreift im wahrsten Sinne des Wortes das Leben, das den Forschungs- und Tatendrang wach werden lässt.

Abb. Nühs

## AUFGABEN

1. *Erklären Sie, warum die genannten Grundfertigkeiten die Entwicklung des Kindes fördern.*
2. *Stellen Sie weitere Grundfertigkeiten, die Kinder im Kindergarten oder zu Hause erwerben können, zusammen.*

## 5.4.2 Spielentwicklung

## AUFGABE

*Begründen Sie, warum das Spiel ebenfalls die technische Früherziehung fördert.*

Die **Spielentwicklung** kann ebenfalls der **technischen Früherziehung** hinzu gerechnet werden, da die Kinder hier Fähigkeiten und Fertigkeiten erwerben, die sie auch anderweitig nutzen können. Spielen bedeutet für das Kind unbewusstes Lernen und Sammeln von Erfahrungen, die Spaß machen. In den Stuhlkreisen und im Freispiel sollten regelmäßig Spielangebote stattfinden, die diese Entwicklung unterstützen.

Die Spielentwicklung des Kindes folgt in keiner vorgegebenen **Spielhierarchie**, sondern ist Effekt individueller Entscheidungen des Kindes, wie auch Förderung durch die Eltern und anderer Bezugspersonen, sowie des Angebots von Materialien und Außenimpulsen.

Spielen folgt der **ursprünglichen Motivation** des Kindes (unabhängig davon, ob es an Behinderungen oder anderen Beeinträchtigungen leidet), sich selbst zu erspüren, in Beziehung zu sich und der Umgebung zu gehen und Zusammenhänge für das eigene Tun und das anderer zu erleben und darauf aufzubauen. Die **Orientierung im Spiel** ist auf **Weiterentwicklung,** das **Lernenwollen** und damit auf **Selbstständigkeit** ausgerichtet. Diese Entwicklung ergibt sich aus den individuell erfahrbaren Effekten, die dann den nächsten Schritt einleiten.

Die Einteilung der Spielentwicklung in **Spielformen** hat daher einen deskriptiven (beschreibenden) Charakter im Hinblick auf die Darstellung der Spielinhalte, die in Zusammenhang miteinander stehen und logische Folgen von Entwicklungsschritten beim Kind aufzeigen können. Rollen- und Regelspiel setzen erst ein, wenn die Sprache, Motorik und kognitive Verarbeitungsprozesse des Kinds so weit entwickelt sind, um sich dazu in die Lage zu versetzen.

Die **Spezialisierung im Spiel** beginnt ab dem zweiten bis dritten Lebensjahr und ist dann Effekt der bereits antrainierten Rollenerwartungen durch die Eltern oder anderer Förderprogramme, die meist nicht unbedingt dem natürlichen Spielbedürfnis des Kindes entsprechen. So dürfen sich viele Mädchen im Rollenspiel spezialisieren, während Jungen sich in Konstruktions- oder Bewegungsspielen erproben.

Die erste Spielform, die gut zu beobachten und zu beschreiben ist, ist das **Konstruktionsspiel**. Da können Mädchen und Jungen noch eigene Ideen umsetzen. Mit den Fähigkeiten des Laufens und Sprechens finden erste Eingriffe der Erwachsenen durch Reglementierungen statt, die prägend für die Weiterentwicklung des Kindes sind.

Die nachfolgende **Beschreibung** der **Spielentwicklung** gibt eine Übersicht über die Reihenfolge der Spielentwicklung, wie sie erfolgen kann, aber nicht erfolgen muss. Eine genaue Beschreibung der Spiele ist bereits in den ersten Kapiteln dieses Buchs erfolgt:

**Übungs- oder Funktionsspiel:** Der Säugling beginnt mit einfachen Bewegungen, die immer differenzierter werden. Zusätzlich bewegt er noch Rasseln und andere Dinge. Sinn dieses Spiels ist die lustvolle Erprobung der eigenen Körperfunktionen.

**Konstruktionsspiel:** Bereits im zweiten Lebensjahr kann das Kind Türme bauen, die es dann wieder voller Freude umwirft. Zunächst sind es Bausteine, die das Kind ausprobiert, danach folgen Ringpyramiden und ähnliche Materialien, deren Konstruktion vorgegeben ist.

Erst wenn die Funktion einigermaßen beherrscht wird, fängt das Kind an, sich Konstrukte vorzustellen und sie zu gestalten. Kinder haben auch Freude am großräumigen Konstruieren. So verwenden sie Tücher und Möbel, um großräumig Häuser und Höhlen zu bauen.

**Symbolspiel und Rollenspiel:** Mit der Vorstellung, dass ein Gegenstand ein anderes Objekt darstellt, hat das Kind bereits eine weitere Spielform erreicht: das Symbolspiel. Das Kind funktioniert einen Gegenstand um und sieht in ihm etwas, als was er nicht dargestellt ist. So kann ein Baustein ein Löffel sein oder angerührter Sand ist das Mittagessen. Das Kind kann in andere Rollen schlüpfen, z. B. Mutter oder Vater sein. Rollenspiele werden mit Konstruktionsspielen verbunden. Das Kind macht alles nach, was es erlebt hat und kann sich dadurch in die Rolle des anderen hineinversetzen.

Das **Regelspiel** entwickelt sich aus dem Übungsspiel. Wenn das Kind bestimmte sensumotorische Fähigkeiten entwickelt hat, bildet es Regeln, nach denen sich diese Fähigkeiten zeigen sollen, z. B. eine enge Straße entlang laufen, ohne die Wände zu berühren.

Echte Regelspiele beginnen im Alter von fünf Jahren und werden im Grundschulalter bis zum zehnten Lebensjahr weiter entwickelt.

**Bildschirmspiele** können auf einem Computer, auf Gameboys und Spielekonsolen betrieben werden.

Diese Spiele erfreuen sich auch bei drei- bis sechsjährigen Kindern großer Beliebtheit. Bei den Spielen können folgende Gruppen unterschieden werden:

- Kreative Spiele,
- Kriegs- und Science-Fiction-Spiele,
- Labyrinth- und Abenteuerspiele,
- Pilot- und Autofahrerspiele,
- Sportspiele,
- Übernahme traditioneller Spiele (Schach, Mühle).

Pornografische Spiele und Spiele, in denen Krieg und Gewalt verherrlicht werden, sind leider auch im Umlauf, obwohl sie durch das Jugendschutzgesetz verboten sind.

## MERKSATZ

Das Spiel des Kindes ist eine zweckbewusste Anwendung von Naturgesetzen und trägt zur Weiterentwicklung seiner Fähigkeiten bei.

## AUFGABEN

1. *Stellen Sie weitere Spiele bzw. Tätigkeiten zusammen, die der technischen Früherziehung des Kinds dienen.*
2. *Stellen Sie Spielzeug zusammen, das zur Förderung dieser Fähigkeit beiträgt.*

### 5.4.3 Umgang mit technischen Geräten

## FALLBEISPIEL

**Frühstück bei Familie Beyer**

Bei Familie Beyer sind die Arbeiten zur Vorbereitung des Frühstücks genau aufgeteilt: Jens, fünf Jahre alt, ist zuständig für das Heißmachen der Milch für sich und seinen jüngeren Bruder Lars, der vier Jahre alt ist. Den Kaffee für seine Eltern bereitet er ebenfalls vor. Vier Teelöffel Kaffeepulver gibt er in einen Filter der Kaffeemaschine. Wenn seine Mutter aufsteht, stellt sie die Maschine an. Vor einigen Tagen hat sich seine Mutter sehr gefreut, dass er den Kaffee sogar fertig zubereitet hat. Aber sie hat einige Bedenken geäußert, dass er mit der Kaffeemaschine noch nicht richtig umgehen kann, daher hat sie gesagt, dass sie die Maschine lieber selbst anstellen möchte. Lars, der jüngere Bruder muss den Tisch decken und die frischen Brötchen von der Haustür holen. Ein Bäcker-Lieferservice legt die Brötchen jeden Morgen vor die Haustür. Wenn alle aufgestanden sind, beginnt das gemeinsame Frühstück.

## AUFGABEN

1. *Beurteilen Sie die Arbeitsverteilung bei Familie Beyer.*
2. *Könnte Jens nicht jeden Morgen den Kaffee für seine Mutter kochen?*

Zu einer realistischen Vorbereitung auf die Zukunft gehört es, dass Kinder so früh wie möglich den Umgang mit der Technik lernen. In vielen Kindergärten stehen Computer zur freien Verfügung für die Kinder bereit. Ausgewählte Software ermöglicht den Kindern den Einstieg in die Welt der Computer. Internetkontakte mit ehemaligen Kindergartenfamilien können dazu beitragen, dass sich Kinder auch an das Internet wagen dürfen.

Wichtig ist, dass Kinder selbstständig an das Telefon gehen, wobei sie lernen, wie man sich richtig meldet. Sie sollten auch die Möglichkeit haben, technische Geräte wie Computer, Fernseher, Telefax, Kopierer, Overheadprojektor, Kameras, Diaprojektor, elektrische Orgeln, Keyboards kennen zu lernen und in den Grundzügen zu bedienen. In den Gruppenräumen der Kindergärten sollten Kassettenrekorder stehen, deren Technik die Kinder ebenfalls lernen sollten.

Viele technische Geräte sind den Kindern bekannt und sollten zusätzlich bei der Arbeit im Kindergarten genutzt werden, z. B. Kameras oder Handys.

Beim **Umgang mit der Technik** sollte großer Wert auf **Selbstständigkeit** gelegt werden. Sie ist die Basis für einen sicheren Umgang mit der Technik. Dies erreicht man, wenn das Kind für sich selbst verantwortlich ist. Den Kindern muss dazu der Freiraum zur Eigenständigkeit gegeben werden. Durch Ermutigungsmethoden, z. B. selbstständiges Bedienen eines technischen Gerätes, lernt das Kind Risikobereitschaft, Selbstsicherheit und Unabhängigkeit im Umgang mit dem Gerät. Die Sozialassistentin darf dem Kind niemals etwas abnehmen, was es selbst tun kann. Dazu sollten auch Aufgaben und Pflichten gehören, die mit der Gemeinschaft zusammenhängen, z. B. Telefondienst, Tischdienst, Kopien erstellen und anderes. Jedem Kind wird Verantwortung übertragen, es lernt, Beiträge für die Gemeinschaft zu leisten sowie Sicherheit im Umgang mit den technischen Geräten, z. B. Kopieren von Vorlagen.

## MERKSATZ

Die Welt ist voller Technik, daher ist es wichtig, bereits Kinder im Vorschulalter an technische Geräte heranzuführen.

## AUFGABEN

1. *Erklären Sie Ihren Mitschülerinnen, wie Sie einem Kind oder einer Kindergruppe im Kindergarten die Funktionsweise einiger Küchengeräte, z. B. Toaster, Elektroherd, beibringen wollen.*
2. *Begründen Sie, warum der selbstständige Umgang mit technischen Geräten so wichtig für Kinder ist.*
3. *Bauen Sie mit Ihren Mitschülerinnen ein Schnurtelefon und ein Fernsehgerät, die Sie dann während Ihres Praktikums mit den Kindern nachbauen. Nutzen Sie dafür die nachfolgenden Erklärungen.*

**Das Schnurtelefon**

Spannen Sie eine Schnur zwischen zwei leeren Dosen. Dazu bohren Sie ein Loch in jede Dose, ziehen die Schnur durch und befestigen Sie sie mit einem Streichholz. Wenn Sie nun in die Dose sprechen, erzeugen Ihre Stimmbänder Luftschwingungen. Die Dose gibt die Schwingungen an die Schnur weiter und die lässt die zweite Dose, den „Hörer" mitschwingen: Nun hört man Ihre Stimme wie aus einem Lautsprecher.

Abb. Morgenstern

**Das Fernsehgerät**
Aus einem Pappkarton schneiden Sie aus der Unterseite ein Viereck in der Größe von 40 cm x 40 cm aus. Nun zeichnen Sie auf einer Papierrolle, die ca. 38 cm breit ist, Bilder aus dem täglichen Leben der Kinder, z. B. das Aufstehen am Morgen, den Weg zum Kindergarten. Rechts und links der Öffnung vom Pappkarton kleben Sie eine Halterung. Durch diese Halterung ziehen Sie die Papierolle mit den Zeichnungen. Nun kann die Vorführung beginnen. Aufgabe der Mitschülerinnen bzw. der Kinder ist jeweils, alles zu erklären, was sie auf den Abbildungen sehen.

Hier werden die elektrischen Signale in elektrische Wellen umgewandelt, die ohne Kabel weitertransportiert werden können.

Sie werden durch die Luft zu den Satelliten in den Weltraum geschickt. Der Satellit fängt die elektrischen Wellen auf und schickt sie zurück in viele Länder der Erde. Die Satellitenschüsseln auf den Hausdächern fangen die Wellen auf und wandeln sie in elektrische Signale um.

Diese werden dann zum Fernseher weiter geleitet und werden dort als Bilder sichtbar. Beim Kabelfernsehen werden die elektrischen Wellen durch ein Kabel weitergeleitet.

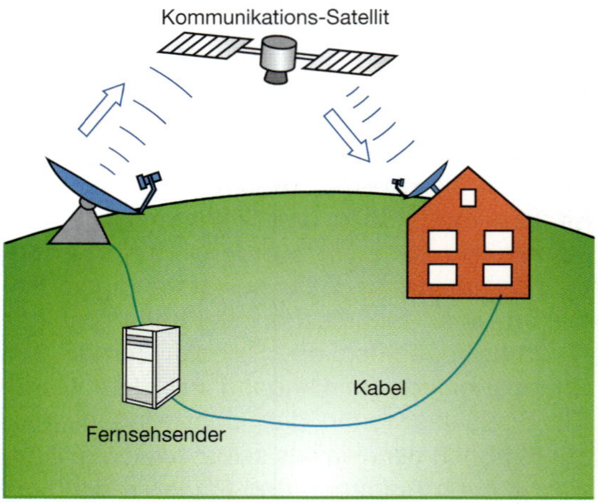


Aber wie funktioniert der richtige Fernseher?

Die **Fernsehkamera** nimmt die Bilder auf und wandelt sie in elektrische Signale um. Die Signale schickt sie über ein Kabel zum Übertragungsgerät.

## AUFGABEN

1. *Machen Sie sich Gedanken darüber, welche anderen technischen Geräte, z. B. Computer, Sie mit den Kindern bauen können.*
2. *Nutzen Sie Vorschläge der Kinder dazu aus.*

Abb. Morgenstern

## 6 Lebenswelten von Kindern und Jugendlichen

**Kinder und Jugendliche stark machen**

„Erlebt ein Kind Nachsicht,
lernt es Geduld.
Erlebt ein Kind Ermutigung,
lernt es Zuversicht.
Erlebt ein Kind Bejahung,
lernt es lieben.
Erlebt ein Kind Zustimmung,
lernt es, sich zu mögen.
Erlebt ein Kind Anerkennung,
lernt es, dass es gut ist,
ein Ziel zu haben.
Erlebt ein Kind Ehrlichkeit,
lernt es, was Wahrheit ist.
Erlebt ein Kind Fairness,
lernt es Gerechtigkeit.
Erlebt ein Kind Sicherheit,
lernt es Vertrauen in sich selbst
und in jene über ihm.
Erlebt ein Kind Freundlichkeit,
lernt es die Welt als Platz kennen,
in dem gut wohnen ist."

(Unbekannter Verfasser)

### AUFGABEN

1. *Wie ist Ihre Meinung zu dem Text?*
2. *Gibt es noch weitere Beispiele dafür, was ein Kind erleben sollte?*

Kinder und Jugendliche leben in unterschiedlichen Lebenswelten. Für die meisten Kinder und Jugendlichen sind es:

- Familie,
- Wohnumfeld,
- Spiel- und Freizeitwelt,
- sozialpädagogische Einrichtungen, danach die Schule und Berufsausbildung.

In diesen Einrichtungen müssen Kinder und Jugendliche Würde, Selbstachtung und Gerechtigkeit erfahren. Sie brauchen **Orientierung, geschützte Räume, Rituale, Zuversicht, ganzheitliche Entfaltung, Spiel, Märchen**, nicht nur Computer, sondern auch **Bücher** und schließlich: Sie brauchen gute Eltern, gute Erzieherinnen sowie Sozialassistentinnen. Dies sind auch die Voraussetzungen dafür, dass Kinder sich zu selbstbewussten, eigenständigen, gemeinschaftsfähigen und verantwortungsbewussten Erwachsenen entwickeln können.

Im Mittelpunkt der Anforderungen für eine gelingende Lebensbewältigung stehen:

- die Fähigkeiten zur Selbstorganisation,
- die Fähigkeiten zur Verknüpfung von Ansprüchen auf ein gutes und glaubwürdiges Leben mit den vorhandenen Ressourcen (Hilfsmittel),
- die Fähigkeit der inneren Selbstschöpfung des Lebenssinns.

## 6.1 Familie

Das erste, das der Mensch im Leben vorfindet, das letzte, wonach er die Hand ausstreckt, das Kostbarste, was er im Leben besitzt, ist die Familie. (Kolping)

### AUFGABE

*Hat die Familie für Sie die gleiche Bedeutung?*

Viele Fähigkeiten werden in der Familie vermittelt. Dabei ist es unbedeutend, ob es sich um eine vollständige Familie, eine Patchworkfamilie oder eine Ein-Elternfamilie handelt.

Johannes Pohlschneider sagt über die Familie:

„Das Schicksal der Menschen entscheidet sich weitgehend in der Familie, der er angehört. Hier nimmt sein Unglück den Anfang, wenn Streit und Unfriede im Hause herrschen. Hier findet er aber auch sein Glück. Selbst Leiden und Schmerzen, Alter und Gebrechen werden dort erträglich, wo alle Glieder der Familie miteinander verbunden sind, wo einer die Last des anderen trägt."

Die Familie ist durch nichts zu ersetzen. Sie bildet an erster Stelle die Lebenswelt von Kindern und Jugendlichen.

Wenn sie nicht nur Schlafstelle oder Selbstbedienungsladen sein soll, dann muss jedes Familienmitglied bereit sein, seinen Beitrag zum **guten Familienklima** zu leisten. Nur in einer positiven Familienatmosphäre sind eine gesunde

Entwicklung der Kinder und Jugendlichen und ihre Förderung durch die Eltern möglich.

Die große Bedeutung der **Nestwärme** in den ersten Lebensmonaten ist bekannt. Auch für die weitere Entwicklung hat die Familie als wichtigste, soziale Umwelt den größten Anteil an der Erziehung.

## 6.1.1 Leben in der Familiengemeinschaft

### AUFGABEN

1. *Beurteilen Sie das Foto.*
2. *Berichten Sie über die Gemeinschaft, in der Sie leben.*

Eine gute Familiengemeinschaft entsteht nicht von allein. Für das Leben in einer guten Gemeinschaft sind Regeln notwendig, die dem Einzelnen genügend Spielraum für seine individuelle Entwicklung geben.

Eine gute Partnerschaft ist die beste Form des Zusammenlebens in einer Gemeinschaft.

Die Partnerschaft zwischen Mann und Frau, Eltern und Kindern, kurzum aller Familienmitglieder untereinander ist notwendig, damit sich die Atmosphäre so positiv entwickelt, dass auch Spannungen und Konflikte ausgetragen, Sorgen und Leid, Krankheit und Unglück gemeistert werden können.

Die Regeln für das Zusammenleben müssen der Selbstverwirklichung des Einzelnen und der Rücksicht auf alle anderen gerecht werden. Die Regeln dürfen nicht als starre Ge- und Verbote aufgestellt werden. Sie sollen als Richtlinie für alle eine Lebenshilfe sein.

- Die Rücksichtnahme aufeinander ist eine gute Leitlinie für das Leben in einer Wohnung.
- Wichtig sind vor allem Aufrichtigkeit und Zuverlässigkeit.
- Das Verständnis füreinander, die Bereitschaft, sich in die Rolle des anderen hineinzudenken, schafft die notwenige Vertrauensbasis.
- Miteinander zu sprechen und die eigenen Wünsche auszudrücken, macht die Beziehung untereinander möglich.
- Die eigenen Gefühle auszudrücken und die der anderen anzunehmen, kann die notwendige Offenheit füreinander bringen.
- Jeder sollte den anderen annehmen und nicht versuchen, die anderen zu beherrschen.
- Sich gemeinsam über einen Erfolg freuen, kann die Stimmung in der Gemeinschaft heben.
- Sich gegenseitig anzuerkennen und zu bestärken, fördert den Einzelnen.
- Schwierigkeiten gemeinsam lösen, bedeutet auch, streiten und versöhnen zu lernen.
- Es sollte auch eine Selbstverständlichkeit sein, dass man sich über erstrebenswerte Ziele gemeinsam einigt.

Die **Hausordnung** regelt das Zusammenleben. Sie muss nicht in Form einer Gebotstafel für alle sichtbar angebracht sein. Hauptsache ist, **sie wird eingehalten**. Dazu gehört, dass einer den persönlichen Bereich des anderen respektiert und anklopft, bevor er in dessen Zimmer eintritt. Dazu gehört auch, dass Zeiten der Ruhe eingehalten werden und dass nicht jeder laut singt bzw. den Fernseher oder das Radio auf Lautstärke eingestellt hat und damit den anderen stört.

Abb. MEV

In die Praxis übersetzt, verlangen diese Richtlinien viel **Einfühlungsvermögen** von jedem Familienmitglied. Eine Vorbedingung ist genügend Lebensraum für jeden. Ein eigenes Reich für Kinder gehört dazu. Der **Platz zum Spielen** und später zum Arbeiten sollte jedem Kind eingeräumt werden. Selbstverständlich ist auch, dass die Eltern einen Wohn- und Schlafbereich für sich haben.

Erstrebenswert ist ein **gemeinsames Wohnzimmer**, in dem sich die Familie am Feierabend und in der Freizeit trifft. Wenn einzelne Familienmitglieder ein **Hobby** haben, muss auch dazu Raum vorhanden sein. Auf dem Lande ist meistens genügend Platz dafür vorhanden.

Das gemeinsame Leben ist reibungsloser, wenn ein **höflicher Umgangston** herrscht. Man sollte um Gegenstände oder eine Zeitung, die man gerne haben möchte, bitten und sie nicht einfordern. Doch es gibt auch in einer gelockerten freundschaftlichen Atmosphäre kleine Unterschiede zwischen einer rücksichtslosen und einer verständnisvollen Art der Beziehung zueinander. Höflichkeit ist auch im Kreis der Familie die beste Form, dem anderen Achtung und Anerkennung zukommen zu lassen. Die Familie ist auch der Ort, **höfliches Benehmen und gute Umgangsformen** zu üben. Später werden sie in einer fremden Umgebung, am Arbeitsplatz, in der Schule usw. vorausgesetzt. Gute Gewohnheiten können später eine brauchbare Hilfe sein. Dazu zählt auch die **Pünktlichkeit**. Die vereinbarten Zeiten müssen von allen eingehalten werden.

Berufstätige müssen ihren Tag besonders gut einteilen und die Familie hat das zu berücksichtigen. Vor allem bei der Hausarbeit haben alle tatkräftig mitzuhelfen, um die Belastung erträglich zu machen.

**MERKSATZ**

Das Elternhaus ist eine wichtige Lebenswelt für Kinder und Jugendliche.

**AUFGABEN**

1. *Notieren Sie stichpunktartig den Einfluss Ihres Elternhauses auf Ihr Leben.*
2. *Berichten Sie über die Hausordnung, die Sie bei sich zu Hause haben und nennen Sie Vor- und Nachteile.*

## 6.1.2 Vertrauen, Geborgenheit und Sicherheit durch die Familie

Die Bundeszentrale für gesundheitliche Aufklärung äußert sich über die Familie wie folgt:

**Die Familie gibt Sicherheit**

In der veränderten Welt von heute brauchen Kleinkinder ihre Eltern mehr denn je. Sie brauchen sie als Orientierungshilfe in einer unübersichtlichen und komplizierter gewordenen Zeit, als sicheren, verlässlichen Platz, an dem sie Vertrauen und Kraft für „ihre Ausflüge" nach draußen tanken können. Sie brauchen Geborgenheit, um mit den Kinderängsten fertig zu werden, sowie das sichere Gefühl, akzeptiert zu werden.

Die größte Hilfe, die Eltern ihren Kindern geben können, ist, für sie da zu sein und sie lieb zu haben. Das ist, so belegen wissenschaftliche Erkenntnisse, mindestens ebenso wichtig wie die richtige Ernährung, die Pflege und das Schlafengehen. Die Nähe gibt dem Kind ein Gefühl der Geborgenheit und „Urvertrauen", welches es braucht, um die vielfältigen Schritte seiner geistigen, sozialen und seelischen Entwicklung zu gehen.

Das Gefühl, angenommen zu werden, wirkt sich auch auf die körperliche Entwicklung aus. So ist statistisch nachgewiesen, dass Waisenkinder sehr viel schneller krank werden als Kinder aus Familien.

Aber Liebe ohne Wissen um die individuellen und altersgemäßen Bedürfnisse des Kindes kann sogar Schäden verursachen. So haben Eltern ihren Kindern mehr Freiraum einzuräumen, wenn diese selbstständig werden. Schwere Schäden in der Willensbildung und Leistungsmotivation können beim Kind angerichtet werden, wenn Eltern nichts über die Bedeutung von „Trotz" und „Neinsagen" wissen. Der richtige Umgang der Eltern mit dem Kind ist also sehr wichtig.

**AUFGABEN**

1. *Lesen Sie den obigen Text durch und unterstreichen Sie wichtige Passagen.*
2. *Begründen Sie die unterstrichenen Textstellen.*

Wenn sich ein Kind auf seine Eltern verlassen kann und ihnen vertraut, dann fühlt es sich sicher und geborgen.

Das Vertrauen entwickelt sich vor allem im ersten Lebensjahr des Kindes und bildet das so genannte **Urvertrauen**. Das Urvertrauen ist das Fundament, die Voraussetzung für die Entwicklung einer gesunden Persönlichkeit. Der Säugling kann Urvertrauen entwickeln, wenn Eltern dem Kind Nahrung, Geborgenheit, Sicherheit und Anregungen geben. Er wird dann von den Eltern emotional abhängig.

Die Eltern haben dabei zwei Regeln einzuhalten:

- Im Umgang mit dem Säugling müssen sie **zuverlässig** sein, das bedeutet, dass sie dem Kind Nahrung geben müssen, wenn es diese benötigt.
- Sie handeln **glaubwürdig**, wenn sie das einhalten, was sie versprechen, z. B. mit dem Kind spielen, was ihm Freude macht.

Wenn dem Kind zuverlässig und glaubwürdig Nahrung, Geborgenheit, Sicherheit und Anregungen gegeben werden, dann kann es Urvertrauen entwickeln. Diese Vorgehensweise ist auch für sein zukünftiges Leben wichtig. Es kann dann auch Vertrauen zu anderen Menschen entwickeln.

Darüber hinaus benötigt das Kind eine **konstante Bezugsperson**, die ihm emotionale Zuwendung, Ermutigung und Anregungen gibt. Sie trägt dazu bei, dass das Kind Vertrauen entwickeln kann und körperlich und geistig gesund heranwächst. Die Bezugsperson braucht nicht unbedingt die Mutter des Kindes zu sein.

Die **Vaterforschung** hat ergeben, dass auch Väter zu ihren Kindern von Geburt an eine **intensive Beziehung** aufbauen können, die sich nicht von der Mutter-Kind-Beziehung zu unterscheiden braucht. Auch in der Art des Umgangs mit dem Kind gibt es **keine Unterschiede zwischen Mann und Frau.**

Die Familie ist der erste Ort, an dem der einzelne Mensch einen Ausschnitt der **Werte, Einstellungen und Ideologien** kennenlernt, die im Umgang der Menschen miteinander Gültigkeit haben. Die Eltern vermitteln hierbei die Werte, die für sie selbst gelten und weisen damit ihren Kindern bestimmte gesellschaftliche Positionen zu. Gleichzeitig ist die Familie eine wichtige **Bezugs- und Kontrollgruppe**, wenn sie mit anderen Werten und Normen als den bekannten konfrontiert wird.

**Merkmale der Normen sind:**

- **Wünschenswerte Verhaltensweisen**, z. B. Höflichkeit, Rücksichtnahme.
- Sie **ändern sich, wenn sich die Gesellschaft ändert**, z. B. durch technische Errungenschaften.
- Sie geben **menschlichem Verhalten Regelmäßigkeit**, z. B. durch Pünktlichkeit.

## DEFINITION

Die Familie ist der Ort, an dem der Mensch im aktiven Umgang mit anderen Menschen, vor allem mit seinen Eltern, soziale Verhaltensweisen erlernt.

## AUFGABEN

1. *Nennen Sie begünstigende und einschränkende Bedingungen für die Entwicklung des Urvertrauens.*
2. *Welche Normen beeinflussen Ihr Leben in Ihrer Familie bzw. im Freundeskreis?*
3. *Wie sehen Sie die Vaterrolle und wie schätzen sie die Bindung des Vaters zum Kind ein?*

Abb. Thiele

## 6.1.3 Erlernen einer sozialen Rolle in der Familie

### FALLBEISPIEL

**Katharina stellt ihre Familie vor**

Zu Beginn des Schuljahres stellen alle Schülerinnen der Berufsfachschule Sozialassistentin, Schwerpunkt Sozialpädagogik, ihre Familien vor.
Die Schülerin Katharina teilt über ihre Familie mit: Zu Hause sind wir drei Schwestern. Meine älteste Schwester Monique bestimmt über uns jüngere Schwestern mit. Sie teilt die Arbeit ein, die wir zu Hause zu verrichten haben, und passt auf, dass für sie nicht zu viel übrig bleibt. Meine jüngste Schwester wurde immer verwöhnt und wird es auch heute noch. Meine Eltern sind in Sorge, dass sie es zu schwer hat. Ich bin in der Mitte und über mich wird wenig nachgedacht. Dennoch finde ich meine Stellung nicht schlecht. Ich bin der Kontrolle meiner Eltern weniger ausgesetzt als meine beiden Schwestern.

### AUFGABE

*Gehen Sie auf die Rolle, die Katharina in ihrer Familie hat, näher ein und vergleichen Sie damit Ihre eigene Rolle zu Hause.*

Die Position, die ein Mensch in seiner Herkunftsfamilie hat, bestimmt ebenfalls, wie er sich entwickelt und wie er sich gegenüber seinen Mitmenschen verhält.

Durch die Stellung in der Geschwisterreihe lernen Kinder, wie sie sich zu verhalten haben. Ihre soziale Rolle ist als mittlere Schwester anders, als wenn sie die Älteste oder Jüngste sind.

Ganz allgemein hat die soziale Rolle folgende Merkmale:

Die soziale Rolle beinhaltet **bestimmte Normen** und **Verhaltenserwartungen**, die die Bezugsgruppe, z. B. die Familie, an eine Person, z. B. das Kind, heranträgt. Jedes einzelne Mitglied der Gruppe soll sich so verhalten, wie es von ihm erwartet wird.

Die Geschwisterreihe trägt entscheidend dazu bei, mit der eigenen sozialen Rolle zurecht zu kommen. Aber auch das Einzelkind hat Chancen, sich in seine soziale Rolle einzuleben.

Nachfolgend sind einige typische Merkmale für das Kind in der Geschwisterreihe sowie für das Einzelkind festgehalten:

#### Das älteste Kind

Erste Kinder sind für eine Weile Einzelkinder und genießen bis zur Geburt des zweiten Kindes die **volle Zuwendung und Aufmerksamkeit der Eltern**. Mit der Geburt des zweiten Kindes verlieren sie ihre Mittelpunktstellung und empfinden daher die Schwester oder den Bruder **als Konkurrentin bzw. Konkurrent**. Erstgeborene versuchen häufig, in der Schule oder im Sport besondere Leistungen zu erbringen, um die volle Aufmerksamkeit der Eltern wieder auf sich zu ziehen.

Dem älteren Kind wird oft sehr früh die Mitverantwortung für jüngere Geschwister übertragen, was zu einer **Überforderung** führen kann.

#### Das zweite und mittlere Kind

Die nachfolgenden Kinder finden ältere Geschwister vor, die ihnen körperlich und geistig überlegen sind. Sie müssen daher versuchen, mit ihnen zurechtzukommen.

Mittlere Kinder lernen aus dem genannten Grund von klein auf, **sich diplomatisch zu verhalten**, weil sie sich mit der älteren Schwester bzw. dem älteren Bruder arrangieren müssen. Sie versuchen meist auf dem Gebiet gut zu sein, auf dem die älteren Geschwister nicht so gut sind, z. B. Musik, um dadurch auf sich aufmerksam zu machen.

Die Eltern gehen mit den mittleren Kindern in der Regel entspannter um, da sie bereits über Erfahrungen in der Kindererziehung verfügen und diese nun anwenden können.

#### Das jüngste Kind

Das jüngste Kind ist oft verspielt. Das liegt daran, dass es erwartet, dass sich immer jemand um es kümmert. Es ist sich seiner **Sonderstellung** bewusst und versucht, diese auszunutzen. Im späteren Leben möchte es ebenfalls diese Sonderstellung beibehalten, was aber zu Fehleinschätzungen führen kann.

### Das Einzelkind

Allgemein sind Einzelkinder mit einem negativen Vorzeichen besetzt. Über Einzelkindern heißt es:

- Sie werden von ihren Müttern verwöhnt, da die Mütter Angst haben, sie zu verlieren.
- Ihnen wird zu viel Aufmerksamkeit geschenkt.
- Sie möchten immer im Mittelpunkt stehen.

Was für einige Einzelkinder gilt, muss nicht für alle zutreffen. Festgestellt worden ist auch, dass Einzelkinder sehr **kooperativ** sein können, da sie in der Familie nicht gelernt haben, andere Kinder als Konkurrenten zu betrachten. Ihre **geistigen und sprachlichen Fähigkeiten sowie ihre Leistungsmotivation** werden stärker gefördert als beim Kind in der Geschwisterreihe, da sie vor allem Kontakt zu Erwachsenen haben. Wichtig ist für sie, Kontakt zu anderen Kindern zu haben, um kindgemäßes Verhalten zu lernen.

Über das Kind in der Geschwisterreihe und das Einzelkind sind hier einzelne **idealtypische Kennzeichen** beschrieben worden. Andere Faktoren, die Einfluss auf das Verhalten des Kindes nehmen, sind:

- die Art der Beziehung zu den Eltern,
- der Erziehungsstil,
- das Erzieherverhalten,
- die materiellen Bedingungen,
- die soziokulturellen Faktoren,
- die Art der sozialen Beziehung der Eltern zu ihrer Umwelt usw.

**DEFINITION**

Geschwister tragen zum Erlernen einer sozialen Rolle erheblich bei. Einzelkinder werden dafür stärker in ihrer Leistungsmotivation gefördert.

**AUFGABEN**

*1. Berichten Sie über Ihre Stellung in der Geschwisterreihe.*

*1. Gibt es Geschwister, zu denen Sie sich besonders hingezogen fühlen?*

*2. Falls Sie Einzelkind sind, beurteilen Sie Ihre Situation.*

## 6.1.4 Auswirkungen von Großfamilie und Kleinfamilie

**AUFGABEN**

*Gibt es in Ihrem Dorf bzw. Stadtteil noch Großfamilien? Was wissen Sie über das Zusammenleben dieser Menschen?*

### Die Großfamilie

Bis in das 18. Jahrhundert hinein war die Großfamilie die typische Familienform. Zur Großfamilie gehörten alle Personen, die im Haus lebten: Großeltern, Eltern, Kinder und Bedienstete. Die bäuerliche Familie hatte in der Regel viele Kinder, da sie diese für die Feld- und Hausarbeit benötigte. Im Alter stellten die Kinder die Alterssicherung da, da sie die alten Menschen in ihrer Familie bis zu deren Tod pflegten.

Mit der **Industrialisierung** und der **Verstädterung** änderte sich das Bild der Familie mit Ausnahme in einzelnen bäuerlichen Familien und Handwerksfamilien. Dort gibt es auch heute noch die Großfamilie.

Der Vorteil der Großfamilie liegt darin, dass die Kinder von Geburt an mit **mehreren Menschen Umgang** haben und dadurch das Sozialverhalten von klein auf lernen. Im Kindergarten können sie sich leichter in eine Gruppe einordnen. Es kann aber auch sein, dass dem einzelnen Kind in der Familie zu wenig Beachtung geschenkt wird und Probleme, die es hat, möglicherweise zu spät erkannt werden.

Abb. Ullsteinbild, Wiener Familie um 1910

### Die Kleinfamilie

Aus der Mehrgenerationen-Familie hat sich die **Klein- oder Kernfamilie** entwickelt, zu der nur noch die Eltern und ein bis zwei Kinder gehören. Das hat zur Folge, dass das Kind nur noch auf wenige Bezugspersonen festgelegt ist. Es hat wenig Gelegenheit, Sozialverhalten unter Gleichaltrigen zu lernen. Allerdings findet das Kind in der Kleinfamilie mehr Beachtung, als wenn es mit vielen Geschwistern aufwächst.

Heute hat es keine Vorteile mehr für die Familien, viele Kinder zu haben, denn die Kinder arbeiten nicht mehr für sie und finanzieren auch nicht mehr direkt ihre Rente. Eine lange Berufsausbildung, eine gesunde Ernährung und Lebensweise sowie eine optimale Förderung der Begabungen und Neigungen der Kinder kosten den Eltern viel Zeit, Kraft und Geld. Viele Eltern wünschen sich Kinder, die ihren Vorstellungen und Wünschen entsprechen. Das kann allerdings zu Frustrationen bei den Kindern führen.

#### MERKSATZ

In der Großfamilie hat das Kind viele Möglichkeiten, das Sozialverhalten zu lernen. In der Kleinfamilie wird das einzelne Kind mehr beachtet und seine Neigungen möglicherweise stärker gefördert.

#### AUFGABE

*Nennen Sie Folgen, wenn immer weniger Kinder in der Bundesrepublik Deutschland geboren werden.*

Abb. MEV

## 6.1.5 Auswirkungen von Ein-Eltern-Familien

#### FALLBEISPIEL

Mein Kind soll nicht in einer Familie aufwachsen, der es von vornherein nicht gut geht.
Sechs Jahre lebte Tanja mit ihrem Sven zusammen, als sie eines Tages feststellen musste, dass sie ein Kind erwartete. Während sie sich vom ersten Moment an auf dieses Kind freute, zeigt Sven überhaupt keine Freude, im Gegenteil, er versuchte, sie zu überreden, das Kind abzutreiben. Es sei zu teuer, sie könnten nicht mehr jederzeit ausgehen, kurzum es hätte nur Nachteile für sie beide. Von der Abtreibung war Tanja nicht zu überzeugen!
Das Verhalten von Sven änderte sich allmählich. Er wurde Tanja gegenüber immer mürrischer und brachte es nach und nach sogar fertig, allein auszugehen. Schließlich hielt es Tanja nicht mehr aus und beriet sich mit einem Psychologen, der ihr riet, was ihr auch schon andere gesagt hatten, sich von Sven zu trennen. Es sei besser, mit dem Kind allein zu leben, als mit einem Mann, der nichts mit dem Kind zu tun haben wolle, meinte der Psychologe. Den Rat befolgte Tanja dann auch.

#### AUFGABE

*Beurteilen Sie das Verhalten von Tanja und Sven.*

Jedes **sechstes Kind** wächst in Deutschland nur mit **einem Elternteil** auf. Meistens ist es die Mutter, die das Kind übernimmt. Die Tendenz, allein mit einem Kind zu leben, ist steigend. Alleinerziehende haben bei der Erziehung ihres Kindes mit vielen Problemen zu kämpfen, denn sie haben:

- die alleinige Verantwortung für das Kind, z. B. bei Schul- oder Gesundheitsproblemen,
- sich um die Beschäftigung des Kindes an jedem Tag zu kümmern,

- möglicherweise finanzielle Probleme, da sie allein für die Finanzierung des Kindes und für sich selbst zuständig sind,
- Probleme, eine Ganztagsbetreuung zu finden.

Darüber hinaus fehlt dem Kind das **andersgeschlechtliche Vorbild**. Aufgrund dieser Schwierigkeiten entwickeln Ein-Eltern-Familien oftmals besondere **Qualitäten und Stärken**, was den Einsatz um das Wohl des Kindes angeht.

Die Ein-Eltern-Familie kann auch zu Problemen beim Kind führen, die nachfolgende Auswirkungen haben können:

- Das Kind kann sich **vereinsamt** fühlen, wenn Alleinerziehende nicht ausreichend **Außenkontakte** haben, mit denen das Kind kommunizieren kann.
- Das Kind lernt sehr früh, Verantwortung zu übernehmen, da es von der Mutter oder dem Vater als **gleichberechtigter Partner** angesehen wird.

Aber fachkompetente Beraterinnen können die Erziehung des Kindes unterstützen, da Alleinerziehende eher dazu neigen, **Erziehungsberatungsstellen** aufzusuchen als Familien.

### MERKSATZ

Die Tendenz zu Ein-Eltern-Familien ist steigend. Sie haben mit vielen Problemen zu kämpfen, bemühen sich aber um besondere Qualitäten und Stärken.

### AUFGABE

*Welche Möglichkeiten gibt es, negative Auswirkungen der Ein-Eltern-Familien möglichst gering zu halten?*

## 6.1.6 Auswirkungen von Stief-Familien

### FALLBEISPIEL

**Cindys Familie**

Die zweijährige Cindy lebt mit ihrer Mutter zusammen und besucht einmal im Monat ihren Vater. Die neue Frau des Vaters hat eine Tochter und einen Sohn in die Ehe mitgebracht. Tochter und Sohn besuchen an jedem Wochenende ihren Vater; der wiederum wohnt bei seiner Freundin und deren Kind.

Cindys Mutter hat vor einem Jahr ihren Freund geheiratet, den Cindy ganz nett findet, zumal er viel mit Cindy unternommen hat. Im Moment ist allerdings ein Thema wichtiger für ihn und das ist Cindys kleine Stiefschwester, die vor einer Woche geboren wurde.

### AUFGABEN

1. *Versuchen Sie die Familienverhältnisse zu klären.*
2. *Beurteilen Sie Cindys Situation.*

Etwa jedes achte Kind in der Bundesrepublik hat eine Stiefmutter oder einen Stiefvater. Stieffamilien, auch Patchworkfamilien genannt, fallen in der Regel wenig auf, da sie nach außen hin Familien aus leiblichen Eltern und Kindern gleichen. In der **Art ihrer Beziehungen** unterscheiden sie sich jedoch stark von diesen. Auch innerhalb der Gruppe der Stieffamilien gibt es große Unterschiede. Das hängt damit zusammen, dass

- der nicht leibliche Elternteil Stiefmutter oder Stiefvater ist,
- ein Stiefelternteil eigene Kinder mitbringt,
- der Stiefelternteil eigene Kinder hat, die ihn z. B. am Wochenende besuchen,
- das neue Paar Kinder bekommt.

In den Patchworkfamilien gibt es häufig Schwierigkeiten. Diese haben folgende Ursachen:

- Die Kinder haben Trennungen erlebt, die in ihnen nachwirken und den Umgang mit ihnen erschweren.
- Die Kinder haben vorher in einer Ein-Eltern-Familie gelebt, jetzt müssen sie die Mutter oder den Vater mit einem neuen Partner teilen, der auch Kinder in die Familie mitbringt.
- Die neue Partnerin oder der neue Partner kommt in eine bestehende Eltern-Kind-Beziehung und wird dort als überflüssig empfunden.

Die Patchworkfamilie ist also ein Zusammenschluss von Menschen mit sehr **unterschiedlichen Wünschen, Empfindungen und Erfahrungen**. Meistens dauert es eine längere Zeit, bis sich die neue Familie arrangiert hat. Erfahrungen zeigen, dass eine Stieffamilie nur funktionieren kann, wenn:

- der Stiefelternteil nicht in Konkurrenz zum außerhalb lebenden leiblichen Elternteil des Kindes tritt,
- das Kind die Möglichkeit hat, den Kontakt zum außerhalb lebenden Elternteil nach seinen Wünschen zu gestalten,
- sich alle Beteiligten viel Zeit für das Erlernen der neuen Rollen nehmen.

Die neue Situation hat aber auch Auswirkungen auf die Entwicklung des Kindes bzw. der Kinder. Häufig wird das vorhandene Kind bevorzugt behandelt, da sich alle Seiten darum bemühen, gut mit dem Kind bzw. den Kindern auszukommen. Es kommt aber auch vor, dass Spannungen in der neuen Familie entstehen. Diese **Spannungen** können so groß werden, dass **ein Kind**, das die Spannungen möglicherweise ausgelöst hat, die **Familie verlassen muss**. Dieser Fall ist leider sehr häufig, wie an der großen Zahl von Kindern aus Stieffamilien in Heimen festzustellen ist.

## MERKSATZ

Stieffamilien bzw. Patchworkfamilien können nur funktionieren, wenn jeder sich viel Zeit für das Eingewöhnen in die neue Rolle nimmt.

## AUFGABE

*„Ehe und Familie werden mehr und mehr zu vorübergehenden Bindungen, die man eingeht und löst wie einen Mietvertrag."*
*(Ernst W. Heim)*
*Wie denken Sie darüber?*

## 6.2 Wohnumfeld, Natur und Umwelt

## AUFGABEN

1. *Beurteilen Sie den Spielplatz.*
2. *Nennen Sie Gründe, warum ein Kinderspielplatz für Kinder wichtig ist.*

Neben der intentionalen (zielgerichteten) Erziehung, mit der alle bewusst durchgeführten Erziehungsmaßnahmen gemeint sind, kennt die Pädagogik die **Prägung**, die weitgehend unbeabsichtigt, aber vielfach bildend und gestaltend auf den Menschen einwirkt. Dazu gehören neben dem Wohnumfeld auch:

- **die Natur,**
- **die Kultur.**

### Zu Natur:

- Es ist ein Unterschied, ob ein Kind an der See oder im Gebirge zur Welt kommt, unter südlicher Sonne oder im rauen Norden aufwächst, in der Großstadt oder auf dem Land lebt, alles hat einen mitbestimmenden Einfluss. Das Stadtkind wird in die vielschichtigen Gegebenheiten der Großstadt hineingeboren, während das Landkind unmittelbarer an den Abläufen der Natur teilnehmen kann.
- Die natürlichen klimatischen Verhältnisse machen sich sogar im seelischen Bereich bemerkbar: Einige Menschen sind wetterfühlig: Gute Laune oder Missstimmung hängen für sie von der Wetterlage ab. Im Volksmund sind auch folgende Ansichten verbreitet: Bei Föhn steigt die Selbstmordrate. Kinder werden vermehrt bei Vollmond oder an der Nordseeküste bei Ebbe geboren.

### Zu Kultur:

- Zur Kultur im weiteren Sinne gehören Sprache, Sitte und Brauchtum, Wissenschaft, Wirtschaft und Technik, Religion und Kunst, die Gesamtheit der geistigen und künstlerischen Lebensäußerungen eines Volkes. Kinder des christlichen Lebenskreises sind anders geprägt als solche des mohammedanischen oder buddhistischen Glaubens.
- Entscheidend ist auch, ob im Umfeld des Kindes ausschließlich plattdeutsch oder hochdeutsch gesprochen wird, ob es viele alte

Abb. Pixelquelle

Sitten und Gebräuche kennenlernt, ein großes Kunstverständnis oder ausgeprägtes technisches Interesse erlebt. Immer spielen die kulturellen Vorgaben eine wesentliche Rolle für seine Entwicklung.

## MERKSATZ

Die ihr umgebende Natur und Kultur sind prägend für den Menschen.

## AUFGABEN

1. *Nennen Sie die Vor- und Nachteile der Stadt- bzw. Landkinder.*
2. *Nennen Sie Beispiele dafür, wie Sie mit Menschen aus einem anderen Kulturkreis zurechtkommen.*

### 6.2.1 Bedürfnisse von Kindern und Jugendlichen an ihrem Wohnumfeld

## AUFGABE

*Versuchen Sie den Einfluss des Wohnumfeldes auf ein Kind und einen Jugendlichen festzustellen.*

Mit Wohnumfeld ist die Umgebung gemeint, in der das Kind bzw. der Jugendliche aufwächst und in der es bzw. er seine ersten Außenerfahrungen macht. Das Wohnumfeld hat daher einen starken Einfluss auf die **Sozialisation** und damit auf die **Entwicklung des Kinds bzw. Jugendlichen**. Die Erfahrungen, die sie hier machen, beeinflussen ihr Denken und Handeln und wirken sich wegweisend auf ihr Leben aus.

Das Wohnumfeld ist der Ort des Entdeckens, des Kommunizierens und Spielens mit anderen Kindern und Jugendlichen. Hier ist Gelegenheit gegeben, sich gegenseitig auszutauschen und Neues hinzuzulernen.

Der gegenseitige Austausch trägt dazu bei, dass Kinder und Jugendliche lernen, sich ein eigenes Urteil zu bilden und selbstständig zu werden. Sie begeben sich damit auf den Weg, **autonom** zu werden. Dabei lösen sie sich nach und nach aus der schützenden Hülle des Elternhauses und verlegen ihr Schwergewicht auf das Umfeld.

Zu den wichtigen Orten außerhalb des Elternhauses gehört auch das **Kinder- und Jugendzentrum,** das in der Regel von Sozialpädagogen betreut wird. Hier können Kinder und Jugendliche verstärkt ihren Neigungen nachgehen. Wichtig ist, dass die Räume, in denen sie sich aufhalten, offen und gestaltbar sind. Das heißt, dass sie dort ihre Zeichnungen aufhängen und die Möbel umstellen dürfen. Sie müssen dort auch die Möglichkeit haben, sich mit ihren Freunden zu treffen.

Bei den älteren Mädchen (12 bis 13 Jahren) ist zu bedenken, dass sie sich gern zurückziehen, um Gespräche mit Gleichaltrigen und Gleichgesinnten zu führen. Auch dafür müssen Räume zur Verfügung stehen.

Aufgabe der Kommunen ist es, ausreichend **Räume,** so genannte Aktionsräume, und **Spielplätze** zur Verfügung zu stellen.

Leider muss festgestellt werden, dass Kinder aus benachteiligten Wohngebieten nicht nur **sozial**, sondern auch **stadträumlich** benachteiligt werden. Hinzu kommt, dass ein wachsender Teil der Kinder und Jugendlichen mit materiellen Risiken und Armut in den Familien konfrontiert wird. Eine mangelhafte Qualität der Aktionsräume und Infrastruktureinrichtungen im Wohnumfeld führt in dieser Situation zu einer weiteren **Anhäufung an Benachteiligungen der Kinder und Jugendlichen**. Besonders für Kinder ist der Mangel an Aktionsräumen eine große Einschränkung.

Die **Verkehrssituation** im Wohnumfeld hat ebenfalls einen maßgeblichen Einfluss auf die Bewegungsfreiheit der Kinder. So sollten Straßen, an denen vorwiegend junge Familien wohnen, als **Spielstraßen** gekennzeichnet werden und eine Geschwindigkeitsbegrenzung von **Tempo 30** haben. Die Kinder haben dadurch eine weitere Möglichkeit, im Freien zu spielen.

Bei **Tempo 30 statt 50** in Wohngebieten nimmt die Wahrscheinlichkeit, dass es zu einem Unfall kommt, bis zu 90 % ab. Leider sind vielen Städten die baulichen Maßnahmen für Tempo-30-Zonen auf den Straßen zu teuer, obwohl der Deutsche Städtetag an diesem Konzept festhält. Auf dem Schulweg sind Kinder ebenfalls einem hohen Unfallrisiko ausgesetzt. Als

Antwort auf diese Probleme werden autofreie Quartiere und Konzepte wie Parken am Rand und Car-Sharing genannt.

## MERKSATZ

Gegen eine Benachteiligung von Kindern und Jugendlichen kann vorgebeugt werden durch Aktionsräume, Infrastruktureinrichtungen sowie Tempo-30-Zonen.

## AUFGABEN

1. *Gehen Sie auf die Bedeutung von Aktionsräumen und Kinderspielplätzen ein.*
2. *Suchen Sie Kinderspielplätze und Aktionsräume für Kinder und Jugendliche in Ihrer Stadt bzw. Ihrem Dorf auf und beurteilen Sie diese.*
3. *Wieweit gibt es Tempo-30-Zonen in Wohnsiedlungen für Familien in Ihrer Stadt bzw. in Ihrem Dorf?*

## 6.2.2 Wohnumfeld Dorf bzw. Stadt

## AUFGABEN

1. *Nennen Sie Vor- und Nachteile der Dorfkinder gegenüber den Stadtkindern und umgekehrt.*
2. *Schreiben Sie Stichpunkte an die Tafel.*

Abb. MEV

Für kleine Kinder hat das Dorf gegenüber der Stadt viele Vorteile, später ist es dann umgekehrt:

- Dorfkinder haben viele Spielplätze, auf denen sie ungestört spielen können. Das ist nicht nur der eigene Garten, sondern es gibt viele Grünflächen, die dafür geeignet sind.
- Die Kinder im Dorf sind den meisten Erwachsenen bekannt, so dass diese ebenfalls auf die Kinder aufpassen.
- Die Läden sind in der Regel klein und überschaubar. Die Kinder lernen dadurch das Einkaufen und den Umgang mit Geld sehr früh.
- Der Verkehr ist lange nicht so dicht wie in der Stadt. Die Kinder können sich dadurch schon recht früh selbstständig im Verkehr bewegen.
- Kinder finden schnell Spielkameraden, da ein Dorf für Kinder übersichtlicher ist als die Stadt. Oft kennen sich die Mütter bereits, die dann ihre Kinder zusammenführen.
- Die meisten Dörfer haben Kindergärten. Die Kinder können dadurch gezielt angeleitet und gut auf die Schule vorbereitet werden.

Allerdings ist der Weg zu den Behörden, die sich in der Überzahl in den größeren Ortschaften befinden, umständlich und die Verkehrsanbindung häufig sehr schlecht, wenn die Familie kein eigenes Auto hat.

In dieser Hinsicht ist das Leben in der Stadt besser. Ärzte und Fachärzte sowie Beratungsstellen sind vor Ort und können schnell aufgesucht werden. Der eigene Garten fehlt den meisten Familien, so dass öffentliche Spielplätze aufgesucht werden müssen, was weite Wege kosten kann. Freunde zu finden, ist für die meisten Kinder schwierig, da es Stadtteile gibt, in denen es keine bzw. nur wenige Kinder gibt.

Der erste Kontakt zu anderen Kindern erfolgt bei Einzelkindern oft nur mit dem Besuch einer Krabbelgruppe, des Kinderhortes oder Kindergartens. Auch das selbstständige Vorwärtsbewegen im Straßenverkehr ist bei den Stadtkindern in der Regel erst möglich, wenn sie die Schule besuchen. Allerdings lernen sie von klein auf, Rücksicht auf andere Menschen zu nehmen und Vorurteile gegenüber Menschen mit einer anderen Hautfarbe, Religion und Kleidung abzubauen.

Stadtkinder haben eher die Möglichkeit an **vielen Veranstaltungen** wie Zirkus oder Theater teilzunehmen, während Landkinder erst eine weite Anfahrt haben und dadurch häufig auf die Teilnahme verzichten.

In der Stadt sind die Wohnungen oft sehr klein, was bei den Kindern zu **Aggressionen** führen kann, da sie sich nicht ausgiebig genug bewegen können. Die Kinderzimmer sollten daher nur spärlich möbliert sein, damit die Kinder dort ihren Bewegungsdrang ausleben können. In den Sportvereinen gibt es auch Sportangebote für Kinder.

Für das ältere Kind und den Jugendlichen hat die Stadt mehr Vorteile, da die Kinder dort zwischen **mehreren Schulen und zahlreichen Freizeitangeboten** auswählen können.

## MERKSATZ

Für jüngere Kinder hat das Dorf mehr Vorteile, da sie mehr Bewegungsfreiheiten haben. Für ältere Kinder und Jugendliche ist die Stadt vorteilhafter, da sie ein vielfältiges Schul- und Freizeitangebot bietet.

## AUFGABEN

1. *Berichten Sie über Ihre Beobachtungen über das Verhalten von Stadt- bzw. Landkindern im Kindergarten.*
2. *Welche Erfahrungen haben Sie als Stadt- bzw. Landkind gemacht?*

## 6.2.3 Dorf- und Stadtplanung mit Kindern und Jugendlichen

## AUFGABE

*Worauf weist die Grafik hin?*

Dorf- und Stadtplanung, Sozialplanung und Wirtschaftsförderung haben ebenfalls Einfluss auf das **zukünftige Zusammenleben der Menschen** sowie die Ausbildungs- und Arbeitsmöglichkeiten in der Stadt bzw. im Dorf oder vom Dorf aus. Diejenigen, deren Interessen an ihrem Umfeld maßgeblich von Entwürfen und Planungen betroffen sind, nämlich Kinder und Jugendliche, spielen bei den Planungen der städtischen bzw. ländlichen Ämter und privaten Planungsbüros jedoch kaum eine Rolle. Wie sie stärker an Entwürfen für ihre Zukunft beteiligt werden können und welche Ansätze dafür in Deutschland und im europäischen Ausland bereits existieren, soll die Studie **„Zukunft im Quartier – Perspektiven nachhaltiger Stadtentwicklung und die Rolle der Jugend“** aufzeigen.

Die vom Bundesamt für Bauwesen und Raumordnung (BBR) unterstützte ressortübergreifende Arbeit stellt unter anderem die nachfolgenden Fragen:

- Welche Angebote vermitteln Interesse und Engagement für das soziale Zusammenleben?
- Was fördert und was verhindert Aggression und Gewalt?
- Welches Umfeld unterstützt die Persönlichkeitsentwicklung von Kindern und Jugendlichen?
- Inwieweit reicht das vorhandene städtebauliche Instrumentarium für einen fachübergreifenden Planungsansatz aus?

### Erste Lösungsansätze

Gute Erfahrungen gibt es bereits mit **bewohnergetragenen Stadtteilentwicklungsmaßnahmen**. Bedingung ist, dass die Beteiligten das Vorhaben als kontinuierlich und ergebnisorientiert empfinden. Besonders positiv ist die aktive Beteiligung von gefährdeten Kindern und Jugendlichen zu bewerten. Wie Erfahrungen zeigen, haben sie Verhaltensänderungen bei ihnen bewirkt. Diese Kinder und Jugendlichen bringen sogar ein hohes Maß an **Kreativität und Fantasie** im Planungsprozess ein. Sie zeichnen sich besonders als Experten für Skatinganlagen, Bolzplätzen, Spielplätzen, Schulwegsicherheit und in Bereichen der Jugendfreizeit aus.

Durch Beteiligung lernen Kinder und Jugendliche sozialverträgliche Handlungsformen, die sich in der Schule, im Stadtteil und im Wohnumfeld bemerkbar machen. Sanierungstechnische Maßnahmen reichen allein nicht aus, sondern eine **sozial konzipierte Gesamtstrategie** bringt erst Erfolg. Teilweise geht man auch soweit, dass man Ausbildungs- und Beschäftigungsmaßnahmen für arbeitslose Jugendliche im Quartier schafft. Auch diese Erfahrungen zeigen wiederum, dass für Wohnungsunternehmen in Problemlagen äußerste Sorgfalt bei der Vorgehensweise angesagt ist, denn langfristige Verbesserungen sind nur möglich, wenn alle kommunalen Akteure zusammen arbeiten.

## 6.2.4 Formen der Beteiligung

In der Kinder- und Jugendbeteiligung lassen sich **grob fünf Formen** unterscheiden:

1. Beteiligung von Jugendverbänden,
2. direkt gewählte Vertretungen,
3. offene Formen (Anhörungen),
4. projektbezogene Formen der Beteiligung,
5. Beauftragte.

Zu 1.) Die Beteiligung von **Jugendverbänden** geschieht vornehmlich durch Jugendringe (Zusammenschluss der Verbände), die die Vertretung von Jugendlichen in der Gemeinde, der Stadt oder in einem Kreis wahrnehmen. Sie müssen bei allen **jugendrelevanten Themen** angehört werden.

Zu 2.) Unabhängig davon gibt es inzwischen in vielen Städten und Gemeinden so genannte **Kinder- und Jugendparlamente**. Sie werden in der Regel direkt gewählt. Die Einzugsgebiete sollten nicht zu groß sein, da die **Überschaubarkeit der Probleme** nicht mehr gegeben ist.

Zu 3.) Hierunter fallen insbesondere **Kinderstadtteilversammlungen, Kindersprechstunden, Kinder- Gemeinderatssitzungen** usw. Die Kinder oder Jugendlichen einer bestimmten Altersgruppe werden zu bestimmten Terminen eingeladen und können dort vor Verantwortlichen aus der Politik und Verwaltung ihre Ideen, Probleme und Anliegen vortragen.

Zu 4.) Bei den projektbezogenen Formen der Beteiligung geht es meistens um ganz konkrete **Planungs- und Entscheidungsprozesse**. Kinder und Jugendliche erhalten Gelegenheit, Wünsche und Interessen einzubringen. Dies kann zum Beispiel über Zukunftswerkstätten, Workshops, aktivierende Befragungen usw. geschehen. Diese noch allgemein gehaltenen Ergebnisse bilden die Grundlage für die Arbeit der so genannten Planungszirkel, deren Ziel es ist, die praktische Realisierung der Vorschläge gemeinsam vorzubereiten. Die praktische Umsetzung erfolgt dann durch Fachleute.

Zu 5.) Bei diesem Modell treten haupt- und ehrenamtlich tätige Erwachsene bei der Verwaltung und in politischen Entscheidungsgremien für die **Interessen von Kindern und Jugendlichen** ein. Dies kann in Form so genannter Kinder- oder Jugendbeauftragter oder Kinderanwälte geschehen. Wichtig ist in jedem Fall, dass dies nicht abgehoben oder isoliert von den Kindern und Jugendlichen geschieht, sondern in enger Kooperation mit ihnen.

## 6.2.5 Kooperation mit der Schule im Dorf bzw. Stadtteil

Die Schule kann aktive Anreize zur Auseinandersetzung mit der Gemeinde, in dem die Schülerinnen wohnen, schaffen. So gibt es viele Ansatzpunkte, durch die die Schülerinnen ihr Wohnumfeld kennenlernen können. Eingeplant werden müssen dafür Unterrichtseinheiten, Projekte oder Nachmittagsveranstaltungen, in denen der Stadtteil oder das Dorf im Mittelpunkt stehen. **Themenschwerpunkte** können hierbei sein:

- Schulhofumgestaltung und Schule als Freizeitort an Nachmittagen,
- Frei- und Spielraum im Wohnumfeld,
- Verkehrssicherheit auf dem Schulweg,
- Umweltbelange in der Gemeinde,
- Lokale Agenda 21.

Spielerische Experimente und unkontrollierte Erfahrungen von Kindern und Jugendlichen werden ohne solche Freiflächen immer seltener. Als Ausgleich bieten sich jedoch **Industriebrachen und leerstehende Bebauung** an. Bisher ist der Zutritt in diese Reiche aus haftungs- und verkehrstechnischen Gründen verboten. Es wäre denkbar und sinnvoll, Rahmenbedingungen für derartige Aktionsräume für Kinder und Jugendliche zu schaffen. Durch mutige, innovative Regelungen in Abstimmung mit den Verantwortlichen müsste überlegt werden, wie eine zeitweilige Freigabe bzw. Nutzung rechtlich umsetzbar ist. Wenn präventive Wirkung erzielt werden soll, werden gerade diese Spielräume, in denen auch vandalistisches Verhalten möglich ist, benötigt.

Wie schon erwähnt, muss bei der Planung berücksichtigt werden, dass **Mädchen** andere Ansprüche an Aktionsräumen stellen als Jungen. Mädchen suchen häufiger Plätze im **unmittelbaren Wohnumfeld** auf. **Jungen** überwinden **größere Distanzen**.

## MERKSATZ

Kinder und Jugendliche sollten in Planungs- und Entscheidungsprozessen bei Stadtteil- und Dorfplanungen eingebunden werden. Ausreichend vorhandene **Aktionsräume** und **Spielplätze** haben einen entscheidenden Einfluss auf ihre Sozialisation und Entwicklung.

## AUFGABEN

1. *Beurteilen Sie das stärkere Einbeziehen von Kindern und Jugendlichen in die Dorf- und Stadtplanungen.*
2. *Erkundigen Sie sich in Ihrer Gemeinde danach, inwieweit Kinder und Jugendliche in Planungs- und Entscheidungsprozessen eingebunden werden.*
3. *Gibt es eine Zusammenarbeit mit der Schule im Stadtteil bzw. Dorf?*

## 6.3 Spiel- und Freizeitwelt, Peergroup

Die Spiel- und Freizeitwelt gehören zusammen, denn das **Spiel ist wie die Freizeit zweckfrei, intuitiv und ungeplant**. Das echte Spiel kann nicht erzwungen werden, sondern es ist eine von innen heraus motivierte Tätigkeit. Wenn Kinder beim Spielen angeleitet werden, ist es kein echtes Spiel mehr. Die Übergänge von einem echten zu einem unechten Spiel sind fließend.

Kinder, vor allem jüngere Kinder, können überall und zu jeder Zeit spielen, wenn Erwachsene es ihnen nicht verbieten oder verleiden. Zu einer positiven Spielwelt gehören:

- eine **wohlwollende und das Spiel wertschätzende Atmosphäre,**
- ein **angemessener Spielraum,**
- **sinnvolles Spielmaterial,**
- **Spielpartner.**

Abb. Nühs

### 6.3.1 Spielatmosphäre

Anregung zum Eindenken in die Thematik:

**Traumreise**
Setzen Sie sich bequem hin, besser noch ist es, sich auf eine Decke zu legen. Eine Mitschülerin sollte eine Traumreise als Vorbereitung durchdacht haben und sie in langsamer, ruhiger Sprache mit langen Pausen begleiten: Sie geraten in der Fantasie über eine magische Art durch das Spieltraumland, in dem jeder freie Zeit zum Spielen hat. Dieses Land sehen Sie sich genau an: die Räumlichkeiten mit allen Winkeln, das Spielgelände im Freien, die Spielpartner, die Spielmaterialien. Sie sehen nach, ob eine Aufsichtsperson vorhanden ist. Dann beginnen Sie im Fantasieland zu spielen. Plötzlich haben Sie das einzige Verbot übertreten und werden aus diesem Grund aus dem Traumland auf die Erde verwiesen und sind ein Kind in einer innerstädtischen Wohngegend.

## AUFGABE

*Sprechen Sie anschließend über Ihre Spielträume und Gefühle bei der Rückkehr in die Realität.*

Das Spiel des Kindes hat unterschiedliche Dimensionen: Wichtig ist, dass Kinder Freiraum zum Spielen haben und so spielen können, wie sie es sich vorstellen. Dazu muss die Spielatmosphäre locker und fröhlich und frei von Zwängen sein.

Wenn Kinder frei und ungelenkt spielen, so spielen sie, was sie erleben:

- Sie setzen sich im Spiel mit ihrer **Umwelt auseinander** und erproben auf der Ebene des Spiels ihr **späteres Erwachsensein**.
- Sie **konstruieren** (bauen und malen) beispielsweise, was sie erleben.
- Sie spielen im **Rollenspiel** Handlungen der Erwachsenen nach und übernehmen dabei deren Einstellungen, etwa die tröstende Haltung der Mutter oder der Sozialassistentin, das **Machtverhalten** zwischen Mutter und Vater (auch stellvertretend für das Verhalten zwischen den Geschlechtern), das Kampfverhalten eines Fernsehhelden.

Kinder aus **unterschiedlichen Kulturen** spielen anders, weil sie in Gesellschaften mit anderer Lebensweise und Lebenseinstellung aufwachsen.

Darüber hinaus beeinflussen die erwachsenen Bezugspersonen die Spielwelt des Kindes durch ihr bewusstes oder nicht bewusstes Lenken und Eingreifen. Dabei ist zu bedenken, ob

- sie den Kindern ausreichend Zeit und Möglichkeiten für ihr Spiel einräumen,
- Kinder Leistungen beim Spiel vorweisen müssen,
- die Bezugspersonen ihr Spiel in vorgegebene Zeitabschnitte einteilen (Terminkalender für Kinder),
- sie das Spiel gedankenlos unterbrechen,
- den Kindern Spielmaterial zur Verfügung steht,
- sie den Kindern Spielkameraden ermöglichen,
- sie das Spiel und Spielverhalten loben und damit verstärken.

Die Erwachsenen wirken auf die Spielwelt der Kinder in vielfältiger Hinsicht ein. Dabei werden die Erwachsenen selbst vom gesellschaftlichen Umfeld beeinflusst und geprägt, z. B.:

- vom Angebot an Spielmaterial,
- in dem, was sie als gute oder fragwürdige Spiele empfinden,
- durch Möglichkeiten der eigenen Beteiligung beim Spiel (z. B. Brettspiel).

Kinder sehen bei ihren Spielkameraden ein anderes Spielmaterial als das, was sie selbst besitzen. Sie beobachten das Spielzeugangebot in Geschäften und werden von Werbung beeinflusst. Spielwünsche werden hervorgerufen und Spielverhalten wird geprägt.

**MERKSATZ**

Die Spielwelt des Kindes wird durch die Erwachsenen und die Gesellschaft, in der das Kind lebt, geprägt. Durch das Spiel lebt es sich in die menschliche Gesellschaft ein und übernimmt deren Werteinstellung.

**AUFGABE**

*Nennen Sie Beispiele zur Förderung des Spiels der Kinder zu Hause und im Kindergarten.*

### 6.3.2 Einflüsse der industriellen Gesellschaft auf das Spiel des Kindes

Die Vorbedingungen für das Spiel des Kindes sind in der industriellen Gesellschaft, in der die westliche Welt lebt, optimal. Zu keiner anderen Zeit wurde über das Spiel des Kindes so viel nachgedacht und geschrieben wie im Moment. Das ist zu sehen

- an dem **optimalen Know-how**, mit dem sich viele Fachleute beschäftigen und darüber Artikel veröffentlichen.
- an der **Zuwendung**, die den Kindern zuteil wird. Ihre Interessen werden weitgehend formuliert und gesellschaftlich anerkannt.
- an den **spielerischen Lernformen,** die die Arbeit in der Schule, im Sport, bei Kursangeboten und beim Einzelunterricht erleichtern usw.

Die **familiären Bedingungen** haben sich durch eine sinkende Arbeitszeit und durch maschinelle Arbeitserleichterungen im Haushalt wesentlich **verbessert**. Dennoch muss kritisch angemerkt werden, dass es **einschränkende Wirkungen** auf das Spiel des Kindes gibt. Das sind:

- **Verstädterung mit Verkehrssituationen**, die das Spiel auf der Straße nicht mehr zulassen bzw. können sich Kinder nicht mehr frei auf der Straße bewegen.
- **Verinselung der Kinder**, da viele ohne Geschwister aufwachsen und in der Nachbarschaft oft keine Kinder sind, ist es schwierig selbstständig einen Spielpartner aufzusuchen.

- **Spielzeugüberfülle**, die das Spiel erstickt und nicht die Möglichkeit bietet sich selbst etwas auszudenken.
- **Technische Medien**, vor allem Fernsehen, geben dem Kind nicht die Möglichkeit selbst etwas zu gestalten. Sie lenken vom eigenen Spiel ab und verbrauchen wertvolle Spielzeit des Kindes.

Die Erwachsenen tragen ebenfalls dazu bei, dass den Kindern wertvolle Spielzeit verloren geht. Sie sehen das Spiel zu sehr unter dem Gesichtspunkt des Lernens und fordern von dem Kind ein **leistungsorientiertes Spiel**, das mit einem Spielergebnis verbunden ist. Damit verliert das Spiel seinen Sinn, nämlich zweckfrei zu sein. Das Kind kann sich diesem Spiel nicht angstfrei hingeben, sondern es muss sein Ergebnis beachten. Diese Einstellung äußert sich zum Beispiel, wenn Eltern Spielmaterial kaufen, das auf ein Ergebnis angelegt ist, z. B. Puzzles oder Brettspiele.

## 6.3.3 Angebot an Spielmöglichkeiten

**AUFGABE**

*Nennen Sie Beispiele, wie Kinder ungestört spielen können.*

Zu Hause und in den sozialpädagogischen Einrichtungen müssen dem Kind Spieltätigkeiten ermöglicht werden, in denen es wie folgt spielen kann:

- **zweckfrei,**
- **spontan,**
- **freiwillig,**
- **motiviert**.

Dafür benötigt das Kind weitgehende **Freiheit von Zeitdruck** und **Leistungsdruck,** viel inneren Spielraum im Sinne von spielen dürfen, wie es gerne möchte, mit eigener Ideenfindung und Spontaneität, sowie äußeren Spielraum im Sinne von **Spielplatz**. Das heißt einen Raum, der Möglichkeiten für selbst erfundene Spiele bietet und der verändert werden darf.

Das Kind braucht nicht unbedingt Spielmaterial, das von Erwachsenen für sein Spiel vorgefertigt ist, sondern es stillt im **Erfinden seiner Spielgegenstände einen Teil seiner Bedürfnisse**, nämlich seine Fantasie ins Spiel zu bringen.

Die Konkurrenz, wie sie sehr leicht im Kindergarten entsteht, muss im Spiel niedrig gehalten werden, vor allem beim jüngeren Kind, damit es ohne **Druck Empathie (Einfühlung) erfahren und soziales Verhalten erproben kann.**

Echtes Spiel bedeutet im Kindergarten, dem Kind **viel Freiraum** einzuräumen, damit es seine Ideen entfalten kann. Die Unterstützung der Sozialassistentin ist gerechtfertigt, wenn sie dem Kind weitere Spielmöglichkeiten bei dem selbst geplanten Spiel ermöglicht, um es in seinem Spiel zu bestärken. Die Anregung muss so gestaltet sein, dass sich die Spieler **lustvoll in die Spielhandlung einlassen** und das Ergebnis als zweitrangig angesehen werden kann. Beim Memoryspiel ist es unwichtig, wer die meisten Karten gewonnen hat, sondern wichtig ist, dass viele Kinder mitgemacht haben. Volleyball wird an erster Stelle gespielt, weil es Spaß macht und nicht, weil eine Mannschaft gewinnen will.

In sozialpädagogischen Einrichtungen kommt man nicht umhin, auch **Spiele als Lernform** einzusetzen. Sie erfüllen dann aber einen bestimmten Zweck, z. B. um ein bestimmtes Verhalten einzuüben oder um Angst abzubauen.

Abb. Nühs

Viele Eltern sehen in dem freien Spiel nicht unbedingt eine Chance für ihre Kinder. Für sie ist es wichtiger, dass ihre Kinder gezielt angeleitet werden, um später eine berufliche Karriere zu machen. Dazu ist es nötig, die **spielpädagogische Arbeit transparent zu machen** und die Bedeutung von Kreativität und Spontaneität den Eltern näher zu bringen.

**DEFINITION**

Spiel und Freizeit sind zweckfrei. Für seine Spieltätigkeiten benötigt das Kind viel Zeit, um spontan, freiwillig, von innen heraus motiviert, lustbetont, Fantasie begleitet und ohne in Spielzeug zu ersticken, spielen zu können.

**AUFGABEN**

1. *Berichten Sie über Ihre Beobachtungen beim Spiel der Kinder im Kindergarten. Gab es besondere Erlebnisse?*
2. *Planen Sie einen Kinderspielnachmittag, bei dem die Kinder die Möglichkeit haben, kreativ und spontan spielen zu können.*

## 6.3.4 Entwicklung gruppenbezogener Verhaltensweisen

Im Kindergarten oder zu Hause, wenn Geschwister vorhanden sind, hat das Kind die Möglichkeit, die Gruppenfähigkeit zu lernen. Die Gruppe erfüllt für das Kind eine wichtige Sozialisationsform und kann sein Spiel ganz erheblich fördern. Durch das Spiel in der Gruppe

- erweitert das Kind seinen Erfahrungsraum,
- ordnet es sich in eine Gemeinschaft ein,
- übt es soziale Verhaltensweisen und Einstellungen,
- findet es die eigene Identität,
- kann es soziale Anerkennung erwerben,
- lernt es die Kontaktaufnahme zu Gleichaltrigen und Erwachsenen.

In den ersten Lebensjahren stellt die **Familie** oft den **einzigen Bezug** dar, d. h. die Erfahrungswelt des Kindes ist auf einen engen Raum und wenige Personen beschränkt. Das ändert sich in den nachfolgenden Jahren:

- Wenn die Kinder zwei Jahre alt sind, besuchen viele Mütter sehr gern Spielgruppen, damit sich die Kleinen bereits an andere Kinder gewöhnen können. Aber in diesem Alter **spielen** Kinder **lieber für sich allein**. Meistens sitzen die Zweijährigen nebeneinander, stets darauf bedacht, dass das andere Kind sein Spielzeug nicht nimmt, und spielen für sich allein (Parallelspiel).
- Durch das **Beieinandersitzen** bahnt sich aber der erste Kontakt an und das Kind gewinnt erste Gruppenfähigkeiten. Mit drei Jahren spielen Kinder schon eine **kurze Zeit miteinander (Partnerspiel**).
- Mit **vier Jahren** ist das Kind fähig, sich zeitweise einer **Gruppe** anzuschließen und sich den **Gruppennormen** bzw. den Weisungen der Sozialassistentin anzupassen. Das Kind neigt aber immer wieder dazu, allein zu spielen. Die Gruppe gewinnt jedoch an Bedeutung, besonders dann, wenn es Anerkennung und Beachtung durch die Gruppe erfährt. Das Kind gewinnt durch die Gruppe Freunde und fängt an, sich dort wohlzufühlen, auch dann, wenn es ab und an Niederlagen hinnehmen muss.
- **Sechsjährige Kinder** haben Freude im Umgang mit Gleichaltrigen, sie bilden bereits Interessengruppen und schließen häufig Freund-

Abb. Nühs

schaften. Die Gruppenfähigkeit ist mit Beginn des Schulalters so weit vorhanden, dass einer **gezielten Gruppenbildung keine entwicklungsbedingten Hindernisse mehr entgegenstehen**.

Die Gruppenfähigkeit des Kindes ist nicht sofort vorhanden, sondern entwickelt sich nach und nach.

## DEFINITION

Unter Gruppenfähigkeit versteht man das gruppenbezogene Sozialverhalten eines Menschen, d. h. die Fähigkeit, positive Beziehungen zu anderen Gruppenmitgliedern anzuknüpfen und aufrechtzuerhalten.

Kinder kommen in der Gruppe nur zurecht, wenn sie bestimmte Verhaltensweisen einhalten. Diese Verhaltensweisen werden auch als **soziale Normen** bezeichnet. Im Kindergarten werden die Normen durch Regeln gesteuert. Auf das Einhalten der Regeln achten die Kinder selbst oder das Kindergartenpersonal.

Wenn eine Kindergruppe beispielsweise Pistolen aus Legosteinen baut, so ist es Aufgabe der Sozialassistentin, die Kinder dazu zu bringen etwas anderes zu bauen, denn Kriegsspielzeug gehört nicht in den Kindergarten.

Soziale Normen vereinheitlichen das Verhalten der Menschen und gewähren dadurch eine gewisse Sicherheit und Stabilität. Für Gruppen sind **soziale Normen unbedingt erforderlich**, sie fördern das **„Wir-Gefühl"** und grenzen eine Gruppe gegenüber anderen Gruppen ab.

## MERKSATZ

Jede Gruppe schreibt ihren Mitgliedern bestimmte Normen vor, die unterschiedliche Verbindlichkeiten haben. Sanktionen tragen dazu bei, dass Normen eingehalten werden.

## AUFGABEN

1. *Wie kann die Gruppenbildung im Kindergarten gefördert werden?*
2. *Nennen Sie Vorteile, wenn ein Kind einer Gruppe angehört.*
3. *Konkretisieren Sie den Begriff „soziale Normen" an Beispielen.*

### 6.3.5 Typische Rollen in einer Kindergartengruppe

## FALLBEISPIEL

**Krach in der Kindergartengruppe „Maulwurf"**

Die Kindergartengruppe „Maulwurf" galt immer als besonders friedlich. Diesmal war es aber anders: Klara hatte versucht, Marvin das Holzauto beim Spiel in der Sandkiste wegzunehmen, als sie ihren Tunnel fertiggestellt hatte. Sie wollte feststellen, ob der Tunnel groß genug sei, um mit dem Holzauto von Marvin durch den Tunnel zu fahren. Marvin war aber überhaupt nicht damit einverstanden. Er benötigte das Auto dringend, um Sand von der einen Seite in der Sandkiste zur anderen zu befördern. Aus dem Sand wollte er einen hohen Berg bauen.

Als Klara ihm das Auto weggenommen hatte und er versucht hatte, es wieder zu bekommen, was ihm aber nicht gelang, brach Marvin in ein lautes Geschrei aus. Über Jens, dem Boss in der Gruppe, versuchte er, das Auto zurückzubekommen. Das gelang aber auch nicht! Schließlich mischte sich die Sozialassistentin Cindy in den Streit ein, gab Marvin das Auto zurück und stellte damit den Frieden wieder her.

## AUFGABE

*Beurteilen Sie das Verhalten der beiden Kinder aus der Gruppe „Maulwurf".*

Unter den **Kindern** in einer Kindergartengruppe ergeben sich schnell Streitigkeiten. Sie wissen sehr genau, womit sie Erfolg haben, und nutzen dies für ihre Zwecke aus. Sie bedienen sich **unterschiedlicher Strategien, um Anerkennung und Beachtung zu finden**. Die Erwachsenen dagegen erwarten, dass die Kinder sich immer auf die gleiche Art und Weise verhalten und schieben sie dadurch noch mehr in die eingeschlagene Richtung.

Am auffälligsten wird dieser Zusammenhang bei den Rollen **„weiblich"** und **„männlich"** deutlich. Die Eltern verstärken durch die geschlechtsspezifische Erziehung und den damit verbundenen bewussten oder unbewussten

Erwartungen die genetisch bedingten unterschiedlichen Verhaltensweisen von Jungen und Mädchen. Erst dadurch entstehen **typische Jungen** und **typische Mädchen**. Rollenprägungen dieser Art ergeben sich immer dann, wenn mehrere Kinder zusammen sind.

Innerhalb einer Kindergruppe hat jeder eine spezielle Rolle. So gibt es den:

- Boss, Anführer,
- Mitläufer,
- Außenseiter,
- Clown, Kasper,
- Schläger, Tyrann,
- Schüchternen, Langweiler, Braven,
- Rebell,
- Nörgler, Meckerer,
- Sündenbock.

- **Zu Boss oder Anführer:** Er gibt in der Gruppe den Ton an. Andere Kinder befolgen die Anregungen und Wünsche des Anführers, der eine hohe Wertschätzung genießt. Er ist in der Lage, andere Kinder für seine Ziele zu gewinnen und für Aktivitäten zu motivieren.
- **Zu Mitläufer:** Jeder Anführer braucht natürlich Gefolge. Der Mitläufer orientiert sich normalerweise an der allgemeinen, mehrheitlich vorhandenen Meinung und äußert seine eigenen Wünsche und Bedürfnisse nicht.
- **Zum Außenseiter:** Außenseiter sind Kinder, die von sich aus nicht fähig sind, sich in eine Gruppe oder Gemeinschaft einzufügen. Sie selbst unternehmen nichts zu ihrer Integration. Hier ist der Einsatz der Sozialassistentin besonders gefordert.
- **Zum Clown, Kasper:** Gruppenclowns sind häufig Kinder, die unter Versagensängsten leiden. Durch auffälliges Verhalten suchen sie Beachtung und Anerkennung, die sie auf positive Art nicht bekommen können.
- **Zum Schläger, Tyrann:** Schlägertypen versetzen andere Kinder, vor allem kleinere und schwächere, in Angst und Schrecken. Sie versuchen ihre Macht auszuspielen. Hier muss die Sozialassistentin auf jeden Fall eingreifen.
- **Zum Schüchternen, Langweiler, Überbraven:** Diese Kinder haben in der Regel ein geringes Selbstbewusstsein. Sie leben ständig in der Angst, etwas falsch zu machen. Die Sozialassistentin sollte diese Kinder aktivieren.
- **Zum Rebellen:** Rebellen können sich nur schwer in den Gruppenprozess einfügen. Sie begehren ständig gegen alles auf. Wenn sich Rebellen jedoch für etwas interessieren, zeigen sie vollen Einsatz.
- **Zum Nörgler oder Meckerer:** Diese Kinder gehen sich selbst und anderen auf die Nerven, weil sie an allem etwas auszusetzen haben. Niemand kann ihnen etwas recht machen. Die Sozialassistentin sollte Interessensbereiche dieser Kinder suchen und positiv nutzen.
- **Zum Sündenbock:** Dem Sündenbock wird bei Konflikten die Schuld zugeschoben. Er hat innerhalb der Gruppe eine Randposition. Die Sozialassistentin sollte Konflikte sachlich analysieren und den Verursacher herausfinden.

Dies ist keine vollständige Aufzählung von Rollen in einer Kindergartengruppe, denn jede Gruppe setzt sich aus Einzelpersönlichkeiten zusammen, die wieder anders strukturiert sind. Einige typische und häufig wiederkehrende Rollen sollen aber hiermit genannt worden sein.

Hilfreich für die Ermittlung der Rollenverteilung innerhalb einer Gruppe kann ein **soziometrischer Test** sein. Für die Anleitung der Gruppe oder auch für die Bildung von Untergruppen können die Testergebnisse von Bedeutung sein. Bei dem soziometrischen Verfahren wird durch Fragen festgestellt, welche **Zuneigungen und Abneigungen zwischen den Kindern** bestehen. Die Kinder müssen die nachfolgenden Fragen für den soziometrischen Test einzeln beantworten. Soziometrie bedeutet Untersuchung der sozialen Beziehungen in einer Gruppe.

***Beispiel eines soziometrischen Tests:***

- *Wen magst du in der Gruppe am liebsten?*
- *Wen magst du in der Gruppe am wenigsten?*
- *Mit wem spielst du in der Gruppe am häufigsten?*
- *Mit wem spielst du in der Gruppe selten oder nie?*
- *Mit wem aus der Gruppe würdest du gerne spielen?*
- *Mit wem aus der Gruppe triffst du dich außerhalb des Kindergartens?*
- *Wen aus der Gruppe würdest du gern zu deinem Geburtstag einladen?*

Das Kind, das die meisten Stimmen bekommt, hat eine **führende Rolle** in der Gruppe. Die **Außen-**

**seiterrolle** dagegen wird von dem Kind besetzt, das die meisten negativen Stimmen bekommt. Der **Schüchterne, Langweiler** erhält keine oder nur ganz wenige positive und negative Stimmen.

Die erhaltenen Daten müssen im Hinblick auf die **spezielle Fragestellung** gedeutet werden. Der Test gibt nur darüber Auskunft, mit wem das Kind am liebsten spielen möchte. Daraus können nicht ohne weiteres Rückschlüsse gezogen werden.

Erst im Zusammenhang mit anderen Beobachtungen und Informationen (Akten, Elternaussagen usw.) ist es möglich, Negativ- und Positivwahlen der Kinder zu erklären.

## MERKSATZ

Innerhalb einer Kindergartengruppe hat jedes Kind eine bestimmte Rolle, die mit seinem Charakter und seinem Verhalten zusammenhängen.

## AUFGABEN

1. *Berichten Sie über das Rollenverhalten der Kinder im Kindergarten. Welche Beobachtungen haben Sie gemacht?*
2. *Nennen Sie Gründe dafür, warum ein Kind zum Außenseiter werden kann.*
3. *Formulieren Sie Fragen für einen soziometrischen Test. Welche Probleme und Einwände sind bei der Durchführung dieses Tests zu sehen?*

## 6.3.6 Entstehung einer Gruppe

## AUFGABE

*Nennen Sie Beispiele dafür, wie Sie Kinder zur Gruppenbildung führen können.*

Bei jeder Gruppenbildung laufen ähnliche Prozesse ab. Es kann sein, dass die eine oder andere Phase während des Bildungsprozesses übersprungen wird, dennoch weist die Gruppenbildung immer wieder ähnliche Entwicklungen auf. Im Folgenden werden einige häufig wiederkehrende Erscheinungsformen der Gruppenentwicklung beschrieben.

### 1. Phase: Fremdheitsphase

Die Kinder kommen nach den Sommerferien zum ersten Mal in den Kindergarten. Sie sind einerseits gespannt und neugierig auf das Neue, andererseits fühlen sie sich unsicher und gehemmt. Wie stark diese Gefühle beim einzelnen Kind sind, hängt von den **Vorerfahrungen in anderen Gruppen** ab. Die Kinder spielen in dieser Phase oft allein, tasten sich gegenseitig ab und beobachten die anderen Kinder. Viele Kinder orientieren sich an den anderen, häufig an den Erwachsenen in der Gruppe, von denen sie sich **Sicherheit und Verhaltensorientierung** versprechen.

Die Situation ist noch offen und ungeklärt, es entstehen aber schnell Regeln und Normen, um etwas Sicherheit zu gewinnen. In dieser Phase beginnt die Rollenfindung und Rollenzuschreibung. Die Gruppe besitzt noch kein Zusammengehörigkeitsgefühl (Wir-Gefühl). Die Kinder erkunden sich noch.

Aufgabe der Sozialassistentin ist es nun, **Verhaltensrichtlinien** bekannt zu geben, um den Kindern die Unsicherheit zu nehmen. Dazu ist es wichtig, dass sie:

- alle Kinder ernst nimmt,
- bei Unsicherheiten Hilfen anbietet,
- klare Verhaltensregeln aufstellt,
- einen Überblick über Spielräume und unveränderbare Bedingungen, z. B. nicht auf die Straße zu laufen, bekannt gibt,
- gemeinsame Spiele unterstützt,
- Kindern Gelegenheit zur Beziehungsaufnahme ermöglicht,
- zum Entstehen positiver Gruppennormen beiträgt, z. B. dass die Kinder einander zuhören.

## 2. Phase: Orientierungsphase: Phase der Platzfindung, des Machtkampfes und der Kontrolle

Nach den ersten **Annäherungsversuchen** bemühen sich die Kinder um einen **Platz in der Gemeinschaft**. Machtkämpfe, Regeln und Normen bilden sich heraus, Untergruppen und Freundschaften kommen zustande, Zweckbündnisse werden geschlossen. Das Platzsuchen kann sehr unterschiedlich aussehen:

- Manche Kinder machen Vorschläge, sprechen überall mit, greifen andere an, machen Witze.
- Andere Kinder sind ganz ruhig, zurückhaltend, scheu, wissen alles, sprechen sehr gewählt usw.

Die Kinder nehmen sich gegenseitig wahr und ziehen ihre Schlüsse daraus. Langsam entsteht ein Netz von Beziehungen. Aus dem Verhalten der Kinder zueinander, den Erwartungen der anderen, das Zusammenspiel und die gegenseitige Ergänzung verschiedener Kinder entwickeln sich langsam **Rollen**. In dieser Phase **ringen die Kinder um Positionen und Rollen**. Sie versuchen ihren Status durch das Aufstellen von Regeln abzusichern.

Die Sozialassistentin unterstützt die Kinder, indem sie

- alle Kinder darin bestärkt, sich ins Spiel einzubringen, besonders auch die Schüchternen und Zurückhaltenden,
- bei Beziehungsproblemen hilft und Grenzen absteckt,
- die vorhandenen Regeln und Normen durchsetzt und einhält.

## 3. Phase: Vertrautheits- und Intimitätsphase

Jedes Kind hat seinen Platz in der Gruppe gefunden. Es weiß nun, was es von den anderen zu halten hat und wie es mit jedem umgehen kann. Die Stärken und Schwächen der anderen und die eigenen sind jedem Kind bekannt. Es akzeptiert die anderen und umgekehrt wird es von den anderen akzeptiert. Das gibt viel Auftrieb und Freude aneinander. Die Kinder haben ein erstes Selbstverständnis als Gruppe gefunden und entwickeln ein **Wir-Gefühl**. **Intensive persönliche Beziehungen** kommen zustande, es gibt **gemeinsame Planungen**, z. B. treffen sich einige Kinder zusätzlich. Die Gruppenstruktur stabilisiert sich. Einzelne Kinder übernehmen freiwillig Aufgaben und setzen sich für die Gruppe ein.

Aufgabe der Sozialassistentin ist es nun, dass

- die Rollen- und Aufgabenverteilung nicht an einzelnen Kindern hängen bleibt,
- die Konflikte offen gelöst und unterschiedliche Meinungen gegeneinander abgewogen werden,
- sie gemeinsame Aktivitäten der Gruppe fördert und Erlebnisse schafft,
- sie Kinder, die abseits stehen, integriert und in das Geschehen einbezieht,
- sie der Cliquenbildung entgegenwirkt.

## 4. Phase: Phase der Differenzierung

Die Gruppe ist stabil. Innerhalb der Gruppe besteht ein großer Zusammenhalt und die Neigung, sich gegenseitig zu unterstützen. Die Kinder haben gelernt, sich in ihrer Unterschiedlichkeit zu akzeptieren. Jedes Kind darf so sein, wies es ist. Es wird als **eigenständige Persönlichkeit**

akzeptiert. Die Kinder haben die Möglichkeit, **gesprächsbezogene Angebote wahrzunehmen**. Die Zusammenarbeit in der Gruppe sowie mit anderen Gruppen steht im Vordergrund. Die Sozialassistentin fördert die Kinder, wenn sie

- die Persönlichkeitsentwicklung jedes einzelnen Kindes unterstützt,
- bei Auseinandersetzungen hilft und die Situation klärt,
- Hilfen zur Selbsthilfe gibt,
- Kontakte zu anderen Gruppen herstellt.

### 5. Phase: Abschlussphase-Auflösung

Am Ende des Kindergartenjahrs löst sich die Gruppe auf natürliche Weise auf: Einige Kinder verlassen den Kindergarten, andere werden neu aufgenommen. Der Trennungsschmerz wird gemildert, indem neue Bindungen und Freundschaften vorbereitet werden. Über die Bedeutung der Gruppe für den Einzelnen kann nachgedacht werden.

Aufgabe der Sozialassistentin ist es nun, die Kinder bei der Bewältigung des Trennungsschmerzes zu unterstützen, indem sie

- mit ihnen noch einmal über das vergangene Jahr nachdenkt und eine Auswertung vornimmt,
- mit ihnen in die Zukunft blickt,
- über eine Wiederbegegnung der Gruppe nach Abschluss hinweist.

### MERKSATZ

Die Interaktion und Kommunikation in einer Gruppe fördert die Entwicklung des Sozialverhaltens entscheidend, baut ein Verständnis für Gleichheit und Gerechtigkeit auf und trägt zum Selbstkonzept des Kindes bei.

### AUFGABEN

1. *Stellen Sie noch einmal die Stufen der Gruppenbildung vor und nennen Sie dazu die wesentlichen Merkmale.*
2. *Begründen Sie die Notwendigkeit der Gruppenbildung im Kindergarten.*

## 6.4 Interkulturelle Beziehungen

FRIEDE
von Josef Reding
„Bloß keinen Zank und Streit!“
Das heißt auf Englisch ganz einfach
PEACE
und auf Französisch
PAIX
und auf Russisch
MIR
und auf Hebräisch
SHALOM
und auf Deutsch
FRIEDE
oder:
„Du, komm, lass uns
zusammen spielen,
zusammen sprechen,
zusammen singen,
zusammen essen,
zusammen trinken,
und zusammen leben,
damit wir
LEBEN.“

## AUFGABE

*Gehen Sie auf den Inhalt und die Bedeutung des Verses ein.*

Interkulturelle Beziehungen entstehen:

- durch das Aufwachsen in einer multikulturellen Gesellschaft,
- durch den Umgang von Kindern in Kindertagesstätten mit unterschiedlicher Herkunft,
- durch die Identitätsentwicklung Jugendlicher mit Jugendlichen aus anderen Ländern,
- durch Integration von Elementen der Migrantenkultur in das Programm der Kindertagesstätten.

## 6.4.1 Aufwachen in der multikulturellen Gesellschaft

## FALLBEISPIEL

Eine Sozialassistentin unterhält sich mit ihrer Erzieherin über die Kinder in ihrer Gruppe:

„Ist doch klar, dass Derya in der Gruppe so viele Probleme hat. Zu Hause muss sie die brave Tochter sein, die auf Anweisungen ihres ältesten Bruders hören und auf ihre kleine Schwester aufpassen muss. Und hier in der Kindergartengruppe kann sie endlich anders sein. Da möchte sie sich austoben."

„Mit Taner komme ich überhaupt nicht zurecht. Wenn wir in der Gruppe Regeln besprechen, z. B. dass alle ihren Frühstücksplatz sauber hinterlassen müssen, hört er zwar zu, aber er hält sich nie daran. Wenn ich ihn dann auffordere, sein Geschirr abzutragen, sagt er zu seiner Schwester, die auch in der Gruppe ist: ‚Mach du mal!' Wenn ich auf meiner Aufforderung bestehe, dreht er sich um und geht oder sagt mir auch ins Gesicht, dass das Frauenarbeit sei und ich ihm nichts zu sagen habe. Er respektiert mich überhaupt nicht!"

## AUFGABE

*Beurteilen Sie die o. g. Fälle und nennen Sie Möglichkeiten, wie die Sozialassistentin besser mit ihren Problemfällen umgehen kann.*

Wenn Erzieherinnen und Sozialassistentinnen nach den Gründen für dieses Verhalten befragt werden, dann nennen sie **Einflüsse aus verschiedenen Kulturen**. Das kann aber nicht als einziger Grund genannt werden, sondern die Kinder und Jugendlichen kommen durch **unterschiedliche Wertvorstellungen der Familienerziehung und der deutschen Öffentlichkeit in Konflikte**. Sie wissen nicht, welche Normen und Werte für sie Geltung haben. Dadurch kann es zu Identitätsproblemen und schwierigen Verhaltensweisen der Kinder bis hin zu kriminellem Verhalten im Jugendalter kommen.

Inzwischen wurden die Probleme und Chancen der Identitätsentwicklung von Zuwandererkindern genauer untersucht (Erik H. Erikson).

Entwicklungspsychologen stellten fest, dass Identität in erster Linie eine psychische Leistung ist. Kinder und Jugendliche aus anderen Ländern müssen lernen, das Bild von sich selbst und das Bild, das sich andere von ihnen machen, in Einklang miteinander zu bringen. Das bedeutet:

- Sie müssen Normen und Werte verschiedener Bezugsgruppen, mit denen sie es zu tun haben, in sich aufnehmen.
- Die eigene biografische Vergangenheit, Gegenwart und Zukunft müssen aufeinander abgestimmt werden.

Abb. Thiele

**Identität ist ein wesentlicher Bestandteil der Persönlichkeit eines Menschen**. Dieser wesentliche Bestandteil, man kann ihn auch den **Kern der Persönlichkeit** nennen, ist das, was im Menschen unveränderlich ist. Wenn es dennoch zu einem Bruch in der Persönlichkeit eines Menschen kommt, dann muss versucht werden, ihn in einer Weise in sein Selbstbild zu integrieren, dass es erklärbar bleibt.

Bei Kindern und Jugendlichen treten keine Identitätsprobleme auf, wenn sie sich in **unterschiedlichen sozialen Zusammenhängen möglichst immer als dieselben** darstellen, sich mehr oder weniger in den gleichen Rollen zeigen. Wenn das nicht möglich ist, so sagen die Entwicklungspsychologen, dann kommt es zu den Problemen, wie sie in den Fallbeispielen dargestellt worden sind.

Ob ein Identitätskonflikt aufgrund kultureller Unterschiede oder anderer Probleme vorliegt, lässt sich nicht einfach entscheiden.

Jeder Mensch hat täglich **verschiedene Rollen** einzunehmen, ohne dass er deswegen das Gefühl hat, nicht mehr er selber zu sein. Es ist völlig normal, dass sich Menschen in unterschiedlichen Kontexten und Situationen unter Umständen als ganz unterschiedliche Persönlichkeiten darstellen und sich deshalb nicht als gespaltene Persönlichkeiten empfinden.

Der Soziologe Lothar Krappmann hat die Theorie von **balancierender Identität aufgestellt**. Dieser Begriff eignet sich gut, um die Identitätsarbeit von Kindern und Jugendlichen aus Migranten-, Aussiedler- und Flüchtlingsfamilien oder auch Probleme, die sich dabei ergeben, zu beschreiben.

Die Kinder und Jugendlichen balancieren zwischen den Erwartungen der Familie, sich an ihre Normen zu halten, und den Ansprüchen der pädagogischen Einrichtung. Dabei versuchen sie auch, eigene Vorstellungen von dem, was sie möchten und was ihnen wichtig ist, auszudrücken und auszuleben.

Natürlich verläuft der Prozess des Ausbalancierens nicht immer reibungslos. Erzieherinnen und Sozialassistentinnen berichten in diesem Zusammenhang von Problemen wie Einnässen, aggressivem Verhalten oder Kontaktverweigerung.

1. Identität bedeutet nach Erikson der Kern der Persönlichkeit. Dieser ist gar nicht oder nur sehr schwer zu verändern.
2. Krappmann spricht von der balancierenden Identität. Das bedeutet, dass das Individuum seine Identität ständig neu herstellen muss, wenn es mit anderen in Kontakt tritt.

## MERKSATZ

Die **Grundlagen der Identität** werden in **frühester Kindheit** gelegt. Noch bevor das Kind zu sprechen lernt, erfährt es durch die Art und Weise, wie seine Eltern mit ihm umgehen, kulturelle Muster hinsichtlich des Verhaltens, der Bewertung von Dingen und Wahrnehmungen.

## FALLBEISPIEL

**Reinhard**

Reinhard ist das vierte Kind einer russlanddeutschen Spätaussiedlerfamilie. Er ist knapp vier Jahre alt. Die Sozialassistentin, die ihn betreute, bemerkte, dass seine Großmutter, die ihn täglich in den Kindergarten brachte, Reinhard regelmäßig mit den Worten verabschiedete: „Sei hübsch brav, fromm und fleißig!" Anfangs spielte er nur mit Dingen, die ihm die Sozialassistentin gab. Vorzugsweise spielte er sitzend für sich am Tisch. Die Sozialassistentin beobachtete nun, dass Reinhard sich mit der Zeit für die freien Spiele der anderen Kinder in der Kuschel-, Bau- oder Rollenspielecke interessierte, aber sie ein wenig ängstlich verfolgte.

Nach einigen Wochen stellte er sich in die Nähe der Rollenspielecke. Als er zum ersten Mal wahrnahm, dass die Sozialassistentin zu ihm hersah und ihm zunickte, setzte er sich schnell wieder an seinen angestammten Platz. Dabei wirkte er ein bisschen beschämt. Wieder einige Wochen später saß Reinhard nur noch selten am Tisch – meistens, um ein Legespiel zu machen, das er am nächsten Tag stolz seiner Großmutter zeigte. Ansonsten verbrachte er viel Zeit mit Rollenspielen oder in der Bauecke. Er hatte Kontakt zu den anderen Kindern gefunden.

## AUFGABE

*Wenden Sie die Definitionen nach Erikson und Krappmann bei dem Fallbeispiel an und berichten Sie über Ihr Ergebnis.*

## 6.4.2 Kinder mit einer anderen Herkunftskultur in Tageseinrichtungen

### AUFGABE

*Begründen Sie die Notwendigkeit, Kenntnisse über Kinder aus anderen Kulturen zu besitzen.*

Das Kind nimmt als **erstes die Werte und Normen seiner Familie** wahr. Diese sind geprägt von der Kultur, aus der die Familie kommt. So haben türkische Familien andere Werte und Normen als deutsche Familien.

Später setzt sich das Kind mit den **Werten und Normen seiner Tageseinrichtung, Schule und Ausbildungsstätte auseinander.** Unterschiedliche kulturelle Inhalte liefern so das „Rohmaterial" für die Identität, die das Kind entwickelt.

Der Kindergarten ist die erste Einrichtung, in der das Kind feststellt, dass es dort **andere Rituale** gibt als im Elternhaus. Im Kindergarten wird beispielsweise vor dem Essen gesungen, während die Familie das Essen zu Hause sofort zu sich nimmt, wenn es auf dem Tisch steht. Oder ein türkisches Mädchen hört, dass seine Freundin den älteren Bruder mit dem Vornamen anspricht, während sie ihren Bruder nur mit „egabey" ansprechen darf, was älterer Bruder heißt.

Ältere Kinder stellen fest, dass es unterschiedliche Werte und Normen für ähnliche Situationen gibt. Eine Strategie, die Kinder hierbei entwickeln, ist z. B., dass sie sich jeweils den **Gegebenheiten anpassen**. So kann es vorkommen, dass ein muslimisches Kind seine Hände im Kindergarten faltet, während es zu Hause mit den Eltern auf islamische Art betet. Beim Verlassen des Elternhauses tragen türkische Mädchen ein Kopftuch, das sie aber abnehmen, sobald sie außer Sichtweite sind und wieder aufsetzen, wenn sie sich dem Elternhaus nähern.

Dieses Verhalten hat keine Spaltung der Persönlichkeit zur Folge, im Gegenteil: Es kann zur **Persönlichkeitsentwicklung** beitragen, weil es zur **Reflexion des Erlebten und zur Stellungnahme** anregt.

### Beachtung der Herkunftskultur

Die **Herkunftskultur** eines Kinds sollte in pädagogischen Einrichtungen die **größtmögliche Beachtung** finden. Diese Kinder fühlen sich sonst nicht genug beachtet. Die Folge können Verhaltensauffälligkeiten sein.

Das Einbinden von Elementen der unterschiedlichen Migrantenkulturen (z. B. Feste aus anderen Ländern feiern) trägt dazu bei, dass Kinder so in Teilen ihrer hauptsächlich familiär geprägten Identität gestützt und anerkannt werden. Aus diesem **Gefühl der Wertschätzung** heraus können sie sich leichter auf bisher **Unbekanntes einlassen**. Sie erweitern dadurch ihre Identität und können unterschiedliche Verhaltenserwartungen ausgleichen. Sie entwickeln eine Identität, die weder vollständig in der Kultur der jeweiligen Minderheit verhaftet ist, noch vollständig von kulturellen Elementen der deutschen Aufnahmegesellschaft geprägt ist. Es ist eine **bikulturelle oder multikulturelle Identität**.

Diese Fähigkeiten werden bei deutschen Kindern durch eine interkulturell arbeitende Einrichtung natürlich auch gefördert, und das ist auch notwendig: Sie müssen ebenfalls **eine erweiterte Identität** entwickeln, um mit den Erfordernissen und Lebensbedingungen einer multikulturellen Gesellschaft umgehen zu können.

### MERKSATZ

Für Kinder und Jugendliche ist es sinnvoll, multikulturell aufzuwachsen, um eine erweiterte Identität zu entwickeln, die sie befähigt, mit den Gegebenheiten anderer Kulturen kreativ und konstruktiv umgehen zu können.

Abb. Thiele

## AUFGABEN

1. *Berichten Sie über Ihre Erfahrungen mit Kindern aus anderen Kulturen.*
2. *Nennen Sie Vorteile, die Sie durch diese Kinder haben.*

## 6.4.3 Identitätsentwicklung im Jugendalter

## AUFGABE

*Nennen Sie Probleme, die Jugendliche aus anderen Kulturen haben können.*

In der Pubertät und Adoleszenz erreicht die Auseinandersetzung um die eigene Identität einen Höhepunkt. Kinder und Jugendliche ethnischer Minderheiten erfassen nun ganz bewusst die Unterschiede zwischen den verschiedenen kulturellen Systemen, an denen sie teilhaben. Jugendliche erwerben neben ihrer individuellen Identität („Wer bin ich?") bewusst auch kollektive Identitäten („Wozu gehöre ich?"). Diese verschiedenen Identitätsanteile müssen ausbalanciert werden, damit Jugendliche und Erwachsene eine eigenständige Persönlichkeit entwickeln können.

In einer multikulturellen Gesellschaft wird für Jugendliche die Zuordnung zu einer ethnischen Gruppe zunächst einmal bedeutsam. Je nachdem, ob sie zur anerkannten Mehrheit oder zu einer mehr oder minder anerkannten Minderheit gehören, haben sie eine Chance auf eine bessere oder schlechtere gesellschaftliche Position. Hieraus entwickeln sie:

- **ihr Selbstbild**,
- **ihre Lebensperspektiven**,
- **ihre Vorstellung von ihrer Stellung in der Gesellschaft.**

Gegenüber den deutschen Jugendlichen haben ausländische Jugendliche viele Einschränkungen hinzunehmen:

- Sie haben einen unsicheren Rechtsstatus, das heißt, sie haben keine Sicherheit, ob sie in Deutschland eine Lebensperspektive aufbauen können. Das trifft z. B. für türkische Jugendliche zu, da die Türkei nicht zur EU gehört.
- Sie wachsen mit zwei Sprachen auf. Das ist erst einmal kein Nachteil. Es kommt aber vor, dass sie in keiner der beiden Sprachen die volle Sprachkompetenz besitzen.
- Sie erleben, dass ihren Eltern kulturelle und soziale Bindungen an das Herkunftsland wichtig sind. Sie selbst aber lernen die Herkunftskultur nicht mehr direkt kennen, sondern verändert als Migrantenkultur. Ihnen ist die Kultur des Aufnahmelandes vertrauter.
- Sie machen die Erfahrung, dass sie als Ausländer nicht wirklich dazugehören und anerkannt werden. Oft müssen sie in Angst leben, als Ausländer angepöbelt zu werden. Das bedeutet, dass sich Jugendliche, die zu den Migranten zählen, in Deutschland unerwünscht fühlen. Bei der Berufswahl haben sie weniger Chancen auf eine Lehrstelle oder einen Ausbildungsplatz. Sie realisieren, dass sie als Menschen zweiter Klasse behandelt werden.

Hieraus wird deutlich, dass ein Kulturkonflikt nicht das zentrale Problem ist. Wichtig ist vielmehr, inwiefern die **konkreten Lebensbedingungen der Jugendlichen realistische Lebensentwürfe ermöglichen.**

Diese Jugendlichen machen die Erfahrung, dass traditionelle Deutungs- und Handlungsmuster,

---

Abb. Pixelquelle

die in ihren Familien vorherrschen, in der deutschen Gesellschaft keinen Sinn mehr machen. Andererseits werden sie von der Aufnahmegesellschaft nicht anerkannt und als Ausländer behandelt, obwohl sie sich nicht als solche fühlen. Dies kann zu einem **Orientierungsproblem werden und das Ausbalancieren der eigenen Identität erschweren.**

## MERKSATZ

Jugendliche mit Migrationshintergrund leiden in Deutschland häufig unter Orientierungsproblemen, die auch das Ausbalancieren der eigenen Identität erschweren, da sie nicht voll anerkannt werden und dadurch Probleme mit dem Umsetzen ihrer Lebensentwürfe haben.

## AUFGABE

*Nennen Sie Beispiele dafür, wie ausländischen Jugendlichen geholfen werden kann, einen Ausbildungs- und Arbeitsplatz zu finden.*

### 6.4.4 Integration von Elementen der Migrantenkultur in Kindereinrichtungen

„Wir wollen bei den Kindern Toleranz, gegenseitige Achtung und Wertschätzung den fremden Kulturen gegenüber fördern. Diese Achtung und Wertschätzung machen wir beispielsweise dadurch deutlich, dass auf die verschiedenen Essgewohnheiten Rücksicht genommen wird. Muslimische Kinder essen kein Schweinefleisch, unsere Köchin kocht für sie etwas anderes." (Konzeption einer evangelischen Kindertagesstätte)

## AUFGABEN

1. *Beurteilen Sie die Konzeption. Halten Sie sie in jedem Fall für notwendig?*
2. *Sie arbeiten in einer Kindertagesstätte, in der hauptsächlich Kinder aus Spätaussiedlerfamilien aus Russland sind. Ist bei der Ernährung dieser Kinder auch einiges zu berücksichtigen?*

Die Umstellung des Küchenplans ist nur sinnvoll bei einem hohen Anteil an Kindern, die eine andere Ernährungsweise gewöhnt sind. Dazu hat eine **Analyse der Familien**, aus denen die Kinder kommen, zu erfolgen. Diese Analyse sollte nicht nur eine Umstellung des Küchenplans zur Folge haben, sondern sie sollte als **Grundlage für die Arbeit im Kindergarten** dienen. Entscheidend ist, dass der Schwerpunkt für Außenstehende nachvollziehbar ist. Dazu einige konkrete Überlegungen, wie Elemente der Migrantenkultur in das Kindergartenkonzept integriert werden können:

- Nicht deutsch sprechende Eltern fühlen sich ernst genommen, wenn sie ein **Faltblatt und Anmeldeformular** für den Kindergarten in ihrer **Muttersprache** erhalten. Auch die Begrüßung der Eltern sollte in ihrer Landessprache sein. **Skeptischen Eltern** sollte die Möglichkeit eingeräumt werden, für ihre Kinder eine **Probezeit** von **zwei bis drei Wochen** zu erhalten.
- Bei der **Auswahl des Spielmaterials** ist darauf zu achten, dass sich die unterschiedlichen Kulturen widerspiegeln. So sollten sich in der Spielecke nicht nur weiße, sondern auch schwarze und braune Puppen befinden. Die Bilderbücher und Vorlesebücher sollten nicht nur in deutscher Sprache geschrieben sein, sondern sie sollten auch in **türkischer, italienischer, englischer oder griechischer Sprache** angeboten werden. Sie können von den Eltern vorgelesen werden, wenn niemand im Kindergarten die entsprechenden Sprachkenntnisse hat. Auch in der **Verkleidungsecke** darf nicht nur Kleidung aus Deutschland liegen, sondern Kleidungsstücke aus unterschiedlichen Kulturen müssen sich darin wiederfinden. Zusätzlich sollten die Eltern gebeten werden, bei der Ausstattung durch entsprechende **Bilder, Spiele, Verkleidungsstücke oder Musikinstrumente aus anderen Klang- und Tonsystemen** mitzuhelfen.
- Die Bedeutung der **Muttersprache** darf nicht unbeachtet bleiben. Sie ist für die Entwicklung des Kinds sehr wichtig, da es sonst auch Schwierigkeiten haben kann, sich im Kindergarten zu verständigen. Größere Kindergärten haben daher schon **fremdspachiges Personal** in ihren Einrichtungen. Ansonsten sollte versucht werden, eine Mutter oder einen Vater als Unterstützung in den Kindergarten zu holen.

Viele Erzieherinnen und Sozialassistentinnen beginnen damit, weitere Sprachen zu lernen.

- Beim Integrieren von Elementen aus Migrantenkulturen ist die **Zusammenarbeit mit den Eltern** besonders wichtig. Kindertagesstätten benötigen in diesen Fällen den familienorientierten Ansatz. Neben der Bereitschaft, auf unterschiedliche Situationen, Fragestellungen, Probleme und Wünsche einzugehen, gehören vor allem aber Einzelgespräche mit Beratung und konkreter Hilfe für die Bewältigung der Alltagsprobleme von ausländischen Eltern dazu.
- Der **Hausbesuch** ist eine weitere Form der Zusammenarbeit mit ausländischen Eltern, die von diesen besonders geschätzt wird und die **Vertrauensbasis** zwischen Eltern und Kindergarten **vertieft**. Die Familien fühlen sich beachtet und empfinden es als **Wertschätzung**, dass Mitarbeiterinnen der Tageseinrichtung für den Kontakt mit ihnen so viel Zeit aufwenden. Für die Erzieherinnen und Sozialassistentinnen bietet der Hausbesuch die Möglichkeit, die Lebenswelt eines Kindes und die dort gültigen **familienspezifischen und kulturellen Besonderheiten in Ansätzen** kennenzulernen.

Neben all den konkreten Überlegungen und Darlegungen erscheint es aber wichtig, hervorzuheben, dass sich die Umstellung der Kindertagesstätte an alle Kinder richtet.

Die grundsätzlichen Überlegungen einer Tagesstätte auf Integration von Elementen aus Migrantenkulturen können Klarheit schaffen und zur Transparenz der Arbeit beitragen. Für das Team selbst kann das Erarbeiten und Erstellen einer Konzeption ein wichtiger Prozess sein. Ihre Überlegungen müssen aber von den nachfolgenden Tatsachen getragen werden:

- Kindergärten z. B. in Russland, Polen oder Kasachstan waren nur **Aufbewahrungsorte für Kinder**, in denen die Eltern **kein Mitspracherecht** hatten. Hinzu kommt, dass der Kindergarten eine **Erziehungsinstanz** war, mit deren Hilfe der Staat versuchte, seine Ideologie in die Familien zu tragen.
- In vielen Migrantenfamilien ist das **Ehrkonzept** sehr wichtig. Wenn ein Familienmitglied großes Ansehen erwirbt, dann hat die ganze Familie daran Anteil. Zeigt ein Familienmitglied ein fragwürdiges Verhalten, dann leidet der Ruf der Familie. Der Ehre einer Frau kommt besondere Bedeutung zu: Sie besteht im **Erhalt der Jungfräulichkeit vor der Ehe**. Auch in der Ehe darf sie sich nicht anderen Männern zuwenden.
- Der **Wert der Achtung** ist wichtig für die Beziehungen zwischen den Generationen. Für die jeweils jüngere Person bedeutet das, dass sie z. B. den älteren Bruder oder ihre ältere Schwester nicht mit seinem bzw. ihrem Namen ansprechen darf, sondern ihn mit älterer Bruder oder ältere Schwester bezeichnet. Die Älteren sind dafür aber verpflichtet, liebevoll zu den Jüngeren zu sein.
- Mit der starken Familienorientierung hängen oft auch **besondere Erziehungsziele** zusammen. In der Erziehung wird besonderer Wert auf Gehorsam, Respekt und Loyalität gelegt. Probleme kann es in den Familien geben, wenn Jugendliche eigene, von der Familie unabhängige Perspektiven entwickeln.

Die Zusammenarbeit mit Eltern – besonders mit Migranteneltern – ist ein wechselseitiger Lernprozess zwischen den Eltern, aber auch zwischen den Eltern und den Erzieherinnen sowie Sozialassistentinnen. So wie die Kinder mit- und voneinander lernen, sollten die Erwachsenen dies auch tun. Sie sind den Kindern wichtige Vorbilder.

## MERKSATZ

Die Integration von Elementen aus der Migrantenkultur in das Kindergartenprogramm bedeutet eine gründliche Auseinandersetzung der Erziehenden mit der jeweiligen Kultur. Wichtig ist, dass dieser Schwerpunkt von allen Eltern mitgetragen wird.

## AUFGABEN

1. *Nennen Sie weitere Beispiele zur Vertiefung der Beziehungen zu nicht deutschen Eltern und Kindern.*
2. *Erarbeiten Sie gruppenweise in Ihrer Klasse Konzepte, die Elemente der Migrantenkultur mit einbeziehen. Stellen Sie die Konzepte den Erzieherinnen aus Ihren Praktikumskindergärten vor.*
3. *Erkundigen Sie sich in den Kindergärten nach den Projekten, die besonders Elemente aus Migrantenkulturen beinhalten. Erarbeiten Sie darüber eine Übersicht.*

## 6.5 Planung, Durchführung, Evaluation und Dokumentation von Aktivitäten unter Einsatz ausgewählter Handlungsmedien

### AUFGABE

*Stellen Sie fest, welche Ereignisse oder Aktivitäten auf jeden Fall vorher geplant werden müssen. Begründen Sie Ihre Aussage.*

In sozialpädagogischen Einrichtungen müssen unterschiedliche Arbeitsbereiche durchdacht und geplant werden. Das sind:

- Aktivitäten und Projekte mit der Gruppe,
- Umgang mit einzelnen Kindern,
- Feste,
- Teamsitzungen,
- Elterngespräche,
- Elternnachmittage oder Elternabende usw.

Sozialassistentinnen müssen sich deshalb in ihrer Ausbildung mit Planungen grundlegend auseinandersetzen. Die Planung ist ein gutes Hilfsmittel, um mit anstehenden Aufgaben fertig zu werden. Sie trägt dazu bei, die Gesamtarbeitszeit zu verringern.

### 6.5.1 Panung als Arbeitsinstrument in sozialpädagogischen Arbeitsbereichen

### FALLBEISPIEL

Äußerungen von Erzieherinnen und Sozialassistentinnen:

„Immer die gleichen Themen zu jeder Jahreszeit, der situative Anlass (offene Planung, siehe Band 1) wird doch nicht immer gegeben sein, darum ist Planung wichtig!"

„Eine gewisse Vorplanung muss meines Erachtens sein. Es gibt eben Dinge, die sich nicht aus der Situation ergeben und trotzdem besprochen werden sollen, z. B. Verkehrserziehung."

„Anregungen der Kinder sind aufzunehmen und umzusetzen, oft ist keine langfristige Planung möglich, weil eine Reaktion gleich erfolgen muss. Die Spontaneität darf durch die Planung nicht zerstört werden."

„Planung ist wichtig, um bestimmte Einheiten (z. B. Weihnachten) langfristig vorzubereiten."

„Morgens machen wir mit dem Mitarbeiterteam in der Gruppe die Planung für den anstehenden Tag. Grundlage für unsere Planung ist dabei der vorher erstellte Wochenplan!"
„Als ich hier anfing, hatten wir feste Wochenpläne, jetzt schreiben wir Elternbriefe. Ob wir noch wirklich planen, weiß ich nicht – es herrscht eine ziemliche Verwirrung darüber, glaube ich!"

## AUFGABEN

1. *Beurteilen Sie die Äußerungen.*
2. *Stellen Sie Gemeinsamkeiten und Unterschiede fest.*

Wie bereits erwähnt, ist die Planung ein wesentlicher Bestandteil der Arbeit in sozialpädagogischen Einrichtungen. Aus den Aussagen der Erzieherinnen und Sozialassistentinnen wird deutlich, dass Planung ganz unterschiedlich eingeschätzt und praktiziert wird. Offensichtlich sind Befürchtungen vorhanden, dass Handlungen und Ziele durch Planungen bürokratisch festgeschrieben werden könnten und freies und spontanes Handeln sei dann nicht mehr möglich. Vor allem sind es zwei Probleme, die in der Praxis eine Rolle spielen: Einerseits möchten die Erzieherinnen und Sozialassistentinnen in den Kindergärten **Wochen- und Monatspläne** festlegen, andererseits soll der **situationsbezogene Ansatz** Berücksichtigung finden. Optimal ist es sicher, wenn sich beides die Waage hält.

## MERKSATZ

Planung bildet den Rahmen, in dem spontanes Handeln möglich ist. Das eine sollte nicht ohne das andere sein.

## AUFGABEN

1. *Nennen Sie Beispiele, deren Umsetzung eine gründliche Planung erfordern.*
2. *Wann ist spontanes Handeln unumgänglich?*

## 6.5.2 Vor- und Nachteile von Wochen-, Monats- und Jahresplänen

Wochenplan

## AUFGABEN

1. *Beurteilen Sie diesen Wochenplan.*
2. *Welche Vor- und Nachteile kann ein Wochenplan haben?*

Obwohl sich pädagogisches Planen in den Kindergärten verstärkt der **offenen Planung** zuwendet, orientiert sich ein großer Teil der Erzieherinnen und Sozialassistentinnen an **Wochen-, Monats- und Jahresplänen** und bezieht auch **Jahreszeiten und kirchliche Feste** mit ein. Das hängt auch damit zusammen, dass eine Planung, die alle Einzelheiten berücksichtigt, besser vor der Elternschaft und dem Träger zu rechtfertigen ist. Daneben wird auch das Bedürfnis sichtbar, die Themen nicht dem Zufall zu überlassen, sondern ausreichend Zeit zu

Abb. Rabanus Maurus Kindergarten

haben, sich angemessen vorzubereiten. Aber neue und weiterführende Planungskonzeptionen sind kein Grund dafür, dass bislang angewandte Planungsmethoden durchweg nutzlos geworden sind. So ist es sicher auch weiterhin sinnvoll, bereits feststehende oder wiederkehrende Ereignisse in Jahresplänen festzuhalten. Das können sein:

- „Neue Kinder kommen in die Gruppe",
- „Fasching",
- „Muttertag" oder ähnliche Feste,
- „Der Zahnarzt kommt",
- „Ein Puppenspieler hat sich angemeldet",
- „Obst- oder bzw. und Kartoffelernte".

Das sind wichtige Ereignisse im Kindergarten, auf die sich die Erzieherin und Sozialassistentin vorbereiten müssen. Aber die Behandlung dieser Ereignisse sollte in keinem Fall als Lehrstoff, sondern muss als ein zwar **vorbereitetes, aber offenes Angebot** geplant werden, das in die laufenden Aktivitäten einbezogen werden kann. Grundsätzlich sollten solche langfristigen Vorplanungen **Merkposten** sein. Sie ersetzen nicht die pädagogische Planung.

Ähnlich ist es mit den Jahreszeiten. Sie können durchaus einen sinnvollen Platz in den Planungsüberlegungen haben, wenn sie als Aspekt in das Planungskonzept für bestimmte Vorhaben einbezogen werden. Weniger geeignet sind diese Themen allerdings, wenn sie über Wochen hinaus bis auf den einzelnen Lernschritt geplant werden und zumeist nur kognitive Zielsetzungen beinhalten:

***Ein Beispiel aus der Planung im Jahresverlauf:***

*Thema:* ***Herbst***
*Rahmenplan für September, Oktober, November*
***Natur:*** *Das Kind erfährt von Naturgegebenheiten im Herbst durch einen Waldspaziergang. Gespräche über die Ernte werden geführt. Das Kind erfährt etwas über die Arbeit des Bauern.*
***Differenzierung:*** *Getreide – Obst – Gemüse, Aufbau des Baumes, Kennenlernen der Eiche, Kastanie, Buche, Linde, Weide, Erle usw.*
***Weitere Gesprächsthemen:*** *Bunte Blätter, Wetter, dunkle Jahreszeit.*
***Sprachpflege:*** *Das Kind lernt, ein Gespräch zu verfolgen, zuzuhören und auf andere Rücksicht zu nehmen.*
***Beschäftigung:*** *Obst malen und ausschneiden, Arbeitsblatt, Blätter ankleben, Basteln mit Herbstfrüchten, Obstsalat herstellen.*
***Bildnerisches Gestalten:*** *Das Kind übt seine Feinmotorik (Fingerfertigkeit), lernt einfache Faltvorgänge, erlebt, wie man aus einfachen Materialien etwas Nützliches herstellen kann, lernt nach Anweisung zu handeln, erlebt Freude am Selbstgebastelten.*
***Musikalische Erziehung:*** *Herbst- und Laternenlieder, das Kind lernt einfache Lieder kennen.*

An diesem Beispiel wird die Planung erzieherischer Maßnahmen ganz und gar dem Aspekt der Jahreszeit untergeordnet, die zum Thema wird; sämtliche über Wochen andauernde Aktivitäten sind in diesen Zusammenhang eingefügt. Sinnvoll wäre es, wenn die Planung noch ergänzt würde durch die Bedeutung der Jahreszeiten für Kinder oder einzelne davon abgeleitete Situationen, die für Kinder wichtig sind. Aus der Planung ist nicht ersichtlich, inwieweit die **Bedürfnisse der Kinder** Berücksichtigung finden. Das sollte bei einer Planung immer bedacht werden.

***Die folgenden Beispiele zeigen ebenfalls, wie verplant tägliche Kindergartenzeit sein kann:***

***Tagesplan:***
***7.30h–9.15h:***
*Freispiel und Frühstückszubereitung*
***9.15h–9.45h:***
*Aufräumen – Waschraum*
***9.45h–10.00h:***
*Gymnastik*
***10.00h–10.20h:***
*Frühstück*
***10.30h–11.30h:***
*Freispiel im Garten, Sandkasten, mit Bällen, Springseilen usw., Pflege der Gartenbeete; bei kühlem Wetter: Spaziergang im Park*
***11.30h–11.45h:***
*Schuhe wechseln, Hände waschen, Puppenkinder wickeln, Einfinden in der Erzählerecke*
***11.45h–12.00h:***
*Abschluss: Gesprächskreis*

***Wochenplan:***
***Montag:***
*Wir basteln eine Uhr.*
***Dienstag:***
*Wir üben die Uhr (volle Stunden).*
**Mittwoch:**
*Wir lernen die halben Stunden kennen.*
**Donnerstag:**
*Wir lernen die Viertelstunden kennen.*
***Freitag:***
*Bilderbuchbetrachtung „Wir lernen die Uhr“*

Derartige Planungen lassen wenig Spielraum für spontanes Aufgreifen von Spiel- und Lernmöglichkeiten noch für selbstständiges Auseinandersetzen mit lebensnahen Situationen. Viele Erzieherinnen und die mit ihnen zusammenarbeitenden Sozialassistentinnen lösen sich von starren Handlungsanweisungen und führen **offene Planungen** durch, die erkennbare **Bedürfnisse der Kinder** aufgreifen und insgesamt ein flexibles Verhalten voraussetzen. Bei der Planung ihrer Vorgehensweise sollte sich jede Erzieherin und Sozialassistentin mit den nachfolgenden Fragen auseinandersetzen:

- Gehe ich von der Situation der Kinder aus und werden ihre Bedürfnisse genügend berücksichtigt?
- Bleibt den Kindern Spielraum für kreativen Umgang und Auseinandersetzung mit der Sachwelt?
- Ist ein flexibles Eingehen auf die Interessen der Kinder möglich?
- Findet lebensnahes Lernen statt und werden Bezüge zur Lebenssituation der Kinder hergestellt?
- Lässt die Planung selbst bestimmtes Spielen und Lernen zu?
- Welche Qualifikationen können Kinder für ihr Handeln in ihrer Alltagssituation erwerben?

## MERKSATZ

Planungen gehören zu den alltäglichen Aufgaben in sozialpädagogischen Einrichtungen. Sie dürfen aber nicht zu starr sein, sondern müssen die Spontaneität des Kindes und seine Bedürfnisse mit berücksichtigten.

## AUFGABEN

1. *Berichten Sie über Erfahrungen, die Sie bei den Planungen im Kindergarten gemacht haben. Wurden sie streng eingehalten oder offener gehandhabt?*
2. *Nennen Sie Beispiele, bei denen Sie Ihre Planung umstellen mussten. War die Umstellung gerechtfertigt?*

## 6.5.3 Werte- und Normensetzungen in der pädagogischen Arbeit

## FALLBEISPIEL

**Wir bereiten ein gemeinsames Frühstück zu**

Im Zusammenhang mit der didaktischen Planung zu den Themen „Wir helfen einander!“ und „Wir führen eine Gemeinschaftsarbeit durch“ regt eine Sozialassistentin in einem Kindergarten in U. an, wieder einmal gemeinsam zu frühstücken, um dadurch den Kindern insbesondere Erfahrungen im sozialen Bereich zu ermöglichen:

- Hilfsbedürftigkeit zu erkennen,
- Helfen als Freude zu empfinden,
- Gemeinschaftssinn zu entwickeln,
- Selbstständigkeit zu fördern.

Gemeinsam mit den Kindern, die von dieser Idee begeistert sind, wird eingekauft, der Tisch gedeckt, gefrühstückt und sauber gemacht. Der Verlauf dieser Aktion ist so geplant, dass den Kindern mehrere Handlungsräume mit unterschiedlichen Anforderungen am Sozialverhalten und Selbstbewusstsein, aber auch an der Sachkompetenz, eröffnet werden.

Abb. Rabanus Maurus Kindergarten

Die Kindergruppe muss:
- verkehrsreiche Wege bewältigen,
- in verschiedenen Läden einkaufen,
- sich über das Frühstück einigen,
- manuelle Aufgaben übernehmen.

## AUFGABEN

1. *Beurteilen Sie die Vorgehensweise.*
2. *Nennen Sie weitere Projektbeispiele, bei denen es nicht nur um das manuelle Tun, sondern um die Vermittlung von Werten geht.*

Für die Sozialassistentin reicht es nicht aus, sich auf ein spontanes Reagieren und Vermitteln von Handlungsanweisungen zurückzuziehen. Sie muss wissen, dass Erziehung als **bewusstes Handeln** und **Umsetzen von Zielvorstellungen** auszugehen hat, die in der konkreten pädagogischen Situation jeweils neu begründet werden müssen. Das bedeutet für die Sozialassistentin, auch über die auf Verwirklichung ihrer erzieherischen Ziele gerichteten Handlungsstrategien nachzudenken. **Zielsetzung und Planung** können daher nicht wertneutral, sondern nur im Zusammenhang mit **Wert- und Normenvorstellungen** diskutiert werden.
In der dargestellten Situation ermöglicht eine von den Bedürfnissen der Kinder ausgehende Planung, dass der Kindergarten zum **Erfahrungsraum** wird. An unterschiedlichen Orten können die Kinder Erfahrungen machen:

- mit sich selbst,
- mit anderen Kindern,
- mit fremden Erwachsenen,
- mit Gegenständen und Inhalten der Sachwelt.

Die Zielsetzungen dieser Aktion gehen von Wertvorstellungen einer **Sozialerziehung** aus, für die **Gemeinschaftsgefühl** und **gegenseitiges Helfen** wie auch in Sachauseinandersetzung gewonnenes **Selbstvertrauen und Selbstbewusstsein** grundlegende Fähigkeiten sind, die gefördert werden müssen.

Die pädagogische Planung des Vorgehens spielt hier die entscheidende Rolle. Denn eine Erziehung zur Selbstständigkeit wird fragwürdig, wenn die Planung beispielsweise festgeschriebene Handlungsanweisungen vorsieht. Unglaubwürdig wird solidarisches Verhalten als Lernziel, wenn Sozialassistentinnen in ihrem eigenen Verhalten diesen Wert vermissen lassen. Pädagogische Planung verlangt also, dass die Sozialassistentin die **Grundwerte ihres erzieherischen Handelns** bestimmt und sich im Kindergartenteam darüber abstimmt.

### Die Bedeutung und Abstimmung von Grundwerten

Die Soziassistentin bringt ihre ethische Grundeinstellung mit, die bewusst oder unbewusst in ihr erzieherisches Handeln einfließt. Diese Grundeinstellung ist geprägt:

- durch das Elternhaus,
- durch institutionelle Erziehung im Kindergarten und in der Schule,
- durch Freunde und Beschäftigung mit Medien und Literatur,
- durch Religion oder eine philosophische Richtung.

Entscheidend ist, dass solche ethischen Entscheidungen nicht zeitlos sind, sondern durch gesellschaftliche und persönliche Einflüsse verändert werden können. Die Soziassistentin ist daher aufgefordert, ihre Wertvorstellungen, d. h. ihren Standpunkt, bewusst von der Situation des Kindes aus zu überdenken. Sie kann weder ihre eigenen Wertvorstellungen noch die der Gesellschaft ungefragt zum alleinigen Maßstab machen, sondern muss sich kritisch fragen:

Welche Erziehung vermittle ich, wohin will ich das Kind erziehen und welche Wertsetzungen braucht das Kind, um als Persönlichkeit in dieser Gesellschaft handlungsfähig zu sein?

Jede Planung im Kindergarten wird diese Fragen mit berücksichtigen müssen, die nur in der Diskussion im Team und mit den Eltern beantwortet werden können.

Kinder müssen die Möglichkeit haben, vielseitig ausgebildet zu werden, wie es im Curriculum für „Elementare Sozialerziehung" gefordert wird, d. h. neben dem Denkvermögen sind die Handfertigkeiten zu fördern. Entscheidend ist, dass das Kind lernt, mit seiner **augenblicklichen Situation** und den damit **verbundenen Anforderungen** zurechtzukommen.

## MERKSATZ

Jede Planerin im Kindergarten steht in der Spannung zwischen ihrer ethischen Grundeinstellung und dem jeweils herrschenden gesellschaftlichen Werte- und Normensystem.

## AUFGABEN

1. *Nennen Sie Werte, die aus Ihrer Sicht den Kindern unbedingt vermittelt werden müssen.*
2. *Stellen Sie Ihre Auswahl im Plenum vor und begründen Sie Ihre Auswahl.*

## 6.5.4 Fünf Schritte situationsorientierten Planens

## FALLBEISPIEL

**Teamgespräch im Kindergarten**

Die Erzieherinnen Angelika und Renate sowie die Sozialassistentinnen Tatjana und Sabrina sitzen zusammen, um darüber nachzudenken, wie die Aufnahme der neuen Kinder nach den Sommerferien erfolgen soll. „Ich hole meine Unterlagen", sagt Angelika, „davon können wir sicher eine Menge übernehmen." „Ich habe noch Ausarbeitungen von einem Elternabend", teilt Renate mit, „die hole ich dazu." Die Erzieherinnen diskutieren die Erfahrungen aus früheren Aufnahmen. „Nun sind wir schon etwas klüger", meint Sabrina. „Wichtig ist nur, dass wir mit den Kindern, die noch bei uns bleiben, Vorbereitungen treffen." „Wir müssen auch daran denken, was die Neuen an Erfahrungen von zu Hause mitbringen", gibt Tatjana zu bedenken. „Aus euren Aussagen geht hervor", meint Renate, „dass wir noch einen kleinen Raum benötigen, und zwar für die Kinder, die sich noch nicht an die große Gruppe gewöhnen können." „Wir haben ihn aber noch nicht", teilt Angelika mit, „ich habe den Raum schon einige Male beantragt, aber bisher wurde er nicht genehmigt."
„Ich möchte noch einmal auf die Eltern zu sprechen kommen", meint Renate, „Wir könnten doch – wie beim letzten Mal – mit einem Elterntreff im Kindergarten starten – mit Kindern." „Da ist aber auch einiges schief gelaufen", gibt Tatjana zu bedenken. „das müssen wir berücksichtigen. Auch wie uns die bleibenden Eltern helfen können." Es folgt eine längere Diskussion über die im letzten Jahr gelaufene Aktion mit den Eltern. „Ich schlage vor", meint schließlich Angelika, „dass wir genauer sagen, was wir wollen, also was für Ziele wir uns setzen wollen, und dann sollten wir nach Möglichkeiten suchen, wie wir die am besten umsetzen können." Eine längere Diskussion über Zielsetzungen folgt.
Schließlich einigen sich die Erzieherinnen und Sozialassistentinnen, einen Elterntreff mit den Kindern durchzuführen. Die Aufgaben werden verteilt. Eine Erzieherin mit einer Sozialassistentin ist zuständig für die Vorbereitung des Elterntreffs, die anderen beiden werden sich mit den Restgruppen an Kindern an der Vorbereitung beteiligen. Berücksichtigt werden sollen besonders die Ideen der Kinder. „Um den zusätzlichen Raum kümmere ich mich", meint Angelika, „vielleicht lässt sich auch einiges mit Stellwänden arrangieren."

## AUFGABEN

1. *Haben Sie ähnliche Teamsitzungen miterlebt?*
2. *Nennen Sie die Überlegungen, die für die Planung der Aufnahme neuer Kinder angestellt werden.*

Im Folgenden soll nun in fünf Schritten ein **Vorgehen** beschrieben werden, das – von einem **situationsorientierten Ansatz** ausgehend – die Merkmale und Wertsetzungen für die Planung pädagogischer Prozesse berücksichtigt und deren Evaluation und Dokumentation mit einschließt. Dabei darf man nicht übersehen, dass die Konzeption Modellcharakter hat. Das heißt, es soll nicht der Eindruck erweckt werden, dass eine Planung nur in dieser Struktur und Ausführlichkeit sinnvoll ist.

Der situationsorientierte Planungsvorgang erfolgt in fünf Schritten, in denen jeweils Entscheidungen zu treffen sind:

1. **Auswahl der Situation,**
2. **Situationsanalyse und Dokumentation,**
3. **Zielentscheidungen und Dokumentation,**
4. **Methodische Orientierung und Dokumentation,**
5. **Auswertung, Dokumentation und Evaluation.**

Der Situationsanalyse kommt eine besondere Bedeutung zu, da durch sie entschieden wird, ob ein Thema interessant genug ist, einen situationsorientierten Planungsvorgang daraus zu entwickeln. Zum Teil können die genannten Schritte, z. B. Zielentscheidungen und methodisches Vorgehen, auch ineinander übergehen.

### 1. Schritt: Auswahl der Situation

In dem Fallbeispiel am Anfang dieses Kapitels greifen die Erzieherinnen und Sozialassistentinnen eine Situation auf, die sie für ihre Kindergruppe für wichtig halten: Es kommen neue Kinder in den Kindergarten. Eine Situation wird beschrieben, in der Kinder Hilfe benötigen.

Das Festlegen einer Situation geschieht nicht immer so reibungslos wie in dem Fallbeispiel beschrieben, sondern erfolgt meistens erst nach gründlichen Beobachtungen und aufgrund von Notwendigkeiten:

- In erster Linie durch **unmittelbare Beobachtung** kann die Sozialassistentin Bedürfnisse, Interessen und Probleme eines Kindes und einer Kindergruppe erkennen (siehe dazu auch 6.6.3 Situationsansatz im Kindergarten).
- Oft liegen die Bedürfnisse verborgen, und erst ein **gezieltes und ausdauerndes Beobachten** lässt hinter Verhaltensweisen oder Gruppenprozessen Gründe erkennen, die eine Situation derart bedeutsam für das Leben der Kinder werden lassen, dass pädagogische Maßnahmen unumgänglich sind.
- Allgemeine Unruhe in einer Gruppe kann ebenfalls der Grund für ein situatives Vorgehen sein.
- Auch Situationen, die in Zukunft wichtig für die Kinder sein werden, können situativ vorbereitet werden, z. B. der Zahnarzt kommt oder neue Kinder kommen in den Kindergarten. Auch Familie, Umgebung, Freizeit, Urlaub und Schule können lohnenswerte Themen werden.

**MERKSATZ**

Geschultes Beobachten ist an erster Stelle erforderlich, um festzustellen, welche Situationen für Kinder derart bedeutsam sind, dass ihre Aufarbeitung erforderlich ist. Hinzu kommen durch pädagogische Kenntnisse gestützte Erfahrungen und Fähigkeiten, um die Lebensumstände der Kinder zu analysieren und mit einzubeziehen.

### 2. Schritt: Situationsanalyse und Dokumentation

Die Situationsanalyse kann als das Arbeitsinstrument situationsorientierten Vorgehens bezeichnet werden. Sie erlaubt einmal die **Bedeutsamkeit**, die eine Situation für das Kind oder die Kindergruppe hat, umfassend zu beschreiben, und zum anderen schafft sie die **Voraussetzung für die Planung pädagogischer Prozesse.** Nur wenn die Sozialassistentin umfassend über die bestimmenden Einflussgrößen und Rahmenbedingungen einer Situation informiert ist, kann sie sich Ziele setzen und ihr weiteres Vorgehen sinnvoll organisieren. Die Sozialassistentin kann den Bedeutungsgehalt einer Situation noch für sich persönlich erfragen und ergänzen:

- Was weiß ich als Sozialassistentin über die Situation?
- Was muss ich noch wissen?
- Wer oder auch was ist daran beteiligt?
- Wie erhalte ich weitere Informationen?

Wenn eine Sozialassistentin eine Situation für bedeutsam ansieht, dann beginnt für sie die Analyse. Sie wird die vielfältigen Einflüsse anderer Personen oder institutioneller Rahmenbedingungen überdenken. Natürlich werden bei dem Versuch, eine Situation in ihrem vollen Ausmaß zu verstehen, sich recht schnell Grenzen zeigen, so dass die Sozialassistentin darauf angewiesen ist, sich weitere Quellen zu erschließen. Das können sein:

- Aussagen von Kindern,
- Eltern oder Nachbarn,
- Erfahrungen anderer Kindergärten,
- Stellungnahmen von Gemeindevertretern, Kirchen und anderen Trägern usw.

Hinzu kommen Notizen, Fragen werden formuliert, Ergebnisse aus Teamgesprächen, Elternabenden und Besprechungen mit weiteren Beteiligten werden festgehalten.

Nach und nach verdichtet sich die **Informationssammlung zur Praxishilfe,** die nicht nur die Analyse der Situation anschaulich darstellt, sondern mit entsprechenden Ergänzungen für andere pädagogische Arbeiten verwendet werden kann.

## MERKSATZ

Eine Situation zu analysieren oder zu beschreiben heißt, von den Bedürfnissen, Interessen und Problemen des Kinds oder der Kindergruppe ausgehend alle Informationen aufzunehmen und so zu bearbeiten, dass die Sozialassistentin für die Planung pädagogischer Prozesse handlungsfähig wird.

### 3. Schritt: Zielentscheidungen und Dokumentation

Zu den Prinzipien pädagogischen Handelns gehört das **Formulieren von Zielen**. Entscheidend ist, dass die Erzieherin und Sozialassistentin wissen, was sie wollen und wie sie ihr erzieherisches Handeln begründen. Wenn Zielvorstellungen schriftlich nieder gelegt werden, hat das den Vorteil, dass sie damit eindeutiger verstanden werden und unter Umständen auch nach Maßgabe des Vorgehens geordnet werden können. Es erleichtert auch die **Verständigung im Team** und mit den **Eltern**, wenn schriftliche Vorgaben vorliegen.

Wichtig ist, dass die situationsorientierte Planung die Ziele **nicht dogmatisch** als **Handlungsanweisungen** festlegt. Wenn neue Erfahrungen und Erkenntnisse dazukommen, sind die **Zielsetzungen** entsprechend **anzupassen**. Je überschaubarer die Erzieherin und Sozialassistentin die Situationsanalyse formuliert haben, desto sicherer lassen sich die Ziele finden.

Für die Situation, dass **neue Kinder in den Kindergarten kommen**, können Erzieherin und Sozialassistentin in ihrer Analyse die nachfolgende Entscheidung vorweg treffen:

- Alte und neue Kinder bekommen wesentlich schneller Kontakt miteinander, wenn die verbleibenden Kinder sich um die „Neuen“ kümmern und Fürsorgepflichten übernehmen sollen.
- Kinder, die sich nicht sofort an eine Gruppe gewöhnen können, müssen Möglichkeiten des Rückzugs angeboten werden, damit sie sich unbehelligt zurückziehen können.
- Trennungsängste müssen vor dem Eintritt der Neuankömmlinge angegangen werden, indem die „Neuen“ vorweg schon einmal an Schnuppertagen im Kindergarten teilnehmen, um dort heimisch zu werden.

Solche Zielvorstellungen sind immer zugleich mit konkreten Vorschlägen zur methodischen Vorgehensweise verbunden. Es ist sinnlos Ziele aufzustellen, ohne dabei auch an Möglichkeiten ihrer Verwirklichung zu fragen.

## MERKSATZ

Die Auseinandersetzung mit Zielfragen ist eine der wichtigsten Aufgaben pädagogischer Planung. Die Zielsetzung ist immer eine an Werten orientierte Entscheidung, die von der Konzeption des Kindergartens und der Einstellung der Erzieherinnen und Sozialassistentinnen abhängt.

### 4. Schritt: Methodische Orientierung und Dokumentation

Wie schon erwähnt, ist die Auseinandersetzung mit Zielfragen zugleich mit der methodischen Umsetzung verbunden. Diese Aufgabe erfordert nicht nur Zeit, sondern vor allem folgende Fähigkeiten:

- Sachkenntnisse, um alle möglichen Spiele, Lieder, Tänze usw. einbeziehen zu können,
- technisches Verständnis, um technische Anforderungen mit berücksichtigen zu können,
- Experimentierfreudigkeit, mit Dingen in neuartiger Weise umzugehen,
- Einsatz von Literatur, um neue Anregungen aufzunehmen,
- Organisationsvermögen, sich Hilfsmittel wie Medien, Praxishilfen usw. verfügbar zu machen.

Diese Kompetenzvielfalt setzt Erfahrungen voraus, die im Allgemeinen nur in einem Team aufgebracht werden kann. Es gilt nicht nur, Spiel- und Lernangebote zu finden, sondern auch Entscheidungen über Organisation und Abläufe von zielgerichteten Aktionen und Projekten zu treffen.

Sinnvoll ist es daher, sich eine **Dokumentation** der durchgeführten Aktionen für **später folgende Planungen** zu erstellen (Spielangebote, Protokolle, Tonbandaufzeichnungen usw.). Auf Maßnahmen, an denen die Kinder besonders viel Freude hatten, ist besonders hinzuweisen.

## MERKSATZ

Bei der Festlegung der Zielfragen ist es sinnvoll, das methodische Vorgehen mit einzubeziehen. Die methodische Orientierung beinhaltet nicht nur Spielformen und Spielinhalte, sondern die Organisation und Abläufe der Aktionen gehören ebenfall dazu.

### 5. Schritt: Auswertung, Dokumentation und Evaluation

Die Sozialassistentin sammelt **Erfahrungen** bei der Durchführung ihrer Aktionen und Projekte. Vieles geht in die alltäglichen Erfahrungen mit ein, manches aber geht verloren, wenn die Sozialassistentin nicht in irgendeiner Form die Ergebnisse und Vorfälle festhält. So kann sie sich während der Aktionen eine **Dokumentation** anfertigen durch:

- Notizen,
- ein Gedächtnisprotokoll,
- ein Gruppentagebuch,
- Tonbandaufzeichnungen, Fotos oder Filme.

Für die praktische Arbeit hat die Dokumentation einen großen Nutzen. Entscheidend ist, dass dadurch pädagogische Prozesse nachvollzogen werden können und für eine objektivere Auswertung – im Gegensatz zu einer spontanen Einschätzung – verwendet werden können.

Die Dokumentation der Durchführung kann also zusammen mit der Planungskonzeption eine wesentliche **Hilfe für die Neufassung von Aktionen** sein, indem Bewährtes wieder aufgegriffen und Problematisches geändert und fallen gelassen (evaluiert) wird. Daneben erspart sie dem Team im Kindergarten, erneut nach Adressen und Ansprechpartnern sowie nach Literatur und Materialien zu suchen. Dennoch ersetzt das Zurückgreifen auf alte Unterlagen keineswegs eine neue Analyse der vorliegenden, da sich die Bedingungen von Jahr zu Jahr ändern.

## MERKSATZ

Die Erfahrungen, die die Sozialassistentin während der Durchführung der Aktion macht, sollte sie – genau so wie die Planung – dokumentieren. Das Dokument kann zu einer objektiven Bewertung der Aktionen beitragen und in Verbindung mit der schriftlichen Planung eine Hilfe für nachfolgende Planungen sein.

## AUFGABEN

1. *Führen Sie in Ihrer Klasse gruppenweise eine situationsorientierte Planung durch mit einem Thema, das im Kindergarten von großer Bedeutung ist.*
2. *Setzen Sie die Planung in einem Kindergarten in der Nähe der Schule in die Praxis um.*
3. *Dokumentieren Sie sowohl die Planung und Durchführung der Aktion als auch die Auswertung.*

## 6.5.5 Situationsorientierte Planung für eine elementare Sozialerziehung sowie Dokumentation

### Ansprüche des Planungsmodells

Die Arbeitsschritte bei der situationsorientierten Planung machen deutlich, dass im Rahmen einer „elementaren Sozialerziehung", wie sie im Kindergarten gefordert wird, bestimmte Ansprüche zu erfüllen sind. Die Aktionen müssen daher so vorbereitet werden, dass die Kinder den Kindergarten als **Erfahrungsraum zur Verfügung gestellt bekommen**, in dem sie gleichermaßen eine **Ich-, Sozial- und Sachkompetenz** erwerben können. Die Aktionen dazu sind Spiel- und Lernangebote, die offen zu halten sind für spontanes Einwirken, Verändern und Unterbrechen durch die Kinder oder durch die Erzieherin bzw. Sozialassistentin. In der Phase der Durchführung ist in besonderem Maße die Beteiligung der Kinder möglich. Im Verlauf geplanter Maßnahmen können sich die Situationen ändern, was eine erneute Analyse oder Ergänzung notwendig werden lässt.

Planung lähmt nicht die Spontaneität der Kinder, sondern gibt die Möglichkeit, auf **wechselnde Gegebenheiten** einzugehen. Die Sozialassistentin muss in der Lage sein:

- die Situation im Sinne einer **Analyse** zu klären,
- **alternative Handlungsmöglichkeiten** vorzudenken,
- sich **Grundlagen für Entscheidungen** zu erarbeiten.

Situationsorientierte Planung ist demnach keine Festlegung, sondern als vorgedachtes **Ordnen**

**von Handlungsmöglichkeiten** eine Hilfe, um das Aufgreifen und Behandeln von wesentlichen Situationen nicht dem Zufall zu überlassen.

### Umsetzung von Praxishilfen

Praxishilfen in Form von Materialien, wie Bilderbücher, Texte usw. oder als Curriculum, können zwar die Arbeit in den Kindergärten erleichtern, besser ist es aber, eigene Ideen für die Planung zu entwickeln. Die Beispiele für die Verwirklichung einzelner Themen sollten nur als Impuls verstanden werden, mit denen eigene Ideen angeregt und zum Teil auch in Verbindung mit anderen Materialien verwirklicht werden können. Der Einsatz der Materialien muss der eigenen pädagogischen Überzeugung, den Normen und Werten, entsprechen und situationsbezogen verändert werden.

Bei einer ausgiebigen Bearbeitung der Themenbereiche ist davon auszugehen, dass die pädagogische Arbeit so erfolgt, wie das im Curriculum bei elementarer Sozialerziehung gefordert wird:

- Der Kindergarten wird zum Erfahrungsraum für Kinder,
- die Kinder werden in ihrer ganzheitlichen Persönlichkeitsentwicklung gefördert,
- der situationsorientierte Arbeitsansatz berücksichtigt Probleme und Anliegen der Kinder,
- die Rahmenbedingungen unterstützen die pädagogische Arbeit,
- Kinder können zu verschiedenen Aspekten einer elementaren Sozialerziehung Erfahrungen sammeln.

Wenn solche Planungs- und Umsetzungsversuche gelungen sind, ist eine Weiterentwicklung von Praxismaterialien angezeigt. Dazu kann man besonders gelungene dokumentierte Planungen und deren Umsetzungen verwenden: Fotos, Materialbeschreibungen, eigene Beispiele, Themen und Themenbereiche, neue Zusammenstellungen. Für weitere Planungen stehen die Dokumentationen zur Verfügung und können dort in evaluierter Form weiterverwendet werden.

### DEFINITION

Situationsorientierte Planung ist ein Ordnen von Handlungsmöglichkeiten, um in wesentlichen Situationen richtig reagieren zu können. Praxishilfen unterstützen die Arbeit.

### AUFGABEN

1. *Erarbeiten Sie in Gruppen in Ihrer Klasse Praxishilfen zur Umsetzung einer situationsorientierten Planung.*
2. *Stellen Sie Ihre Praxishilfen im Plenum vor.*
3. *Fragen Sie nach den „Praxishilfen" in dem Kindergarten, in dem Sie Ihr Praktikum absolviert haben.*
4. *Stellen Sie fest, inwieweit die Praxishilfen für eine weitere situative Planung verwendet werden können oder ob noch eine Evaluation erforderlich ist.*

## 6.6 Planungsmodelle

### AUFGABEN

1. *Berichten Sie über Ihre Erfahrungen mit der offenen und geschlossenen Planung.*
2. *Welcher Planungsform geben Sie den Vorzug?*

Für die pädagogische Arbeit im Kindergarten wurden in den letzten Jahrzehnten sowohl geschlossene als auch offene Planungskonzepte entwickelt und wissenschaftlich begründet. Diese Konzepte sind aus unterschiedlichen Zusammenhängen heraus entstanden.

## 6.6.1 Geschichtlicher Rückblick

In den 60er-Jahren veränderten sich die allgemeinen bisher geltenden Auffassungen, nach denen angenommen wurde, dass die Lernfähigkeit eines Menschen vorrangig auf **erbbiologischer Grundlage** beruhe. Die Bedeutung der **Umwelteinflüsse** auf die Erziehung und Bildung stellte insbesondere die Sozialisationsforschung fest. In entwicklungspsychologischen Forschungen kam man zu der Erkenntnis, dass die Intelligenz des Kindes in den ersten acht Lebensjahren stark zunimmt und in dieser Zeit intensiv gefördert werden muss. Der Kindergarten, der bisher im Bildungsprozess eine untergeordnete Rolle gespielt hatte, rückte ins Rampenlicht. Für die Kindergartenerziehung wurden nun **wissenschaftlich fundierte Modelle** entwickelt.

Dahinter standen auch politische und wirtschaftliche Motive: Die Intelligenz des Menschen musste optimal gefördert werden, um sie zur Steigerung der Wirtschaft einsetzen zu können. Die Konsequenz war, dass **Programme zur Intelligenzentwicklung des Vorschulkindes benötigt wurden**.

Die schulischen Lehrpläne wurden ebenfalls reformiert. Erstmalig formulierte man **Lernziele**, während man sich vorher an **Stoffsammlungen** gehalten hatte. Die neue Form der Lehrpläne wurde mit Curriculum bezeichnet, da sie einen wesentlich höheren Anspruch an Wissenschaftlichkeit hatten sowie an Begründung und Kontrollmöglichkeiten als vorher.

In den Curricula werden an erster Stelle Lernziele mit beispielhaften Lerninhalten formuliert. Zusätzlich beinhalten sie methodische Hinweise. Für die Gestaltung lassen sie dem Lehrenden aber genug Spielraum.

Die Arbeit im Kindergarten wurde mit der Einführung der Curricula umgestellt: Man begann damit, **schulische Lernformen und Konzepte** auf das Verständnis der drei- bis sechsjährigen Kinder umzustellen und in den Kindergärten einzusetzen. Statt einer offenen Form der Planung, wie sie bisher in den Kindergärten bekannt war, hatten die Erzieherinnen **schulische Lernformen** zu übernehmen und ihre Lernangebote nach vorgeschlagenen Lernschritten und Vorgehensweisen auszurichten. Damit begründeten sie die geschlossene Form der Planung.

Die fünf- bis sechsjährigen Kinder fasste man sogar zu **Lerngruppen** zusammen, um sie noch intensiver auf die Schule vorzubereiten. Zusätzlich wurden fünfjährige Kinder in einer **Vorklasse an den Schulen** beschult.

Dieses so genannte **funktionsorientierte Vorgehen** hat sich in einigen Kindergärten bis zum heutigen Tag gehalten. Auf zwei dieser curricularen Ansätze wird nachfolgend noch etwas genauer eingegangen:

### Der wissenschaftsorientierte Ansatz

Wie schon der Name sagt, fußte dieser Ansatz auf der Bedeutung der Wissenschaftsdisziplinen für die Gesellschaft. Bereits im Kindergarten sollten die Kinder erste Grundlagen, Gedanken und Begriffe der Wissenschaften erlernen.

**Lernprogramme** wurden vom **Schul-** in das **Vorschulalter** vorverlegt und die Vorschule zu einer lerntheoretisch orientierten Anstalt gemacht. Im Kindergarten sollten bereits Fähigkeiten vermittelt werden, die bisher erst im Erwachsenenalter zum wissenschaftlichen Arbeiten benötigt wurden, wie **vergleichen, zuordnen**, **wahrnehmen** von Beziehungen usw. Die zu vermittelnden Kenntnisse bereitete man für die drei- bis sechsjährigen Kinder entsprechend auf. In der Kindergartenpädagogik wurde die Arbeit mit logischen Blöcken, mathematischen Tischspielen, Mengenlehre, Frühförderung des Lesens, physikalischen Experimenten für Vorschulkinder aufgenommen, selbst Fremdsprachen gehörten zum Programm.

Durch **entsprechende Aufmachung** versuchte man, die Kinder für die Lernmaterialien zu begeistern. Dennoch war das Lernen **zu abstrakt** und **lebensfern**, so dass Gegenströmungen gegen den verschulten Kindergarten entstanden.

### Der kompensatorische Ansatz

Beim kompensatorischen Ansatz hatte der Pädagoge die Aufgabe, **Defizite** bei den Kindern zu erkennen und auszugleichen. Dafür wurden Programme entwickelt, z. B. systematische Sprachschulungen oder kognitiv betonte Programme sowie Programme mit Übungen für lernschwächere Kinder, um die Kinder gezielt zu trainieren.

Insgesamt haben diese Programme wenig Erfolg gezeigt, weil die Kinder, isoliert von ihrem Lebensumfeld, gefördert wurden. Kurzfristige Fortschritte gingen wieder verloren, wenn die Förderung nicht gezielt fortgesetzt wurde. **Kompensatorische Programme** gerieten daher sehr schnell in die Kritik und verloren ihre Bedeutung. Dafür übernahmen die Kindergärten die **gemeinsame Erziehung** aller Kinder aus unterschiedlichen gesellschaftlichen Schichten und bemühten sich speziell um unterprivilegierte Kinder.

## MERKSATZ

Mit der Erkenntnis, dass Umwelteinflüsse einen großen Einfluss auf die Entwicklung eines Menschen haben, wurden Lernprogramme für Kinder im Kindergartenalter entwickelt, um diese vor dem Beginn der Schulzeit zu schulen. Der Erfolg blieb aus, da sie zu wenig auf die Lebenswelt der Kinder abgestimmt waren.

## AUFGABE

*Nennen Sie weitere Gründe dafür, dass weder „der wissenschaftsorientierte Ansatz“ noch „der kompensatorische Ansatz“ zum Erfolg führten.*

### 6.6.2 Funktionsorientierter Ansatz

Die Funktionen (= Fähigkeiten) des Kindes bieten hier den Ausgangspunkt für die **Entwicklung von Lernzielen und Lernangeboten.** Fähigkeiten, die das Kind für sein Leben entwickeln muss, um die Probleme seines Alltags und die späteren gesellschaftlichen und beruflichen Anforderungen zu bewältigen, werden in systematischen Schulungsprogrammen gefördert. Im Vordergrund stehen zunächst kognitive Fähigkeiten wie Wahrnehmung, Zuordnung, Herstellung von Beziehungen, Verbalisierung, Begriffsbildung usw. Inzwischen gibt es auch funktionsorientierte Vorschläge für andere Lernbereiche wie soziales Lernen oder motorische Fähigkeiten.

Der funktionsorientierte Ansatz hat insofern Ähnlichkeiten mit dem wissenschaftsorientierten Ansatz, als Lernbereiche bestimmt werden, in denen das Kind geschult werden soll. Die Lernbereiche, die ausgewählt werden, sind im Unterschied zum wissenschaftsorientierten Ansatz den **Bedürfnissen und Interessen des Kindes** stärker angepasst als die wissenschaftsorientierte Vorgehensweise. Funktionsorientierte Programme sind teilweise heute noch in den Kindergärten üblich.

**Beispiele:**

- Das Spielrepertoire eines Kindergartens enthält zahlreiche Zuordnungsspiele wie Memory, Farbspiele, Bilderlotto usw.
- Kinder, deren Sprachverhalten nicht ihrem Alter entspricht, werden im Kindergarten intensiv geschult.
- Mit Hilfe der Vorschulmappen werden fünf- bis sechsjährige Kinder angeleitet, feinmotorische Voraussetzungen für das Schreibenlernen zu entwickeln, etwa durch Schwungübungen, Koordinationsschulungen von Auge und Hand usw.
- Im Winter wird mit den Kindern über die Veränderungen in der Natur gesprochen, entsprechende Bastelarbeiten erstellt sowie Lieder gesungen, Geschichten vorgelesen und Gedichte gelernt.

Aspekte der **kompensatorischen Erziehung** finden ebenfalls Berücksichtigung im Kindergarten, wenn mit den Kindern bestimmte Fähigkeiten, in denen sie **Defizite** haben, gezielt geübt werden.

Allen Ansätzen ist gemeinsam, dass bei der Entwicklung der Lernziele, der Lerninhalte und der Methoden die augenblickliche Lebenssituation des Kindes wenig berücksichtigt wird. Das Kind lernt Fähigkeiten, die es später einmal anwenden wird. Unberücksichtigt bleiben dabei seine **gegenwärtigen Probleme.** Kritiker stellen in Frage, ob das Kind **erlernte Leistungen ohne Hilfestellung** in seinen Alltag übernehmen kann. So konnte festgestellt werden, dass Kinder, die in Sprachtrainingsstunden vollständige Sätze gesprochen haben, diese nicht oder kaum im Alltag angewendet haben.

Bei der Vorgehensweise nach dem funktionsorientierten Ansatz gibt es unterschiedliche Möglichkeiten:

1. Die Sozialassistentin stellt mit ihrer Erzieherin **Fähigkeiten** zusammen, in denen die Kinder geschult werden sollen. Die Schulung erfolgt in der Regel in einem systematischen Aufbau vom **Leichten zum Schweren**. Für den Erwerb dieser Fähigkeiten werden Übungen aus den nachfolgenden Fachbereichen ausgewählt:

   - **Kognitiver Bereich:** Hierbei werden Kinder im erkenntnismäßigen Denken wie Zuordnen können, Zusammenhänge erkennen, schlussfolgerndes Denken, differenzierte Wahrnehmung usw. geschult.
   - **Kreativer Bereich:** Die Kinder lernen, eigene Ideen kreativ umzusetzen.
   - **Motorischer Bereich:** Die Kinder haben gezielte grob- und feinmotorische Übungen durchzuführen.
   - **Emotionaler und sozialer Bereich:** Diese Bereiche sind schwer voneinander zu trennen. Kinder lernen, sich auf andere Kinder und deren Gefühle einzustellen, auch Rücksicht aufeinander zu nehmen.

   Am bekanntesten sind die Programme im kognitiven und feinmotorischen Bereich, z. B. durch Erstellen von Vorschulmappen, didaktischen Spielen, Übungen zur Schulung der Farbbenennung usw.

2. Die Sozialassistentin wählt mit ihrer Erzieherin ein Thema aus, das sie für Kinder als interessant empfindet und versucht innerhalb dieses Themas Aktivitäten zu entwickeln, in denen das Kind mit seinen unterschiedlichen Fähigkeiten geschult wird.

Solche Planungen werden auch als **Rahmenplan** bezeichnet, da sie einen Zeitraum von mehreren Wochen umfassen. Allerdings bedeutet diese Bezeichnung nicht, dass es sich um eine funktionsorientierte Planung handelt. Sie entsteht erst, wenn die Sozialassistentin mit ihrer Erzieherin die einzelnen Aktivitäten oder Lernschritte systematisch aufbaut.

Bei dieser Vorgehensweise werden die Kinder zwar intensiv geschult. Ihre Wünsche werden aber nicht genug berücksichtigt.

### Beispiel eines Wochenarbeitsplanes (geschlossene Planung)

Die Sozialassistentin kann den Wochenarbeitsplan auf unterschiedliche Weise aufstellen. Der Plan kann nach Tätigkeiten strukturiert werden, die in den einzelnen Tagesabschnitten mit der Gruppe durchgeführt werden sollen oder nach Lernbereichen aufgelistet werden. Die Wochentage geben dabei die Grobstruktur vor. Für den ersten Plan stellt die Sozialassistentin Angebote zusammen:

- für Kleingruppen im Freispiel,
- für gemeinsame Aktivitäten,
- für Nachmittagsaktivitäten.

Im zweiten Plan legt sie die **Lernbereiche** fest, z. B. **Betriebe in unserem Dorf** bzw. **in unserem Stadtteil**, wenn dort einige Väter bzw. Mütter beschäftigt sind.

Der Plan ist als geschlossen und funktionsorientiert anzusehen,

- wenn die Sozialassistentin mit der Erzieherin den Plan festlegt und dessen Einhaltung bestimmt. Die Gruppe wird kaum oder gar nicht in die Planung einbezogen,
- wenn durch den Plan in erster Linie Fähigkeiten gefördert werden. Die Bearbeitung von Alltagssituationen der Gruppenmitglieder findet dabei aber wenig Beachtung,
- wenn der Aufbau des Plans aus lernpsychologischen Gründen möglichst eingehalten werden soll.

Abb. MEV

**1. Beispiel für einen Rahmenplan im Kindergarten: Thema: „Betriebe in unserem Dorf oder Stadtteil“ (nach Tätigkeiten strukturiert):**

| Wochentag: | Beim Freispiel: | Gemeinsame Aktivitäten am Vormittag: | Nachmittags: |
|---|---|---|---|
| Montag: | Freies Spiel | ▶ Turnstunde<br>▶ Gespräch über die Betriebe im Dorf bzw. Stadtteil. Die Kinder erhalten den Auftrag, nach den Betrieben zu Hause zu fragen und Anschauungsmaterial mitzubringen. | Freies Spiel |
| Dienstag: | Mit dem Erstellen einer Collage beginnen: Die Kinder verwenden dazu das mitgebrachte Info-Material. | ▶ Gespräch über die Betriebe, Vorbesprechung des Besuchs eines Bäckerbetriebs<br>▶ Spiellied: Wer will fleißige Handwerker sehen<br>▶ Betriebsratespiel | Weiterarbeit an der Collage |
| Mittwoch: | freies Spiel | ▶ Besuch beim Bäcker | Bild malen vom Bäcker und von den Backwaren |
| Donnerstag: | Unterschiedliche Backwaren probieren. Rollenspiel: Backstube und Laden | ▶ Nachgespräch über die Besichtigung des Bäckerbetriebs, Gespräch über die Backwaren<br>▶ Wiederholung des Handwerkerlieds und des Betriebsratespiels | |
| Freitag: | Brötchen backen | ▶ Gemeinsames Frühstück mit selbst gebackenen Brötchen | Backstube und Verkauf von Backwaren (Rollenspiel) |
| Montag: | Verkaufen in unterschiedlichen Läden mit Lebensmitteln, Kleidung, Schuhe, Spielzeug usw. (Rollenspiel) | ▶ Gespräch über Verkaufen und Geld | Herstellen von Spielgeld, Abpausen von Münzen, ausschneiden |

**2. Beispiel für einen Rahmenplan im Kindergarten: Thema: „Betriebe in unserem Dorf oder Stadtteil“ (nach Lernbereichen strukturiert):**

| Wochentag: | Wissen bzw. Kenntnisse | Gestalterische Tätigkeiten | Umwelt-erfahrung: | Musik-erziehung | Sinneswahr-nehmung: | Motorischer Bereich: |
|---|---|---|---|---|---|---|
| Montag: | Arbeitsschwerpunkte der Betriebe | freies Spiel | Einblick in die Bedeutung der Betriebe | Lied: Wer will fleißige Handwerker sehen | – | Turnstunde |
| Dienstag: | Betriebe und ihre Aufgaben | Brot und Brötchen aus Knetgummi formen, Collage | Handwerker, Bauern, Geschäfte | Lied: Wiederholung des obigen Liedes | Erraten unterschiedlicher Betriebe an Abbildungen | Bewegungsspiele |
| Mittwoch: | Der Bäcker und seine Aufgaben | freies Spiel | Praktische Verkehrserziehung beim Spazierengehen | Backe, backe, Kuchen | – | Spaziergang |
| Donnerstag: | Backwaren, Backen | Backwaren formen | Bäcker und seine Bedeutung im Gemeinwesen | Wiederholung des obigen Liedes | Ertasten verschiedener Backwaren | Spaziergang |
| Freitag: | Backwaren, Bäcker | freies Spiel | Bäcker und seine Rolle im Gemeinwesen | Gebetslied beim Frühstück | Geschmackliche Beurteilung der Backwaren | Bewegungsspiele im Schlusskreis |
| Montag: | Verkäufer, Waren, Geld | Münzen abpausen und ausschneiden | Bedeutung des Geldes | – | – | Turnstunde |

Durch den ersten Plan erhält die Sozialassistentin mit ihrer Erzieherin einen guten Überblick über die geplanten Aktivitäten, der zweite Plan vermittelt die Lernbereiche. Rahmenpläne im Sinne einer strengen funktionsorientierten Vorgehensweise sollten in sozialpädagogischen Einrichtungen nicht verwendet werden.

**MERKSATZ**

Bei dem funktionsorientierten Ansatz haben Kinder keine Möglichkeiten, ihre Ideen und Vorstellungen einzubringen. Kinder sollten aber immer in die Planung einbezogen werden, damit ihre Interessen berücksichtigt werden.

**AUFGABE**

*Stellen Sie noch einmal die Vorgehensweise beim funktionsorientierten Ansatz an einem Beispiel dar und beurteilen Sie ihn.*

### 6.6.3 Situationsansatz

**AUFGABE**

*Inwieweit haben Sie die offene Planung während Ihres Praktikums erlebt? Berichten Sie über Ihre Erfahrungen.*

Nachdem sich viele Kindergartenpädagogen gegen die geschlossene Planung mit ihren verschulten Inhalten gewehrt hatten, entstand der so genannte situationsorientierte Ansatz. In dieser Gegenströmung wurde nach Wegen gesucht, lebensnahes Lernen mit Betonung des sozialen und emotionalen Erlebens in den Mittelpunkt zu stellen und wissenschaftlich zu begründen. Gleichzeitig sollte das Kind in seinen eigenen Lernreizen und Motivationen gestärkt werden.

Unter der Bezeichnung „Curriculum Soziales Lernen" wurde das **situationsorientierte Vorgehen** von einer Arbeitsgruppe mit dem Namen „Vorschulerziehung" des Deutschen Instituts in München unter der Leitung von Jürgen Zimmer entwickelt (1970). Das „Curriculum Soziales Lernen" wurde zunächst in einigen Bundesländern ausprobiert, bevor es auf breiter Ebene angewendet und weiter erforscht wurde. Die offene und situationsorientierte Vorgehensweise wird heute von den Sozial- und Kultusministerien empfohlen.

**MERKSATZ**

Ziel dieser Vorgehensweise ist, dass Kinder mit unterschiedlicher Lebens- und Lerngeschichte in Situationen ihres gegenwärtigen und zukünftigen Lebens zunehmend selbstbestimmt und selbstständig handeln können.

#### Lerninhalte im Situationsansatz

Im Unterschied zu den vorher genannten Vorgehensweisen werden die Lernangebote von der **Lebenssituation** des Kindes her bestimmt. Es soll in die Lage versetzt werden, seinen Alltag und seine gegenwärtige Lebenssituation besser zu bewältigen. Die Pädagogin, die für die Kindergruppe verantwortlich ist, untersucht daher zunächst die Lebenssituation ihrer Kinder und versucht festzustellen, welche Fähigkeiten die Kinder bereits besitzen, um eine Situation angemessen zu handhaben. Die **Handlungsdefizite der Kinder**, die sich aus fehlenden Kenntnissen, mangelnden Fertigkeiten, Vorurteilen, unangemessenen Gefühlen ergeben, werden dann die **Grundlage der Arbeit**.

***Beispiele für den Situationsansatz können sein:***

- Kinder gehen großzügig mit dem Müll um, obwohl sie schon etwas über Müllsortierung gehört haben. Die **Müllsortierung** kann daher ein Situationsansatz sein.

Abb. Thiele

- Kinder sind entsetzt, dass ein **Frosch** übergefahren worden ist, obwohl Zäune an der Seite der Straße stehen. Der **Umgang mit Fröschen** ist ein weiterer möglicher Situationsansatz.
- Kinder ängstigen sich vor **Wespen** oder zertretenen **Würmern** und **Käfern**. Sie sind überzeugt, dass sie durch diese Tiere gefährdet sind. In diesem Fall kann der Situationsansatz heißen: **Die Vor- und Nachteile von Wespen, Würmern und Käfern.**
- Kinder haben **Probleme** in einer Gruppe mit älteren oder jüngeren Kindern bzw. mit deutschen und ausländischen Kindern. Diese Probleme werden durch Unkenntnis und Vorurteile verstärkt. Kooperation und Handlungsmöglichkeiten sind eingeschränkt. **Probleme in unserer Gruppe** bietet sich hier als Situationsansatz an.
- Der Opa von einem Kind ist gestorben. Der Situationsansatz kann hier heißen: Wie kann man bei Trauer helfen?
- Es kommt immer wieder vor, dass Kinder ins Krankenhaus müssen. Da bietet es sich an, diesen Situationsansatz mit den anderen Kindern aufzuarbeiten unter dem Thema: **Aufenthalt im Krankenhaus**.
- Eltern bzw. Mutter oder Vater werden **arbeitslos**. Kinder erleben hilflos die veränderten Gefühle und ein ungewohntes Verhalten der Eltern. Der Situationsansatz kann hier heißen: **Meine Eltern bzw. Mutter oder Vater sind arbeitslos.**
- Vor den Sommerferien scheiden viele Kinder aus dem Kindergarten aus, jüngere Kinder werden nach den Ferien aufgenommen, **neue Gruppenkonstellationen** entstehen, in denen die einzelnen Kinder neue Rollen übernehmen müssen. **Die Ankunft der neuen Kinder** könnte ein weiterer Situationsansatz heißen.

Diese Beispiele beziehen sich auf die Gegenwart des Kindes. Aufzugreifende Situationen können auch die **nahe Zukunft** betreffen, zum Beispiel, wenn Kinder den Kindergarten verlassen, um in die Grundschule zu gehen. Da bietet sich folgender Situationsansatz an: **Meine Einschulung** oder **Was erwartet mich in der Grundschule?**

Der **Zahnarzt** hat sich im Kindergarten angemeldet. Dieses Ereignis kann ebenfalls als Situationsansatz vorgeplant werden, um den Kindern die Angst vor dem Zahnarzt zu nehmen.

Beim situationsorientierten Vorgehen werden nicht irgendwelche Situationen aufgegriffen, sondern solche, in denen Kinder durch ihr alltägliches Handeln kompetenter gemacht werden, um eine größere Selbstsicherheit zu erreichen. Man spricht auch von **Schlüsselsituationen**. Sozialassistentinnen tragen mit ihren Erzieherinnen häufig auftretende Situationen zusammen und entscheiden sich dann für Situationen, in denen Kinder eine Handlungserweiterung erfahren oder ihre Unsicherheit überwinden können.

## MERKSATZ

Ziele des Situationsansatzes sind: eine stärkere Autonomie des Kindes, eine höhere Kompetenz und Solidarität, Eintreten für Schwächere.

## AUFGABEN

1. *Nennen Sie weitere Situationsansätze für Kinder im Kindergarten.*
2. *Welche Situationsansätze haben Sie während Ihres Praktikums erlebt?*

### Merkmale des Situationsansatzes

Der Situationsansatz verlangt eine grundlegende Veränderung der pädagogischen Arbeit. Er geht von einer offenen Planung aus:

- Da die Lebenssituation der Kinder immer wieder anders ist, kann es **keine fest vorgegebenen Programme** geben. Vor Ort muss entschieden werden, wie die Kinder zu höherer Kompetenz kommen können. Hilfreich können aber **Ideensammlungen** sein, die der Erzieherin und Sozialassistentin Mut geben, **eigenständige Schritte und Aktivitäten** zu wagen.
- Die **Planung** der Erzieherin und Sozialassistentin muss **sehr offen** sein. Festgelegte Programme würden die Nähe zur erlebten Lebenssituation nicht ermöglichen.
- **Alle Gruppenmitglieder, auch die Kinder, müssen an der Planung beteiligt werden**. Zur Bearbeitung einer Situation gehört auch die Planung. Kinder müssen die Vorgehensweise wissen, wenn sie ihre Kompetenzen verbessern sollen.

- **Das Umfeld** der Gruppe **muss** in die Vorgehensweise **einbezogen werden,** denn das Kind lebt und handelt nicht nur in der Einrichtung. Der Alltag des Kindes wird von vielen Einflüssen beherrscht und findet nicht nur hinter den verschlossenen Türen des Kindergartens statt.
- **Die Rollen der Erzieherin und Sozialassistentin verändern sich**: Sie lernen mit der Gruppe und sind daher nicht mehr ausschließlich die Anleiterinnen.
- **Soziales und fachliches (instrumentelles) Lernen** werden **miteinander verbunden,** denn die Lernanlässe entstammen dem Alltag und dem sozialen Zusammenleben der Kinder.
- **Der Tagesablauf** in der Einrichtung wird neu **strukturiert.** Die traditionelle Aufteilung von Freispiel und Beschäftigung gibt es nicht mehr. Beides steht gleichwertig nebeneinander und ergänzt sich. Das Kind lernt und handelt im Freispiel genau so wie bei der angeleiteten Tätigkeit.
- Eine **gemischte (heterogene) Gruppe** kommt dem Situationsansatz sehr entgegen, denn hier lernen die Kinder nicht nur von der Sozialassistentin und der Erzieherin, sondern auch von den älteren Kindern. Diese Zusammensetzung entspricht dem realen Leben.
- Wichtig ist auch, dass alle im **Team gut zusammenarbeiten** und sich um die **Umsetzung der Konzeption** bemühen. Die pädagogische Arbeit wirkt nicht mehr überzeugend, wenn Einzelne aus dem Team herausfallen.

Beim situationsorientierten Vorgehen ist der **Prozess wichtiger als das Ergebnis**. Es ist eine offene Planung, die konsequenter in ihrer Verankerung zum Lebensbezug des Kindes ist als die allgemein übliche offene Planung. Die offene Planung lässt sich auf viele Bereiche übertragen, z. B. auf die Öffnung aller Gruppen in einer Einrichtung. **Situationsorientiertes Vorgehen** bezieht sich auf die **Verbindung von Leben und Lernen** und beruht auf der Bestärkung des Kindes, die Situationen seines Alltags besser bewältigen zu können.

## DEFINITION

Beim situationsorientierten Vorgehen werden soziales und fachliches (instrumentelles) Lernen miteinander verbunden und das Kind darin bestärkt, Situationen seines Alltags besser zu bewältigen. Die Sozialassistentin und Erzieherin werden dabei zur Partnerin der Kinder.

## AUFGABE

*Stellen Sie die Vorteile des situationsorientierten Vorgehens der geschlossenen Planung gegenüber. Verwenden Sie dazu die nachfolgende Übersicht:*

### Gegenüberstellung von funktionsorientiertem Vorgehen und dem Situationsansatz

| **an der Fähigkeit der Kinder ausgerichtet: funktionsorientiertes Vorgehen** | **an der Lebenssituation der Kinder ausgerichtet: situationsorientiertes Vorgehen** |
|---|---|
| **Beispiele** für **Fähigkeiten,** die geschult werden:<br>▶ Zuordnen, ordnen, gliedern, sortieren<br>▶ Biologische Kenntnisse und angemessenes Verhalten im Umgang mit Tieren<br>▶ Die Sozialassistentin, die Erzieherin und das Team entscheiden, welche **Fähigkeiten** für die Gruppe erforderlich sind und geschult werden sollen.<br>▶ Die Erzieherin mit ihrer Sozialassistentin entwickelt ein Programm, ggf. mit Hilfe von vorgegebenen Lehrmaterialien: | **Beispiele** für **Situationen,** die aufgegriffen werden:<br>▶ In der Gruppe entstehen Probleme beim Aufräumen<br>▶ Kinder finden einen unterernährten Igel und erforschen seine Lebensweise, um ihm zu helfen.<br>▶ Die Sozialassistentin, die Erzieherin und das Team beobachten die **Schlüsselsituation** (und Interessen) der Gruppe und greifen sie auf, wenn die Aussicht besteht, dass die Kinder eine höhere Kompetenz in ihrem Alltag erreichen können.<br>▶ Die Erzieherin mit ihrer Sozialassistentin sowie dem Team machen den Kindern die **Handlungsmängel** bewusst und stellen eine bessere Lebensbewältigung in Aussicht. Einbezug der Gruppe in die Planung. |
| **Funktion** wird geschult!<br>↓<br>**Lebenssituationen** wird erprobt!<br>↓<br>**Beispiel: Zuordnen Aufräumen** | **Situation** wird aufgegriffen!<br>↓<br>**Qualifikationen** wird vermittelt!<br>↓<br>**Beispiel: Aufräumen Zuordnen** |

## AUFGABEN

1. *Stellen Sie in den nachfolgenden Texten fest, ob es sich um ein funktionsorientiertes Vorgehen oder um den Situationsansatz handelt:*
   - *Die Sozialassistentin merkt, dass ihr die Kinder beim Vorlesen nicht mehr zuhören. Sie beschließt, mit den Kindern nach draußen zu gehen.*
   - *Bei einem Spaziergang fällt den Kindern ein Krötenzaun mit einem Auffangeimer auf. Die Sozialassistentin erklärt ihnen die Bedeutung des Krötenzaunes und des Auffangeimers.*
   - *Die Sozialassistentin ruft beim Bund für Umwelt und Naturschutz an und bittet einen Mitarbeiter zu kommen, um den Kindern die Bedeutung des Krötenzaunes zu erklären. Der Mitarbeiter macht ihr den Vorschlag, dass die Kinder beim Tragen der Frösche über die Straße zusehen dürfen. Die Kinder sind von dem Vorschlag begeistert. An den nachfolgenden Tagen ist nur noch ein Thema für sie wichtig, nämlich die Lebensweise der Frösche. Es werden Bilder über Frösche gemalt und ausgeschnitten. Aus einem Biologiebuch muss ihnen die Sozialassistentin alles über die Lebensweise der Frösche vorlesen.*
   - *Nach einigen Regentagen scheint endlich die Sonne. Als ein Kind den Vorschlag macht, ob die Sozialassistentin nicht einen Spaziergang mit ihnen machen könne, willigt diese ein.*
   - *Eine Sozialassistentin fertigt mit ihrer Kindergartengruppe Vorschulmappen an, um die Feinmotorik der Kinder zu fördern.*
2. *Stellen Sie fest, ob sich bei den nachfolgend genannten Begriffen, um solche handelt, die der funktionsorientierten bzw. der situationsorientierten Vorgehensweise entnommen worden sind: Offenheit, Lenkung durch Erwachsene, Lebensnähe, Übung, dem Lernen in der Schule ähnlich.*
3. *Führen Sie in Ihrer Klasse eine Diskussion über das funktionsorientierte bzw. über das situationsorientierte Vorgehen zu dem nachfolgenden Thema durch: In einer Kindergartengruppe gibt es viele ausländische Kinder. Welche der zwei genannten Vorgehensweisen ist die bessere, damit die Kinder schnell die deutsche Sprache lernen?*

## 6.7 Lernanregend gestaltete Umgebung

## AUFGABE

*Besichtigen Sie mit Ihrer Klasse einen Kindergarten und stellen Sie fest, wie die Räume eingerichtet sind. Machen Sie sich dazu eine Skizze.*

In den Räumen einer Kindertagesstätte muss Platz für die unterschiedlichen Bedürfnisse und Aktivitäten der Kinder vorhanden sein. Die Einrichtung von **verschiedenartigen Raumbereichen** ist eine Grundvoraussetzung. Diese Bereiche bieten den Kindern die Chance, innerhalb einer Gruppe eigene Wege zu gehen und sich wohlzufühlen.

Kinder müssen aber auch die ganze Gruppe treffen können, um sich als Mitglied des sozialen Systems „Gesamtgruppe" zu erleben. Wenn

Abb. Morgenstern

Kinder beide Erfahrungen machen können – **Individualität und Gemeinsamkeit** – ist das vorteilhaft für ihre Entwicklung.

Eine klare Raumgliederung trägt dazu bei, dass Kinder die **Zuordnung von Materialien und Tätigkeiten** erkennen und verstehen. Der so eingerichtete Raum fordert die Kinder geradezu heraus, für spezielle Aktivitäten die dafür vorgesehenen Spiel- und Betätigungsbereiche aufzusuchen. Dort können sie ungestört und konzentriert spielen. Für jüngere Kinder sind **kombinierte Tätigkeitsbereiche in einem Raum** erforderlich, weil sie meist nach kurzer Spielphase ihre Aktivitäten wechseln und dann wieder etwas Neues ausprobieren. Dabei ist die Grundordnung des Raumes eine große Hilfe, starre Begrenzungen würden Spielprozesse und -abläufe stören. Die Raumanordnung, die Weichen zwischen den Spielphasen stellt, ist daher im Interesse der Kinder.

Je älter Kinder werden, desto mehr wachsen ihr Verständnis und ihr Interesse, neben den Tätigkeitsbereichen in den Gruppenräumen, sich individuellen Aktivitäten zuzuwenden.

## 6.7.1 Raumbedarf für die Tätigkeitsbereiche der Kinder

### AUFGABE

*Begründen Sie den Raumbedarf für Kinder.*

Kinder brauchen für ihre Lern- und Entwicklungsprozesse die Möglichkeit:

- **zum Spielen und Experimentieren**,
- **zum Bewegen,**
- **zum Essen,**
- **zur Kommunikation oder Konzentration**,
- **zum Rückzug**.

Die genannten Tätigkeiten sind Beispiele und können sicherlich noch durch weitere Angebote ergänzt werden, die sich aus speziellen Bedürfnissen und Fähigkeiten der Kinder ergeben, besonders auch in altersgemischten Gruppen.

Aber lassen sich die vielen Tätigkeiten in einem Raum unterbringen? Doch kaum! Daher ist es sinnvoll, darüber nachzudenken, die **Gruppenräume zu öffnen** und zwischen ihnen zu kooperieren. Die Fülle der benötigten Tätigkeiten ist nur in einem **Verbundsystem von zwei bis drei Räumen,** einem Mehrzweckraum und ein bis zwei weiteren Räumen zu bewerkstelligen. Es ist leichter, dass eine größere Gruppe zwei oder drei Räume bewohnt, in denen alle benötigten Angebote vorhanden sind, als das nur ein begrenztes Angebot in jedem Raum vorhanden ist. Es lohnt sich daher genau zu prüfen, in welchen Raum der Kaufmannsladen oder der Baubereich kommt. Sinnvoll ist es auch, einen Raum für ruhigere Tätigkeiten vorzusehen und einen für lautere.

Die Räume können durch diese Aufteilung von der Doppelfunktion entlastet werden. Ein verbindendes Konzept und gute Teamarbeit können dazu beitragen, bei ungünstigen Raum-

Abb. MEV

verhältnissen zu einer angemessenen Lösung zu kommen.

## Vielfältige Tätigkeitsbereiche im Kleinkind- und Elementarbereich

Die beiden Altersbereiche weisen viele Gemeinsamkeiten auf. In der Raumnutzung unterscheiden sie sich jedoch. Im Alter bis zu vier Jahren nehmen Kinder vorwiegend Kontakte zu anderen Kindern durch das Freispiel auf, daher sind Freiflächen und Bewegungsanreize innerhalb der Räume für sie wichtig. Ausschlaggebend ist auch, wie Raumnutzung und -gestaltung mit den Kindern mitwachsen kann, um ihrem Drang nach Selbstständigkeit und Umsetzung ihrer neu erworbenen Fähigkeiten gerecht zu werden.

Während Kleinkinder noch sehr darauf angewiesen sind, Grunderfahrungen zu machen, haben Kinder im Elementarbereich, speziell im Vorschulalter, schon eine ganze Reihe von Erfahrungen und praktischen Fähigkeiten erworben. Daher muss immer wieder geprüft werden, ob die vorhandenen **Räume die Tätigkeitsbereiche fördern oder behindern.**

Bei einer Aufteilung der Räume in einen ruhigeren und einen lauteren Teil, ist der ruhigere Teil für die Einrichtung einer **Bücherecke** gut geeignet. Eine altersgemäße und übersichtliche Präsentation der Bücher weckt die Neugier der Kinder. Bücher, die sich die Sozialassistentin bereits mit den Kindern angesehen hat, werden immer wieder gern in die Hand genommen.

Selbst wenn der Kindergarten über einen eigenen Atelierraum verfügt, ist es doch wichtig,

dass jede Arbeitseinheit einen eigenen **Kreativ- und Experimentierbereich** hat. Hier können die Kinder jederzeit problemlos experimentieren, Materialerfahrungen machen und arbeiten. In diesem Bereich ist die Zunahme der Fähigkeiten bei den Kindern deutlich zu erkennen. Mit steigendem Alter nimmt die Vielfalt der Materialien zu.

Das **Material und Werkzeug** sollte übersichtlich angeordnet sein, um Kinder zu eigenen Aktivitäten anzuregen. Manchmal hilft es auch, Material zurechtzulegen, damit Kinder die erste Hürde nehmen, es für sich zu verwenden.

Für **Zuordnungs- und Regelspiele** brauchen Kinder keinen speziellen Bereich. Sie können die Spiele an den vorhandenen Tischen ausbreiten. Wichtig ist allerdings auch, dass die Spiele einen festen Platz haben, immer vollständig sind und übersichtlich im Regal aufbewahrt werden. Die Auffassungsfähigkeit der Kinder wird gefördert, wenn die Erzieherin mit ihrer Sozialassistentin ein dem Alter und Interesse der Kinder **entsprechendes Angebot an Spielen** vorhält. Erfahrungen haben gezeigt, dass fünf unterschiedliche Spiele eine gute Auswahl sind.

**Musik zu hören,** ist ebenfalls eine beliebte Tätigkeit der Kinder. Sobald Kinder die Technik beherrschen, sich Musik, die sie hören möchten, anzustellen, sollte ihnen auch die Möglichkeit gegeben werden. Für den ungestörten Musikgenuss sollte ein separater kleiner Raum zur Verfügung stehen.

Kinder haben in Bezug auf **Rückzug, Ruhe, Entspannung und Schlafen** sehr unterschiedliche Bedürfnisse und Gewohnheiten. Wenn sie den ganzen Tag in einem Kindergarten sind, ist es wichtig, die entsprechenden Einrichtungen dafür zu haben. Dieser Bereich sollte differenziert und für die individuelle Nutzung eingerichtet und gestaltet werden.

**Kuschel- und Rückzugsbereiche** erlauben das ungestörte Alleinsein, fördern aber auch die Kommunikation und das Wohlbefinden. Sie eignen sich auch als „interkulturelle" Ecken mit landestypischen Sofas, Kissen, Wandbehängen oder Teppichen verschiedener Kulturbereiche.

Abb. Nühs

Aufstellen sind **breite Fensterbänke,** ein **flaches Podest** oder **ein klappbares Türblatt.** Auch sollte bedacht werden, dass die Bauteile umso größer sein müssen, je jünger die Kinder sind.

Kinder sind begeisterte Sammler und Forscher und bringen von ihren Ausflügen gern Stöcke, Steine, Blätter oder Rinde mit, um damit zu spielen und zu experimentieren. Dafür sollte ihnen eine **Naturecke** in einem Vorraum oder Nebengebäude eingeräumt werden, in dem diese Sachen gesammelt und nach Bedarf verwendet werden können.

Darüber hinaus gibt es Tätigkeiten, die weder an einen ruhigen noch lebhaften Raum gebunden sind. Das sind beispielsweise der **Morgenkreis** oder das **Essen**. Da diese Aktivitäten nicht gleichzeitig stattfinden können, ist es am sinnvollsten, die Räume dafür zu nehmen, die am besten dafür geeignet sind. Wichtig ist, dass es immer die gleichen Räume sind, damit Kinder wissen, wo sie hingehen müssen.

Ob die Kinder gemeinsam oder in kleinen Gruppen das Essen einnehmen, hängt vom **Sozialgefüge der Gruppen** ab, aber auch von der Art der Räume. Für die Gesamtgruppe bietet sich der Raum an, in dem die meisten Tische stehen. Beim Essen in Untergruppen werden die vorhandenen Räume miteinbezogen.

### Tätigkeitsbereiche im „lebhaften“ Raum

Dieser Raum braucht ausreichend Platz und die entsprechenden Geräte für die Bewegung, wie:

- Klettern,
- Rutschen,
- Verstecken,
- Bewegung auf kleinen Treppen, Podesten usw.

Für die Kinder des Elementarbereichs reicht der Gruppenraum nicht aus, um ihre Bewegungsabläufe zu entfalten. Psychomotorische und sportliche Spiele finden besser in einem **Mehrzweck- oder Sportraum** innerhalb der Kindertagesstätte statt.

Puppen-, Küchen- und Verkleidungsecken lassen sich für **Rollenspiele** sowohl kombinieren als auch einzeln gestalten, je nach den räumlichen Möglichkeiten. Der Rollenspielbereich ist gut für das multikulturelle Ambiente geeignet, z. B. mit Geschirr aus der Türkei, koreanischen Puppen, japanischen Kimonos. Durch die Ausstattung dieses Bereichs sollte auf ein **offenes Rollenverhalten** Einfluss genommen werden und Mädchen beispielsweise dazu angeregt werden, eine Astronautenkleidung oder eine Ritterrüstung anzulegen.

Die **Bauecke** findet immer das besondere Interesse der Kinder, da sie hier ihrer Fantasie freien Lauf lassen können. Wichtig ist, dass die **Bauwerke**, die die Kinder erstellt haben, nicht sofort zerstört werden. Gut geeignet zum

## MERKSATZ

Gut aufgeteilte Räume ermöglichen viele Einzelaktivitäten der Kinder sowie Aktivitäten neben und miteinander in kleinen Gruppierungen. Durch die entsprechende Gestaltung in lautere und ruhigere Räume können die Kinder ihren unterschiedlichen Bedürfnissen nachkommen.

Abb. Nühs (links)
Abb. Morgenstern (rechts)

## AUFGABEN

1. *Fertigen Sie Raumskizzen mit unterschiedlichen Tätigkeitsbereichen für Kinder an, bzw. stellen Sie Tätigkeitsbereiche für Kinder zusammen, wenn Sie das entsprechende Material in der Schule oder die Möglichkeit haben, sich dieses auszuleihen.*
2. *Laden Sie zur Auswertung Ihrer Pläne und der Tätigkeitsbereiche für Kinder die Erzieherinnen und Sozialassistentinnen aus den Kindertagesstätten der näheren Umgebung ein.*

## 6.7.2 Räumliche Bedingungen für altersgemischte Gruppen

## AUFGABE

*Nennen Sie Vor- und Nachteile, die altersgemischte Gruppen haben.*

Die Anforderungen altersgemischter Gruppen an die Räumlichkeiten sind abhängig vom Umfang der Altersmischung:

- Mit der kleinen Altersmischung ist der Umfang von drei Jahrgängen innerhalb des **Kleinkind- oder Elementarbereiches** gemeint (siehe Band 1).
- Von großer Altersmischung wird gesprochen bei einem Umfang von fünf bis sechs Jahrgängen, übergreifend zwischen **Kleinkind- und Elementarbereich.**
- Die maximale Altersmischung bezieht den **Kleinkind-, Elementar- und Hortbereich** mit ein.

In der kleinen Altersmischung wird ebenso wie in altershomogenen Gruppen sehr genau zu beobachten sein, wie jedes einzelne Kind auch durch die Raumausstattung und -gestaltung gefördert werden kann. Besonders **hohe Anforderungen** an die Räume stellt insbesondere die **große Altersmischung**, in der wahrscheinlich das älteste Kind von fünf bis sechs Jahren das jüngste Eineinhalbjährige sprachlich nicht verstehen kann.

**Gemeinsamkeiten und Differenzierung** sind die **Schlüsselbegriffe** für die Altersmischung im Kleinkind- und Elementarbereich. Alle dort benötigten Tätigkeitsbereiche müssen sich in diesen gemischt genutzten Räumen wiederfinden. Darüber hinaus ist darauf zu achten, dass die Räume, in denen die große Altersmischung praktiziert wird, eine zusätzliche **Differenzierung** zwischen der **Nutzung durch jüngere und ältere Kinder** enthalten. Die Räume sollten also klar gegliedert sein in gemeinsam zu nutzende Bereiche für alle Kinder und in wenige kleinere Bereiche für die unterschiedlichen Altersgruppen.

**Kleinkinder**, die bereits über eine **soziale und kognitive Kompetenz** verfügen, sie aber in dieser Phase intensiv weiterentwickeln, brauchen einen **geschützten Raum**, in dem sie unter ihresgleichen sind.

Kindergartenkinder, die **komplizierte und konzentrierte Tätigkeiten** entwickeln, aber auch gern einmal angefangene Arbeiten stehenlassen, brauchen ebenfalls eine **geschützten Raum**, in dem ihnen die kleineren Kinder nichts zerstören können.

Ein Bereich für die **Vier- bis Sechsjährigen** sollte ebenso deutlich ausgewiesen sein. Dafür ist eventuell der **Experimentier- oder Baubereich** geschaffen, in dem ohnehin kleinteiliges Material liegt, das für die Jüngsten der Gruppe nicht geeignet ist.

Abb. Nühs

## MERKSATZ

Die Arbeit mit altersgemischten Gruppen muss bei der **Raumausstattung und -gestaltung** berücksichtigt werden. Die gemeinsame und differenzierte Nutzung der Räume muss für Klein und Groß erkennbar sein.

## AUFGABE

*Nennen Sie Beispiele für die Beschäftigung von Kindern in gemeinsamen bzw. differenzierten Räumen oder Raumbereichen.*

### Anregende Tätigkeitsbereiche und -räume im Hort

Hortkinder sind Schulkinder, die nach der Schule im Hort betreut werden. Dort machen sie ihre Schularbeiten und gehen weiteren Aktivitäten nach. In der Regel sind Horte in Kindergärten untergebracht, so dass man seinen Kindergarten als Kindergartenkind verlassen und als Hortkind zurückkehren kann. Die Lebensphase „des Hortkindes" ist durch **zunehmendes Selbstständigwerden** gekennzeichnet.

Für Hortkinder sind andere Arbeits- und Organisationsformen erforderlich als im Elementarbereich. **Offene Arbeit** ist die **geeignete Arbeitsform**, um den vielfältigen, manchmal **divergierenden Interessen** der Kinder zu entsprechen. Offene Arbeit umfasst sowohl die Öffnung innerhalb des Hauses zur Überwindung von Gruppen- und Raumgrenzen als auch die Öffnung nach außen, d. h. dass Kontakte mit Kindern außerhalb des Hortes unterhalten werden können.

Dem Konzept der Öffnung entsprechend müssen auch die **Räume offen** sein. Hortgruppen von 30 bis 40 Kindern haben meistens drei bis vier Räume, die aus **zwei bis drei Gruppenräumen und einem Mehrzeckraum,** der auch für sportliche Aktivitäten genutzt werden kann, bestehen.

Eine **vielfältige Gestaltung** der Räume ist Voraussetzung:

- für das **binnen differenzierte Arbeiten,**
- für die **Bildung von Kleingruppen**, die sich an den verschiedenen Altersstufen, Interessen und Wünschen der Kinder orientiert.

Denn der Hort besteht aus einer großen, altersgemischten Gruppierung mit einem Umfang von **fünf bis sechs Jahrgängen**.

**Gemeinsamkeit** und **Differenzierung** ist auch hier das **Schlüsselwort**. Auf die Unterschiedlichkeit der Raumzuordnung in den Horten soll hier nicht eingegangen werden, sondern es sollen die **Tätigkeitsbereiche** genannt werden, die für den Hort zu berücksichtigen sind:

- Hortkinder benötigen eine **Leseecke**. Sie unterscheidet sich nicht wesentlich von der Bücherecke im Elementarbereich. Entscheidend ist, dass das Büchersortiment den Interessen der Kinder entspricht. Ein paar Sitzgelegenheiten tragen dazu bei, sich auf die Lektüre konzentrieren zu können.
- Hortkinder haben auch Interesse an **Rollenspielen**. Während sich jüngere Kinder gern verkleiden, möchten ältere lieber etwas umsetzen, was der Realität entspricht, z. B. ein Reisebüro oder ein Detektivbüro betreiben.
- Darüber hinaus benötigen Hortkinder einen Kreativbereich zum **Gestalten** und **Experimentiere**n und einen **Werkraum zum Konstruieren** und **Erfinden**. Das Material und das Werkzeug muss für diese Altersgruppe vielfältig und differenziert sein: neben Papier, Pappe und Farben müssen auch Ton, Holz, Ytong-Steine, Metall und Kunststoff zum Modellieren, Nageln, Sägen, Feilen und Schrauben vorhanden sein.

Abb. Pixelquelle

- **Bauen** hat für die jüngeren Kinder, ähnlich wie im Elementarbereich, noch einen großen Reiz. Für die älteren Jahrgänge sind technische Geräte wie Motoren, komplizierte Teile und Figuren erforderlich, um die **Konstruktionsspiele** noch mehr zu verfeinern.
- **Tischspiele** haben im Hort eine größere Bedeutung als im Elementarbereich. Zuordnungsspiele werden jetzt durch Regelspiele abgelöst und das **Kartenspiel** gewinnt an Bedeutung.
- **Musikhören** ist bei Hortkindern ebenfalls sehr beliebt. Meistens ist es laute rhythmische Musik, die sie hören möchten. Deswegen wäre es ideal, wenn es einen Disco- und Fetenraum gäbe, in dem auch Geburtstage gefeiert werden können. Helle Kellerräume sind für diesen Zweck ebenfalls gut geeignet.
- Der **Essraum** kann auch gleichzeitig für die **Hausaufgaben** der Hortkinder genutzt werden. Die Doppelnutzung dieses Raums kann durch eine **differenzierte Gestaltung** betont werden: Für das Geschirr ist es sinnvoll, den entsprechenden Schrank oder eine Anrichte zu haben. Für die Schularbeiten sind Regale für Nachschlagewerke, Atlas oder Globus erforderlich.
- Zur Welt der Kinder gehören heute **Fernsehen, Videospiele und Computer**. Im Hort sollten die Kinder die Gelegenheit haben, sich zusammen mit anderen Kindern und den Sozialassistentinnen sowie Erzieherinnen kritisch mit den Angeboten der modernen Gesellschaft auseinanderzusetzen. Ein separater Raum oder eine ruhige Ecke ist für die Unterbringung der Geräte geeignet.
- Hortkinder, die gerade aus der Schule kommen, benötigen einen Platz, besser noch ist ein Raum geeignet, in dem sie sich entspannen können. Ihre Vorlieben sind individuell verschieden: Einige brauchen dringend **Bewegung**, andere ziehen sich gern zu ihren angefangenen Arbeiten in den Kreativbereich zurück, wieder andere haben ein **starkes Ruhebedürfnis**. Deswegen ist es notwendig, auch im Hort einen Raum oder einen ausreichend großen ruhigen Bereich mit Plätzen zum Ausruhen zu haben.

## MERKSATZ

Hortkinder benötigen vielfältige Möglichkeiten der Beschäftigung. Die Räume und Einrichtung sollten den Wünschen der Kinder entsprechen.

## AUFGABE

*Zeichnen Sie einen Grundriss mit den Räumen für Hortkinder und planen Sie Plätze, an denen die genannten Aktivitäten stattfinden sollen, mit ein.*

## 6.7.3 Eingangsbereich als Verkehrszone und Präsentationsbereich

## FALLBEISPIEL

**Gespräch am Frühstückstisch**

Die Sozialassistentinnen Tatjana und Katharina sitzen am Frühstückstisch im Kindergarten P. „Gestern war ich bei meiner Freundin Monique in S.“, teilt Tatjana mit, „sie hat mir ihren Praktikumskindergarten gezeigt. Da war ich vielleicht überrascht. Im Eingangsbereich stand eine ‚dicke Kindertraube mit Eltern‘ vor den Schaukästen. Monique hatte mit einer dort angestellten Sozialassistentin Fotos und Arbeitsmaterial von ihrem letzten Projekt über das ‚Insektenhotel‘ ausgestellt. Du glaubst nicht, wie toll das aussah!“ „Das kann ich mir vorstellen“, antwortet Katharina, „Monique ist künstlerisch begabt, sie weiß, wie man so etwas dekorativ gestaltet. Aber wie sieht das hier bei uns aus. Wir sollten mit unserer Leiterin, Frau Schulze, sprechen, ob wir unser Projekt ‚Der Waldspaziergang‘ nicht auch ausstellen dürfen. Mir würde das Spaß machen.“ „Das ist eine tolle Idee, ich mache mit und bin auch bereit, die Mittagspause dafür zu opfern!“ Gesagt, getan, die beiden bekommen die Erlaubnis von Frau Schulze, im Eingangbereich das Projekt ‚Waldspaziergang‘ auszustellen.

## AUFGABEN

1. *Beurteilen Sie das Engagement der beiden Sozialassistentinnen.*
2. *Gehen Sie auf die Bedeutung des Eingangsbereichs näher ein.*
3. *Machen Sie Vorschläge für die Gestaltung des Eingangsbereichs Ihres Praktikumskindergartens.*

Die Eingangsbereiche der Kindergärten sind ganz unterschiedlich gestaltet. Es gibt Kindergärten, die architektonisch mit offenen und einladenden Eingängen ausgestattet sind, andere dagegen sind düster und eng. Es lohnt sich also, ein paar Überlegungen zur Funktion und Wirkung von Eingangsbereichen anzustellen, denn der Eingangsbereich ist der erste Raum, den die Kinder und Eltern im Kindergarten betreten. Dazu sollte man sich folgende Fragen stellen:

- Ist der Eingangsbereich nur ein Verkehrsknotenpunkt für Wege zwischen den Räumen und Etagen oder mehr?
- Ist der Raum hell und freundlich, wozu auch die gute Beleuchtung beiträgt?
- Informiert er, weckt er Interesse?
- Ist er, je nach Tageszeit, einsam oder belebt?
- Fühlen sich die Besucher verloren? Oder haben sie die Sicherheit, an einem angenehmen Ort willkommen zu sein?
- Lassen sich Ereignisse aus der Umwelt hereinholen, die für Kinder und Eltern interessant und anregend sind?
- Bereichern eigene Präsentationen oder – in Verbindung mit kulturellen Einrichtungen – kleine Ausstellungen das Kindergartenleben?

Leben hereinholen ist besonders wichtig, wenn der Kindergarten etwas abseits gelegen ist. Durch den Austausch mit dem Umfeld entstehen **Außenkontakte** für den Kindergarten.

Wenn der Eingangsbereich groß genug ist, kann er ein **Ort der Begegnung und Kommunikation für Kinder und Erwachsene** werden. Sitzgelegenheiten, Dokumentationen zum Anschauen und Objekte zum Anfassen laden zum Verweilen ein. In jedem Fall sollte er erste Informationen über die Struktur des Kindergartens und die Mitarbeiterinnen des Hauses bieten und Hinweise darauf geben, wohin sich Ankömmlinge wenden müssen. Mit dieser Vorinformation finden sie den Weg durch den Kindergarten.

Die Eingangsbereiche vieler Kindergärten eignen sich für **eine einladende Gestaltung**, für neugierig machende Präsentationen und einen Willkommensgruß. Wenn Kinder und Erwachsene gleich nach dem Betreten des Kindergartens vor der nächsten Wand oder unmittelbar vor den Knöpfen eines Aufzuges stehen, sind Ideen gefragt, diese Bereiche freundlicher zu gestalten. Manchmal lassen sich in den Zugängen der Etagen oder Abteilungen Übergangsbereiche schaffen, in denen schon das Gefühl aufkommt, dass man hier richtig ist.

Eingänge tragen auch dazu bei, Eltern bei der Wahl des geeigneten Kindergartens für ihr Kind zu beeinflussen. Daher kann es eine wichtige Aufgabe für alle Mitarbeiterinnen im Kindergarten sein, dem Eingang die entsprechende Bedeutung zukommen zu lassen.

## MERKSATZ

Der Eingang ist die Visitenkarte des Kindergartens. Er holt Leben in den Kindergarten, trägt zu Außenkontakten bei und beeinflusst Kinder und Eltern im positiven Sinn.

## AUFGABE

*Entwickeln Sie gruppenweise verschiedene Eingangsbereiche für Kindergärten, und stellen Sie diese dem Plenum vor.*

### 6.7.4 Spielplatz des Kindergartens

## AUFGABE

*Ein Kindergarten kann nicht ohne einen Spielplatz im Freien existieren.*

*Begründen Sie diese Aussage.*

---

Abb. Rabanus Maurus Kindergarten

Das Spiel der Kinder im Freien ist ein wesentlicher Bestandteil des Lebens im Kindergarten. Zur Planung der pädagogischen Arbeit gehört auch die Aufgabe, die Möglichkeiten, die der Spielplatz bietet, auszuschöpfen.

Die folgenden Ausführungen sollen dazu beitragen, dass dieser Bereich der Kindergartenarbeit bei **der Planung und Gestaltung** ebenso berücksichtigt und durchdacht wird, wie die Aktivitäten innerhalb der Kindergartenräume oder Unternehmungen, die über das Kindergartengelände hinausführen. Auf alle Aspekte wird hier nicht eingegangen (siehe dazu 5.2.4), nur einige wichtige Gesichtspunkte sollen hervorgehoben werden.

In Kindergärten, in denen das **Spielen im Freien** wesentlicher Bestandteil des täglichen Lebens ist, ist den Erzieherinnen und Sozialassistentinnen bewusst, welche Entwicklungschancen mit dem Aufenthalt im Freien für die Kinder verbunden sind, z. B.

- Unterstützung der **gesundheitlichen und der motorischen Entwicklung**, damit zugleich Anregung der geistigen Aktivität,
- Steigerung von **Beweglichkeit, Geschicklichkeit, Körperbeherrschung** und **Selbstvertrauen,**
- **Begegnung mit der Natur** innerhalb der Jahreszeiten (siehe dazu 5.2.4),
- **Kontaktmöglichkeiten** über die eigene Kindergartengruppe hinaus zu Kindern aus anderen Gruppen.

Aufgabe der Erzieherinnen und Sozialassistentinnen ist es, mit den Kindern zu spielen und ihnen **Erfahrungen** zu vermitteln, die nur draußen gewonnen werden können und mit denen auch Stadtkinder wieder mehr an die **Natur** heran geführt werden.

Mit Hilfe der Eltern, des Trägers und anderer Personen ist es unter Umständen möglich, **geeignete Spielmöglichkeiten** für die Kinder zu schaffen oder wenn sie schon vorhanden sind, sie zu erweitern und zu verbessern.

Herkömmliche Spielplätze sind häufig starr in ihrer **Anordnung und Nutzung**. Spielideen werden weitgehend vorherbestimmt durch Konstruktion und Anordnung der Geräte. Ein Kindergartenspielplatz sollte dagegen flexibel gestaltet sein und den Kindern Gelegenheiten eröffnen, ihre **Ideen umzusetzen**. Verschiedene, frei verwendbare Materialien (Kästen, Bretter, Decken, Tücher, Reifen ...) und eine spannende Gestaltung des Platzes regen die Phantasie an. Der Boden sollte **uneben** sein, denn ein Hügel reizt zum Erklettern, eine Mulde zum Verstecken, ein Graben zum Krabbeln. Das beste Spielzeug von allen ist die Sandkiste, die immer wieder **neue Anregungen** bereithält und sowohl zum Burgen- als auch zum Tunnelbauen geeignet ist.

Kinder werden zu Akteuren ihres Spiels. Ein Spielplatz muss ein Platz sein, der Kinder in **Bewegung** halten sollte.

Zu einem guten Spielplatz gehört auch gutes Spielmaterial. Dazu einige Beispiele:

Die Seilbahn fördert die Beweglichkeit der Kinder. Beim Fahren erreichen sie eine Geschwindigkeit, die es ihnen ermöglicht, durch den Rückschwung fast bis zur Mitte zurückzukommen.

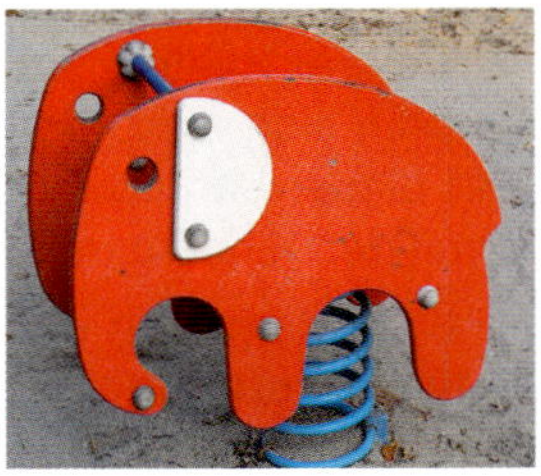

Bei der Federwippe können vier Kinder gemeinsam wippen und sich dabei im Balancieren üben.

Am Kletterturm können verschiedene Spielgeräte angebracht sein, wie z. B. ein Kletternetz,

Abb. Morgenstern

Schaukeln, ein Klettergerüst und Rutschen. Auf den Rutschen herrscht meistens großer Andrang, weil Kinder dieses Gerät sehr gern benutzen.

Ein Kriechtunnel oder Netze fördern die Geschicklichkeit der Kinder, weil sie durch eine enge Röhre hindurch kriechen müssen.

Eine Schaukel ist ebenfalls ein sehr begehrtes Spielgerät. Man kann sie selbst herstellen, indem man ein Gestell aus Holzstämmen errichtet, an dem eine fertige Schaukel befestigt wird, oder man verwendet Gummireifen, die an Seilen aufgehängt werden.

---

Abb. Morgenstern (links oben und rechts unten)
Abb. Nühs (links unten und rechts oben)

### *Behindertengerechter Spielplatz*

Man sollte auch darüber nachdenken, inwieweit der Kindergarten behindertengerecht gestaltet ist und einige Spielgeräte dafür vorhalten. Dazu einige Anregungen:

**Einbeziehen des Spielplatzes in die tägliche Arbeit des Kindergartens:**

Eine gezielte Planung kann dazu beitragen, den Spielplatz in die Arbeit einzubeziehen. Wichtig ist, dass dazu eine **Bestandsaufnahme** durch das Team des Kindergartens durchgeführt wird, in der die nachfolgenden Fragen beantwortet werden sollten:

- Wann und wie oft wird der Spielplatz benutzt? Wie lässt sich die Nutzung optimieren?
- Wie ist der Spielplatz beschaffen und wie ist er gestaltet? Welche Verbesserungen sind schon jetzt erforderlich oder kann alles so bleiben, wie es ist?

- Wie verhalten sich die Sozialassistentinnen und die Erzieherinnen auf dem Spielplatz?
- Welche Interessen zeigen die Kinder auf dem Spielplatz? Welche Spiel- und Turngeräte bevorzugen sie? Sind ausreichend Geräte auf dem Spielplatz?
- Hat schon einmal eine Spielplatzaktion stattgefunden? Welche Veränderungen könnte sie bewirken?

Die Antworten aus den genannten Fragen können erste Anregungen für die Umsetzung in die tägliche Arbeit ergeben.

**MERKSATZ**

Für die Kinder ist das Spiel im Freien ein wesentlicher Teil ihres Lebens im Kindergarten. Es unterstützt die gesundheitliche und motorische Entwicklung und regt damit zugleich die geistige und emotionale Entwicklung an.

**AUFGABE**

*Beantworten Sie die o. g. Fragen aufgrund der Erfahrungen, die Sie in Ihrem Kindergarten gemacht haben.*

## 6.8 Freispielbegleitung

**FALLBEISPIEL**

**Freispiel im Kindergarten S.**

Im Gruppenraum des Kindergartens S. spielen die Kinder in kleinen Gruppen. Es fällt auf, dass die Kinder viel Material aus ihrer Umwelt zum Spielen benutzen, das eigentlich kein typisches Spielmaterial ist: Kieselsteinchen werden in der Puppenecke als Essen oder Geld verwendet, ein Zuordnungsspiel entsteht aus gesäuberten Obstkernen, aus Decken werden Hütten und Höhlen gebaut. In einem Setzkasten an der Wand liegen verschiedene Schneckenhäuser. Ein Kind kommt herein und packt aus seiner Tasche weitere Schneckenhäuser aus und legt sie dazu. Zu zweit vergleichen die Kinder, ob sie bei den Schnecken doppelte Formen oder Muster finden.

Die Sozialassistentin macht die Kinder darauf aufmerksam, dass es wieder dunkler wird, weil draußen die Wolken aufziehen. Sie schlägt vor, den großen Sonnenschirm aus dem Flur in den Sandkasten zu tragen, um vom Fenster aus zu beobachten, wie er den Regen abhält. Ein Kind kommt, noch angezogen, eilig in den Gruppenraum und berichtet, dass es einen Regenwurm vom Asphalt gerettet hat. Andere Kinder möchten das auch, aber die Sozialassistentin weist darauf hin, dass sie sich entsprechend anziehen müssen.

**AUFGABEN**

1. *Gehen Sie auf das Verhalten der Kinder und der Sozialassistentin ein.*
2. *Welche Aufgaben hat die Sozialassistentin beim Freispiel der Kinder aufgrund der obigen Aussagen?*

Der Begriff **Freispiel** beinhaltet **ein pädagogisches Konzept**, es verlangt von der Sozialassistentin:

- **hohe Fachkompetenz,**
- **wirkliches Engagement,**
- **intensive Aufmerksamkeit.**

Das tägliche Freispiel stellt eine der **Prioritäten** innerhalb der gesamten Kindergartenarbeit dar, und hat deshalb seinen **festen Platz im Kindergartenalltag**. Es ist keine Zeit, die man notgedrungen abwartet, bis alle Kinder da sind, um endlich mit der „richtigen Arbeit" zu beginnen. Das Freispiel hat seinen **eigenen Wert**.

### 6.8.1 Bedeutung des Freispiels für das Kind

**AUFGABE**

*Berichten Sie über Ihre Beobachtungen beim Freispiel während Ihres Praktikums im Kindergarten.*

Im freien Spiel erwirbt das Kind alle Kenntnisse und Fähigkeiten, die es braucht,

- um das Zusammenleben in der Gemeinschaft zu lernen,
- kommunikationsfähig und aufnahmebereit zu werden,
- sozial zu reifen.

Im Spiel kann sich das Kind

- **frei ausdrücken**,
- **mit Erwachsenen identifizieren**,
- **kreativ werden**,
- **Ängste überwinden**,
- **Aggressionen abbauen**,
- **seine Grob- und Feinmotorik üben**.

Besonders wichtig für das Kind ist auch die Erfahrung, wie es im Spiel selbst Konflikte lösen kann und wie es mit anderen rücksichtsvoll umzugehen lernt. Die beste Form der Vorbereitung auf das Erwachsenenleben findet das Kind im Spiel.

Die Aufnahme im Kindergarten mit dem vollendeten **dritten Lebensjahr** ist für die meisten Kinder der **ideale Zeitpunkt**, erste **spielerische Kontakte** mit anderen Kindern aufzunehmen. Vorher ist das Kind:

- noch sehr egozentrisch,
- von seiner Mutter oder einer bestimmten Bezugsperson abhängig,
- nicht in der Lage, mit anderen Kindern zusammenzuspielen.

Beim Eintritt in den Kindergarten spielt das Kind noch oft allein oder nur mit einem Freund, und das auch nur für **kurze Zeit**. Es braucht noch viel **Hilfe und Zuwendung** von der Sozialassistentin bei der **Spielauswahl** und beim **Finden eines Spielpartners**. Nach und nach entwickeln sich Zweier- und Dreierbeziehungen. Beim Vier- bis Fünfjährigen dehnt sich die Spieldauer schon über 10 bis 20 Minuten aus. Das Kind benötigt immer weniger die Hilfe der Sozialassistentin beim freien Spiel. Das Vorschulkind ist schon in der Lage zu einem längeren, selbstständigen Zusammenspiel mit einer kleinen Gruppe oder einem Freund, ohne die Hilfe der Sozialassistentin zu beanspruchen.

**MERKSATZ**

Im Freispiel entwickelt das Kind vor allem kommunikative und kreative Fähigkeiten.

**AUFGABEN**

1. *Nennen Sie Kinder, die bei dem Freispiel besonders viel Zuwendung benötigen.*
2. *Begründen Sie vor den Eltern einer Kindergartengruppe die Notwendigkeit des Freispiels.*

## 6.8.2 Durchführung des täglichen Freispiels

**AUFGABE**

*Wie können Sie als Sozialassistentin dazu beitragen, dass das Freispiel optimal verläuft? Schreiben Sie dazu Stichpunkte an die Tafel.*

Die tägliche **Freispielzeit** liegt meist zu Beginn des Aufenthalts der Kinder im Kindergarten. Die wichtigsten Aspekte sind:

- Freie Wahl des Materials,
- des Raums,
- des Themas,
- des Partners,
- der zeitlichen Dauer.

Abb. Nühs

Die **Gestaltung des Raums und Darbietung des Materialangebots** sind sehr wichtig, da sie dazu beitragen, die Kinder zum Spielen zu bewegen. Die Kinder benötigen:

- einen Platz für Bewegungsspiele,
- einen Bauteppich,
- einen Tisch für Spiele, zum Malen und Basteln,
- eine Puppen- oder Leseecke.

Beim Material sollte wenig festgelegtes, aber **vielseitig verwendbares Spielmaterial** vorhanden sein, mit dem die Kinder ohne Anleitung der Sozialassistentin umgehen können. Decken, Kisten und Verkleidungsmaterial können die Fantasie der Kinder anregen, da die Kinder damit ihr Äußeres und ihr Umfeld verändern können und so neue Spielsituationen schaffen.

Im Spiel setzt sich das Kind mit seiner Umwelt auseinander, spielerisch lernt und erwirbt es neue Fähigkeiten. Es handelt und beobachtet. Im Freispiel erlebt es auch das Miteinander; es werden Kontakte zu anderen Kindern aufgenommen, es lernt sich zurückzunehmen oder durchzusetzen. Die Hilfsbereitschaft und Rücksichtnahme werden geübt.

Während der Freispielzeit beschäftigt sich die Sozialassistentin mit **einzelnen Kindern oder kleinen Gruppen**, die noch eine besondere Aufmerksamkeit benötigen, um zu einem selbstständigen Spiel zu finden. Sie übernimmt aber in keinem Fall die Rolle der Spielleiterin, um nicht in die Gruppendynamik und den Spielablauf einzugreifen. Die Kinder sollen **selbst kreativ werden** und lernen, sowohl die Rolle des „Anführers" wie die des „Mitspielers" zu übernehmen.

Die Sozialassistentin wirkt **ausgleichend,** wenn einzelne Kinder in ihrem Spiel von anderen gestört werden. Durch ihr **Vorbild** erzieht sie die Kinder zur gegenseitigen **Toleranz und Rücksichtnahme** und weckt das Verantwortungsbewusstsein und Interesse der Kinder für die eigene Gruppe. Für ein konstruktives Spiel sind **Regeln** unumgänglich. Diese werden immer wieder gründlich mit den Kindern besprochen und auf deren Einhaltung achten sowohl die Kinder als auch die Sozialassistentin.

Einbau des Freispiels in den **Tagesablauf** eines Kindergartens:

| | |
|---|---|
| 7.30 Uhr | Kinder werden gebracht. |
| 7.30 Uhr bis 9.30 Uhr | Freispiel der Kinder<br>Frühstück nach Bedarf |
| 9.30 Uhr bis 11.45 Uhr | Je nach Wochentag: Morgenkreis kreis, gemeinsames Singen, Bewegung, Angebote in Kleingruppen |
| 11.45 Uhr | Aufräumen |
| 12.00 Uhr | Stammgruppentreff, Gespräche über Regeln, zukünftige Angebote, Verabschiedung |
| 12.20 Uhr bis 12.30 Uhr | Abholzeit |
| 12.30 Uhr bis 13.00 Uhr | Mittagessen für Ganztagskinder |
| 13.00 Uhr bis 13.30 Uhr | Pause, Ganztagskinder ruhen |
| 13.30 Uhr bis 15.15 Uhr | Freispiel |
| 15.15 Uhr | Gemeinsame Vesper |
| 15.50 Uhr bis 16.00 Uhr | Abholzeit |

## MERKSATZ

Für das Freispiel benötigen Kinder vielseitig verwendbares Spielmaterial, an dem sie ihre Fantasie auslassen können. Sie haben Regeln für den richtigen Umgang miteinander zu beachten.

## AUFGABEN

1. *Wie wurde das Freispiel in Ihrem Praktikumskindergarten vorbereitet?*
2. *Wie war es im Tagesablauf eingeplant?*
3. *Welche Verhaltensregeln wurden dem Kind vor dem Freispiel mitgeteilt?*
4. *Nennen Sie Fähigkeiten, die das Kind durch das Freispiel erwerben kann.*

### 6.8.3 Aufgaben der Sozialassistentin beim Freispiel

## AUFGABE

*Nennen Sie Beispiele für das Verhalten der Sozialassistentin beim Freispiel.*

Beim täglichen Freispiel hat die Sozialassistentin Gelegenheit zur Beobachtung der Kinder und kann so besondere Auffälligkeiten feststellen bei:

- **Kommunikationsproblemen bzw. beim Sozialverhalten:** z. B. wenn das Kind immer allein spielt, sich dominieren lässt oder das Spiel immer bestimmen will bzw. auffallend aggressiv ist ...
- **Konzentrationsschwierigkeiten:** z. B. wenn das Kind leicht ablenkbar ist, kein Spiel zu Ende führt, ständig Spielmaterial und Spielpartner wechselt ...
- **Probleme im Wahrnehmungsbereich:** z. B. wenn das Kind keine angemessenen Reaktionen beim Sehen, Hören, Verstehen und Erkennen von Lernangeboten zeigt.
- **Schwierigkeiten mit der Grob- und Feinmotorik:** z. B. wenn das Kind nicht altersgemäß entwickelt ist.

Durch angeleitete Spiele und gezielte Beschäftigungen kann die Sozialassistentin **bestimmten Auffälligkeiten und Problemen** einzelner Kinder innerhalb der Gruppe entgegenwirken. Rücksprache mit den Eltern und deren Mithilfe ist wichtig, um die Kinder entsprechend zu fördern. In einzelnen Fällen ist die **Hilfe einer Psychotherapeutin** angebracht, die Erzieherinnen und Sozialassistentinnen sowie Eltern fachlichen Rat anbieten kann. Je früher bestimmte Probleme des Kindes erkannt werden, umso leichter ist es, sie zu lösen.

Beim Freispiel muss die Sozialassistentin oft auch **spontan** handeln. In diesem spontanen Miteinander entstehen **vielseitige Beziehungen** zwischen der Sozialassistentin und den Kindern. Darüber hinaus beeinflusst sie auch die Beziehungen der Kinder untereinander sowie das gemeinsame Gruppenleben mit seinen vielfältigen Rollen und Einflüssen. Deshalb muss die Sozialassistentin ihre **pädagogischen Ziele** so verinnerlicht haben, dass sie zu ihrer **Persönlichkeit** gehören und sie sie jederzeit anwenden kann. Diese Ziele müssen allerdings von Zeit zu Zeit auf ihre **Wertigkeit** hin geprüft und möglicherweise verändert werden.

Das Kind durchläuft in seiner Entwicklung mehrere aufeinander folgende **Spielphasen**, die alle gleich wichtig sind und vom Kind voll ausgelebt werden müssen. Auf diese unterschiedlichen Spielphasen hat sich die Sozialassistentin einzustellen. Kinder, die nicht genug Gelegenheit zum Spielen haben, müssen auf **grundlegende Erfahrungen** verzichten, die ihnen später in der Schule und im Erwachsenenleben fehlen, um erfolgreich ihren eigenen Weg zu finden. Zur Weiterentwicklung reicht es nicht aus, dass das Kind jeden Lerninhalt passiv aufnimmt; es muss **selbst handeln, kreativ** sein. Ein kreativer Mensch verfügt über eine eigene, von außen unabhängige Grundlage und ist deshalb besser auf das Leben vorbereitet als ein nur gut ausgebildeter Mensch, der nie im Spiel gelernt hat, seine eigenen Fähigkeiten zu entwickeln.

Es bleibt also noch einmal zu betonen, dass es sich beim kindlichen Freispiel nicht um **‚Spielerei und verlorene Zeit'** handelt, sondern um eine Zeit, in der das Kind **wertvolle Erfahrungen** machen kann, die nicht zu unterschätzen sind. Aufgabe der Sozialassistentin ist es, das Freispiel des Kindes zu unterstützen.

## MERKSATZ

Während des Freispiels ist es Aufgabe der Sozialassistentin die Kinder zu beobachten, zum Spielen anzuregen und zu unterstützen.

---

Abb. Nühs

## AUFGABE

*Wie hätten Sie in den nachfolgenden Fallbeispielen gehandelt?*

*Die dreijährige Carmen platscht während des Freispiels vergnüglich in einer Wasserpfütze und bespritzt sich mit schmutzigem Wasser und Matsch:*

- *Sozialassistentin Katharina schaut wohlwollend zu und freut ich über die Erfahrungen, die Carmen macht.*
- *Sozialassistentin Sabrina dagegen erschrickt über das Beschmutzen der Kleidung und den damit verbundenen Aufwand, wobei ihr der Aufwand an Arbeit weniger ausschlaggebend ist als der Aufwand an Wasser, Energie und Waschmittel als Umweltverschmutzung. Sie holt Carmen liebevoll aus der Pfütze.*

## 6.9 Projekte

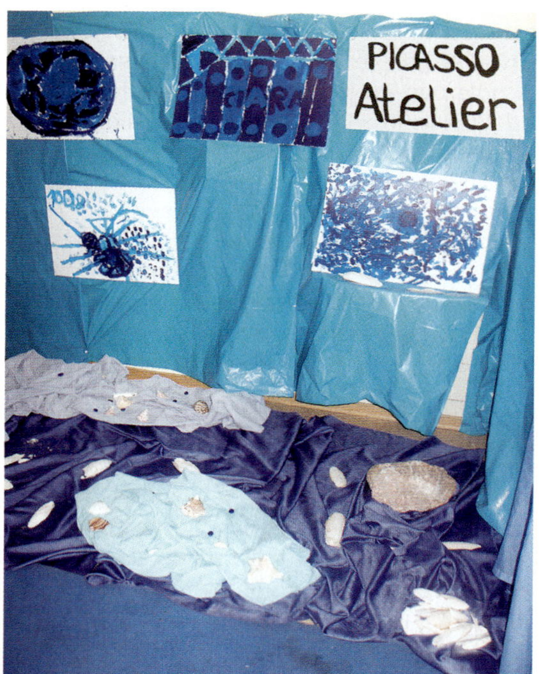


Projektarbeit ist heute wichtiger denn je und kann im Rahmen eines jeden pädagogischen Ansatzes durchgeführt werden.

Projekte sind zwar **arbeits- und zeitaufwendiger als Beschäftigungen** und setzen mehr Planung, Vorbereitung sowie Absprachen im Team, mit Eltern, die oft nicht nur als Begleitpersonen, sondern auch als Mitwirkende benötigt werden, und mit anderen Personen voraus. Dieser Mehraufwand lohnt sich aber durchaus, da die erzielten **Lernerfolge sehr groß** sind und kaum auf andere Weise zu erreichen sind. So kommt es im Rahmen von Projekten beispielsweise

- zur Wahrnehmungserziehung und Sinnesschulung,
- zum Erwerb von Problemlösungstechniken,
- zur Aneignung von Wissen und neuen Begriffen,
- zum Erwerb von Lernmotivation und Durchhaltevermögen,
- zum Erlernen von Gesprächsfertigkeiten: Mitteilen von Bedürfnissen, Interessen und Wünschen, Beobachtungen und Erfahrungen,
- zur Aneignung von demokratischem Verhalten,
- zur Entwicklung von Hilfsbereitschaft,
- zur Selbstständigkeit, Selbstbestimmung und Selbstvertrauen,
- zur Entwicklung von Grob- und Feinmotorik sowie
- zur Ausbildung von Fantasie und kreativen Fertigkeiten.

Zugleich wird Projektarbeit zu einer Form der Eltern(mit)arbeit – aber auch der Öffentlichkeitsarbeit, da **Interesse an der pädagogischen Arbeit** im Kindergarten geweckt und diese **transparent** gemacht wird.

### 6.9.1 Bedeutung der Projektarbeit für das Kind

## AUFGABE

*Nennen Sie Vorteile, die Kinder durch die Projektarbeit haben.*

Kinder sind im Verlauf der letzten Jahrzehnte zunehmend aus der **Erwachsenenwelt** ausgegliedert worden und verbringen nun fast ihre ganze Zeit in **pädagogisch besetzten Einrichtungen**, wie Kindertagesstätten oder Angebo-

Abb. Nühs

ten speziell für Kinder, eine Erscheinung, die mit dem Stichwort **„Verinselung“** bezeichnet wird. Dies hat dazu geführt, dass Kinder immer weniger **Natur- oder andere Primärerfahrungen** machen, dass sie die sie umgebende Wirklichkeit immer häufiger als undurchschaubar und unverständlich erleben und dass sie immer weniger selbstbestimmt handeln, toben und ihre Kräfte erproben können (Bewegungsmangel). Hinzu kommt der große Medienkonsum, der zur **„Entsinnlichung“** beiträgt und zur Störung sozialer Kontakte und kommunikativer Fertigkeiten führen kann.

Auf diese Charakteristika heutiger Kindheit reagiert die Projektarbeit mit Prinzipien und pädagogischen Zielen wie:

- **Öffnung** von Kindertageseinrichtungen zu ihrem Umfeld hin,
- **Handlungsorientierung**: wie Erfahrungslernen, Selbsttätigkeit, Lebensnähe, Mitbestimmung, ganzheitliche Kompetenzförderung und Methodenvielfalt,
- **spiralförmigem Lernen:** Das heißt, der fortwährende **Wechsel von Vorgehensweisen** wie Gespräche in der Gruppe, Besichtigungen, Experimente, Rollenspiele, Mal- und Bastelaktivitäten. Diese Aktivitäten führen zu einem immer tieferen **Eindringen** in die jeweilige **Thematik**.

Vernetzung und Öffnung der Kindertageseinrichtung nach außen hin bedeutet auch, dass Erzieherinnen und Sozialassistentinnen bei der Projektplanung und -durchführung **Eltern und andere Erwachsene** einbinden, die entsprechende **Fachkenntnisse** mitbringen oder benötigte **Kontakte** vermitteln.

Außer der Aufnahme von Kontakten erwerben die Kinder im Verlauf eines Projektes viele Lernerfahrungen. Diese liegen im Bereich der nachfolgenden Kompetenzen:

- **Kognition,**
- **Emotionalität,**
- **Motorik,**
- **Soziabilität** (Fähigkeit, soziale Beziehungen aufzunehmen und zu erhalten).

Das Ergebnis eines Projekts ist eher zweitrangig – oder wie eine Erzieherin sagte: „Der Prozess der Entwicklung zum Ergebnis hin ist wichtiger als das Ergebnis selbst“.

## MERKSATZ

Kinder erwerben durch die Projektarbeit vielseitige Kenntnisse und Fertigkeiten. Darüber hinaus wird der Verinselung und Entsinnlichung entgegengewirkt.

## AUFGABE

*Die Durchführung eines Projekts hat nicht nur Vorteile für die Kinder, sondern auch für die Erzieherinnen und Sozialassistentinnen. Tragen Sie die Vorteile für die Sozialassistentinnen zusammen.*

## 6.9.2 Planung und Durchführung von Projekten

Die **Initiative zu einem Projekt** geht entweder von den Kindern oder den Erzieherinnen und Sozialassistentinnen aus. Sie ergibt sich aus einer **Situation, ist spontan oder geplant.** Auf jeden Fall sollte die Projektinitiative möglichst früh in der Gruppe besprochen werden, so dass gemeinsam über das Weiterverfolgen der Idee entschieden werden kann. Die Kinder sind schnell begeistert, wenn das jeweilige Thema lebens(welt-)nah und direkt erforschbar ist und wenn sie damit bereits Erfahrungen gesammelt haben.

### Verlauf eines Projekts:

**Projektinitiative:**

- sich aus einer Situation ergebend,
- spontane Idee von Kindern oder anderen,
- ausgearbeiteter Vorschlag der Erzieherinnen und Sozialassistentinnen.

**Vorgehensweise:**

- Entscheidung der Gruppe über das Weiterverfolgen der Initiative,
- Projektskizze bzw. Projektplan,
- Vorbereitung des Projekts,
- Durchführung des Projekts (mit Reflexionsphasen),
- Präsentation der Ergebnisse,
- Auswertung des Projekts.

Insbesondere längerfristige und viele Außenkontakte umfassende Projekte sollten von den Erzieherinnen und Sozialassistentinnen gründlich geplant und vorbereitet werden. Es ist sinnvoll, mit einem **Brainstorming bzw. einer Ideensammlung** zu beginnen. Natürlich können dann nicht alle Projektideen weiterverfolgt werden: So wie jedes Projektthema dem Prinzip des exemplarischen Lernens – das Einzelne als Spiegel des Ganzen – folgt, muss auch in der Regel bei der Durchführung eines Projekts diesem Prinzip entsprochen werden.

Die **Projektideen** werden beispielsweise an die Tafel geschrieben oder in einem Schema geordnet. Dann wird überlegt, welche Aspekte des Themas weiterverfolgt werden sollen. Die Entscheidung hängt von den nachfolgenden Faktoren ab, wie:

- den vermuteten oder geäußerten Interessen der Kinder,
- der Zusammensetzung der Kindergruppe,
- der Bedeutung für die Kinder,
- dem pädagogischen Wert des Themas,
- der Vielfalt der sich aus dem Thema ergebenden Aktivitäten und Lernmöglichkeiten,
- der Chance für eine allseitige Förderung der Kinder (Sinne, Fertigkeiten usw.),
- der Einsatzmöglichkeit für viele Methoden und Medien,
- dem Interesse der Erzieherinnen und Sozialassistentinnen,
- dem Wissen der Erzieherinnen und Sozialassistentinnen über das Thema und ihren relevanten Erfahrungen,
- der Möglichkeit, Eltern und andere Personen einzubinden,
- dem Vorhandensein benötigter Ressourcen, Materialien und Gegenständen.

Anschließend kann der Ablauf des Projekts erarbeitet und schriftlich niedergelegt werden. Dieses enthält Angaben über:

- Projektziele,
- Aktivitäten,
- aufzusuchende Orte,
- außenstehende Gesprächspartner,
- benötigte Materialien und Dienstleistungen,
- Aufgabenverteilung,
- notwendige Absprachen,
- Arbeitsschritte,
- Zeitaufwand,
- Abschlusstätigkeiten usw.

Eine solche Vorgehensweise ist empfehlenswert, um jederzeit einen Überblick über die **Vorgänge**, die gerade ablaufen, zu haben. Alle Beteiligten müssen aber beachten, dass **Kleinkinder** sehr spontan sind und oft ganz **andere Aspekte** oder **Themen** weiterverfolgen wollen als vorgesehen. Die Aufzeichnungen müssen also hierfür Raum lassen. Aber auch Erzieherinnen und Sozialassistentinnen, die die Projektplanung und -durchführung weitestgehend den Kindern überlassen wollen – die also die zuvor genannten Prinzipien wie **Selbst- und Mitbestimmung der Kinder**, **Handlungsorientierung und Selbsttätigkeit** befolgen möchten, haben Vorteile durch eine gründliche Vorbereitung im Team.

Wenn das **Interesse** der Kinder im Verlauf des Projekts **abnimmt**, dann können Erzieherinnen und Sozialassistentinnen auf die im Team erfolgten Vorarbeiten zurückgreifen:

- Sie können Vorschläge für weitere Aktivitäten unterbreiten,
- auf noch nicht diskutierte Aspekte des Projektthemas verweisen,
- neue Materialien einbringen oder auf bereitliegende Bücher und Broschüren zurückgreifen,
- Exkursionen durchführen,
- außenstehende Erwachsene, die sich zur Verfügung gestellt haben, nutzen.

Auf diese Weise fördern die Fachkräfte ein immer tiefer gehendes Eindringen in das Projektthema und das „spiralförmige Lernen".

Sinnvoll ist es, die Kinder so bald wie möglich in die **Projektplanung einzubinden**, so dass ihre **Ideen, Vorschläge, Wünsche und Meinungen**

Abb. Thiele

frühzeitig Berücksichtigung finden. Dies gilt insbesondere für Erzieherinnen und Sozialassistentinnen, die den Projektverlauf weitestgehend von den Kindern, ihren Wünschen und Bedürfnissen bestimmen lassen möchten.

Wenn das Projekt hingegen ausschließlich von den Fachkräften geplant wurde, dann gilt es in der Anfangsphase zunächst, das Interesse der Kinder an der jeweiligen Thematik zu wecken und eine längerfristige **Motivation** zu bewirken. Das ist bei Kleinkindern relativ leicht, da sie von Natur aus neugierig sind und ihre Aufmerksamkeit leicht durch neuartige Situationen, Objekte, Bilder, Geschichten oder Ideen erreicht wird. In jedem Fall bietet es sich an, zu Beginn des **Projekts** den **Kenntnisstand** und die **Vorstellungen der Kinder** zu der jeweiligen Thematik sowie ihre bisherigen Erfahrungen **im Gespräch** zu erfassen.

Ein nächster Schritt ist die **Vorbereitung der Kinder** auf geplante **Außenaktivitäten,** Besichtigungen und Ausflüge oder auf Besuche von Außenstehenden im Kindergarten hinzuweisen. Ängste gegenüber unbekannten Erwachsenen werden dadurch abgebaut.

Wichtig ist, dass während der Durchführung des Projekts immer wieder **Reflexionsphasen** eingeschoben werden, in denen Erzieherinnen, Sozialassistentinnen und Kinder den derzeitigen **Stand mit den Projektzielen bzw. der Planung vergleichen und den nächsten Schritt besprechen**. Dabei können neue Vorschläge und Ideen der Kinder, Eltern und Fachkräfte berücksichtigt werden. Zugleich sollte geklärt werden, wie groß das **Interesse der Kinder** noch an dem jeweiligen Thema ist, ob ihren Bedürfnissen und Wünschen entsprochen wird. Schließlich können die Lernerfahrungen der Kinder, die Qualität ihrer Zusammenarbeit, ihr Verhältnis zu Außenstehenden u. Ä. reflektiert werden.

Sinnvoll ist ein **besonderer Abschluss**, der mit einer Präsentation der Projektergebnisse in der Öffentlichkeit (u. U. auch in der Presse) verbunden sein kann. Die **Darstellung der Projektergebnisse** ist nicht nur für die Kinder wichtig, sondern verdeutlicht auch die **pädagogische Arbeit des Kindergartens** gegenüber Eltern, Träger und anderen Personen.

Ein **Auswertungsgespräch** – zumindest im **Team**, aber möglichst auch **mit den Kindern** – darf keinesfalls fehlen. Dabei können z. B. die Projektinitiative und der Projektplan mit dem Projektverlauf verglichen werden, wobei deutlich wird, ob die **Ziele** erreicht wurden, welche **Projektphasen** gut und welche weniger gut verliefen, wie das Klima in der Gruppe war, wie das Projekt bei Eltern und Außenstehenden ankam usw. Auch können Kritikpunkte erörtert und Konsequenzen für zukünftige Projekte gezogen werden.

**MERKSATZ**

Bei der Projektplanung und -durchführung sind insbesondere die Interessen der Kinder zu berücksichtigen.

**AUFGABE**

*Stellen Sie den Verlauf und die Durchführung eines Projekts an einem weiteren Beispiel dar.*

### 6.9.3 Beispiel aus der Praxis: Umgang mit Spinnen

Im Kindergarten S. beobachtet die Sozialassistentin Tatjana, dass ein Kind im Hof eine Spinne zerquetscht und dabei Ekel und Entsetzen äußert. Auf die Frage der Sozialassistentin, warum es das Tier getötet habe, hört sie: „Spinnen sind böse, Spinnen stechen!“ Die Sozialassistentin weiß, dass eine **mündliche Aufklärung** nur den Verstand des Kindes erreichen würde, nicht aber sein **Gefühl**, und dass Gefühle stärker sind als der **Verstand**. Die Erklärung, dass Spinnen nicht stechen, wird von dem Kind kaum aufgenommen werden und kann noch weniger seine Gefühle und sein Fehlverhalten verändern.

Hellhörig geworden, erforscht die Sozialassistentin die **Einstellung der anderen Kinder** zu Spinnen. Sie stellt fest, dass sie ähnliche Verhaltensweisen und Gefühlsausbrüche haben. Bei den Kindern besteht **Angst, Ekel und Fehlverhalten** gegenüber den Spinnen.

Die Sozialassistentin durchdenkt das Verhalten der Kinder, überprüft sich selbst auch, ob sie in der Lage ist, trotz eigenem Ekel vor Spinnen,

daraus das Projektthema „Umgang mit Spinnen" zu machen.

Nachdem sich die Sozialassistentin für das Thema entschieden hat, trägt sie es dem **Kindergartenteam** vor. Als sie dort auch Zustimmung bekommt, teilt sie es den Kindern mit. Sie bemerkt **Interesse** und natürlich auch **Ängstlichkeit.** Sie beschließt, das Thema aufzugreifen. Sie fragt die Kinder nach Vorschlägen, wie man sich mit den Spinnen befassen könnte, um mehr von ihnen zu erfahren. Die Ideen der Kinder stellen eine Grundlage für die Vorgehensweise dar.

An die Eltern der Kinder schreibt sie einen **Informationsbrief** und hängt ihn im Gruppenraum auf. Sie bittet die Eltern um Info-Material.

Das erste Projekt kann nun beginnen: Die Sozialassistentin richtet mit den Kindern ein **Spinnen-Terrarium** ein, in das sie Sand und Stöcke hineingibt. Eine Spinne ist schnell gefangen, sie wird in das Terrarium hineingegeben und das Terrarium mit Tüll abgedeckt. Eine Lupe zum Beobachten der Spinne wird bereitgelegt und das Tierlexikon nach den Lebensbedingungen der Spinne befragt.

**Mücken** sind das Futter der Spinne; diese zu finden, ist für die Kinder nicht immer einfach, aber es klappt. Einige Kinder bringen sogar Mücken von zu Hause mit.

Das Interesse der Kinder an der Spinne nimmt immer mehr zu:

- Die Kinder malen Bilder von der Spinne.
- Sie singen Lieder über sie.
- Sie versuchen sogar, wie die Spinne zu laufen, auch wenn sie nur vier Beine mit ihren Armen haben statt acht wie die Spinne.
- Ein Spinnennetz aus Ästchen und Wollfäden wird von den Kindern mit Unterstützung der Sozialassistentin hergestellt und an der Zimmerdecke befestigt.
- Mit Pappmachee und Pfeifenputzern versuchen einige Kinder, die Spinne nachzugestalten. Berührungsängste werden dabei hervorgerufen und bearbeitet.
- Bilder über Spinnen werden ausgeschnitten und auf ein großes Plakat geklebt.
- Ein Spinnen-Such-Spazierweg wird angelegt, von dem aus die Kinder Spinnen und Spinnennetze beobachten können.
- Durch das Tierlexikon erfahren die Kinder Erstaunliches über die Spinne, z. B.:
  - Über die Vielfalt der Spinnen,
  - über die Besonderheit der Augen,
  - über das Spinnen der Netze (das sie noch zusätzlich beobachten können),
  - über das Ablegen der Eier.

Das Projekt wird mit einer Ausstellung aller Arbeiten der Kinder, zu der auch die Eltern eingeladen werden, beendet.

Die Reflexion zeigt die Zufriedenheit aller Teilnehmerinnen. Die Eltern stellen ein verändertes Verhalten ihrer Kinder gegenüber Spinnen fest:

Abb. Nühs

Sie zertreten die Tiere nicht mehr, sondern versuchen, sie ins Freie zu retten. Den Kindern ist deutlich geworden, dass Spinnen nützliche Tiere sind, da sie von Mücken leben.

Sicherlich gibt es noch viele Möglichkeiten, dieses Thema zu erweitern, aber es ist ein Beispiel dafür, wie es durchgeführt werden kann.

Andere Projektthemen können sein:

- Der Umgang mit Müll,
- Lebensweise der Frösche,
- Konflikte in der Gruppe,
- Familie,
- Berufe der Eltern,
- Leben in unserer Stadt.

## MERKSATZ

In Projekten werden die Kinder mit Lebenssituationen konfrontiert, die für ihre Entwicklung wichtig sind. Sie können kognitive, soziale und emotionale Kompetenzen erwerben.

## AUFGABEN

1. *Halten Sie stichpunktartig den Lernzuwachs fest, den die Kinder mit dem Projekt „Umgang mit Spinnen" haben.*
2. *Welche Lernziele sind erreicht worden?*
3. *Wie geht die Sozialassistentin an das Thema heran und führt es aus?*

Abb. MEV (beide)

Lernfeld 7:

# Sozialpädagogische Arbeit strukturieren und organisieren

Mittelpunkt dieses Lernfelds bilden die Strukturen und organisatorischen Voraussetzungen sozialpädagogischer Arbeit. Diese Aspekte stehen in einem bedeutsamen Zusammenhang zu dem pädagogischen Handlungskonzept einer Einrichtung. So müssen zeitliche, räumliche, personelle, finanzielle Rahmenbedingungen sowie sicherheitsrelevante Gesichtspunkte bedacht werden.

Die Strukturen, zeitlichen Abläufe, die Ausstattung des Innen- und Außenbereichs sowie das Materialangebot einer sozialpädagogischen Einrichtung werden erkundet und analysiert. Die Beurteilung der gewonnenen Informationen wird auf der Grundlage des jeweiligen pädagogischen Handlungskonzepts durchgeführt. In Übereinstimmung mit sicherheitsrelevanten Maßnahmen erfolgt die Gestaltung einer pädagogisch angemessenen Umgebung. Sie berücksichtigt dabei die gesetzlichen Grundlagen und die finanziellen Möglichkeiten der jeweiligen Einrichtung.

### *Beispiele für Lernsituationen:*

1. **In U. soll eine weitere Kindertagesstätte eingerichtet werden. Für die Einrichtung und die Anschaffung der Spielgeräte sind viele Aspekte zu berücksichtigen.**
2. **Erfahrungen zeigen, dass sich Kinder und Jugendliche eher für ihre Einrichtung verantwortlich zeigen, wenn sie in wichtigen Entscheidungen mit einbezogen werden.**
3. **Pädagogische Handlungskonzepte haben eine Gegenwarts- und Zukunftsbedeutung. Diese Aussage soll an einem Beispiel verdeutlicht werden.**
4. **Die Schülerin Karin möchte über die Aufsichtspflicht und Sicherheitsmaßnahmen im Kindergarten informiert werden.**

# 7 Strukturen und Abläufe in sozialpädagogischen Einrichtungen

Die Strukturen und Abläufe in sozialpädagogischen Einrichtungen sind so unterschiedlich wie die Breite persönlicher Arbeitsstile, Auffassungen von Arbeit und Einstellungen zu Kindern. Daher gibt es nicht nur den Tages- und Wochenablauf, sondern es gibt sehr viele unterschiedliche Pläne.

## 7.1 Gestaltung des Tages- und Wochenablaufs

Für die meisten Kinder ist der Kindergarten die erste Einrichtung, die außerhalb der Familie einen Erziehungsanspruch an sie stellt. Neben vielen Angeboten, deren Teilnahme freiwillig ist, gibt es einzelne verpflichtende Aktivitäten, in die das Kind langsam eingeführt wird. Diese verpflichtenden und freiwilligen Angebote finden ihre Berücksichtigung in den Tages- und Wochenabläufen.

Grundsätzlich gilt bei jeder Planung, dass die Kinder:

- **altersgerecht** und **entsprechend** ihrer **Fähigkeiten** gefördert werden,
- eine **gesundheitsfördernde Erziehung** erfahren, die die Sauberkeits- und Hygieneerziehung gewährleistet und die Ernährungsbedürfnisse berücksichtigt,
- geeignete **Entwicklungsanregungen** bekommen, bei denen die Kinder die Möglichkeit zum Spielen und Lernen in unterschiedlichen Bereichen wie Sprache, Kunst, Musik, Rollenspiele, Fein- und Grobmotorik, vorschulisches Rechnen und Sachkundeunterricht haben,
- **positive Interaktionen** mit Erwachsenen erfahren, bei denen sie Vertrauen haben und vielfältig lernen können,
- eine **Unterstützung des emotionalen Wachstums** erhalten, das ihnen erlaubt, unabhängig und selbstbestimmt, sicher und kompetent zu lernen und sich zu verhalten,
- lernen, **Beziehungen zu anderen Kindern** aufzubauen, die ihnen erlauben, mit Gleichaltrigen in einer unterstützenden Umgebung und unter der Führung von Erwachsenen zu interagieren.

Der Betreuungs-, Bildungs- und Erziehungsauftrag orientiert sich an den Bedürfnissen der Kinder und ist vorgegeben: Der Kindergarten vermittelt eine **Elementarbildung**.

### 7.1.1 Tagesablauf

Der Tagesablauf trägt entscheidend zum Wohlbefinden der Kinder bei. Wichtig ist, dass ausreichend Zeit für die **Förderung** der Kinder zur Verfügung steht und die Kinder **Zeit zum Spielen** haben.

Viele Kindergärten setzen den nachfolgend angegebenen Tagesablauf um:

**07:30 bis 09:30 Uhr:** Kinder werden von den Eltern bzw. anderen Personen gebracht. Danach folgt das Freispiel (Bauen, Malen, Basteln, Puppenecke, usw.).

**09:30 bis 10:00 Uhr:** Gemeinsames Frühstück; in der Mehrzahl der Kindergärten wird nach wie vor gemeinsam gefrühstückt, es gibt aber auch

Abb. Nühs

Kindergärten, in denen die Kinder selbst entscheiden können, wann sie frühstücken möchten.

**10:00 bis 11:30 Uhr:** Gezielte Beschäftigung, 2. Spielzeit mit Angeboten wie z.B. Bilderbuchbetrachtung, Faltarbeit, Gespräch über eine Pflanze oder ein Tier usw.

**11:30 bis 12:00 Uhr:** Bis zum Abholen gemeinsames Singen, Bewegungsspiele im Freien, Erzählen einer Geschichte usw.

**12:00 Uhr 12:30 Uhr:** Abholen der Kinder. Kinder, die über Mittag bleiben, essen um 12:30 Uhr oder 13:00 Uhr und werden von der Erzieherin, die Mittagsdienst hat, betreut. Ideal wäre die gemeinschaftliche Erledigung der hauswirtschaftlichen Aufgaben der Kinder zusammen mit den Erzieherinnen/Sozialassistentinnen. In den meisten Fällen wird das Essen aber in einer Großküche zubereitet und gebracht. Das benutzte Geschirr kommt hinterher in eine Spülmaschine.

**13:00 bis 14:00 Uhr:** Ruhen der Kinder: In einigen Kindergärten können die Kinder selbst wählen, ob sie ruhen möchten, in einigen müssen sie alle schlafen. Dafür wird ihnen eine Liege oder ein Bett zur Verfügung gestellt.

**14:00 bis 16:30 Uhr:** Freispiel im Raum oder im Freien, Förderangebote für Einzelkinder, Kleingruppen, Spaziergänge usw.

Dieser Plan weist die nachfolgende klare Struktur auf:
- Ankunftszeit der Kinder,
- Freispiel,
- Frühstück,
- Anleitung,
- Zeitpunkt des Abholens.

Für die Ganztagskinder beinhaltet der Tagesplan noch zusätzlich:
- Mittagessen,
- Ruhepause,
- Freispiel,
- Zeitpunkt des Abholens.

Der Tagesplan kann nicht immer so eingehalten werden, wie er geplant ist. Er muss geändert werden, wenn eine **unbefriedigende Situation** eingetreten ist; z.B., wenn festgestellt wird, dass ein großer Teil der Kinder an Bewegungsmangel leidet. Dann muss diesem Problem nachgegangen und abgeholfen werden.

Bei dem Tagesplan nach der **situationsorientierten Vorgehensweise** werden nachfolgende Aussagen berücksichtigt:
- Die Planung orientiert sich an der Lebenssituation der Kinder.
- Statt festgelegter Programme wird offen geplant.
- Alle Gruppenmitglieder, auch die Kinder, müssen an der Planung beteiligt werden.
- Das Umfeld der Gruppe muss in diese projektähnliche Vorgehensweise einbezogen werden, denn das Kind lebt und handelt nicht nur in der Einrichtung.
- Die Rolle der Erzieherin und Sozialassistentin verändert sich. Sie lernt mit der Gruppe.
- Soziales und fachliches Lernen werden miteinander verbunden, denn die Lernanlässe entstammen dem Alltag und dem sozialen Zusammenleben.
- Der Tagesablauf wird neu strukturiert: Freispiel und Beschäftigung stehen gleichwertig nebeneinander.
- Im Team muss eine gute Zusammenarbeit bestehen.

Andere Kindergärten folgen anderen Regelungen:

Bis zum heutigen Tag gibt es den Montessori-Kindergarten, den Fröbel-Kindergarten oder den Waldorf-Kindergarten. Dort sieht der Tagesablauf folgendermaßen aus:

| Tagesablauf im Montessori-Kindergarten (Maria Montessori: 1870–1952) | Tagesablauf im Fröbel-Kindergarten (Friedrich Fröbel: 1782–1852) | Tagesablauf im Waldorf-Kindergarten (Rudolf Steiner: 1861–1925) |
|---|---|---|
| Die Kinder kommen in der Regel morgens um 08:00 Uhr. Sie legen möglichst **selbstständig ihre Jacken** ab und ziehen ihre Hausschuhe an. Mit den Kindern darf in dieser Zeit nur wenig gesprochen werden, denn das Ausziehen der Jacken und Anziehen der Hausschuhe erfordert Konzentration.<br>Vor der eigentlichen Dienstzeit ist die Erzieherin gehalten, die **Vorbereitung der Umgebung des Kindes** noch einmal zu durchdenken. Sie orientiert sich an den Notizen, die sie von jedem Kind gemacht hat.<br>Die Kinder suchen sich **ihren Arbeitsbereich**, z. B. an der Werkbank, über der für sie immer Werkzeuge zum Arbeiten hängen, in der Bauecke, in der es Möglichkeiten gibt, sich mit Fröbelmaterial, Bauwagen, Holzeisenbahn, Ritterburg, selbst hergestelltem Baumaterial und Naturmaterial auseinanderzusetzen. Das Verkleiden ist auch möglich sowie Sinnesmaterial und Schreib- und Sprachmaterial sind vorhanden. Erzieherinnen reagieren auf **Hinweisen der Kinder** und geben ihnen entsprechende Einführungen, Weiterführungen, Sprachlektionen, auch in der klassischen 3-Stufen-Lektion nach Maria Montessori (siehe Band Nr. 1 S. 29).<br>Eine kleine Kindergruppe bereitet mit den Erwachsenen das Frühstück vor. Täglich gibt es ein anderes **Getreidegericht**:<br>Montag: **Reis**,<br>Dienstag: **Gerste**,<br>Mittwoch: **Hirse**,<br>Donnerstag: **Weizen**,<br>Freitag: **Hafer**.<br>Dieser Rhythmus in Kombination mit wiederkehrenden Tätigkeiten gibt den Kindern Sicherheit im Umgang mit Zeitabläufen.<br>Die Möglichkeit zum **Frühstück** besteht zwischen 09:30 Uhr und 10:30 Uhr. Kinder, die frühstücken möchten, können ihre Arbeit unterbrechen und wenn sie weiter arbeiten möchten, ihr Namensschild an ihren Arbeitsplatz stellen. Nach dem Frühstücken können sie ihre Arbeit wieder aufnehmen oder aber an einer Stilleübung oder anderen Gruppenaktionen teilnehmen.<br>In den dunklen Monaten lieben es manche Kinder, einen Märchentisch herzurichten und sich dann zum **Märchenerzählen** zu versammeln. In den hellen Monaten wird diese Zeit möglichst für Außenaktionen genutzt oder es wird an einem Projekt gearbeitet. | Der Kindergarten wird um 08:00 Uhr geöffnet. Die Kinder können aber auch schon etwas früher kommen. Bis 09:00 Uhr sind die meisten Kinder da. Das heißt, dass den Kindern **eine lange und ausgiebige Freispielzeit** zur Verfügung steht, bis ca. 10:30 Uhr, je nachdem, ob das Frühstück in diese Zeit integriert ist. Das Spielmaterial und die Raumgestaltung müssen ansprechend gestaltet sein, damit sich das Kind darin wohlfühlt und zum Spielen angeregt wird.<br>Die Räume sind mit unterschiedlichem Spielmaterial und Möbeln ausgestattet: Für die kleinen Kinder gibt es einfaches Spielmaterial. Es steigert sich beim Älterwerden der Kinder. Im Anschluss an die Freispielzeit findet eine **Zäsur** statt, in der alle zusammenkommen: Entweder werden wichtige Angelegenheiten mit den Kindern besprochen oder es wird ein gemeinsames Spiel durchgeführt bzw. Lied gesungen.<br>Während des Freispiels arbeiten die Erzieherinnen und Sozialassistentinnen mit Kleingruppen oder sie wenden sich dem einzelnen Kind zu. Ein großer Teil des Freispiels findet draußen statt.<br>Ab 12:00 Uhr werden die meisten Kinder abgeholt. Die Kinder können aber auch bis 16:00 Uhr bleiben. Kurz vorher gibt es noch den Schlusskreis, zu dem die Eltern einmal wöchentlich eingeladen werden. | Der tägliche Ablauf wird von einem immer wiederkehrenden Rhythmus getragen:<br>**Freispielzeit:** Zwischen 08:00 und 09:00 Uhr kommen die Kinder in den Kindergarten. Jedes Kind wird herzlich begrüßt. In dieser Zeit gehen die Erzieherinnen einer häuslichen oder handwerklichen Tätigkeiten nach (Brotbacken, Kochen, Wollefärben, Spinnen, Holzarbeiten, Frühstück richten).<br>Durch die **Arbeitsatmosphäre** angeregt, wollen die Kinder auch **tätig sein**. Sie sehen den Erwachsenen zu, helfen mit oder beginnen ihr freies Spiel, holen Spielständer, Sessel, Bretter, Tücher, Puppen und Puppengeschirr herbei.<br>Einige Kinder schieben Tische und Stühle zusammen, andere bauen mit Steinen, Wurzeln und Aststücken Häuser und **Höhlen für Filzzwerge und Holztiere**.<br>Die Kinder werden nicht „beschäftigt", sondern dürfen ihren **Neigungen** entsprechend fantasievoll tätig sein. **Aufräumzeit:** Das **gemeinsame Aufräumen** beendet das Freispiel.<br>**Morgenkreis:** Danach findet sich die Gruppe gemeinsam beim Morgenkreis ein. Es wird gesungen, Fingerspiele gemacht, Erlebnisse ausgetauscht, der Morgenspruch gesprochen. Gewohnte Reime und Lieder leiten zum rhythmischen Teil, zum **„Reigen"** über. Die Inhalte der Reigen bestimmen Tätigkeiten des Bauern, der Handwerker, der Tiere, Pflanzen und Gestirne, welche über Sprüche, Lieder, rhythmische Bewegungen, Gebärden zum Ausdruck gebracht werden.<br>**Zwischenmahlzeit:** Im Anschluss an den Morgenkreis essen die Kinder die selbst zubereitete Mahlzeit z. B. am Brotbacktag die selbst geformten Brötchen, am Müslitag Müsli usw.<br>**Zweite Freispielzeit:** Beispielsweise das Spielen im naturnahen Garten oder ein Spaziergang in den Wald. Dem Kind werden so viele Möglichkeiten zur **Bewegung und Begegnung mit den Elementen (Erde, Wasser, Feuer, Luft)** geboten.<br>**Märchenkreis:** Das Erzählen einer Geschichte oder eines Märchens bildet den Abschluss am Vormittag. Einmal in der Woche wird mit Standpuppen oder Marionetten ein einfaches Puppenspiel dargeboten. In den Märchenbildern sind **Weisheiten** enthalten, die für die Entwicklung des Kindes wichtig sind.<br>Die Kinder werden um 12:00 Uhr abgeholt, diejenigen, die bis 14:00 Uhr bleiben, gehen zum Mittagstisch und können nach dem gemeinsamen Essen noch rasten und ein Mittagsschläfchen halten. |

**Zusammenfassung:**

Die hier **vorgestellten Tagesabläufe** aus den Kindergärten sind nur einige Beispiele für die Vorgehensweise im Kindergarten. Wie am Anfang erwähnt, sind die Strukturen und Abläufe in sozialpädagogischen Einrichtungen so unterschiedlich wie die Breite persönlicher Arbeitsstile, Auffassungen von Arbeit und Einstellungen zu Kindern.

## MERKSATZ

Die Darstellung eines Tagesablaufs in einer Einrichtung stellt individuelle Grundeinstellungen, pädagogische Ziele, Inhalte, Methoden und Verfahren einzelner Erzieherinnen und Sozialassistentinnen, des Teams und des Trägers in einen Zusammenhang.

## AUFGABEN

1. *Vergleichen Sie die Tagesabläufe der Kindergärten miteinander und stellen Sie Gemeinsamkeiten und Unterschiede fest.*
2. *Erarbeiten Sie daraus eine Übersicht, in der Sie die Besonderheiten der einzelnen Kindergärten auf Plakatpapier schreiben bzw. zeichnen.*
3. *Führen Sie in Ihrer Klasse eine Diskussion über die Tagesabläufe durch.*

### 7.1.2 Wochenablauf

## FALLBEISPIEL

**Wochenablauf im Kindergarten G.**

Die Leiterin des Kindergartens in G., Regina S., hat sich mit ihrem Team zusammengesetzt, um die Vorgehensweise der kommenden Woche festzulegen. „Wir müssen zunächst einmal an unserem Projekt über ‚Kleinlebewesen‘ weiterarbeiten“, meint die Sozialassistentin Carmen M., „die Anfänge sind sehr gut, die Kinder haben Freude an dem Projekt, besonders Marvin, er ist sogar traurig, wenn er von seiner Mutter abgeholt wird und nicht an dem Projekt weiterarbeiten kann.“ „Ich unterstütze dich“, teilt die Sozialassistentin Cindy mit. „Auf dem nächsten Elternabend können wir das Projekt vorstellen. Ich freue mich darauf.“ „Ich sehe das ebenfalls so wie ihr“, schaltet sich die Erzieherin Bärbel B. ein. „Das Projekt macht uns Freude, den Kindern aber noch mehr. Das sollte der Schwerpunkt der kommenden Woche sein.“ „Die anderen Aufgaben dürfen auch nicht vernachlässigt werden. Jonathan hat Geburtstag, das dürfen wir nicht vergessen und die Kinder benötigen auch Zeit für sich, d. h. wir dürfen das Freispiel nicht kürzen. Für besondere Zwischenfälle müssen wir ebenfalls Freiraum einplanen!“ Gemeinsam stellen sie den nachfolgenden Wochenplan zusammen:

**Woche von 05.05. bis 09.05.**

**Montag:**
Experimente mit Schnecken und Regenwürmern,
Geburtstagsfeier mit Jonathan,
Stuhlkreis,
Spiel auf dem Spielplatz.

**Dienstag:**
Bilder für die Liedermappe malen,
Spinnenterrarium einrichten,
Video: Löwenzahn (Bei Peter quarkt´s),
Experimente mit den Schnecken durchführen,
Spiel auf dem Spielplatz.

**Mittwoch:**
Bücherei: Bücher an Kinder austeilen,
Fertigstellen des Spinnenterrariums,
Experimente mit Schnecken,
Herstellen eines Spinnennetzes aus Wolle,
Bilderbuchbetrachtung: Fritz Frosch,
Spiel auf dem Spielplatz.

**Donnerstag:**
Bilder aus Bügelperlen (Frosch, Schnecke, Spinne) erstellen,
Regenwurmtelefon basteln und ausprobieren,
Spiel auf dem Spielplatz.

**Freitag:**
Eine Spinne hält Einzug in dem Terrarium,
weitere Bilder aus Bügelperlen herstellen,
Experimente mit Regenwürmern,
Spiel auf dem Spielplatz,
Stuhlkreis.

## AUFGABEN

1. *Vergleichen Sie die Wochentage miteinander. Gibt es Schwerpunkte an den einzelnen Tagen?*
2. *Nennen Sie Regeln, die das Team beim Aufstellen des Planes berücksichtigt hat.*
3. *Nennen Sie die möglichen Ziele, die das Kindergartenteam mit dem Projekt über Kleinstlebewesen verfolgt.*
4. *Welcher pädagogische Ansatz ist in diesem Team vorrangig von Bedeutung?*
5. *Diskutieren Sie im Team die nachfolgende Aussage eines Kindergartens:*
   *Wir erstellen keine Wochenpläne. Nach Maria Montessori ist das nicht erforderlich.*

Bei dem Wochenablauf ist – wie beim Tagesablauf – die **Interessenslage** der Kinder bzw. der Gruppe zu beobachten und zu erkennen, für welches **Thema** die Kinder gerade besonders **aufnahmebereit** sind. So kann es sein, dass die Kinder beispielsweise im Frühjahr die ersten blühenden Pflanzen und Insekten im Garten oder in den städtischen Anlagen entdecken und daran starkes Interesse zeigen. Daraus kann ein Projekt mit dem Thema „Das Erwachen der Natur“ entwickelt werden. Sinnvoll ist es, die aktuelle Situation aufzunehmen und umzusetzen.

Der Waldorfkindergarten teilt die Woche nach den anliegenden Tätigkeiten ein:

- Montag: Maltag,
- Dienstag: Brotbacktag,
- Mittwoch: Spaziergehtag,
- Donnerstag: Plastiziertag,
- Freitag: Puppenspieltag.

Die Kinder können bei diesen Tätigkeiten mithelfen oder sich anders beschäftigen.

Für die Umsetzung bieten sich

die **Anleitung und das Freispiel** an.

Zur Vertiefung der **Sinneseindrücke** stehen verschiedene Möglichkeiten zur Verfügung, z. B.

- die Bilderbuchbetrachtung,
- das Malen des Erlebten,
- Anwenden von Schneide-, Falt- und Klebetechniken.

Zusätzlich können noch unterschiedliche Materialien im Freispiel bereitgestellt werden. Das Freispiel darf ebenfalls nicht zu kurz kommen, denn im Freispiel lernen die Kinder, eigene Ideen umzusetzen und den Umgang miteinander.

Das Wochenprogramm muss sich an den individuellen Bedürfnissen der Kinder orientieren, damit die Kinder die nachfolgenden Kompetenzen entwickeln können:

- **Ich-Kompetenz** (Persönlichkeitsbildung),
- **Sozial-Kompetenz** (soziales Verhalten),
- **Sach-Kompetenz** (Kenntnisse, Wissen).

## MERKSATZ

Der Wochenplan erfordert eine intensive Planung und bewusste Auseinandersetzung mit pädagogischen Fragen. Entscheidend ist, dass die Kinder in die Planung einbezogen werden, damit sie Ich-, Sozial- und Sachkompetenz erwerben können.

## AUFGABE

*Stellen Sie fest, inwieweit der aufgeführte Wochenablauf den Kindern die Möglichkeit gibt, Ich-, Sozial- und Sach-Kompetenz zu erwerben. Tragen Sie Ihre Ergebnisse in die nachfolgende Tabelle ein:*

| Wochentage: | Ich-Kompetenz: | Sozial-Kompetenz: | Sach-Kompetenz: |
|---|---|---|---|
| | | | |

## 7.2 Jahresrhythmus

Die Schwerpunkte, die die Kindergärten bei den Tages- und Wochenabläufen haben, kehren auch im Jahresrhythmus wieder. Die Pläne über den Jahresrhythmus sind ganz unterschiedlich gestaltet.

Zum Teil enthalten sie:

- organisatorische Schwerpunkte,
- Feste im Jahresablauf,
- den Ablauf der Jahreszeiten,
- kreative Angebote.

Alle Kindergärten betonen, dass sie die **Wünsche und Interessen der Kinder in den Mittelpunkt** ihrer Arbeit stellen. Das ist positiv anzumerken, denn bei der Berücksichtigung der Anliegen der Kinder ist davon auszugehen, dass eine Motivation bei den Kindern vorliegt. Sie ist eine wichtige Voraussetzung für die gute Zusammenarbeit zwischen der Erzieherin, der Sozialassistentin und den Kindern.

Bei der Gestaltung der Pläne für den Jahresrhythmus ist entscheidend, dass sie in den Einrichtungen eine **Hilfe** sind und zur **Strukturierung der Arbeit** beitragen.

## 7.2.1 Tätigkeiten im Jahresrhythmus

### AUFGABE

*Machen Sie Vorschläge für die Themen, die aus Ihrer Sicht in den Jahresrhythmus hineingehören.*

Der Jahresrhythmus sollte – genau wie der Tages- und Wochenablauf – geprägt sein von den **Bedürfnissen, Interessen und Erfahrungen der Kinder**. Das Leitziel der pädagogischen Arbeit muss daher die Annahme und Stärkung der Kinder in ihrer Gesamtpersönlichkeit sein. Sie schließt die Förderung der seelischen, musischen, kreativen, körperlichen, geistigen und sozialen Fähigkeiten in die tägliche Arbeit mit ein. Im Einzelnen bedeutet sie:

- Das Hinführen der Kinder zum selbstständigen Fühlen, Denken und Handeln,
- die Berücksichtigung der Kinder als Gesamtpersönlichkeit mit allen Eigenheiten, Wünschen und Bedürfnissen,
- die Hinführung der Kinder zur Auseinandersetzung mit einer Vielfalt vorhandener Lebensformen,
- das Wecken von Interesse an der Umwelt und der Natur.

Der Jahresrhythmus ist keine Zähleinheit, sondern ist wie ein großer **Atemzug der Natur**. Mit den Kindern muss der Jahresrhythmus gestaltet werden, in dem altersgemäß **Projekte, Jahresfeste und Bräuche** eingehalten und gefeiert werden. Bei Maria Montessori heißt es:

„Achte mich in meiner Persönlichkeit. Ich bin anders als du. Ich bin kein kleiner Erwachsener, bin aber auch ein ganzer vollwertiger Mensch."

„Hilf mir, meine Persönlichkeit zu entwickeln, hilf mir meinen Willen zu entfalten, in dem ich Raum für freie Entscheidungen bekomme."

„Hilf mir, selbstständig zu denken und handeln zu lernen."

„Biete mir Raum und Gelegenheit, meinem eigenen Lernbedürfnis zu folgen. Du kannst ruhig glauben, ich will lernen. Aber nicht irgendetwas. In meinem Wachstum gibt es bestimmte Zeiten, in denen ich bestimmte Dinge besser lerne als zu anderen Zeiten. Schaffe mir diese Dinge, schaffe mir diese Umgebung, damit ich lernen kann."

„Hilf mir, Schwierigkeiten zu überwinden. Ich will ihnen nicht ausweichen."

„Gib mit Halt und Reibung, damit ich mich ankuscheln und mich streiten kann."

„Hilf mir, dass ich es selbst tun kann."

## MERKSATZ

Im Jahresrhythmus müssen dem Kind insbesondere überschaubare Tätigkeiten und Handlungsabläufe angeboten werden, die ihm sinnvolle Zusammenhänge erleben lassen. Durch Erleben und Tun werden Intelligenz und Verstehen geweckt, sowie Grob- und Feinmotorik geschult.

## 7.2.2 Pläne im Jahresrhythmus mit einem Schwerpunkt im Bereich der Jahreszeiten, Feste und Religionen

Zu diesen Kindergärten gehören der **Montessori-Kindergarten, der Sport-Kindergarten, der Waldorf-Kindergarten und der Fröbel-Kindergarten**

### Montessori-Kindergarten

Das neue Kindergartenjahr beginnt nach den Sommerferien und endet auch dort. Struktur für ein Kindergartenjahr sind rhythmisch wiederkehrende Feste aus Religion und Tradition. Leben Kinder mit verschiedenen kulturellen Hintergründen im Kindergarten, so werden diese Feste mit einbezogen.

### Der Sport-Kindergarten

Die Gruppen des Sportkindergartens sind für sich verantwortlich. Jede Gruppe legt ihre Schwerpunkte, Projekte und Themen selber fest. Dadurch laufen in jeder Gruppe verschiedene Prozesse ab, je nachdem welche Bedürfnisse die Kinder und Erzieherinnen sowie Sozialassistentinnen haben.

Für alle Gruppen gibt es einen **groben gemeinsamen Rahmen**, an dem sie ihre Planungen orientieren.

- Das sind zum einen die **Jahresfeste** und zum anderen der **Wechsel der Kinder zum Sommer**.

Die Jahresfeste werden gruppenübergreifend gefeiert. Es finden gruppenübergreifende Spiel-, Bastel- und Bewegungsaktivitäten statt. Auch gemeinsame Festessen dürfen nicht fehlen. Hierbei wären zu nennen: Faschingsfeier, Osterfeier, Sommerfest, Kartoffelfest, Laternenfest, Adventsmarkt im Kindergarten und Weihnachtsfeier.

Einmal im Jahr findet im Kindergarten ein **gruppenübergreifendes Projekt** zu einem bestimmten Thema statt (z. B. Zirkus, Jahrmarkt), welches von einem Team geplant wird. Es beinhaltet **Kreativangebote**, **Aktionstage, Bewegungsspiele und Geräteaufbauten, gemeinsames Singen und Tanzen und ein Festessen**. Auch wird intern in jeder Gruppe zu dem Thema gemalt, gespielt und gesungen.

Ebenfalls entsteht für jede Gruppe durch Neuaufnahmen im Sommer ein Fixpunkt, den sie in ihre Planung mit aufnehmen. Für die neuen Kinder und ihre Eltern findet vor der Aufnahme ein Spielnachmittag zum **Kennenlernen** statt. Nach der Aufnahme der Kinder wird ein **Familienausflug** durchgeführt.

Ein weiterer Fixpunkt stellt die **Vorbereitung der Kinder auf die Schule** dar. Ab Ostern läuft im Kindergarten ein **Spiel-Spaß-Projekt**, an dem alle zukünftigen Schulkinder teilnehmen. Inhalte sind **Spielaktivitäten** im Kindergarten wie z. B. „Wir malen ein Schulkind“, Tonarbeiten, Hockeyturnier usw. Der Sportkindergarten arbeitet das ganze Jahr über in einen **Arbeitskreis mit der Grundschule** zusammen. **Schulbesuchstage, Elternabend zu dem Thema Schule, Hospitationen, Test der Kann-Kinder usw. finden** gemeinsam statt.

### Der Waldorf-Kindergarten

Jahreszeiten werden durch viel im Freien verbrachte Zeit mit allen Sinnen erlebt. Die Kinder helfen beim Aussäen von Salatsamen im Frühling und können so am Wachsen, Gedeihen und Ernten der Früchte und des Gemüses teilhaben.

Der Jahresrhythmus wird besonders im Reigenspiel und in Liedern aufgegriffen. Das Feiern der wiederkehrenden Feste im Jahreskreislauf sind die Höhepunkte der jeweiligen Jahreszeit:

- Erntedank,
- Martinsfest,
- Advent,
- Nikolaus,
- Weihnachten,
- Heilige drei Könige,
- Ostern,
- Johannifest,
- Geburtstage.

### Der Fröbel-Kindergarten

Die Einrichtung orientiert sich im Jahreslauf an den **religiösen Festen**. Sie geben der Arbeit ein Gerüst, aber auch die **Jahreszeiten** spielen eine große Rolle. Die Religion begleitet die tägliche Arbeit in Form von Gebeten, unterschiedlichen Geschichten und Festen. Gleichzeitig setzen sich die Mitarbeiterinnen des Kindergartens mit den Jahreszeiten auseinander und mit dem, was die Kinder mitbringen, welche **Themen für sie persönlich aktuell sind.**

## 7.2.3 Pläne im Jahresrhythmus mit einem Schwerpunkt im kreativen Bereich

Zu diesen Kindergärten zählen der nachfolgende **DRK-Kindergarten und eine selbst organisierte Tagesstätte.**

### Der DRK-Kindergarten (Beispiel)

#### *Jahresprojekt: Wiesentiere*

***August:*** *Eingewöhnungszeit im Kindergarten:*
- *gegenseitiges Kennenlernen,*
- *Schließen von Freundschaften,*
- *Erlernen von Gruppenregeln usw.*

***September:*** *Einstieg in das Thema ‚Wiesentiere':*
- *Was krabbelt im Gras?*
- *Wer lebt unter der Erde?*

***Oktober-November:*** *Wiesentiere*
- *Forschen und Experimentieren mit Schnecken,*
- *Forschen und Experimentieren mit Regenwürmern.*

Abb. Nühs

***Dezember:*** *Weihnachtszeit im Kindergarten*
- *Kennenlernen der Weihnachtsgeschichte,*
- *Singen von Weihnachtsliedern,*
- *Basteln von Weihnachtsschmuck usw.*

***Januar:*** *Wiesentiere, Kreative Ideen zum Thema:*
- *Wiesentiere aus Wolle,*
- *Wiesentiere malen, drucken, kleben usw.*

***Februar:*** *Wiesentiere-Fasching*
*Vorbereitung auf das Faschingsfest mit dem Thema: „Wiesentiere"*

***März:*** *Wiesentiere*
- *Wir erstellen eine CD aus den vielen Liedern und Fingerspielen über Wiesentiere.*
- *Wir beginnen mit den Aufnahmen.*
- *Wir gehen der Frage nach: „Was machen die Tiere im Winter?"*

***April:*** *Wiesentiere*
- *Wir arbeiten an der CD weiter.*
- *Wir richten eine Froschecke im Kindergarten ein, und nehmen unsere Forschungen nach dem Winterschlaf der Tiere wieder auf.*
- *Wir züchten Schmetterlinge.*

***Mai:*** *Wiesentiere*
- *Experimente mit ‚Kleinen Krabblern',*
- *Aufzucht von Kaulquappen,*
- *Fertigstellung der CD.*

***Juni:*** *Wiesentiere*
- *Großer Abschluss des Projekts ‚Wiesentiere' mit einem Tag der offenen Tür.*
- *Alle Ergebnisse sollen in Form einer Ausstellung der Öffentlichkeit vorgestellt werden.*

***Juli:*** *Wiesentiere*
*Ausklang des Kindergartenjahres mit der Verabschiedung der ‚Schulkinder'.*

### Die selbst organisierte Kindertagesstätte

Der Jahresrhythmus in der selbst-organisierten Kindertagesstätte beginnt mit dem Wechsel der Schulkinder und der Aufnahme neuer Kinder. Dazu werden ein Abschieds- und ein Willkommensfest gefeiert. Die Folgemonate, bis etwa Dezember, dienen der Integration und Neuorientierung. Der Frühlingsanfang wird mit einem bunten und lärmenden Umzug durch die Nachbarschaft und mit einem anschließenden Picknick begangen. An einem Kinderflohmarkt im

Herbst und im Frühjahr beteiligen sich die Kinder ebenfalls. Sie bieten dort auch ihre selbst gebastelten Sachen zum Verkauf an, z. B. Tonfiguren, Fensterbilder.

Bei den ersten wärmenden Sonnenstrahlen wird die **Außenanlage für die Freiluftsaison** vorbereitet. Die **Kinderfahrzeuge** werden fit gemacht und vergessene Plätze wieder entdeckt. Im Vorgarten gibt es wieder allerlei **Getier zu beobachten** und zu fangen. Die Gemüsebeete werden mit den Kindern für die **Aussaaten** vorbereitet und **Bastelarbeiten** durchgeführt. Längere Spaziergänge sind angesagt oder Exkursionen mit einem Teil der Kinder zu Orten außerhalb des Kindergartens. Das Ganze wird mit **Zeichnungen** und kreativen **Gestaltungsarbeiten** ausgewertet. In jedem Jahr wird ein Projekt nach den Wünschen der Kinder geplant und durchgeführt. Hier haben die Kinder die Möglichkeit, ihre Grob- und Feinmotorik sowie ihre intellektuellen Fähigkeiten zu schulen.

Traditionell sind auch das ein- bis zweimalige Übernachten in der Einrichtung, der Laternenumzug mit den selbst gebastelten Laternen, das Schattentheater usw. Auf religiöse Feste wird nicht unbedingt hingearbeitet, aufgenommen wird allerdings, was die Kinder von zu Hause mitbringen, z. B. auch Ramadan bei den moslemischen Kindern. Der Kindergarten hat einen ausgedehnten Freiraum draußen, aber auch eine Kinderwerkstatt, in der die Kinder basteln können, was sie möchten.

## MERKSATZ

Projekte, Feste und besondere Ereignisse strukturieren den Jahresrhythmus. Hinter allen Vorhaben steht die Zielsetzung, die Persönlichkeit des Kinds zu fördern.

## AUFGABEN

1. *Vergleichen Sie den Jahresrhythmus der angegebenen Kindergärten und notieren Sie stichpunktartig auf unterschiedlichen Blättern Papier, was Ihnen an den Plänen besonders gut bzw. nicht so gut gefällt.*

| | |
|---|---|
| *DRK-Kindergarten ...* | *Sport-Kindergarten ...* |

2. *Machen Sie Vorschläge zur Verbesserung der einzelnen Pläne.*
3. *Welche Vorteile hat die genaue Struktur des DRK-Kindergartens?*
4. *Entwickeln Sie einen Jahresrhythmusplan nach eigener Vorstellung und stellen Sie den Plan im Plenum vor.*

## 7.3 Mitarbeiterinnenstrukturen

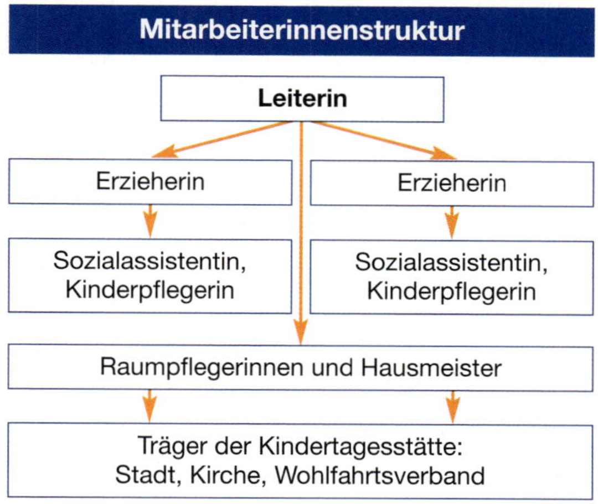


## AUFGABE

*Erklären Sie die Mitarbeiterinnenstruktur an dem obigen Schema.*

Mit Mitarbeiterinnenstruktur in einer Kindertagesstätte ist die **Zusammensetzung des Personals** gemeint. Aufgrund unterschiedlicher Ausbildung und Funktion ergibt sich eine Struktur der Einsatzmöglichkeiten der Mitarbeiterinnen. Die Gesamtverantwortung liegt bei der Leiterin des Kindergartens. Ihr sind die Erzieherinnen, die für die Gruppen verantwortlich sind, direkt unterstellt. Die Erzieherinnen arbeiten eng mit den Sozialassistentinnen und Kinderpflegerinnen zusammen. Mit ihnen teilen sie sich die Arbeit in den Gruppen auf.

Zusätzlich gibt es noch die Raumpflegerinnen und den Hausmeister. Während die Raumpflegerinnen für die Reinigung der Räume zuständig sind, übernimmt der Hausmeister die Pflege des Außenbereichs, handwerkliche Aufgaben und die Betreuung der Strom- und Heizungsanlagen.

Träger einer Kindertagesstätte sind die Gemeinde, Stadt, Kirche oder ein Wohlfahrtsverband, z. B. Rotes Kreuz oder auch Unternehmen und private Gruppen. Sie entscheiden über die Einstellung des Personals.

### 7.3.1 Fachpersonal im Kindergarten

Das Praktikum in der Ausbildung zur Sozialassistentin mit dem Schwerpunkt Sozialpädagogik bietet die beste Gelegenheit für die angehende Sozialassistentin, durch aufmerksames und differenziertes Beobachten festzustellen, wie die **Mitarbeiterinnenstruktur**, die **Gruppendynamik** und das **Binnenklima** innerhalb ihres Praktikumskindergartens sind. Sie lernt die einzelnen Mitarbeiterinnen kennen und kann klären, wer ihre zuständige Ansprechpartnerin ist. Im günstigen Fall sollte diese eine „helfende Begleiterin" sein und ihr für Nachfragen und für möglichst regelmäßige Gesprächskontakte zur Verfügung stehen. Nach dem Kennenlernen der Zuständigkeiten und Aufgaben der Mitarbeiterinnen kann sie nach und nach einen Einblick in die **Struktur der institutionellen Kompetenzverteilung** gewinnen.

Folgende Fragen könnten als Orientierungspunkte gelten:

- Welche Qualifikationen haben die Mitarbeiterinnen?
- Gibt es eher eine hierarchische Mitarbeiterinnenstruktur oder eine ausgeprägte Teamstruktur?
- Wie gestaltet sich die Zusammenarbeit? Lässt sich z. B. „Personalführung" oder „Personalpflege" erkennen?
- Welche Kommunikationsformen und Alltagsregulierungen lassen sich erkennen?
- Wird die Zielsetzung der Einrichtung regelmäßig unter den Mitarbeiterinnen – an konkreten Aufgaben – überprüft?
- Wo zeigen sich Abgrenzungen bzw. Vernetzungen mit anderen oder ähnlichen Institutionen?

Das Kindergarten-(Hort-)Personal besteht in der Regel aus der **Leiterin**, den gruppenführenden Erzieherinnen und anderen erforderlichen Personen (z. B. Sozialassistentinnen mit Schwerpunkt Sozialpädagogik, Helferinnen und Stützkräften).

#### Leiterin und Erzieherinnen:

Als Fachpersonal gehört in jeden Kindergarten eine Leiterin und für jede Gruppe eine Erzieherin. Diese müssen die fachlichen Anstellungserfordernisse der Ländergesetze und Verordnungen erfüllen. Die Notwendigkeit zur Bereitstellung anderer Personen richtet sich nach den betrieblichen und pädagogischen Erfordernissen.

#### Sozialassistentin, Schwerpunkt Sozialpädagogik:

Als Sozialassistentin bezeichnet man die Fachkräfte, die unter der Verantwortung der gruppenführenden Erzieherin mit der Erziehungs- und Bildungsarbeit in der Gruppe beschäftigt werden können.

#### Helferin:

Das ist jene zur Unterstützung der Fachkräfte, z. T. auch für Reinigungsarbeiten eingesetzte Hilfskraft mit entsprechender persönlicher Kompetenz (z. B. Einfühlungsvermögen im Umgang mit Kindern, Umsichtigkeit, Verlässlichkeit, Teamfähigkeit, Lernbereitschaft, Eigenständigkeit).

#### Stützkraft:

Als Stützkraft wird jene Assistentin oder Helferin bezeichnet, die speziell zur Unterstützung der Integration eines oder mehrerer Kinder mit besonderen Bedürfnissen eingestellt wird. Der Einsatz der zusätzlichen Kräfte (Dienstzuteilung) bezieht sich auf einzelne Kinder sowie einzelne oder mehrere Gruppen gemeinsam.

### MERKSATZ

Das Personal im Kindergarten muss entsprechend seiner Qualifikation eingesetzt werden. Ländergesetze und Verordnungen gelten als Richtschnur.

### AUFGABEN

1. *Notieren Sie stichpunktartig die Antworten zu den Fragen in diesem Abschnitt.*
2. *Wie stellen Sie sich Ihre Tätigkeit als Sozialassistentin in einem Kindergarten vor?*

## 7.3.2 Institution und Professionalisierung

Erzieherinnen und Sozialassistentinnen identifizieren sich mehr oder weniger mit ihrer Einrichtung. In Zukunft wird es aber darum gehen, diese **Identifizierungen** auch für die **Öffentlichkeit** sichtbar zu machen und als **eigenständiges Profil** zu gestalten.

Am Beispiel offene oder geschlossene Gruppen kann man sehen, dass ein solcher **Profilierungsprozess auf dem Weg** ist. Moderne Pädagogik muss als eine **Charakterisierung der Einrichtung dargestellt werden.** In Zukunft wird wahrscheinlich eine plausible Begründung notwendig sein, warum in welcher Einrichtung wie gearbeitet wird. Dies ist nicht zuletzt auch deshalb notwendig, weil bei einem **flächendeckendem Kindergartenangebot** zumindest ein Teil der Eltern die größeren Wahlmöglichkeiten in Anspruch nehmen wird. Die Wahl des Kindergartens wird von der pädagogischen Ausrichtung, Qualität und der Mitarbeiterinnenstruktur abhängen.

Ähnliches gilt sicher auch für eine neuere Entwicklung, die sich als außerordentlich hilfreich erwiesen hat: **die Vernetzung**. Vielfach werden stadtteilnahe Institutionen wie Alten- und Pflegeheime, Erziehungsberatungsstellen, Straßensozialarbeit und die Polizei in die **soziodynamischen Probleme des vorschulischen Erziehungsalltags** mit einbezogen. Dies hat neue Ressourcen für Aufgaben erschlossen. Gleichwohl ist es für viele erst einmal ein Wagnis, sich mit der eigenen Institution freiwillig in eine gewisse Öffentlichkeit, an einen runden Tisch mit anderen Einrichtungen, zu wagen, vor allem mit solchen, die der **institutionellen Vorschulerziehung** zunächst völlig fremd sind. Man muss bereit sein, sich von fachfremden Personen in die eigenen Karten schauen zulassen und bereit sein, auch von ihnen **Kritik, Anregungen und Aufgaben** anzunehmen.

Was sich im Moment vielleicht nach mehr Arbeit anhören mag, hat allerdings auch eine hoffnungsvolle Kehrseite: Mit diesen Veränderungen sind **Aufwertungen des Erzieherinnen- und Sozialassistentinnenberufs** möglich: Die deutlich erkennbare pädagogische und institutionelle Qualität kann auch ihren Preis einfordern. Darüber hinaus ermöglicht dieser **Professionalisierungsprozess** Unterstützung, von der man heute nicht einmal zu träumen wagt. Denn auch in den anderen europäischen Ländern stehen die Kolleginnen und Kollegen in vorschulischen Einrichtungen vor ganz ähnlichen Problemen.

### MERKSATZ

Zukünftig werden Kindertagesstätten ihr Profil nach außen hin sichtbar machen müssen. Dieses hängt an erster Stelle von den Mitarbeiterinnen ab.

### AUFGABE

*Nennen Sie Beispiele für die Professionalisierung von Erzieherinnen und Sozialassistentinnen in den Kindergärten.*

## 7.3.3 Pädagogischer Auftrag

Die genannten Veränderungen werden die tägliche Arbeit der Erzieherinnen und Sozialassistentinnen in den Kindergärten bestimmen und Grundlage ihres pädagogischen Auftrags sein. Die Auswirkungen sind am stärksten in den nachfolgenden Bereichen zu verzeichnen:

### Familiensituation

Auf die **veränderte Familiensituation** haben Erzieherinnen und Sozialassistentinnen verstärkt zu reagieren, da sie immer mehr Aufgaben übernehmen müssen, die bisher von den Familien geleistet wurden. Wichtig ist auch, dass die bisherigen Vorstellungen über die Familie aufgegeben werden und dass **Toleranz** gegenüber **abweichenden Familienkonzepten** und **-konstellationen** gezeigt wird.

Im Einzelnen sieht der pädagogische Auftrag im Kindergarten wie folgt aus:

- Gewährung von Erziehungs- und Bildungshilfen,
- Zusammenarbeit mit Eltern,
- Vorbereitung auf die Schule,
- Möglichkeit der Schwerpunktbildung und Differenzierung innerhalb der gestellten Aufgaben.

Der Aufgabenkatalog sollte dem Prinzip der **ganzheitlichen Erziehung und Bildung** folgen,

d. h. nicht nur die intellektuellen, sondern auch die emotionellen und motorischen Fähigkeiten müssen gefördert werden.

### Multikulturelle Veränderungen

Im Hinblick auf die **Probleme multikultureller Gesellschaften** ist es zunächst einmal wichtig, ein Selbstbewusstsein gegenüber dem **eigenen kulturellen Standort, der eigenen Identität,** zu entwickeln und diesen Standort in die Planung einzubeziehen. Darüber hinaus ist aber bei einem hohen Anteil an ausländischen Kindern **interkulturelle Erziehung** zu betreiben. Interkulturelle Erziehung bedeutet, wechselseitige Lernerfahrungen anzubahnen, um einen **Austausch** zwischen den **Kulturen** und **kulturellen Eigenheiten** erfahrbar zu machen. Es kann nur darum gehen, die jeweils andere Kultur in ihrer Eigenständigkeit zu achten, Vorurteilen und fremdenfeindlichen Tendenzen entgegenzuwirken. Grundlage hierfür ist einerseits die **Stärkung der jeweiligen kulturellen Wurzel bzw. Persönlichkeit des Kindes**, andererseits die **Integration in die deutsche Gesellschaft**.

Eine solche Haltung ist auch wichtig für den **Dialog mit den europäischen Nachbarländern**. In den anderen Ländern ist die Bewertung der vorschulischen Erziehung wesentlich höher als in Deutschland.

### Professionalisierung

Die Weiterentwicklung **vorschulischer Konzepte** ist eine äußerst wichtige Aufgabe, an der ständig gearbeitet werden muss. Sie steht im Zusammenhang mit einem veränderten Selbstbewusstsein der Erzieherinnen und Sozialassistentinnen.

Die **Erweiterung des beruflichen Horizonts** der Erzieherinnen und Sozialassistentinnen von der Betreuung kleiner Kinder hin zu einer Öffnung der Arbeit in einen Stadtteil hinein und die Vernetzung dieser Arbeit mit Aktivitäten in anderen Institutionen wird auch die **Bedeutung vorschulischer Erziehung erhöhen**.

Diese Veränderungen bedürfen einer **qualifizierten Leitung**, die sich der inneren Aufgaben, etwa der Unterstützung der Arbeit der Kolleginnen, ebenso widmen kann wie den repräsentativen und administrativen Erfordernissen. Die Leitung muss sich in eine ähnliche Position begeben wie die Institution „Familie“ oder „Schule“.

Zukünftige Aufgabe der Erzieherinnen und Sozialassistentinnen wird es sein, sich den **Veränderungsprozessen zu stellen** und sie gemeinsam zu meistern. Das ist nur möglich, wenn die Mitarbeiterinnenstruktur stimmt und das Binnenklima in Ordnung ist.

Der Pädagoge Erhard Meueler schreibt dazu in seinem Buch „Wie aus Schwäche Stärke wird“: „Nur wenn es zu einem spannungsvollen Wechselspiel zwischen bewusst genutzter sozialer und kultureller Öffentlichkeit einerseits und vertrauter Lebenswelt, Freunden und Selbstreflexion andererseits kommt, kann sich aus dem in der Krise erlebten Stillstand eine neue Entwicklung ergeben.“

### MERKSATZ

Anforderungen an die Professionalität der Erzieherinnen und Sozialassistentinnen werden steigen. Sie lassen sich am besten durch positive Mitarbeiterinnenstrukturen und Weiterbildung in den Einrichtungen lösen.

### AUFGABEN

1. *Stellen Sie in einem Brainstorming fest, welchen Anforderungen Sie als künftige Mitarbeiterin in einem Kindergarten genügen sollen.*
2. *Halten Sie ein Referat mit dem Thema: „Der Einfluss einer veränderten Gesellschaft auf den Kindergarten“. Leihen Sie sich dazu Literatur aus der Schul- bzw. Stadtbücherei aus.*

## 7.4 Aufgabenverteilungen

### FALLBEISPIEL

***Aufregung im Kindergarten B.***

*„Frau Schulze ist ganz plötzlich erkrankt“, teilt die Leiterin des Kindergartens M. Jordan, ihren Mitarbeiterinnen an einem Montagmorgen mit. „Das ist aber dumm“, meint die Sozialassistentin Carola M., „wir wollten heute mit den Kindern in den Wald gehen, um mit ihnen verschiedene Beobachtungsaufgaben durchzuführen.“ „Allein können*

*Sie aber nicht mit den Kindern in den Wald gehen, das ist aus rechtlicher Sicht nicht möglich", erwidert Frau Jordan, „da fällt mir etwas Gutes ein. Frau Bosse, die Mutter von Vanessa, hat sich schon etliche Male angeboten, uns zu unterstützen, wenn ‚Not am Mann' ist. Hinzu kommt, dass Frau Bosse Erzieherin ist. Ich rufe sie gleich einmal an." Gesagt getan! Frau Bosse ist bereit, mit der Gruppe von Frau Schulze und der Sozialassistentin Carola M. in den Wald zu gehen. Ist das Problem damit gelöst?*

**AUFGABE**

*Gehen Sie auf die Aufgabenverteilung im Fallbeispiel ein.*

Die Arbeit in den Tageseinrichtungen für Kinder erfordert eine Vielzahl von Fähigkeiten und Fertigkeiten. Eine wirksame Kindergartenarbeit setzt deshalb sowohl ein arbeitsteiliges Vorgehen als auch eine intensive Zusammenarbeit aller in der Einrichtung tätigen Mitarbeiterinnen voraus.

Nicht nur aus pädagogischen und organisatorischen Gründen ist eine gute Zusammenarbeit erforderlich, sondern auch aus erzieherischen Gründen: **Kinder orientieren sich am Vorbild der Erwachsenen.**

Die Zusammenarbeit aller beteiligten Personen mit ihren unterschiedlichen Fähigkeiten, Fertigkeiten und Aufgaben kann als Teamarbeit bezeichnet werden. Teamarbeit sollte die Möglichkeit einer **flexiblen Arbeitsteilung** beinhalten, aber zugleich **klare Strukturen** aufweisen, die für jede Mitarbeiterin eindeutig und durchschaubar sind. Ein Team erfordert engagierte Mitarbeiterinnen.

Gemeinsames Planen und übereinstimmendes Handeln sind wesentliche Voraussetzungen, dass die Arbeit im Kindergarten gelingt und von allen Beteiligten als befriedigend erlebt wird. Durch das gemeinsame Beraten und Begründen von Vorgehensweisen wird die einzelne Erzieherin und Sozialassistentin von **Verantwortung entlastet**, **Konkurrenz vermieden** und **Solidarität** gefördert. Die zusammen erarbeitete **Handlungsbasis gibt Sicherheit** für alle.

Die tatsächliche Aufgabenteilung ist abhängig von den **trägerspezifischen Anforderungen**, wie sie in den unterschiedlichen **Dienstanweisungen der freien und kommunalen Träger** festgehalten ist. Sie ist auch abhängig von den jeweiligen Gegebenheiten, wie z. B. das soziale Umfeld und die Art der Einrichtung. Nachfolgend werden die Aufgaben genannt, die die vielfältigen Anforderungen der Mitarbeiterinnen verdeutlichen.

**MERKSATZ**

Positive Teamarbeit ist die Grundlage für eine konkurrenzlose Zusammenarbeit.

### 7.4.1 Aufgaben auf Gruppenebene

**AUFGABE**

*Welche Aufgaben fallen in einer Gruppe aus Ihrer Sicht an? Schreiben Sie Stichpunkte an die Tafel.*

Die Gruppe bildet für Kinder eine Einheit, die als **Ausgangs- und Rückzugsebene** für Kinder unerlässlich ist. Die Erzieherin und Sozialassistentin sind als Bezugspersonen für Kinder unbedingt erforderlich. Das Kind bedarf der bedingungslosen Annahme seiner Person, welche durch die liebevolle Unterstützung der Erwachsenen spürbar wird. Jedes Kind braucht Blickkontakt, die Ansprache sowie das aktive Zuhören

Abb. Morgenstern

der Erwachsenen, um ein Gefühl der Sicherheit und der Geborgenheit zu bekommen.

Daraus ergeben sich die nachfolgenden Aufgaben für die Erziehungstätigkeit in der Gruppe. Sie beginnt mit der **Bewertung von Erziehungsbedingungen und Lernvoraussetzungen,** durch:

- Wahrnehmen der körperlichen und seelischen Bedürfnisse, Interessen, Lernfähigkeiten der einzelnen Kinder und der Gruppe,
- Wahrnehmen von Gruppenprozessen und Verstehen ihrer Wirkungen auf das Kind,
- Erkennen der entwicklungspsychologischen und soziokulturellen Bedingungen und deren Berücksichtigung in der pädagogischen Aufgabenstellung,
- Überprüfen des eigenen Verhaltens und dessen Wirkung auf das einzelne Kind und die Gruppe,
- Überprüfen eigener Erziehungsziele im Hinblick auf Wert- und Ordnungsvorstellungen,
- Abstimmen eigener Erziehungsziele mit der Konzeption der Einrichtung.

Wenn die Vorbedingungen abgeschlossen sind, folgt die **Planung und Durchführung**. Sie beinhaltet die nachfolgenden **Faktoren:**

- Teilziele und Auswahl der Inhalte für die Arbeit,
- Auswahl von ziel- und inhaltsbezogenen Methoden, Mitteln und Materialien unter Berücksichtigung der Situation der einzelnen Kinder und der Gruppe,
- differenzierte Angebote für einzelne Kinder, kleine Gruppen und die Gesamtgruppe,
- Sammeln und Auswerten von Unterlagen, die Stand und Verlauf der Entwicklung der einzelnen Kinder kennzeichnen,
- die Mitarbeit an der Weiterentwicklung von pädagogischen Arbeitsmaterialien.

Zur Planung und Durchführung gehört auch die **Gestaltung der Erziehungspraxis** mit den Schwerpunkten:

- Gestaltung und Ausstattung der Räume einschließlich des Spielplatzes,
- Gestaltung des Tagesablaufs unter Beachtung von Rhythmus und vitalen Bedürfnissen der Kinder,
- situative und flexible Durchführung von Angeboten,
- Förderung der Kinder beim Spiel,
- Reflexion des eigenen Handelns, Erkennen eigener Möglichkeiten und Grenzen,
- Ergänzen und Pflegen des Spiel- und Beschäftigungsmaterials,
- Sorge für Sicherheit und Wohl des Kindes.

Darüber hinaus sind Erzieherinnen und Sozialassistentinnen auf die **Zusammenarbeit mit anderen Personengruppen** angewiesen. Dazu gehören die Eltern, der Träger, die Mitarbeit im Kindergartenrat, die Zusammenarbeit mit anderen Institutionen, z. B. Grundschule, Erziehungsberatung, und die Anleitung von Praktikantinnen.

**Die Zweitkraft,** z. B. die Sozialassistentin, unterstützt und entlastet die Gruppenerzieherin bei der **Gestaltung der Erziehungspraxis**, sie wirkt mit bei der **Planung der Erziehungsarbeit** und ist beispielsweise mit **weiteren Arbeiten**, z. B. hauswirtschaftlichen Arbeiten, beschäftigt.

**MERKSATZ**

Auf der Gruppenebene werden die Erziehungsbedingungen und Lernvoraussetzungen der Kinder bereitgestellt. Hier erfolgt die Planung und Durchführung sowie die Gestaltung der Erziehungspraxis.

**AUFGABE**

*Stellen Sie eine Liste mit den Aufgaben zusammen, die Sie während Ihres Praktikums verrichtet haben. Teilen Sie die Aufgaben in selbstständige und angeleitete Aufgaben ein.*

### 7.4.2 Aufgaben der Leitung

Der Kindergartenleiterin (Hortleiterin) obliegt die **pädagogische und administrative Leitung** (Verwaltung) **des Kindergartens** (Horts) im Sinne der gesetzlich definierten Aufgabenstellung des Kindergartens bzw. des Horts nach den Gesetzen der Bundesländer. Daraus resultieren der Umfang der Verantwortung und die Kompetenz in pädagogischen, administrativen und organisatorischen Belangen.

Im Rahmen ihrer Aufgaben und Verantwortung hat die Leiterin mit dem gesamten **Team**, den einzelnen Mitarbeiterinnen, **dem Träger**, **den Eltern** (Erziehungsberechtigten), **den zuständigen Behörden und externen Partnern** (z. B. Schulen) zusammenzuarbeiten. Im Kontakt zum

Träger ist sie Dienstnehmerin und hat die allgemeinen **Dienstpflichten** zu erfüllen. Innerhalb des Teams ist sie die **unmittelbare Vorgesetzte** der Mitarbeiterinnen. Die administrativen und organisatorischen Leitungsaufgaben sind in enger Koordination mit dem Träger zu erfüllen und richten sich nach den Dienstanweisungen oder Dienstaufträgen:

### Zu den Aufgaben der Leiterin zählen:

1. **Leitung eines Kindergartens:**
   - z. B. Erstellen eines Kindergarten-(Hort-)Programms (Leitbild, Profil).
2. **Planung und Koordination der gruppenübergreifenden Vorhaben:**
   - z. B. Projektarbeiten, Elternarbeit, Öffentlichkeitsarbeit, Zusammenarbeit mit externen Partnern,
   - Raumnutzung.
3. **Einteilung der Kinder in Gruppen**:
   - z. B. Aufnahme, Gruppeneinteilung, Integration behinderter Kinder usw.
4. **Verantwortung als Vorgesetzte:** (Dienstaufsicht):
   - Einführung, Anleitung und Beratung der einzelnen Mitarbeiterinnen,
   - Koordination des Teams und der Fortbildung,
   - Einsichtnahme in die Erziehungs- und Bildungsarbeit der Gruppen (fachliche Dienstaufsicht),
   - Überwachung der Einhaltung der allgemeinen Dienstpflichten (z. B. Einhaltung der Dienstzeit),
   - Wahrung der Dienstgeheimnisse, Meldung bei Dienstverhinderung usw.
5. **Information des Trägers über wichtige Angelegenheiten:**
   - z. B. über den Personalbedarf, Krankenstände, Vertretungserfordernisse, Kinder- oder Arbeitsunfälle,
   - Elternwünsche und -bedürfnisse, öffentlichkeitswirksame Aktivitäten, Überschreitungen der Kinderhöchstzahl, Einbrüche und Vandalismen usw.
6. **Mitwirkung in betrieblichen Fragen:**
   - z. B. bei der Durchführung von Elternversammlungen, Erstellung der Kindergarten- bzw. der Hortordnung,
   - Öffnungszeiten- und Ferienregelungen,
   - Konzeption der Dienstpläne, Vertretungsregelungen, Kindergartentransportfragen,
   - Kontaktaufnahme mit den Eltern, wenn diese ihren Verpflichtungen nicht nachkommen,
   - Leitung der Hospitationen während der Praktika von Schülerinnen,
   - Inventar in Ordnung halten, Sorge für Bildungsmittel und Fachliteratur,
   - Meldung notwendiger Reparaturen und Anschaffungen an den Träger,
   - Überprüfung der Sicherheit des Kindergartens und Horts sowie Meldung an den Träger,
   - Einkäufe im Rahmen der zweckbestimmten, vom Träger zur Verwaltung bereitgestellten Budgetmittel,
   - Karteiführung z. B. über Kinder, Personal usw.,
   - Erstellen der Kindergarten- bzw. Hortstatistik,
   - Ordnungsgemäße Büroführung.

Die Grundvoraussetzung für die Erfüllung der Leitungsaufgaben ist eine möglichst umfangreiche Kenntnis der Situation in den Gruppen, Wissen um die Voraussetzungen, die die Mitarbeiterinnen mitbringen, sowie Kenntnisse im administrativen Bereich.

### Fortbildungsangebote für angehende Kindergartenleiterinnen

Für angehende Kindergartenleiterinnen sollte es ganz spezifische Fortbildungsangebote geben. Die Themen sollten sich von den übrigen Angeboten für Erzieherinnen unterscheiden. Wichtig sind Themen wie:

- Mitarbeiterinnenführung,
- Bewerbungsgespräch mit Praktikantinnen,
- Praxisanleitung,
- Öffentlichkeitsarbeit usw.

Bei den Veranstaltungen für Leiterinnen ist darauf zu achten, dass sie methodisch insbesondere abzielen auf selbstständige Gruppenarbeit während der Fortbildung, Übernahme der Gesprächsführung und Protokollführung aus dem Teilnehmerkreis. Besonders wichtig ist dabei das Herausarbeiten der **positiven Seiten der Aufgaben der Leiterin und die Chancen**, die aus der Übernahme dieser verantwortlichen Tätigkeit erwachsen. Eine Möglichkeit ist auch neben anderen Referentinnen, Leiterinnen selbst über ihre Arbeit berichten und negative und positive Erfahrungen darstellen zu lassen. Ein kollegialer Austausch kann förderlich sein und eine Hilfe für die Bewerbung um eine Stelle als Kindergarten- bzw. Hortleiterin sein.

**MERKSATZ**

Die Leiterin eines Kindergartens hat vielseitige und verantwortungsvolle Aufgaben zu erledigen. Sie beginnen bei der Planung, Koordination und Information des Trägers über wichtige Angelegenheiten und enden bei der betrieblichen Mitwirkung.

**AUFGABE**

*Nennen Sie Beispiele dafür, wie die Mitarbeiterinnen eines Kindergartens die Leiterin von ihren umfangreichen Aufgaben entlasten können.*

## 7.5 Zusammenarbeit mit dem Träger

**FALLBEISPIEL**

**Mehr Geld für Kindergärten**

**Land hebt Personalkostenanteil freier Träger von 12,5 % auf 15 %**

Das Land Rheinland-Pfalz wird ab Anfang kommenden Jahres den Personalkostenanteil der freien Träger von Kindergärten von derzeit 12,5 % auf 15 % Prozent anheben. Darauf weisen die SPD-Landtagsabgeordneten Petra E. und Beate R. hin. Dies bedeute für die kirchlichen Träger von Kindergärten jährliche Einsparungen von rund acht Millionen Euro. „Damit sichert das Land den christlichen Kirchen weiterhin die notwendige Entlastung aufgrund der schwindenden Finanzkraft beider Konfessionen“, betont Petra E.

Außerdem schaffe das Land Anreize für den Ausbau von Ganztagsplätzen in den Kindergärten: Allen Trägern werde zum August eine zusätzliche Anhebung der Personalkosten um 2,5 % zugesichert für die Bereitstellung von mindestens 15 Ganztagsplätzen. Bei Krippen und Horten sei eine generelle Anhebung des Trägeranteils an den Personalkosten von bisher 10 % auf 15 % beschlossen worden. „Kindergärten sind eine unverzichtbare Erziehungs-, Bildungs- und Begegnungsstätte für die Jüngsten in unserer Gesellschaft. Deshalb will die Landesregierung in den nächsten Jahren neben der bedarfsgerechten und regional ausgewogenen Einführung neuer Ganztagsschulen auch das ganztägige Betreuungsangebot im Vorschulbereich deutlich ausweiten und so das Leitmotiv des ‚kinderfreundlichen Landes Rheinland-Pfalz‘ einmal mehr mit Leben füllen“, verdeutlicht Beate R. die Zielrichtung der Gesetzesänderung.

**AUFGABEN**

1. *Beurteilen Sie die Entscheidung des Bundeslandes Rheinland-Pfalz.*
2. *Erkundigen Sie sich nach dem Personalkostenanteil in den übrigen Bundesländern (über Internet).*
3. *Stellen Sie fest, welches Bundesland den höchsten bzw. niedrigsten Personalkostenanteil hat.*

Kindergärten werden von **freien oder öffentlichen Trägern** errichtet und betrieben. Freie Träger sind die Kirchen sowie die Wohlfahrtsverbände, z. B. Paritätischer Wohlfahrtsverband, Rotes Kreuz. Zu den öffentlichen Trägern zählen die Gemeinden und Städte. Sie werden erst in die Pflicht genommen, Kindergärten zu betreiben, wenn die freien Träger dem Bedarf nicht mehr gerecht werden. Aufgrund dieses „Subsidiaritätsprinzips“ sind Kindergärten mehrheitlich in der Hand freier Träger.

Die Trägervielfalt hat durchaus Vorteile: Eine gesunde Konkurrenz führt zu **pädagogischer Fortentwicklung** und zu einer **lebendigen Vielfalt**. So wurden die Fortbildungsveranstaltungen für die Mitarbeiterinnen vor allem von den Trägerverbänden aufgebaut. Die Vielfalt ermöglicht den Eltern eine pädagogisch oder religiös begründete Auswahl der Einrichtung, der sie ihr Kind anvertrauen.

Nachteile dieser Vielfalt können sich bei einer regionalen Gesamtplanung ergeben, wenn Konkurrenz zwischen den Trägern entsteht.

## 7.5.1 Vorgehensweise bei der Zusammenarbeit mit dem Träger

Die Kindergartenarbeit wird gefördert durch eine **gute Zusammenarbeit** zwischen den **Erzieherinnen und Sozialassistentinnen einerseits und dem Träger andererseits.** Das kann dadurch erreicht werden, dass die Leiterin eines Kindergartens den Träger ihres Kindergartens zu den Teambesprechungen in ihren Kindergarten einlädt und mit ihm zusammen die anstehenden Fragen erörtert. Die Tagesordnung sollte daher miteinander abgestimmt werden und gegenseitige Anregungen aufgenommen werden. Auch das Einbeziehen der Eltern in die Teambesprechungen ist zu überlegen. Für die Teambesprechungen sollten nachfolgende Gesichtspunkte von Bedeutung sein:

- Jedes Gesprächsmitglied sollte **offen über alle Fragen hinsichtlich der Arbeit im Kindergarten** diskutieren können, auch dann, wenn es sich um gegensätzliche Vorstellungen handelt.
- Jedes Gesprächsmitglied sollte ein **positives Selbstgefühl** in der Gesprächsrunde entwickeln können.

Faktoren, die den Gesprächsverlauf erschweren können, sind beispielsweise:

- Unterschiedliche Qualifikationen,
- Generationsprobleme,
- mangelhafte Kommunikation der Mitarbeiterinnen miteinander. Arbeitszeitregelungen sind häufig Gründe für Streitigkeiten.
- Konkurrenzdenken unter den Mitarbeiterinnen.

Kommunikationsprobleme werden dagegen beseitigt durch

- gemeinsame Gespräche,
- gegenseitige Akzeptanz,
- Verständnis füreinander,
- Aufarbeiten von Problemen.

Erst wenn sie von allgemeinem Interesse sind, sollten sie auf die Tagesordnung der gemeinsamen Teamsitzungen gesetzt werden. Zu den gruppeninternen Besprechungen ist es ebenfalls sinnvoll, den Träger ab und an einzuladen, damit er sich ein Bild von der Problematik einzelner Gruppen machen kann.

**MERKSATZ**

Die Träger der Einrichtungen sollten in die Teambesprechungen mit einbezogen werden. Dadurch lernen sie den zeitlichen Aufwand und das Engagement von Erzieherinnen und Sozialassistentinnen kennen.

## 7.5.2 Methodisches Vorgehen bei den Besprechungen

Wichtig ist, dass alle Mitarbeiterinnen des Kindergartens, einschließlich des Trägers, an der Gestaltung der Besprechungen, z. B. durch gemeinsame Aufstellung der Tagesordnung, beteiligt werden.

Die Durchführung der Teamsitzungen sollte im demokratischen Arbeitsstil erfolgen, d. h., dass die Gesprächsleitung wechselt. Zu den einzelnen Tagesordnungspunkten können Kurzreferate der Mitarbeiterinnen des Kindergartens, des Trägers oder von auswärtigen Sachverständigen gehalten werden, um die entsprechenden Informationen bei wichtigen Entscheidungen zu haben. Bei größeren Gruppen kann Kleingruppenarbeit zwischen geschaltet werden.

Themen der Besprechung können sein:

- Arbeitsplanung,
- Auswertung der Arbeit,
- Erfahrungsaustausch,
- pädagogische Grundlagen,
- Verhaltensbeobachtungen und deren Auswertungen,
- Problemfälle,
- formale und organisatorische Voraussetzungen für die pädagogische Tätigkeit (z. B. Gesetze, Verordnungen) Richtlinien, Finanzfragen, besondere Grundsätze sowie Verwaltungsvorschriften des Trägers),

- Elternarbeit,
- Zusammenarbeit mit der Schule,
- gegenwärtige bildungspolitische Fragen,
- Fragen zur Finanzierung von Unternehmungen,
- Öffentlichkeitsarbeit.

Durch eine gute Zusammenarbeit mit dem Träger kann eine positive Entwicklung des Kindergartens zum Wohl der Kinder entstehen. Diese hängt weitgehend davon ab, wieweit es gelingt, in den vielfältigen zwischenmenschlichen Beziehungen ein **Vertrauensverhältnis** aufzubauen.

**AUFGABEN**

1. *Stellen Sie eine Tagesordnung für Ihren Praktikumskindergarten auf, die auch für den Träger interessant sein kann.*
2. *Welche Schwerpunkte können wichtig für den Träger sein?*

### 7.5.3 Controlling-Instrument für Kindergärten

In einigen Bundesländern wurde ein so genanntes Controlling-Instrument von den freien und öffentlichen Trägern entwickelt, das zu einem besseren Vergleich der einzelnen Einrichtungen geführt hat. Das Controlling-Instrument soll dazu beitragen, **Qualitätssicherung** für den Bestand sowie für eine bedarfsgerechte Weiterentwicklung der Kindergartenarbeit bei konsequenter Beachtung der Grundsätze von **Effizienz und Wirtschaftlichkeit** zu gewährleisten.

Die Richtgrößen orientieren sich

- an den fachlichen Erfahrungen der Praxis, mit deren Hilfe die jeweils eigene Situation der Einrichtung im Sinne von Selbstkontrolle (Selbstevaluation) erfasst wird,
- an der vielfältigen Arbeit des Kindergartenpersonals wie Erziehung, Bildung und Betreuung,
- an dem Aufwand für Leitung, Planung, Vor- und Nachbereitung sowie Reflexion der Arbeit, Weiterbildung, Beratung, Kooperation mit Behörden und anderen Institutionen bis hin zur Eltern- und Gemeinwesenarbeit.

Diese Aufgaben bzw. Leistungen sind im Interesse einer **leistungs- und wirtschaftlichkeitsbezogenen Gesamtbeurteilung** in der jeweiligen Einrichtung zu ermitteln.

Bei der Arbeit mit Kindern ist besonders zu berücksichtigen, wie lange eine Kindertageseinrichtung jeweils geöffnet ist und mit wie vielen anwesenden Kindern jeweils zu rechnen ist. Erfahrungsgemäß besuchen am Nachmittag weniger Kinder die Kindertagesstätte als am Vormittag. Dies ist bei der Personalbemessung zu beachten. Berücksichtigt werden muss auch der besondere Betreuungsbedarf der Kinder, der je nach Alter, Behinderung, eventueller Zugehörigkeit zu einer anderen Kultur oder problematischer Familiensituation sehr unterschiedlich sein kann. Besondere Bedingungen werden ebenfalls berücksichtigt, wie das Alter der Kinder (Kinder unter drei Jahren benötigen mehr Zuwendung) oder Kinder aus der Nähe von sozialen Brennpunkten und die Aufnahme von behinderten Kindern.

Beim Controlling-Instrument werden auch die Tätigkeiten bewertet, die erst die **Voraussetzungen für die Arbeit** mit den Kindern schaffen. Das sind:

- Zeit für die pädagogische und organisatorische Vorbereitung des Kindergartenbetriebs,
- Zeit für die Leitungsaufgaben.

Die freien und kommunalen Träger der Kindergärten versprechen sich von der Vereinbarung eine **Kostensenkung** im Bereich der Personalkosten, ohne die Qualitätsstandards zu senken und ohne Personal entlassen zu müssen.

Die arbeitsrechtlichen Faktoren der Personalkosten wurden bei diesem Controlling-Instrument ausgeklammert, da diese tariflichen Bestimmungen unterliegen und sich dadurch der Beeinflussung durch den Träger entziehen.

**MERKSATZ**

Das Controlling-Instrument trägt dazu bei, die Transparenz der einzelnen Einrichtung zu erhöhen und das Personalaufkommen zwischen den Einrichtungen vergleichbar zu machen.

**AUFGABEN**

1. *Stellen Sie die Träger der Kindergärten und -horte Ihres Landkreises bzw. Ihrer Stadt zusammen.*
2. *Erkundigen Sie sich nach der Art der Zusammenarbeit mit dem Träger und nach möglichen Controlling-Instrumenten.*

# 8 Pädagogische Prinzipien zu Gestaltung von Innen- und Außenbereichen und der Materialauswahl

Beziehungen zwischen den Kindern, der Erzieherin sowie Sozialassistentin können sich nur in einem **räumlich, zeitlich und thematisch strukturierten Rahmen** entwickeln. Die Beziehung bleibt nicht nur äußerlich, sondern zwischen beiden gibt es eine spezifische Wechselwirkung. Da Kinder ihre Wünsche oft nicht direkt zum Ausdruck bringen, muss von den **Entwicklungsinteressen der Kinder** ausgegangen werden. Dies setzt eine sensible Wahrnehmung der kindlichen Situation voraus und hat den Abbau einer erwachsenen-egozentrischen Pädagogik zur Folge.

## 8.1 Raumaufteilung

> Das Kind ist ein Buch,
> aus dem wir lesen
> und in das wir schreiben.
>
> Peter Rosegger

**AUFGABE**

*Beurteilen Sie den Vers von Peter Rosegger.*

Kinder leben täglich viele Stunden und oft mehrere Jahre in ihrem zweiten Zuhause, der Kindertagesstätte. In dieser Zeit finden ihre grundlegenden Entwicklungen statt. Daraus ergeben sich die nachfolgenden Fragen:

- Welche Innen- und Außenbereiche benötigen Kinder, um in der Kindertagesstätte gut aufzuwachsen und sich wohlzufühlen?
- Können Innen- und Außenbereiche sowie die Materialauswahl Kinder anregen oder lassen sie sie gleichgültig bzw. wird die Lebendigkeit der Kinder sogar gelähmt?

Die Fragen sollte sich jedes Kindergartenteam stellen und entsprechende Änderungen herbeiführen.

### 8.1.1 Raumaufteilung im Innenbereich

**AUFGABE**

*Beschreiben Sie die Innenräume von Kindergärten, die Sie während Ihrer Praktika kennengelernt haben.*

Viele Kindergärten sind – wie nachfolgend beschrieben – eingerichtet:

Ein Gruppenraum für 25 Kinder verfügt über wenigstens 26 Stühle und eine solche Anzahl an Tischen, dass die 26 Stühle gleichzeitig daran Platz haben. Der Raum ist durch Schränke in Brusthöhe der Kinder gegliedert, die in der Art ihrer Anordnung „Ecken“ schaffen: in jedem der Gruppenräume gibt es wenigstens **eine Bau- und Puppenecke, häufig auch noch eine Lese- und Kuschelecke**. In der Mitte des Raumes stehen Tischgruppen: ein **Bastel-, ein Mal-, ein Konstruktions-, ein Spiele- und ein Frühstückstisch**. Optimal ist es, wenn die Beleuchtung so eingerichtet ist, dass überall die gleichen Lichtverhältnisse herrschen. Kinder spielen bevorzugt an hellen Plätzen und meiden dunkle Ecken. Das Material, wenn nicht schon fabrikmäßig in Kästen verpackt, wie Memory, Lotto oder Puzzle, kann am besten in genormten Kisten und Schubläden aufbewahrt werden, auf denen vorne Bildchen aufgeklebt sind, die den Inhalt der Kiste bzw. Schublade anzeigen. Die Schachteln, Kästen und Kisten haben ihren Ort im Gruppenraum des Kindergartens. Malsachen und Malblätter gehören in die Nähe des Maltisches, Bausteine und Autos

---

Abb. Rabanus Maurus Kindergarten

werden am besten in einem Schrank beim Bauteppich und Konstruktionstisch untergebracht. Puzzle und Memory sowie weitere Spiele gehören auf den Spieltisch. Entscheidend ist, dass die Kinder **schnell an die Sachen** heran können, die sie gerade für ihr Spiel benötigen.

Auf dem Flur, in der Nähe des Gruppenraumes, sind 25 Doppelhaken für die 25 Kinder angebracht. Dort können sie ihre Jacken und die Butterbrottasche unterbringen. Über den Haken sind kleine Bildchen, z. B. mit einem Schmetterling angebracht, damit die Kinder wissen, wo ihr Platz ist. Vor den Doppelhaken stehen Bänke – der Platz zum An- und Ausziehen sowie zur Ablage der Schuhe. Wenn der Kindergarten über einen **größeren Eingangsbereich** verfügt, stehen dort vielleicht größere Spielgeräte, z. B. ein Kaufmannsladen oder eine Sitzecke. An der Wand hängen Informationen für die Eltern, z. B. eine Einladung für einen Elternabend. Ein Kindergarten älterer Bauart verfügt über einen Ausgang nach draußen, neuere Kindergärten haben mehrere Ausgänge.

Viele Pädagogen halten diese Form der Einrichtung für nicht mehr zeitgemäß. Sie sind dagegen der Meinung, dass die Gruppenräume mit Möbeln überfrachtet sind (siehe 6.7.2 und 6.7.3.) und dass es sinnvoller ist, sie nur mit zwei bis drei Tischen auszustatten und zwar mit:

- einem gemütlichen Esstisch,
- einem Mal-Bastel-Ton-Knete-Tisch,
- einem Spiele-Tisch.

Für alle übrigen Aktivitäten der Kinder sei es typisch, dass sie auf dem Fußboden stattfinden. Die Stühle, die für den Stuhlkreis benötigt würden, ließen sich in einer Ecke stapeln und zum Sitzen wieder hervorholen. Entbehrlich seien auch die vielen halbhohen Schubladen-Fächer-Schränke, die viel Platz in Anspruch nähmen, aber wenig Stauraum böten. Diese Raumteile schafften nicht wirkliche Rückzugsmöglichkeiten für Kinder, da sie jederzeit Einblick gewähren, sie seien vielmehr Bremsen für den kindlichen Bewegungsdrang. Notwendig seien ein bis zwei Schränke, damit die Kinder einen Ort für individuelle Dinge habe. Der Rest an Bauklötzen, Verkleidungssachen, Decken und Tüchern ließe sich besser in Körben oder Kästen unterbringen, was auch das Aufräumen erleichtere. Der weitgehend leer geräumte Raum solle, falls keine Fußbodenheizung vorhanden sei, mit einem weichen Teppich ausgestattet sein, um den Kindern das Spielen auf dem Fußboden zu ermöglichen. Dies kann Fragen von Hygiene und Reinigungsmöglichkeiten aufwerfen, nur – trotz des notwendigen Maßes an Hygiene – ein Kindergarten sei kein Krankenhaus.

Aus den entwicklungspsychologisch bedingten Spielbedürfnissen der Kinder heraus lassen sich einige prinzipielle Kriterien für die Einrichtung der Gruppenräume ableiten:

- Der Gruppenraum sollte eine individuelle Struktur haben, damit sich die Kinder mit ihm identifizieren können.
- Die feste Struktur müsste übersichtlich sein. Der Raum sollte sich in zwei höchstens drei Bereichen aufgliedern, die voneinander abgehoben seien, z. B.:
  - Einen Eingangsbereich mit zwei Tischen,
  - einen großzügigen Bereich für Bewegung und Konstruktion,
  - einen Nebenraum als Puppenecke.

Innerhalb dieser festen Struktur solle der Raum **variabel** sein, um sich den Spielbedürfnissen der Kinder anzupassen, d. h. wenn die Kinder etwas Größeres bauen möchten, dann muss der Raum entsprechend verändert werden können.

Der Raum sollte **Rückzugsmöglichkeiten** für ein einzelnes Kind oder für eine kleine Gruppe bieten, damit ein wirkliches Alleinseinkönnen möglich sei.

Der Gruppenraum müsste sich mit den Kindern **„entwickeln"** und die **Geschichte der Kindergruppe widerspiegeln**. Zu Beginn des Kinder-

Abb. Nühs

gartenjahres gebe es nur die Grundstruktur des Raumes. Nach und nach werde er mit Sachen der Kinder ergänzt.

Bei all diesen Prozessen sollen die Kinder mit beteiligt werden.

Der **Eingangsbereich** müsste den Kindern während des Freispiels zugänglich sein. Das gleiche gilt auch für die **Turnhalle**. Sie sollte den Kindern ebenfalls jederzeit zur Verfügung stehen, da sie durch die Turnstunden in der Regel nicht voll ausgelastet sei. Die **Verkehrsfläche**, z. B. im Eingangsbereich, soll so klein wie möglich gehalten werden. **Spielangebote in dieser zusätzlichen Fläche** können eine Malwand, eine Werkbank mit echtem Werkzeug, Turngeräte oder Wasserspiele sein. Für den **Rückzug** einzelner Kinder oder kleiner Kindergruppen könnte eine **Ecke** oder ein **kleiner Raum** zur Verfügung gestellt werden oder eine Kammer für sich.

## MERKSATZ

Als Prinzip für die Einrichtung aller Kindergartenräume gilt die Berücksichtigung der Entwicklungsphasen der Kinder.

## AUFGABEN

1. *Vergleichen Sie die beiden Einrichtungsmöglichkeiten miteinander und nennen Sie Vor- und Nachteile.*
2. *Wie war Ihr Praktikumskindergartens eingerichtet? Könnte da noch etwas verändert werden?*

## 8.1.2 Raumaufteilung im Außenbereich

Das Spiel im Freien ist ein wesentlicher Bestandteil des Lebens im Kindergarten. Häufig identifizieren sich Erzieherinnen nur mit ihrem Gruppenraum und den Räumen im Kindergarten. Zur Planung der pädagogischen Arbeit gehört aber auch die Aufgabe, die **Möglichkeiten des Spielplatzes** auszuschöpfen.

Abb. Nühs

In Kindergärten, in denen das Spielen im Freien wesentlicher Bestandteil des täglichen Lebens ist, ist den Erzieherinnen bewusst, welche Entwicklungschancen mit dem Aufenthalt im Freien für die Kinder verbunden sind. Das sind die:

- Unterstützung der gesundheitlichen und der motorischen Entwicklung, damit zugleich Anregung der geistigen Arbeit,
- Steigerung von Beweglichkeit, Geschicklichkeit, Körperbeherrschung, Selbstvertrauen,
- Begegnung mit der Natur innerhalb der Jahreszeiten,
- erweiterte Möglichkeiten zur Entdeckung der Umwelt,
- Aufnahme von Kontakten über die eigene Kindergartengruppe hinaus zu Kindern aus anderen Gruppen.

### Anforderungen an den Spielplatz

Ein wichtiges Gestaltungselement bei Spielplätzen im Freien stellt das Formen der Flächen dar, denn für Kinder ist es interessanter eine hügelige Fläche zum Spielen zu haben als eine ebene. Nach wie vor sind aber die meisten Spielplätze ohne eine Geländebewegung. Das liegt daran, dass ebene Flächen transparenter sind und eine bessere Übersicht für Aufsichtspersonen gewährleisten als eine geformte. Außerdem ist die Pflege einer ebenen Fläche einfacher als eine hügelige.

Die Spielgeräte in ebenen Anlagen sind meistens fantasielos nebeneinander aufgestellt, so dass Kinder wenige Möglichkeiten haben, sie in ihr Spiel einzubeziehen. Spielzonen, wie sie

auf Spielplätzen gewünscht werden, lassen sich höchstens an den Spielgerätetypen erahnen.

Warum ist der Aspekt des modellierten Geländes überhaupt für die Spielraumgestaltung wichtig?

Heute weiß man, dass die **Bewegungsabläufe** und die **Abschätzung von Höhen** und **Entfernungen eine Grundlage für mathematische Lernprozesse** und **Schreibfähigkeiten sind**. Kinder erwerben im Spiel wichtige Grundlagen für die Schule und ihr späteres Leben im Beruf.

Teilweise können diese Fähigkeiten auch an den üblichen Spielgeräten erworben werden. Allerdings sind die **Zulernprozesse** eingeschränkt, da viele Geräte die gleichen Abmessungen haben und von den Kindern nicht neu abgeschätzt werden müssen.

## Funktionen der Geländemodellierung

Spiel- und Aufenthaltsbereiche, die durch Hügel oder Vertiefungen gestaltet sind, setzen natürliche Grenzen, d. h., dass sich kleinere Kinder nicht dort aufhalten können, wo die Modellierungen stark ausgeprägt sind und Höhenunterschiede von einem bis zwei Metern vorhanden sind. Das ist ein Berg, den sie nicht überwinden können. Sie sind besser auf leicht gewellten Flächen untergebracht, wo sie die aufsichtführende Erzieherin und Sozialassistentin auch besser beobachten kann.

Für die größeren Kinder sind Höhenunterschiede von zwei Metern interessanter, denn die Überwindung der Höhen stellt größere Ansprüche an ihre Fähigkeiten. Die Frage, was hinter dem Hügel geschieht, ist nur durch Umgehen oder Überklettern zu beantworten.

**Spielflächen** mit einer Geländemodellierung sind für Kinder leichter einzuteilen, da das Auge die Fläche automatisch systematisiert. Die **Modellierung** trägt dazu bei, dass die Kinder für die Spielfläche **Haupt- und Nebenbereiche** festlegen können, wodurch die Modellierung eine steuernde Funktion erhält.

Die **Begrenzung des Sichtfeldes** erhöht die **Attraktivität der modellierten Fläche**, da sie das Beieinander der Kindergruppen auf engem Raum ermöglicht. Dies ist nach der Umgestaltung von Kindergartenaußenanlagen ebenfalls festzustellen: Kinder bevorzugen das Spielen in einem abgegrenzten Raum.

Die unterschiedlichen Höhen der Modellierungen sowie Böschungsneigungen steuern **Lernprozesse**:

Kinder müssen lernen, Wälle, Hügel und Böschungen zu „umgehen". Das fällt ihnen nicht leicht, denn meistens wählen sie den kürzesten und schwersten Weg. So kann es vorkommen, dass dieser Weg zu schwer für sie ist, da sie noch nicht über die entsprechenden Kräfte verfügen oder es fehlt ihnen die nötige Balance, so dass sie sich für eine andere Form, den Hügel oder die Böschung zu besteigen, entscheiden müssen, z. B. das Laufen in Serpentinen. Das selbstständige Erlaufen des Spielfeldes trägt dazu bei, ihre **Persönlichkeit** zu stärken.

Je größer und sicherer Kinder werden, desto **kürzer werden die Wege**. Die unterschiedlichen Neigungsgrade bzw. Geländebrüche erfordern verschiedene Fähigkeiten hinsichtlich der körperlichen Entwicklung. Die zusätzliche Ausstattung der Geländemodellierung mit **Baumstämmen** oder **Felsen** erhöht die **Gestaltungsvielfalt**. Außerdem kann durch die entsprechende Formung der Spielfläche in eine Hügellandschaft die Integration von Spielgeräten leichter erfolgen. Schaukeln, Brücken und Höhlen bieten zusätzliche Spielmöglichkeiten.

## Bauvorschriften für Kinderspielplätze

Für die Gestaltung von Kinderspielplätzen gibt es in allen Bundesländern entsprechende Bauvorschriften. Diese geben genauere Informationen über die Gestaltung von Spielplätzen.

---

Abb. Rabanus Maurus Kindergarten

## MERKSATZ

Eine modellierte Spielfläche gibt den Kindern viele Anreize der Bewegung. Darüber hinaus trägt sie dazu bei, mathematische- und Schreibfähigkeiten zu erwerben.

## AUFGABE

1. *Wiederholen Sie stichpunktartig die Vorteile einer modellierten Spielfläche.*
2. *Laden Sie sich die Bauvorschriften für Spielplätze Ihres Bundeslandes aus dem Internet herunter und vergleichen Sie sie mit den hier gemachten Aussagen.*
3. *Stellen Sie fest, inwieweit es einen modellierten Spielplatz in Ihrem Praktikumskindergarten gibt.*
4. *Besichtigen Sie verschiedene Spielplätze und beurteilen Sie die Anlagen.*

## 8.1.3 Bedeutung und Formen der Bewegungsbaustelle

## FALLBEISPIEL

**Begeisterte Vanessa**

Sozialassistentin Vanessa kehrt ganz begeistert von der Besichtigung einer Bewegungsbaustelle zurück. „Das ist etwas ganz Tolles", meint die 20-Jährige. „Gleich morgen sollten wir ebenfalls solch eine Baustelle einrichten. Ich habe schon mit meinem Bruder gesprochen. Er ist bereit, alte Autoreifen zu besorgen. Wenn ich mich in meinem Bekanntenkreis umsehe, dann gibt es noch weitere Leute, die uns ebenfalls Material zur Verfügung stellen können!" „Du hast recht", erwidert die Leiterin Simone Jordan, „seit langem wünsche ich mir auf unserem Spielplatz eine Bewegungsbaustelle. Die Eltern sollten wir in unser Vorhaben einbeziehen. Wenn wir sie für unsere Idee begeistern können, werden sie mitmachen und uns eine Menge Material zur Verfügung stellen." „Das finde ich großartig, Frau Jordan, dass Sie die Bewegungsbaustelle gut finden. Dann kann ja nichts mehr schiefgehen", erwidert die Sozialassistentin.
Gleich am Nachmittag setzen sich die Leiterin Simone Jordan und die Sozialassistentin Vanessa hin, um die Eltern zu einem Elternabend mit dem Thema „Bewegungsbaustelle" einzuladen.

## AUFGABE

1. *Berichten Sie über Ihre Erfahrungen mit einer Bewegungsbaustelle.*
2. *Nennen Sie die Vorteile aber auch mögliche Gefahren.*

Was ist eine Bewegungsbaustelle? Im Rahmen eines Projektes zur Förderung von Vorschul- und Grundschulkindern entwickelten die beiden Sozialpädagogen Miedzinski und Lindau (1983/1984) eine **Bewegungsbaustelle**. Sie folgten damit der Idee der Fröbelschen Holzbaukästen, die hier auf den großmotorischen Umgang mit Baumaterialien angelegt ist.

### Die Idee der Bewegungsbaustelle

Einfache Materialien wie z. B. Bretter, Balken, große Holzklötze, Autoreifen, Lkw-Schläuche, Styroporklötze, Drainagerohre, PVC-Rohre, Waschmitteltrommeln, Teppichreste, Seile usw. bieten sich als Bauelemente an. Im freien Umgang der Kinder mit dem Baumaterial ist zu beobachten, wie schon sehr junge Kinder in der Lage sind, **Strukturierungsleistungen beim Bauen** zu erbringen und die von ihnen erschaffenen Situationen in **eigener Bewegung** zu erkunden. Bei längerer Auseinandersetzung mit dem Material zeigt es sich, dass die Kinder zunehmend **neue Kombinationen** entdecken.

Abb. Basisgemeinde Wulfshagenerhütten; Bewegungsmaterialien nach Efriede Hengstenberg

Sie lernen nicht nur, sich sicherer zu bewegen, sondern entwickeln den praktischen Sinn für **materialadäquate Verwendung des Materials**. „So kann sich ein ganzheitliches Lernen mit Kopf und Körper über Bauen und Bewegen entwickeln“, teilen die beiden Sozialpädagogen mit. „Nicht nur in Erfahrung gebracht wird das eigene Können, sondern auch die Dingeigenschaften wie Hebel, Gewicht, Kippeligkeit, Elastizität usw.“

## Der Umgang mit der Bewegungsbaustelle

Die Idee der Bewegungsbaustelle ließe sich auf ganz natürliche Art und Weise verwirklichen, da die Kinder ihren Umgang mit ihrer physischen Umwelt durchaus selbstständig leisten können. Aus Sicherheitsgründen ist dieses nicht erlaubt. So ist man gezwungen, Bewegungsanlässe wieder künstlich herzustellen. Eine kindgemäße Bewegungsumwelt herzustellen, bedeutet aber, sich insbesondere an den Fähigkeiten und Möglichkeiten des Kindes zu orientieren.

Dabei sind folgende methodische Grundsätze zu beachten:

- Kleine überschaubare Kindergruppen (sechs bis acht Kinder) dürfen die Baustelle nur betreten.
- Einfach strukturierte Materialien sollten anfänglich nur zur Verfügung stehen.
- Das Bewegungskönnen kann durch den Einsatz weiterer Materialien bzw. durch den Austausch der Materialien gesteigert werden.

In der Regel tragen sich, die in dieser Weise arrangierten Lernsituationen selbst. Die Erzieherin und Sozialassistentin sind relativ freigesetzt. Ihre Bedeutung liegt mehr in der Betreuung der Situation:

- Hilfe bei den ängstlichen Kindern, die Schwierigkeiten haben, sich zurechtzufinden.
- Eingreifen bei Tollkühnheit, Streit, gefährlichen Sinndefinitionen.

## Das Einrichten einer Bewegungsbaustelle

Beim Einrichten einer Bewegungsbaustelle sind drei Fragen zu beantworten:

1. Wie viel und welches Material kann in welcher Gruppierung den Kindern an die Hand gegeben werden? Wie lange sollten die Materialien zur Verfügung stehen?
2. Wie muss das Material gelagert werden, um für die Kinder ständig verfügbar zu sein, und unter welchen räumlichen Bedingungen kann es von ihnen am besten genutzt werden?
3. In welcher Weise sollte sich der Erwachsene an den Aktivitäten der Kinder beteiligen?

**Zu 1)** Ein anfänglich sparsamer Einsatz an Baumaterial lenkt die Aufmerksamkeit auf **einfache Konstruktionen**. Die Auswahl des Materials hängt von den Konstruktionen und Bewegungsabläufen ab, die die Kinder damit durchführen wollen. Eine möglichst **konstruktive Zusammenarbeit** der Kinder erreicht man, wenn, wie schon genannt, nicht mehr als **sechs bis acht Kinder** die Baustelle nutzen. Bei intensiver Beschäftigung kann die Vertrautheit mit den Dingen ständig zunehmen, wodurch sich die Bau- und **Bewegungsvielfalt** vergrößert. Ein erstes Auswechseln des Materials ist erforderlich, wenn das Interesse daran nachlässt.

**Zu 2)** In räumlicher Hinsicht hat sich im Kindergarten eine ständig **verfügbare Nische** bewährt, in der die Materialien im Sinne einer Bewegungsbaustelle gelagert werden. Dazu müssen die Materialien schnell zur Hand sein und sich von den Kindern möglichst selbstständig herbeischaffen lassen. Desgleichen sollten sie von den Kindern durch entsprechende Vorrichtungen leicht verstaut werden können. Stell- und Hängevorrichtungen haben sich dafür bewährt.

**Zu 3)** Zur Betreuung der Bewegungsbaustelle ist grundsätzlich zu sagen, dass der Erwachsene sich als Helfer, Partner und Anreger versteht. Anfängliches Vorgeben von einfachen Konstruktionen kann eine willkommene Hilfe sein und Vertrauen schaffen. Gezielte Hinweise auf Gefahrenmomente (z. B. ein kippeliges Brett) vertiefen die Überlegungen für die Baukonstrukte, sollten aber nicht Angst machen.

## Bewegungsbaustelle in der Wohnung

Innerhalb der Wohnung gibt es viele Faktoren, die die Bewegungsentwicklung positiv und negativ beeinflussen können. Es beginnt mit der Beschaffenheit von Fußbodenbelägen. Ein durchgehend mit PVC belegter Fußboden bietet keinerlei Bewegungsaufforderung außer Rutschen. Dagegen vermittelt ein in seiner Struktur wechselnder Untergrund (Teppich – Parkett – Teppich – Schaumstoffauflage) vielseitige Erfahrungen, lässt taktile Unterschiede erfahren und verführt zum Krabbeln, Wälzen und gibt den Füßen Halt. Von ähnlicher Bedeutung sind die Anordnung und Beschaffenheit des Mobiliars. Unterschiedliche Kleinmöbel geben dem Kind Gelegenheit, sich aufzurichten und unterstützen damit erste Gehversuche.

Eine besondere Attraktion für Kinder ist:

- die Schaukel- und Kletterlandschaft im eigenen Zimmer. Dafür nimmt man am besten ein Kletternetz, eine Sprossenleiter, Taue und ein Klettergitter,
- die alte Federkernmatratze, die sich gut zum Hopsen und Springen eignet,
- der alte Autoreifen, der sich mit den entsprechenden Zusatzteilen zum Karussell und Transportmittel verarbeiten lässt,
- der Schaumstoffquader, der sich mit weiteren Schaumstoffquadern gut für Bauaktivitäten verwenden lässt.

Aus den unterschiedlichen Materialien können sich bereits kleine Kinder Bewegungsanlässe konstruieren. So ergeben eine Walze und ein Brett eine Wippe, eine an Seilen aufgehängte Bank eine Schaukel usw.

Hinweise zum Schutz der Kinder:

- Die Materialien müssen vor allem **verletzungssicher** sein. Scharfe Kanten, Ecken, Risse oder Splitterungen sind durch Schmirgeln oder Glätten zu beseitigen.
- Es empfiehlt sich, die Holzteile mit einem Klarlackanstrich zu versehen, um sie haltbarer und splitterfreier zu machen. Alte, raue Holzbohlen lassen sich mit Teppichboden ringsum bekleben. Damit ergeben sie griffige und weiche Auflageflächen.
- Befestigungen an den Decken oder an den Wänden müssen die notwendige Trag- und Zugfestigkeit aufweisen.

## MERKSATZ

Bewegungsbaustellen tragen dazu bei, dass Kinder Selbstvertrauen und Entscheidungsfreude entwickeln durch bessere Einschätzung eigenen Bewegungskönnens.

## AUFGABE

1. *Beurteilen Sie das Bild nach den genannten Kriterien für eine Bewegungsbaustelle.*
2. *Erarbeiten Sie einen Fragebogen, in dem Sie nach der Frequentierung der Bewegungsbaustelle fragen, dem Material, der Häufigkeit des Auswechselns des Materials und nach der Zahl der Kinder, die jeweils die Bewegungsbaustelle nutzen.*
3. *Werten Sie die Ergebnisse aus und berichten Sie darüber in Ihrer Klasse.*

## 8.2 Vorbereitete Umgebung

„Der Mensch spielt nur da,
wo er in voller Bedeutung
des Wortes Mensch ist,
und er ist nur da Mensch,
wo er spielt."
Friedrich Schiller

## AUFGABE

*Können Sie die Aussage von Schiller bestätigen?*

Kinder benötigen eine Umgebung, in der sie sich gern aufhalten, die mit allen Sinnen erforscht und erfahren werden kann und die zu weiteren Lernfortschritten führt.

Abb. Morgenstern

Im Prozess der aktiven Wahrnehmung stellen Kinder Verbindungen zwischen sich und ihrer Umwelt her. Durch ihre **Sinneseindrücke** lernen sie die Menschen und Dinge ihrer Umgebung und sich selbst kennen, eine Voraussetzung für die **Entwicklung ihrer Identität**. Deshalb sind Kinder neben der Begleitung durch Bezugspersonen auf eine reichhaltige und vielfältige Umgebung angewiesen, also auf Räume, die ihre Sinne stimulieren und zu Fragen und Antworten anregen.

Die Möbel bilden zwar das feste Gerüst jeder Einrichtung, aber die **Raumgestaltung** bringt eine **helle freundliche Atmosphäre, Wärme und Wohlbefinden** in den Raum. Räume können nicht nur funktional, sondern auch schön sein, z. B. durch Kreativ- und Werkbereiche mit einer Fülle anregenden Materials oder Wasch- und Wasserräumen mit Spiegeln und Grünpflanzen.

Durch die Raumgestaltung wird deutlich, wer tagsüber in dem Raum gewesen ist. **Kinder, Sozialassistentinnen und Erzieherinnen** hinterlassen ihre **Spuren** (siehe dazu Raumaufteilung im Innenbereich). Wer hinsieht, kann in der Gestaltung und Präsentation von Räumen eine Menge von dem entdecken, was hier täglich geschieht. Mit einer **kreativen Raumgestaltung** wird entscheidend Einfluss auf die **sensorische Wahrnehmung** der Kinder genommen.

## 8.2.1 Licht als Umweltfaktor für das Kind

Natürliches Licht in die Räume zu holen, heißt Leben und Bewegung hineinzulassen, eine Verbindung zwischen drinnen und draußen herzustellen. Licht zaubert Schatten und diese Schatten sind interessant für Kinder. Architekten neuer Kindergärten achten darauf, dass ausreichend Licht in die Räume hineinkommt. In älteren Kindergärten fehlt häufig die benötigte Helligkeit, so dass auf künstliches Licht zurückgegriffen werden muss. **Helles künstliches Licht** kann zu **Spannungen** zwischen Erzieherinnen, Sozialassistentinnen und den Kindern führen. Heute versucht man, diese Beleuchtung durch eine **Tageslicht-ähnliche künstliche Beleuchtung** zu ersetzen. Es ist zwar nicht dem natürlichen Licht gleichwertig, aber wesentlich angenehmer als das helle künstliche Licht. An der geeigneten Beleuchtung sollte im Kindergarten nicht gespart werden, denn sonst nimmt man den Kindern ein wichtiges Stück Lebensqualität. In den Übergangsjahreszeiten, besonders aber im Winter, sind Kinder auf künstliches Licht angewiesen, weil das natürliche nicht ausreicht. Gut geeignet ist künstliches Licht, das auch eine orientierende Funktion hat, z. B.

- Deckenfluter als Allgemeinbeleuchtung, mobile Lampen, die begrenzte Bereiche ausleuchten und eine anheimelnde Atmosphäre schaffen,
- Lampen, die auf Bücher hinweisen oder kreative Bereiche besonders beleuchten.

Dazu einige Beispiele:

**Schattenspiele** auf einer großen Leinwand begeistern Kinder, weil sie dort mit sich **selbst oder mit Gegenständen hantieren** können.

---
Abb. Thiele

Gegenstände, die farbig sind, werfen farbige Schatten.

**Leuchttische**, an denen Kinder mit Licht gestalten, Schatten erzeugen und Farben zum Leuchten bringen können, haben eine **sehr intensive Wirkung** auf Kinder. Leuchttische oder Kästen können sehr leicht selbst montiert werden, indem Stableuchten in einen Kasten oder Tisch mit einer Mattscheibe montiert werden.

## MERKSATZ

Natürliches Licht sollte bei Kindern bevorzugt werden, da es mit einem Stück Lebensqualität gleichgesetzt werden muss. Künstliches Licht sollte dem natürlichen ähnlich sein.

## AUFGABE

*Berichten Sie über die Beleuchtung in Ihrem Praktikumskindergarten.*

## 8.2.2 Farben und ihre Wirkung auf das Kind

## AUFGABE

*Nennen Sie Gründe dafür, warum Kinder so gern Bilder im Raum aufhängen.*

Farben sind ein wesentliches Element unseres Lebens und können vielerlei bewirken:

- Sie machen uns fröhlich oder trübsinnig,
- sie erwärmen uns oder lassen uns frösteln,
- sie orientieren oder verwirren uns,
- sie können Räume kühl oder behaglich machen,
- Ruhe oder Unruhe stiften,
- zu Geselligkeit oder Konzentration einladen und damit auf die ihnen eigene Art den Weg zur sinnvollen Nutzung von Räumen und Tätigkeitsbereichen bahnen oder verwehren.

Farben haben einen entscheidenden Einfluss auf das Wohlbefinden der Menschen. Kinder reagieren auf Farben genau so sensibel wie Erwachsene, nur können sie die Ursache für ihre Empfindungen nicht erklären. Umso mehr müssen sich die Erwachsenen im Sinne der Kinder um diese Zusammenhänge kümmern.

Wie Räume farblich aussehen sollen hängt ab:

- von der Beschaffenheit der Räume,
- von ihrer Nutzung,
- von dem pädagogischen Konzept.

Von den im Kindergarten arbeitenden Erzieherinnen und Sozialassistentinnen muss gemeinsam beschlossen werden, wie die Räume aussehen sollen. Die ideale Farbe gibt es nicht, daher können hier nur einige Überlegungen für die Farbgestaltung gegeben werden:

- **Vorsicht ist bei kräftigen Wandfarben** geboten, weil sie eine enorm starke Wirkung haben, besonders wenn sie miteinander kombiniert werden.
- **Helle, gebrochene Farbtöne** sind geeigneter, weil sie eine subtile Ausstrahlung haben.

Wenn wir davon ausgehen, dass die Wände für **Dokumentationen** und zur **Ausstellung von Produkten** der Kinder genutzt werden, ist es sogar äußerst sinnvoll, den Wänden **zurückhaltende Farben** zu geben, damit die Objekte nicht übertönt werden. Außerdem wird den Wänden eine **dienende Funktion** zugesprochen, daher sollte die Farbe dezent sein. Bunte Vorhänge, Kissen und Polster bringen zusätzlich Farbe in den Raum.

Wichtig ist auch, dass die Wände regelmäßig gestrichen werden, denn Kinder haben ein Recht darauf, in **gepflegten Räumen** aufzuwachsen. Erzieherinnen und Sozialassistentinnen fühlen sich ebenfalls in gepflegten Räumen wohler als in ungepflegten. Wenn der Träger des Kinder-

Abb. Nühs

gartens nicht über die notwendigen finanziellen Mittel verfügt, ist unter Umständen Eigeninitiative angesagt.

## MERKSATZ

Farben haben einen vielfältigen Einfluss auf unser Leben. Sie sind von Bedeutung für die Orientierung, für Anregungen, für Aktivitäten und für das Wohlbefinden.

## AUFGABE

*Berichten Sie über die Farben in Ihrem Klassenraum und den Einfluss auf Ihre Stimmung.*

### 8.2.3 Das Fenster als Spähposten zur Welt

## AUFGABE

*Begründen Sie die Überschrift. Welche Bedeutung haben Fenster für Kinder?*

Warum werden Fensterscheiben in Kindergärten so gern bemalt? Zur Dekoration, zum Schutz vor Ein- und Ausblicken, als Markenzeichen, um zu bekunden, dass hier Kinder leben? Die Gründe sind nicht eindeutig zu erklären, aber festzustellen ist, dass **Fenster** eine **besondere Bedeutung** für Kinder haben.

In der Regel macht es Kindern Spaß, die Fenster zu bemalen. Die transparenten Farben, die ihnen die Erzieherin oder Sozialassistentin zur Verfügung stellt, lassen das Licht durchscheinen, wenn es auch in den Räumen dunkler und anheimelnder wird.

Manchmal ist es auch erforderlich, Räume, z. B. Schlafräume, vor zu viel **Helligkeit** zu **schützen**. Wieder andere Räume müssen vor **Einblicken** von außen bewahrt werden. Möglicherweise sind Gardinen besser geeignet als bemalte Fenster.

Grundsätzlich ist zu überprüfen, wie viele **Ein- und Aussichten** für Kinder **verträglich** sind und zu differenzieren, in welchen Fällen **Blickschutz** erforderlich ist. Die Entscheidung darüber hängt auch von der Lage des Kindergartens ab. Wenn er an einer **verkehrsreichen Straße** angrenzt, steht der Wunsch nach Schutz im Vordergrund. Liegt er aber wie die meisten Kindergärten auf einem **ruhigen Gelände**, kann die **ungehinderte Ein- und Aussicht** der Kinder Vorrang haben. Fenster haben immer etwas mit dem Sehen und der Wahrnehmung zu tun, also mit den Augen und der Vorstellungskraft der Kinder. Deswegen ist es sinnvoller, lieber etwas **Kleinteiliges** von den Kindern an den Fenster anbringen zu lassen als ein **großflächiges Gemälde**, das die Aussicht versperrt. Dann können die Kinder die Umwelt durch **kleine optische oder farbige Objekte** sehen, wodurch die Umgebung visuell verändert wird und neue Fragen und Einsichten entstehen.

Sinnvoll sind auch Durchblicke in andere Räume, Etagen, in das Treppenhaus, in den Korridor oder nach draußen in den Garten. Kinder können so erfahren, was sich außerhalb des Raumes befindet und bewegt, sie können **Beziehungen** zwischen sich und den anderen Kindern sowie zwischen drinnen und draußen herstellen. Die Befürchtung von Erzieherinnen und Sozialassistentinnen, ein großes Maß an Transparenz könnte sie und die Kinder ablenken, kann nicht bestätigt werden, im Gegenteil:

- Die Übung mit den durchsichtigen Räumen führt zur **Erweiterung der Wahrnehmung** und des **Horizontes**.

Auf Grund dieser Erfahrung sind Kinder selbst offener und aufgeschlossener. Sie haben mehr

Abb. Nühs

Durchblick im doppelten Sinne des Wortes. In solch transparenten Räumen muss allerdings eine ausreichende Zahl geschützter Nischen vorhanden sein, in die sich die Kinder zurückziehen können, denn neben der Offenheit brauchen sie als Ausgleich die Intimität.

**DEFINITION**

Fenster erlauben einen Blick von drinnen nach draußen, von einem Raum in den anderen. Fenster sind Spähposten, von dem aus die Welt beobachtet werden kann.

**AUFGABE**

*Nennen Sie Beispiele dafür, wie Fenster im Kindergarten durch Bastelarbeiten und Malereien verschönert werden können.*

### 8.2.4 Spiegel zum Erkennen des Selbstbildes

**AUFGABE**

*Gehen Sie auf die Bedeutung des Spiegels für ein Kind ein.*

Beim allmorgendlichen Blick in den Spiegel weiß jeder Erwachsene, wer er ist. Kinder dagegen müssen sich selbst erst kennenlernen. Das geschieht durch die Wechselwirkung mit anderen Kindern und Erwachsenen, vorrangig aber dadurch, dass sie ihr **Gesicht**, ihre **Gestalt** und ihre **Bewegungen im Spiegel sehen** und sich erkennen. Kinder müssen sich immer wieder im Spiegel sehen, da sie sich schnell verändern und sich gern durch Kleidung und Bemalung verwandeln. Vor allem ist die eigene Rückseite interessant, bis sie sie durch den Spiegel sehen können.

Spiegel werfen aber nicht nur das eigene Bild zurück, sondern auch das von Freunden und Bekannten. Spiegel führen daher auch zur **Kontaktaufnahme mit anderen Kindern** durch Vergleichen von Ähnlichkeiten und Unterschieden. Das Betrachten des eigenen Spiegelbildes macht nicht eitel, sondern bereichert die Sinneseindrücke der Kinder und hilft ihnen, ein **Selbstbild** aufzubauen und ihre Identität zu stärken. Spiegel erweitern den Raum und erlauben es sogar, um die **Ecke** zu sehen und **Licht in dunkle Ecken** zu leiten.

Für Kindergärten sind ganz unterschiedliche Spiegel geeignet:

- **kleinere Spiegel** sind für das Bad erforderlich, um sich beim Zähneputzen oder Waschen des Gesichtes zu betrachten,
- **hohe Spiegel**, damit die Kinder ihre ganze Gestalt betrachten können.,
- **dreiteilige Spiegel**, z. B. von einer alten Frisierkommode, damit die Kinder ihre Rückseite kennenlernen können,
- **über Eck angebrachte Spiegel** ermöglichen ungewohnte Blicke in den Raum und stellen neue Zusammenhänge her,
- **Handspiegel** zum Experimentieren, damit sich die Kinder frei bewegen können,
- **kleine Standspiegel**, damit die Kinder ihr Gesicht betrachten können,

Abb. Maier

- **konvexe und konkave Spiegel**, in denen die Figur entweder zu einem Strich zusammenschmilzt oder auseinander geht. Kinder können die unterschiedliche Wahrnehmung entschlüsseln,
- **runde Spiegel**, die auf dem Boden festgeklebt sind, lassen die Kinder über die „Tiefe“ staunen.

Alle Kinder brauchen und wünschen sich Spiegel, in denen sie sich betrachten und sich ein Bild von sich machen können. Besonders die Kleinsten müssen die Chance der Selbsterkundung haben.

**MERKSATZ**

Spiegel haben eine große Anziehungskraft auf Kinder. Sie reichern die Sinneseindrücke der Kinder an und tragen dazu bei, ihr Selbstbildnis aufzubauen.

**AUFGABE**

*Stellen Sie den vielseitigen Einsatz unterschiedlicher Spiegel für Kinder zusammen.*

### 8.2.5 Material oder Spielzeug für das kindliche Spiel

**AUFGABE**

*Versuchen Sie die Bedeutung von Kinderspielzeug für das Kind zu erklären.*

Es gibt Kindergärten ohne Spielzeug, die mit Überlegung sparsam ausgestattet sind und die Kinder zur **Erfindung eigener Spiele** anregen möchten. Andere Kindergärten haben einen gewissen Warenhauscharakter, da sie mit Spielzeug vollgestopft sind. Zwischen diesen weit voneinander entfernten Spiel- und Raumkonstellationen gibt es vielfältige Abstufungen.

Richtig ist, dass sich Kinder mit **Dingen und Gegenständen unterschiedlicher Beschaffenheit**, z. B. aus Holz, Metall, Plastik, Pappe, mit voneinander abweichenden **Größen und Formen** auseinander setzen müssen. Das machen Kinder immer und überall mit Spielzeug und Einrichtungsgegenständen, besonders aber im Umgang mit verschiedenartigen Materialien.

Während **unstrukturiertes Material** den Kindern in **größerer Menge** zur Verfügung gestellt werden kann, sollte beim **fertigen Spielzeug eher Zurückhaltung** geübt werden. Kinder brauchen nicht so viele Dinge im Miniformat, sondern vielmehr echte Utensilien aus Küche und Werkstatt. So kann ein Küchensieb genau so gut zum Sieben verwendet werden wie als optisches Gerät, durch das die Kinder die Welt betrachten können. Bürsten können als Bürsten aber auch als Igel verwendet werden. Es ist aufschlussreich zu beobachten, welche **Bewegungen, Zuordnungen, realen Tätigkeiten** Kinder in ihrer **jeweiligen Lebensphase** bevorzugen. Sie können die Gegenstände benutzen, die sie einen Schritt weiter in der Entwicklung voranbringen. Alles andere ist meist überflüssig und kann entfernt werden. Der entstandene Freiraum kann für Initiativen der Kinder genutzt werden. Nach einiger Zeit sollte das Spielmaterial ausgetauscht werden.

**MERKSATZ**

Unstrukturiertes Material sollte den Kindern bevorzugt zur Verfügung gestellt werden, da sie daran ihre Fantasie entfalten können.

**AUFGABE**

*Beurteilen sie Kinderspielzeug hinsichtlich seines vielseitigen Einsatzes. Bringen Sie dazu Kataloge mit.*

### 8.2.6 Kreatives Arbeiten in den Kinderwerkstätten

Basteln, Tüfteln und Werkeln sind Tätigkeiten, bei denen Kinder **eigene kreative Lösungen** suchen. Heute wird zwar zwischen Basteln und Werken unterschieden, doch lässt sich die eigentliche Bedeutung bis ins Mittelalter zurückverfolgen. Ursprünglich wurde es für Handwerksarbeiten gebraucht, die nicht in einer Zunft organisiert waren. Heutzutage ist der Bastler jener Mensch, der mit den Händen werkelt und dabei Mittel verwendet, die mit denen des Fachmanns nicht zu vergleichen sind.

Der inzwischen abschätzige Begriff des Bastelns wird erst dann wieder Sinn bekommen, wenn Kinder ohne belehrende Eingriffe im Dialog mit Gleichaltrigen ihre Ideen beim Basteln umsetzen.

Die besondere Qualität von Kinderwerkstätten wird sich insbesondere dann entfalten, wenn **der unbekümmerte und spielerische Umgang mit Werkstoffen und Materialien** möglich ist. Als eigenwillige Schöpfer des Unwahrscheinlichen wirken kindliche Werke manchmal etwas befremdlich auf Erwachsene. Doch gewähren sie mit ihren originellen Arbeiten wunderbare und oftmals überraschende Einblicke in eine andere Welt.

## Die Tüftlerwerkstatt

Kinder sind nicht nur Erfinder, sondern sie beherrschen auch die **Kunst des Demontierens**. Besonders gut geeignet sind dafür Wecker mit einem aufziehbarem Räderwerk, die mechanische Schreibmaschine, das gute alte Telefon mit Wählscheibe und der schrottreife Plattenspieler. In der heutigen elektronisch aufgerüsteten Welt wird es zunehmend schwieriger, diese ausrangierten Gebrauchsgegenstände überhaupt noch zu finden. Doch die Mühe lohnt sich, denn beim Auseinandermontieren der mechanischen Geräte wird der Kindergarten zur Lernwerkstatt. Kinder lernen durch Entdecken und Erkennen.

## Die Holzwerkstatt

Über das Sägen, Nageln, Raspeln, Feilen, Schmirgeln und Leimen von Holz finden Kinder Zugang zu diesem natürlichen Werkstoff. Daher sollte die **Holzwerkstatt eine besondere Beachtung** finden, da große Werkaktivitäten im Gruppenraum nicht möglich sind. Der Arbeitsplatz muss gut zugänglich und übersichtlich sein. Jedes **Werkzeug** benötigt einen **festen Platz**. Zum Einspannen und Bearbeiten von Werkstücken ist ein großer feststehender Tisch mit einem fest verschraubten Parallelschraubstock geeignet. Die Arbeitsflächen müssen gut ausgeleuchtet sein.

Von den Billigangeboten so genannter Kinderwerkstatt-Sets ist abzuraten, da sie der besonderen Beanspruchung von Kinderwerkstätten nicht standhalten. Bevor die Kinder in der Holzwerksatt arbeiten, sind sie gründlich in den **Umgang mit Werkzeugen** einzuführen. Nicht jedes Holz ist für Kinder geeignet: Holz, das sich mit dem Daumennagel einritzen lässt, kann verwendet werden (z. B. Tanne, Fichte, Kiefer). Kinder benötigen ausreichend **Material zum Üben**. In dieser Altersgruppe steht die Freude am handwerklichen Tun im Vordergrund.

## Die Tonwerkstatt

Eine Tonwerkstatt gibt es in den wenigsten Fällen, da hilft nur improvisieren. Mit einer relativ reißfesten Teichfolie oder Wachstuchdecke lassen sich Wand, Boden und der Tisch, auf dem gearbeitet wird, abdecken.

Der Ton sollte in ausreichender Menge zur Verfügung stehen, besonders geeignet ist **fein schamottierter Aufbauton**, der in luftdichten Eimern mit Deckel aufbewahrt wird. Pro Kind ist mit etwa 5 kg Material zu rechnen, um auch grobmotorische Aktivitäten zu ermöglichen. Roter Ton sollte der Vorrang eingeräumt werden, da er sinnlicher wirkt. Als Werkzeug nimmt man am besten Hände und Füße.

---

Abb. Nühs

## MERKSATZ

Werkstätten geben den Kindern die Möglichkeit des unbeschwerten Umganges mit unterschiedlichen Materialien. Dabei ist das praktische Tun wichtiger als das fertige Ergebnis.

## AUFGABEN

1. *Nennen Sie Fähigkeiten, die ein Kind durch das Arbeiten mit unterschiedlichem Material erwerben kann.*
2. *Berichten Sie über Ihre Erfahrungen bei der Beschäftigung von Kindern in Werkstätten in Kindertageseinrichtungen.*
3. *Erarbeiten Sie eine Ausstellung mit Werkstücken von Kindern.*

## 8.3 Beurteilung von Spielgeräten

Bewegungsmangel ist ein gesellschaftliches Problem. Das bedeutet für den Menschen eine beträchtliche Einschränkung seiner Leistungs- und Bewegungsfähigkeit. Auf die Kinder bezogen ist dieser Bewegungsmangel **entwicklungshemmend und aggressionsaufbauend**. Den Folgeerscheinungen kann nur entgegengewirkt werden durch **Spielgeräte mit einem hohen Aufforderungscharakter**. An diesen Spielgeräten können sich die Kinder ohne Leistungsdruck und Erfolgszwang bewegen und dabei ihre körperliche Verfassung verbessern.

### 8.3.1 Beurteilungskriterien für Spielgeräte

## FALLBEISPIEL

**Neue Spielgeräte für den Spielplatz entlang der F. Straße**

Am Mittwoch, den 11. Juni, konnten die neu errichteten Spielgeräte auf dem Spielplatz entlang der F. Straße an die Öffentlichkeit übergeben werden. Die Vorgaben eines kind- und damit auch spielgerechten Kinderspielplatzes hatte der Kinderspielplatz im Baugebiet T. bereits seit längerer Zeit nicht mehr erfüllen können, nachdem in den vergangenen Jahren immer wieder Spielgeräte altersbedingt und damit aus Gründen der Sicherheit abgebaut werden mussten und nicht gleichermaßen auch wieder ersetzt wurden. So waren tatsächlich weite Flächen des Spielplatzes leer geräumt; die Kinder fanden zuletzt nur noch einzelne kleine Spielgeräte vor. Es war somit an der Zeit und geboten, den Spielplatz in diesem Jahr durch neue Spielgeräte wieder aufzuwerten; damit wird auch einer Entwicklung der letzten Jahre entsprochen, in denen wieder mehr junge Familien mit Kleinkindern im Baugebiet H. ihr Zuhause gefunden haben. Bürgermeister R. G. durfte eine große Anzahl an Kindern, Eltern, Gemeinderäten und Interessierte begrüßen. In seiner Rede ging er u. a. darauf ein, dass die kleinen und kleinsten Mitbürgerinnen und Mitbürger darauf angewiesen seien, dass die Erwachsenen sich um deren Bedürfnisse und Interessen kümmern und die Verantwortung dafür übernehmen müssten, den Kindern eine behütete Kindheit zu sichern. So seien sie aufgerufen, die Entwicklung der Kinder stets zu fördern und ihnen Möglichkeiten zu verschaffen, sich ihren Fähigkeiten und Anlagen entsprechend entfalten zu können, u. a. sei es somit auch Aufgabe der öffentlichen Hand, den Kindern Spielplätze zur Verfügung zu stellen, an denen diese sicher und ungestört spielen und sich entfalten könnten. Dieser Aufgabe komme heute umso mehr Bedeutung zu, da die Straßen keine Spielmöglichkeiten mehr böten.

So wichtig wie die Plätze selbst seien auch die Spielgeräte, die ganz gezielt den kindlichen Bewegungsdrang förderten und zum gemeinsamen Entdecken und Spielen einlüden. Bei der Auswahl neuer Spielgeräte sei es ein Anliegen gewesen, die Eltern an dieser Aufgabe teilhaben zu lassen, um dem tatsächlichen Bedarf der Kinder gerecht zu werden. Für diese Mitarbeit im Vorfeld, wie auch für das Engagement für die Sache selbst, bedankte sich Bürgermeister G. ganz herzlich bei den mitwirkenden Eltern. Im Anschluss daran übergab er die neuen Spielgeräte ihrer Bestimmung und wünschte hierbei den Kindern wie Eltern viele frohe Stunden auf dem Kinderspielplatz.

## AUFGABEN

1. *Unterstreichen Sie alle Textstellen, in denen etwas über Spielgeräte ausgesagt wird.*
2. *Stellen Sie mit Hilfe dieser Textstellen fest, welche Anforderungen an Spielgeräte zu stellen sind. Ergänzen Sie die Aussagen.*

Das Verhalten vieler Menschen, auch das Verhalten von Kindern, ist von **Konsum**, **Passivität** (Fernsehen) und **Bewegungsmangel** geprägt. Das hat zu negativen Folgeerscheinungen geführt:

- Die Kinder- und Jugendkriminalität hat zugenommen und immer mehr Kinder leiden unter Verhaltensauffälligkeiten, z. B. **motorischer Unruhe und Entwicklungsrückständen**.

Das liegt zum Teil auch daran, dass es den Eltern gleichgültig ist, ob sich ihre Kinder ausreichend an der frischen Luft bewegen. Die Bereitschaft, Verantwortung für die Kinder zu übernehmen, nimmt immer mehr ab. Das Bereitstellen von Spielplätzen mit motivierenden **Sport- und Spielgeräten** kann dazu beitragen, einen Teil der Kinder und Jugendlichen aus den Wohnzimmern, vom Fernsehen, wegzuholen und die Geräte auszuprobieren.

Wie müssen Sport- und Spielgeräte beschaffen sein, damit Kinder und Jugendliche daran keine Unfälle erleiden?

- Spielgeräte müssen dem **Alter des Kindes** entsprechen.
- Spielgeräte für Kinder müssen so beschaffen sein, dass sie den **Bewegungsdrang** der Kinder **fördern**.
- Sie müssen **sicher** sein, d. h. Kinder dürfen sich daran **nicht verletzen**, z. B. durch scharfe Kanten oder raue Stellen.
- Sie müssen **umweltfreundlich** sein, d. h. aus umweltfreundlichem Material hergestellt worden sein und später leicht entsorgt werden können.
- Sie müssen vielseitig sein, d. h. die Kinder müssen **unterschiedliche Übungen** daran durchführen können, z. B. Schaukeln und Klettern.
- Sie müssen die Möglichkeit bieten, dass sich **mehrere Kinder** darauf bewegen können.
- Die sollten **gut verarbeitet** und **formschön** sein.
- Sie sollten **gesetzlichen Vorschriften** entsprechen und mit der **TÜV- und GS-Plakette** ausgestattet sein und der **Iso-Norm 9001** entsprechen.

Im Einzelnen sehen die **Vorschriften** wie folgt aus:

**Hölzerne Strukturteile** für das Gerüst eines Spielgerätes müssen gemäß **Norm DIN 68800** imprägniert sein.

Die **Seitenränder** von **Vielschichtensperrholz** müssen mit phenolischem Kleber ausgeführt sein gemäß **Norm UNI EN 636 Teil 3**.

Sitze der Feder- und der zusammengestellten Spielgeräte sind atoxisch, wenn sie mit Tafeln aus **POLEDON** gemäß den **Direktiven EN 71 Teil 3** versehen sind.

Handgriffe und Fußstützen von **Federspielgeräten** sind atoxisch gemäß **EN Richtlinie 71 Teil 3**, wenn sie aus **gefärbtem Nylon** hergestellt sind.

**Metallgeräte**, die mit **polyurethanischen Pulver** lackiert sind, erweisen sich nach der Fertigung als **atoxisch**.

**Ketten für Schaukeln** und **mobile Brücken** sollten mit **engmaschigen Löchern**, die niedriger als 8,6 mm sind, gemäß der **Normen EN 1176 Teil 1** und **ISO 1834** hergestellt sein, damit sich die Kinder darin nicht die Finger einklemmen können.

Klettertaue aus dem **Seil Hercuflex** müssen gemäß **EN 1176 Teil 1** genormt und vom **TÜV** genehmigt werden.

**Mobile Brücken** müssen mit dem Seil Hercuflex versehen sein und als zusätzliches Sicherungselement ein Fußbrett haben. Alle Bestandteile aus Holz der mobilen Brücke müssen gemäß **DIN 68800 druckimprägniert** sein.

Federn für **Schaukelspielgeräte** und **Wippen** müssen aus Stahl gemäß der **Norm DIN 17223** sein. Jede Feder sollte mit zwei Sicherungsvorrichtungen ausgestattet sein **(EN 1176-1)** Eine liegt auf der Basis und die andere auf der höheren Ebene.

**Rutschenpisten der Rutschen** sollten aus selbsttragendem und rostfreiem Stahlblech ausgeführt sein. Die Größe und die Umrisse der Ränder, wie auch die Zugangs- und Ausgangszonen der Rutschenpisten sollten den Forderungen der **Norm EN 1176 Teil 3** entsprechen.

## MERKSATZ

Spielgeräte für Kinder müssen altersgemäß und vielseitig einsetzbar sein. Darüber hinaus müssen sie gesetzlichen Vorschriften (TÜV und GS) und DIN-Normen entsprechen.

## AUFGABEN

1. *Überprüfen Sie die Spielgeräte auf den Kinderspielplätzen hinsichtlich der genannten Vorschriften. Achten Sie darauf, ob die Spielplätze ausreichend von Kindern besucht werden.*
2. *Machen Sie sich Gedanken darüber, wie Sie dazu beitragen, dass diese wieder verstärkt von Kindern aufgesucht werden.*

## 8.3.2 Spielgeräte aus unterschiedlichen Materialien

Spielgeräte können aus unterschiedlichem Material sein. Meistens sind sie aus:

- Kunststoff,
- Holz,
- Metall.

Heute kommt man verstärkt auf Spielgeräte aus Holz zurück. Das hängt auch damit zusammen, dass Holz ein „warmes und ansprechendes" sowie naturnahes Material ist.

### Spielgeräte aus Holz

Eisenbahn, Schneckenwippe, Balancierparcours, Kletterhaus, Kaufmannsladen

### Spielgeräte aus Metall

Kletternetz, Fahrrad mit Stützrädern, Klettergestell mit zwei Schaukeln

### Spielgeräte aus Kunststoff

Legosteine, Rutsche, Tisch und Bank, Bobycar

## 8.3.3 Kinderspielzeug – selber bauen

Zu **selbst gebauten Gegenständen** haben Kinder einen besonderen Bezug, da es für sie persönlich hergestellt worden ist und **eigene Ideen** darin verwirklicht worden sind. Meistens ist es der Vater, der den Gegenstand Spielzeug baut. Genau wie gekaufte Gegenstände muss es **kindgerecht und umweltfreundlich** sein. Nachfolgend ist ein Beispiel für die Herstellung eines Schmetterlings aufgeführt:

### Schicker Schmetterling

**Motivgröße:**
25 cm x 22 cm

---

Abb. Nühs (links unten)
Abb. Maier (rechts oben)
Abb. Morgenstern (rechts unten)

**Material:**
Sperrholz: 28 cm x 25 cm
4 mm stark

**Farben:**
Acryllack in Orange,
Grün, Rot und Blau
Lackstifte in Violett und Braun mit
1 mm bis 2 mm Spitze

**Nylonfaden:** 0,3 mm

**Bohrer:** 1 mm

**Vorgehensweise:**

1. Als erstes zeichnet man das Motiv auf die Sperrholzplatte und sägt es aus. In den Kopf bohrt man ein Loch.
2. Nachdem der ganze Schmetterling orange grundiert worden ist, überträgt man die Konturen auf beide Seiten. Die Linien zeichnet man mit dem Lackstift nach und malt den Schmetterling von beiden Seiten bunt an. Für das Anmalen kann man auch andere Farben verwenden.
3. Nach dem Trocknen kann man den Schmetterling an einem Nylonfaden im Zimmer oder am Fenster aufhängen. Er kann aber auch auf einem Rundholz befestigt werden und in einen Blumenkasten gesteckt werden.

## MERKSATZ

Kindern macht es Freude, etwas für sich und ihr Zimmer zu basteln. Dadurch wird nicht nur ihre Handgeschicklichkeit angeregt, sondern auch die Sinnestätigkeit.

## AUFGABEN

1. *Stellen Sie fest, aus welchem Material Kinderspielgeräte in Kindergärten und öffentlichen Anlagen hauptsächlich hergestellt wurden. Welche Farben haben sie?*
2. *Welches Material würden Sie bevorzugen, wenn Sie Spielgeräte für einen Kindergarten aussuchen könnten?*

## 8.4 Spielzeugauswahl

Für die Auswahl des Spielzeugs sollte das Kindergartenteam in Zusammenarbeit mit den Eltern und Kindern verantwortlich sein. Die Angebote der Spielzeugfirmen müssen kritisch beurteilt werden, da pädagogische Gesichtspunkte oft nicht genug berücksichtigt werden.

## AUFGABEN

1. *Bringen Sie ein Spielzeug aus Ihrer Kindheit mit, das Ihnen viel Freude bereitet hat.*
2. *Unterhalten Sie sich in Gruppen darüber, welche Bedeutung dieses Spielzeug für Sie als Kind hatte und wie Sie es eingesetzt haben.*

### 8.4.1 Allgemeine Aussagen zum Spielzeug

## AUFGABEN

1. *Beurteilen Sie die beiden Bilder.*
2. *Welches Spiel halten Sie für sinnvoller?*

Abb. Morgenstern

Die meisten Menschen sind der Meinung, dass Kinder Spielzeug benötigen. Die Begründung lautet:

- Kinder lernen durch Spielzeug.
- Sie haben Freude am Spielzeug.
- Sie erkennen Formen und Farben am Spielzeug und erfassen technische Zusammenhänge.
- Für das Rollenspiel benötigen sie Spielzeug.
- Namhafte Pädagogen wie Fröbel oder Montessori haben sich sogar Spielzeug ausgedacht, um Kinder gezielt zu fördern.

Dagegen kommen unzählige Kinder weltweit ohne Spielzeug aus. Wenn Spielzeug als ein Gegenstand verstanden wird, der extra zum Spielen hergestellt wurde, dann kann dagegen ausgesagt werden, dass Kinder auch ohne vorgefertigte Spielsachen spielen.

Im Grunde genommen engt jedes Spielzeug – und sei es noch so pädagogisch wertvoll – die Fantasie ein. Das Holzscheit, welches als Pferd benutzt wird, ist in der Vorstellung des Kindes ein viel vollkommeneres und lebendigeres Pferd als das hübsch geschnitzte.

Wenn ein Kind, das bisher mit einer Streichholzschachtel Auto gespielt hat, ein kleines Modellauto bekommt, kann es dieses nicht mehr in seiner Vorstellung in eine Waschmaschine verwandeln. Beim „Lumpenlieschen" ist es ähnlich: Das Kind kann sich immer wieder bei dieser Puppe einen anderen Gesichtsausdruck vorstellen. Bei einer Puppe mit Plastikkopf und eingefrorenem, süßem Lächeln ist das kaum möglich. Wie kann so ein Puppenkind wütend oder traurig sein?

Es sind die Erwachsenen, die der Meinung sind, dass Kinder Spielsachen benötigen. Wenn sie am Spiel des Kindes teilnehmen möchten, ist es leichter für sie, mit einem geschnitzten Pferd zu spielen als mit einem Stück Holz. Erwachsene kaufen den Kindern Spielzeug,

- um sie zu beschäftigen,
- um zu verhindern, dass sich Kinder ihre Sachen zum Spielen nehmen, z. B. den Kochtopf aus der Küche,
- um bestimmte Fähigkeiten des Kindes weiterzuentwickeln, z. B. ein Farbwürfelspiel, um Farben kennenzulernen usw.

Erwachsene erziehen und lenken mit dem Spielzeug. Noch immer erhalten Mädchen anderes Spielzeug als Jungen. Wie man mit den Dingen pfleglich umgeht, wie man aufräumt und Ordnung hält, lernt das Kind am Spielzeug.

Sicher freuen sich Kinder, wenn sie Spielzeug geschenkt bekommen. Daran ist zu erkennen, dass die Erwachsenen an sie gedacht haben und dass sie das Spiel bejahen und die Eigenwelt der Kinder akzeptieren. Und durch manches Spielzeug lernen Kinder tatsächlich.

Problematisch wird es nur dann, wenn die Regale in den Kinderzimmern übervoll sind und die Kinder keine Zeit mehr haben, sich mit den einzelnen Sachen auseinanderzusetzen.

Auch in Kindergärten wird zunehmend festgestellt, dass die **Fülle von Spielmaterial** das Spiel der Kinder nicht fördert, sondern eher **hemmt**. In Fachzeitschriften und -büchern wird von Modellversuchen berichtet, nach denen Kindergärten für einige Monate das Spielzeug in den Keller stellen, mit Ausnahme der **Werkmaterialien**, Dingen aus der Natur wie Ästen und Steinen und Material aus dem Alltag wie Verkleidungssachen, großen Kartons und Tüchern.

Abb. Morgenstern (oben)
Abb. Nühs (unten)

Die Erfahrungen bestätigen die Annahme: Die Kinder spielten nach kurzer Eingewöhnungszeit **intensiver, fantasiereicher, sozialer und ausdauernder**.

In anderen Kindergärten wird das Freispiel von der Spielzeugfülle entschlackt und grundsätzlich weniger Material als üblich angeboten.

**MERKSATZ**

Überfülle an Spielzeug hemmt das Spiel des Kindes. Sinnvoll ist es, aus der Spielzeugfülle alles Überflüssige auszusortieren und dem Kind nur das zu lassen, was es wirklich braucht.

**AUFGABE**

*Erstellen Sie ein Mind-Map mit dem Thema: „Ja und Nein zum Spielzeug".*

## 8.4.2 Kritische Bewertung von gekauftem Spielzeug

**AUFGABE**

*Welche Kriterien sind für Sie beim Kauf von Spielzeug maßgebend? Notieren Sie Stichpunkte an der Tafel.*

Gekauftes Spielzeug sollte **kritisch bewertet** und **sorgsam ausgewählt** werden. Es sollte aus einem angemessenen Material und von guter Verarbeitung sein, damit Kinder sachgemäß damit umgehen können. Natürlich müssen Kinder auch lernen, dass sie **wertschätzend** mit dem Spielzeug umgehen müssen, weil es beschädigt werden kann, z. B. das Geschirr in der Puppenküche.

Spielzeug muss **sicher** sein, das heißt, Kinder dürfen sich nicht damit in Gefahr bringen. Bei kleinen Kindern ist darauf zu achten,

- dass sie beispielsweise keine **kleinen Teile** bekommen wie Perlen, die sie in die **Nase oder Ohren stecken** könnten.
- dass das Material und der Anstrich **ungiftig** sind, weil Kleinkinder alles in den **Mund** nehmen oder mit den **Lippen** untersuchen.
- und nicht zuletzt muss auch der **Preis** stimmen. Viele Spielzeuge sind unnötig teuer.

Beim Kauf von Spielsachen sind auch der **inhaltliche Aspekt** und die **Spielregeln** zu berücksichtigen:

Welches Bild vom Leben, welche Einstellungen zum Leben vermittelt das jeweilige Spielzeug?

So ist der Inhalt bei Schieß- und Kriegsspielzeug beispielsweise in ethischer Hinsicht fragwürdig.

Beim **Mensch-ärgere-dich-nicht-Spiel** werden kleine Kinder zunächst verunsichert, denn das Spiel steht im **Widerspruch zur Moral im Alltag** hinsichtlich der von den erwachsenen Bezugspersonen erwarteten Grundhaltung: Einfühlung in Mitmenschen, Hilfsbereitschaft und Wertschätzung. Kinder sollen beispielsweise in der Realität niemanden bewusst schaden. In diesem Spiel darf es, ja soll es das sogar. Kinder werden die Erfahrung machen, dass das Spiel eine andere Ethik verlangt als das Leben. Das Mensch-ärgere-dich-nicht-Spiel ist keineswegs das einzige Spiel dieser Art. Bei **Malefiz** beispielsweise muss man dem Spielpartner möglichst geschickt viele Steine in den Weg räumen. Bei Monopoly geht es noch heftiger zu. Kinder sollten die genannten Spiele erst dann spielen, wenn sie **Verständnis für Regelspiele** entwickelt haben.

Kritisch sind auch diejenigen Spielzeuge einzuordnen, die in ihrer Darstellung bestimmte gesellschaftliche Einstellungen vermitteln, die der **Realität** oder den **pädagogischen Zielen nicht entsprechen**. Dazu gehört beispielsweise eine Spielzeugpuppe wie Barbie. Sie verkörpert ein Frauenideal, nach dem die Frau vor allem schlank und schön zu sein hat, eine reichliche Garderobe besitzt, einen Swimmingpool und sonstigen materiellen Besitz. Andererseits ist Barbie eine berufstätige Frau ohne Mann und Kinder, aber mit eigenem Haus und Auto. Ursprünglich waren alle Freunde von Barbie hellhäutig. Inzwischen hat sie Freundinnen aus verschiedenen Ethnien. Barbie ist ein Symbol für die Oberflächlichkeit der westlichen Wertegesellschaft. Seit 2003 gibt es in der arabischen Welt ein islamisch geprägtes Gegenmodell zu Barbie namens Fulla. Beim Versuch der Kinder mit der Barbiepuppe die **eigene Realität nachzuspielen** und zu verarbeiten, können Wünsche nach Besitz und äußerer Wirkung wach werden.

Während die **Barbiepuppe** eher ein **Mädchenspielzeug** ist, bietet die Industrie natürlich auch entsprechendes Material für Jungen an. Allein diese Zuweisung ist kritisch zu überdenken, da hier wieder einmal **Rollenklischees** aufgebaut werden, die eigentlich längst der Vergangenheit angehören sollten. Die **Sciencefiction-Figuren**, die starke und kampfeslustige Männer darstellen, werden als ausgesprochenes **Jungenspielzeug** verkauft. Diese Figuren verfügen nur über **zwei Charaktere**: entweder sind sie **gut** oder **böse**. Weitere Eigenschaften wie traurig, warmherzig und liebevoll sein, werden ihnen nicht zugebilligt.

Die genannten Puppen dürfen auch nicht überbewertet werden. Es ist nicht unbedingt damit zu rechnen, dass sie zu einer **bleibenden Grundeinstellung** bei Kindern führen werden. Dennoch muss nach den Gründen gefragt werden, die Erwachsene zum Schenken dieser Spielmaterialien veranlassen.

- Ist es das Aussehen der Puppen?
- Oder liegt es daran, dass Kinder in der Regel gern damit spielen?

Kritisch beurteilt werden sollte auch so genanntes **Lernspielzeug**, das ergebnis- und nicht prozessorientiert ist. Dazu gehören Puzzles, Memorys, Zuordnungs- und Würfelspiele, Domino und Bilderlotto. Kinder spielen sie gerne, weil sie ein Lob von den Erwachsenen erwarten oder weil sie sich über das Ergebnis freuen. Dennoch sollte darauf geachtet werden, dass Kinder vermehrt prozessorientiert spielen, da diese Spiele ihre Entwicklung fördern.

In industrieunabhängigen Verzeichnissen kann man sich über Spielmaterial informieren: Der Arbeitsausschuss ‚Kinderspiel, e. V. in Ulm', verleiht die Auszeichnung **‚Spiel gut'**, und er zeichnet besonders gute Brettspiele aus, die er auch zu „Spielen des Jahres" erklärt.

Diese Auszeichnungen können nicht allein maßgebend sein, sondern beim Kauf von Spielzeug sind die Kinder oder ist die Gruppe, die das Spielzeug bekommen soll, an erster Stelle zu berücksichtigen.

Spielzeug sollte nicht nur für das „Haus" eingekauft werden, sondern auch für das **Spiel im Freien**. Da Kinder sich in der Regel zu wenig bewegen, sollte darauf geachtet werden, dass **ideen- und bewegungsanregendes Spielmaterial** für draußen eingekauft wird.

## MERKSATZ

Spielzeug sollte Kinder zu einem lustvollen und ideenreichen Spiel anregen und sie nicht in ihrer Wahrnehmung einschränken bzw. ihr Spiel behindern.

## AUFGABEN

1. *Wie ist Ihre Meinung zu typischem Mädchen- bzw. Jungenspielzeug?*
2. *Spiele, die der pädagogischen Auffassung nicht entsprechen, sollten zu einem späteren Zeitpunkt eingesetzt werden. Begründen Sie die Aussage.*

## 8.4.3 Vorteile des Zeugs zum Spielen

Es gibt Kinder,
für die symbolisiert
sich der Mensch
in der Barbie.
Und es gibt Kinder,
die lassen
aus einem zusammengeknoteten
Stück Stoff
mit Inspiration
einen Menschen entstehen.

Frya Pausewang

## AUFGABE

*Interpretieren Sie den obigen Vers und ziehen Sie daraus Rückschlüsse für das Zeug zum Spielen, das Kinder benötigen.*

Material, das nicht als Spielzeug hergestellt wurde, wird oft im Gegensatz zum Begriff Spielzeug als **Zeug zum Spielen oder auch als Spieldinge**, hin und wieder auch als **Spielmittel** bezeichnet. Dazu gehören vor allem Dinge aus dem **unmittelbaren Lebensbereich** des Kindes. So ist beispielsweise ein Kinderbett, in das sich auch eine Sechsjährige legen kann, reizvoller als ein Kinderbett, in das nur eine Puppe hinein passt.

Kindliches Spiel hat einen pädagogischen Wert, wenn das Kind durch **wiederholendes Spielen seine eigene Entwicklung** fördert und ihm dadurch das Funktionieren der Erwachsenenwelt eher bewusst wird. Dies wird eher gefördert, wenn Kinder mit realistischen Gebrauchsgegenständen und mit Materialien spielen als mit Surrogaten (Ersatzgegenstand), die das nicht halten, was sie vorgeben.

Das Material bietet Kindern die Möglichkeit, seine Spielgegenstände selbst zu suchen und zu erfinden. Beim Erfinden beginnt die Spielfreude, denn Kinder sind fähig, Dinge und Spiele mühelos miteinander zu verbinden und zu genießen. Durch die **Kreativität** und das **schöpferische Tätigwerden** wächst das **Selbstwertgefühl des Kindes**. Es muss nicht Vorgegebenes nachvollziehen, es erfindet sie selbst. Wenn Kinder Spielmaterial nicht selbst erfinden können, sondern ausschließlich Fertigprodukte erhalten, wird ihnen die Möglichkeit verwehrt, selbst zu **Produzenten** zu werden.

Spielwaren der Spielzeugindustrie sind speziell für das Kind hergestellt worden. Sie machen die Kinder zu Konsumenten. Das ist auch beabsichtigt. Sie sorgen für **Umsatz**. Zugleich werden die Kinder von den Erwachsenen isoliert, da sie **Imitationen der Erwachsenen** für ihre **Kinderzimmer** erhalten. So spielen sie beispielsweise mit einem Kaufladen, während sie ebenso gut mit einer Stehleiter und den Schuhen aus dem Regal einen Schuhladen selbst erfinden könnten.

Die Benutzung von Gegenständen aus der Umwelt und der Natur gibt den Kindern die Möglichkeit, gleiche Gegenstände wie die Erwachsenen zu benutzen. Sie werden dadurch nicht in eine **Kinderwelt** gedrängt, sondern fühlen sich mit den Erwachsenen und deren Umwelt verbunden, die sie erfahren und erproben können.

## MERKSATZ

Material, das nicht zum Spielen gedacht ist, jedoch dafür benutzt werden kann, unterstützt die Kreativität, Eigenständigkeit und Improvisation des Kindes und wirkt damit gegen Konsum und Wegwerfverhalten.

## AUFGABEN

1. *Tragen Sie noch einmal die Vorteile zusammen, die das Material für Kinder hat, das nicht zum Spielen gedacht ist.*
2. *Stellen Sie fest, welche Reihenfolge der unten genannten Autos der Spielentwicklung des Kindes entspricht:*
   - *Matchboxautos und Bausteine,*
   - *einfaches Spielauto, um selbst darin zu fahren,*
   - *ferngesteuertes Auto,*
   - *einfaches Holzauto ohne Details,*
   - *Auto, das aus Baumaterial gebaut worden ist,*
   - *Verkehrsbrettspiel mit Autos als Setzfiguren.*

## 8.5 Mitgestaltungsmöglichkeiten für Kinder bzw. Jugendliche

Das Interesse von Kindern und Jugendlichen ist sehr viel intensiver, wenn sie in Projekten und anderen Unternehmungen von Anfang an mit eingebunden werden.

Sie können:

- das Thema des Projektes benennen,
- selbst entscheiden, ob die mitmachen möchten,
- Anregungen für die Durchführung geben.

Abb. Thiele

## 8.5.1 Mitgestaltungsmöglichkeiten von Kindern und Jugendlichen im Kindergarten und in der Schule

### FALLBEISPIEL

**Arbeitsplanung**

Erzieherin Karin M., Sozialassistentin Simone P. und die Kinder Vanessa und Marvin sitzen an einem Tisch im Gruppenraum. Die Erzieherin Karin M. wendet sich an die Kinder: „Was schlagt ihr vor, was sollen wir in den nächsten Wochen machen?" Nach einem leichten Nachdenken meint Vanessa: „Meine Mutter hat zu Hause von Halloween gesprochen. Können wir in der Richtung nicht etwas machen?" „Meine Mutter hat ebenfalls über Halloween gesprochen", meint Marvin, „ich weiß auch schon, was wir machen können!" „Was denn?", fragt die Sozialassistentin Simone P., „Ich bin neugierig, was du meinst, Marvin!" „Wir könnten Kürbisse aushöhlen." „Das ist eine gute Idee", erwidert Karin, „in unserem Garten haben wir genug Kürbisse, die wir aushöhlen könnten." „Das reicht aber nicht aus", meint Vanessa, „wir müssen die Kürbisse auch noch schön verzieren und können dann eine Kerze oder ein Teelicht hineinstellen!" „Wir sollten auch Halloween-Kuchen backen und uns am Hallween-Tag verkleide", meint Simone P. ganz aufgeregt. „Auf jeden Fall", stimmen ihr die Kinder zu, „toll, was wir alles machen!" „Das sind alles großartige Ideen. Damit haben wir vorerst genug zu tun", meint Karin M. abschließend, „nur gut, dass ihr, Vanessa und Marvin, hier bei uns im Team seid, sonst wären bestimmt nicht so viele gute Ideen zusammengekommen!" Zufrieden verlassen alle die Teamsitzung. Die nächsten Wochen sind verplant.

Halloween wird auf den britischen Inseln und in den USA am Vorabend des Allerheiligen (31. Oktober) gefeiert. Ursprünglich ist es ein keltisch-angelsächsisches Fest zur Feier des Winteranfangs, das mit Opfern, Feuer, Maskeraden usw. Geister vertreiben soll.

### AUFGABEN

1. *Nennen Sie Vorteile für die Teilnahme der Kinder an den Teamsitzungen.*
2. *Welche weiteren Aufgaben können Kinder im Kindergarten übernehmen?*

Die Kinder sind äußerst vielseitig einzusetzen, wenn sie gut angeleitet werden. In fast allen Kindergärten gibt es Blumen. Die Pflege der Blumen im Innen- und Außenbereich ist eine Aufgabe, die die Kinder verantwortlich übernehmen können. Auch das Aufräumen nach dem Freispiel oder nach der angeleiteten Aufgabe kann auf die Kinder übertragen werden. Einzelne Kinder können eine **Sprecherfunktion** für die anderen Kinder übernehmen und sich in Problemsituationen für sie einsetzen, oder, wie im Fallbeispiel angegeben, an der **Programmgestaltung** beteiligen. Bei der Gestaltung ihres Gruppenraumes sollten die Kinder ebenfalls aktiv mitmachen, um den Raum als ihren Raum zu akzeptieren.

Warum ist die **Beteiligung der Kinder** bei den genannten Aufgaben sinnvoll? Dazu kann man die unterschiedlichsten Argumente nennen:

- Kinder müssen sich für ihren Kindergarten, später für ihre Schule, verantwortlich fühlen. Das trägt zu ihrer Motivation bei.
- Durch ihre Ideen fördern sie das Zusammenleben und tragen zu einem offenen und lebendigen Kindergarten, später zu einer offenen lebendigen Schule, bei.
- Durch ihre Beteiligung lernen sie, ihr Leben selbst zu bestimmen und ihre Lebenswelt zu gestalten.

Abb. Nühs

## MERKSATZ

Bereits das Kind im Kindergarten ist in der Lage, Verantwortung zu übernehmen und sich an der Planung zu beteiligen.

## 8.5.2 Beteiligung von Kindern und Jugendlichen an Entscheidungen in der Öffentlichkeit

Kinder und Jugendliche leben in höchst **unterschiedlichen Lebenssituationen**. Sie sind dabei fast immer abhängig von **Entscheidungen**, die Erwachsene für sie treffen. Die soziale Lage von Eltern, Straßen- und Verkehrsplanung, soziale und kulturelle Infrastruktur, Umweltschutz, Bildungsmöglichkeiten, Stadt- und Bauplanung und vieles andere mehr können ihr **Leben** beeinflussen.

Für die Entwicklung von Kindern und Jugendlichen ist es wichtig, dass sie befähigt werden, ihr Leben selbst zu bestimmen und zu lernen, ihre Lebenswelt mitzugestalten. Erfahrungen, die Kinder und Jugendliche bei der Mitgestaltung (Partizipation) von Vorhaben gemacht haben, tragen dazu bei, jungen Menschen den **Wert demokratischer Konfliktlösungs- und Aushandlungsprozesse** zu vermitteln.

Kinder und junge Menschen sind Expertinnen in eigener Sache. Ihnen Gehör zu verschaffen und ihre Stimme bei politischen Entscheidungen ernst zu nehmen, ist eine **wichtige Aufgabe eines demokratischen und sozialen Gemeinwesens**. Kinder und Jugendliche können und müssen daher in politische, planerische und zukunftsorientierte Entscheidungs- und Gestaltungsprozesse mit einbezogen werden.

Auch in rechtlicher Hinsicht ist die Beteiligung von Kindern und Jugendlichen vorgesehen. Das gilt für internationale Vereinbarungen wie etwa die **UN-Konvention über die Rechte der Kinder, für Bundesgesetze** wie das **Kinder- und Jugendhilfegesetz, das Baugesetzbuch** und **Regelungen auf Landesebene**. Einige Bundesländer haben die Gemeindeordnung in dieser Richtung geändert. Seitdem besteht für die Kommunen in diesen Bundesländern die Verpflichtung, Kinder und Jugendliche bei den Planungen und Entscheidungen, die ihre Interessen berühren, zu partizipieren.

## MERKSATZ

Kinder und Jugendliche sollten in Angelegenheiten, die sie angehen, gehört und partizipiert werden. Nur so können sie die Aufgaben eines demokratischen und sozialen Gemeinwesens kennenlernen.

## AUFGABE

1. *Besorgen Sie sich die angegebenen Gesetze (Bücherei, Internet) und unterstreichen Sie die Textstellen, die eine Mitbeteiligung der Kinder beim Umweltschutz, bei der Infrastruktur usw. vorsehen.*
2. *Nennen Sie weitere Gründe als die angegebenen, die die Beteiligung der Kinder an öffentlichen Vorhaben notwendig machen.*

## 8.5.3 Beispiele für die Beteiligung von Kindern und Jugendlichen an Entscheidungen in der Öffentlichkeit

*1. Beispiel:*

**Leipziger Kinderbüro e. V. – Kinder planen ihre Stadt – Fachstelle für Partizipation (Beteiligung) & Demokratielernen**

*Das Leipziger Kinderbüro kümmert sich um die Aktivierung und Beteiligung von Kindern und Jugendlichen im Zusammenhang mit allen Belangen der städtebaulichen Erneuerung und Ge-*

Abb. Nühs

*staltung in den Leipziger Stadtteilen Lindenau, Plagwitz, Leutzsch und Kleinzschocher.*

*Projektziele sind die Einbeziehung von Kindern und Jugendlichen in stadträumliche Veränderungsprozesse, die Verbesserung der sozialen Situation dieser Gruppe durch gezielte Projektarbeit, die Beratung und umsetzungsorientierte Hilfe für Verwaltung und Stadtteilinitiativen bei der Arbeit mit Kindern und Jugendlichen sowie die Organisation eines generationsübergreifenden Dialogs.*

*Strategien sind*

- *die Kontaktaufnahme mit Kindereinrichtungen und Schulen,*
- *Informationsarbeit für Eltern,*
- *die Vermittlung zwischen verschiedenen Ämtern, kommunalen Einrichtungen, Organisationen und Initiativen, die für Kinder und Jugendbelange tätig sind,*
- *die Vernetzung des Kinderbüros mit anderen Initiativgruppen und mit Bürgerbüros,*
- *die Organisation von Kinderratssitzungen und Kinderanhörungen,*
- *breite Öffentlichkeitsarbeit.*

*Bearbeiterteams, die aus interessierten Kindern und Jugendlichen sowie Mitarbeiterinnen des Kinderbüros bestehen, ermitteln gemeinsam relevante Themen, die in die Projektarbeit einfließen. Dabei handelt es sich vor allem um* ***umsetzungsorientierte und kurzfristig realisierbare Projekte****, an denen nicht nur Kinder und Jugendliche im Alter von zehn bis 18 Jahren und deren Eltern, sondern auch Bewohnerinnen des Stadtteils teilnehmen können.*

*Zu solchen Projekten gehören:*

- *Stadterkundungen,*
- *Spielplatzplanung und Schulhofumgestaltung,*
- *Identifikation von Problemen im Zusammenhang mit Straßenverkehr aus Sicht von Kindern und Jugendlichen; Beteiligung an Problemlösungen.*

### 2. Beispiel:

#### *Pressegespräch „Jugendtreff Sümmern & KiJuPa" (Kinder- und Jugendparlament)*

*Der Stadtverband der Jungen Union Iserlohn führte am 10. April, um 14:00 Uhr, in der Inline-Skate-Halle in Sümmern eine Pressekonferenz zu den Themen* ***Kinder- und Jugendparlament, Jugendtreff und Jugendmobil*** *durch. Im Anschluss daran besichtigten die Beteiligten in Begleitung vom CDU-Bürgermeisterkandidaten Klaus Müller den angrenzenden Jugendtreff. Die Jungen Unionerinnen wurden von Mitarbeiterinnen des Jugendtreffs über die Arbeit in dem Jugendtreff und über die Resonanz der Jugendlichen unterrichtet. Durchschnittlich suchen* ***21 Jugendliche*** *den neu errichteten Jugendtreff auf und nehmen das vielfältige Angebot, das von der Bastelstunde bis zur Disco reicht, wahr. Die Kinder und Jugendlichen haben die Möglichkeit, das* ***Angebot und die Öffnungszeiten des Jugendtreffs mitzugestalten*** *und so nach ihren Wünschen auszurichten. Das Fazit lautet: „Der Start war gut, aber es muss weitergehen!" Besonders die* ***Mitgestaltungsmöglichkeiten*** *der Jugendlichen in dem neu errichteten Jugendtreff in Sümmern betonte die Junge Union im Pressegespräch. Der* ***Jugendtreff*** *wurde von den in Sümmern wohnenden Kindern und Jugendlichen* ***lautstark gewünscht*** *und jetzt sollen sie auch ihren Interessen in dem Jugendtreff nachgehen können. Auch die Wahl des Standortes des Jugendtreffs bestätigte die Junge Union und verwies auf den unmittelbar am Jugendtreff entlanglaufenden* ***Fuß- und Radweg****, der ausbaufähig ist und somit eine* ***gute Anbindung des Jugendtreffs*** *an ganz Sümmern gewährleistet. Außerdem ist der Jugendtreff durch das neu eingerichtete und von der JU und CDU Iserlohn initiierte Anrufsammeltaxi erreichbar. Die Junge Union betonte aber gleichzeitig auch, dass der* ***Sümmerner Jugendtreff*** *lediglich* ***angemietet*** *ist, da der Bedarf nach einem Jugendtreff in Sümmern in einigen Jahren auch wieder sinken kann. Auch in der aktuellen Diskussion um Angebote für Jugendliche im Iserlohner Norden mit Schwerpunkt in Hennen und Kalthof hat die Junge Union Lösungsvorschläge. Hier wäre die Einrichtung eines* ***Jugendmobils – Flitzepee*** *für Jugendliche – eine ideale Lösung.*

*Natürlich werden auch bei dem Jugendmobil die Wünsche der Jugendlichen beachtet. Das Jugendmobil hätte den Vorteil, dass es zum einen mehrere Standorte in einer Woche gleichzeitig betreuen könnte und es zum anderen sehr flexibel wäre und der Standortdiskussion wie bei einem Jugendtreff entgegenwirken könnte. Außerdem ist auch die* ***Flexibilität des Jugend-***

***mobils*** *bei einem* ***Bedarfswechsel nach Jugendangeboten*** *zu betonen.*

*Wenn die Brenn- bzw. Schwerpunkte wechseln, dann kann auch das Jugendmobil den Standort wechseln. Die Junge Union ist der Auffassung, dass nicht in jedem Stadtteil ein Jugendtreff errichtet werden muss, da dies aufgrund der rasanten Bedarfsentwicklung ungünstig ist und auch die Unterhaltung dieser Einrichtungen erhebliche Kosten erzeugt. Die Junge Union Iserlohn betonte auf der Pressekonferenz zum Thema* ***Kinder- und Jugendparlament****, dass sie sich weiterhin für die Einrichtung eines solchen Parlamentes stark machen werde.*

*Den Kindern- und Jugendlichen in Iserlohn soll ein* ***geeignetes Kommunikationsmittel*** *zur Verfügung gestellt werden, durch das sie ihre Interessen wirkungsvoll durchsetzen können. Den Kindern und Jugendlichen soll die Möglichkeit gegeben werden, aktiv und gezielt an und in ihrer Umgebung mitzugestalten. Dazu gehören z. B. die Beteiligung an* ***Spielplatz- und Sportanlagenplanung*** *oder die* ***Erstellung eines Kinderstadtplanes****. Da die Informationen für Kinder und Jugendliche vom Stadtjugendring zum Thema Kinder-Jugendparlament, laut Äußerungen einiger Schülerinnen, nicht angekommen sind, wird die Junge Union sich jetzt dieser annehmen und im Zeitraum vom 16. bis zum 23. April mehrere Verteilaktionen zum Kinder- und Jugendparlament vor den Schulen in Iserlohn und Letmathe durchführen.*

## MERKSATZ

Kinder und Jugendliche sollten sich aktiv in Angelegenheiten, die sie angehen, einmischen, um als eigenständige Personen mit Selbstbestimmungsrechten ernst genommen zu werden.

## AUFGABEN

1. *Beurteilen Sie die Beteiligung von Kindern und Jugendlichen in den genannten Beispielen. Könnte noch etwas verbessert werden?*
2. *In welchem Umfang werden Kinder und Jugendliche in Ihrer Stadt bzw. in Ihrem Dorf an wichtigen Vorhaben beteiligt?*
3. *Nennen Sie weitere Beispiele dafür, wie Kinder und Jugendliche in der Öffentlichkeit oder in Vereinen, z. B. Sportverein, beteiligt werden können.*
4. *Inwieweit haben Sie sich für öffentliche Angelegenheiten eingesetzt?*

## 8.6 Pädagogische Handlungskonzepte

Das **pädagogische Konzept** (Plan, Vorstellung) einer Einrichtung stellt **individuelle Grundeinstellungen, pädagogische Ziele, Inhalte, Methoden und Verfahren** einzelner Erzieherinnen, Sozialassistentinnen, des Teams und des Trägers in **einen sinnvollen Zusammenhang**. Jedes Konzept ist ein Handlungsmodell, das auf der Grundlage des gesetzlichen Auftrags und einer Bedarfsanalyse entwickelt wird. Bei der **Konzeptanalyse** handelt es sich um einen **Verständigungsprozess**, über **objektive Bedingungen einer Einrichtung** einerseits und um

Abb. ev. Haigst Kindergarten

**subjektive Einschätzungen der beteiligten Personen** andererseits. Die Konzepterarbeitung ist ein Aushandlungsprozess zwischen den Anforderungen und Erwartungen, die von außen an die Einrichtung gestellt werden, und dem, was tatsächlich möglich und notwendig ist.

## 8.6.1 Gründe für die Erstellung eines Konzeptes

**AUFGABE**

*Begründen Sie die Notwendigkeit eines Konzepts für den Kindergarten.*

Die gesellschaftlichen Veränderungen und die immer knapper werdenden öffentlichen Mittel haben erhebliche Auswirkungen auf die pädagogischen Institutionen. **Kundenorientierung** und **kostengünstiges Wirtschaften** sollen in **Einklang** miteinander gebracht werden. Dies erfordert eine effektive Gestaltung der Organisations- und Kommunikationsformen sowie institutionelle Vernetzungen in den Trägerstrukturen.

Ein pädagogisches Konzept stellt die **Grundlagen des Leistungsangebotes Erziehung, Bildung und Betreuung** dar und beschreibt, wie dies im Alltag umgesetzt wird. Es dient gleichzeitig der Information von Eltern, Fachkolleginnen und der Öffentlichkeitsarbeit. Es muss **verschiedene Bedingungen** erfüllen:

- Zunächst ist dies der gesetzliche Auftrag, der im Kinder- und Jugendhilfegesetz verankert ist (§ 22 Abs. 2 KJHG).
- Der Träger der Einrichtung legt die Auslegung des gesetzlichen Auftrages dahingehend fest, welches Betreuungsangebot zur Verfügung gestellt werden soll.

Das Betreuungsangebot richtet sich nach dem Bedarf und der Nachfrage im Gemeinwesen und wird im besten Fall unter Einbeziehung von Eltern und Fachkräften in den Trägerstatuten vereinbart.

Die Träger wirken – wie schon genannt – in die **alltägliche Arbeit** mit den Kindern und Jugendlichen hinein. Gleichbedeutend ist die **Art und Weise, wie pädagogische Praxis** ausgestaltet wird. Daraus können sich weitere Gründe für die Erstellung eines Konzeptes ergeben:

- Anfragen des Trägers nach einem pädagogischen Konzept,
- Bedarf, die Arbeit zu reflektieren und neu zu gestalten,
- Übernahme neuer Betreuungsformen, wie die Integration behinderter Kinder oder die Betreuung von Schulkindern,
- konzeptionelle Unsicherheiten im Team.

Weitere Fragen können sein:

- Wie sollen die neuen Kinder und Jugendlichen aufgenommen werden?
- Welche Regeln sind im Umgang miteinander einzuhalten usw.

Im pädagogischen Alltag haben sich **konzeptionelle Unsicherheiten** herauskristallisiert, die Wirkung auf das gesamte Beziehungsgeschehen in der Einrichtung haben. Ein Konzept kann den strukturlosen Zustand wieder in einen Zustand **mit Struktur** – und das heißt Sicherheit – überführen.

## 8.6.2 Pädagogische Konzepte für einen Kindergarten

Unterschiedliche Gründe für die Erstellung eines Konzeptes ergeben verschiedene Gliederungen für das zu erstellende Papier. Die folgenden **zwei Vorschläge** sind als **mögliche Beispiele** gedacht, die die Erstellung einer eigenen Konzeption erleichtern sollen.

### Gliederungen für Konzepte

#### 1. Vorschlag:

Für den Bereich **der Außendarstellung** und als **Hilfe für die Eltern**, die ihr Kind in den Kindergarten anmelden möchten, können die nachfolgenden Schwerpunkte von Bedeutung sein. Sie gehen über die Regularien des Aufnahmeantrages hinaus und erfassen die **konzeptionellen Grundlagen**:

1. Ansprache der Adressatengruppe/Funktion des vorliegenden Konzeptes.
2. Beschreibung der äußeren Daten des Kindergartens:
   - Trägerschaft,
   - Alter der Einrichtung,

- Kinder- und Gruppenzahl,
- Personalschlüssel,
- Einzugsgebiet/besondere Kindergruppe,
- Öffnungszeiten,
- Raumangebot,
- Elternbeiträge usw.

3. Die Grundsätze der pädagogischen Arbeit und deren Begründung in Bezug auf:
   a) Kinder:
   - Tagesablauf,
   - erzieherisches Klima,
   - Spielangebote,
   - Förderung,
   - herausgehobene Ereignisse.

   b) Eltern:
   - Beratung,
   - Gruppenangebote,
   - Hospitationen,
   - Mitbestimmungsgremien und -möglichkeiten,
   - Hilfewünsche seitens des Kindergartens.

   c) Gemeinwesen
   - Kontakte zu ...,
   - regelmäßige Zusammenarbeit

   d) Eine Seite für die Kinder

Zu dieser Gliederung sind noch einige **Ergänzungen** erforderlich: Die Beschreibung der äußeren Daten sollte sich nur auf das beziehen, was für die Eltern wichtig ist, wie Öffnungszeiten, Ausnahmeregelungen usw. Der Hinweis auf die Aufnahme von Kindern mit Verhaltensauffälligkeiten und Behinderungen muss gesondert erfolgen.

Die Darstellung und Begründung der pädagogischen Zielsetzung sowie die inhaltliche Arbeit muss besonders hervorgehoben werden. Dabei sollten die Aspekte, die die **Einmaligkeit dieses Kindergartens** ausmachen, sehr stark in den Vordergrund treten. Den Eltern muss vor allem verdeutlicht werden, worin der **spezifische Ansatz** dieses Kindergartens liegt, an welchen Stellen Festlegungen erfolgt sind und wo Verhandlungsspielraum besteht. So können sie sich bewusster für oder gegen einen bestimmten Kindergarten entscheiden bzw. ihre Erwartungen darauf einstellen.

### 2. Vorschlag:

Der zweite Vorschlag der Konzeptionserstellung könnte wie folgt aussehen:

1. Anlass der Konzeptionserstellung bzw. Ansprache der einbezogenen Veränderungsgruppen.
2. Beschreibung der äußeren Daten mit Schwergewicht auf spezifischen Informationen zum herausgehobenen Problembereich.
3. Problemstellung: Was soll warum verändert bzw. erweitert werden?
   a) Problemlage bzw. Defizit der bisherigen Praxis,
   b) Inhaltliche Beschreibung der Veränderung bzw. Erweiterung,
   c) Begründung der Notwendigkeit der Veränderung bzw. Erweiterung aus pädagogischer und sozialer Sicht,
   d) Bereiche und Nebenbereiche der Veränderung in Bezug auf die bisherige Praxis:
   - Kinder,
   - Eltern,
   - Kolleginnen,
   - Träger,
   - Rahmenbedingungen.
4. Beschreibungen der Kompetenzerweiterungen:
   - Auflistung der neuen bzw. erweiterten Kompetenzen der Erzieherinnen und Sozialassistentinnen und Realisierungsmöglichkeiten, Erschließung von Fachkompetenz durch Außenstehende.

Abb. Rabanus Maurus Kindergarten

- Aufstellung eines **Kostenplans**: Mehrausgaben (einmalige und laufende Kosten für Material bzw. Personal)
- Deckungsmöglichkeiten (Eigenarbeit oder Elternmitarbeit, öffentliche Zuschüsse, Spenden oder Erhöhung des Trägeranteils).

## Lösungsschritte bzw. detaillierter Zeitplan

Mit den nachfolgenden **sechs Schritten** soll es Lösungsansätze zur Umsetzung dieses Konzeptes geben:

### 1. Schritt: Auseinandersetzung mit dem Anlass

Konzeptionen werden nicht einfach so geschrieben, sondern sie gehen auf **einen konkreten Anlass** zurück. Hinter dem Anlass steht eine bestimmte Problemstellung, auf die die Konzeption eine Antwort geben soll. Als erster wichtiger Schritt steht deshalb die **Analyse** im Vordergrund.

- Sie fragt nach dem Adressatenkreis der Konzeption (Träger, Eltern, Öffentlichkeit, Erzieherinnen und Sozialassistentinnen).
- Sie fragt nach dem Interesse, das mit der Konzeption verbunden ist, z. B. Bestätigung der eigenen Arbeit, Werbung für die Einrichtung, Begründung für eine Veränderung, Erweiterung des Aufgabenspektrums usw.

Die Auseinandersetzung mit diesen Fragen hilft bei der Feststellung, ob es sich um eine **positive Außendarstellung**, um die **Suche nach Veränderungen** und um die **Begründung von Reformen** handelt. Es kann auch sein, dass man zu dem Ergebnis kommt, ein Konzept ist nicht erforderlich.

### 2. Schritt: Festlegung des äußeren Rahmens

Nach dem Herausarbeiten der Problemsituation und Festlegen des Adressatenkreises muss der äußere Rahmen festgelegt werden. Dazu gehört beispielsweise das Festlegen der Seitenzahl, Einbeziehen von Fotos usw.

### 3. Schritt: Planung des Prozesses bei der Konzeptionserstellung

Das Team sollte den Prozess der Konzeptionsplanung festlegen, bevor die erste Zeile geschrieben ist. Bei der Planung müssen folgende Entscheidungen getroffen werden:

- das Wann, Wer, Wo, Wie lange,
- den hierarchischen Rahmen,
- die möglichen Konsequenzen.

Danach ist das Thema der Konzeption zu präzisieren und die Richtung, in die die Antwort gehen soll, anzudeuten. Nun ist es sinnvoll, eine **gemeinsame Gliederung** zu erarbeiten. Sie ist die **Basis für die Aufstellung eines Zeitplanes**, der festhält bis zu welchem Zeitpunkt welche Teilergebnisse von wem formuliert werden und an welchen Stellen es gemeinsame Diskussionen gibt. Hilfreich ist es, wenn **eine Erzieherin die Koordination** des gesamten Prozesses übernimmt und dafür sorgt, dass die organisatorischen Rahmenbedingungen stimmen. Ein wichtiger Punkt bei der Planung ist der, ob man sich **eine Hilfe von außen** holt, z. B. eine Fachberaterin oder eine Kollegin aus einer anderen Einrichtung. Sie kann dazu beitragen, dass zusätzliche Aspekte berücksichtigt werden.

### 4. Schritt: Dokumentation und Diskussion

Dokumentation kann allein oder im Team erfolgen. Sie wird von Diskussionen zu einzelnen Themen unterbrochen. Wichtig ist, dass hier ein angemessener Rahmen gefunden wird, bei dem sachbezogen formuliert und diskutiert wird. Eine kontroverse Situation, bei der die eine Seite formuliert und die andere Seite ablehnt, darf nicht entstehen. Die Teammitglieder dürfen aber nicht zu rücksichtsvoll sein, in dem sie ihre Meinung zurückhalten, sondern sie müssen offen miteinander umgehen.

### 5. Schritt: Diskussion mit Außenstehenden

Nach der Erstellung des Entwurfs der Konzeption ist es sinnvoll, zunächst im eigenen Haus, z. B. mit dem Träger, und danach mit Außenstehenden zu diskutieren. Normalerweise sind Träger Nicht-Fachleute und müssen sich auf die **Kompetenz** der von ihnen eingestellten Erzieherinnen und Sozialassistentinnen verlassen. Dennoch sollte der Träger nicht nur die erforderlichen Geldmittel zur Verfügung stellen, sondern auch inhaltliche Ansprüche stellen.

Als letztes sollte eine Überprüfung durch Außenstehende erfolgen. Sie können noch weitere Aspekte für die Konzeption nennen und sich besonders auch der sprachlichen Seite zuwenden.

### 6. Schritt: Endredaktion und Veröffentlichung

Die **Ausarbeitung für das Konzept** wird jetzt in eine entsprechende Form gebracht. Es sollte überlegt werden, in welcher Weise es veröffentlicht werden sollte, damit es die Adressaten erreicht, die es erreichen soll.

Auf Konzeptionen, die sich auf Veränderungen der Praxis beziehen, erfolgt jetzt eine **Realisierungsphase**, die möglicherweise Anlässe bietet, das Planungspapier abzuändern. Konzeptionen im Sinne der Außendarstellung werden mit den angesprochenen Gruppen diskutiert und Anregungen aufgenommen.

Häufig ist der **Prozess bei der Erstellung des Konzeptes** wichtiger als das schriftliche Endprodukt. Er kann dazu führen, dass sich für die Beteiligten **neue Perspektiven** aufgetan haben und **Gefühle** der **Gemeinsamkeit** entstanden sind.

Wichtig ist auch die regelmäßige Überprüfung des Konzeptes hinsichtlich seiner Aktualität und seines Angenommenseins. Möglicherweise muss einiges geändert werden.

## MERKSATZ

Die Erarbeitung von Konzepten trägt dazu bei, die Vorgehensweisen im Kindergarten zu durchdenken, neue Perspektiven zu erschließen und zukünftig kundenorientierter und wirtschaftlicher zu arbeiten.

## AUFGABEN

1. *Beurteilen Sie die beiden Vorschläge zur Erstellung von Konzepten auf S. 296 und S. 297.*
2. *Erstellen Sie in Gruppen in Ihrer Klasse ein Konzept für einen Kindergarten Ihrer Wahl und präsentieren Sie das Ergebnis im Plenum.*
3. *Fragen Sie nach dem Konzept des Kindergartens, in dem Sie Ihr Praktikum absolviert haben und stellen Sie es Ihrer Klasse vor.*

### 8.6.3 Pädagogische Konzepte in Einrichtungen der offenen Kinder- und Jugendarbeit

Teamarbeit bei der offenen Kinder- und Jugendarbeit

#### Fallbeispiele für pädagogische Konzepte in Einrichtungen der offenen Kinder- und Jugendarbeit

## FALLBEISPIEL

Im letzten Jahr hat sich in der offenen Kinder- und Jugendarbeit viel getan. Die Jugendarbeit wurde durch die Kinderanimation, welche sich bereits durch die Sommerlager und andere Aktionen einen Namen geschaffen hat, erweitert. Daher wurde es notwendig, das Konzept der offenen Jugendarbeit zu überarbeiten und anzupassen. Das haben die Verantwortlichen aus der Jugendarbeit in Zusammenarbeit mit den Verantwortlichen des Ressorts Jugend getan. Das überarbeitete Konzept, das nun Konzept für die offene Kinder- und Jugendarbeit Eschen/Nendall heißt, wurde auch von der Jugendförderungskommission diskutiert und für gut befunden. Der Gemeinderat hat im November das Konzept als wertvolle Grundlage für den Auftrag der Jugendarbeitenden genehmigt.

Abb. Morgenstern

**Zielgruppe:** Die offene Kinder- und Jugendarbeit möchte Kinder im Primarschulalter und Jugendliche primär zwischen 12 und 18 und sekundär zwischen 17 und 26 Jahren ansprechen.
**Werthaltung:** Ziel des Konzeptes ist es, eine gemeinsame Werthaltung in der Arbeit mit Kindern und Jugendlichen zu vertreten. Die Anliegen der Kinder und Jugendlichen werden altersgerecht thematisiert und angegangen. Die offene Kinder- und Jugendarbeit

- nimmt klar Partei für die Kinder und Jugendlichen und setzt sich für ihre Belange Bedürfnisse und Wünsche ein,
- macht keinen Unterschied zwischen Alter, Geschlecht und Nationalität,
- motiviert und unterstützt die Kinder und Jugendlichen darin, sich ihrer Interessen und Bedürfnisse bewusst zu werden und diese zu verwirklichen,
- bezieht Kinder und Jugendliche bei Entscheidungen mit ein und überlässt ihnen ihrem Alter entsprechende Verantwortung,
- möchte, dass Kinder und Jugendliche respektvoll mit sich, den Mitmenschen und der Natur umgehen und unterstützt sie darin. Der sorgfältige Umgang mit materiellen Dingen und fremdem Eigentum wird gefördert und gefordert.
  Das Arbeiten mit Menschen erfordert Flexibilität, Feingefühl und Spontaneität. In der Projektarbeit sind der Weg und der Prozess oftmals wichtiger als das Ziel.

## FALLBEISPIEL

1. Die Stadt Lüneburg verfolgt mit verschiedenen Angeboten der Beratung, der Beschäftigung im niedrigschwelligen Bereich und der Bildung das Ziel, über verschiedene sinnvolle Beschäftigungen mit sozialpädagogischer Betreuung Perspektiven zur Verbesserung der persönlichen Situation und einer beruflichen Eingliederung für die Jugendlichen und jungen Erwachsenen zu entwickeln.
2. Das Konzept Mitternachtsbasketball als offenes Sportangebot versteht sich als Sucht- und Gewaltpräventionsprojekt mit dem Ziel, Jugendlichen alternative Freizeitmöglichkeiten zum üblichen Abendprogramm anzubieten und nicht in Sportvereinen organisierte Jugendliche, mittelfristig an Sportvereine zu binden. Mitternachtsbasketball findet 1 x pro Monat in der Zeit von 22 bis 1 Uhr statt und wird in Zusammenarbeit mit dem Sportverein TSV Lüneburg durchgeführt.

## AUFGABEN

1. *Nennen Sie die Ziele und Aufgaben dieser Konzepte.*
2. *Das Konzept nennt wichtige Voraussetzungen für den Umgang mit Menschen. Tragen Sie diese zusammen.*
3. *Bei der Umsetzung des Konzeptes werden Methoden und Ansätze genannt. Welche sind das?*

Das Erstellen pädagogischer Konzepte für die qualitative und quantitative Weiterentwicklung der ‚Offenen Arbeit' für Kinder und Jugendliche ist ein ständiger Prozess, der in der täglichen Ausübung zu prüfen und festzulegen ist.

**Zentrales Thema** in der Arbeit mit Kindern und Jugendlichen muss die Prävention von Sucht, sexueller Ausbeutung, Gewalt und Fremdenfeindlichkeit sein. Deshalb versucht die offene Kinder- und Jugendarbeit die jungen Menschen so zu fördern, dass sie zu reflektierenden Menschen werden, die gelernt haben, sich selbst und anderen mit Respekt zu begegnen. Die Stärkung der Persönlichkeit, des Selbstbewusstseins und der Konfliktfähigkeit hat eine präventive Wirkung.

Eine Stärke des Konzepts muss der Versuch sein, die einzelnen Angebote der Kinder- und Jugendzentren an die **Interessen und Bedürfnisse der Kinder und Jugendlichen** anzubinden, ohne dabei die **sozialpädagogischen Standards** aus dem Auge zu verlieren. Deutlich werden muss die **Aktualität des Konzepts** im jeweiligen Stadtteil bzw. Landkreis für die Planung der Einrichtungsangebote und im Besonderen für die **Zusammenarbeit** mit den für die

Kinder und Jugendliche **bedeutsamen Institutionen** im Stadtteil bzw. Landkreis (Schulen, Vereine, Jugendverbände, Kirchengemeinden usw.). Damit wird eine entscheidende Voraussetzung zur **Verwirklichung sozialräumlicher und lebensweltorientierter Jugendarbeit** geschaffen. Eine weitere Säule der offenen Arbeit bilden die **Ausführungen zur Mit- und Selbstbestimmung der Kinder** und Jugendlichen bei vielen Entscheidungen im täglichen Betrieb der Einrichtungen.

Nur wer sich mit Kindern und Jugendlichen **konzeptionell bewegt und verändert**, wird Kinder- und Jugendarbeit sichern und vorwärts bringen.

### Vorgehensweise für die Erstellung eines Konzepts

Die Vorgehensweise bei der Konzepterstellung ist der des Kindergartens ähnlich. Zunächst bedarf es eines **geeigneten Rahmens**, der Antwort auf folgende Fragen gibt:

- **Wer nimmt an der Konzepterstellung teil?** Sind es nur die **Sozialpädagoginnen, Erzieherinnen und Sozialassistentinnen,** die in den Einrichtungen arbeiten oder sollten die **Mitarbeiterinnen der Jugendämter** mit eingebunden werden?
- Wer übernimmt die **Verantwortung** für die **Gesprächsführung** und die **Koordination** des gesamten Planungsverlaufs?
- Welche **zeitlichen Ressourcen** stehen zur Verfügung bzw. können geschaffen werden?
- An welchen Stellen werden die **geforderten Bedingungen**, die zur Planung und zur Durchführung des Konzepts notwendig sind, mit der **Realität verglichen**?

Wenn diese Fragen beantwortet worden sind, geht es an die eigentliche Planung. Nachfolgend ist ein Beispiel für eine Planung in **sechs Schritten** angegeben:

1. **Inhalte: Stoffsammlung**, für das Konzept werden Vorschläge gesammelt.
2. **Inhaltsauswahl und Formulierung des Themas:** Kriterien für die Auswahl der Inhalte werden bewusst gemacht. Bei der Formulierung des Themas sollte die nachfolgende Frage im Vordergrund stehen: Wie sieht das Konzept, das erarbeitet werden soll, aus der Perspektive der Kinder- und Jugendgruppe aus?
3. **Zielsetzung:** Welche **Ziele** in Bezug auf Kinder, Jugendliche, Eltern, Träger sowie Sozialpädagoginnen-, Erzieherinnen- und Sozialassistentinnengruppe sollen mit dem **Geplanten** erreicht werden? Was soll sich durch das Vorhaben in der **jetzigen Praxis verändern**?
4. **Vorhaben:** In dieser Phase geht es um die **Begrenzung der Inhalte und Themen**, wobei es hilfreich sein kann, ein Hauptvorhaben auszuwählen, um das sich das ganze Konzept kreist, siehe Konzept „Mitternachtsbasketball."
5. **Durchführung:** Während der Durchführung sollte es eine **regelmäßige Rückversicherung** mit der nachfolgenden Frage geben: **Entspricht die Praxis dem vorgezeichneten Weg**, nehmen die Kinder und Jugendlichen an den geplanten Aktivitäten teil?
6. **Auswertung:** Zwischenzeitliche und abschließende Auswertungsfragen sollten sein: Hat sich die **Praxis** in der **gewünschten Richtung verändert**? Ist mit der Durchführung das Vorhaben beendet, oder ergeben sich Anlässe, den bezeichneten **Planungsprozess von vorne in Gang zu setzen**.

## MERKSATZ

Ein Konzept kann nur gelingen, wenn es gut durchstrukturiert ist und alle Beteiligten in die Planung und Durchführung eingebunden sind.

## AUFGABEN

1. *Erkundigen Sie sich nach bestehenden Konzepten in Ihrer Stadt bzw. in Ihrem Landkreis.*
2. *Nennen Sie Vorteile dafür, dass Kinder und Jugendliche an der Konzepterarbeitung beteiligt werden.*
3. *Erarbeiten Sie ein Konzept für eine offene Kinder- und Jugendarbeit in Ihrer Klasse und stellen Sie es den Mitarbeiterinnen des Jugendamtes, den in der Jugendarbeit tätigen Personen Ihrer Stadt bzw. Ihres Landkreises sowie Jugendlichen vor.*

## 8.6.4 Pädagogische Konzepte in sonderpädagogischen Einrichtungen

Der Kindergarten ist montags bis freitags von 8:00 Uhr bis 13:00 Uhr geöffnet.

Er besteht zur Zeit aus einer Gruppe, in welcher 10 Kinder von einer Heilpädagogin, einer Erzieherin und einer Praktikant/in betreut werden. In freier Absprache wird ein monatlicher Elternbeitrag vereinbart.

Dem Kindergartenvormittag liegt eine sich täglich wiederholende Zeitstruktur zugrunde.

Jeder Kindergartentag beginnt mit dem Freispiel, in dem die Kinder sowohl in der Puppenecke, als auch in der Bauecke spielen können. Dem Freispiel folgt der etwa halbstündige Reigen. Hier lernen die Kinder, angelehnt an die Jahreszeit, Lieder, Tänze und Fingerspiele kennen. Sie übernehmen dabei entsprechend ihrer Entwicklungsstufe kleinere oder größere Rollen.

Ein zentrales Ereignis des Kindergartenvormittages ist die Zubereitung des Frühstücks und das gemeinsame Essen.

Dem Frühstück folgt ein ausgedehnter Spaziergang in den nahegelegenen Wald.

Den Abschluss des Vormittages bildet ein mit Stehpüppchen oder Marionetten gespieltes Märchen.

Während des Vormittages werden Einzeltherapien wie Heileurythmie, Musiktherapie, Chirophonetik und heilpädagogischer Einzelförderunterricht angeboten. Diese werden vom Schularzt empfohlen und in Absprache mit den Eltern durchgeführt. Um die Gesamtentwicklung des Kindes wirksam zu unterstützen arbeiten Eltern, Erzieherinnen, Therapeuten und Schularzt eng zusammen.

### Vorüberlegungen zum Thema:

In sonderpädagogischen Einrichtungen gibt es ebenfalls Bestrebungen, Konzepte zu erarbeiten,

- um einerseits die institutionell-organisatorischen Bedingungen, andererseits die konzeptionell-inhaltlichen Aspekte zu verbessern.

Eine kritische, konstruktive Auseinandersetzung mit pädagogisch angemessenen Sachargumenten ist erforderlich und in einem Konzept umzusetzen. In der Diskussion um Verbesserung der sonderpädagogischen Förderung sind zunächst die nachfolgenden Fragen zu klären:

- Welche Vorstellungen von **Bildung** herrschen in der sonderpädagogischen Förderung lernbeeinträchtiger Kinder?
- Welche Kenntnisse, Fertigkeiten, welches **Wissen und Können** ist lernbeeinträchtigten Kindern zu vermitteln?
- Welche **Instrumentarien** stehen sonderpädagogischen Einrichtungen für die Erstellung eines Konzepts zur Verfügung?

Ziel sonderpädagogischer Einrichtungen muss sein, die Leistungen der zu betreuenden Kinder und Jugendlichen zu verbessern. Wirtschaftspolitische Entwicklungen haben dem lauter werdenden Ruf nach **Verbesserung schulischen Lehrens** und Lernens zur Folge gehabt. Sie sind eine wichtige Voraussetzung, um **Hochleistungsprodukte** und **qualifizierte Dienstleistungen** zu produzieren und anbieten zu können.

---

Abb. Karl-Schubert-Schule, Stuttgart

Gleichzeitig kennzeichnen neben diesen Entwicklungstrends **gravierende gesellschaftliche Veränderungen und Umbrüche** nahezu alle öffentlichen Bereiche, z. B. durch neue Kommunikationswege, Aufgabe traditioneller familiärer Strukturen, neues Rollenverständnis. Aus diesem bildungspolitischen Kontext ergeben sich Aufgaben, die die Notwendigkeit von Veränderungen im schulischen und außerschulischen Bereich deutlich machen. Seit einiger Zeit werden Diskussionen aufgrund einer **erweiterten Gestaltungsfreiheit** geführt, damit die sonderpädagogischen Einrichtungen ihre eigenen Konzepte entwickeln und umsetzen können. In diesem Zusammenhang entstanden Schlüsselbegriffe wie: Profil, Kultur, Programm bzw. im Zusammenhang mit einer Schule: Schulprofil, Schulkultur und Schulprogramm.

Die Konzepte der sonderpädagogischen Einrichtungen sollten sich nicht ausschließlich auf **quantifizierbare (messbaren) Ergebnisstudien** beziehen, sondern müssen sich verstärkt auf die **Verbesserung von Lernprozessen unter erschwerten Bedingungen** richten. Die Konzepte müssen daher an bestimmten Zielfragen orientiert sein, z. B. an

- schulischen Abläufen,
- didaktischen Konzepten,
- personellen und sächlichen Rahmenbedingungen.

Die Einbindung von **innovativen Elementen** in die Aus- und Fortbildung von Lehrerinnen, Sozialpädagoginnen, Erzieherinnen und Sozialassistentinnen muss systematisch analysiert und kritisch überdacht werden.

Daraus ergeben sich **bedeutsame Implikationen (Einbeziehen) für die Erstellung der Konzepte:**

Sozialpädagogische Einrichtungen und Schulen als gesellschaftliche Institutionen müssen sich veränderten gesellschaftlichen Bedingungen stellen und in ihre Konzepte einbeziehen, das heißt:

- Pädagogische Überlegungen sollten zu einem Unterrichtsverständnis führen, das sich stets mit **veränderten Lebens- und Erziehungsbedingungen** von lernbeeinträchtigten Kindern und Jugendlichen kritisch auseinandersetzt.
- Sonderpädagogische Förderung muss **aktuelle Ergebnisse der Lehr- und Lernforschung** in der Planung, Vorbereitung und Durchführung von Unterricht berücksichtigen. Notfalls muss die Unterrichtsgestaltung durch revidierte (angepasste) **pädagogische Gütekriterien** reflektiert und überprüft werden.
- **Bildung und Erziehung** sind keine hierarchisch angeordneten Begriffe, sondern geschehen durch Lernen.

**Innovative Tendenzen, die Anforderungen und Aufgabenstellungen gesellschaftlicher Veränderungen** aufgreifen, lassen sich zusammengefasst darstellen: Kinder müssen zu folgenden Lernformen kommen:

- vom individuellen Lernen zum kooperativen Lernen,
- vom fremdbestimmten zum selbst bestimmten Lernen,
- von belehrender, passiver Wissensvermittlung zum problemlösenden, aktiven Lernen,
- vom schulbezogenen Lernen zum authentischen Lernen für und durch die Lebenswirklichkeit,
- vom lehrgangshaften Lernen zum Lernen in Kontexten und Zusammenhängen,
- vom zeitlich begrenzten Lernen zum kontinuierlichen, lebenslangen Lernen.

Im Mittelpunkt der schulischen Weiterentwicklung steht das **Ziel der Verbesserung des Unterrichts** von lernbeeinträchtigten Kindern und Jugendlichen. Im Zentrum der Bemühungen sollten deshalb Fragen zur **Effizienz der Unterrichtswirksamkeit** stehen. Besonderes der 1927 in Ostpreußen geborene Pädagoge Wolfgang Klafki hat für die Vorbereitung von Unterrichtsstunden fünf Leitlinien definiert:

- Zugänglichkeit, Anschaulichkeit des Lerninhalts,
- Gegenwartsbedeutung im Leben des Schülers,
- Zukunftsbedeutung,
- Exemplarität des Unterrichtsstoffes, d. h. was kann man mit dem Gelernten anfangen,
- Struktur des Inhalts.

Als Kernfragen für die Erstellung einer Konzeption können sein:

- Sind die von Klafki genannten Überlegungen hinsichtlich der Auswahl des Unterrichtsstoffes und seiner methodischen Umsetzung berücksichtigt worden?

- Bei welchen Schülerinnen besteht erhöhter Förderbedarf?
- Welche Themenstellungen ergeben kontinuierlich, d. h. in Anbindung an Unterrichtseinheiten, erforderliche Lerninhalte des jeweiligen Förderschwerpunkts?
- Welcher Förderschwerpunkt soll vorrangig im Rahmen des Unterrichts angegangen werden?

Vor diesem Hintergrund spezifizieren und konkretisieren sich Folgerungen für die **Erstellung von Konzepten sonderpädagogischer Förderung** lernbeeinträchtigter Schülerinnen. Sie werden bestimmt von der/dem/den:

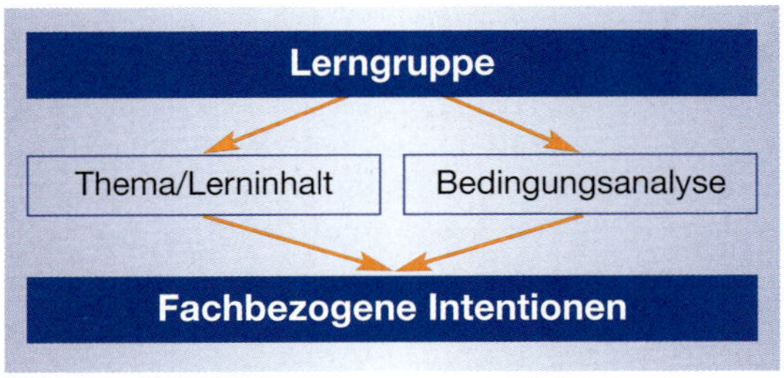


## Erstellen eines pädagogischen Konzeptes für sonderpädagogische Einrichtungen

Die Realisierung pädagogischer Konzepte, die übergreifende Kompetenzen wie eigenverantwortliches Lernen, Kommunikations- und Kooperationsfähigkeit fördern, kommt eine besondere Bedeutung zu.

Begleitend muss vor allem die **Medienkompetenz** von Lehrerinnen, Sozialpädagoginnen usw. in das Konzept einbezogen werden, um zusätzlich eintretende Bildungsbenachteiligungen von lernbeeinträchtigten Kindern und Jugendlichen im Umgang mit neuen Medien aufzuhalten.

Aufgrund der **allgemeinen Zunahme an Konflikten** bei den Kindern und Jugendlichen, erhält der Aspekt der Gewaltprophylaxe einen besonderen Stellenwert. Unterrichtliche Maßnahmen zur **Gewaltprävention und Intervention** sind unerlässlich und stellen hohe Herausforderungen an die sozialpädagogischen Einrichtungen.

Voraussetzung für eine echte Auseinandersetzung mit sonderpädagogisch relevanten Themen und Fragestellungen bleibt in jedem Fall der **anzustrebende Diskurs** zwischen **Eltern, Kindern und Jugendlichen, Lehrerinnen, Sozialpädagoginnen, Erzieherinnen, Sozialassistentinnen, pädagogischen Sachverständigen und ministerialen Vertreterinnen,** um **Ziele, Inhalte und Realisierungsformen** durchschaubar und sowohl erkenntnis- als auch interessengeleitete Sichtweisen verständlich zu machen.

Die **Vorgehensweise** orientiert sich weitgehend an „8.6.3, Pädagogische Konzepte in Einrichtungen der offenen Kinder- und Jugendarbeit“:

1. **Inhalte: Stoffsammlung**, für das Konzept werden Vorschläge gesammelt.
2. **Inhaltsauswahl und Themenformulierung: Kriterien** für die **Auswahl der Inhalte** werden bewusst gemacht. Bei der Themenformulierung muss die Perspektive der Kinder und Jugendlichen zum Problem mit berücksichtigt werden.
3. **Zielsetzung:** Welche **Ziele** in Bezug auf Kinder, Jugendliche, Schülerinnen, Eltern, Träger, pädagogische Sachverständige und ministeriale Vertreterinnen sowie Sozialpädagoginnen, Erzieherinnen- und Sozialassistentinnen sollen mit dem **Geplanten** erreicht werden? Was soll sich durch das Vorhaben in der **jetzigen Praxis verändern**?
4. **Vorhaben:** In dieser Phase geht es um die **Begrenzung der Inhalte und Themen**, wobei es hilfreich sein kann, ein Hauptvorhaben auszuwählen, um das das ganze Konzept kreist, z. B. die institutionell-organisatorischen Bedingungen oder konzeptionell-inhaltlichen Aspekte.
5. **Durchführung:** Während der Durchführung sollte es eine **regelmäßige Rückversicherung** mit der nachfolgenden Frage geben: **Entspricht die Praxis dem vorgezeichneten Weg**, nehmen die Kinder und Jugendlichen an den geplanten Aktivitäten teil?
6. **Auswertung:** Zwischenzeitliche und abschließende Auswertungsfragen sollten sein: Hat sich die **Praxis** in der **gewünschten Richtung verändert**? Ist mit der Durchführung das Vorhaben beendet, oder ergeben sich Anlässe, den bezeichneten **Planungsprozess von vorne in Gang zu setzen**?

## MERKSATZ

Die Erstellung eines Konzeptes in sonderpädagogischen Einrichtungen trägt dazu bei, die Arbeit kritisch zu überdenken und nach neuen Wegen zur Verbesserung der täglichen Arbeit zu suchen.

## AUFGABEN

1. *Nennen Sie besondere Probleme in sonderpädagogischen Einrichtungen und deren Umgang damit.*
2. *Führen Sie Beispiele an, wie diese Probleme in einem Konzept integriert werden können.*
4. *Sprechen Sie über positive und negative Erinnerungen bei den Festen und Feiern. Beziehen Sie dabei die Gefühle an konkreten Anteilen, zum Beispiel an Geschenken, an der Atmosphäre, an den erlebten Spielen mit ein.*

## 8.7 Bedeutung und Gestaltung von Festen und Feiern

## AUFGABEN

1. *Nehmen Sie ein Blatt Papier in der Größe von DIN A4 zur Hand und ziehen Sie in der Mitte einen Strich. Schreiben Sie auf die linke Seite Feste und Feiern aus ihrer Kindheit und Jugend auf, bei denen das Spiel von Bedeutung war.*
2. *Wenn diese Sammlung beendet ist, schreiben Sie auf der anderen Seite Gefühle und Empfindungen auf, die bei Festen und Feiern vorgekommen sind. Es müssen nicht nur positive Gefühle sein, sondern auch Trauer, Vereinsamung und Ausgeschlossenheit gehören dazu. Die Sammlung der Feste und Feiern decken Sie zu diesem Zweck zu.*
3. *Anschließend decken Sie die Blattseite mit den Festen und Feiern wieder auf und ziehen Verbindungslinien von den Festen und Feiern zu den Gefühlen.*

Die Begriffe „Feste und Feiern" werden oft gemeinsam genannt, obwohl es Unterschiede gibt. Eine **Feier** kann **sehr ernst** sein, während ein **Fest immer fröhlich** ist. Allerdings kann ein Teil eines Festes auch feierlich sein, z. B. eine Hochzeitsfeier, Taufe oder ein Erntedankfest.

Es gibt einen zweiten Unterschied: Beim Fest sind in der Regel die Teilnehmerinnen **aktiv** einbezogen, während die Feier für andere gestaltet wird. Das schließt allerdings nicht aus, dass bei einer **Feier etwas vorgeführt** werden kann.

### 8.7.1 Allgemeine Aussagen zur Bedeutung und Gestaltung von Festen und Feiern

In Verbindung mit dem Spiel wird meistens an fröhliche und ausgelassene Feste gedacht. Es kann aber auch anders sein: Bei einer kirchlichen Erntedankfeier kann eine Kindergartengruppe ein Spiellied, einen Tanz oder ein kurzes Theaterstück vorführen.

Spiele oder andere Aktivitäten sollten nicht zu viel Üben erfordern. **Das Üben für eine Vorführung** kann für Kinder **Drill** oder sogar eine **Fremdbestimmung** zur Folge haben. Kinder können Fehler zwar bei der Aufführung in den Augen der Erwachsenen humorvoll überspielen, aber die Kinder merken doch die Peinlichkeit, wenn es nicht so geklappt hat, wie es gedacht war. Für Kinder reicht es aus, wenn sie Spiele und Lieder vorführen, die sie **im Alltag** kennengelernt und vor dem Fest einige Male geübt haben. Ein langes Üben oder systematisches Auswendiglernen von Texten und Melodien entspricht nicht dem Spielbedürfnis von Kindern.

---

Abb. Thiele

Eine **Programmnummer** bei einem Fest oder einer Feier für geladene Gäste ist immer eine **Öffnung nach außen**, eine Selbstdarstellung. Erzieherinnen und Sozialassistentinnen müssen sich überlegen, wie sie sich und ihre Einrichtung darstellen wollen oder welche Wirkung ein ausgewähltes Vorspiel auf den Besucher ausüben wird. Dabei muss ihnen die Wirkung auf die Eltern bewusst sein. Erzieherinnen und Sozialassistentinnen fühlen sich möglicherweise verpflichtet, **einem bestimmten Kind eine Rolle zu geben**, weil sie den Elternwünschen nachkommen möchten und um belastende Konflikte von vornherein auszuschalten. Sinnvoll ist es daher, vor Beginn einer Vorführung deutlich zu machen, was mit der Darstellung erreicht werden soll, um unangemessenen Erwartungen gleich die Spitze zu nehmen. Das kann schon vorher bei einem Elternabend sein oder durch eine Elternzeitung bekannt gemacht werden.

**Ältere Kinder und Jugendliche** können möglicherweise **Freude an Vorführungen** haben. Aber auch da sollte das Üben eingegrenzt werden. Kinder im Hort beispielsweise sind häufig durch ihre familiären Situationen belastet, z. B. durch alleinerziehende oder berufstätige Eltern. Viele von ihnen haben **Schulprobleme**. Sie brauchen die freie Zeit im Hort für ein entspanntes und freies Spiel. Hier muss die Erzieherin bzw. Sozialassistentin vorsichtig abtasten, wo die Bedürfnisse der Kinder sind. Sie muss versuchen, festzustellen, wie weit eine vorführende Tätigkeit für diese Kinder eine **positive Erfahrung** ist. Wenn Kinder freiwillig an einer Aufführung teilnehmen, wird durch eine gelungene Aufführung ihr Selbstbewusstsein gestärkt. Gerade für Kinder mit sozialen und familiären Problemen kann dies sehr wichtig sein.

Es muss auch nicht immer eine gelernte Vorführung sein. Manchmal können Hortkinder bei einem Spiel anleiten und dabei **Führungsaufgaben** übernehmen, sie können bei Festmahlzeiten bedienen oder sogar Ansager sein. Wichtig ist, darauf zu achten, dass **alle Kinder eine Funktion** erhalten, in der sie Erfolgserlebnisse verbuchen können.

**Feste und Feiern** benötigen ein **Programm**. Nur selten kann man einfach spontan feiern. Das ist vielleicht bei einer Party oder einem

Abb. Billy „WE WILL DANCE“ Projekt des Jugendamtes Stuttgart – Abteilung: Hilfen zur Erziehung

Gartenfest für Jugendliche möglich. Dort gibt der Rahmen bereits einen festlichen Charakter, der die Teilnehmerinnen aus dem Alltag heraushebt, z. B. durch die Dekoration, das Essen, das Trinken und die Musik.

**Feste mit Kindern** kommen ohne Programm nicht zurecht. Einzelne Teile dieses Programms, z. B. die Spiele, werden oft noch von den Kindern gespielt.

Teile eines **Festprogramms** können durch **Traditionen** bestimmt sein, insbesondere der Rahmen eines Festes:

- Das Kind erinnert sich und freut sich auf die **Wiederkehr dieses Programms** oder auf die entsprechende **Feststimmung**. Es freut sich auf das Laternenfest, weil es sich an die Stimmung und den Ablauf des vergangenen Jahres erinnert.
- Ostern hat es in guter Erinnerung, weil ihm das Eiersuchen sehr viel Spaß gemacht hat.
- Der eigene Geburtstag ist ein besonderes Ereignis für jedes Kind, das Anzünden der Kerzen, das Singen des Geburtstagsliedes, die besondere Rolle, die es an diesem Tag einnimmt.

Feste sind aber nicht nur Tradition, sondern sie bringen auch **Spannung** durch **ihre Einmaligkeit**, die sie bieten. Zu einem Fastnachtsfest gehört zum Beispiel immer wiederkehrend das Verkleiden, das aber jedes Mal neu ist. Die Spiele, die in ein Programm aufgenommen werden, gehören in der Regel zu den einmaligen Fest- oder Feierabschnitten.

Grundsätzlich sollten die Spiele so ausgesucht werden, dass sie möglichst allen Kindern zu **Erfolgserlebnissen** verhelfen. Bei **Wett- und Konkurrenzspielen** kann es bei den Verlierern zu **Peinlichkeiten** und **Enttäuschungen** kommen. Vielfach schafft man so genannte Spielecken, in denen besondere Materialien oder originelle Vorschläge zu einem Spiel einladen. Das können **konstruktive Spiele** sein, etwa eine Werkmöglichkeit zum Sägen und Hämmern, Malen, Bauen mit großen Kartons, Stoffmalerei und Ähnliches. Eine andere konkurrenzfreie Spielmöglichkeit bieten die **Wahrnehmungsspiele**: ein Barfußparcours, ein Tastparcours, ein „Sehweg", bei dem die Umwelt auf unterschiedliche Weise betrachtet wird.

Kooperative Spielmaterialien bieten eine weitere konkurrenzfreie Spielmöglichkeit für Feste: z. B. ein aufgeblasener Riesenball, der bewegt werden muss, Spiele mit Fallschirmseide, Luftballons, Stelzen, unterschiedliche fahrbare Geräte.

**Ziele eines Festprogramms** sind vor allem:

1. Die Teilnehmerinnen müssen eine **Zugehörigkeit empfinden** und sich beteiligt fühlen. (Zuschauen kann eine Form von Beteiligung sein). **Wartezeiten** wirken sich dagegen **ungünstig** auf das Zugehörigkeitsgefühl aus.
2. Die Teilnehmerinnen müssen das **Fest** als einen **Höhepunkt** in ihrem Alltag empfinden und später gern an diesen Tag zurückdenken. Ein Höhepunkt muss nicht immer Spaß und Lachen sein. Eine **besinnliche Feier** kann ebenfalls in **guter Erinnerung** bleiben.

Für **Kinder** aus nicht-christlichen Kulturen ist es nicht leicht, ein **Zugehörigkeitsgefühl** zu einem **christlichen Fest** zu bekommen. Daher müssen sich die Erzieherinnen und Sozialassistentinnen bemühen, die Kultur dieser Kinder in irgendeiner Form mit einzubeziehen, z. B. durch das Essen von ausländischen Gerichten. Sinnvoller ist es allerdings Spiele, Tänze und Lieder aus anderen Ländern mit einzubeziehen. In Kindergärten mit einem großen Anteil an ausländischen Kindern sollten regelmäßig Feste aus den Heimatländern der Kinder bzw. deren Eltern gefeiert werden.

---

Abb. Nühs

## MERKSATZ

Zu den meisten Festen gehören Spiele. Sie sollen möglichst allen Spielteilnehmerinnen Spielfreude und Zugehörigkeit vermitteln.

## AUFGABEN

1. *Nennen Sie Gründe dafür, dass auf langes Einüben von Vorführungen im Kindergarten verzichtet werden sollte.*
2. *Wählen Sie paarweise oder in Vierer-Gruppen ein Fest aus, das in einer Kindertagesstätte umgesetzt werden soll. Entwickeln Sie dafür ein Nachmittagsprogramm.*

## 8.7.2 Religiöse Feste

## AUFGABE

*(ist nur möglich, wenn eine Klasse aus christlichen und islamischen Schülerinnen besteht)*

*Die Klasse wird aufgeteilt in Schülerinnen der christlichen und islamischen Religionsgemeinschaft.*

***„Christinnen“** schreiben auf ein Plakat die für sie **wichtigsten Feste**; ebenso die **„islamische Gruppe“**,*
*Anschließend erklären die Schülerinnen die Feste, ihre Inhalte und Riten (wenn möglich mit Anschauungsmaterial, Fotos.)*

*Der nächste Schritt ist das Feststellen von **Ähnlichkeiten**: z. B. Ramadan und Fastenzeit, Weihnachten und Zuckerfest (Ende vom Ramadan), bzw. ein Fest im Vergleich, z. B. Ramadan. Fragen fürs Gespräch:*
*Fasten – was fällt euch dazu ein? Was ist dabei wichtig, sinnvoll?*
*Als **Abschluss** werden vertiefende **Hintergrundinformationen** zum christlichen bzw. islamischen Fasten (evtl. durch die Religionslehrerin) gegeben.*

*Die gewonnenen **Informationen** können noch vertieft werden:*

- *Durch gegenseitiges Einladen zu bestimmten Festen,*
- *durch Kennenlernen der Gebets- und Gottesdienstpraxen sowie Besuch einer Moschee bzw. einer Kirche,*
- *durch die Planung eines multikulturellen Festes, an dem Speisen, Getränke, Musik, Tänze usw. beider Kulturkreise berücksichtigt werden,*
- *durch Mitfasten der Christinnen während des Ramadan usw.*

Religionen sind immer in die jeweiligen Kultur eines Volkes eingebettet, besonders Feste um die Geburt, Heirat usw. offenbaren viel von der Kultur und der gelebten Religiosität eines Volkes.

Religiöse Feste sichern und stabilisieren die religiöse und soziale Identität der Gläubigen. Sie heben den einzelnen Menschen aus dem Alltag heraus und setzen zum Teil auch übliche Verhaltensweisen außer Kraft. Einige Feste, wie beispielsweise das christliche Osterfest, verweisen auf heilsgeschichtliche Ereignisse einer Religion, die durch Ritus und Kultus in der Gemeinschaft gefeiert werden. Feste sind lebendiger Ausdruck von Religionen. Ihre Zählung wird vom Rhythmus der Wochen und Sonntage bestimmt. Die Woche beginnt mit dem Sonntag als dem ursprünglichen Auferstehungsgedenken.

Nachfolgend ist eine Übersicht über christliche und muslimische Feste im Jahresablauf erstellt.

Abb. Christus und Garnisonskirche in Wilhelmshaven (links)
Abb. Moschee im Schwetzinger Schlossgarten (rechts)

## Traditionelle bzw. christliche und muslimische Feste – Von Fasching bis zum Kurban Bayrami

### Traditionelle und christliche Feste:

**FASCHING:**
**Zeit:** Februar/März (bewegliches Datum)
**Inhalt:** Winteraustreiben, Frühjahrsbegrüßung
**Besondere Merkmale:** Maskerade

**OSTERN:**
**Zeit:** März/April (bewegliches Datum)
**Inhalt:** 1. christlich: Auferstehung Jesus Christus 2. traditionell: Frühlingsfest
Besondere Merkmale: Osterhase, Ostereier (Fruchtbarkeitssymboel), Osterkerze

**HIMMELFAHRT:**
40 Tage nach Ostern (beweglich). Die Auffahrt Christi in den Himmel wird gefeiert.

**PFINGSTEN:**
50. Tag nach Ostern; das Fest der Ausgießung des hl. Geistes auf die christl. Urgemeinde in Jerusalem.

**FRONLEICHNAM:**
Kath. Kirchenfest zu Ehren der Eucharistie (Abendmahl), am Donnerstag nach dem Dreifaltigkeitsfest mit Prozession.
– Regionaler Feiertag –

**SOMMERFEST:**
**Zeit:** Sommer
**Inhalt:** gemeinsames Fest mit Eltern und Familien der Kindergartenkinder
**Besondere Merkmale:** Individuell

**ERNTEDANKFEST:**
**Zeit:** Ende September/Anfang Oktober
**Inhalt:** Danksagung für die Gaben der Natur an Gott
**Besondere Merkmale:** Altar in der Kirche wird mit Früchten geschmückt

**LATERNENFEST:**
**Zeit:** Oktober/November oder am 11.11. (St. Martinstag)
**Inhalt:** Ursprung liegt im Teilen des Mantels des heiligen Martins mit einem Bettler
**Besondere Merkmale:** Laternenumzug (mit selbst gebastelten Laternen)

**ADVENTSZEIT:**
**Zeit:** 3–4 Wochen vor dem Heiligen Abend
**Inhalt:** Warten und Vorfreude auf die Geburt Christi
**Besondere Merkmale:** Adventskalender; Adventskranz mit 4 Kerzen

### Muslimische Feste:

**RAMADANFEST:**
**Zeit:** Der Beginn richtet sich nach dem islamischen Mondkalender und verlagert sich jeden Jahr um 11 Tage nach vorne. Der Fastenmonat Ramadan kann daher sowohl im Winter liegen, als auch, rund 15 Jahre später, im Sommer.
**Inhalt:** Der Ramadan gilt im Islam als besonders heilige Zeit. Das 30-tägige Fasten ist für alle erwachsenen Muslime verpflichtend. Meist nehmen die Jugendlichen mit dem Einsetzen der Pubertät erstmals am Fasten teil. Während der täglichen Fastenzeit, von Sonnenaufgang bis -untergang, haben sich die Gläubigen jeglicher Nahrungsaufnahme (Speisen und Flüssigkeiten), sowie Annehmlichkeiten und sinnlichen Befriedigungen zu enthalten. Diese Zeit ist mit der besonderen Hingabe an Allah verbunden.
**Neben dem Fasten ist diese Zeit durch zwei Feste bestimmt:** Die Nacht der Bestimmung (Lailat al-Qadr) ist eines der Hauptfeste, es wird in der Regel vom 26. auf den 27. Ramadan gefeiert. Das Fest des Fastenbrechens (Id al-Fitr), auch Zuckerfest genannt, wird an den ersten drei Tagen des Folgemonats gefeiert und beendet die Fastenzeit.
**Besondere Merkmale:** Während des Zuckerfestes finden Lichterumzüge und Volksfeste statt. Es finden Besuche zwischen Verwandten statt und viele Süßspeisen werden verzehrt.

**OPFERFEST (Kurban Bayrami):**
**Zeit:** 2 Monate und 10 Tage nach Ramadanfest (Dauer: 4 Tage)
**Inhalt:** Erinnerung an die Bereitschaft Abrahams, seinen Sohn Ismail Gott zu opfern; heute: Schlachtung eines Lammes und Verteilung an die Armen
**Besondere Merkmale:** gegenseitige Besuche der Familien; neue Kleidung; frühmorgens erfolgt das Festgebet der Männer und Jungen in der Moschee

**MEVLID KANDILI:**
6./7. Juli (beweglich)
Kochen und Verteilen des Aschura-Gerichtes

**Traditionelle und christliche Feste:**

**NIKOLAUS:**
**Zeit:** 06.12. (Namenstag von Nikolaus)
**Inhalt:** Erinnerung an den Bischof Nikolaus, der als Wohltäter der Kinder und Armen in der Türkei lebte
**Besondere Merkmale:** Kinder werden vom Nikolaus beschenkt

**WEIHNACHTEN:**
**Zeit:** 24.12. Heiliger Abend; 25.12./26.12. Weihnachten
**Inhalt:** Geburt Jesu Christi
**Besondere Merkmale:** Weihnachtsbaum; Weihnachtsmann oder Christkind beschenkt die Kinder.

**Muslimische Feste:**

**MUHARREM FASTEN:**
**Zeit:** 20 Tage nach dem Opferfest.
**Dauer:** 12 Tage
**Inhalt:** Andenken an Mohammeds Enkel, die in Kerbela ermordet wurden. Das Fest wird von Aleviten-Bektaschiden und Schiiten als Trauertage begangen.
**Besondere Merkmale:** Am 13. Tag wird das Aschura Gericht gekocht und verteilt. Gemeinsame Gebete in CEM-Häusern. Keine Schlachtung von Tieren in der Fastenzeit. Es gibt neue Kleidung.

Kinder kommen am besten mit der Kultur ausländischer Kinder zurecht, wenn gemeinsame Feste gefeiert werden.

## MERKSATZ

Religionen sind immer in die jeweilige Kultur eines Volkes eingebettet. Sie sichern und stabilisieren die Identität der Gläubigen.

## AUFGABEN

1. *Nennen Sie Vorgehensweisen, Kinder an religiöse Feste heranzuführen.*
2. *Laden Sie eine Kindergruppe zum 6. Dezember in die Schule ein und feiern Sie mit den Kindern ein Nikolausfest.*

### 8.7.3 Jahreszeitliche Feste

## FALLBEISPIEL

**Überlegungen zum Erntedankfest**

Im Kindergarten P. sitzen die Leiterin des Kindergartens Martina M., ihre Erzieherinnen Simone K. und Claudia S. sowie die Sozialassistentin Luisa N. im Arbeitszimmer der Kindergartenleiterin zusammen. Das Thema der heutigen Teamsitzung ist das Erntedankfest.

Alle vier hatten den Auftrag, sich Gedanken über die Gestaltung des Erntedankfestes im Kindergarten zu machen. „Wir sollten die Eltern einladen“, schlägt Claudia vor, „dadurch bekommt das Fest einen ganz anderen Stellenwert, als wenn wir es nur unter uns feiern.“ „Das ist eine gute Idee“, meint Simone anerkennend, „vielleicht können sich die Eltern ebenfalls an dem Programm beteiligen?“ „Das finde ich auch“, bestätigt Luisa und fügt hinzu: „Im letzten Jahr haben die Eltern Früchte, Gemüse und Getreide mitgebracht. Damit haben wir die Räume geschmückt und hinterher alles zur P.-Tafel für die Armen weitergegeben. Das hat richtig Spaß gemacht!“ „Damit haben wir schon einmal einen wichtigen Vorschlag“, fasst Martina zusammen, „ich werde heute Abend mit dem Elternvertreter, Herrn Meyer, sprechen und ihn fragen, wie weit sich die Eltern an der Programmgestaltung unseres Erntedankfestes beteiligen möchten. Aber damit ist es nicht allein getan. Wir haben ebenfalls unsere Beiträge zum Fest zu leisten.“ „Ich möchte Laternen mit meiner Gruppe basteln, die wie Äpfel oder Kürbisse aussehen“, schlägt Simone vor, „wir können damit einen Umzug als Abschluss unseres Erntedankfestes machen.“ „Ich würde sehr gern ein Singspiel mit meiner Gruppe einüben, das wir dann als Programmpunkt verwenden können!“ „Meine Kinder können das Märchen vom Kartoffelkönig vortragen, ich habe es den

Kindern bereits gestern erzählt und sie waren ganz angetan davon", ergänzt Luisa. „Das sind schon eine Menge Vorschläge, aber es reicht noch nicht ganz aus, schließlich sind die Eltern etwa drei bis vier Stunden bei uns. Wer hat noch weitere Vorschläge?"

## AUFGABEN

1. *Nennen Sie weitere Beispiele für die Gestaltung eines Erntedankfestes im Kindergarten.*
2. *Wie können Kinder am besten an die Bedeutung des Erntedankfestes herangeführt werden?*

Die jährlichen Feste und Gedenktage geben den vier Jahreszeiten Frühling, Sommer, Herbst und Winter ein besonderes Gepräge. Diese Tage bewusst zu feiern, heißt Kinder auf eine besondere Art in die Welt des Brauchtums und des kirchlichen Jahres einzuführen.

### Erntedankfest

Zum **Erntedankfest** einige Sachinformationen: Erntedank wird in der evangelischen Kirche am 1. Sonntag im Oktober, in der katholischen Kirche um den St. Michaelistag (29. September) gefeiert. An manchen Orten, z. B. in – Weinbaugebieten – auch zu einem späteren Zeitpunkt.

Abb. Nühs

Da überall auf der Welt das Bedürfnis besteht, für die Gaben der Ernte zu danken, ist dieses Fest weitverbreitet. Es verbindet die Menschen mit anderen Religionen und Völkern und soll an das, was die Schöpfung den Menschen schenkt, erinnern. Der Schwerpunkt dieser Einheit liegt darum in der Vermutung, den Schöpfer bzw. den Ursprung des Lebens (Wortwurzel Gott = gout = gotisch = Menschen rufen, fragen) in allem, was lebt, zu erahnen.

Für das **Erntedankfest** gibt es viele Bräuche: In der Regel werden die Altäre mit den Erntegaben geschmückt, diese werden gesegnet und anschließend werden die Gaben geteilt. In einigen Kirchen werden vor dem Altar oder vor der Kirchentür Bodenteppiche mit christlichen Symbolen aus Früchten und Gemüse gelegt.

Das **Erntedankfest** kann mit Kindern auf vielfältige Weise gestaltet werden. Dazu einige Vorschläge:

- Man kann einen **Korb mit Erntegaben** füllen, vom Pastor bzw. Pfarrer segnen lassen und hinterher die Früchte gemeinsam essen, dazu kann man selbst gebackenes Brot reichen.
- Man kann mit den Kindern **Apfel- oder Kartoffelmännchen** herstellen, indem man einen Stock von 10 bis 15 cm Länge in einen Apfel oder eine Kartoffel steckt und den Apfel bzw. die Kartoffel sowie den Stock mit Stoff verkleidet. Zusätzlich bietet sich das Erzählen einer Geschichte mit dem Apfel- bzw. Kartoffelmännchen an.
- Man führt mit den Kindern **Naturbeobachtungen im Wald** durch, horcht auf Vogelstimmen, lässt Spuren suchen, malt diese auf festes Papier und schneidet sie hinterher aus.
- Man erzählt den Kindern die Geschichte von der **Sonnenblume**:

Als die Sonnenblume reif war, besuchten sie viele Vögel. Sie freuten sich, weil sie ernten konnten und pickten der Sonnenblume fröhlich ins Gesicht. „Warum macht ihr das?", protestierte die Sonnenblume. „Hört mir bitte einen Augenblick zu!"
Die Vögel gehorchten. Sie unterbrachen ihr fröhliches Gezwitscher und setzten sich auf den Boden.

Die Sonnenblume wandte sich ihnen zu und sagte: „Hört, ich bin nicht gewachsen, um völlig von euch verspeist zu werden. In mir steckt viel Leben. Wenn ihr nur ein paar meiner Körner übrig lasst und nicht alles gedankenlos in eure hungrigen Mägen hinunterschlingt, schenke ich euch nächstes Jahr wieder viele Körner."
Die Vögel waren schlau: „Wir haben genug", beschlossen sie und flogen davon.
Als sie das Jahr darauf zur gleichen Zeit an diesem Ort eintrafen, staunten sie. Viele Blumen lachten ihnen entgegen, bereit, mit ihnen zu teilen.

## Halloweenfest (31. Oktober)

**Zum Halloweenfest** einige Sachinformationen: Kinder und Jugendliche sind von Halloween begeistert und feiern es gerne. Hinzu kommt, dass Gespenstergeschichten die Fantasie anregen und kalte Schauer über den Rücken laufen lassen. Halloween hat folgende Bedeutung: **Halloween** – All Hallow's Evening ist die Nacht vor Allerheiligen, in der alle Dämonen und Hexen erschreckt und vertrieben werden. Ursprünglich stammt dieser heidnische Brauch aus dem Keltischen, denn dort war der 31. Oktober der Vorabend des neuen Jahres. Angeblich kehrten an diesem Abend die Seelen der im Vorjahr Verstorbenen nach Hause zurück. Mitte des 19. Jahrhunderts brachten irische Auswanderer diesen Brauch nach Amerika. Von dort kam er einige Jahre später nach Europa zurück, wo er zunehmend beliebter wird.

„Trick or Treat", frei übersetzt bedeutet das Streich oder Süßigkeit. Kinder ziehen abends oder nachts verkleidet von Haus zu Haus und freuen sich über freigiebige Geschenke in Form von Naschwerk. Sie spielen arme irische Bauern nach, die sich an Halloween von den Reichen Wintervorräte erbeten haben.

Der Kürbis hat für Halloween eine besondere Bedeutung:

Dafür steht eine Legende Pate. Jack, der Schmied, überlistet den Teufel, der ihm seine Seele abkaufen wollte. Aber am Ende seines Lebens durfte der arme Handwerker weder in den Himmel noch in die Hölle. Mit einer Rübe fing er sich glühende Kohlen ein und irrte als das Gespenst „Jack O'Lantern" durch die Lande – zumindest so lange, bis die Amerikaner aus der Rübe einen Kürbis machten.

Für die **Gestaltung des Halloweenfestes** gibt es folgende Möglichkeiten:

- Man spielt mit den Kindern Szenen aus dem kleinen Gespenst von Ottfried Preussler nach.
- Man bastelt mit ihnen Gespenster aus alten Tüchern. Als Kopf nimmt man am besten eine Styroporkugel.
- Man spielt mit ihnen Mumien wickeln: Toilettenpapier wird verteilt und die Kinder wickeln sich damit gegenseitig ein.
- Man höhlt mit ihnen Kürbisse aus und stellt daraus Windlichter her.
- Man lässt die Kinder das Halloween-Gedicht auswendig lernen:

Hallo, liebe Leute, Halloween ist heute.
Wir, unbelohnten Geister,
kommen mit Papier und Kleister.
Auch den Kürbis haben wir heute mit,
denn der ist ein Riesenhit.
Wir stehen hier vor eurem Haus,
drum rückt einmal die Gabe raus.
Diese soll euch schützen.
Doch wollt ihr uns nichts geben, werden wir hier was bekleben.
Und ihr werdet unter unseren Plagen leiden,
weil wir viel Unsinn treiben.
Werden wir belohnt,
werdet ihr von uns verschont.
Danke für die Gaben,
die wir erhalten haben.
Leider müssen wir nun gehen,
danke schön – auf Wiedersehen.

## Martinstag (10. bzw. 11. November)

**Zum Martinstag** einige Sachinformationen: Die evangelischen Christen feiern den Geburtstag von Martin Luther, am 10. November. Die katholischen Christen erinnern sich an den heiligen Martin, der am 11. November Geburtstag hatte.

---

Abb. Nühs

**Martin Luther** war deutscher Reformator, er lebte von 1483 bis 1546. Sein Vater war Bergmann, 1507 wurde er zum katholischen Priester geweiht. 1517 schlug er 95 Thesen gegen den Ablassprediger Tetzel an die Schlosskirche in Wittenberg. Tetzel hatte den Auftrag, Ablässe zu verkaufen, weil das Geld für den Bau der Peterskirche in Rom benötigt wurde.

Luther war nicht bereit, seine Thesen auf dem Reichstag in Augsburg zu widerrufen. 1521 erfolgte seine Verbannung und Ächtung auf dem Reichstag in Worms.

Friedrich von Sachsen nahm ihn auf und gab ihm in der Wartburg eine sichere Unterkunft. Dort übersetzte Luther die Bibel in die deutsche Sprache. 1522 kehrte Luther nach Wittenberg zurück, um gegen die Wiedertäufer und Bauernaufstände vorzugehen. 1525 heiratete er Katharina von Bora, eine ehemalige Nonne. Nach Luther ist die Heilige Schrift die einzige Quelle des Glaubens und es gibt nur zwei Sakramente, nämlich das der Taufe und das des Abendmahls.

Der **Heilige Martin** war der Sohn eines römischen Tribuns und wurde 316 bzw. 317 in Sabaria im heutigen Ungarn geboren. Im Alter von 15 Jahren kam er zur berittenen kaiserlichen Garde.

Die Legende erzählt, dass er einmal am Stadttor Amiens in Frankreich mit einem frierenden Bettler seinen Mantel teilte. Diese Begegnung veränderte seinen Lebensweg. Martin ließ sich mit 18 Jahren taufen und beschloss zwei Jahre später seinen Militärdienst zu beenden.

Nach Beendigung des Militärdienstes wurde er Schüler des hl. Hilarius von Poitiers. Mit Hilarius gründete er das erste Kloster. Volk und Klerus wählten ihn 371 zum Bischof.

Martins Berühmtheit als Wundertäter und Helfer in der Not brachten ihm viele Anhänger. Als er am 8. November starb, fanden sich Tausende von Menschen zu seiner Beisetzung ein.

Den **Martinstag** kann man mit den Kindern auf vielfältige Weise feiern:

- Man kann mit ihnen Laternenlieder singen, Laternen basteln und bemalen und einen Umzug im Dorf oder im Stadtteil durchführen.
- Die Behandlung des Themas „hell und dunkel" bietet sich an. Die Kinder sollen erfahren, was es bedeutet, im Dunkeln zu leben, arm und krank zu sein.

- Man kann auch mit den Kindern Spielzeug sammeln und an Kinder verteilen, die kein Spielzeug haben oder man gibt es an einen Wohltätigkeitsverband weiter.

## Nikolaustag

Der **Heilige Nikolaus** war Bischof von Myra. Er lebte um 350 n. Chr. Er gilt als volkstümlicher Heiliger, besonders der morgenländischen Kirche. In Russland wird er besonders verehrt. Sein Heiligentag ist der 6. Dezember. Dieser Tag ist zum Geschenktag für die Kinder geworden. Nikolaus gilt als Schutzheiliger für die Schifffahrt, Kaufleute und die Schüler.

Der **Nikolaustag** lässt sich mit den Kindern ebenfalls auf vielfältige Weise gestalten:

- Man bastelt mit ihnen kleine Geschenke, die sie den anderen Kindern in die Schuhe legen.
- Man lässt die Kinder den Namen eines anderen Kindes ziehen. Dieses Kind wird dann von dem Kind am 6. Dezember beschenkt.
- Man kann auch eine Fantasiereise über den Nikolaus durchführen.

Abb. Nühs (beide)

Zur **Advents- und Weihnachtszeit** einige Sachinformationen: Die Adventszeit ist durch eine 1500 Jahre alte Tradition gekennzeichnet. Advent, aus dem lateinischen „adventus", heißt so viel wie Ankunft. Die allerersten Sätze zu einer Ausgestaltung dieser Vorbereitungszeit – damit auch Bußzeit – finden sich bereits ab dem 4. Jahrhundert in alten Urkunden, sie sind jedoch nach Gegend und Dauer sehr verschieden und schwanken zwischen einer zwei- bis sechswöchigen Adventszeit. Die heutige Form mit vier Adventssonntagen hat sich erst zwischen dem 11. und 13. Jahrhundert in der römisch-gregorianischen Ordnung durchgesetzt.

Die vielen Sitten und Gebräuche, teilweise mit vorchristlichen Wurzeln, bringen in vielfältiger Form die Erwartung des Menschen auf das Heilsgeschehen zum Ausdruck.

Weihnachten ist das Geburtstagsfest Jesu. Wann genau Jesu geboren wurde, ist nicht bekannt. 336 wurde erstmals in Rom der 25. Dezember zum Geburtstag Jesu bestimmt. Das Datum hängt möglicherweise mit dem in Rom begangenen Geburtstag des unbesiegbaren Sonnengottes zusammen – ein Anreiz für Christen, an diesem Tag den Geburtstag Jesu zu feiern.

Die **Vorweihnachts- und Weihnachtszeit** bietet viele Möglichkeiten, sie mit den Kindern umzusetzen. Man kann mit ihnen

- ein Weihnachtsspiel oder eine Weihnachtsfeier vorbereiten und die Eltern zur Aufführung einladen,
- eine Krippe bauen und einen Raum für die Krippe gestalten,
- eine Krippenfahrt zu besonderen Krippen unternehmen,
- Fensterbilder mit christlichen Motiven entwerfen, ausschneiden und an die Fenster kleben.
- Schneeflocken aus Watte an die Fenster kleben,
- Strohsterne und Sterne aus Silber- und Goldpapier anfertigen.

Darüber hinaus kann man mit den Kindern Weihnachtsgeschichten und -gedichte hören und sie können Weihnachtsgedichte auswendig lernen.

## Fasching, Fastnacht, Karneval

Fasching, Fastnacht, Karneval erinnern an das Vorfrühlings- und Fruchtbarkeitsfest, das in vorchristlicher Zeit gefeiert wurde. An diesen Tagen wollte man böse Wintergeister, vor denen sich die Vorfahren fürchteten, vertreiben. Damit dem Winter Hören und Sehen verging, setzte man an einigen Orten furchteinflößende Masken auf.

Frau Perchta (bedeutet die Leuchtende), die Erdgöttin, darf das Ende der langen Winternächte einläuten. Im Kampf allein mit den Wintergeistern kann sie nicht bestehen, daher benötigt sie Unterstützung durch die Hexen, Waldgeister und Fabelwesen. Diese unterstützen sie mit viel Lärm und Getöse.

Narren sollten früher Menschen darstellen, die sich von Gott abgewendet haben und zeigen, wie dumm sie sich manchmal verhalten. Das wichtigste Werkzeug der Narren waren die Schellen, die auf das Bibelwort des Apostels Paulus hinweisen: „Selbst wenn ich mit Engelszungen redete, hätte aber die Liebe nicht, wäre ich ein tönern Erz oder eine klingende Schelle!" (1 Kor 13,1) Pauken bestärken diesen Ausspruch und verkünden ihn kräftiger.

Auch der Karneval könnte mit diesen Narren zu tun haben. Carrus navalis hieß nämlich der Schiffskarren, der schon bei den alten Römern durch die Straße zog und die Umstehenden auf etwas aufmerksam machte. Karneval könnte aber auch „Fleisch lebe wohl" heißen (lat. carne vale) und an die Fastenzeit erinnern, die bevorsteht.

Für die Gestaltung des **Karnevals** bieten sich folgende Möglichkeiten für Kinder an:

- Man kann Faschingskostüme und Masken mit den Kindern basteln und diese anziehen.
- Im Gruppenraum kann man selbst geschnittene Luftschlangen aufhängen.
- Die Gesichter der Kinder können mit Schminke verändert werden.

## Ostern

Ostern wird entweder im April oder bereits Ende März gefeiert. Wann genau, das hängt mit dem

Abb. Nühs

Mond zusammen. Der Sonnabend nach dem ersten Frühlingsvollmond ist das Osterfest. Ostern ist das Fest der Auferweckung oder Auferstehung Jesu von den Toten. In der Geschichte ist das kirchliche Osterfest mit vielen Frühjahrs- und Fruchtbarkeitsriten verbunden wie Ostereier, Osterhase und Osterfeuer. Das Osterfest bildet den Mittelpunkt des kirchlichen Jahres, da alle anderen Feste danach ausgerichtet werden. Ostern ist der Weg aus der Dunkelheit.

Der Papst spendet seinen Segen „Urbi et Orbi", für die Stadt und den Erdkreis.

Die Zeit vor **Ostern** lässt sich mit den Kindern vielseitig gestalten. Man kann mit den Kindern

- Bilderbücher über Ostern ansehen und ihnen den Text vorlesen,
- Eier auspusten und die Schalen bunt bemalen,
- Osterhasen aus Pappe und aus Heu basteln,
- Tischdecken mit Ostermotiven bedrucken,
- grünende Zweige aufhängen oder Zweige ins Wasser stellen als Symbol für wiedererwachendes Leben.

## Pfingsten

Ostern, Himmelfahrt und Pfingsten sind Feste, die alle an die Auferstehung Christi erinnern und an das, was sie für das Leben Christi bedeuten.

Das Wort Pfingsten leitet sich von dem griechischen Wort „Pentekoste" ab und das bedeutet der 50.Tag. Sieben Wochen nach dem Paschafest, dem Fest der ungesäuerten Brote, feierte das Volk Israel eines der drei großen Wallfahrtsfeste. Als Dank für die Ernte machten sich die Israeliten nach Jerusalem auf, um dem Herrn ein Opfer darzubringen.

Pfingsten wurde zur sichtbaren und spürbaren Bestätigung des Auferstandenen: Die Gemeinschaft Kirche feiert ihren Geburtstag, nach dem die Apostel von ihrer Begegnung mit Jesus erzählten. Pfingsten bildet damit den Abschluss der Osterzeit, aber kein Ende, denn Jesus ist zu allen Zeiten Vorbild für die Menschen.

Für die Pfingstzeit bietet sich das **Vorlesen und Auswerten der nachfolgenden Geschichte** mit den Kindern an:

### Begegnung mit dem heiligen Geist

Die Jünger wussten, dass Jesu im Himmel war, aber auf neue Weise ganz nahe bei ihnen sein wollte. Deshalb trafen sie sich, um miteinander zu beten und zu warten. Sieben Wochen nach dem Paschafest feierten die Juden das Pfingstfest. Es ist das Erntedankfest für das erste reife Getreide. Schon bald war Jerusalem überfüllt von Pilgern, die von überallher zu den fröhlichen Feiern eintrafen. Auch die Jünger hatten sich wieder versammelt, aber die Türen und Fenster ihres Hauses blieben aus Angst und Mutlosigkeit weiterhin verschlossen. Da geschah etwas Erstaunliches: vom Himmel her erfüllte ein Brausen wie von einem heftigen Sturm das ganze Haus, in dem sie waren. Dann ließen sich für einen Augenblick kleine Flammenzungen auf jeder Person im Saal nieder. Aber alles, was sie hörten und sahen, war nichts im Vergleich zu dem, was sie innerlich fühlten. Was Jesus an Kraft und Leben verströmt hatte, war jetzt in ihnen. Da wurde ihnen bewusst, dass sein versprochener Geist gekommen war, um für immer in ihnen zu leben. Sie jubelten vor Freude und dankten Gott. Inzwischen hatte sich eine große Menschenmenge vor dem Haus versammelt. Sie hatten gesehen und gehört, dass sich etwas Erstaunliches ereignet hatte. Sie waren neugierig. Als dann die Jünger aus dem Haus kamen, waren die Menschen verblüfft. Denn jeder, aus welchem Land er auch gekommen war, verstand klar und deutlich, was die Jünger sagten. „Was ist mit ihnen geschehen?" fragten die Leute. Da fing Petrus an, alles zu erklären.

(Nacherzählt aus dem Buch „Die Bibel in 365 Geschichten erzählt", Verlag Herder, Freiburg 2001, S. 384)

Für die Auswertung bieten sich nachfolgende Möglichkeiten an:

- Die Elemente Feuer und Sturm können von den Kindern gemalt bzw. eine Collage mit den Elementen erstellt werden.

- Die Elemente Feuer und Sturm lassen sich auch pantomimisch von den Kindern darstellen.
- Das Haus, in dem die Jünger gesessen haben, kann von ihnen gezeichnet werden oder sie basteln ein Haus aus festem Papier bzw. Pappe und versehen es mit dem Strahl, der die Jünger getroffen hat.

Weitere Feste für Kinder im Laufe des Jahres können sein:

- Als Sternsänger unterwegs,
- Kindergeburtstage usw.

Berücksichtigt werden sollten auch Feste, die ortsüblich sind, wie der Jahrmarkt oder das Schützenfest.

## MERKSATZ

Jahreszeitliche Feste und Gedenktage tragen dazu bei, dem Jahr Höhepunkte zu geben. Diese Tage sollten mit den Kindern bewusst gefeiert werden, um sie in das hiesige Brauchtum und in bestehende Traditionen einzuführen.

## AUFGABEN

1. *Stellen Sie eine Liste mit den Festen zusammen, die für Ihre Gegend typisch sind und berichten Sie über den Ablauf dieser Feste.*
2. *Werten Sie die Feste, die Sie für sich gesammelt haben, mit der Klasse aus und nennen Sie Möglichkeiten, die Feste mit den Kindern zu gestalten.*

### 8.7.4 Feste und Bräuche anderer Kulturen

## FALLBEISPIEL

**Große Feste anderer Kulturen**

Die Zeitungen quellen über von Prospekten mit Geschenkideen, die Weihnachtsmärkte legen die Innenstädte lahm, in den Schulen wird gebastelt und vorgelesen, Weihnachtsmänner und Christkinder konkurrieren – Deutschland im Weihnachtstaumel. Wenn es langsam Dezember wird, stellt sich die Frage nach der Leitkultur nicht mehr, sondern Weihnachten scheint universell. Doch was ist mit Assal, Sharon, Cemre, Chika und all den anderen, zu deren kultureller Tradition Weihnachten gar nicht gehört, die aber auch hier leben und zur Schule gehen?

1. **Assal** ist sieben Jahre alt, ihre Familie kommt aus dem **Iran**. Der Tochter und der deutschen Verwandtschaft zuliebe hat sich die Familie in den letzten Jahren an Weihnachten gewöhnt, besucht die deutschen Verwandten und Assal bekommt ein Geschenk. Einen Adventskranz allerdings gibt es nicht und der Weihnachtsbaum ist auch kein richtiger, wie Assal bemerkt: „Nur aus Plastik". Stattdessen feiert die Familie das Frühlingsfest am 21. März. Das dauert 13 Tage und dazu gehören Bräuche und Riten. Und Geschenke gibt's natürlich auch. Am 21. März muss der Tradition nach der Tisch mit sieben Sachen gedeckt sein, die in der Landessprache Farsi mit „S" anfangen und die eine bestimmte symbolische Bedeutung haben: ein Ei, ein Apfel, Geldstücke, ein Goldfisch, Samen, Gemüse – alle Dinge stehen für den Neuanfang nach dem Winter, für Fruchtbarkeit „Reichtum oder Glück". Das Neujahrsfest ist laut und fröhlich und Assal erinnert sich daran, beim letzten Mal viel getanzt zu haben.
2. **Sharon ist Jüdin**, die Weihnachtsbräuche, denen auch sie in der Schule kaum entgehen kann, versucht sie, so wenig wie möglich mitzumachen. „Wenn die anderen einen Weihnachtsbaum aus Gips gießen, dann mache ich eben einen Teddybär." Weihnachten ist für ihre Familie kein Fest. Den 24. Dezember wird Sharon in einer Jugendfreizeit verbringen, zusammen mit anderen Kindern ihres Glaubens. In den Dezember fällt aber auch das jüdische Fest Hanukka, die Erinnerung an ein Wunder, als das Öl einer Lampe im Tempel acht Tage reichte, obwohl es nur ein Tröpfchen war. Es symbolisiert die Rückeroberung des Tempels von den Griechen. Zu Hanukka wird am Abend ein Leuchter aufgestellt mit acht Kerzen. Mit

einer neunten – der Dienerkerze – wird jeden Tag ein weiteres Licht entzündet, sodass am Schluss alle Kerzen leuchten. Und etwas wünschen können sich die jüdischen Kinder auch: In diesem Jahr ist das bei Sharon ein Harry-Potter-Buch und ein Roller.

3. Harry Potter und ein Roller stehen auch bei den japanischen Geschwistern **Chika und Yusuke** auf der Wunschliste. Die Familie lebt seit sechs Jahren in Deutschland und die elfjährige Chika kann sich an Weihnachten in **Japan** kaum noch erinnern. Die japanische Tradition kennt kein christliches Weihnachten, da die meisten Japaner einer buddhistischen Glaubensrichtung angehören. Weihnachten hat sich aber nach dem 2. Weltkrieg auch in Japan etabliert, da es sich an einem eher amerikanischen Vorbild orientiert hat. Die Kinder glauben an den Weihnachtsmann, die Straßen sind bunt geschmückt. In Deutschland freut sich Chika besonders über den Nikolaus und die Adventszeit, das kannte sie aus Japan nicht. Ihre Familie hat sich eingedeckt mit deutschem Weihnachtsschmuck aus dem Erzgebirge, an speziell japanischen Schmuck kann sich Chika nicht erinnern. Es gibt auch keinen japanischen Spruch: „Frohe Weihnachten" wünscht man sich dort auf Englisch: „Merry Christmas".
4. **Cemre ist türkischer Herkunft.** Er geht in Köln auf eine katholische Grundschule, und zu Weihnachten darf er sich ein Geschenk wünschen. „Aber wir feiern nicht!" Seine Mutter meint, dass es schwierig ist, sich auszuschließen, wenn alle Kinder in der Umgebung sich etwas wünschen dürfen. In der Weihnachtszeit werden daher auch schon mal Sterne gebastelt, obwohl „... in einigen türkischen Familien so was wohl verboten wäre". In Cemres Zimmer hängt ein Bild von Kemal Atatürk, dem türkischen Politiker, der in den 20er-Jahren des letzten Jahrhunderts die Türkei modernisierte und eine stärkere Verbindung zu Westeuropa propagierte. Den Islam als Grundlage des Staates lehnte Atatürk ab. Der 24. Dezember ist bei Cemres Familie ein ganz normaler Tag. Seine Familie ist nicht so stark religiös geprägt, so dass der Fastenmonat Ramadan bei ihm zu Hause keine Rolle spielt. In diesem Jahr fällt Ramadan in den Dezember – das Fastenbrechen, das Zuckerfest am Ende des Monats, fällt auf einen Weihnachtsfeiertag. Zum Zuckerfest können sich die türkischen Kinder traditionell etwas wünschen. In manchen Familien wird Geld verschenkt oder neue Kleidung. Cemres Familie feiert dagegen Silvester und das gefällt Cemre sowieso am besten, weil man dann „Kracher" werfen kann.

## AUFGABEN

1. *Halten Sie ein Referat über Feste und Bräuche in anderen Kulturen. Besorgen Sie sich dazu Literatur aus der Schul- bzw. Stadtbibliothek. Erkundigen Sie sich ebenfalls bei Ihren ausländischen Mitschülerinnen.*
2. *Beurteilen Sie das Verhalten der ausländischen Familien in den Fallbeispielen.*
3. *Können Sie sich vorstellen, in einem islamischen Staat zu leben? Stellen Sie Regeln für Ihr Verhalten dort zusammen.*

Die Gesellschaft hat sich verändert. Seit vielen Jahren leben Menschen mit unterschiedlichem kulturellen Hintergrund in Deutschland. Die Gesellschaft ist dadurch vielfältiger, bunter und interessanter geworden. Kindertagesstätten und Schulen spiegeln diese Vielfalt in besonders lebendiger Weise wider. Zugleich bringt diese neue Vielfalt auch neue Herausforderungen. Alle, die beruflich mit Menschen umgehen, müssen interkulturelle Kompetenz aufbauen, müssen lernen, welche Chancen und welche Konflikte sich ergeben können, wenn Menschen mit unterschiedlichem kulturellen Hintergrund zusammenleben und zusammenarbeiten.

Am deutlichsten werden die Unterschiede bei den Festen und dem damit verbundenen Brauchtum. Nicht umsonst heißt es: **Feste sind das Gedächtnis der Kulturen und Religionen.** Sie führen den Einzelnen durch das Jahr seiner Kultur und durch sein Lebensjahr. Feste bedeuten für die Mitglieder einer Gemeinschaft die gemeinsame Kultur und den sozialen Sinn eines Zeitabschnitts im Jahr.

Ein Teil kultureller Gewohnheiten und Brauchtums stammt aus religiösen Traditionen. Das Wissen über eigene und fremde Gewohnheiten und Traditionen ist ein erster Schritt zu den anderen hin. Wer die eigenen Bräuche kennt, sieht auch besser, was sie mit den anderen verbindet. Das ermöglicht es, sogar im Bereich der vertrautesten Gewohnheiten nach Gemeinsamkeiten und Unterschieden zu fragen, denn die **Gemeinsamkeiten** sind die **Grundlage der Verständigung**.

Bei den nachfolgenden Darstellungen der Feste der großen Religionen steht daher ihre Bedeutung im Vordergrund.

## Feste und Bräuche anderer Kulturen im Jahresablauf

Die Feste des **Islam** richten sich ausschließlich nach dem **Mondkalender**. Hier finden die religiösen Feste Jahr für Jahr etwa zehn Tage früher statt. Der **Buddhismus** ordnete die Feste ursprünglich nach einem **jahreszeitlich gebundenen Mondkalender**. In **Japan** jedoch haben die buddhistischen Feste ihren Platz im **internationalen Geschäftskalender** gefunden.

Als Hindu wird man geboren. Der **Hinduismus** ist mehr eine **Denkweise** und **Einstellung** als eine **systematische Religion**. In Europa lebende Hindugemeinschaften richten ihren Monats- und Festkalender weitgehend nach dem **gregorianischen Kalender**.

Vielen religiösen Festen geht eine Zeit des **Fastens und der Besinnung** voraus. Das Fest stellt dieser Periode der Entsagung einen begrenzten Zeitabschnitt des Überflusses gegenüber.

Viele religiöse Feste haben einen **jahreszeitlichen Bezug**. So begehen Buddhisten und Juden zur Jahreswende Lichtfeste. Es werden Geschenke und Glückwünsche ausgetauscht und man begeht die Feste in heiterer und besinnlicher Form.

In der Festgestaltung mischen und überlagern sich religiöser Sinn und Elemente des Brauchtums mit mythischen und naturreligiösen Hintergrund. So wird bei den Frühlingsfesten vor allem das Wiederaufblühen der Natur gefeiert.

Im Folgenden werden die bekanntesten Feste anderer Kulturen und deren Bräuche in der alphabetischen Reihenfolge der Religion vorgestellt.

### Buddhismus

**Nirwana-Tag (15. Februar)**
An diesem Tag begehen die Gläubigen das Erinnerungsfest an das „Verlöschen des Buddha" (15. Februar 486 v. Chr.). Die japanischen Buddhisten gedenken an diesem Tag ihrer verstorbenen Angehörigen und Ahnen. Bei den Zeremonien an den Gräbern rezitieren sie Sutren des Buddhas.

**Frühlingsfest (18. bis 24. März)**
Dieses Fest erinnert die Buddhisten an die Haupttugenden des Buddhismus: Freigebigkeit, Sittlichkeit, Geduld, Energie, Meditation, Weisheit. Durch diese Tore sollen sie treten, um Vollkommenheit zu erstreben.

In Japan gedenken die Gläubigen an diesen Festtagen wiederum der Toten: sie bringen Blumen und Nahrungsmittel zu den Gräbern der Ahnen.

**Blumenfest (8. April)**
Mit dem Blumenfest wird die Geburt des Buddhas gefeiert. Der Legende zufolge wurde Buddha in einem mit Blumen übersäten Garten geboren. An diesem Tag finden Kindervergnügungen statt. Weil es ein fröhliches Fest ist, dürfen an diesem Tag die Ordensregeln der Klöster ausgesetzt werden.

**Gutor (Ende Dezember)**
Für die Buddhisten ist dieses Fest der Erleuchtung des Buddhas die Vorbereitung auf ein neues Jahr. Sie denken an alles Negative und schaffen es aus der Welt.

Vor dem Düsseldorfer Eko-Haus, dem buddhistischen Tempel, steht eine Tempelglocke. 108 Menschen stellen sich beim Gutor-Fest hintereinander auf. Jeder von ihnen darf die Glocke einmal kräftig schlagen. Die Zahl geht darauf zurück, dass die Menschen nach buddhistischer Lehre von 108 Begierden und Plagen heimgesucht werden. Die Glocke befreit die Gläubigen von ihren negativen Gedanken. Mit ihrem durchdringenden Ton trägt sie negative Gedanken und schlechte Erinnerungen aus dem alten Jahr im Verklingen davon.

Das tibetische Vorneujahrsfest wird um den 29. Dezember herum gefeiert. Die japanischen

Buddhisten dagegen feiern es nach dem internationalen Geschäftskalender am 31. Dezember.

## Hinduismus

Der Hinduismus ist eine Lebensform und weniger eine Religion. Er hat viele regionale Facetten und viele Gottheiten. Das ist zunächst fremd, doch seine weisen und farbigen Feste sind eine Möglichkeit, hierzu einen Zugang zu finden.

### Holi

Am ersten Tag des Vollmonds im Februar beginnt das ausgelassene **Holi-Fest**, ein **Frühlingsfest**, bei dem das Gute über das Böse siegt. Die Erzählungen berichten vom Königssohn Prahlada, der keine bösen Geister verehren will, obwohl er damit gegen den Glauben seines Vaters verstößt. Daraufhin muss Prahlada mit seiner dämonengläubigen Schwester Holika einen Scheiterhaufen besteigen. Holika, meint der königliche Vater, wird durch einen Dämonenzauber geschützt. Doch Prahladas Glaube an den Gott Vishnu ist stärker und so rettet Vishnu Prahlada, während Holika verbrennt. Es besteht ein jahreszeitlicher Zusammenhang zu der für das Frühjahr erhofften Ernte. Man isst an diesem Tag Kokosnüsse, Reis und andere Feldfrüchte. Zum Feiern ziehen die Menschen alte Kleider an und bespritzen sich gegenseitig mit gefärbtem Wasser und Puder.

### Onam

Zur Mitte der südindischen Erntezeit Ende August bzw. Anfang September feiert man Onam. Wegen der geografischen Ausmaße in Indien gibt es unterschiedliche Festdaten. Der Legende nach wurde der Dämonenkönig Mahabali einst vom Gott Vishnu besiegt, erhielt aber die Erlaubnis, einmal im Jahr zurückzukehren, weil er ein guter König war. Anlässlich dieses Feiertages werden die Häuser gereinigt und geschmückt, man zieht neue Kleider an und beschenkt sich.

## Islam

In den islamischen Ländern werden die Feiertage aus geografischen und geschichtlichen Gründen unterschiedlich begangen. Sie bestimmen vor allem das Geschehen in den Moscheen. Zu den regionalen Unterschieden kommen die unterschiedlichen Ausprägungen des Islams (Sunniten, Schiiten und andere). Alle Muslime feiern die unter „8.6.2 Religiöse Feste" angegebenen Feste.

## Judentum

Die Feste haben bei den Juden einen hohen Stellenwert. Das Leben normalisiert sich erst wieder, wenn die Festtage beendet sind.

**Der Sabbat** ist der Ruhetag der Woche. Er fällt auf den Sonnabend und wird in Israel meistens in der Familie oder mit Freunden verbracht. Die öffentlichen Verkehrsmittel ruhen, Geschäfte sind geschlossen, wichtige Versorgungsdienste sind auf ein Minimum reduziert, und möglichst viele Soldaten erhalten Urlaub. Die säkulare Bevölkerungsmehrheit nutzt ihren wöchentlichen Ruhetag für Freizeitaktivitäten am Strand und anderen Erholungsstätten oder zu Exkursionen und Ausflügen in die Natur. Die religiöse Bevölkerung nimmt eine reichliche Mahlzeit im Kreise der Familie ein und widmet dem Gottesdienst in der Synagoge viele Stunden. Religiöse Menschen reisen am Sabbat nicht, enthalten sich jeglicher Arbeit und benutzen keinerlei elektrische Geräte.

**Rosh Hashana** ist das jüdische Neujahrsfest. Das Fest hat einen biblischen Ursprung (Lev. 23, 23-25): „ein heiliger Tag mit lautem Blasen des Shofar (Widderhorn) zum Gedächtnis". Der Begriff Rosh Hashana – auf Deutsch „Jahresbeginn" – ist rabbinisch. Auch die Bedeutung des Festes stammt aus rabbinischer Zeit: Reue und Buße, Vorbereitung auf den Tag des göttlichen Gerichts und Gebete für ein fruchtbares Jahr. Das zweitägige Fest fällt auf den 1. und 2. Tishre des jüdischen Kalenders, findet also gewöhnlich im September des Gregorianischen Kalenders statt. Das Fest beginnt, wie alle jüdischen Feiertage, am Abend des Vortages. Zu den wichtigen Gebräuchen von Rosh Hashana gehören:

- das Shofar-Blasen während eines ausgedehnten Gottesdienstes, der sich auf die Inhalte des Festes konzentriert,
- reiche, häusliche Mahlzeiten, mit denen der Beginn des neuen Jahres gefeiert wird.

Die Gebetsliturgie enthält zusätzlich Bußgebete.

### Jom Kippur

An diesem Versöhnungstag wird nach der religiösen Vorstellung die Welt gerichtet. Jom Kippur ist ein strenger Fastentag, an dem in den Synagogen um Verzeihung gebetet wird und die Menschen sich untereinander um Verzeihung und Versöhnung bitten sollen.

Im Frühling beginnt am 15. Nissan das **Passahfest** (Pessach), das an den Auszug aus Ägypten

(13. Jh. v. d. Z.) und die Befreiung aus der Knechtschaft erinnert. Freiheit ist der dominierende Gehalt des Passahfestes. Das Passahritual beginnt lange vor dem eigentlichen Fest, wenn Haushalte und Geschäfte beginnen, nach den Vorschriften der Thora (Ex. 12, 15-20) jegliches Chametz (Gesäuertes) aus den Wohnungen und Räumlichkeiten zu entfernen. Der Tag vor dem Fest ist letzten vorbereitenden Maßnahmen gewidmet, darunter der zeremoniellen Verbrennung aller für das Fest unzulässigen Lebensmittel. Am Vorabend des Passahfestes wird der Seder durchgeführt; zum Seder gehört die Lesung des Hagadah, einer ausführlichen Wiedererzählung der Knechtschaft und des Auszugs aus Ägypten. Die gesamte Familie kommt zum Seder zusammen, um sich an der Matza – dem ungesäuerten Brot – und anderen traditionellen Speisen zu erfreuen. Die Festvorschriften für den folgenden Tag entsprechen dann denen der übrigen Wallfahrtsfeste.

**Shavuot**, das letzte der drei Wallfahrtsfeste, fällt in die siebte Woche nach dem Passahfest (6. Sivan). Das Fest markiert das Ende der Gersten- und den Beginn der Weizenernte. Die Thora (Lev. 23, 22) beschreibt das Fest als Wochenfest (hebr. Shavuot) – wegen der Wochenzählung zwischen Passah und Shavuot – und als den Tag, an dem neues Getreide und neue Früchte an die Priester im Tempel übergeben wurden. Eine weitere Komponente von Shavuot – die Erinnerung an die Gabe der Thora auf dem Berge Sinai – ist rabbinischen Ursprungs. Shavuot wird von der orthodoxen Bevölkerung mit vielen Stunden kontinuierlichen religiösen Lernens und in Jerusalem mit einer festlichen Gebetsversammlung an der Klagemauer begangen. In den Kibbutzim bezeichnet Shavuot den Höhepunkt der Ernte des neuen Getreides und der ersten Reife von Früchten, darunter die sieben in der Bibel erwähnten Früchte des Heiligen Landes (Weizen, Gerste, Trauben, Feigen, Granatäpfel, Oliven und Datteln).

Feste und Bräuche anderer Kulturen, einschließlich der eigenen Kultur, ordnen nicht nur Jahr und Tag für die Menschen, sondern sie begleiten sie auch durch ihre individuelle Biografie. Jede Kultur kennt Übergangsriten in eine neue biografische Phase: Aufnahme in die Gemeinschaft, das Erwachsenwerden, Eheschließung, Begräbnis.

## MERKSATZ

Feste und Bräuche anderer Kulturen stammen, genau wie in Deutschland, aus religiösen Traditionen. Das Wissen über eigene und fremde Gewohnheiten und Traditionen trägt dazu bei, Verständnis für den anderen zu haben und Gemeinsamkeiten zu entdecken.

## AUFGABEN

1. *Halten Sie in einer Tabelle gemeinsame Inhalte religiöser Feste, einschließlich der deutschen religiösen Feste, siehe 8.6.2, fest, indem Sie die Inhalte nach folgenden Schwerpunkten einteilen: Hohe Feiertage (z. B. Ramadan und Jom Kippur), Verzeihen, Neubesinnung, Freunde, Geschenke, Dank.*

| Inhalte | Chr. | Islam | Jud. | Hind. | Budd. |
|---|---|---|---|---|---|
| Hohe Feiertage | | | | | |
| Verzeihen | | | | | |
| Neubesinnung | | | | | |
| Freude | | | | | |
| Geschenke | | | | | |
| Dank | | | | | |

2. *Erarbeiten Sie gruppenweise in Ihrer Klasse, wie Feste, Sitten, Bräuche und Tabus anderer Kulturen in den Kindergartenalltag einbezogen werden können.*

## 9 Aufsichtspflicht und Sicherheitsmaßnahmen

Jedes Jahr verunglücken in Deutschland rund 1,8 Millionen Kinder, mehr als 570.000 von ihnen im Heim- und Freizeitbereich. Damit gehören Unfälle zu den höchsten Gesundheitsrisiken von Kindern. Um die Öffentlichkeit hierauf aufmerksam zu machen, Maßnahmen zur Verhütung von Kinderunfällen auszubauen und zu vernetzen, wurde unter dem Dach der **Bundesvereinigung für Gesundheit e. V.** vor fünf Jahren auf Initiative des **Bundesministeriums für Gesundheit** und mit Unterstützung des Unternehmens **Johnson & Johnson** die Bundesarbeitsgemeinschaft (BAG) Kindersicherheit gegründet. Die erfolgreiche Arbeit der BAG setzt der am 3. Dezember 2002 in Bonn gegründete Verein „Bundesarbeitsgemeinschaft Mehr Sicherheit für Kinder e. V." fort und stärkt damit die Prävention von Kinderunfällen in Deutschland.

### 9.1 Allgemeine Aussagen über Unfälle

Welches Kind trägt nicht gerade wieder einmal irgendwo ein Pflaster, das kleine Wehwehchen oder größere Wunden verdeckt?

Immerhin lässt ein Pflaster darauf schließen, dass der Unfall noch glimpflich verlaufen ist. Leider müssen oft aber auch Verbände oder sogar Gipsschienen angelegt werden: Rund eine Million Kinder verunglücken jährlich so schwer zu Hause oder in der Freizeit, dass ärztliche Hilfe notwendig ist. Noch erschreckender ist die Tatsache, dass besonders viele Kleinkinder tödlich verunglücken.

Es hat aber keinen Zweck, Angst zu machen, sondern man muss aus den Unfällen lernen. Typische Unfallursachen müssen aus dem Weg geräumt werden.

#### 9.1.1 Unfallursachen und Prävention

**AUFGABE**

*Nennen Sie Schutzmaßnahmen, um Kinder vor dem Verunglücken zu bewahren.*

Für Kinder ist das Leben voller Fallen. Man ist fast geneigt, den Kindern nicht nur beim Fahrradfahren einen Schutzhelm aufzusetzen, sondern auch zu Hause, in der Kinderkrippe oder im Kindergarten, da die Unfallursachen außerordentlich vielfältig sind und trotz zahlreicher Ermahnungen immer wieder passieren.

**Unfallursache: Fallen bzw. Stürzen**

Generell ist es wichtig, überall im Haus für ausreichendes Licht und Ordnung zu sorgen. Treppenstufen und Durchgangsbereiche sollten nicht zur Lagerhaltung genutzt werden, Elektrokabel dürfen nicht quer im Raum liegen. Außerdem kann das richtige Schuhwerk Unfälle verhindern

Abb. Morgenstern (links)
Abb. Nühs (rechts)

helfen, wenn es fest sitzt und über rutschhemmende Sohlen verfügt.

**Treppen** werden für Erwachsene gebaut. Die Höhenunterschiede zwischen den einzelnen Stufen sind für sie meist mühelos zu überwinden, für kleinere Kinder ist jedoch jede Stufe mit Problemen verbunden. Besonders gefährdet sind Kinder im Übergangsalter zwischen dem Krabbeln und Laufen: Wurden Treppen vorher noch auf allen Vieren bzw. auf dem Hosenboden rutschend überwunden, werden sie nun Schritt für Schritt bewältigt, aber oft auch sehr leicht **fahrlässig**, so dass es zu Unfällen kommt.

Kleine Krabbelkinder sollten zumindest von **steilen und hohen Treppen ferngehalten** werden durch **Anbringung eines Schutzgitters**. Andererseits können aber niedrige und mit Teppichboden beklebte Treppen, wie sie beispielsweise manchmal zwischen verschiedenen Wohnbereichen auf einer Etage anzutreffen sind, als „Trainingsstätte" genutzt werden. Vielleicht sollte man auch kontrollierbare Klettermöglichkeiten schaffen bzw. anschaffen, etwa niedrige Zimmerrutschen mit nicht mehr als drei oder vier Stufen, an denen Kinder üben können.

Sobald die Kinder alt genug sind, sollte man mit ihnen das Treppensteigen üben und darauf achten, dass die **Hände das Geländer anfassen**. Bei geschwungenen Treppen ist es sinnvoll, dass das Kind außen geht, da dort die Stufen größer sind als im Innenbereich. Auf lose verlegte Treppenläufer sollte verzichtet werden, da die Kinder sehr leicht mit dem Treppenläufer hinunterrutschen können. Bei glatten Holz-, Stein- oder Metalltreppen können verklebte Rutschhemmer sinnvoll sein. Kinder, die gerade eine Treppe hinabsteigen, sollte man nicht zur Eile drängen.

Treppengeländer verleiten natürlich zum Herunterrutschen – allerdings nur solange sie glatt sind. Abstumpfende Mittel können etwa **ein rutschhemmender Belag** des Handlaufes oder **herumgewickelte Textilbänder** sein.

**Fußböden**, vermittelt die Werbung, sollen glänzen, als seien sie aus Eis. Sie sind dann auch meistens ebenso glatt. Die Kinder können darauf sehr schnell ausrutschen und mit dem Kopf aufschlagen. Besonders verletzungsträchtig sind Stellen, in deren Nähe sich **harte Gegenstände** (Stufen, Stühle, Heizkörper, Bettkanten, Badewanne ...) befinden.

Beim Neubau sollte man darauf achten, dass man rutschhemmende Fliesen oder Teppichböden bevorzugt. Ansonsten dürfen die glatten Bereiche nicht gebohnert werden bzw. müssen rutschfeste Vorleger ausgelegt werden. Scharfkantige Möbel müssen ggf. an den Ecken abgepolstert werden, zumindest im „Lauflernalter" der Kinder. Auch an die richtige „Besohlung" der Kinderfüße ist zu denken.

**Teppiche** bringen Farbe und Leben ins Haus, sie können aber auch eine erhebliche Gefahr darstellen.

Teppiche müssen immer glatt (ohne Falten oder hochstehende Ränder) auf dem Boden aufgelegt werden und mit einer rutschhemmenden Unterlage versehen sein.

Erhebliche Rutschgefahren bilden sich auch durch verschüttete Flüssigkeiten auf dem Boden. Daher ist es wichtig, dass Verschüttetes sofort aufgenommen wird.

## Unfallursache: Schneiden

**Messer** und **Scheren** werden ständig benötigt – und weil sie dann schnell zur Hand sein sollen, oft einfach liegen gelassen. Für Kinder ist das eine gute Gelegenheit,

Abb. Nühs (links)
Abb. Maier (rechts)

die Wirksamkeit der Geräte selbst einmal zu überprüfen, wobei die Schärfe der Klinge meist unterschätzt wird und sie sich sehr leicht schneiden können.

**Gefährliche Gegenstände** darf man **nicht unbeaufsichtigt herumliegen** lassen – auch nicht, wenn sie vielleicht in absehbarer Zeit wieder gebraucht werden. Wenn Kinder selber etwas schneiden wollen, sollte man dafür eine Kinderschere zur Verfügung stellen. Ältere Kinder dürfen nach Anleitung und unter Aufsicht auch schon einmal – sei es beim Kochen, Nähen oder Basteln – beim Schneiden und Schnippeln mit normalen Haushaltsgeräten mithelfen; irgendwann müssen sie es ja schließlich lernen.

## Unfallursache: Verbrühen und Verbrennen

**Heißwasserboiler** und **Mischbatterien für Kalt- und Warmwasser** bergen erhebliche Verbrühungsgefahren. Das auslaufende Wasser erwärmt sich zwar meist recht langsam, kann dann aber doch sehr heiß werden; und auch beim Öffnen des Kaltwasserhahns fließt oft zunächst noch heißes Wasser nach, das sich im Auslaufrohr befindet. Heißwasserboiler und Durchlauferhitzer sollte man möglichst hoch anbringen lassen, damit Kinder sie nicht erreichen können. Die **Warmwassertemperatur** solle man auf 40–50° Celsius begrenzen (das spart im Übrigen nicht nur Energie, sondern schützt bei hartem Wasser vor Verkalkung) und Vorsorge treffen, dass Kinder die Temperatur nicht selbst höher stellen können.

Frisch eingelassenes **Badewasser** unbedingt auf seine Temperatur kontrollieren, bevor der Startschuss zum Plantschen fällt. Kleinere Kinder, die noch über kein ausgeprägtes Temperaturgefühl verfügen und außerdem oft Probleme bei der Bedienung der Armaturen haben, sollten niemals allein baden.

**Kochherd** und **Backofen** gehören zu den meistgenutzten Geräten in der Küche; und es lässt sich beim Kochen und Backen kaum vermeiden, dass immer wieder einmal versehentlich heiße Flüssigkeit oder sogar heißes Fett verschüttet wird. Zudem geben insbesondere **Kochplatten** auch dann noch Hitze ab, wenn sie längst ausgeschaltet und Töpfe oder Pfannen weggeräumt worden sind.

Wenn möglich, sollte man die hinteren Herdplatten zum Kochen bevorzugen. Nur schwere Töpfe verwenden und Pfannenstiele zur Seite oder nach hinten drehen; außerdem einen Kinder-Herdschutz montieren (kleines Gitter vor den Platten). Das **Backofenfenster** sollte möglichst mit wärmedämmendem Glas versehen sein oder mit einer zusätzlichen Acrylplatte gesichert werden. Kleinere Kinder sollte man bei der Küchenarbeit überhaupt nur dann in die eigene Nähe kommen lassen, wenn kein Stress herrscht; sonst – trotz eventueller Proteste – zumindest während der heißen Phasen in den Kinderstuhl oder den Laufstall setzen.

Während der Frühstücks- oder Kaffeetisch mit frisch aufgebrühtem **Kaffee** oder **Tee** gedeckt wird, kann es passieren, dass das Kleinkind umher krabbelt und an der Tischdecke zieht, um in den Stand zu kommen. Durch das Überschütten von heißen Getränken kann es zu schweren Verbrühungen kommen. Heiße Getränke sollten immer außerhalb der Reichweite von Kindern stehen. Auf Tischdecken sollte verzichtet werden, solange Kinder dazu neigen, sich daran hochzuziehen.

Wenn es denn trotz aller Vorsicht und Sicherheitsmaßnahmen doch einmal passiert, dass sich das Kind verbrüht, muss die betroffene Körperstelle mit kühlem (ca. 15° C), möglichst fließendem Wasser abgekühlt werden. Brandsalben sollten nicht verwendet werden, da sie wenig helfen, ebenso wenig alle kursierenden Geheimtipps wie Zahnpasta, Öl oder Mehl.

## Unfallursache: Ersticken

Kinder können ersticken, wenn sie sich eine Plastiktüte über den Kopf ziehen oder eine Kordel um den Hals binden. Wenn Kinder nicht aufpassen, kann es zum Verschlucken und zu Erstickungsanfällen beim Essen kommen: Beispielsweise durch zu große **Essensstücke**,

Abb. Morgenstern

die vom Kind – weil es heißhungrig ist oder schnell wieder vom Tisch aufstehen möchte – **unzerkleinert hinuntergeschlungen werden**. Besonders gefährlich sind beispielsweise Erdnüsse, die sich Kleinkinder gerne in die Nase stecken oder die, weil sie schwer zu zerkleinern sind, versehentlich in die Luftröhre gelangen. Aber auch Flaschenkinder sind gefährdet: So kann es passieren, dass Babys beim Trinken aus der Flasche Luft schlucken, die, wenn sie aus dem Magen wieder ausgestoßen wird, zum Erbrechen und in der Folge zum Ersticken führen kann. Daher sollten bei den Mahlzeiten nachfolgende Regeln gelten:

- Bei festen Mahlzeiten das Essen mundgerecht zerkleinern; Nüsse sollten gemieden werden.
- Eine gewisse Ruhe bei Tisch hilft dabei, dass das Essen besser gekaut (und verdaut) wird.
- Beim Essen am Tisch sitzen bleiben und nicht während des Kauens herumrennen.
- Damit das Baby sich im Bettchen nach einer Mahlzeit nicht erbricht, sollte es immer erst das bekannte „Bäuerchen" machen, bevor es wieder hingelegt wird.

## Unfallursache: Elektrischer Strom

Elektrische Geräte sind im Alltag allgegenwärtig. In Kinderaugen sind herabhängende Stromkabel bloß Schnüre, die meist Interessantes zu Tage fördern, wenn man daran zieht! Auch **Steckdosen** sind in Kinderaugen keine Gefahrenquelle, sondern verleiten dazu, sie mit spitzen Gegenständen zu untersuchen.

Für die Erwachsenen heißt das, dafür Sorge zu tragen, dass herabhängende Leitungen nicht in Kinderhände gelangen. Kleinere Elektrogeräte, die nicht häufig gebraucht werden, müssen sicher deponiert werden. Anderenfalls ist es sinnvoll, die Zuleitungen zu verstecken oder fest zu verlegen. Bei den Elektrogeräten sollte auf das VDE- und GS-Zeichen geachtet werden. Es bedeutet, dass das Gerät besonders geprüft und abgesichert ist.

**Steckdosensicherungen**, wie sie überall im Handel erhältlich sind, bilden einen **sehr wirkungsvollen Schutz** vor Stromschlägen. Sie sollten in der Kinderkrippe und in den Kindergärten überall angebracht werden.

Bei elektrischen Geräten ist es wichtig, sie nur bestimmungsgemäß und im guten Zustand zu benutzen. Defekte Geräte müssen unbedingt vor dem nächsten Einsatz repariert werden.

Den **Drachen steigen zu lassen** ist im Herbst für Kinder das Schönste; höher oft als Hochspannungsleitungen steigen die bunten Flieger. Dabei verfangen sich die Drachenschnüre jedoch leicht in Freileitungen, wenn nicht auf genügend Abstand geachtet wird – besonders bei feuchter Drachenschnur, die den Strom gut leitet – ist schnell ein lebensgefährlicher Kontakt hergestellt.

Gemeinsam mit dem Kind sollte man einen **geeigneten „Flugplatz"** aussuchen. Wenn sich keine gänzlich unverkabelten Wiesen oder Äcker finden lassen, dann muss man auf **ausreichenden Abstand zu den Leitungen achten** (Länge der Drachenschnur ausmessen!) und den Kindern erklären, warum man Drachen nicht in der Nähe von elektrischen Freileitungen steigen lassen soll – und warum man gar nicht erst die Masten besteigen darf.

## Unfallursache: Vergiften

Da **Medikamente** oft mehrmals täglich eingenommen werden müssen, bleiben sie häufig auf dem Tisch liegen. Doch Vorsicht: **Pillen** und **Zäpfchen** sind vielfach bunt, sehen also oft aus wie Bonbons und verlocken Kinder so zum Probieren.

Medikamente dürfen nicht frei herumliegen. Schon kleinste Dosen können für Kleinkinder fatale Folgen haben. Selbst Arzneien, die mehr-

Abb. MEV

mals täglich eingenommen werden müssen, gehören jedes Mal sofort wieder in die verschließbare Hausapotheke.

Der blaue Dunst von **Zigaretten** sollte in Wohnungen, in denen auch Kinder leben, nicht anzutreffen sein. Auf keinen Fall aber sollten rauchende Eltern ihre Zigaretten offen liegen lassen. Die Verlockung, die Zigaretten einmal zu probieren, ist für Kinder zu groß. Schon wenige Tabakkrümel können für ein Kind tödlich sein.

Zigaretten müssen also immer sicher vor Kindern aufbewahrt werden, am besten schließt man sie ein.

Genauso gefährlich wie Zigaretten ist **Alkohol**. Schon kleine Schlucke reichen aus, um Vergiftungen bei Kindern zu verursachen. Ein Blutalkoholgehalt von weniger als 1 Promille kann für Kinder unter sechs Jahren lebensgefährlich sein. Alkoholische Getränke sind kein Genussmittel für Kinder und gehören deshalb sicher verwahrt.

## MERKSATZ

Jede Sozialassistentin sowie Mitarbeiterin eines Kindergartens sollte über ausreichende Kenntnisse in der Ersten Hilfe verfügen, um bei einem Unfall sofort fachrecht helfen zu können.

## AUFGABEN

1. *Nennen Sie weitere Unfallursachen und wie man dagegen vorbeugen kann.*
2. *Gehen Sie durch Ihren Praktikumskindergarten und suchen Sie nach möglichen Gefahrenquellen für Kinder unter sechs Jahren.*

### 9.1.2 Vorbeugungsmaßnahmen des Versicherungsträgers

Die Unfallversicherungsträger haben die Verpflichtung, mit allen geeigneten Mitteln für die **Verhütung von Unfällen** und **Gesundheitsgefahren** in Kinderkrippen, Kindergärten und Horten zu sorgen und darauf zu achten, dass Erste Hilfe geleistet werden kann. Zu diesem Zweck

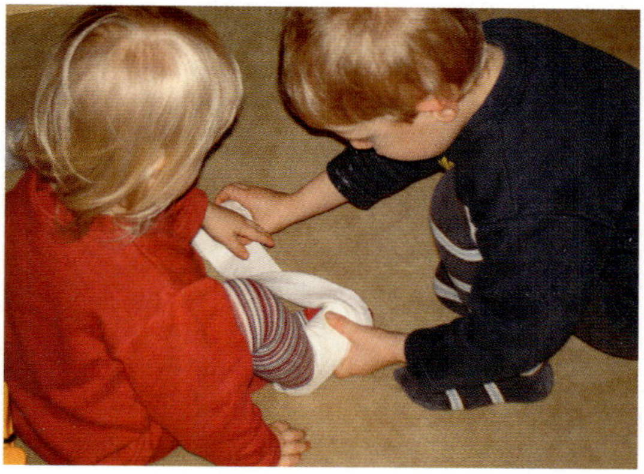

erlassen die Träger der gesetzlichen Unfallversicherung **Unfallverhütungsvorschriften**, die Unternehmer und Versicherte zu beachten haben. Zu den geeigneten Mitteln gehören auch Regeln der Sicherheit und des Gesundheitsschutzes sowie Informationsmaterial. Plakate, Aushänge und Filme unterstützen die Unfallverhütung und die mit der Sicherheitserziehung beauftragten Personen.

#### Vorschriften und Regeln

Für den Bereich der Kindertageseinrichtungen gibt es noch **keine speziellen Unfallverhütungsvorschriften**. Im Einzelfall ist auf die jeweiligen Bestimmungen der generell geltenden **Unfallverhütungsvorschriften** zurückzugreifen. Diese werden durch Richtlinien und Sicherheitsregeln ergänzt. Durch sie werden die Anforderungen der Unfallverhütungsvorschriften für

- bestimmte **Gefahrenbereiche** präzisiert,
- allgemein anerkannte sicherheitstechnische Regeln festgeschrieben,
- neuere sicherheitstechnische Erkenntnisse in **Verhaltensanordnungen** umgesetzt.

Neben den Unfallverhütungsvorschriften und Regeln für Sicherheit und Gesundheitsschutz, die Unternehmer wie Versicherte einzuhalten haben, gibt es GUV-Informationen der Unfallversicherungsträger. Darin werden Hinweise gegeben über

- bestimmte Gefahren,
- Verhaltensregeln, wie Gefahren begegnet werden kann,
- Maßnahmen, die nach einem Unfall zu ergreifen sind.

Abb. Morgenstern

Daneben berichten GUV-Informationen über

- bestimmte Pflichten, die sich aus den Unfallverhütungsvorschriften ergeben,
- die Art und Weise, wie die Pflichten einzuhalten sind,
- Hinweise über weitere technische Regelungen (z. B. nationale und europäische Normen).

GUV-Informationen enthalten keine verbindlichen Regelungen, sondern **Erfahrungen und Hinweise**, die Unternehmen wie auch Versicherten bei der Verhütung von Unfällen dienlich sein sollen.

Unfälle können verhütet werden durch:

- geeignete Baulichkeiten und Einrichtungen, die Gefährdungen ausschließen (Sicherheitstechnik, GUV 16.4),
- organisatorische Maßnahmen, in der Kindertageseinrichtung die Sicherheit gewährleisten (Sicherheitsorganisation, GUV 20, 30.1),
- Erziehung der Kinder zu sicherheitsbewusstem Verhalten (Sicherheitserziehung und Gesundheitsförderung), als Prinzip oder beispielsweise nach einem Unfall oder auf Wanderungen.

### Organisation der Sicherheit in Kindertageseinrichtungen

Zur **Sicherheit** gehört auch der **organisatorische Ablauf in einer Kindertageseinrichtung**, d. h. der Ablauf der Aktivitäten innerhalb einer Gruppe bzw. der verschiedenen Kindergruppen hat ohne Hektik abzulaufen. Die Kinder müssen jeweils ausreichend Zeit haben, sich auf das Neue einzustellen, denn Hektik und Aufgeregtheit kann ebenfalls zu Unfällen führen. Verantwortlich im Bereich der Kindertageseinrichtung ist die Leiterin. Sie hat darauf zu achten, dass sich Unfälle nicht durch mangelnde organisatorische Maßnahmen oder Koordination ereignen.

### Erste Hilfe

**Unfallfolgen** müssen durch eine sachgerecht durchgeführte Erste Hilfe möglichst begrenzt werden. Bei der Organisation einer wirksamen Ersten Hilfe ist die Zusammenarbeit zwischen dem Sachkostenträger und der Leiterin der Einrichtung von besonderer Bedeutung. Beide sind dafür verantwortlich, dass eine ausreichende Zahl von Mitarbeiterinnen in den Kindertagesstätten mit **Erster-Hilfe-Kenntnissen** zur Verfügung steht. Wenn sich eine Kindergartengruppe außerhalb der Tageseinrichtung aufhält, z. B. auf einer Wanderung befindet, dann sollte eine Begleitperson mit **Erste-Hilfe-Kenntnissen** vorhanden sein.

Die Ausbildungsinhalte müssen regelmäßig in **Erste-Hilfe-Trainingskursen** wiederholt werden.

**MERKSATZ**

Sicherheitserziehung lässt sich in Kindertageseinrichtungen besonders gut realisieren, wenn im Beschäftigungsplan entsprechende Ziele und Inhalte ausgewiesen sind.

**AUFGABE**

*Die Förderung der Sicherheit darf nicht auf die Vermittlung von Wissen beschränkt sein, sondern den Kindern muss die Möglichkeit eingeräumt werden, kognitive und motorische Fähigkeiten zu erwerben, um sich sicherer zu fühlen. Nennen Sie dazu Beispiele.*

## 9.1.3 Aufsicht und Haftung

**FALLBEISPIEL**

**Sturz von der Leiter im Kindergarten C.**

Katrin kommt ganz aufgeregt zu Hause an, „Was ist los?", fragt die Mutter, „du bist ja ganz aufgeregt!" „Bin ich auch", sagt Katrin, „heute ist etwas Schlimmes im Kindergarten passiert. Kai ist auf die Leiter gestiegen, die an der Rückseite vom Kindergarten stand. Dann ist Lukas dazugekommen und wollte ebenfalls auf die Leiter steigen. Kai wollte das aber nicht und hat versucht, Lukas mit den Füßen wegzudrängen. Dabei ist die Leiter ins Schwanken geraten und umgekippt. Kai ist mit dem Kopf auf die Steine des gepflasterten Weges um den Kindergarten herum aufgeschlagen und war sofort bewusstlos, Lukas hat es nicht so schlimm erwischt. Er hat sich einige Kratzer an den Armen und Beinen zugezogen und braucht auch nicht ärztlich behandelt zu werden. Kai musste mit dem Krankenwagen ins Krankenhaus gebracht werden. Hoffentlich wird er wieder gesund!"

„Haben denn Frau Meyer und Frau Schulze nicht aufgepasst, damit so etwas nicht passiert?“ fragt die Mutter von Katrin. „Weiß ich nicht“, erwidert Katrin, „ich habe niemanden von den beiden gesehen!“ „Wenn das nur kein Nachspiel hat“, meint die Mutter ganz nachdenklich.

## AUFGABE

*Versuchen Sie die Rechtslage von Frau Meyer und Frau Schulze zu klären. Können die beiden zur Verantwortung gezogen werden?*

Die **Aufsichtpflicht über Kinder** liegt bei den **Sorgeberechtigten**, also in der Regel bei den Eltern. Sie kann aber Dritten übertragen werden, beispielsweise den Erzieherinnen und Sozialassistentinnen in Kindertageseinrichtungen. Dies geschieht für eine begrenzte Zeit durch den Abschluss eines Betreuungsvertrages. Das **Personal in Kindertageseinrichtungen** übernimmt dann während der Öffnungszeiten die **Aufsichtspflicht**. Die Kinder müssen aber von den Sorgeberechtigten zu den Kindertageseinrichtungen gebracht und dort wieder abgeholt werden. Die Betreuung durch die Erzieherinnen und Sozialassistentinnen ist mit Ausnahme von Ausflügen, die von der Kindertageseinrichtung unternommen werden, auf die **Einrichtung und das zugehörige Gartengrundstück** begrenzt. „Schnupperkinder“ fallen auch unter die Aufsicht. Der Träger übergibt der Leiterin der Kindertageseinrichtung die Aufsicht. Diese hat dann die Aufgabe, die anderen pädagogischen Mitarbeiterinnen anzuleiten und ihre Arbeit zu überwachen.

**Alle Erzieherinnen und Sozialassistentinnen** sind **aufsichtspflichtig** und zwar in erster Linie gegenüber den Kindern der **ihnen zugeteilten Gruppe**. Die Aufsichtspflicht beschränkt sich jedoch nicht darauf. Die Erzieherin oder Sozialassistentin muss beispielsweise auch bei einer Rauferei zwischen den Kindern anderer Gruppen einschreiten, wenn die zuständige Kollegin nicht eingreifen kann.

Die Aufsichtspflicht des Personals endet dann, wenn das Kind am Ende der Öffnungszeit die Einrichtung wieder verlässt. Die Leiterin der Kindertageseinrichtung und die Erzieherinnen sowie Sozialassistentinnen haben aber die Verpflichtung, das Kind in die Aufsicht der Eltern zu übergeben.

Wenn die Eltern der Meinung sind, ihr Kind könne den **Heimweg allein antreten**, dann ist das vom **Personal** der Kindertageseinrichtung zu **akzeptieren**. Ist das Kind aber nicht in der Lage, allein nach Hause zu gehen, weil es Angst hat, dann hat die Kindertageseinrichtung die Aufsicht der Eltern einzufordern.

### Haftung der Erzieherinnen und Sozialassistentinnen bei Verletzung der Aufsicht

Wenn ein Kind in einer Kindertageseinrichtung verletzt wird, dann stellt sich die Frage nach der **Haftung** der Erzieherin und Sozialassistentin. Dabei kann sich eine Haftung in dreierlei Hinsicht ergeben:

- Zivilrechtliche Haftung (Schadenersatz),
- Strafrechtliche Haftung,
- Arbeitsrechtliche und disziplinarrechtliche Konsequenzen.

Abb. Nühs

**Zivilrechtliche Haftung bei Personenschäden:**

Alle Kinder einer Kindertageseinrichtung sind in der **gesetzlichen Unfallversicherung versichert**. Die Kosten der gesetzlichen Unfallversicherung trägt der Träger der Einrichtung. Als Auswirkung dieser gesetzlichen Unfallversicherung sind sowohl die Kinder als auch die **Träger der Einrichtung, Erzieherinnen, Sozialassistentinnen und ansonsten in der Einrichtung tätige Personen** grundsätzlich von der **zivilrechtlichen Haftung freigestellt**. Dieses so genannte Haftungsprivileg schließt Ansprüche der Kinder untereinander, z. B. Raufereien, gegen Erzieherinnen sowie Sozialassistentinnen aus. Ausgeschlossen werden damit insbesondere der **Amtshaftungsanspruch** und der **Anspruch auf Schmerzensgeld** gegenüber der Erzieherin sowie Sozialassistentin, die ihre Aufsichtspflicht verletzt haben. **Fehler bei der Aufsichtsführung** führen nur bei einem **vorsätzlichen Verstoß zu einer zivilrechtlichen Haftung** gegenüber dem Kind. Dies ist dann der Fall, wenn eine Erzieherin bzw. Sozialassistentin gewollt ihre Aufsichtspflicht verletzt und sich möglicher Folgen bewusst ist.

**Personenschäden Dritter und Sachschäden:**

Wenn jemand außerhalb der Einrichtung verletzt wird, z. B. beim Ballspielen auf der Straße, oder wenn Sachschäden beim Spielen entstehen, z. B. an der Kleidung, sind Schadenersatzansprüche gegen die Erzieherin, Sozialassistentin und gegen den Träger denkbar. Das Haftungsprivileg im Rahmen der gesetzlichen Unfallversicherung greift in diesen Fällen nicht ein. In der Regel lassen sich die Haftungsfolgen aber über eine **Betriebshaftpflichtversicherung** absichern. Wenn es sich um ein öffentlich-rechtliches Benutzungsverhältnis handelt, dann sind Schadenersatzansprüche nicht gegen die Erzieherin oder Sozialassistentin sondern stets gegen deren Dienstherrn zu richten (§839 BGB i. V. m. Art. 34 GG).

**Regress bei Vorsatz und grober Fahrlässigkeit:**

Jedoch soll die Erzieherin und Sozialassistentin, die ihre Arbeits- bzw. Dienstpflichten grob fahrlässig verletzten, nicht jeglicher finanzieller Verantwortung entzogen werden. Dies könnte zu einer Vernachlässigung der Aufsicht führen und würde damit nicht nur die Kinder erheblichen Gefahren aussetzen, sondern auch die Träger der gesetzlichen Unfallversicherung stark belasten. Deshalb sehen das Sozialgesetzbuch und die Beamtengesetze die **Möglichkeit des Rückgriffs** gegen den **Schädiger** vor. So kann sowohl der Unfallversicherungsträger als auch der Dienstherr erbrachte Aufwendungen zurückverlangen, wenn die Erzieherin bzw. Sozialassistentin **vorsätzlich** oder **grob fahrlässig** ihre Pflichten gegenüber dem anvertrauten Kind vernachlässigt hat.

Vorsatz setzt nicht nur die **bewusste und gewollte Verletzung der Aufsicht**, sondern auch das **billigende Inkaufnehmen der Folgen** voraus und dürfte deswegen in der Praxis kaum vorkommen. Grobe Fahrlässigkeit liegt vor, wenn die von einer Erzieherin oder Sozialassistentin erwartete Sorgfalt in besonders hohem Grade missachtet wurde.

Grob fahrlässig handelt beispielsweise, wer Kinder unbeaufsichtigt im Gruppenraum oder draußen in den Anlagen spielen lässt.

**MERKSATZ**

Erzieherinnen und Sozialassistentinnen sind grundsätzlich von der zivilrechtlichen Haftung freigestellt. Bei grober Fahrlässigkeit können sie aber zur Verantwortung gezogen werden.

**AUFGABE**

*Nennen Sie Beispiele für grobe Fahrlässigkeit.*

## 9.1.4 Bürgerliches Gesetzbuch

Das Bürgerliche Gesetzbuch, abgekürzt BGB, ist seit dem 01.01.1900 in Kraft. Es wurde mehrfach geändert und ergänzt. Es enthält in fünf Büchern die Masse des deutschen bürgerlichen Rechts. Die fünf Bücher heißen:

- Allgemeiner Teil,
- Schuldrecht,
- Sachenrecht,
- Familienrecht,
- Erbrecht.

Nach Jahrhunderten der Rechtszersplitterung brachte es ein **einheitliches Privatrecht**, aus dem jedoch inzwischen Gebiete, wie insbesondere das Arbeitsrecht herausgewachsen sind.

Es enthält auch wichtige Aussagen zum Umgang mit Kindern im Kindergarten, auf die bereits in 9.1.3 hingewiesen wurde.

**Unerlaubte Handlungen sind nach dem BGB:**

**§ 823 Schadensersatzpflicht:** (1) Wer vorsätzlich oder fahrlässig das Leben, den Körper, die Gesundheit, die Freiheit, das Eigentum oder ein sonstiges Recht eines anderen widerrechtlich verletzt, ist dem anderem zum Ersatz des daraus entstehenden Schadens verpflichtet.

(2)1 Die gleiche Verpflichtung trifft denjenigen, welcher gegen ein den Schutz eines anderen bezweckendes Gesetz verstößt.

2 Ist nach dem Inhalt des Gesetzes ein Verstoß gegen dieses auch ohne Verschulden möglich, so tritt die Ersatzpflicht nur im Falle des Verschuldens ein.

**Wann liegt eine Verpflichtung zum Tun vor?**

1. Durch natürliche Verbundenheit (bei Suizidversuch des Ehepartners sollte man eingreifen)
2. Durch Garantenstellung:
   - tatsächliche Gewährübernahme (Beispiel: Beim Babysitten wird Vertrag über Aufsicht und Betreuung geschlossen),
   - Garantenstellung durch Gesetz (Verpflichtung Hilfe zu leisten z. B. bei einem Unfall),
   - Garantenstellung aus der Eröffnung einer Gefahrenquelle (Beispiel: Im Straßenbau muss eine Baustelle abgesichert werden. Im Kindergarten müssen alle zumutbaren **Sicherheitsmaßnahmen** getroffen werden.).
   - Eine besondere Sicherungspflicht besteht gegenüber Kindern. Auch **bei Unbefugtheit muss auf die Gefährdung von Kindern geachtet** werden. Das bekannte Baustellenschild „Eltern haften für ihre Kinder", behält nur unter der Voraussetzung Gültigkeit, dass Eltern nach § 832 zu belangen sind.

### Aufsichtspflicht

**§ 832 Aufsichtspflicht:** I, 1 Wer kraft Gesetzes zur Führung der Aufsicht über eine Person verpflichtet ist, die wegen Minderjährigkeit oder wegen ihres geistigen oder körperlichen Zustandes der Beaufsichtigung bedarf, ist zum Ersatz des Schadens verpflichtet, den diese Person einem Dritten widerrechtlich zufügt.

2 Die Ersatzpflicht tritt nicht ein, wenn er seiner Aufsichtspflicht genügt oder wenn der Schaden auch bei gehöriger Aufsichtsführung entstanden sein würde.

II Die gleiche Verantwortlichkeit trifft denjenigen, welcher die Führung der Aufsicht durch Vertrag übernimmt.

Bei einer Vermutung der Aufsichtspflichtverletzung, muss sich der Aufsichtspflichtige entlasten, wenn er nicht haften will. Bei ihm liegt die Beweislast.

## DEFINITION

Schadenersatzpflicht besteht immer, wenn man vorsätzlich oder fahrlässig das Leben, den Körper, die Gesundheit, die Freiheit, das Eigentum oder ein sonstiges Recht eines anderen widerrechtlich verletzt. Auch das Unterlassen kann Schadensersatz nach sich ziehen. Es muss jedoch eine Rechtspflicht zum Handeln vorliegen.

## AUFGABEN

1. *Die Sozialassistentin greift beim Prügeln von zwei Kindern nicht ein, obwohl sich das eine Kind so stark verletzt hat, dass es zum Arzt gefahren werden muss. Wie ist das Verhalten der Sozialassistentin zu bewerten?*
2. *Während einer Anleitungsaufgabe durch die Sozialassistentin trinkt ein Kind von der Farbflüssigkeit, obwohl die Sozialassistentin ausdrücklich auf die Gefahr, starke Bauchschmerzen durch das Trinken der Flüssigkeit zu bekommen, hingewiesen hat. Ist die Sozialassistentin an einer möglichen Erkrankung des Kindes schuld?*

## 9.1.5 Haftpflicht

„Wer vorsätzlich oder fahrlässig das Leben, den Körper, die Gesundheit, die Freiheit, das Eigentum oder ein sonstiges Recht eines anderen widerrechtlich verletzt, ist dem anderen zum Ersatz des daraus entstehenden Schadens verpflichtet." (§ 823 BGB)

## AUFGABE

*Nennen Sie Beispiele für fahrlässiges Verhalten.*

**§ 823 BGB** stellt die **Grundlage der Verschuldungshaftung** dar. Man haftet nicht nur bei eigenem Verschulden, sondern auch für seine Kinder oder als Hausbesitzer – entsprechend der so genannten Gefährdungshaftung und grundsätzlich in unbegrenzter Höhe – sowohl mit dem jetzigen als auch mit dem künftigen Vermögen. Bei Personenschäden kann dies leicht dazu führen, dass für den daraus entstandenen Schaden ein Leben lang gezahlt werden muss.

Damit eine Schadenersatzforderung nicht zur Existenzfrage wird, sollte deren Absicherung wichtig, wenn nicht sogar ein Muss, für jeden Einzelnen sein.

Der Abschluss einer Dienst-Haftpflichtversicherung ist empfehlenswert für Eltern, Erzieherinnen und Sozialassistentinnen. Auf Aufsichtspersonen können erhebliche Schadenersatzforderungen zukommen, wenn sie im entscheidenden Moment nicht richtig aufpassen.

Besonders vorteilhaft ist, dass in den meisten Dienst-Haftpflichtversicherungen der private Haftpflichtschutz beitragsfrei mit eingeschlossen ist. Zusätzlich ist der Einschluss des Risikos aus dem Verlust von Dienstschlüsseln möglich.

### Haftpflichtversicherung für Kinder

Wenn Kinder regelmäßig die Kinder ihrer Nachbarn oder Freunde zum Spielen einladen, kann es hoch her gehen. Doch wer haftet, wenn etwas passiert und wie können Eltern und sonstige Aufsichtspersonen sich für eventuell entstehende Schäden absichern?

### Kinder unter sieben

## FALLBEISPIEL

Baby Sebastian ist zu Besuch bei seiner Großmutter. Durch Krabbeln versucht das Baby, seine nähere Umgebung zu erkunden. Die Mutter geht davon aus, dass ihr Kind in sicheren Händen bei der Oma ist und dass es nichts anstellen wird.
In Omas Wohnzimmer können aber viele Dinge entzweigehen, z. B. die Lautsprecherboxen in der Ecke des Zimmers oder die vielen Ziergegenstände auf den Regalen. Wer haftet, wenn die Großmutter zwar immer anwesend ist, aber dennoch etwas zerstört wird, weil das Baby schneller ist als sie?

Kinder unter sieben Jahren sind nicht schuldfähig. Bei Kindern unter sieben Jahren haftet die Aufsichtsperson, wenn ein Dritter zu Schaden kommt oder Sachen zerstört werden. Die Versicherung der Eltern zahlt nur, wenn die Aufsichtsperson nicht auf das Kind aufgepasst hat.

Wenn ein Kind seine Großmutter besucht, ist sie seine Aufsichtsperson. Richtet das Kind bei ihr Schaden an, muss sie ihn tragen. Tagesmütter, die Kinder in ihrem Haushalt betreuen, müssen sich extra gegen solche Schäden versichern.

### Kinder ab sieben

## FALLBEISPIEL

Sebastian und sein Freund spielen im Hof von Tante Anke. Tante Anke kocht sich währenddessen eine Tasse Kaffee in der Küche. Sie ahnt nicht, dass die beiden damit beschäftigt sind, ein kleines Feuer anzumachen. Wenn jetzt die Scheune von Tante Anke abbrennt, sind die beiden laut Gesetz nur eingeschränkt haftbar. Vor Gericht würde ein Gutachter entscheiden, ob den Kindern ihre Tat bewusst war. Danach wird das Strafmaß bemessen.

Für die Übernahme des Schadens ist die **Versicherung der Eltern** zuständig, da die Kinder noch nicht volljährig sind.

Das trifft auch zu, wenn die Zwölfjährigen beim Spielen am Lack des Autos vom Nachbarn kratzen oder wenn die Kinder beim Spielen einen Autounfall verursachen würden.

## FALLBEISPIEL

Seit Tagen ist Klara neidisch auf den Pullover von Monique, besonders da alle anderen Kinder im Kindergarten B. Moniques Pullover bewundern. Klara ist noch niemals bewundert worden, obwohl sie aus ihrer Sicht wesentlich besser als Monique angezogen ist. Aber Monique lieben alle, während sie, Klara, kaum beachtet wird. Das muss geändert werden, beschließt Klara. Kaum sind die Malsachen auf den Tisch, feuchtet sie den Pinsel an, taucht ihn in die frische rote Farbe und bespritzt Moniques Pullover. Alle Kinder sind empört, während Klara ganz gelassen meint: „Ich wollte den Pullover von Monique nur noch schöner machen!"

Für entstandene Schäden wird die Privat-Haftpflichtverletzung der Eltern herangezogen, denn Kinder sind im Kindergarten nicht dagegen versichert, wenn sie sich gegenseitig einen Schaden zufügen.

Wer anderen einen Schaden zufügt, muss diesen ersetzen. Jeder haftet mit seinem gesamten Vermögen und Einkommen. Das kann so weit gehen, dass er sein Leben lang zahlen muss.

Damit dieses nicht zu einer persönlichen Katastrophe wird, gibt es die **Privat-Haftpflichtversicherung**.

Diese tritt für den Betroffenen ein und übernimmt die Kosten zur Wiedergutmachung des verursachten Schadens.

Wenn unberechtigte oder zu hohe Schadenersatzforderungen an den Verursacher gestellt werden, er also nicht zahlen muss oder kann, dann setzen sich die meisten Privat-Haftpflichtversicherungen für den Betroffenen ein und wehren die Forderungen ab.

Auch dann, wenn man selbst zu Schaden gekommen ist, bieten die meisten Privat-Haftpflichtversicherungen Schutz an. Denn durch die hier integrierte Forderungsausfalldeckung stellt die Privat-Haftpflichtversicherung sicher, dass der Betroffene seine Ansprüche an den Schadenverursacher auch dann ersetzt bekommen, wenn dieser nicht zahlen kann.

## MERKSATZ

Die Privat-Haftpflichtversicherung übernimmt die Kosten für die Schäden, die man anderen vorsätzlich oder fahrlässig zufügt.

## AUFGABEN

1. *Im Kindergarten M. ist die kleine Steffi beim Waldspaziergang über eine Baumwurzel gestolpert und hingefallen. Dabei hat sie ihren Anorak so stark zerrissen und verschmutzt, dass sie ihn nicht mehr anziehen kann. Wer ersetzt ihr den Anorak?*
2. *Beim Besichtigen einer Bäckerei haben zwei Kinder des Kindergartens L. an ein Backblech gestoßen, so dass dieses auf die Erde gefallen ist und das Backgut, etwa 100 Brötchen, vernichtet werden mussten. Wer ersetzt den entstandenen Schaden?*

## 9.2 Verwaltungsaufgaben in der Gruppe

Voraussetzung für die Festlegung von Verwaltungsaufgaben in einer Kindergartengruppe ist die Planung der pädagogischen Arbeit, Analyse der jeweiligen Situation von Kindern, Erzieherinnen und Sozialassistentinnen. Darüber hinaus sind Beobachtungen von den Kindern, der Gruppe, dem Umfeld der Kinder und das Verhalten der Erzieherin und Sozialassistentin in das Verwaltungsschema mit einzuarbeiten. Die Ergebnisse müssen ausgewertet und verwaltet werden und für die pädagogische Arbeit in der Gruppe zur Verfügung stehen.

### 9.2.1 Kriterien für den Umfang der Verwaltungsaufgaben

Wie schon genannt, wird der Umfang der Verwaltungsaufgaben in der Kindergartengruppe von unterschiedlichen Kriterien bestimmt. Sie hängen ab von

- der Größe des Kindergartens,
- der Zusammensetzung der Gruppe,

- der Muttersprache,
- den Familienverhältnissen, z. B. alleinerziehende Mütter und Väter, Kinder berufstätiger Eltern, Leben bei den Großeltern,
- der Zahl der Einzelkinder bzw. Zahl der Kinder mit Geschwistern,
- der Staatsangehörigkeit, Kulturzugehörigkeit, Weltanschauung, vom religiösen Bekenntnis,
- der Elternmitwirkung in der Gruppe,
- den Interessen der Kinder,
- dem Entwicklungsstand der Kinder,
- der bisherigen und voraussichtlichen Verweildauer in der Gruppe,
- dem Beziehungsgefüge der Gruppe: Beziehung Kind-Kind, Kind-Erzieherin, Kind-Sozialassistentin,
- den Kontakten der Gruppe nach außen hin,
- der personellen Situation in der Gruppe,
- der Ausbildung und Vorbildung der Mitarbeiterinnen,
- dem Einsatz von Schülerinnen und Praktikantinnen,
- den pädagogischen Aufgaben, z. B. Festhalten und Auswerten von Beobachtungsaufgaben.

**Zur Größe des Kindergartens:** Je größer ein Kindergarten ist, umso mehr Verwaltungsaufgaben fallen in den Gruppen an. Das hängt damit zusammen, dass alle Aufgaben, z. B. das Feststellen der Anwesenheit, das Ausfüllen der Beobachtungsbögen, von der Erzieherin, die für die Gruppe verantwortlich ist, und der Sozialassistentin übernommen werden müssen. In kleinen Kindergärten mit ein bis zwei Gruppen erfolgt das Erledigen dieser Aufgaben häufig zentral durch eine Erzieherin.

**Zur Zusammensetzung der Gruppe:** Kinder aus sozialen Brennpunkten haben einen höheren Verwaltungsaufwand zur Folge als Kinder aus geordneten Verhältnissen. Kinder aus sozialen Brennpunkten benötigen häufig die Betreuung durch eine spezielle Fachkraft. Aufgabe des Kindergartens ist es, diese Fachkraft zu finden und die Finanzierung zu regeln. Bei einem hohen Anteil an Kinder nicht deutscher Herkunft, kann es Probleme mit der sprachlichen Verständigung geben, die ebenfalls durch den Kindergarten geregelt werden muss.

**Zu den Familienverhältnissen:** Kinder allein erziehender oder berufstätiger Eltern möchten sich verstärkt im Kindergarten aussprechen, da die Eltern häufig weniger Zeit für sie haben. Die Erzieherin oder Sozialassistentin muss sich ihnen daher besonders zuwenden und Verständnis für die Probleme haben.

**Zu den Einzelkindern:** Mit Unterstützung der Erzieherin und Sozialassistentin müssen sie lernen, sich in einer Gruppe einzufügen. Die zusätzliche Zuwendung muss im Beobachtungsbogen dieser Kinder notiert werden.

**Zu Staatsangehörigkeit, Kulturzugehörigkeit, Weltanschauung, religiöses Bekenntnis:** Bei der Gestaltung der Tages-, Wochen- und Jahresplänen sind die genannten Schwerpunkte zu berücksichtigen und besondere Feiertage anderer Kulturkreise in das Programm aufzunehmen.

**Zu Elternmitwirkung in der Gruppe:** Eltern können die Erzieherin und Sozialassistentin entlasten, wenn sie Aufgaben für die Gruppe übernehmen. Sie belasten sie aber, wenn ihre Wünsche an den Kindergarten über das übliche Maß hinausgehen und sie sich zusätzliche Anleitungen und Besichtigungen wünschen.

**Zu den Interessen der Kinder:** Interessierte Kinder sind eine Entlastung für die Erzieherin und Sozialassistentin, da sie viele Möglichkeiten finden, sich zu beschäftigen. Oft haben sie aber zusätzliche Wünsche, die nicht immer vom Kindergarten zu leisten sind, da der Aufwand zu hoch ist.

**Zum Entwicklungsstand der Kinder:** Kinder, die in ihrer Entwicklung zurückgeblieben sind, erfordern einen zusätzlichen Verwaltungsaufwand, da sie eine spezielle Betreuung benötigen, die vom Kindergarten nicht zu leisten ist. Aufgabe des Kindergartens ist es aber, diese spezielle Fachkraft zu besorgen und die Finanzierung mit den Eltern zu regeln.

**Zur Verweildauer in der Gruppe:** Kinder, die über das übliche Alter hinaus im Kindergarten sind, haben meistens besondere Probleme, z. B. sind sie in der Entwicklung zurückgeblieben. Aufgabe des Kindergartens ist es, sich dieser Kinder besonders anzunehmen.

**Zum Beziehungsgefüge der Gruppe:** Beziehung Kind-Kind, Kind-Erzieherin, Kind-Sozialassistentin: Das Beziehungsgefüge kann positiv und negativ sein. Bei einem negativen Beziehungsgefüge ist zu überlegen, ob die Einteilung der Gruppen geändert werden muss. Manchmal liegt es an einzelnen Kindern, wenn eine Gruppe nicht zurechtkommt.

**Zu den Kontakten der Gruppe nach außen hin:** Außenkontakte der Gruppe sind sehr wichtig, da sie das Leben in der Gruppe bereichern und den Blick für das Umfeld erweitern. Sie sind mit einem höheren Aufwand verbunden, da diese Kontakte gepflegt werden müssen.

**Zur personellen Situation in der Gruppe:** Wichtig ist, dass sich Erzieherin und Sozialassistentin gut miteinander verstehen, da sie sich auf diese Weise gegenseitig ergänzen können. Die gute Zusammenarbeit hat auch einen positiven Einfluss auf das Arbeitsklima in der Gruppe und trägt dazu bei, dass sich die Kinder in der Gruppe wohlfühlen und der Verwaltungsaufwand niedrig gehalten werden kann.

**Zur Ausbildung und Vorbildung der Mitarbeiterinnen:** Je besser die Erzieherinnen und Sozialassistentinnen einer Einrichtung ausgebildet sind, umso besser kommen sie mit ihrer täglichen Arbeit zurecht. Aufgabe des Kindergartens ist es daher, für eine regelmäßige Weiterbildung zu sorgen.

Bei Kindergärten mit dem situativen Ansatz sind die Erzieherin und Sozialassistentin für das Festlegen der Situation, die mit den Kindern bearbeitet werden soll, zuständig. Das Festhalten der Vorgehensweise bei der Bearbeitung einer Situation ist eine wichtige Aufgabe der Verwaltung.

**Zum Einsatz von Schülerinnen und Praktikantinnen:** Eine weitere wichtige Aufgabe im Kindergarten ist die Ausbildung von Schülerinnen und Praktikantinnen zu Erzieherinnen und Sozialassistentinnen. Damit sind zwar eine Belastung und ein zusätzlicher Verwaltungsaufwand verbunden, aber Schülerinnen und Praktikantinnen bringen auch neue Ideen in den Kindergarten und beeinflussen ihn daher positiv.

**Zu den pädagogischen Aufgaben, z. B. Festhalten und Auswerten von Beobachtungen:** Kinder sind in der Regel nur begrenzt in der Lage, sich zu ihrer Lebenssituation und zu ihrem Verhalten zu äußern. Erzieherinnen und Sozialassistentinnen können Kinder aber nur zu **selbstständigen Menschen erziehen**, wenn sie genaue Kenntnisse über das Kind selbst und sein Umfeld haben und wissen, wie die Kinder sie wahrnehmen und auf sie reagieren. Daher ist der Austausch aller am Erziehungsprozess Beteiligten unbedingt notwendig, um das Kind objektiv beurteilen zu können.

Die Beobachtungen sind immer wieder unter einem anderen Gesichtspunkt zu betrachten und zu registrieren. Die nachfolgenden Anhaltspunkte können dabei hilfreich sein:

- Erhebung von persönlichen Daten, z. B. Festhalten von besonderen Vorkommnissen in der Entwicklung,
- gezielte Beobachtungen in möglichst vielfältigen Situationen im Tagesablauf mit Fakten, aber ohne Wertung.

Die Auswertung der Beobachtungen sollte im Hinblick auf:

- die Bedürfnisse des Kindes,
- die Interessen des Kindes,
- die Stärken des Kindes,
- die Defizite des Kindes,
- die Konflikte, Ängste, Sorgen usw. erfolgen.

Bei den Auswertungen dürfen keine **übereilten Schlussfolgerungen** gezogen werden, sondern es können höchstens Vermutungen genannt werden. Sie können dazu benutzt werden, dem Kind Hilfestellung zu geben, wenn es sie benötigt. Bei der Bewertung des Kindes muss seine **Ganzheitlichkeit** mit den emotionalen, sozialen, kreativen, intellektuellen und körperlichen Dimensionen berücksichtigt werden.

Umgekehrt müssen die Erzieherin und Sozialassistentin auch ihren **Einfluss auf die Gruppe** sowie auf jedes einzelne Kind bei der Bewertung berücksichtigen. Dieser Einfluss bezieht sich auf die Bereiche:

- Interessen,
- Neigungen,
- Auseinandersetzung mit Anforderungen und Erwartungen verschiedener Bezugsgruppen,
- Auseinandersetzung mit eigenen Erwartungen, Verhaltensweisen, Einstellungen.

Schriftlich festgehalten werden muss auch der **Arbeitseinsatz der Erzieherinnen und Sozialassistentinnen**. Da die meisten Kindergärten auch nachmittags geöffnet sind bzw. noch Hortbetrieb anbieten, sollten der vormittägige und nachmittäge Einsatz halbjährlich, besser noch jährlich, getauscht werden. Wichtig ist, dass darauf geachtet wird, dass jede Erzieherin und

Sozialassistentin ihre Gruppe möglichst über einen längeren Zeitraum betreut, da sich zwischen den Kindern und der Erzieherin sowie Sozialassistentin ein Vertrauensverhältnis, das nicht unterbrochen werden sollte, bildet.

## MERKSATZ

Die Verwaltung ist eine wichtige Grundlage für die Bewirtschaftung des Kindergartens. Sie nimmt Einfluss auf die Zusammenarbeit der Mitarbeiterinnen im Kindergarten, auf die Programmgestaltung, auf das Verhältnis der Kinder zueinander sowie auf das schriftliche Festhalten und Auswerten von Beobachtungen.

## AUFGABE

*Entwickeln Sie in Gruppen in Ihrer Klasse eine Tabelle, die die genannten Verwaltungsaufgaben in der Gruppe erfasst und konkretisiert.*

## 9.2.2 Gruppenlisten

***Gruppe: Maiglöckchen***

**Name, Vorname, Geburtsdatum, -ort**

1. Abel, Hermina 22.11.04 Celle
2. Fricke, Florian 08.01.04 Celle
3. Friedrich, Heiko 10.05.04 Gifhorn

Mithilfe der Gruppenliste wird täglich festgestellt, welche Kinder da sind und welche fehlen. Bei den fehlenden Kindern sollten **Gründe für das Fehlen** in die Liste eingetragen werden. Bei häufigem Fehlen muss nach der Ursache geforscht werden und Folgerungen daraus gezogen werden. Es kann sein, dass

- das Kind krank ist,
- es Probleme mit seinen Eltern oder/und mit seinen Geschwistern hat,
- es Probleme mit seiner Gruppenleiterin oder Sozialassistentin bzw. mit beiden hat,
- es Probleme mit einzelnen Kindern im Kindergarten oder in der Gruppe hat,
- es nicht in der Gruppe integriert ist.

Die genannten Gründe müssen von der Erzieherin festgestellt und möglicherweise mit den Eltern erörtert werden. Es kann sein, dass das **Umsetzen** eines Kindes in eine **andere Gruppe** oder in einen **anderen Kindergarten** für das Kind hilfreich ist, besonders dann, wenn es mit einzelnen Kindern nicht zurechtkommt. Beim Umsetzen in eine andere Gruppe können sich aber **Probleme beim Freispiel** ergeben, da die Kinder dann nicht nur den eigenen Gruppenraum sondern auch die anderen Gruppenräume sowie die **gemeinsamen Anlagen** nutzen und es erneut zu Begegnungen mit dem Kind kommen kann, mit dem es Schwierigkeiten gehabt hatte. Andererseits sollten Kinder auch lernen, mit den Kindern zurechtzukommen, die sie nicht so gerne mögen.

Beispiel für die Einteilung einer Gruppenliste:

- Name, Vorname,
- Geburtsdatum,
- Anwesenheit,
- Nichtanwesenheit mit kurzer Angabe des Grundes,
- Verschiedenes.

Für das Einsammeln von Geld ist die Gruppenliste ebenfalls gut geeignet, da die Namen registriert sind. Die Gruppenliste sollte höchstens 20 Kinder aufweisen. Die Gruppen sind aus finanziellen Gründen häufig größer und umfassen 25 bis 28 Kinder.

## MERKSATZ

Gruppenlisten sind ein wichtiges Dokument für die Arbeit in der Gruppe. Jede Erzieherin und Sozialassistentin sollte darauf bedacht sein, dass die Kinder möglichst vollzählig an jedem Tag kommen.

## AUFGABEN

1. *Lassen Sie sich die Gruppenlisten während Ihres Praktikums im Kindergarten geben und fragen Sie nach den Gründen für die Einteilung.*
2. *Stellen Sie fest, welche Kinder besonders häufig fehlen und ob diese Kinder aus einem sozialen Brennpunkt kommen.*

## 9.2.3 Etatverwaltung der Gruppe

Die Etatverwaltung wird in den Kindergärten unterschiedlich durchgeführt. Es gibt Kindergärten, in denen die **Etatverwaltung** ausschließlich durch die **Kindergartenleiterin** erfolgt. Das ist aber nur in den kleinen Kindergärten mit ein bis zwei Gruppen möglich. Anders sieht es in den großen Kindergärten aus. Dort ist **jede Gruppenleiterin für ihren Etat zuständig**. Sinnvoll ist es, wenn die Aufteilung der Gelder im **Kindergartenteam** erfolgt. Bei der Vorgehensweise sollte bedacht werden, dass ein Teil des Geldes für **gemeinsame Anschaffungen** zurückbehalten und von der Leiterin bewirtschaftet werden sollte. Dieses Geld kann für gemeinsame Anschaffungen, z. B. Bastelmaterial, verwendet werden.

Der größere **Anteil an Geld** sollte aber an die **Gruppenleiterinnen** verteilt werden. Dabei ist die **Struktur der Gruppe** zu berücksichtigen. Gruppen, in denen hauptsächlich ältere Kinder sind, benötigen mehr Geld als Gruppen mit einem größeren Anteil an kleinen Kindern, da größere Kinder einen höheren Materialverbrauch haben.

Die Gruppenleiterin überlegt mit ihrer Sozialassistentin, wie sie das Geld am besten verwalten kann, damit sie ihre Einkäufe für die Gruppe tätigen kann. Sinnvoll ist es, eine **Kostenanalyse** aufgrund von Erfahrungen, die in den letzten Jahren gemacht wurden, zu erstellen und danach das Geld einzuteilen. Man geht dabei von den **täglichen, wöchentlichen, monatlichen und jährlichen Ausgaben** aus und führt genau Buch darüber.

Die Ausgaben können in drei Gruppen unterteilt werden:

1. **Feste – fixe – Ausgaben,**
   z. B. Rundfunk- und Fernsehgebühren
2. **veränderliche – variable Ausgaben,**
   z. B. Kosten für Lebensmittel, Bastelmaterial
3. **Sonderausgaben,**
   z. B. für größere Anschaffungen

Sinnvoll ist es, ein **Haushaltsbuch** anzulegen, bei dem auf der linken Seite die **Einnahmen** verbucht werden, in der Mitte der Kassenbestand verzeichnet ist und auf der rechten Seite die **Ausgaben** aufgeschrieben werden.

| | | |
|---|---|---|
| Datum<br>Bezeichnung<br>für Einnahmen | Kassen-<br>bestand | Datum<br>Bezeichnung<br>für Ausgaben |

**Die Ausgaben** müssen **regelmäßig kontrolliert** und von den **Einnahmen subtrahiert** werden, um einen Überblick über den **Kassenbestand** zu haben. Die Ausgaben sollten sofort in das Haushaltsbuch eingetragen werden und die Belege und Rechnungen müssen für 2 Jahre aufgehoben werden. Am Ende des Monats und des Jahres kann ein Abschluss errechnet werden.

Mit dieser Übersicht weiß man jederzeit, wo das Geld geblieben ist und sieht auch Möglichkeiten, bei Bedarf Geld einzusparen.

## MERKSATZ

Eine gründliche Buchführung gibt einen guten Überblick über die Einnahmen und Ausgaben, zeigt Möglichkeiten auf, wo eingespart werden kann und trägt dazu bei, das Geld sinnvoll zu verwalten.

## AUFGABEN

1. *Besorgen Sie sich ein kostenloses Haushaltsbuch bei der Sparkasse (Beratungsdienst der Sparkassen, Postfach 2580, 53015 Bonn) und üben Sie damit die Führung eines Kassenbuches.*
2. *Lassen Sie sich ein Kassenbuch im Kindergarten zeigen und berichten Sie darüber in der Klasse.*

Lernfeld 8:

# An konzeptionellen Aufgaben in sozialpädagogischen Einrichtungen mitarbeiten

Dieses Lernfeld bündelt wesentliche sozialpädagogische Aufgaben, die sich mit Fragen der Konzeptionen, der Öffentlichkeitsarbeit und der Zusammenarbeit mit den Familien befassen. Die zunehmende Mitarbeit an diesen Themen schafft ein differenziertes Verständnis für die Komplexität des Arbeitsfeldes. Die Einsicht in die Notwendigkeit von Außendarstellungen weckt das Verständnis für die Sicherung von Qualität.

## Lerninhalte

Konzeptionen verschiedener sozialpädagogischer Einrichtungen werden miteinander verglichen und deren Merkmale und Strukturen herausgestellt. Methoden und Ziele der Öffentlichkeitsarbeit sowie das Gestalten von Informationsmaterial wird als ein wichtiger Teil sozialpädagogischer Arbeit vermittelt. In Verbindung damit wird die Notwendigkeit der Qualitätsentwicklung in der sozialpädagogischen Arbeit vorgestellt. Darüber hinaus wird gezeigt, dass Verständnis für die Situation der Eltern und Formen der Kontaktaufnahme zu ihnen weitere Betätigungsfelder sozialpädagogischer Arbeit sind.

## *Beispiele für Lernsituationen*

1. **Das Team des Kindergartens C. gestaltet mit seinem Träger, dem Roten Kreuz, sowie mit Förderern und den Kindern ein Konzept auf der Grundlage der pädagogischen Ziele von Maria Montessori.**
2. **Die Schülerin Luisa der Sozialassistentinnenklasse, Schwerpunkt Sozialpädagogik, möchte über rechtliche Grundlagen im Umgang mit den Kindern informiert werden.**
3. **Der Kindergarten S. hat in den letzten Jahren einen Rückgang an Kindern gehabt. Das Kindergartenteam beschließt, die Öffentlichkeitsarbeit zu intensivieren.**

## 10 Pädagogische Konzeptionen

Eine erhebliche Bedeutung für pädagogische Konzeptionen haben die Träger. Sie wirken, wie schon unter 8.5.1 erwähnt, in die alltägliche Arbeit mit den Kindern hinein und nehmen dadurch einen starken **Einfluss auf die Planung und Durchführung der Arbeit** in den Kindertageseinrichtungen. Gleichbedeutend ist die **Art und Weise, wie pädagogische Praxis** ausgestaltet wird. Bestenfalls haben die Fachkräfte vor der Erstellung der Konzeption Gelegenheit, sich über die Eckpunkte der Konzeption zu verständigen. Die Konzeption hat für die Zusammenarbeit der Mitarbeiterinnen einer Kindertagesstätte eine erhebliche Bedeutung:

- Sie enthält Grundsätze für die Zusammenarbeit der Mitarbeiterinnen im Team.
- Sie schließt eine umfassende Reflexion der bisherigen Praxis mit ein.
- Sie legt Organisations- und Kommunikationsstrukturen offen und zeigt Möglichkeiten auf, Kompetenzen der Einzelnen für die gemeinsame Aufgabe effektiv zu nutzen.
- Sie verbessert die Qualität der pädagogischen Arbeit durch die Art und Weise, wie ein Team Besprechungen und Möglichkeiten zum informellen Austausch strukturiert und sie umsetzt.
- Sie überwindet Probleme bei der Konzept- und Organisationsentwicklung und nutzt dadurch die vorhandenen Ressourcen besser.
- Sie trägt dazu bei, dass die Leitungskräfte veränderten Anforderungen bei der Kinderbetreuung, beim Umgang mit den Eltern und bei der Berücksichtigung von Trägerinteressen besser gerecht werden.

Zusammenfassend kann festgehalten werden: Die Konzeption unterstützt die Leitungskräfte bei der Reflexion und Gestaltung der täglichen Arbeit. Sie hilft mit bei der Schaffung von Kommunikations- und Partizipationsstrukturen, bei der Förderung von Teamprozessen und bei der Berücksichtigung der Trägerwünsche.

### 10.1 Konzeptionen verschiedener Träger

Seit etwa 200 Jahren gibt es Institutionen zur familienergänzenden Erziehung und Betreuung von Kindern im vorschulischen Alter. Von Anfang an wurden zwei Ziele verfolgt:

- Sicherstellung der Pflege und Betreuung der Kinder, wenn die Mütter arbeiten mussten.
- Förderung der Entwicklung der Kinder und Vorbereitung auf den Schulbesuch.

Anfänglich wurde der Pflege und Betreuung der Kinder mehr Gewicht beigemessen als der Bildung. Erst die Forschungen zur Sozialisation und zur Intelligenzentwicklung gaben dem Bildungsanspruch des Kindergartens seine wissenschaftliche Legitimation. Folglich hat sich seit den 70er-Jahren der Kindergarten von einer Einrichtung, die nur in Notfällen in Anspruch genommen werden musste, zu einer anerkannten Bildungseinrichtung für alle Kinder umgestellt.

Anerkannte Persönlichkeiten, die entscheidende Konzeptionen für die Kindergärten gestaltet haben und deren Pädagogik auch heute noch von Bedeutung ist, sind:

- **Friedrich Fröbel (1782 bis 1852),**
- **Maria Montessori (1870 bis 1952),**
- **Rudolf Steiner (1861 bis 1921).**

Die **Reggio- und Freinet-Pädagogik** haben ähnliche Konzepte, wie die o. g. Pädagogen. Es geht ihnen ebenfalls um die selbsttätige Entwicklung des Kindes.

Darüber hinaus gibt es die nachfolgenden Konzeptionen, die durch Elterninitiativen und durch Fachleute entstanden sind. Sie stellen die Grundstruktur einer Einrichtung dar:

- Eltern-Kind-Gruppen,
- Situationsorientiertes Curriculum,
- Interkulturelle Konzepte.

#### 10.1.1 Konzeption der Fröbel'schen Kindergärten

**AUFGABE**

*Suchen Sie das Fröbel-Material aus Katalogen zusammen, schneiden Sie es aus und kleben Sie es in Ihre Mappe.*

Fröbel maß der **Frühpädagogik** sowie der Mutter-Kind-Beziehung eine **entscheidende Bedeutung** für die **gesamte Entwicklung des Menschen** bei. Bereits im frühesten Alter sollten die Kinder

durch spielerische Übungen mit der Mutter im kognitiven, emotionalen und motorischen Bereich gefördert werden. Ziel der Erziehung war ihm die **Freiheit und Selbstbestimmung des Menschen**, und daher sollten auch einengende Vorschriften und Strafen aus der Erziehung verbannt werden. Im Mittelpunkt seiner Pädagogik standen die **Beachtung und Förderung des kindlichen Spiels**, denn er hatte beobachtet, dass die Fähigkeit zum Spiel eine notwendige Voraussetzung für die spätere Entwicklung zu einem ausgeglichenen und arbeitsfähigen Menschen ist.

**Träger** der Fröbel'schen Kindergärten können die **Kommunen** sein, **Wohlfahrtsverbände** oder die **Kirchen**.

Neben der Spielfreude wurden die von Fröbel konzipierten **Spielgaben** wesentlicher Bestandteil der Kindergartenkonzeption. Die Spielgaben sind:

- Ein Kasten mit sechs farbigen Bällen,
- Kugeln, Würfel und Walze,
- sechs Baukästen mit Beschäftigungsmitteln aus Legetäfelchen, Stäbchen, Muscheln usw. sowie Material zum Ausstechen, Ausnähen, Netzzeichnen, Flechten, Falten, Erbsenarbeiten, Modellieren mit Ton.

Mithilfe der Spielgaben sollte das Kind selbsttätig im Spiel **mathematische Eigenschaften und Beziehungen erfassen**, z. B. den Ball als geometrischen Körper erkennen.

Die Spielgaben enthielten **nicht nur mathematische Grundgedanken**, sondern auch **Spielgedanken**, und das Kind machte zusätzlich die für seine Entwicklung wichtigen Grunderfahrungen.

Aus der zweiten Gruppe der „geteilten Körper" entwickelte Fröbel den bekannten **Baukasten**. Der nächste Schritt führte von den **Körpern zur Fläche** (Rechtecke, Dreiecke) und zum Punkt (Perlen, Steinchen u. a. m.). Die **Prinzipien** des **Vergleichens und Zuordnens** verband Fröbel auch mit anderen Beschäftigungen, z. B. Sammeln von Naturmaterialien, die dann zugeordnet werden müssen.

Es geht Fröbel nicht um die Vermittlung abstrakter Begriffe, sondern um die **Verarbeitung von Erfahrungen am konkreten Material**. Im Spiel oder durch wiederholtes Probieren können Kinder mithilfe von brauchbarem Material und durch analogisches Denken Einsichten gewinnen, die sonst nur durch formal-logisches Denken möglich sind.

Das Fröbel-Material sowie sein Konzept sind bis zum heutigen Tag aktuell. Die räumlichen Figuren wie Würfel, Quader, Kugel und Säule (Walze) gibt es in fast allen Kindergärten und Kinder können daran die Eigenschaften einfacher Formen kennenlernen.

## MERKSATZ

Die Konzeption von Fröbel ist gekennzeichnet durch die Freiheit und Selbstbestimmung des Menschen. Sie wird durch seine Materialien gefördert.

## AUFGABEN

1. *Erkundigen Sie sich in verschiedenen Kindergärten nach der Nutzung des Fröbel'schen Materials und den gemachten Erfahrungen damit.*
2. *Stellen Sie fest, inwieweit die Aussagen Fröbels über das kindliche Spiel auch heute noch von Bedeutung und Grundlage für Konzepte sind.*

### 10.1.2 Konzeption der Montessori-Kindergärten

## AUFGABE

*Versuchen Sie, wichtige Informationen über das Leben von Maria Montessori in Erfahrung zu bringen.*

Weltweit gibt es Kindergärten, die das Konzept der italienischen Ärztin Maria Montessori umsetzen.

Montessori setzte sich für eine **Erziehung ohne Zwang** ein und lehnte Belohnungen und Strafen ab, da sie zur **Unterdrückung des Kindes** führen würden. Sie betonte, dass sich die Erziehung der Kinder nicht auf philosophischen Spekulationen verlassen dürfe, sondern sich bemühen müsse, ihre Erfahrungen und Experimente wissenschaftlich zu begründen.

**Träger** der Montessori-Kindergärten können die **Kommunen, Wohlfahrtsverbände oder die Kirchen** sein.

Die pädagogische Arbeit von Maria Montessori beginnt mit der **Einrichtung so genannter Kinderhäuser**. Wichtig ist für sie, dass alle Einrichtungsgegenstände kindlichen Proportionen entsprechen und auf die Bedürfnisse des Kindes abgestimmt sind. So richtet sie ihre Kinderhäuser mit kleinen Tischen und Stühlen ein, mit niedrigen Waschbänken, die es Kindern erlauben, häusliche Verrichtungen selbst zu tun. Vorher gab es nur Tische und Stühle, die stabil sein mussten.

**Disziplin heißt nun nicht, still sitzen und ruhig sein, sondern mit Geschicklichkeit und Rücksichtnahme tätig zu werden**.

Bei ihrem Material ging Montessori davon aus, dass es nur dann gut sei, wenn das Kind es selbsttätig nutzen könne. Das **Montessori-Material** ist über den Kreis von Montessori-Kindergärten und Schulen hinaus bekannt und hat in vielen Kindergärten, Schulkindergärten und Vorklassen Eingang gefunden. Das Material ist so konzipiert, dass Kinder ihre **Fehler selbstständig finden** und **korrigieren können**. Zum Beispiel gibt es das Spiel mit den zehn kleinen Holzzylindern, deren Basis stufenweise um etwa 2 mm abnimmt und nach Größe geordnet in die entsprechenden Öffnungen in einen Block gesetzt werden müssen. Das Kind kann mit diesem Spiel selbstständig feststellen, ob es die Holzzylinder in die richtigen Öffnungen gesetzt hat.

Das Montessori-Material ist kein Spielzeug, sondern es ist **Lern- und Lehrmaterial**, mit dem das Kind selbsttätig arbeiten kann.

Bei der **intellektuellen Erziehung** legt Montessori Wert darauf, dass sie auf **einfache Art und Weise** erfolgt. Hierbei geht es darum, dass die Aufmerksamkeit des Kindes isoliert auf einen Gegenstand gerichtet wird. Der erste Schritt ist die **Namengebung eines Gegenstandes**, der zweite Schritt ist das **Bestimmen des Aussehens**. Ist das Kind nicht in der Lage, das Aussehen eines Gegenstandes zu beschreiben, dann unterbricht die Erzieherin die Anleitungsaufgabe und nimmt sie ein anderes Mal wieder auf. Wenn sie das Kind korrigieren würde, so könnte es die Verbesserung als Tadel empfinden und entmutigt werden, was Montessori ablehnt.

Bereits **vierjährige Kinder** lernen nach der Methode Montessoris **lesen und schreiben**. Mithilfe von Buchstaben aus Sandpapier können Kinder tastend die Umrisse erfassen und Wörter zusammensetzen. Da **Schreibvorübungen** gleichzeitig vorgenommen werden, können Kinder **überraschend schnell lesen und schreiben**.

Die Kombination von **Wahrnehmung und Tasten** lernte Montessori durch ihre Arbeit bei behinderten Kindern kennen. Sie veränderte diese Vorgehensweise für Kindergarten- und Schulkinder und hat damit großen Erfolg gehabt.

## DEFINITION

Die Konzeption von Montessori ist geprägt durch eine Erziehung ohne Zwang. Entscheidend ist für sie die Selbsttätigkeit des Kindes, die durch vielseitige Materialien erreicht wird.

## AUFGABEN

1. *Beschaffen Sie sich Montessori-Material und führen Sie es in Ihrer Klasse vor.*
2. *Erkundigen Sie sich nach Kindergärten, die die Montessori Konzeption umsetzen und fragen Sie nach den Erfahrungen damit.*

## 10.1.3 Konzeption der Waldorf-Pädagogik

### AUFGABE

*Versuchen Sie, zu begründen, warum Steiner besonderen Wert auf naturbelassenes Spielzeug gelegt hat.*

Zielsetzung der Waldorf-Pädagogik ist die volle Entfaltung der Persönlichkeit und nicht die bloße Wissensvermittlung.

Rudolf Steiner, Gründer der anthroposophischen Bewegung, hat in seinen Vorträgen und Schriften die **theoretischen Grundlagen** seiner **Konzeption formuliert**. Eine Gelegenheit zur praktischen Umsetzung ergab sich aber erst 1919, als er die Leitung der von Emil Molt, Inhaber der Waldorf-Astoria-Zigarettenfabrik, gegründete Waldorfschule übernahm. Die erste Waldorfschule hatte noch keinen Kindergarten, was vorwiegend finanzielle Gründe hatte und von Steiner außerordentlich bedauert wurde.

In der Regel ist ein **Verein Träger** von Waldorfkindergärten oder es sind **Privatpersonen.**

Der Menschenkunde von Steiner liegt ein **dreigliedriges Menschenbild** zugrunde: **Leib, Seele und Geist**. Die Entwicklung der Menschen vollziehe sich in drei mal drei Siebenjahresstufen, in denen ein Schwerpunkt der Entwicklung auf der Entfaltung der leiblichen, seelischen und geistigen Anlage des Menschen liege. Die leibliche Entwicklung, das Erziehungsalter, umfasst die drei Jahrsiebente mit den Übergängen Schulreife (Zahnwechsel), Erdenreife (Pubertät), Lebens- und Schicksalsreife (Mündigkeit).

Die **seelische Reife** wird mit der **Entfaltung der Empfindungsseele**, der **Verstandes- und Gemütskräfte** und der **Bewusstseinskraft im Jahrsiebt** der **Lebensmitte entwickelt**. Die Entwicklung der geistigen Kräfte wird wiederum bis ins Pensionsalter in drei Stufen untergliedert. Die Bedeutung des **ersten Jahrsiebents** liegt für die Erzieherin darin, dass alle über die **Sinne vermittelten Eindrücke einverleibt** werden durch das nachahmende, im Spiel tätig werdende Lernen, weil der Leib als Instrument der Seele und des Geistes gesund heranwachsen soll. Seele und Geist sind vorhanden, aber entfalten sich über die **Selbstfindung in der Kindheit und Jugend** erst nach und nach. Was in der frühen Kindheit erfahren wird, hat seine Bedeutung für den ganzen Lebenslauf.

Dem Spiel misst Steiner für die Entwicklung der Intelligenz und des Gefühls große Bedeutung bei, und deshalb ist die **Spielförderung** eines der wichtigsten Anliegen der Waldorfpädagogik und muss vorrangig bei der Erstellung eines Konzeptes berücksichtigt werden. Die Waldorfpädagogik betrachtet das **Spiel als Nachahmung täglicher Erlebnisse**, und zwar sich in ständig wandelnder, Neues entdeckender Weise und ohne von einem Zweck bestimmt zu sein. Die Waldorfpädagogik geht davon aus, dass die **Kinder** einen **Nachahmungstrieb** haben, wobei sie nicht nur die Handlungen Erwachsener, sondern auch ihre **Stimmungen, Gefühle und Einstellungen** nachahmen. Daher ist es wichtig, dass **Erwachsene** dem Kind ein **Vorbild** sind.

Entsprechend der Auffassung, dass in der ersten Lebensphase die **Außenwelt** auf das Kind einwirkt und das Kind prägt, wird der **Gestaltung der äußeren Gegebenheiten** große Bedeutung beigemessen. Die Umgebung des Kindes soll „gesundend, harmonisierend und förderlich" gestaltet sein. Große Bedeutung hat das Ohr, besonders beim Hören der Stimme der Mutter.

Bei der Herstellung des Spielzeugs für den Waldorfkindergarten wird größter Wert auf die Qualität des Materials gelegt, das auf jeden Fall

Abb. Nühs

aus organischen Stoffen gefertigt werden muss. Gegenstände aus dem organischen Bereich bleiben naturbelassen oder wenig geformt. Plastikspielzeug wird grundsätzlich abgelehnt, da der Tastsinn keine Anregung findet. Vorgefertigtes Spielzeug wird ebenfalls abgelehnt, weil es das produktive, problemlösende Lernen nicht genügend fördert.

Wichtigstes Ziel der Waldorfpädagogik ist die **Anregung der Vorstellungskraft**, der Fantasie des Kindes. Deshalb sollen die Gegenstände nur andeutungsweise realistisch und naturgetreu gestaltet werden. Die **Puppe** ist nicht nur ein Spielzeug für Mädchen, sondern für beide Geschlechter notwendig, denn sie ist das **Bild des Menschen**. Sie sollte nur aus einem Tuch geknotet sein, um die Fantasie anzuregen.

## DEFINITION

Die Konzeption der Waldorfkindergärten ist auf die volle Entfaltung der Persönlichkeit des Kindes und nicht nur auf Wissensvermittlung ausgerichtet. Hilfe zur Entfaltung der eigenen Anlagen ist daher ihr wichtigstes Ziel.

## AUFGABEN

1. *Beurteilen Sie die Konzeption Rudolf Steiners hinsichtlich ihrer Einflussnahme auf das Kind.*
2. *Erklären Sie das Menschenbild Rudolf Steiners.*

## 10.1.4 Konzeption der Eltern-Kind-Gruppen

Unter dem Einfluss der **antiautoritären Kinderläden** sind im gesamten Bundesgebiet und in Berlin ungezählte **Eltern-Kind-Gruppen** entstanden. Die Ursachen für die Elterninitiativen lagen sicherlich nicht nur in der geringen Anzahl von Kindergartenplätzen, sondern auch in den von diesen Institutionen **abweichenden Erziehungsmodellen und -praktiken der aktiven Eltern**. Sie waren auch zugleich die Träger dieser Einrichtung. So unterschiedlich die einzelnen Eltern-Kind-Gruppen auch arbeiten, so ist ihnen allen gemeinsam, dass

- **Eltern in Zusammenarbeit mit den Erziehenden in den Kinderläden die Konzeption erarbeiten**,
- **sie mit den Erziehenden die familiäre Erziehung diskutieren,**
- **sie das eigene Verhalten kritisch reflektieren.**

In den Eltern-Kind-Gruppen wird die Relation von sechs bis acht Kindern pro Bezugsperson als notwendige Voraussetzung für eine nicht autoritäre Erziehung angesehen. Da die Erziehung in diesen Initiativen sich stark an den **Bedürfnissen und Interessen der Kinder orientiert,** glaubte man, dass **Programme und Pläne nicht notwendig seien**, da sie die Entfaltung der Persönlichkeit des Kindes behinderten.

Solange es die Erzieherinnen mit Kindern aus der Mittelschicht zu tun hatten, deren Fantasie und schöpferische Fähigkeiten gut entwickelt waren, konnte sich ein **Repertoire pädagogischer Angebote entwickeln.** Zusätzlich erhielten die Kinder verschiedene Materialien, z. B. Bastelmaterial, Orff-Instrumente und Malutensilien, um ihre Kreativität anzuregen.

Im Bereich des **sozialen Lernens** ging es darum, dass die Kinder bereits im Vorschulalter ihre Umwelt kennenlernen und für soziale Probleme sensibilisiert werden sollten, etwa durch die Besichtigung von Stadtvierteln unterschiedlicher sozialer Struktur.

Die Nachteile dieser Arbeitsweise **ohne einen Gesamtplan** liegen auf der Hand**:**

- Weder die Bezugsperson noch die Eltern haben einen genauen Überblick darüber, welche **Lernprozesse und Erfahrungen** Kinder im Verlauf der Erziehung im Kinderladen machen.

Abb. Aktionskreis Kritischer Kindergarten e. V.

- Wenn die Erzieherinnen überwiegend den spontanen Einfällen der Kinder folgen, dann bleibt die **pädagogische Arbeit** im Kinderladen **unverbindlich und zufällig**.
- Der hohe Anspruch, die **pädagogische Arbeit** ständig zu **reflektieren**, kann nicht immer aus **organisatorischen Gründen eingelöst werden.**
- **Langfristig zu planende** Lernprozesse können **nicht eingeleitet werden.**
- Kinder aus **anregungsärmerem häuslichen Milieu** bekommen **keine strukturierten Lernprozesse angeboten.**

In Eltern-Kind-Gruppen, die in Arbeitervierteln entstanden waren, musste das Konzept abgewandelt werden.

## MERKSATZ

Die Konzeption der antiautoritären Kinderläden funktioniert in Gegenden mit Kindern, die fantasiebegabt sind, gut. Anders sieht es mit Kindern aus einem anregungsärmeren häuslichen Milieu aus. Dort fehlen die entsprechenden Anregungen.

## AUFGABEN

1. *Tragen Sie die Vor- und Nachteile der Konzeption von Kinderläden zusammen.*
2. *Beurteilen Sie die Vorgehensweise hinsichtlich der Vorbereitung auf die Schule.*

## 10.1.5 Konzeption des situationsorientierten Lernens

Von 1971 bis 1976 wurde die **Konzeption des situationsorientierten Lernens** in insgesamt elf Modellkindergärten der Länder Rheinland-Pfalz und Hessen in enger Zusammenarbeit von Wissenschaftlern, Erzieherinnen und Eltern entworfen. Im Mittelpunkt der Arbeit stand die Entwicklung des Curriculums „soziales Lernen“. In der Formulierung des Ziels hieß es: „**Die pädagogische Arbeit** steht unter dem Ziel, Kinder unterschiedlicher **sozialer Herkunft** und **Lerngeschichte** zu befähigen, in **Situationen ihres**

**gegenwärtigen und künftigen Lebens** möglichst **autonom und kompetent denken und handeln zu können**“ (AG Vorschulerziehung 1976, S. 15).

Kindergärten in freier und kommunaler Trägerschaft haben nicht ausschließlich, aber zum Teil, die Konzeption des situationsorientierten Lernens umgesetzt.

Im Sinne dieser pädagogischen Zielsetzung ist die Auswahl dessen, was als relevante Lebenssituation verstanden wird, an folgenden Kriterien gebunden:

- Die Lebenssituation soll für Kinder real erfahrbar und erfassbar sein.
- Sie soll im Rahmen pädagogischer Arbeit mit drei- bis fünfjährigen Kindern und beteiligten Erwachsenen umsetzbar sein.

Mit dieser Vorgehensweise ändert sich auch die Rolle der Erzieherin und Sozialassistentin. Sie sind nun nicht mehr die einzigen Experten des Lernprozesses, sondern es können auch die Eltern oder Fachleute von außerhalb sein. Aufgabe der Erzieherin und Sozialassistentin besteht darin, Rahmenbedingungen herzustellen, in denen das selbsttätige Lernen optimal erfolgen kann. Situationsbezogenes Lernen wird als gemeinsamer **Erfahrungs- und Kommunikationsprozess** aller Beteiligten (Lehrenden und Lernenden) gesehen. Die Erzieherin und Sozialassistentin haben nicht mehr allein die Rolle der Sachverständigen, sondern auch weitere Ex-

Abb. Nühs

perten, die in den Prozess eingebunden werden. Die Erzieherin und Sozialassistentin werden zu **Bezugspersonen.**

Der situationsorientierte Ansatz befürwortet eine **enge Verbindung zwischen dem Kindergarten und dem Gemeinwesen.** Das bedeutet, dass die vorhandenen Möglichkeiten genutzt werden sollen, um soziales Lernen in den Kindergarten hereinzuholen und auch aus dem Kindergarten herauszugehen, um Lernorte in der Nachbarschaft und der sozialen Umwelt zu entdecken. **Situationsanlässe** können **alltägliche Vorfälle** im Kindergarten, in der Familie oder im Gemeinwesen sein, z. B. Auseinandersetzungen beim gemeinsamen Spiel, wenn einer immer wieder die Regeln verletzt, oder ein Unfall auf der Straße. In der darauf folgenden Analyse müssen entweder gezielt Informationen eingeholt werden, oder aber durch einen Austausch vorhandener Informationen erfolgt die Situationsanalyse. Viele Situationen erfordern nur eine kurzfristige Reaktion.

Zu jeder der didaktischen Einheiten ist vielfältiges Material vorhanden, siehe 6.6.3.

Da der Situationsansatz als ein offenes Curriculum gestaltet ist, sollen die didaktischen Einheiten, siehe 6.6.3, je nach spezifischen Bedürfnissen eingesetzt und verändert werden.

## DEFINITION

Die Konzeption des situationsbezogenen Ansatzes möchte Kinder unterschiedlicher Herkunft und damit auch Lerngeschichte befähigen, in Situationen ihres gegenwärtigen und künftigen Lebens kompetent denken und handeln zu können.

## AUFGABEN

1. *Beschreiben Sie die Rolle der Erzieherin und Sozialassistentin bei der Konzeption der situationsbezogenen Vorgehensweise.*
2. *Nennen Sie Vorteile, die die Öffnung nach außen, zum sozialen Umfeld, hat.*
3. *Tragen Sie Beispiele für den situationsbezogenen Ansatz zusammen.*

### 10.1.6 Interkulturelle Konzeption

In den letzten Jahren sind zwei konkurrierende Konzeptionen für Kindergärten mit einem hohen Ausländeranteil vorgestellt und diskutiert worden:

- Die multinationale oder multikulturelle Konzeption,
- die bilinguale-bikulturelle Konzeption.

Die **bilinguale-bikulturelle Konzeption** (entwickelt von Staatsinstitut für Frühpädagogik unter der Leitung von Direktor Wassilios Fthenakis) geht davon aus, dass die Frage der Rückkehr für ausländische Familien offen sei, wenn auch anzunehmen sei, dass etwa die Hälfte der Familien in Deutschland bleibt. Die daraus abgeleitete Zielvorstellung ist folglich, dass sich das **Kind im Gastland integrieren** soll, dass es aber auch mit **Sprache und Kultur des Herkunftslandes der Eltern** so weit **vertraut** gemacht werden muss, damit die **spätere Rückkehr in das Herkunftsland** möglich ist.

Die Kindergartengruppen sollen deutsche und ausländische Kinder einer Nationalität umfassen und von einer deutschen und einer ausländischen Erzieherin bzw. Sozialassistentin gemeinsam betreut werden. Aufgabe der ausländischen Erzieherin bzw. Sozialassistentin ist die **Förderung der Muttersprache und die Vermittlung der Bräuche aus der ethnischen Kultur.**

Einwände und Kritik beziehen sich in erster Linie auf die Machbarkeit dieses Modells, denn in der Realität haben sich um die Kindergärten herum multikulturelle Gruppen entwickelt. Bei

Abb. Thiele

der Umsetzung der Konzeption befürchtet man, dass

- zusätzliche Kosten für die Einstellung einer ausländischen Erzieherin bzw. Sozialassistentin entstehen,
- eine Abspaltung in nationale Gruppen und damit eine weitere Isolierung der ausländischen Kinder erfolgt.

In der Realität hat sich in den letzten Jahren eine **multinationale Zusammensetzung** in vielen Kindergärten, vor allem in Ganztagseinrichtungen, ergeben. Aufgrund dieser Situation sind von vielen Einrichtungen und Trägern **pädagogische Konzeptionen der multikulturellen Erziehung** entwickelt worden. Ausgangspunkt ist hierbei die Erkenntnis, dass in Deutschland Menschen unterschiedlicher Herkunft und Sprache leben und alle lernen müssen, unter Anerkennung der jeweils spezifischen kulturellen Identität miteinander zu leben. Ausländische Kinder sollen nicht einseitig an deutsche Verhältnisse angepasst werden, sondern deutsche Kinder sollen ebenfalls Kenntnisse über das Leben der ausländischen Kinder erhalten. Wichtigstes Mittel der **Integration** ist nach dieser Konzeption die **Förderung der deutschen Sprache**, wobei die Förderung der Muttersprache der Familie überlassen bleibt. Die **Sprachförderung** im Kindergarten ist in **Spielaktivitäten** eingebettet. Zur Wahrung der kulturellen Identität sollen auch nationale Feste im Kindergarten gefeiert werden.

## MERKSATZ

Die multinationale oder multikulturelle Konzeption wird heute verstärkt in den Kindergärten umgesetzt, obwohl die bilinguale-bikulturelle Konzeption ausländischen Kindern zusätzlich Kenntnisse über das Herkunftsland ihrer Eltern vermitteln würde. Bei der bilingualen-bikulturellen Konzeption wird die Abspaltung in nationale Gruppen und weitere Isolierung ausländischer Kinder befürchtet.

## AUFGABEN

1. *Entwickeln Sie einen Fragebogen, mit dem Sie eine Abfrage in den Kindergärten Ihrer Region starten. In dem Fragebogen erkundigen Sie sich nach der Zahl und dem Herkunftsland ausländischer Kinder sowie nach der Konzeption ihrer Integration.*
2. *Erkundigen Sie sich gleichzeitig nach der Zahl ausländischer bzw. inländischer Erzieherinnen und Sozialassistentinnen der zweiten bzw. der dritten Generation und deren Einfluss auf die ausländischen Kinder.*

### 10.1.7 Strukturelemente von Konzeptionen

## FALLBEISPIEL

Die Erzieherinnen Claudia M. und Doris K. sitzen mit den Sozialassistentinnen Simone M. und Steffi S. im Arbeitszimmer ihrer Leiterin Tanja P. zusammen. Die Leiterin teilt ihren Kolleginnen mit, dass sie den Auftrag haben, eine Konzeption für ihren DRK- Kindergarten in G. zu erarbeiten. Die Kolleginnen reagieren nicht besonders erfreut über diesen zusätzlichen Arbeitsauftrag. Sie finden, dass sie schon genug mit den Kindern zu tun haben und an einer Konzeption nicht besonders interessiert sind. Beruhigend ist es für sie zu hören, als ihre Leiterin ihnen sagt, dass man die zu erstellende Konzeption mit der täglichen Arbeit im Kindergarten verbinden könne. „Dann sieht alles schon etwas besser aus", meint schließlich Claudia M. „Heute sollten wir die Strukturelemente (Bausteine) zusammenstellen und danach erfolgt die Konzeption", meint schließlich die Leiterin Tanja P. Gesagt, getan! Schon nach kurzer Zeit sind die ersten Strukturelemente aufgeschrieben.

Unter „Struktur" ist Aufbau bzw. Gefüge zu verstehen, während Element ein nicht weiter auflösbarer Grundbestandteil ist.

Grundlage einer Konzeption ist das **Festlegen von Strukturelementen** über die **äußeren und inneren Bedingungen** einer pädagogischen Institution, z. B. einer Kindertagesstätte. Das Festlegen der Strukturelemente ist immer mit einer **Analyse der gegenwärtigen Situation** verbunden. Der nachfolgende Aufbau einer Planungsstruktur ist als Beispiel gedacht und eignet sich zur systematischen Erarbeitung eines Konzeptes. Anhand der einzelnen Strukturelemente können sich Erzieherinnen und Sozialassistentinnen mit ihrer Praxis, ihren Einschätzungen und ihren Veränderungswünschen auseinandersetzen. Die **Strukturelemente**, die durch **Leitfragen** ergänzt werden, dienen der Annäherung an ein Thema, das in Einzelarbeit, Kleingruppen oder in der Gesamtgruppe erarbeitet und diskutiert werden kann. Wenn Konsens über die Inhalte besteht, kann an dem nächsten weitergearbeitet werden. In jedem Abschnitt sind die nachfolgenden didaktischen Schritte enthalten:

**Informieren, Planen, Entscheiden, Ausführen, Kontrollieren, Auswerten, Reflektieren**.

Das Protokollieren und Dokumentieren der Arbeitsergebnisse in den einzelnen Einheiten erlichtert das Entwickeln und Schreiben des Konzeptes.

1. **Strukturelement: Lebenssituation der Kinder:**
   - Welche Fragen, Probleme und Lebensthemen beschäftigen Kinder besonders?
   - Wie kann die Kindertagesstätte darauf reagieren?
2. **Strukturelement: Gestaltung des Tagesablaufs:**
   - Stimmen die Ziele der Tageseinrichtung mit dem Tagesablauf überein?
   - Herausarbeiten klärungsbedürftiger Themen, Erarbeiten weiterer Tagesabläufe.
3. **Strukturelement: Spielen und Lernen:**
   - Wie lernen die Kinder aus ihrer Sicht im Kindergarten?
   - Was lernen die Kinder im Kindergarten und wie gestalten die Erzieherinnen und Sozialassistentinnen diese Lernprozesse?
   - Welche Bedeutung hat das Freispiel?
   - Wie werden die Kinder auf die Schule vorbereitet?
4. **Strukturelement: Regeln:**
   - Welche Bedeutung haben Regeln?
   - Welche gemeinsamen Regeln gibt es?
   - Wann entstehen Unsicherheiten und Spannungen in Bezug auf Regeln?
5. **Strukturelement: Erzieherinnen und Sozialassistentinnen:**
   - Wie sehen Erzieherinnen und Sozialassistentinnen ihre Rollen und Aufgaben?
6. **Strukturelement: Zusammenarbeit mit den Eltern:**
   - Wie werden die Erwartungen, Bedürfnisse und Lebenslagen der Eltern berücksichtigt?
   - Welche Formen der Zusammenarbeit gibt es mit den Eltern?
   - Welche Möglichkeiten der Elternmitwirkung gibt es?
7. **Strukturelement: Zusammenarbeit im Team:**
   - Welche Bedeutung hat die Zusammenarbeit im Team?
   - Welche Kommunikationsmöglichkeiten gibt es und wie werden diese genutzt?
8. **Strukturelement: Zusammenarbeit mit dem Träger:**
   - Wie gestaltet sich die Zusammenarbeit mit dem Träger?
   - Was muss verbessert werden?
9. **Strukturelement: Erwartungen an das Konzept:**
   - Welche Vorstellungen haben die einzelnen von ihrem Konzept?
   - Wer soll damit angesprochen werden?
   - Was soll es vermitteln?
   - Wie soll es aussehen?
   - Wie soll es geschrieben werden?
10. **Strukturelement: Erarbeiten des Konzeptes:**
    - Was soll im Konzept stehen?
    - Welche Themen müssen vorrangig bearbeitet werden?
    - Wie soll es gegliedert werden?

Die **Strukturelemente** sind **komplex** und ihre Erarbeitung braucht Zeit. Manche Elemente können zu Konflikten im Team führen. Kontroversen sind nicht in jedem Fall negativ zu bewerten, sondern sie können den Prozess beleben und zu einer positiven Weiterarbeit führen. Wesentlich bei diesen Auseinandersetzungen ist, dass sich die Diskussion an den alltäglichen Erfahrungen orientiert.

## MERKSATZ

Grundlage eines Konzeptes ist das Festlegen von Strukturelementen, die mit der Planung der gegenwärtigen und Festlegen der zukünftigen Situation verbunden werden.

## AUFGABEN

1. *Überprüfen Sie die Strukturelemente hinsichtlich ihrer Vollständigkeit.*
2. *Halten Sie sie für hilfreich?*
3. *Erklären Sie den Begriff „Strukturelement" vom Wort her.*

### 10.1.8 Konzeptionsentwicklung

## AUFGABE

*Berichten Sie über Ihre Erfahrungen bei der Erstellung eines Konzeptes.*

Das Erstellen einer Konzeption hat für die Kindertagesstätte eine erhebliche Bedeutung (siehe 8.5.2). Für die Zusammenarbeit der einzelnen Mitarbeiterinnen beinhaltet sie:

- einen Verständigungsprozess,
- die Einigung auf pädagogische Grundaussagen,
- die Erarbeitung einer gemeinsamen Vorgehensweise.

Wenn ein Team eine pädagogische Konzeption erarbeiten möchte, sollte es zunächst die Frage klären, ob es **Hilfe von außen** benötigt. Dies wird nötig sein,

- wenn das Team im Diskurs um pädagogische Themen noch ungeübt ist,
- wenn Auseinandersetzungen als gefährdend für die Teamstabilität empfunden werden können,
- wenn die Meinung besteht, Anregungen und Unterstützung Dritter könnten das Team bereichern,
- wenn die Leiterin die Verantwortung für die Durchführung des Prozesses delegieren möchte, um selbst aktiv an den Diskussionen teilnehmen zu können.

Eine Hilfe von außen erübrigt sich, wenn ein **Teammitglied** bereit ist, die **Aufgaben- und Verantwortungsbereiche zu übernehmen**. Wichtig ist, dass die Erzieherinnen und Sozialassistentinnen in der Lage sind, über **Differenzen offen zu sprechen** und dass sie Mut und Lust haben, sich **gemeinsam auf das „Experiment einer Konzeptionsentwicklung" einzulassen**. Widersprüche und Brüche des alltäglichen Handelns werden deutlich im kommunikativen Prozess (Kommunikation: Verbindung, Verständigung) des Miteinanders von Kindern und Erwachsenen. Die daraus entstehenden Verhandlungen und Einigungen brauchen Motivation, Zuversicht und Kreativität, um Neues zu entwickeln. Vor allem ist Zeit und Geduld bei der Konzeptionsentwicklung erforderlich.

#### Methode

Methodisch ist es sinnvoll, sich an der Didaktik der sozialpädagogischen Praxis zu orientieren. Hierbei steht vor allem die zielgerichtete Gestaltung von Lernprozessen im Vordergrund, die vom Erfahrungslernen ausgeht.

Die Arbeitsschritte **Analysieren, Planen, Reflektieren** sind für die Planung und Gestaltung einer Konzeptentwicklung **unumgänglich**.

Die **Situationsanalyse** entsteht aus dem Zusammentragen und **Beschreiben von Bedingungen in der Kindertagesstätte, dem Umfeld und der Umwelt der Familien und ihrer Kinder**. Diese können sein:

- Beobachtungen der Fachkräfte in Bezug auf einzelne Kinder oder Gruppen,
- persönliche Wahrnehmungen der Erzieherinnen und Sozialassistentinnen im Alltag,
- Erfahrungen der Erzieherinnen und Sozialassistentinnen in der Zusammenarbeit mit Kindern und Eltern,

Abb. MEV

- Veränderungen in der Kindertagesstätte oder in ihrem Umfeld,
- Veränderungen von Lebenssituationen der Familien.

Die Auswertung der **Situationsanalyse** bietet die Grundlage, die **bisherige sozialpädagogische Praxis zu überprüfen.** Aus den Folgerungen lassen sich Ziele und mögliche Veränderungen entwickeln. Eine Prioritätensetzung wird dann erforderlich, wenn bei der Analyse mehrere Themen gründlicher bearbeitet werden müssten. Die Planungsschritte orientieren sich:

- an der Ausgangslage,
- an dem Ziel,
- an den beteiligten Personen.

Die beteiligten Personen haben die **vorhandenen Strukturen, den Zeitrahmen und die finanziellen und personellen Ressourcen** zu berücksichtigen. Sie legen die Vorgehensweise und die Inhalte fest. Zusätzlich sollten sie sich die nachfolgenden Fragen stellen:

- Welche Erwartungen sind mit der Konzeption verknüpft?
- Wer soll die Verantwortung für die Durchführung übernehmen?
- Wann soll die Konzeption fertig sein?
- Welche Kosten entstehen?
- In welcher Form soll die Konzeption erarbeitet werden (als Seminar, nach der Arbeit …)?

Der Träger der Einrichtung sollte ein Interesse an einer Konzeptionserarbeitung haben und den geeigneten Rahmen zur Verfügung stellen. Manchmal fordern die Träger sogar die Erarbeitung einer Konzeption, um festzustellen, ob alle Ressourcen genutzt werden. Die Information von Eltern und Kinder ist sinnvoll und besonders dann dringend erforderlich, wenn Schließzeiten der Einrichtung vorgesehen sind. Im weiteren Verlauf ist zu klären, welcher Zeitpunkt für einen Dialog mit den Eltern und dem Träger geeignet ist.

Die konkrete Planung für die Durchführung obliegt den dafür Verantwortlichen. Eine Planung kann nur dann erfolgreich realisiert werden, wenn sie

- eng an den Fragestellungen der Beteiligten orientiert ist,
- die einzelnen Arbeitsschritte nachvollziehbar aufeinander aufbaut,
- möglichst konkret und operativ ist,
- die Dynamik im Gruppenprozess berücksichtigt,
- veränderbar und offen für Überraschungen ist,
- die Konzeption im Gesamtzusammenhang berücksichtigt,
- dem Ziel der Gruppe folgt.

Grundlage der Konzeption ist, wie schon erwähnt, die **Situationsanalyse der äußeren und inneren Bedingungen** der pädagogischen Institution bzw. der Kindertagesstätte, auf deren Basis die bisherige Praxis reflektiert und, wenn nötig, neu gestaltet wird. Anhand der **Strukturelemente** (siehe 10.1.7) können sich die Erzieherinnen und Sozialassistentinnen mit ihrer Praxis, ihren Einschätzungen und ihren Veränderungswünschen auseinandersetzen.

## Konzeptentwicklung: Ein fortlaufender Prozess

Pädagogische Praxis ist ein **kommunikativer Prozess**, der in der **Interaktion der Beteiligten** entsteht und sich ständig verändert. Im **komplexen Beziehungsgeschehen** von Gruppen haben alle Beteiligten, Kinder wie Erwachsene, Gelegenheit, **ihre Interessen, Vorlieben und Fähigkeiten** zu entdecken und zu verfolgen. Im gegenseitigen Aushandeln und im Austausch darüber, was dem Einzelnen wichtig ist, profitiert jeder davon, wie die anderen ihn wahrnehmen und welche Bedeutung er für die Gruppe hat. In der Initiierung gemeinsamer Lernprozesse können sich alle beteiligten Erzieherinnen, Sozialassistentinnen und weitere am Prozess beteiligte Personen entwickeln und individuelle Fähigkeiten erwerben. Im gegenseitigen Lernprozess, in dem alle Beteiligten offen ihre Meinung äußern können, wächst das Verständnis für den anderen.

Der ständige Wechsel im Beziehungsgefüge des pädagogischen Alltags erfordert eine kontinuierliche Reflexion. Deshalb ist die Entwicklung einer Konzeption nie wirklich abgeschlossen. **Gute pädagogische Praxis** zeichnet sich dadurch aus, dass sie bei **gleichzeitiger Stabilität flexibel genug ist**, auf **Veränderungen zu reagieren** und kreativ damit umzugehen.

Neue Ideen und Anregungen sollten immer in das Konzept mit einbezogen werden.

## MERKSATZ

Grundlage einer Konzeption ist die Situationsanalyse der äußeren und inneren Bedingungen der pädagogischen Institution bzw. der Kindertagesstätte. Auf dieser Basis wird die bisherige Praxis reflektiert und, wenn nötig, neu gestaltet.

## AUFGABEN

1. *Nennen Sie Vorteile, die Sie haben, wenn Sie sich an der Erarbeitung einer Konzeption beteiligen.*
2. *Neben der pädagogischen Planung sind die Organisations- und Kommunikationsstrukturen wesentlich für das Verstehen und die Gestaltung von pädagogischen Handlungsfeldern. Begründen Sie diese Aussage.*

## 10.2 Rechtliche Grundlagen

Rechtliche Grundlagen sind festgelegt im Kindertagesstättengesetz (KiTaG), in den Rechten und Pflichten von Eltern (GG, BGB) und im Kinder- und Jugendhilfegesetz (KJHG).

### 10.2.1 Kindertagesstättengesetz (KiTaG)

**vom 15. März 1991 (GVBl. S. 79), zuletzt geändert durch Artikel 1 des Gesetzes vom 12.06.2007 (GVBl. S. 82), BS 216–10**

#### Erster Abschnitt

Allgemeine Bestimmungen

**§ 1 Förderung der Erziehung in Kindertagesstätten und in Kindertagespflege**

(1) Es ist Aufgabe der Kinder- und Jugendhilfe, in Ergänzung und Unterstützung der Erziehung in der Familie durch Angebote in Kindergärten, Horten, Krippen und anderen Tageseinrichtungen für Kinder (Kindertagesstätten) sowie in Kindertagespflege die Entwicklung von Kindern zu eigenverantwortlichen und gemeinschaftsfähigen Menschen zu fördern. Der Förderauftrag umfasst Erziehung, Bildung und Betreuung des Kindes. Die örtlichen Träger der öffentlichen Jugendhilfe gewährleisten die Erfüllung dieser Aufgabe als Pflichtaufgabe der Selbstverwaltung nach Maßgabe der folgenden Bestimmungen.

(2) Kindergärten sind allgemeine Erziehungs- und Bildungseinrichtungen vorwiegend für Kinder vom vollendeten dritten Lebensjahr bis zum Schuleintritt. Sie sollen bei Bedarf die Voraussetzungen dafür schaffen, dass auch Kinder anderer Altersgruppen aufgenommen werden können (altersgemischte Gruppen); dies gilt insbesondere für Kinder ab dem vollendeten zweiten Lebensjahr.

(3) Horte sind Tageseinrichtungen für Schulkinder.

(4) Krippen sind Einrichtungen zur Betreuung und Förderung von Kindern bis zum vollendeten dritten Lebensjahr.

(5) Kindertagespflege wird von einer geeigneten Tagespflegeperson in ihrem Haushalt oder im Haushalt der oder des Personensorgeberechtigten geleistet. Soweit die sonstigen Voraussetzungen vorliegen, können von einer Tagespflegeperson bis zu fünf Kinder in Kindertagespflege betreut werden.

(6) Über die notwendige Tagesbetreuung in Kindergärten, Horten, Krippen oder Kindertagespflege hinaus, können andere geeignete Tageseinrichtungen zur Verfügung stehen.

**§ 2 Grundsätze der Erziehung, Bildung und Betreuung in Kindertagesstätten**

(1) Kindertagesstätten sollen die Gesamtentwicklung des Kindes fördern und durch allgemeine und gezielte erzieherische Hilfen und Bildungsangebote sowie durch differenzierte Erziehungsarbeit die körperliche, geistige und seelische Entwicklung des Kindes anregen, seine Gemeinschaftsfähigkeit fördern und soziale Benachteiligungen möglichst ausgleichen. Hierzu ist die Beobachtung und Dokumentation der kindlichen Entwicklungsprozesse unter Beachtung der trägerspezifischen Konzeption und des Datenschutzes erforderlich. Diese sind zugleich Grundlage für Entwicklungsgespräche mit den Eltern.

(2) Die Tagesbetreuung von Kindern soll sich an den Bedürfnissen der Kinder und ihrer Familien orientieren. Kindertagesstätten sollen mit den Eltern oder sonstigen Erziehungsberechtigten bei der Erziehung des Kindes zusammenarbeiten und mit ihnen erzieherische Probleme und Bedürfnisse des Kindes erörtern. Sie sollen auf Inanspruchnahme notwendiger Hilfen auch in Fällen von Gewalt gegen Kinder oder sexuellem Missbrauch hinwirken.

(3) Kindertagesstätten haben auch die Aufgabe, bei der Früherkennung von Entwicklungsrückständen und Behinderungen mitzuwirken. Für die gemeinsame Erziehung behinderter und nicht behinderter Kinder soll eine ausreichende Anzahl geeigneter Plätze in Kindertagesstätten vorhanden sein; die Plätze sollen auch entsprechend den allgemein anerkannten Regeln der Technik so weit wie möglichbarrierefrei im Sinne des § 2 Abs. 3 des Landesgesetzes zur Gleichstellung behinderter Menschen gestaltet sein.

**§ 2a Übergang zur Grundschule**

(1) Der Kindergarten soll in dem Jahr, welches der Schulpflicht unmittelbar vorausgeht, möglichst von allen Kindern besucht werden. Hierauf wirken die Träger der öffentlichen Jugendhilfe hin.

(2) In diesem Kindergartenjahr wird nach Maßgabe der jeweiligen Konzeption insbesondere der Übergang zur Grundschule vorbereitet und über die allgemeine Förderung nach § 2 hinaus die Sprachentwicklung der Kinder beobachtet und durch gezielte Bildungsangebote gefördert.

(3) Die Kindergärten arbeiten mit den Grundschulen zur Information und Abstimmung ihrer jeweiligen Bildungskonzepte zusammen. Hierzu werden geeignete Kooperationsformen, wie Arbeitsgemeinschaften, gegenseitige Hospitationen und gemeinsame Fortbildungen, zwischen Kindergärten und Grundschulen vereinbart.

**§ 3 Mitwirkung der Eltern**

(1) Die Eltern und sonstigen Erziehungsberechtigten der die Kindertagesstätte besuchenden Kinder wirken durch die Elternversammlung und den Elternausschuss an der Erziehungs- und Bildungsarbeit der Kindertagesstätte mit.

(2) Die Elternversammlung besteht aus den Eltern und sonstigen Erziehungsberechtigten der die Kindertagesstätte besuchenden Kinder. Sie erörtert grundsätzliche, die Kindertagesstätte betreffende Fragen und wählt den Elternausschuss.

(3) Der Elternausschuss hat die Aufgabe, den Träger und die Leitung der Kindertagesstätte zu beraten; er gibt Anregungen für die Gestaltung und Organisation der Arbeit der Kindertagesstätte. Er ist vor wesentlichen Entscheidungen zu hören.

(4) Elternausschüsse können sich örtlich und überörtlich sowie landesweit zusammenschließen; sie werden hierbei von den örtlichen und überörtlichen Trägern der Jugendhilfe unterstützt.

**§ 4 Öffnungszeiten**

Die Öffnungszeiten der Kindertagesstätten sind vom Träger unter Berücksichtigung des Wohls der Kinder festzulegen. Den Bedürfnissen insbesondere erwerbstätiger Eltern ist nach Möglichkeit Rechnung zu tragen.

## Zweiter Abschnitt

Angebote der Tagesbetreuung

**§ 5 Erziehung im Kindergarten**

(1) Kinder haben vom vollendeten dritten [1] Lebensjahr bis zum Schuleintritt Anspruch auf Erziehung, im Kindergarten. Das Jugendamt hat zu gewährleisten, dass für jedes Kind ein Kindergartenplatz in zumutbarer Entfernung zur Verfügung steht.

(2) Die Verpflichtung nach Absatz 1 erstreckt sich auf ein Angebot vor- und nachmittags. Den Wünschen der Eltern nach Angeboten, die auch eine Betreuung über Mittag mit Mittagessen einschließen, soll Rechnung getragen werden.

**§ 6 Tagesbetreuung von Schulkindern**

Soweit eine durchgehende Betreuung von Schulkindern bis zum vollendeten 14. Lebensjahr nicht im Rahmen der Schule erfolgt, soll das Jugendamt eine bedarfsgerechte Bereitstellung von Plätzen in Horten, in anderen für diese Altersgruppe geeigneten Kindertagesstätten oder in Kindertagespflege gewährleisten.

**§ 7 Tagesbetreuung von Kleinkindern**

Für eine Betreuung von Kindern, die noch keinen Anspruch auf Aufnahme in einen Kindergarten haben, soll das Jugendamt die bedarfsgerechte Bereitstellung von Plätzen in für diese Altersgruppe geeigneten Kindertagesstätten oder in Kindertagespflege gewährleisten.

**§ 8 Modelleinrichtungen**

Das fachlich zuständige Ministerium kann mit dem Träger einer Kindertagesstätte Vereinbarungen über die Erprobung pädagogischer und anderer Modelle treffen. Für Modelleinrichtungen kann das Land die Personalkosten bis zur vollen Höhe übernehmen.

## Dritter Abschnitt

Planung und Sicherstellung

**§ 9 Planung und Sicherstellung**

(1) Das Jugendamt gewährleistet, dass in seinem Bezirk die nach den Bestimmungen der §§ 5 bis 7 erforderlichen Kindertagesstätten zur Verfügung stehen. Es legt im Benehmen mit der Schulbehörde in einem Bedarfsplan fest, in welchen Gemeinden und in welcher Art, Anzahl und Größe Kindertagesstätten unter Berücksichtigung voraussehbarer Entwicklungen vorhanden sein müssen; im Bedarfsplan soll auch bestimmt werden, an welchen Standorten neue Plätze einzurichten sind und wie dem Bedarf an für eine gemeinsame Erziehung behinderter und nicht behinderter Kinder geeigneten Plätzen Rechnung zu tragen ist. Auf die Standorte der Schulen ist Rücksicht zu nehmen. Der Bedarfsplan ist jährlich fortzuschreiben.

(2) Durch Anzahl und Standort der Kindergärten muss sichergestellt sein, dass für jedes Kind zur Erfüllung des Anspruchs nach § 5 ein Platz in einem Kindergarten zur Verfügung steht, der ohne lange Wege oder Anfahrten besucht werden kann. In allen Gemeinden sollen deshalb Kindergärten vorgesehen werden, soweit dies nach Anzahl der Kinder möglich ist.

(3) Im Bedarfsplan sind Plätze in Kindergärten getrennt nach Teilzeitplätzen, die vor- und nachmittags angeboten werden, und nach Ganztagsplätzen mit Mittagessen auszuweisen. Der Bedarf an Ganztagsplätzen ist entsprechend den Bedürfnissen der Familien unter besonderer Berücksichtigung der Anliegen erwerbstätiger und in Ausbildung stehender Eltern zu ermitteln.

(4) Die Bedarfsplanung zur Erfüllung der Verpflichtungen nach §§ 6 und 7 erfolgt unter vorrangiger Berücksichtigung von Angeboten schulischer Ganztagsbetreuung und der in Kindergärten für diese Altersgruppen zur Verfügung stehenden Plätze. Den Bedürfnissen der Familien, insbesondere den Anliegen erwerbstätiger und in Ausbildung stehender Eltern soll Rechnung getragen werden.

(5) Unbeschadet der weitergehenden Rechte des Jugendhilfeausschusses nach § 71 Abs. 3 Satz 2 des Achten Buches Sozialgesetzbuch legt das Jugendamt mit seinen Vorschlägen zum Haushaltsplan eine Aufstellung der nach Absatz 1 vorgesehenen Baumaßnahmen vor. Die bereitgestellten Mittel werden nach einem Durchführungsplan verteilt.

**§ 9a Qualitätssicherung und Qualitätsentwicklung**

Die Träger der öffentlichen Jugendhilfe sollen die Qualität der Förderung in Einrichtungen, die in den Bedarfsplan aufgenommen wurden, durch geeignete Maßnahmen sicherstellen und weiterentwickeln. Diese Sicherstellungsverpflichtung gilt insbesondere für Förderangebote nach § 2 a Abs. 2.

**§ 10 Trägerschaft**

(1) Das Jugendamt wirkt darauf hin, dass die im Bedarfsplan ausgewiesenen Kindertages-

stätten durch anerkannte Träger der freien Jugendhilfe errichtet und betrieben werden. Elterinitiativen können im Bedarfsplan ausgewiesene Kindertagesstätten errichten und betreiben, wenn sie als Träger der freien Jugendhilfe anerkannt sind. Auf eine bedarfsgerechte Vielfalt von Trägern ist hinzuwirken. Der Träger muss bereit und in der Lage sein, eine bedarfsgerechte und geeignete Einrichtung zu schaffen und die erforderliche Eigenleistung zu erbringen.

(2) Findet sich kein Träger der freien Jugendhilfe für einen im Bedarfsplan vorgesehenen Kindergarten, ist die Übernahme der Trägerschaft Aufgabe der Gemeinde als Pflichtaufgabe der Selbstverwaltung. Bei anderen im Bedarfsplan vorgesehenen Kindertagesstätten soll in Landkreisen das Jugendamt die Gemeinde anregen, die Trägerschaft als freiwillige öffentliche Aufgabe zu übernehmen. Im Bedarfsfall kann die Trägerschaft von der Verbandsgemeinde oder einem Zweckverband übernommen werden.

(3) Betriebe und öffentliche Einrichtungen, die für den Bedarf ihrer Angehörigen und Mitarbeiter ein besonderes Interesse an einer standortgebundenen Kindertagesstätte haben, ohne anerkannter Träger der freien Jugendhilfe zu sein, können für deren Errichtung und Betrieb aufgrund besonderer Vereinbarung mit dem Träger des Jugendamts Förderung wie für eine im Bedarfsplan ausgewiesen Kindertagesstätte erhalten, soweit dieser dadurch an anderer Stelle von im Bedarfsplan vorgesehenen Maßnahmen entlastet wird.

(4) Betriebe und öffentliche Einrichtungen können für den Bedarf ihrer Angehörigen und Mitarbeiter mit dem Jugendamt die Belegung von Plätzen in Kindertagesstätten des Bedarfsplanes vereinbaren. Eine Vereinbarung mit Trägern von Kindertagesstätten bedarf der Genehmigung des Jugendamtes. Bestandteil der Vereinbarung ist die angemessene Beteiligung des Betriebes oder der öffentlichen Einrichtung an den Kosten des Trägers. Werden diese Belegplätze an Kinder mit einem Wohnsitz in Rheinland-Pfalz außerhalb des Jugendamtsbezirks vergeben, so kann das Jugendamt beim Land Zuweisungen zur Erstattung der von ihm anteilig getragenen Personalkosten beantragen. Dies gilt auch für Belegplätze in Einrichtungen nach Absatz 3.

**§ 11 Beförderung**

Landkreise sowie Städte mit eigenem Jugendamt haben als Pflichtaufgabe der Selbstverwaltung die Beförderung von Kindern vom vollendeten dritten Lebensjahr bis zum Schuleintritt, für die kein Platz in einem wohnungsnahen Kindergarten zur Verfügung steht und die deshalb einen Kindergarten in einer anderen Gemeinde oder in einem anderen Gemeindeteil besuchen, zu gewährleisten und die hieraus entstehenden Kosten zu tragen. Für Kinder vom vollendeten zweiten bis zum vollendeten dritten Lebensjahr können die Landkreise und Städte nach Satz 1 die Beförderung im Rahmen der vorhandenen Kapazitäten übernehmen, wenn die Erziehungsberechtigten die Aufsicht sicherstellen.

## Vierter Abschnitt

Aufbringung der Kosten

**§ 12 Personalkosten**

(1) Personalkosten der Kindertagesstätte im Sinne dieses Gesetzes sind die angemessenen Aufwendungen des Trägers der Einrichtung für

1. Vergütungen, Unterhaltsbeihilfen und Sonderleistungen nach der Vergütungsordnung des Bundesangestelltentarifvertrages (BAT) und den diesen ergänzenden, ändernden oder ersetzenden Tarifverträgen oder auf der Grundlage von vergleichbaren Vergütungsregelungen sowie das Gestellungsgeld nach Einzelverträgen,
2. Arbeitgeberanteile zur Sozialversicherung nach den gesetzlichen Bestimmungen,
3. Arbeitgeberanteile zur zusätzlichen Altersversorgung und
4. die Fortbildung und Fachberatung des Personals im Erziehungs- und Wirtschaftsdienst. Bei Mitgliedern einer religiösen Ge-

meinschaft werden die ihrer Ausbildung und Tätigkeit entsprechenden Regelungen des BAT und den diesen ergänzenden, ändernden oder ersetzenden Tarifverträgen zugrunde gelegt.

(2) Die Personalkosten der im Bedarfsplan ausgewiesenen Kindertagesstätten werden durch Elternbeiträge, Eigenleistungen des Trägers, Zuweisungen des Landes und Zuwendungen des Trägers des Jugendamts und der Gemeinden aufgebracht.

(3) Die Eigenleistung des Trägers soll

1. für Kindergärten nach § 1 Abs. 2 in kommunaler Trägerschaft in der Regel 15 v. H.,
2. für Kindergärten nach § 1 Abs. 2 in freier oder anderer Trägerschaft in der Regel 12,5 v. H.,
3. für Kindergärten mit einem Angebot nach § 1 Abs. 2 in Verbindung mit § 9 Abs. 3 Satz 2 (Ganztagsplätze mit Mittagessen) in kommunaler Trägerschaft, wenn mindestens 15 Ganztagsplätze vorgehalten werden, in der Regel 12,5 v. H.,
4. für Kindergärten mit einem Angebot nach § 1 Abs. 2 in Verbindung mit § 9 Abs. 3 Satz 2 (Ganztagsplätze mit Mittagessen) in freier oder anderer Trägerschaft, wenn mindestens 15 Ganztagsplätze vorgehalten werden, in der Regel 10 v. H.,
5. für Kindertagesstätten nach § 1 Abs. 3 und 6 in kommunaler, freier oder anderer Trägerschaft in der Regel 10 v. H.,
6. für Kindertagesstätten nach § 1 Abs. 4 in kommunaler, freier oder anderer Trägerschaft in der Regel 5 v. H. der Personalkosten decken.

Träger von Kindergärten nach § 1 Abs. 2 mit einem altersgemischten Angebot, die Gruppen für Kinder unter drei Jahren mit mindestens acht Plätzen oder Hortgruppen mit mindestens 15 Plätzen bilden könnten, werden zur Berechnung der Eigenleistung so gestellt, als hätten sie diese Gruppen gebildet. Satz 1 gilt entsprechend. Werden in altersgemischten Gruppen Plätze für mindestens drei und höchstens sechs Kinder zwischen dem vollendeten zweiten und dritten Lebensjahr geschaffen, entfällt die Eigenleistung des Trägers für das dafär zusätzlich erforderliche Personal.

(4) Das Land gewährt für Kindertagesstätten Zuweisungen an die Träger der Jugendämter, wenn die erforderlichen personellen und sachlichen Voraussetzungen erfüllt sind. Sie betragen

1. 27,5 v. H. der Personalkosten für Kindergärten nach Absatz 3 Satz 1 Nr. 1,
2. 30 v. H. der Personalkosten für Kindergärten nach Absatz 3 Satz 1 Nr. 2,
3. 30 v. H. der Personalkosten für Kindergärten nach Absatz 3 Satz 1 Nr. 3,
4. 32,5 v. H. der Personalkosten für Kindergärten nach Absatz 3 Satz 1 Nr. 4
5. 35 v. H. der Personalkosten für Kindertagesstätten nach Absatz 3 Satz 1 Nr. 5 und
6. 45 v. H. der Personalkosten für Kindertagesstätten nach Absatz 3 Satz 1 Nr. 6.

Das Land erstattet in den Fällen des Absatzes 3 Satz 4 den Trägeranteil. Das Land gewährt Zuweisungen an die Träger der Jugendämter zur Erstattung der nicht erhobenen Elternbeiträge an die Träger der Kindergärten nach § 13 Abs. 3 Satz 1 und zur Rückzahlung der Elternbeiträge an die Erziehungsberechtigten nach § 13 Abs. 3 Satz 5. Das fachlich zuständige Ministerium kann zur Erprobung neuer Finanzierungsmodelle und im Rahmen von Sonderprogrammen Abweichungen von Satz 2 mit den örtlichen Trägern der öffentlichen Jugendhilfe vereinbaren.

(5) Die durch Elternbeiträge, Eigenleistungen des Trägers und Zuweisungen des Landes nicht gedeckten Personalkosten werden durch Zuwendungen des Trägers des Jugendamtes ausgeglichen. Die im Einzugsbereich der Kindertagesstätte liegenden Gemeinden sollen sich im Rahmen ihrer Finanzkraft beteiligen; die Zuwendung des Trägers des Jugendamts vermindert sich entsprechend.

### § 12a Betreuungsbonus

(1) Werden in einer Verbandsgemeinde, einer verbandsfreien Gemeinde, einer großen kreisangehörigen oder einer kreisfreien Stadt am 31. Dezember eines Jahres mehr als 10 v. H. der zweijährigen Kinder in Kindertagesstätten nach § 1 Abs. 2, 4 oder 6 betreut, zahlt das Land einen Betreuungsbonus.

(2) Der Betreuungsbonus für jedes betreute zweijährige Kind beträgt 1 000,00 EUR. Von dieser Summe werden 70 v. H. an das Jugendamt, in dessen Bezirk die Gebietskörperschaft nach Absatz 1 liegt, gezahlt. Das Jugendamt leitet von dem Betreuungsbonus 45 v. H. an die Träger seines Bezirks nach der Zahl der durch die Einrichtungen des Trägers betreuten zweijährigen Kinder weiter. 30 v. H. werden zur Finanzierung der Landeszuweisungen nach § 12 Abs. 4 im Haushalt des Landes bereitgestellt.

(3) Werden in einer Gebietskörperschaft nach Absatz 1 am 31. Dezember eines Jahres mehr als 40 v. H. der zweijährigen Kinder in Kindertagesstätten nach § 1 Abs. 2, 4 oder 6 betreut, erhöht sich der Betreuungsbonus für jedes betreute zweijährige Kind über diesem vom Hundertsatz auf 2 050,00 EUR. Die Aufteilung der Summe erfolgt nach Absatz 2 Satz 2 bis 4.

(4) Werden in einem Jugendamtsbezirk am 31. Dezember eines Jahres insgesamt mehr als 10 v.H. der zweijährigen Kinder in Kindertagesstätten nach § 1 Abs. 2, 4 oder 6 betreut, so erhält das Jugendamt eine Bonuszahlung in Höhe von 700,00 EUR für zweijährige Kinder, die in Kindertagespflege betreut werden und für die das Jugendamt eine Geldleistung im Sinne des § 23 Abs. 2 des Achten Buches Sozialgesetzbuch gewährt. Die Zahl der in Kindertagespflege betreuten zweijährigen Kinder wird ermittelt durch Division der Summe der vom Jugendamt insgesamt gezahlten Geldleistungen nach § 23 Abs. 2 des Achten Buches Sozialgesetzbuchdurch 45 000,00 EUR.

(5) Die Betreuungsboni nach den Absätzen 1 bis 4 bleiben bei der Aufbringung der Personalkosten nach § 12 unberücksichtigt.

**§ 13 Elternbeiträge**

(1) Die Träger der im Bedarfsplan ausgewiesenen Kindertagesstätten erheben Elternbeiträge zur anteiligen Deckung der Personalkosten. Für Mittagessen wird ein gesonderter Beitrag erhoben.

(2) Das Jugendamt setzt nach Anhörung der Spitzenverbände der freien Wohlfahrtspflege für alle Kindergärten seines Bezirks die Elternbeiträge fest. Sie sind so zu bemessen, dass sie bis zu 17,5 v. H. der Personalkosten der Kindergärten im Bezirk des Jugendamts decken. Der Elternbeitrag ist für Familien mit zwei und drei Kindern nach der Zahl der Kinder zu ermäßigen, für Familien mit vier und mehr Kindern ist in der Regel kein Elternbeitrag zu erheben; maßgebend ist die Zahl der Kinder, für die die Familie Kindergeld oder vergleichbare Leistungen erhält. Bei der Festsetzung des Elternbeitrages sowie der Ermäßigung für Mehrkindfamilien kann das Einkommen berücksichtigt werden. Bei Familien mit geringem Einkommen kann in besonderen Ausnahmefällen der Elternbeitrag auch über die in § 90 Abs. 3 und 4 des Achten Buches Sozialgesetzbuch getroffene Regelung hinaus ermäßigt werden.

(3) Vom 1. September 2007 bis 31. August 2008 ist der Besuch des Kindergartens für Kinder beitragsfrei, die vor dem 1. September 2002 geboren wurden. Für Kinder, die zum Schuljahr 2008/2009 vorzeitig in die Schule aufgenommen werden, wird der Beitrag für den in Satz 1 genannten Zeitraum erstattet. Vom 1. September 2008 bis 31. August 2009 ist der Besuch des Kindergartens für Kinder beitragsfrei, die vor dem 1. September 2004 geboren wurden. Vom 1. September 2009 bis 31. Juli 2010 ist der Besuch des Kindergartens für Kinder beitragsfrei, die vor dem 1. September 2006 geboren wurden. Ab dem 1. August 2010 ist der Besuch des Kindergartens für Kinder vom vollendeten zweiten Lebensjahr an beitragsfrei.

(4) Für andere Kindertagesstätten werden die Elternbeiträge vom Jugendamt nach Anhörung der Spitzenverbände der freien Wohlfahrtspflege festgesetzt. Die Beiträge sind unter Berücksichtigung von Einkommen und Kinderzahl zu staffeln. Für Kinder vor Vollendung des zweiten Lebensjahres und für Schulkinder, die einen Kindergarten besuchen, setzt das Jugendamt die Elternbeiträge entsprechend fest. Absatz 2 Satz 5 gilt entsprechend.

**§ 14 Sachkosten**

Die laufenden Sachkosten der Kindertagesstätte sind vom Träger der Kindertagesstätte aufzubringen. Laufende Sachkosten im Sinne dieses Gesetzes sind alle Aufwendungen, die nicht Personalkosten nach § 12 Abs. 1 sind.

**§ 15 Neu- und Umbau von Kindertagesstätten**

(1) Das Jugendamt hat den Träger bei der Bau- und Finanzierungsplanung zu beraten und zu unterstützen. Es hat die für den Schutz von Kindern und Jugendlichen in Einrichtungen nach den §§ 45 bis 48 des Achten Buches Sozialgesetzbuch in Kindertagesstätten zuständige Behörde und den zuständigen Unfallversicherungsträger rechtzeitig zu beteiligen.

(2) Der Träger ist für die Aufbringung der Bau- und Ausstattungskosten einer Kindertagesstätte verantwortlich. Der Träger des Jugendamts hat sich entsprechend seiner Verantwortung für die Sicherstellung ausreichender und bedarfsgerechter Kindertagesstätten an den notwendigen Kosten angemessen zu beteiligen. Bei Kindertagesstätten freier Träger sollen die im Einzugsbereich liegenden Gemeinden entsprechend ihrer Finanzkraft zur Deckung der Kosten beitragen.

## Fünfter Abschnitt

Schlussbestimmungen

**§ 16 Ermächtigungen**

(1) Das fachlich zuständige Ministerium wird ermächtigt, durch Rechtsverordnung

1. nähere Regelungen über die Wahl, Zusammensetzung, Größe und Aufgaben des Elternausschusses nach § 3, die Bedarfsplanung nach § 9 und die personellen und sachlichen Voraussetzungen nach § 12 Abs. 4, insbesondere über die personelle Besetzung, die Gruppengröße und pauschalierte Erstattung der Trägeranteile sowie die Erstattung nach § 12 Abs. 4 Satz 4 und § 12 a zu treffen und
2. die für die Gewährung von Zuweisungen nach § 12 Abs. 4 und § 12 a zuständige Behörde zu bestimmen.

(2) Die zur Durchführung dieses Gesetzes und der auf Grund dieses Gesetzes erlassenen Rechtsverordnungen erforderlichen Verwaltungsvorschriften erlässt das fachlich zuständige Ministerium.

**§ 17 Inkrafttreten**

Vom Abdruck dieses Textes wurde abgesehen.

[1] § 5 Abs. 1 in der Fassung bis zum 31.07.2010 lautet: „Kinder haben vom vollendeten dritten Lebensjahr bis zum Schuleintritt Anspruch auf Erziehung, Bildung und Betreuung im Kindergarten. Das Jugendamt hat zu gewährleisten, dass für jedes Kind ein Kindergartenplatz in zumutbarer Entfernung zur Verfügung steht.“

## MERKSATZ

Das Kindertagesstättengesetz (KiTaG) regelt den Betrieb, die Unterhaltung und Mitwirkungsmöglichkeiten der Eltern in den Kindertagesstätten.

## AUFGABEN

1. *Erklären Sie den Erziehungsbegriff nach den Ausführungen des Kindertagesstättengesetzes.*
2. *Wie beurteilen Sie die Mitwirkungsmöglichkeiten von Eltern in Kindertagesstätten?*
3. *Wovon hängt die Planung des Bedarfs an Kindertagestätten ab?*
4. *Wer ist für die Trägerschaft zuständig, wenn kein freier Träger dazu bereit ist? Welche Leistungen hat der Träger für die Kindertagesstätte zu erbringen?*
5. *Wie ist die Bezahlung der Personalkosten geregelt?*

### 10.2.2 Rechte und Pflichten von Eltern (GG, BGB)

Das Grundgesetz enthält nur einige wenige Grundpflichten. Dazu zählt die Pflicht der Eltern zur Pflege und Erziehung der Kinder (Art. 6 Abs. 2).

Ein Katalog von Grundpflichten würde dem Geist einer demokratischen Verfassung widersprechen. Demokratie setzt voraus, dass jeder aus eigener Verantwortung seinen Pflichten gegenüber der Gemeinschaft nachkommt.

Die selbstverständliche Verbindung von Rechten und Pflichten stellt Art. 33 Abs. 1 her: Jeder Deutsche hat ... die gleichen staatsbürgerlichen Rechte und Pflichten. Der Bestand des demokratischen Rechtsstaats hängt von der Einsicht eines jeden Bürgers ab, dass Rechte und Pflichten eine untrennbare Einheit bilden.

### Abwehrrechte und Grundlage der Wertordnung

Viele betrachten die Grundrechte als etwas Selbstverständliches, das ihre persönliche Sphäre kaum berührt. Wie die geschichtliche Erfahrung zeigt, sind sie keineswegs selbstverständlich gewährleistet, und sie beeinflussen den Alltag des Einzelnen und das Zusammenleben aller in Staat und Gesellschaft. Grundrechte schützen den Freiheitsraum des Einzelnen vor Übergriffen der öffentlichen Gewalt.

### Menschen- und Bürgerrechte

Zu unterscheiden ist zwischen allgemeinen Menschenrechten, die jedem zustehen, und Bürgerrechten, die nur für Staatsangehörige gelten. Menschenrechte sind überstaatliche Rechte, sie gehören zur Natur des Menschen, es sind natürliche, angeborene Rechte. Dazu gehören die meisten Freiheitsrechte oder Grundfreiheiten, wie Freiheit der Person, Meinungsfreiheit, Glaubensfreiheit. Bürgerrechte sind Rechte, wie sie dem einzelnen Bürger innerhalb eines demokratischen Staates zustehen. Sie sind in den Grundrechten schriftlich festgehalten.

### Freiheits- und Gleichheitsrechte

Eine andere Einteilung unterscheidet zwischen Freiheitsrechten, wie dem Recht auf freie Meinungsäußerung, Gleichheitsrechten, zum Beispiel dem Recht auf Gleichheit vor dem Gesetz und der Gleichberechtigung von Mann und Frau, und Unverletzlichkeitsrechten oder Abwehrrechten, wie Unverletzlichkeit der Wohnung, Freizügigkeit, Brief-, Post- und Fernmeldegeheimnis.

### Garantien der Grundrechte

Die Grundrechte sind geltendes Recht. Keine der drei Staatsgewalten kann etwas tun oder unterlassen, was im Widerspruch zu ihnen steht. Die Grundrechte können notfalls bis zum Bundesverfassungsgericht eingeklagt werden. Die Grundrechte dürfen nicht beseitigt werden. Auch eine mit Zweidrittelmehrheit beschlossene Verfassungsänderung kann sie nicht entfernen.

### Soziale Grundrechte

Die Bundesrepublik Deutschland ist nach Art. 20 ein Sozialstaat. Das Grundgesetz enthält aber nur wenige soziale Grundrechte. Sie unterscheiden sich von den überlieferten Freiheits- und Gleichheitsrechten in einem zentralen Punkt. Die letzteren schützen die Rechte der Bürger. Sie fordern vom Staat, Eingriffe zu unterlassen und sind gerichtlich einklagbar.

### Menschenrechtskonvention des Europarats

Über die Garantie der Grundrechte im Grundgesetz hinaus genießen die Bürgerinnen und Bürger der Bundesrepublik Deutschland auch den Grundrechtsschutz der Europäischen Konvention zum Schutze der Menschenrechte und Grundfreiheiten des Europarats. Sie wurde 1950 verabschiedet und trat 1953 in Kraft.

### Gesetzesauszüge zum Thema

Artikel 6 des GG

(2) Pflege und Erziehung der Kinder sind das natürliche Recht der Eltern und die zuvörderst ihnen obliegende Pflicht. Über ihre Betätigung wacht die staatliche Gemeinschaft.

### Rechte und Pflichten von Eltern (GG, BGB)

Seit dem 8. November 2000 ist in Deutschland die Gewalt aus der Kindererziehung gesetzlich verbannt. **„Kinder haben ein Recht auf gewaltfreie Erziehung. Körperliche Bestrafungen, seelische Verletzungen und andere entwürdigende Maßnahmen sind unzulässig."** So lautet die neue Fassung von § 1631 Abs. 2 des Bürgerlichen Gesetzbuches, die am 6. Juli 2000 vom Deutschen Bundestag verabschiedet und Ende September 2000 vom Bundesrat bestätigt wurde. Vorher war es so, dass nur der Vater kraft Gesetzes „Zuchtmittel" gegen das

Kind anwenden durfte. Das Kind wurde nicht als Subjekt und damit als Träger eigener Rechte begriffen.

Trotz der gesetzlichen Vorgabe werden bis zum heutigen Tag **Kinder** von ihren Eltern **körperlich misshandelt**. Nach einer Hochrechnung des Kinder- und Jugendberichtes sollen das jährlich etwa 150 000 Kinder unter 15 Jahren sein. Noch immer sind Eltern der Meinung, dass ein Klaps in einer zugespitzten Erziehungssituation nicht schaden könne. Sie übersehen dabei, dass gerade im Zusammenleben der Kinder mit den Eltern wichtige **Normen** für das Zusammenleben vermittelt werden.

Die Bundesrepublik Deutschland musste auch eine Gesetzesänderung vornehmen, da sie 1992 eine **UN-Kinderrechtskonvention** unterzeichnet hatte, die die Vertragsstaaten verpflichtete, jede Form körperlicher und geistiger Gewaltanwendung bei Kindern abzulehnen (Art. 19).

Damit wird den Eltern nicht jede Form der Bestrafung genommen. Bei **Fehlverhalten** dürfen sie ihren Kindern z. B. das **Taschengeld kürzen** oder **Fernsehen verbieten**.

In Einzelfällen werden sich Eltern nicht an die vorgegebenen Regelungen halten und es wird zu ihrer Bestrafung kommen: Bei Verstoß gegen das Gewaltverbot kommen unter den Voraussetzungen von §§ 1666, 1666a BGB familiengerichtliche Maßnahmen und im Falle von körperlicher Misshandlung auch eine Strafverfolgung nach den §§ 223 des Strafgesetzbuches in Betracht. Schlimmstenfalls kann es zum **Entzug des elterlichen Sorgerechts** kommen.

## MERKSATZ

Das Grundgesetz bietet die Gewähr dafür, dass den Eltern das Sorgerecht für ihre Kinder zusteht. Bei schwerer körperlicher und geistiger Misshandlung kann es ihnen aber entzogen werden (§§ 1666 und 1666a BGB).

## AUFGABEN

1. *Wiederholen Sie wichtige Rechte und Pflichten der Eltern nach dem GG und BGB.*
2. *Halten Sie die dort geforderten Rechte für erforderlich? Nennen Sie Folgerungen, wenn es sie nicht gebe.*

## 10.2.3 Kinder- und Jugendhilfegesetz (SGB VIII; KJHG)

## FALLBEISPIEL

**Jens zieht aus.**

Die Schülerinnen der Berufsfachschule Sozialpädagogik unterhalten sich ganz aufgeregt: „Hast du schon gehört", meint Tina zu Simone, „Jens zieht bei seinen Eltern aus." „Habe ich auch schon gehört", stimmt Simone zu, „es soll eine Schlägerei zwischen Jens und seinem Stiefvater gegeben haben. Mit dem Stiefvater hatte er von Anfang an Probleme. Nun hat er die Faxen wohl endgültig dicke, aber wer bezahlt seinen Auszug? Die Mutter arbeitet nicht." „Ich gehe davon aus, dass das Jugendamt ihn unterstützen wird", meint Tina. „Lass uns doch im Kinder- und Jugendhilfegesetz nachlesen, dann wissen wir, wer Jens unterstützt. Dennoch finde ich, dass er ganz schön mutig ist, einfach so auszuziehen", meint Simone ganz nachdenklich.

## AUFGABEN

1. *Lesen Sie im nachfolgend angegebenen Kinder- und Jugendhilfegesetz, wer Jens unterstützt.*
2. *Prüfen Sie nach, ob es noch weitere Gesetze gibt, die eine Unterstützung für Jens ermöglichen.*

Das Kinder- und Jugendhilfegesetz ist sehr umfangreich, daher wird nachfolgend nur auf die Teile eingegangen, die für die Sozialassistentin von Bedeutung sind.

Kinder- und Jugendhilfe/Achtes Buch Sozialgesetzbuch (SGB VIII) (zuletzt geändert am 19.02.2007):

**§1 Recht auf Erziehung, Elternverantwortung, Jugendhilfe**

Jeder junge Mensch hat ein Recht auf Förderung seiner Entwicklung und auf Erziehung zu einer eigenverantwortlichen und gemeinschaftsfähigen Persönlichkeit.

Pflege und Erziehung der Kinder sind das natürliche Recht der Eltern und die zuvörderst ihnen obliegende Pflicht. Über ihre Betätigung wacht die staatliche Gemeinschaft.

Jugendhilfe soll zur Verwirklichung des Rechts nach Absatz 1 insbesondere:

1. Junge Menschen in ihrer individuellen und sozialen Entwicklung fördern und dazu beitragen, Benachteiligungen zu vermeiden oder abzubauen,
2. Eltern und andere Erziehungsberechtigte bei der Erziehung beraten und unterstützen,
3. Kinder und Jugendliche vor Gefahren für ihr Wohl schützen,
4. dazu beitragen, positive Lebensbedingungen für junge Menschen und ihre Familien sowie eine kinder- und familienfreundliche Umwelt zu erhalten oder zu schaffen.

**§ 2 Aufgaben der Jugendhilfe**

(1) Die Jugendhilfe umfasst Leistungen und andere Aufgaben zugunsten junger Menschen und Familien.

(2) Leistungen der Jugendhilfe sind:

1. Angebote der Jugendarbeit, der Jugendsozialarbeit und des erzieherischen Kinder- und Jugendschutzes (§§ 11 bis 14),
2. Angebote zur Förderung der Erziehung in der Familie (§§ 16 bis 21),
3. Angebote zur Förderung von Kindern in Tageseinrichtungen und in Tagespflege (§§ 22 bis 25),
4. Hilfe zur Erziehung und ergänzende Leistungen (§§ 27 bis 35, 36, 37, 39, 40),
5. Hilfe für seelisch behinderte Kinder und Jugendliche und ergänzende Leistungen (§§ 35a bis 37, 39, 40),
6. Hilfe für junge Volljährige und Nachbetreuung (§ 41).

(3) Andere Aufgaben der Jugendhilfe sind:

1. die Inobhutnahme von Kindern und Jugendlichen (§ 42),
2. (weggefallen)
3. die Erteilung, der Widerruf und die Zurücknahme der Pflegeerlaubnis (§ 44),
4. die Erteilung, der Widerruf und die Zurücknahme der Erlaubnis für den Betrieb einer Einrichtung sowie die Erteilung nachträglicher Auflagen und die damit verbundenen Aufgaben (§§ 45 bis 47, 48a),
5. die Tätigkeitsuntersagung (§§ 48, 48a),
6. die Mitwirkung in Verfahren vor den Vormundschafts- und den Familiengerichten (§ 50),
7. die Beratung und Belehrung in Verfahren zur Annahme als Kind (§ 51),
8. die Mitwirkung in Verfahren nach dem Jugendgerichtsgesetz (§ 52),
9. die Beratung und Unterstützung von Müttern bei Vaterschaftsfeststellung und Geltendmachung von Unterhaltsansprüchen sowie von Pflegern und Vormündern (§§ 52a, 53),
10. die Erteilung, der Widerruf und die Zurücknahme der Erlaubnis zur Übernahme von Vereinsvormundschaften (§ 54),
11. Beistandschaft, Amtspflegschaft, Amtsvormundschaft und Gegenvormundschaft des Jugendamts (§§ 55 bis 58),
12. Beurkundung und Beglaubigung (§ 59),
13. die Aufnahme von vollstreckbaren Urkunden (§ 60).

**§ 3 Freie und öffentliche Jugendhilfe**

(1) Die Jugendhilfe ist gekennzeichnet durch die Vielfalt von Trägern unterschiedlicher Wertorientierungen und die Vielfalt von Inhalten, Methoden und Arbeitsformen.

(2) Leistungen der Jugendhilfe werden von Trägern der freien Jugendhilfe und von Trägern der öffentlichen Jugendhilfe erbracht. Leistungsverpflichtungen, die durch dieses Buch begründet werden, richten sich an die Träger der öffentlichen Jugendhilfe.

(3) Andere Aufgaben der Jugendhilfe werden von Trägern der öffentlichen Jugendhilfe wahrgenommen. Soweit dies ausdrücklich bestimmt ist, können Träger der freien Jugendhilfe diese Aufgaben wahrnehmen oder mit ihrer Ausführung betraut werden.

**§ 4 Zusammenarbeit der öffentlichen Jugendhilfe mit der freien Jugendhilfe**

(1) Die öffentliche Jugendhilfe soll mit der freien Jugendhilfe zum Wohl junger Menschen und ihrer Familien partnerschaftlich zusammenarbeiten. Sie hat dabei die Selbständigkeit der freien Jugendhilfe in Zielsetzung und Durchführung ihrer Aufgaben sowie in der Gestaltung ihrer Organisationsstruktur zu achten.

(2) Soweit geeignete Einrichtungen, Dienste und Veranstaltungen von anerkannten Trägern der freien Jugendhilfe betrieben werden oder rechtzeitig geschaffen werden können, soll die öffentliche Jugendhilfe von eigenen Maßnahmen absehen.

(3) Die öffentliche Jugendhilfe soll die freie Jugendhilfe nach Maßgabe dieses Buches fördern und dabei die verschiedenen Formen der Selbsthilfe stärken.

**§ 8 Beteiligung von Kindern und Jugendlichen**

Kinder und Jugendliche sind entsprechend ihrem Entwicklungsstand an allen sie betreffenden Entscheidungen der öffentlichen Jugendhilfe zu beteiligen. Sie sind in geeigneter Weise auf ihre Rechte im Verwaltungsverfahren sowie im Verfahren vor dem Familiengericht, dem Vormundschaftsgericht und dem Verwaltungsgericht hinzuweisen.

Kinder und Jugendliche haben das Recht, sich in allen Angelegenheiten der Erziehung und Entwicklung an das Jugendamt zu wenden.

Kinder und Jugendliche können ohne Kenntnis der Personensorgeberechtigten beraten werden, wenn die Beratung aufgrund einer Not- und Konfliktlage erforderlich ist und solange durch die Mitteilung an den Personensorgeberechtigten der Beratungszweck vereitelt würde.

**§ 9 Grundrichtung der Erziehung, Gleichberechtigung von Mädchen und Jungen:**

Bei der Ausgestaltung der Leistungen und der Erfüllung der Aufgaben sind:

1. die von den Personensorgeberechtigten bestimmte Grundrichtung der Erziehung sowie die Rechte der Personensorgeberechtigten und des Kindes oder des Jugendlichen bei der Bestimmung der religiösen Erziehung zu beachten,
2. die wachsende Fähigkeit und das wachsende Bedürfnis des Kindes oder des Jugendlichen zu selbstständigem, verantwortungsbewusstem Handeln sowie die jeweiligen besonderen sozialen und kulturellen Bedürfnisse und Eigenarten junger Menschen und ihrer Familien zu berücksichtigen,
3. die unterschiedlichen Lebenslagen von Mädchen und Jungen zu berücksichtigen, Benachteiligungen abzubauen und die Gleichberechtigung von Mädchen und Jungen zu fördern.

**§11 Jugendarbeit**

(1) Jungen Menschen sind die zur Förderung ihrer Entwicklung erforderlichen Angebote der Jugendarbeit zur Verfügung zu stellen. Sie sollen an den Interessen junger Menschen anknüpfen und von ihnen mitbestimmt und mitgestaltet werden, sie zur Selbstbestimmung befähigen und zu gesellschaftlicher Mitverantwortung und zu sozialem Engagement anregen und hinführen.

(2) Jugendarbeit wird angeboten von Verbänden, Gruppen und Initiativen der Jugend, von anderen Trägern der Jugendarbeit und den Trägern der öffentlichen Jugendhilfe. Sie umfasst für Mitglieder bestimmte Angebote, die offene Jugendarbeit und gemeinwesenorientierte Angebote.

(3) Zu den Schwerpunkten der Jugendarbeit gehören:

1. außerschulische Jugendbildung mit allgemeiner, politischer, sozialer, gesundheitlicher, kultureller, naturkundlicher und technischer Bildung,
2. Jugendarbeit in Sport, Spiel und Geselligkeit,
3. arbeitswelt-, schul- und familienbezogene Jugendarbeit,
4. internationale Jugendarbeit,
5. Kinder- und Jugenderholung,
6. Jugendberatung.

(4) Angebote der Jugendarbeit können auch Personen, die das 27. Lebensjahr vollendet haben, in angemessenem Umfang einbeziehen.

**§12 Förderung der Jugendverbände**

(1) Die eigenverantwortliche Tätigkeit der Jugendverbände und Jugendgruppen ist unter Wahrung ihres satzungsgemäßen Eigenlebens nach Maßgabe des § 74 zu fördern.

(2) In Jugendverbänden und Jugendgruppen wird Jugendarbeit von jungen Menschen selbst organisiert, gemeinschaftlich gestaltet und mitverantwortet. Ihre Arbeit ist auf Dauer angelegt und in der Regel auf die eigenen Mitglieder ausgerichtet, sie kann sich aber auch an junge Menschen wenden, die nicht Mitglieder sind. Durch Jugendverbände und ihre Zusammenschlüsse werden Anliegen und Interessen junger Menschen zum Ausdruck gebracht und vertreten.

**§ 13 Jugendsozialarbeit**

(1) Jungen Menschen, die zum Ausgleich sozialer Benachteiligungen oder zur Überwindung individueller Beeinträchtigungen in erhöhtem Maße auf Unterstützung angewiesen sind, sollen im Rahmen der Jugendhilfe sozialpädagogische Hilfen angeboten werden, die ihre schulische und berufliche Ausbildung, Eingliederung in die Arbeitswelt und ihre soziale Integration fördern.

(2) Soweit die Ausbildung dieser jungen Menschen nicht durch Maßnahmen und Programme anderer Träger und Organisationen sichergestellt wird, können geeignete sozialpädagogisch begleitete Ausbildungs- und Beschäftigungsmaßnahmen angeboten werden, die den Fähigkeiten und dem Entwicklungsstand dieser jungen Menschen Rechnung tragen.

(3) Jungen Menschen kann während der Teilnahme an schulischen oder beruflichen Bildungsmaßnahmen oder bei der beruflichen Eingliederung Unterkunft in sozialpädagogisch begleiteten Wohnformen angeboten werden. In diesen Fällen sollen auch der notwendige Unterhalt des jungen Menschen sichergestellt und Krankenhilfe nach Maßgabe des § 40 geleistet werden.

(4) Die Angebote sollen mit den Maßnahmen der Schulverwaltung, der Bundesagentur für Arbeit, der Träger betrieblicher und außerbetrieblicher Ausbildung sowie der Träger von Beschäftigungsangeboten abgestimmt werden.

**§ 69 Träger der öffentlichen Jugendhilfe, Jugendämter, Landesjugendämter**

(1) Träger der öffentlichen Jugendhilfe sind die örtlichen und überörtlichen Träger. Örtliche Träger sind die Kreise und die kreisfreien Städte. Landesrecht regelt, wer überörtlicher Träger ist.

(2) Landesrecht kann regeln, dass auch kreisangehörige Gemeinden auf Antrag zu örtlichen Trägem bestimmt werden, wenn ihre Leistungsfähigkeit zur Erfüllung der Aufgaben nach diesem Buch gewährleistet ist. Landesrecht bestimmt, in welcher Weise die Erfüllung der Aufgaben nach diesem Buch in den anderen Gemeinden des Kreises sichergestellt wird, falls der Kreis dazu nicht in der Lage ist; wird durch kreisangehörige Gemeinden als örtliche Träger das gesamte Gebiet eines Kreises abgedeckt, so ist dieser Kreis nicht örtlicher Träger.

(3) Für die Wahrnehmung der Aufgaben nach diesem Buch errichtet jeder örtliche Träger ein Jugendamt, jeder überörtliche Träger ein Landesjugendamt.

(4) Mehrere örtliche Träger und mehrere überörtliche Träger können, auch wenn sie verschiedenen Ländern angehören, zur Durchführung einzelner Aufgaben gemeinsame Einrichtungen und Dienste errichten.

(5) Kreisangehörige Gemeinden und Gemeindeverbände, die nicht örtliche Träger sind, können für den örtlichen Bereich Aufgaben der Jugendhilfe wahrnehmen. Die Planung und Durchführung dieser Aufgaben ist in den wesentlichen Punkten mit dem örtlichen Träger abzustimmen; dessen Gesamtverantwortung bleibt unberührt. Für die Zusammenarbeit mit den Trägern der freien Jugendhilfe gelten die §§ 4, 74, 76 und 77 entsprechend. Landesrecht kann Näheres regeln.

**§ 70 Organisation des Jugendamts und des Landesjugendamts**

(1) Die Aufgaben des Jugendamts werden durch den Jugendhilfeausschuss und durch die Verwaltung des Jugendamts wahrgenommen.

(2) Die Geschäfte der laufenden Verwaltung im Bereich der öffentlichen Jugendhilfe werden vom Leiter der Verwaltung der Gebietskörperschaft oder in seinem Auftrag vom Leiter der Verwaltung des Jugendamts im Rahmen der Satzung und der Beschlüsse der Vertretungskörperschaft und des Jugendhilfeausschusses geführt.

(3) Die Aufgaben des Landesjugendamts werden durch den Landesjugendhilfeausschuss und durch die Verwaltung des Landesjugendamts im Rahmen der Satzung und der dem Landesjugendamt zur Verfügung gestellten Mittel wahrgenommen. Die Geschäfte der laufenden Verwaltung werden von dem Leiter der Verwaltung des Landesjugendamts im Rahmen der Satzung und der Beschlüsse des Landesjugendhilfeausschusses geführt.

### § 71 Jugendhilfeausschuss, Landesjugendhilfeausschuss

(1) Dem Jugendhilfeausschuss gehören als stimmberechtigte Mitglieder an:

1. mit drei Fünfteln des Anteils der Stimmen Mitglieder der Vertretungskörperschaft des Trägers der öffentlichen Jugendhilfe oder von ihr gewählte Frauen und Männer, die in der Jugendhilfe erfahren sind,
2. mit zwei Fünfteln des Anteils der Stimmen Frauen und Männer, die auf Vorschlag der im Bereich des öffentlichen Trägers wirkenden und anerkannten Träger der freien Jugendhilfe von der Vertretungskörperschaft gewählt werden; Vorschläge der Jugendverbände und der Wohlfahrtsverbände sind angemessen zu berücksichtigen.

(2) Der Jugendhilfeausschuss befasst sich mit allen Angelegenheiten der Jugendhilfe, insbesondere mit

1. der Erörterung aktueller Problemlagen junger Menschen und ihrer Familien sowie mit Anregungen und Vorschlägen für die Weiterentwicklung der Jugendhilfe,
2. der Jugendhilfeplanung und
3. der Förderung der freien Jugendhilfe.

(3) Er hat Beschlussrecht in Angelegenheiten der Jugendhilfe im Rahmen der von der Vertretungskörperschaft bereitgestellten Mittel, der von ihr erlassenen Satzung und der von ihr gefassten Beschlüsse. Er soll vor jeder Beschlussfassung der Vertretungskörperschaft in Fragen der Jugendhilfe und vor der Berufung eines Leiters des Jugendamts gehört werden und hat das Recht, an die Vertretungskörperschaft Anträge zu stellen. Er tritt nach Bedarf zusammen und ist auf Antrag von mindestens einem Fünftel der Stimmberechtigten einzuberufen. Seine Sitzungen sind öffentlich, soweit nicht das Wohl der Allgemeinheit, berechtigte Interessen einzelner Personen oder schutzbedürftiger Gruppen entgegenstehen.

(4) Dem Landesjugendhilfeausschuss gehören mit zwei Fünfteln des Anteils der Stimmen Frauen und Männer an, die auf Vorschlag der im Bereich des Landesjugendamts wirkenden und anerkannten Träger der freien Jugendhilfe von der obersten Landesjugendbehörde zu berufen sind. Die übrigen Mitglieder werden durch Landesrecht bestimmt. Absatz 2 gilt entsprechend.

(5) Das Nähere regelt das Landesrecht. Es regelt die Zugehörigkeit beratender Mitglieder zum Jugendhilfeausschuss. Es kann bestimmen, dass der Leiter der Verwaltung der Gebietskörperschaft oder der Leiter der Verwaltung des Jugendamts nach Absatz 1 Nr. 1 stimmberechtigt ist.

### § 73 Ehrenamtliche Tätigkeit

In der Jugendhilfe ehrenamtlich tätige Personen sollen bei ihrer Tätigkeit angeleitet, beraten und unterstützt werden.

### § 74 Förderung der freien Jugendhilfe

(1) Die Träger der öffentlichen Jugendhilfe sollen die freiwillige Tätigkeit auf dem Gebiet der Jugendhilfe anregen; sie sollen sie fördern, wenn der jeweilige Träger

1. die fachlichen Voraussetzungen für die geplante Maßnahme erfüllt,
2. die Gewähr für eine zweckentsprechende und wirtschaftliche Verwendung der Mittel bietet,
3. gemeinnützige Ziele verfolgt,
4. eine angemessene Eigenleistung erbringt und
5. die Gewähr für eine den Zielen des Grundgesetzes förderliche Arbeit bietet.

Eine auf Dauer angelegte Förderung setzt in der Regel die Anerkennung als Träger der freien Jugendhilfe nach § 75 voraus.

(2) Soweit von der freien Jugendhilfe Einrichtungen, Dienste und Veranstaltungen geschaffen werden, um die Gewährung von Leistungen nach diesem Buch zu ermöglichen, kann die Förderung von der Bereitschaft abhängig gemacht werden, diese Einrichtungen, Dienste und Veranstaltungen nach Maßgabe der Jugendhilfeplanung und unter Beachtung der in § 9 genannten Grundsätze anzubieten. § 4 Abs. 1 bleibt unberührt.

(3) Über die Art und Höhe der Förderung entscheidet der Träger der öffentlichen Jugendhilfe im Rahmen der verfügbaren Haushaltsmittel nach pflichtgemäßem Ermessen. Entsprechendes gilt, wenn mehrere Antragsteller die Förderungsvoraussetzungen erfüllen und die von ihnen vorgesehenen Maßnahmen gleich geeignet sind, zur Befriedigung des Bedarfs jedoch nur eine Maßnahme notwendig ist. Bei der Bemessung der Eigenleistung sind die unterschiedliche Finanzkraft und die sonstigen Verhältnisse zu berücksichtigen.

(4) Bei sonst gleich geeigneten Maßnahmen soll solchen der Vorzug gegeben werden, die stärker an den Interessen der Betroffenen orientiert sind und ihre Einflussnahme auf die Ausgestaltung der Maßnahme gewährleisten.

(5) Bei der Förderung gleichartiger Maßnahmen mehrerer Träger sind unter Berücksichtigung ihrer Eigenleistungen gleiche Grundsätze und Maßstäbe anzulegen. Werden gleichartige Maßnahmen von der freien und der öffentlichen Jugendhilfe durchgeführt, so sind bei der Förderung die Grundsätze und Maßstäbe anzuwenden, die für die Finanzierung der Maßnahmen der öffentlichen Jugendhilfe gelten.

(6) Die Förderung von anerkannten Trägern der Jugendhilfe soll auch Mittel für die Fortbildung der haupt-, neben- und ehrenamtlichen Mitarbeiter sowie im Bereich der Jugendarbeit Mittel für die Errichtung und Unterhaltung von Jugendfreizeit- und Jugendbildungsstätten einschließen.

**§ 75 Anerkennung als Träger der freien Jugendhilfe**

(1) Als Träger der freien Jugendhilfe können juristische Personen und Personenvereinigungen anerkannt werden, wenn sie

1. auf dem Gebiet der Jugendhilfe im Sinne des § 1 tätig sind,
2. gemeinnützige Ziele verfolgen,
3. aufgrund der fachlichen und personellen Voraussetzungen erwarten lassen, dass sie einen nicht unwesentlichen Beitrag zur Erfüllung der Aufgaben der Jugendhilfe zu leisten imstande sind, und
4. die Gewähr für eine den Zielen des Grundgesetzes förderliche Arbeit bieten.

(2) Einen Anspruch auf Anerkennung als Träger der freien Jugendhilfe hat unter den Voraussetzungen des Absatzes 1, wer auf dem Gebiet der Jugendhilfe mindestens drei Jahre tätig gewesen ist.

(3) Die Kirchen und Religionsgemeinschaften des öffentlichen Rechts sowie die auf Bundesebene zusammengeschlossenen Verbände der freien Wohlfahrtspflege sind anerkannte Träger der freien Jugendhilfe.

**§ 81 Zusammenarbeit mit anderen Stellen und öffentlichen Einrichtungen**

Die Träger der öffentlichen Jugendhilfe haben mit anderen Stellen und öffentlichen Einrichtungen, deren Tätigkeit sich auf die Lebenssituation junger Menschen und ihrer Familien auswirkt, insbesondere mit

1. Schulen und Stellen der Schulverwaltung,
2. Einrichtungen und Stellen der beruflichen Aus- und Weiterbildung,
3. Einrichtungen und Stellen des öffentlichen Gesundheitsdienstes und sonstigen Einrichtungen des Gesundheitsdienstes,
4. den Stellen der Bundesagentur für Arbeit,
5. den Trägern anderer Sozialleistungen,
6. der Gewerbeaufsicht,
7. den Polizei- und Ordnungsbehörden,
8. den Justizvollzugsbehörden und
9. Einrichtungen der Ausbildung für Fachkräfte, der Weiterbildung und der Forschung im Rahmen ihrer Aufgaben und Befugnisse zusammenzuarbeiten.

## MERKSATZ

Das Kinder- und Jugendhilfegesetz trägt dazu bei, junge Menschen in ihrer individuellen und sozialen Entwicklung zu fördern und Benachteiligungen zu vermeiden oder abzubauen.

## AUFGABEN

1. *Erklären Sie den Begriff „Personensorgeberechtigter"?*
2. *Nennen Sie pädagogische Angebote nach dem Kinder- und Jugendhilfegesetz.*
3. *Im genannten Gesetz wird besonders auf die freie Entscheidung von Kindern und Jugendlichen Wert gelegt. Halten Sie diese Aussage für erforderlich?*
4. *Nennen Sie Beispiele dafür, wie die freie Jugendhilfe unterstützt werden kann.*

## 10.3 Öffentlichkeitsarbeit

## AUFGABE

*Begründen Sie die Notwendigkeit, auch für den Kindergarten Öffentlichkeitsarbeit zu betreiben.*

Noch vor wenigen Jahren war es verpönt, Werbung für Kindertageseinrichtungen zu betreiben. Das hat sich geändert. Der Konkurrenzdruck wird größer, Eltern wollen genau wissen, welches **Profil die Einrichtung** vorzuweisen hat, der sie ihr Kind anvertrauen. Die **Qualität** von **Betreuungs- und Bildungsarbeit** spielt eine zunehmend wichtige Rolle. Dabei ist es keinesfalls so, dass bisher keine gute Arbeit in den Einrichtungen geleistet wurde. Im Gegenteil: Kindertagesstätten haben immer schon einen bedeutenden gesellschaftlichen Auftrag wahrgenommen. Sie sollten daher ihre Arbeit nach außen hin präsentieren:

- Die Öffentlichkeit sollte über den Betreuungs- und Bildungsauftrag in der Kindertagesstätte informiert werden.
- Erzieherinnen und Sozialassistentinnen sollten ihre Arbeit immer so darstellen, dass ihnen eine angemessene Wertschätzung im Bildungssystem zukommt.
- Das besondere Profil der Kindertagesstätte muss deutlich werden, z. B. wenn Kinder bei wichtigen Entscheidungen einbezogen werden.
- Die Angebote müssen verständlich dargestellt werden, damit sie von der Öffentlichkeit aufgenommen werden können.
- Ein positives Image sollte entwickelt werden. Das kann zu möglichen Sponsoren führen.
- Öffentlichkeitsarbeit muss kontinuierlich erfolgen, d. h. die Kindertagesstätte muss sich regelmäßig in Erinnerung bringen.
- Die Zielgruppe – meistens sind es die Eltern – muss niveaugerecht angesprochen werden und das sowohl im Hinblick auf die Formulierung als auch auf das Erscheinungsbild.
- Für die Öffentlichkeitsarbeit sollten Kindertagesstätten einen unverwechselbaren Stil entwickeln und auf die Übereinstimmung zwischen inhaltlicher Arbeit und formaler Darstellung achten.
- Für die Öffentlichkeitsarbeit sollte ein Konzept erstellt werden, dass man abarbeitet, z. B. Zuständigkeit klären, Zeitpunkt von Veröffentlichungen.

Die wichtigsten Verbündeten für die Öffentlichkeitsarbeit sind die Eltern. Wenn es gelingt, in der Einrichtung eine Atmosphäre zu schaffen, mit der sich die Eltern identifizieren können, dann hat man schon viel erreicht. Die Eltern sind diejenigen, die **durch Mundpropaganda** maßgeblichen Einfluss auf das Image der Einrichtung haben. Dazu ist es wichtig, die Eltern als gleichberechtigten Partner anzuerkennen

Abb. Billy „WE WILL DANCE" Projekt des Jugendamtes Stuttgart – Abteilung Hilfen zur Erziehung, Foto H. Meurer und Ressourcen der Eltern zu nutzen, z. B. für die Lokalzeitung, wenn eine Mutter Redakteurin ist.

Neben den Eltern sind auch Medienvertreter und mögliche Sponsoren wichtige Personen aus dem Umfeld der Einrichtung, die sich für die Einrichtung einsetzen können.

## 10.3.1 Faltblätter/Plakate/Informationsbroschüren

Vor der Erstellung von Faltblättern und Informationsbroschüren sollte über ein **Logo** der Einrichtung nachgedacht werden. Das Logo ist eine **Darstellung der Einrichtung**, die auf das **Wesentliche reduziert** ist. Es muss typisch für die Einrichtung sein und ohne großen Aufwand herzustellen und wiederholbar sein. Für die genannten Faltblätter und Informationsbroschüren, für die Homepage, aber auch für Briefpapier, Buttons, T-Shirts und vieles andere kann das Logo verwendet werden. Es prägt sich bei dem Betrachter sehr leicht ein und ist mit einem **Markenzeichen** zu vergleichen.

### Faltblätter

Über Faltblätter ist die Möglichkeit gegeben, Eltern und die interessierte Öffentlichkeit über die Arbeit in der Einrichtung zu informieren.

Abb. Deutsches Grünes Kreuz e. V. (unten)

Faltblätter werden breit gestreut und enthalten Informationen und Kernaussagen der Selbstdarstellung einer Einrichtung. Sie bringen eine Kurzfassung der Konzeption, nach der gearbeitet wird, und weisen auf das Profil und das Programm hin. Das **Faltblatt ist informativer als ein Handzettel oder ein Flugblatt**. Zwar ist es nicht so aktuell, weil es eher Grundlageninformationen beinhaltet, dafür muss es aber länger vorhalten. Faltblätter sind auch unter der Bezeichnung Folder, Flyer oder Leporello bekannt.

Die Herstellung eines werbewirksamen Faltblattes erfordert **einige Überlegungen**. Es muss darüber nachgedacht werden:

- Welche Zielgruppe soll erreicht werden (nur die Eltern oder auch die breite Öffentlichkeit)?
- Welche Informationen sollen der Zielgruppe zugänglich gemacht werden?
- Welche Botschaft soll mit dieser Information verbunden werden?
- Wie wird eine Fülle an Informationen auf das Wesentliche reduziert?
- Wie werden die Botschaften übersichtlich gegliedert?

Nachdem die genannten Fragen beantwortet worden sind, kann der äußere Rahmen festgelegt werden:

- Wahl des Formats,
- Auswahl der Farben und des Schrifttyps (weniger ist besser!),
- Wahl des Papiers (eine gute Qualität ist erforderlich, damit die Schrift nicht durchscheint!),
- Art der Faltung,
- Auflagenhöhe oder Stückzahl,
- Entscheidung über Eigenarbeit oder Beauftragung eines Profis,
- Finanzierung.

Wenn man sich zur Selbstherstellung entschlossen hat, sollte im Team versucht werden, ein DIN-A4-Blatt unterschiedlich zu falten und danach den Inhalt zuzuordnen. Nach der Fertigstellung des Entwurfs kann man sich nachfolgende Fragen stellen:

- Lädt die Titelseite zum Weiterlesen ein?
- Sind Adresse und Logo richtig positioniert und ziehen sie die Aufmerksamkeit auf sich?

- Ist die Schrift gut lesbar und haben die Informationen eine einladende Gliederung?
- Weckt das Faltblatt insgesamt Interesse bei der Zielgruppe?
- Enthält der Text alle wesentlichen Botschaften?
- Sind die Informationen kompakt genug?
- Ist das Layout durch die Grafiken und Bilder aufgelockert und interessant gestaltet, unterstützen die grafischen Darstellungen den Text?

Es ist nicht unbedingt notwendig, einen Profi zu engagieren, obwohl ein professionell hergestelltes Faltblatt häufig werbewirksamer aussieht als ein selbst gemachtes.

Manchmal gibt es im Bekanntenkreis eine Grafikerin oder Kunsterzieherin, die das entsprechende Know-how einbringen kann.

## Plakat

Mit einem Plakat kann man eine aktuelle Botschaft vermitteln. Es ist ein **Blickfang,** es soll **auffallen** und **Interesse erregen**. Es kann neugierig machen, aber auch provozieren. Gelungene Plakate laden den Betrachter zum Verweilen ein, wenn auch oft nur für einen kurzen Augenblick. Sie müssen deshalb in aller Kürze und dabei sehr prägnant die **„Botschaft“** herüberbringen.

Wenn man selbst ein Plakat erstellt, sollte man nachfolgende Tipps bedenken:

- Ein großformatiges Papier – mindestens – DIN A3 verwenden!
- Bildhafte Texte – möglichst mit einem Bild – entwerfen, z. B. Sie treffen den Nagel auf den Kopf!
- In Metaphern sprechen: z. B. Das Betreuen von Kindern ist wie das Hüten von Flöhen!
- Anregende Farben verwenden!

Das **Plakat** findet **mehr Beachtung**, wenn

- das Layout (Aussehen) stimmt,
- bei der Auswahl der Bilder und der Schriftgröße die Distanz zwischen Plakat und Betrachter berücksichtigt worden ist (einzuplanen sind zwischen 2 und 10 Meter),
- die Aussagen nicht widersprüchlich sind,
- Texte und Bilder sparsam eingesetzt werden,
- ein Anreiz zum Hinschauen vorhanden ist,
- die übliche Blickrichtung von links oben bis nach rechts unten berücksichtigt worden ist.

Folgende Kriterie muss der Standort erfüllen:

- Die Stellwände müssen so hingestellt werden, dass die Menschen nicht daran vorbeigehen, sondern hinschauen.
- Die Plakate sollten nicht für sich allein sprechen, sondern durch verbale Mitteilungen oder kleine musische Einlagen belebt werden. Dazu können auch die Kinder beitragen.
- Die Mitteilungen müssen so gestaltet werden, dass sich die Zielgruppe angesprochen fühlt und die Botschaft aufnimmt.
- Sinnvoll ist es, zum Plakat Faltblätter dazuzulegen, um auf die Einrichtung aufmerksam zu machen.

## Info-Broschüre

Das Interesse der Leser kann geweckt werden, wenn man der Broschüre einen Namen gibt, z. B. Projekt … erfolgreich abgeschlossen. Außerdem muss das bereits erwähnte Logo verwendet werden.

Abb. BZgA

Zum Projekt erfolgt eine kurze Beschreibung, bei der die nachfolgenden Fragen beantwortet werden:

- Wie ist die Projektidee entstanden?
- Welche „Kindersituationen" haben zu dieser Projektauswahl geführt?
- Welche Bedeutung hat das Thema für das Leben der Kinder?
- Wer hat an dem Projekt mit gearbeitet?

Wenn es möglich ist, sollte in die erste Seite das Inhaltsverzeichnis mit eingearbeitet werden, da es zusätzlich neugierig macht. Dazu das Beispiel eines Inhaltsverzeichnisses für die Info-Broschüre:

1. *Neues aus der KiTa (Kindertagesstätte)*
2. *Projektarbeit – Chancen und Grenzen*
3. *Themenbezogene Sachinformationen*
4. *Wie aus einer Idee ein Projekt wurde*
5. *Eltern beteiligen sich am Projekt mit*
6. *Was nebenbei so alles passiert ist (lustige und erwähnenswerte Begebenheiten)*
7. *Materialsammlung/Literaturangabe*
8. *Termine*
9. *Dokumentationen*

Nach der Beschreibung des Projektes können die nachfolgenden Seiten gestaltet werden. Den Text sollte man in Spalten schreiben, dadurch wird die Lesbarkeit erhöht. Beim Verfassen einer mehrseitigen Informationsschrift sollten aus Gründen der Übersichtlichkeit Doppelseiten verwendet werden.

Auf eine interessante Überschrift zum Thema „Waldfest" kann ein kurzer einführender Text folgen. An ihn schließen sich **inhaltliche Aussagen zum Projekt** an sowie **Sachinformationen über den Wald.** Wenn das Thema noch nicht abgeschlossen ist, sollten Eltern auf die Möglichkeit hingewiesen werden, sich in das Projekt einzubinden. Dafür sollte eine **Zeitleiste** erstellt werden. Wichtig ist auch für Eltern, dass sie über geplante Bastelarbeiten informiert werden bzw. über die Lieder, die die Kinder in diesem Zusammenhang lernen. Interessierte Eltern freuen sich auch über Hinweise auf weiterführende Literatur.

### Gestaltung der Info-Broschüre

Jeder **Abschnitt** sollte durch eine **fett gedruckte Zwischenüberschrift** kenntlich gemacht werden. Besondere Freude bereitet es den meisten Eltern, wenn sie Fotos ihrer Kinder in der Broschüre finden.

Text- und Bildgestaltung sind von besonderer Bedeutung:

Ein schlecht formulierter Text mit schwacher inhaltlicher Aussage wird zwar nicht durch ein gutes Layout aufgewertet, aber ein gutes Layout (Erscheinungsbild) trägt dazu bei, dass trotzdem hingeschaut und gelesen wird.

### MERKSATZ

Öffentlichkeitsarbeit ist sehr arbeitsintensiv und kann nur dann wirkungsvoll sein, wenn sie kontinuierlich, effektiv, sachlich, also professionell betrieben wird.

### AUFGABEN

1. *Entwerfen Sie das Logo einer Kindertagesstätte Ihrer Wahl.*
2. *Welche weiteren Möglichkeiten der Direktwerbung gibt es?*
3. *Wie kann eine KiTa-Zeitung aussehen? Entwickeln Sie zu zweit ein Inhaltsverzeichnis.*
4. *Schreiben Sie einen Zeitungsartikel über ein Projekt, an dem Sie während Ihres Praktikums mitgearbeitet haben. Was ist beim Schreiben zu bedenken?*

## 10.3.2 Tag der offenen Tür

### FALLBEISPIEL

**Vorüberlegungen zum Tag der offenen Tür**

Die Erzieherinnen Tatjana K. und Verena M. sitzen mit den Sozialassistentinnen Cindy P. und Carola G. und ihrer Leiterin Regina A. zusammen und machen sich Gedanken darüber, wie der diesjährige „Tag der offenen Tür" aussehen könnte. „Meines Erachtens sollten wir einmal etwas ganz anderes machen", meint Tatjana K., „der Wald liegt gleich hinter unserem Kindergarten, vielleicht können wir einmal einen Waldtag als Tag der offenen Tür veranstalten." „Die Idee ist gut", meinen die anderen. „Der Wald bietet viele Möglichkeiten", erwidert Carola, „die Gäste könnten Material im Wald sammeln und wir könnten dann mit ihnen etwas daraus basteln." „Es gibt auch viele Lieder

über den Wald", regt Regina an, „man könnte Lieder über den Wald einüben." „Die Tiere im Wald dürfen wir auch nicht vergessen", ruft Cindy ganz aufgeregt dazwischen, „auch da gibt es viele Möglichkeiten, die Tiere zu gestalten, entweder aus Knetgummi, aus Fimo oder man zeichnet sie."
Noch eine Weile sitzen alle Mitarbeiterinnen des Kindergartens U. zusammen und tragen ihre Vorschläge zusammen. „Wir dürfen nicht vergessen", meint schließlich die Leiterin Regina A., „die Eltern und Kinder mit in die Planung einzubeziehen. Beim letzten Mal waren es die Eltern, die in besonderem Maße gute Ideen hatten. Heute haben wir zunächst einmal Vorüberlegungen angestellt." Die anderen stimmen ihr zu. Natürlich gehören die Eltern und Kinder zum Planungsteam dazu.

## AUFGABEN

1. *Nennen Sie Vorteile, wenn Eltern und Kinder im Planungsteam mitarbeiten.*
2. *Ohne Teamarbeit kann heute nicht mehr in einem Kindergarten gearbeitet werden. Woran liegt das?*

Feste, die gemeinsam mit den Eltern, Freunden und Förderern der Kindertagesstätte veranstaltet werden, sind eine gute Möglichkeit, sich in der Öffentlichkeit zu präsentieren. Sie schaffen **Identifikationsmöglichkeiten**, denn wenn es heißt „Unsere KiTa feiert heute ein Fest" liegt darin eine Chance, sich besser kennenzulernen. Möglicherweise werden dadurch auch **Förderer enger** an die **Einrichtung gebunden**. Gemeinsames Feiern weckt meistens auch ein gewisses Zusammengehörigkeitsgefühl und fördert das Verständnis füreinander. Durch gemeinsame Rituale kommt man einander näher, und gerade in der besonderen Feststimmung möchte sich jeder Mensch von seiner besten Seite zeigen.

### Festgestaltung

Bei der Gestaltung eines Festes heißt es, einige Regeln einzuhalten:

- Zunächst einmal ist ein **Organisationsteam** zu bilden, das neben den Mitarbeiterinnen der Einrichtung aus Eltern und Kindern bestehen sollte. Wichtig ist, dass die Eltern ebenfalls eine verantwortungsvolle Aufgabe übernehmen, z. B. die Verantwortung für ein Spiel haben.
- Die **Zuständigkeiten** müssen genau geklärt sein, damit der Ablauf reibungslos vonstatten gehen kann. Dazu muss ein großer Plan erstellt werden, der angibt, was, wann und wo stattfindet. Jeder sollte entsprechend seiner Fähigkeiten und Stärken eingesetzt werden und keine Arbeit übernehmen müssen, für die er sich nicht geeignet hält.
- Besser als ein Plan sind **zwei Pläne**: Der eine Plan enthält die **Vorbereitungsaufgaben**, der

Abb. Nühs

andere die **Durchführungsaufgaben**. Zu den Vorbereitungsaufgaben gehören beispielsweise der Einkauf, die Dekorationen, die themenspezifisch sein sollten, sowie das Aufbauen der Stände, an denen Aktivitäten stattfinden sollen. Der Ablauf der Aktivitäten sollte so geplant werden, dass mit einem ruhigen Einstieg begonnen wird, der langsam die Intensität der Angebote steigert bis hin zu einem **herausragenden Höhepunkt**. Danach ist es wichtig, dass sich die Atmosphäre wieder beruhigt. Allerdings ohne abzuflachen. An diesem Punkt ist es wichtig, dass das Fest bald zum Ende kommt.

- Die Presse muss rechtzeitig informiert werden, um gerade dann da zu sein, wenn es etwas Interessantes zu berichten gibt.

## Festverlauf

Feste eignen sich gut für eine Präsentation der Arbeitsergebnisse. Alle Beteiligten, auch die Kinder, Eltern und Helferinnen können das Fest zur **Selbstdarstellung** nutzen. Für den Besucher ist es angenehm, wenn er sich nicht sogleich in den Trubel stürzen muss, sondern sich zunächst einmal Ausstellungstische, Fotos, Plakatwände oder einen Film ansehen kann. So kommt er zwanglos mit den anderen ins Gespräch.

## Begrüßung

Der Begrüßung kommt eine besondere Bedeutung zu, daher sollte sie sich nicht auf einige einführende Worte beschränken, sondern mit einem **gemeinsamen Lied, einer Sketchaufführung oder einer Szene**, die mit den Kindern eingeübt worden ist, beginnen. Wichtig ist, dass das Lied, der Sketch oder die Szene einen realen Hintergrund haben, denn es geht darum, die Einrichtung vorzustellen. Es ist auch möglich, einen Kurzfilm zu zeigen.

## Kommunikationsbarrieren abbauen

Zur **Kommunikation** sollte reichlich Gelegenheit geschaffen werden, z. B. durch gemeinschaftliche Spiele, Tisch- oder Sitzgruppen, Info-Stände. Genauso wichtig ist die Förderung des **Zusammengehörigkeitsgefühls**. Gemeinsame Aktivitäten, z. B. beim Mitmach-Theater, durch einen Rundgang durch eine Vernissage (Ausstellung) oder durch Workshops, bei denen Kinder als Experten auftreten, wird das Wir-Gefühl gestärkt. Auf vielseitige Angebote sollte geachtet werden, damit mitgemacht oder zugeschaut werden kann bzw. für jeden Besucher etwas vorhanden ist.

## Abschluss

Der **Abschluss** sollte ebenfalls zu einem **kleinen Höhepunkt** werden: Alle wichtigen Ereignisse des Tages können noch einmal zusammengefasst werden. An alle, die sich besonders für das Fest eingesetzt haben, sollten Blumensträuße verteilt werden. Es könnte auch ein, von den Kindern gemaltes Bild zugunsten des Kindergartens versteigert werden. Luftballons können in den Himmel geschickt werden oder es wird eine Polonaise bzw. ein Gruppentanz zum Abschluss getanzt. Spaß macht es auch, wenn zum Abschluss ein Standbild mit allen Beteiligten aufgestellt wird, das dann fotografiert wird.

Abb. Nühs

## MERKSATZ

Ein Tag der offenen Tür trägt nicht nur dazu bei, die Einrichtung in der Öffentlichkeit bekannt zu machen. Er fördert auch das Zusammengehörigkeitsgefühl von Eltern, Kindern und den Mitarbeiterinnen der Kindertageseinrichtung.

## AUFGABEN

1. *Planen Sie in Ihrer Klasse ein Fest für Kinder einer Kindertagesstätte. Mit einer Gruppe im Kindergarten wählen Sie einen besonderen Anlass für das Fest, z. B. Halloween, Martinstag, Nikolaus, Fasching usw.*
2. *Schreiben Sie stichpunktartig Ihre Vorgehensweise auf. Planen Sie insbesondere solche Aktivitäten mit ein, bei denen sich die Besucher miteinander unterhalten können.*

## 10.3.3 Homepage

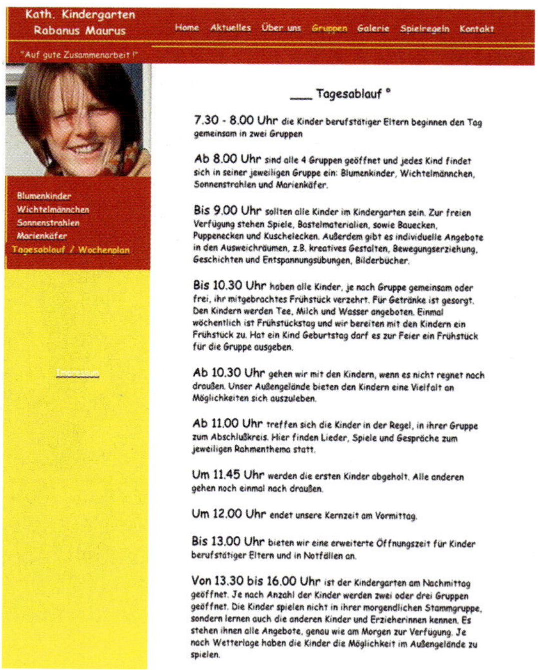


Abb. Rabanus Maurus Kindergarten

## AUFGABE

*Beurteilen Sie die Homepage und stellen Sie fest, welche Aussage Sie über die Einrichtung enthält.*

Wenn das Team einer Kindertageseinrichtung sich dazu entschlossen hat, eine eigene Homepage zu erstellen, d. h. mit eigenen Web-Seiten im **World Wide Web** präsent zu sein, dann muss es sich zunächst folgende Gedanken machen:

- Über die Zielgruppen, die es erreichen möchte,
- über die Auswahl des Inhaltes,
- über die Art der Darstellung des Inhaltes,
- über die Organisation der Darstellung,
- über den Weg des Web-Besuches von einer Web-Seite zur anderen.

Die Grundlagen des Vorgehens müssen sorgfältig geplant werden, umso einfacher ist hinterher die Erstellung.

**Inhalt und Zielgruppen**

Die Web-Seite des Kindergartens soll anderen zugänglich gemacht werden, daher stellt sich die Frage nach den Zielgruppen. Das können sein:

- Eltern,
- Kinder,
- Freunde und Förderer der Einrichtung,
- Träger,
- Behörden,
- Schülerinnen und Studentinnen,
- Lehrerinnen und Professorinnen.

Jede Gruppe hat eigene Vorstellungen, was sie auf der Seite finden möchte. Da die Web-Seite nicht allen potenziellen Besuchern gerecht werden kann, sollte sie sich auf die wichtigsten beschränken. In einer Kindertageseinrichtung sind das die Eltern und Kinder. Die Homepage sollte daher Sachinformationen für die Eltern bieten und teilweise kindgerecht umgesetzt sein.

### Darstellung der Informationen

Informationen auf dem Bildschirm müssen **knapp und verständlich formuliert werden**, da die Augen am Bildschirm schneller ermüden als beim

Lesen eines Buches. Sie müssen auch **gut strukturiert** sein, damit sie der Besucher auch tatsächlich liest.

### Textgestaltung

Überschriften, Zeilenumbrüche und Absatzmarken dienen der Strukturierung eines Textes und sind gleichzeitig ein Blickfang. **Eine Web-Seite**, die hauptsächlich aus Text besteht, sollte mindestens ein bis **zwei Überschriften** und **ein bis zwei Zeilenumbrüche** sowie **Absatzmarken** haben. Zu viele Überschriften, Zeilenumbrüche und Absatzmarken schränken die Übersicht jedoch ein.

### Schriftart und -größe

Eine Web-Seite sollte nicht zu viele unterschiedliche Schriftarten und zu viele unterschiedliche Schriftgrößen haben. Eine harmonische **Web-Seite** besitzt meist nicht mehr als **drei unterschiedliche Schriftarten und Schriftgrößen. Serifen** (kleine Querstreifen unten an den Buchstaben), z. B. bei der Schrift Candida, erleichtern das Lesen langer Texte.

### Ausrichtung

Genauso wie Überschriften, Schriftart und -größe trägt auch die **Ausrichtung eines Textes** oder Bildes zu einem ausgeglichenen Äußeren einer Web-Seite bei. Eine linksbündige, zentrierte oder rechtsbündige Anordnung hängt von dem jeweiligen Zusammenhang ab.

### Schriftfarbe

Farbe ist symbolträchtig. Je nach Kulturkreis werden den einzelnen Farben unterschiedliche Bedeutungen beigemessen. So steht die Farbe Schwarz in unserem Kulturkreis für **Tod und Trauer**, während sie in anderen Kulturkreisen **Leben und Wiedergeburt** bedeutet.

- Farben erzeugen Stimmung und Aufmerksamkeit. Die Betrachter sollen auf etwas hingewiesen oder zu einem Ziel geführt werden.
- Farbe wirkt umso mehr, je weniger Farbe in nur wenigen Abstufungen verwendet wird.

Der Sättigungsgrad spielt ebenfalls eine Rolle. Im Idealfall ist die Textfarbe umso heller, je dunkler der Hintergrund ist und umso dunkler, je heller der Hintergrund ist.

## Grafische Gestaltungselemente

Ein Bild sagt manchmal mehr aus, als tausend Worte. Ein Bild wird bei flüchtiger Betrachtung eher wahrgenommen als ein Text. Erst bei längerer Betrachtung nimmt man Einzelheiten eines Bildes auf. Die Möglichkeit, Bilder einzusetzen, sind vielfältig:

- Bilder präsentieren und veranschaulichen,
- Bilder können Orientierungshilfen sein,
- Bilder dienen als Dekoration bzw. als Schmuck.

Bilder sind optische Reize und dienen der Übermittlung von Informationen. Zu viele Bilder können eine negative Wirkung zur Folge haben.

### Hintergrundfarbe und -bilder

Der Hintergrund einer Web-Seite bestimmt in hohem Grade, wie die Informationen auf den Betrachter wirken. Der Standardhintergrund ist weiß oder grau. Er lässt sich durch eine andere Farbe sehr leicht verändern. Der Hintergrund erzielt seine Wirkung, wenn er

- dezent bleibt,
- mit der Schriftfarbe und -größe zusammenpasst.

## Hyperlinks

Mit den Hyperlinks, kurz Links genannt, kann man im Unterschied zu den Printmedien sehr schnell Informationen abrufen. Ziel einer Web-Seite sollte es daher sein, dass man jederzeit einen Überblick über seinen Standort im Web hat und den Weg zu den gesuchten Informationen schnell findet.

### Ziele eines Links

Die Homepage oder Startseite ist meistens mit anderen Web-Seiten verbunden, die weitere Informationen bereithalten. Durch Anklicken eines Links öffnet der Browser das mit dem Link verknüpfte Dokument, springt innerhalb einer Web-Seite beispielsweise zu einem Unterkapitel oder lädt ein Bild. Durch ein entsprechendes Icon (Schaltfläche) ist es auch möglich, Musik einzubinden.

### Gestaltung von Links

Wie ein Link aussieht, hängt mit dem Urheber der Web-Seite zusammen. Je nach der Gestaltung der Web-Seite bietet sich die **Schriftform** oder **das Bild** an. Oft sind Links als blaue unterstrichene Wörter oder Textpassagen zu erkennen. Vor blauen Hintergründen ist diese Farbwahl nicht empfehlenswert, da sie zu wenig auffallen. Links in Schriftform haben den Vorteil, dass sie aussagekräftig und selten missverständlich sind.

Statt schriftlicher Links werden oft **kleine Bilder (Buttons)**, die so genannten **Icons**, als Schaltflächen verwendet. Die Icons müssen eindeutig und allgemein verständlich sein, d. h., dass sie keiner schriftlichen Erläuterung bedürfen. Die Datei hinter einem Icon darf nicht zu groß sein, damit die Web-Seite schnell geladen werden kann.

## MERKSATZ

Die Homepage einer Einrichtung sollte vielfältig gestaltet werden. Entscheidend ist, dass sie die Einrichtung mit ihrer Besonderheit darstellt und die Informationen übersichtlich anordnet, damit der Betrachter sie schnell findet und zum Lesen angeregt wird.

## AUFGABEN

1. *Klicken Sie im Internet verschiedene Homepages von Kindertageseinrichtungen an und drucken Sie sie aus.*
2. *Bewerten Sie die Homepages kritisch und stellen Sie Ihre Kritik dem Plenum vor.*

## 10.4 Qualitätsmanagement

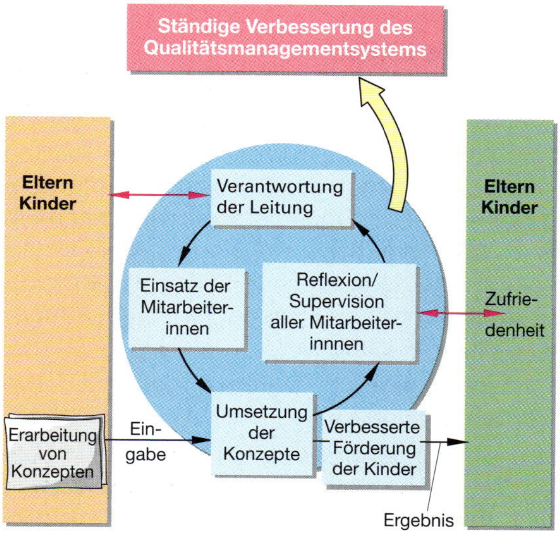


## AUFGABEN

1. *Versuchen Sie, den Begriff Qualitätsmanagement vom Wort her zu erklären.*
2. *Welche Bedeutung hat Qualität für eine Kindertagesstätte?*

Eine Kindertageseinrichtung kommt zukünftig nicht ohne Qualität zurecht, denn die Anforderungen an die Einrichtungen steigen und werden möglicherweise eines Tages europaweit verglichen.

Jede Erzieherin und Sozialassistentin hat in ihrer Kindertageseinrichtung bisher schon mit Qualität gearbeitet. Diese Qualität gilt es, weiter zu entwickeln. Nach Möglichkeit soll die Weiterentwicklung intern in der Einrichtung unter Beteiligung der Kinder, Eltern, Erzieherinnen und Sozialassistentinnen sowie des Trägers geschehen. Wenn die Kindertageseinrichtung noch Freunde und Förderer hat, so sollten diese ebenfalls mit einbezogen werden.

Grundlage für die Weiterentwicklung der Qualität sind Kenntnisse von möglichen Instrumentarien, die bei der Qualitätsentwicklung eine Unterstützung und Anhaltspunkte bieten können.

### 10.4.1 Qualitätsbegriff

## AUFGABE

*Die Qualität eines Kindergartens hängt auch von der Zufriedenheit der Eltern ab. Begründen Sie diese Aussage.*

Qualität ist ein vielfältiger Begriff. Bei der Auseinandersetzung darüber, wie gut eine Kindertageseinrichtung sein sollte, steht zunächst einmal im Vordergrund, um welche Güte oder Qualität es konkret geht.

Qualität kann nur bewertet werden, wenn feststeht, wer die **Merkmale** festlegt und nach welchen **Kriterien die Merkmale** festgelegt worden sind.

Eine einheitliche Definition wurde bisher nicht entwickelt. Dafür sind vielfältige Konzepte und Verfahren mit jeweils eigenen Interpretationen entstanden. Der Begriff „Qualität" stammt aus der Betriebswirtschaft. Hier geht es in erster Linie um die Qualität eines Produktes, d. h. um die Beschaffenheit, Güte und den Wert einer Sache.

Bei den Kindertageseinrichtungen gibt es zwar noch keine einheitliche Verständigung über die Qualität, aber es gibt schon seit einiger Zeit **verschiedene Vorstellungen** darüber. Diese Vorstellungen haben sich teilweise über einen längeren Zeitraum entwickelt.

In den **50er-Jahren** wurde die Betreuung als qualitativ gut bewertet, wenn das **Kind emotional und körperlich gut versorgt war** und die Fachkraft die mütterlichen Aufgaben möglichst vielseitig übernehmen konnte.

In den **60er- und in den 70er-Jahren** wurde die **kognitive Förderung** des Kindes ein wesentliches Qualitätsmerkmal. In den **80er-Jahren** kamen als **Qualitätskriterien die soziale und emotionale Begleitung hinzu sowie Gesundheits- und Sicherheitsaspekte**.

In den **90er-Jahren** führten bereits die genannten Gründe zu einer Diskussion über die **qualitativen Merkmale** einer Tageseinrichtung für Kinder. An diese Entwicklungen haben Wissenschaftler und Institutionen versucht, **„Messlatten"** zu entwickeln, anhand derer sich die Qualität der einzelnen Einrichtung feststellen lässt. Sie geben Anhaltspunkte für die Auseinandersetzung und für den Einstieg in die Qualitätsentwicklung für die eigene Kindertageseinrichtung.

## Übersicht über verschiedene Auslegungen des Qualitätsbegriffes

Das Netzwerk Kinderbetreuung der Europäischen Union betrachtet die Qualität der Kindertageseinrichtung für Kinder unter verschiedenen Aspekten. Qualität basiert demnach auf **Werten und Überzeugungen** und ist daher ein dynamischer, relativer und politischer Begriff. Qualität wird immer aus verschiedenen Perspektiven gesehen. Das sind die Kinder, die Eltern und die pädagogischen Fachleute. Qualität kann nur von allen Beteiligten definiert werden, wobei alle demokratisch eingebunden sein müssen. Das bedeutet eine konkrete Berücksichtigung der Bedürfnisse, Wünsche und Vorstellungen von Kindern, Eltern, Erzieherinnen sowie von Trägern und Fachleuten.

### Der Kronberger Kreis (Wissenschaftlicher Beirat des Frankfurter Instituts)

Die Mitglieder des Kronberger Kreises beurteilen die Qualität einer Kindertageseinrichtung für Kinder danach, ob der **pädagogische Alltag bestmöglich gestaltet** und dieses von den Kindern, Eltern, Trägern und der Öffentlichkeit anerkannt wird, und ob deren Vorstellungen von Kindertageseinrichtungen konzeptionell berücksichtigt werden.

### Die Kindergarten-Einschätz-Skala (KES-R)

Die Kindergarten-Skala (KES-R) ist die revidierte Fassung der Kindergarten-Einschätz-Skala (Autoren: Tietze/Schuster/Grenner/Rossmann). Sie beurteilt einen Kindergarten als qualitativ gut, wenn dieser ein **körperliches, emotionales, soziales und intellektuelles Wohlbefinden gewährleistet**, wenn die Entwicklung der Kinder umfassend gefördert und wenn die Funktion als familienergänzende und familienunterstützende Einrichtung erfüllt wird.

Die Pädagogische Qualität setzt sich für die genannten Autoren zusammen aus:

- der **pädagogischen Orientierungsqualität** (Bild vom Kind, Auffassungen, Erziehungsziele),
- der **pädagogischen Strukturqualität** (Rahmenbedingungen, personale, soziale und räumlich-materielle Merkmale),
- der **pädagogischen Prozessqualität** (Interaktionen, Erfahrungsmöglichkeiten für Kinder).

### DIN EN ISO 9000

Die DIN EN ISO 9000 (Deutsche Industrienorm bzw. Europäische Qualitätsnorm) basiert auf dem Verständnis von Qualität als **Gesamtheit von Eigenschaften und Merkmalen eines Produkts oder einer Dienstleistung**, die sich auf deren Eignung beziehen, festgesetzte und vorausgesetzte Erfordernisse zu erfüllen. Die Kindertageseinrichtung ist als Dienstleister zu sehen. Der ISO-Norm liegt kein pädagogischer Ansatz zugrunde.

### Werkstatthandbuch

Für die Autorin des Werkstatthandbuchs, Ulrike Ziesche, wird die Qualität einer Tageseinrichtung für Kinder wesentlich geprägt durch die **Professionalität der Erzieherinnen und durch die Leitung.** Qualitative Merkmale sind dabei:

- Die Gestaltung des pädagogischen Konzeptes und dessen Umsetzung in bestimmten Bereichen,

- eine gute Personalentwicklung und -führung und Anpassung der pädagogischen Arbeit an veränderte Bedingungen durch die Mitarbeiterinnen,
- eine kontinuierlich effektive und zuverlässige Gestaltung der pädagogischen Arbeit.

## Fachwissenschaftlicher Bereich

**Gerhard Regel** (Kinder- und Jugend-Psychotherapeut, Hannover) sieht in der **Kindorientierung die Grundlage von Qualität**. Das bedeutet, die Entscheidungsspielräume für Kinder ständig zu erweitern und dafür einen offenen Entwicklungsrahmen zu schaffen. Kinder sind in diesem Zusammenhang Selbstgestalter ihrer Entwicklung und die Erzieherinnen innerhalb eines kooperativen Prozesses Selbstgestalterinnen ihrer Pädagogik.

**Hartmann/Stoll** (Wien) bezeichnen als qualitatives Merkmal einer Kindertagesstätte, dass das **pädagogische Angebot den Lebensbedürfnissen von Kindern gerecht wird**. Dazu gehören insbesondere die Bedürfnisse nach emotionaler Zuwendung sowie nach räumlichen und zeitlichen Möglichkeiten.

**Wassilios Fthenakis** (Direktor des Instituts für Frühpädagogik, München) konkretisiert die Qualität einer Tageseinrichtung für Kinder als **Erziehungsqualität**. Diese berücksichtige gleichberechtigt die **verschiedenen Bedürfnisse und Vorstellungen der unterschiedlichen Bezugsgruppen in einem demokratischen Entwicklungsprozess**. Dieser Prozess setze sich kontinuierlich fort. Zur wesentlichen Grundlage einer qualitativen Kindertageseinrichtung werden die in diesem Prozess aufgestellten Kriterien, unter denen die prozessualen und interaktiven Zusammenhänge erheblich mehr Bedeutung finden sollten als strukturelle Aspekte.

**Hans-Günther Rossbach** (Münster) macht eine Definition von Qualität abhängig von den **Funktionen**, die eine Tageseinrichtung für Kinder erfüllen sollte und nennt dazu die

- **Betreuungsfunktion:** ausreichende Anzahl qualitativer Betreuungsplätze, die Eltern, besonders Müttern, eine Erwerbstätigkeit ermöglichen,
- **Servicefunktion:** die Kindertageseinrichtung als gut erreichbare, zuverlässige und finanziell erschwingliche Einrichtung mit bedürfnisorientierten Öffnungszeiten,
- **Unterstützungsfunktion:** Förderung der physischen, emotionalen, sozialen und intellektuellen Entwicklung von Kindern.

**Jürgen Zimmer** (Professor, FU Berlin) benennt als wesentliche Qualitätsmerkmale für ein situationsorientiertes Konzept die **Orientierung an der Lebenswirklichkeit der Kinder** statt eines durchgeplanten Ablaufs, eine **Altersmischung in den Gruppen** sowie eine **umfassende Bindung der Einrichtung in die Umwelt der Kinder** und **des Kindergartens**.

## Dimensionen

Die verschiedenen Ansätze zeigen, dass Qualität in Kindertageseinrichtungen vielfältig sein kann. Die Betrachtung von Qualität lässt sich in verschiedene Bereiche, so genannte Qualitätsdimensionen, aufgliedern. Im Kindergarten und in der Kindertagesstätte gehören dazu:

- Pädagogische Prozesse,
- pädagogische Strukturen,
- pädagogische Orientierungen,
- Ergebnisse.

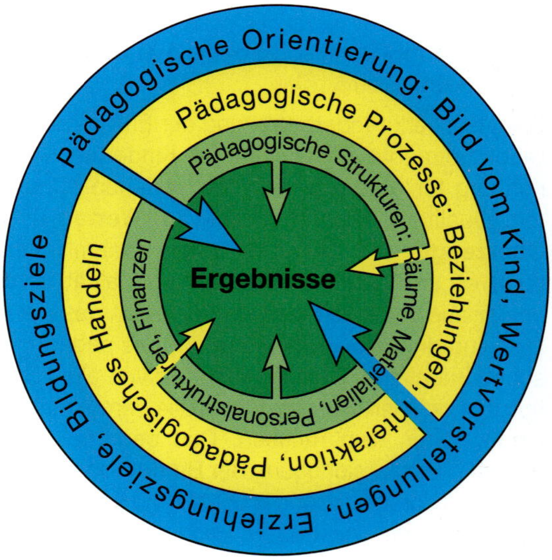


Diese unterschiedlichen Qualitätsdimensionen wurden in den letzten Jahren in verschiedenen Verfahren und Konzepten zur Qualitätsentwicklung im Kindertagesstättenbereich genauer beschrieben. Anhand dieser Beispiele lässt sich für jede Einrichtung nachvollziehen, welche Qualitätsdimensionen oder -bereiche vorhanden sind.

## MERKSATZ

Die Qualität wird in den Dimensionen pädagogischer Prozesse, Strukturen, Orientierungen und Ergebnisse gemessen. Sie können eine Hilfe für die eigene Qualitätsentwicklung ein.

## AUFGABE

*Inwieweit waren die genannten Qualitätsdimensionen in Ihrem Praktikumskindergarten vorhanden?*

Im Hinblick auf die eigene Qualitätsentwicklung sind Qualitätsdimensionen eine wesentliche Grundlage. Durch diese Einteilung werden die verschiedenen Aspekte einer Kindertageseinrichtung deutlich und können konkret thematisiert werden. Qualitätsdimensionen lassen sich wie folgt schematisch darstellen:

### Perspektiven

**Qualität** wird immer aus **verschiedenen Perspektiven** beurteilt. In Kindertageseinrichtungen gibt es unter anderem die Perspektiven der

- Kinder,
- Eltern,
- Erzieherinnen,
- Sozialassistentinnen,
- Kindergartenleitung,
- Kindergartenträger,
- Schulen,
- Förderer,
- Freunde,
- Öffentlichkeit.

Diese Auflistung lässt sich sicher noch ergänzen.

**Zu Kinder:**

Für die Kinder kann wichtig sein, wieweit die Einrichtung eine flexible Gruppenzusammensetzung für das Zusammenspiel ermöglicht sowie die Gestaltung von Schlüsselereignissen. Zu den Schlüsselereignissen gehören:

- Begrüßung und Verabschiedung,
- Eingewöhnung,
- Freispiel,
- Projekte und Ausflüge,
- geplante und offene Angebote,
- Mittagessen und Ruhepausen,
- Schulvorbereitung und Ablösung,
- Feste und Feiern.

Auch die Beteiligung von Kindern bei der Planung kann ein Qualitätsmerkmal sein.

**Zu Eltern:**

Für die Eltern ist die Lage des Kindergartens ein Qualitätsmerkmal. Er sollte nicht zu weit von der Wohnung entfernt liegen und gut zu ereichen sein. Die Öffnungszeiten sollten familiengerecht sein, d. h. dass die Eltern berufliche Tätigkeiten und Kinderzeiten miteinander verbinden können.

Darüber hinaus möchten viele Eltern in Entscheidungsprozessen eingebunden werden und ihre Wünsche bei der Betreuung und Planung berücksichtigt haben. Die Kommunikation mit den Erzieherinnen und Sozialassistentinnen ist wichtig für sie. Sie wünschen sich:

- Gespräche mit den Erzieherinnen und Sozialassistentinnen,
- Hospitationen,
- Elternabende,
- Gespräche zwischen Türrahmen (Tür- und Angelgespräche),
- Aufnahme- und Abschiedsgespräch,
- Treffpunkte.

Die räumliche und materielle Ausstattung muss dem Kind gute Entwicklungschancen bieten.

**Zu Erzieherinnen und Sozialassistentinnen:**

- Für Erzieherinnen und Sozialassistentinnen ist die regelmäßige Fortbildung zur Verbesserung ihrer täglichen Arbeit ein Qualitätsmerkmal notwendig.
- Zur Vorbereitung ihrer Anleitungsaufgaben müssen sie ausreichend Zeit haben.
- Die Erzieherinnen-Kinder-Relation darf nicht zu weit sein, da dann eine individuelle Förderung der Kinder nicht mehr möglich ist.
- Sie benötigen einen guten Kontakt zu den Eltern ihrer Kinder, zu den Kolleginnen und zur Leiterin.
- Bei der Erstellung der Konzeption müssen sie voll mit eingebunden werden.
- Bei der Festlegung der Arbeitsbedingungen müssen ihre Wünsche mit berücksichtigt werden.

**Zur Kindergartenleitung:**

- Für die Leiterin ist wichtig, dass sie kompetente Mitarbeiterinnen hat, die einen positiven Einfluss auf die Einrichtung haben. Die Kommunikation im Team muss stimmen, um eine gute Zusammenarbeit sicherzustellen.
- Sie muss die Schwerpunkte der Einrichtung festlegen und an dem Profil arbeiten.
- Bei einer Veränderung der Angebotsstruktur muss die Leiterin von den Aufgaben frei gestellt werden.
- Sie ist mit ihrem Team verantwortlich für die Gestaltung der Gruppen- und Funktionsräume.
- Die Dokumentation der Abläufe liegt in der Hand der Leiterin bzw. Leitung und Mitarbeiterinnen.
- Auf die Personalentwicklung muss sie Einfluss nehmen können. Wichtig ist, dass sie rechtzeitig Bedarf anmeldet.

**Zum Kindergartenträger:**

- Qualität ist auch von den vorhandenen finanziellen Mitteln abhängig. Qualitätsentwicklung kann dazu beitragen, die finanziellen Mittel rationeller einzusetzen.
- Die erreichte Qualität muss aber gesichert werden. Das ist nur möglich, wenn regelmäßig eine Reflexion durchgeführt wird.
- Qualität bedeutet auch für den Träger, dass die Mitarbeiterinnen an der Erreichung der Ziele arbeiten. Kindergärten sollten nicht für sich allein existieren, sondern das Umfeld sollte mit in ihre Arbeit einbezogen werden.
- Der Schulübergang muss bei der täglichen Arbeit berücksichtigt werden. Dazu ist es wichtig, rechtzeitig Kontakt mit der Grundschule aufzunehmen. Das Konzept des Kindergartens muss mit dem Konzept der Grundschule abgestimmt werden. Wichtig ist auch, dass sich die Kinder vor der Einschulung ihre Schule ansehen.

**Zu Schule:**

- Kinder müssen optimal auf die Schule vorbereitet werden. Die nachfolgenden Fähigkeiten werden von ihnen verlangt:
  - Körperliche Schulreife,
  - geistig-seelische Schulreife,
  - soziale Schulreife.

Durch den Schulbesuch verändern sich ihre Lebensbedingungen: Pünktlichkeit, Selbstständigkeit, Verantwortung, Rücksichtsnahme gehören zu den selbstverständlichen Eigenschaften.

**Zu Förderern/Freunden:**

- Für den Geldgeber sind die Ausstattung der Räume und das materielle Angebot wichtig. Dabei ist eine Kosten-Nutzen-Rechnung zu machen und zu überlegen, wie die Mittel noch kostengünstiger eingesetzt werden können.
- Festzustellen hat der Geldgeber auch, inwieweit die Einrichtung das KJHG, den Rechtsanspruch auf einen Kindergartenplatz, umsetzt.
- Geprüft werden muss darüber hinaus, ob die Einrichtung dem Auftrag der Einrichtung auf Betreuung, Bildung und Erziehung gerecht wird.
- Bei den pädagogischen Mitarbeiterinnen muss festgestellt werden, wieweit sie über die erforderliche Professionalität verfügen und wie sie diese erhalten.

**Zur Öffentlichkeit:**

- Die Öffentlichkeit ist daran interessiert, wie weit die Einrichtung den gesetzlichen Auftrag, Bildung, Betreuung und Erziehung zu vermitteln, umsetzt.
- Die pädagogische Arbeit sollte regelmäßig nach außen hin sichtbar gemacht werden.
- Schlüsselqualifikationen gewinnen immer mehr an Bedeutung, sie sollten daher vermehrt angeboten werden.
- Das Angebot an Betreuung sollte so sein, dass die Eltern Beruf und Familie miteinander verbinden können.
- Die Kindertageseinrichtung sollte ein Treffpunkt und Kommunikationsort für Eltern sein.

## MERKSATZ

Qualität wird aus unterschiedlichen Perspektiven beurteilt. Das EU-Netzwerk Kinderbetreuung benennt dabei drei wesentliche Perspektiven:

- Sichtweise von Kindern,
- Sichtweise von Eltern,
- Sichtweise von Fachleuten usw.

**Bewertung der Qualitätsbereiche**

| **A Bewertungskriterien:**[1] | 1–1,9 | 2–2,9 | 3–3,9 | 4–4,9 | ab 5 |
|---|---|---|---|---|---|
| **B Allgemeine Orientierung** | | 2,2 | | | |
| **C Kinderorientierung** | | 2,8 | | | |
| **D Selbstverständnis** | | 2,7 | | | |
| **E Arbeit mit Kindern** | 1,5 | | | | |
| **F Leitungsfunktion** | | | 3,9 | | |
| **G Teamarbeit** | | | 3,5 | | |
| **H Raumgestaltung** | | 2,6 | | | |
| **I Öffentlichkeitsarbeit** | | | 3,5 | | |
| **J Fort- und Weiterbildung** | | | 3,5 | | |
| **K Zusammenarbeit mit den Eltern** | | 2,8 | | | |
| **L Zusammenarbeit mit dem Träger** | | | | 4,8 | |
| **M Zusammenarbeit mit Institutionen** | | | | 4,5 | |
| **N Anleitung/Beratung/Praktikantin** | | | 3,5 | 4,2 | |
| **O Trägerschaft** | | | | | 5,1 |
| **Summen** | **1,5** | **13,1** | **17,9** | **13,5** | **5,1** |

[1] an Schulnoten angelehnt

**Gesamtbewertung: 51,1 : 14 = 3,65 Gesamtqualifikation: ausreichend**

## AUFGABEN

1. *Nennen Sie messbare Qualitäten in Kindertageseinrichtungen.*
2. *Welche Qualitäten erwarten Sie von sich als angehender Mitarbeiterin in einer Kindertageseinrichtung?*
3. *Wieweit kann der Geldgeber Einfluss auf die Qualität der pädagogischen Arbeit nehmen?*

## 10.4.2 Qualitätsentwicklung

## AUFGABE

*Bei einer Pflanze ist es wichtig, dass der Wildwuchs rechtzeitig entfernt wird. Bei der Vorgehensweise in der Qualitätsentwicklung ist es ähnlich. Begründen Sie diese Aussage.*

Jede Tageseinrichtung hat, wie bereits erwähnt, qualitative Merkmale. Diese Qualität soll nicht erhalten, sondern noch verbessert werden. Für die Qualitätsentwicklung gilt zunächst einmal, festzustellen, inwieweit Qualität in der Einrichtung bereits vorhanden ist. Dazu sind die nachfolgenden Fragen zu stellen:

- Welche Bereiche unserer Einrichtung sind gut?
- Womit sind wir zufrieden?
- Was muss verbessert werden?

Abb. MEV

## Qualität bestimmen

Erzieherinnen und Sozialassistentinnen haben ihre Arbeit schon immer an Qualitätsstandards ausgerichtet. Die jeweiligen Qualitätsstandards hatten aber bestimmte Qualitätsmerkmale. Der Grad, wie diese erreicht wurden oder werden, lässt sich einschätzen. Bei der Bestimmung von Qualität ist zunächst zu berücksichtigen, dass

- jede Kindertageseinrichtung ihre individuelle pädagogische Qualität hat, die nicht mit anderen zu vergleichen ist,
- für jede Kindertageseinrichtung Qualitätsstandards mit eigenen Qualitätskriterien entwickelt werden müssen,
- das pädagogische Konzept mit individuellen Qualitätsmerkmalen einer Kindertageseinrichtung die Grundlage der Qualitätsentwicklung bildet.

### Messbarkeit von Qualität

Die Frage, ob Qualität messbar ist, lässt sich weder mit „Ja" noch mit „Nein" beantworten.

Die Messbarkeit von Qualität muss mit „Nein" beantwortet werden, weil soziales Handeln nicht verallgemeinert werden kann. Hier muss flexibel auf individuelle Situationen reagiert werden. Vieles läuft auf der Beziehungsebene zwischen der Erzieherin bzw. Sozialassistentin und dem Kind ab. Diese Beziehungsebene kann nicht verallgemeinert werden.

Umgekehrt muss die Frage nach der Messbarkeit von Qualität mit „Ja" beantwortet werden. Strukturelle Anhaltspunkte wie Gruppengröße, Personalschlüssel, Raumangebot, Sicherheitsbedingungen oder materielle Ressourcen lassen sich genau bestimmen. Die Öffnungszeiten sind ebenfalls diesem Bereich zuzuordnen.

## Qualitätsdefinition

Für die Kindertageseinrichtungen müssen zunächst Qualitätsdefinitionen und Qualitätsstandards entwickelt werden. Die Erarbeitung universeller Definitionen, z. B. durch nationale und überregionale Qualitätskommissionen ist äußerst problematisch. Die Lösung kann daher nur die **Entwicklung einer Definition der individuellen Qualität einer Einrichtung** sein. Sie muss alle Bezugsgruppen (Eltern, Kinder, Träger, Personal usw.) einbeziehen und in einem gemeinsamen und gleichberechtigten Dialog erfolgen.

## Qualität weiterentwickeln

Qualität weiterentwickeln bedeutet, auf der Grundlage einer Zielvorstellung bestimmte Verfahren für spezielle Situationen festzuschreiben. Dabei bilden bisherige Verfahrens- und Verhaltensweisen zunächst die Ausgangsbasis. Diese Ausgangsbasis bietet Anhaltspunkte, die dann im Qualitätsentwicklungsprozess weiterentwickelt werden. Eine Frage, die den Entwicklungsprozess einleiten kann, wäre:

- Warum sind wir mit unserer Arbeit unzufrieden?
- Was müssen und/bzw. oder möchten wir verändern?

Dazu müssen verschiedene **Qualitätsebenen** berücksichtigt werden. Sie werden unterteilt in Ergebnis-, Struktur-, Prozess-, Kunden- und Konzeptqualität.

### Zur Ergebnisqualität:

Zunächst geht es um die Frage der Zielsetzung. Hier muss gemeinsam überlegt werden, was und in welchem **Bereich** durch **gezielte Maßnahmen** erreicht werden soll. Was ist kurzfristig zu erreichen und was kann längerfristig erreicht werden?

### Zur Strukturqualität:

Um die vorgegebenen Qualitätsziele zu erreichen, sind bestimmte strukturelle Rahmenbedingungen erforderlich. Abzuklären ist, welche **räumlichen oder personellen Bedingungen und welche Materialien** erforderlich bzw. vorhanden sind, um Qualitätsziele zu erreichen.

### Zur Prozessqualität:

Wie die Umsetzung der Qualitätsziele aussieht, wird als **Verhaltensregeln in Form von Qualitätsstandards** formuliert. Die Festschreibung der Art und Weise, wie eine Tätigkeit ausgeführt werden soll, erfolgt durch so genannte Qualitätsstandards mit bestimmten Merkmalen und Kriterien, z. B. haben Kinder für einen Waldspaziergang festes Schuhwerk anzuziehen und Regenkleidung mitzunehmen.

**Zur Kundenqualität:**

Die Beteiligung von Kindern, Eltern, Erzieherinnen, Sozialassistentinnen, Leiterin, Träger, Schulen und Umwelt ist von wesentlicher Bedeutung. Es geht um die **Einbindung und Berücksichtigung der verschiedenen Perspektiven**, aus denen die Kindertagesstätte gesehen und die Qualität beurteilt wird.

**Zur Konzeptqualität:**

Dokumentiert werden die Merkmale und Kriterien in der Einrichtungskonzeption oder in einem Qualitätshandbuch. Hier muss beschrieben werden, welche Angebote in welcher Art und Weise gemacht werden.

**Zusammenfassung:**

**Pädagogische Qualität**
Qualitätsebenen:
**Ergebnisqualität**
Was soll herauskommen?
**Strukturqualität**
Was brauchen wir dafür?
**Prozessqualität**
Wie wird gehandelt?
Wie wird kommuniziert?
**Kundenqualität**
Was bieten wir an?

## AUFGABE

*Wie können Sie als angehende Sozialassistentin zur Ergebnisqualität einer Kindertageseinrichtung beitragen?*

### Qualitätsziele entwickeln

Qualität wird nach dem Ergebnis beurteilt. Dazu sind vorher festgelegte Qualitätsziele erforderlich. Bei deren Entwicklung sind vier Aspekte zu berücksichtigen:

- **Die Vorgaben** beinhalten rechtliche und trägerspezifische Empfehlungen, **Vorgaben und Richtlinien.**
- **Der Auftrag** enthält den gesetzlich verankerten Auftrag des Kindergartens als Einrichtung zur **Bildung, Betreuung und Erziehung**
- **Der Bedarf** beinhaltet den Angebotsbedarf, der abgedeckt werden sollte.
- **Die Orientierungen** erfolgen am pädagogischen Konzept, den Wertvorstellungen und den individuellen Orientierungen.

Wesentlicher Aspekt ist die **Bedarfsorientierung**. Wichtig sind dabei die verschiedenen Perspektiven einer Tageseinrichtung für Kinder. Den tatsächlichen Bedarf kann man ermitteln durch:

- Kinderbefragung (Kinderkonferenz, Kinderinterview),
- Elternbefragung (z. B. durch Fragebögen),
- Mitarbeiterinnenbefragung („Wie zufrieden sind Sie mit Ihrem Arbeitsplatz?“)
- Grundschulbefragung (Frage nach der Kooperation),
- Trägerbefragung (Klärung gegenseitiger Erwartungen),
- Umfeldanalyse (z. B. regelmäßige Situationsanalyse des Umfeldes).

### Auswertung der Ergebnisse

Sinnvoll ist es, die Befragung systematisch auszuwerten, da sie die Grundlage der Qualitätsstandards bilden. Die Antworten können verschiedenen Themenbereichen zugeordnet werden. Ein Thema könnte beispielsweise die **Aufnahme von Kindern** sein. Dazu können nachfolgende Qualitätsstandards entwickelt werden:

1. Vorbereitung der Erzieherin und Sozialassistentin auf die neue Gruppe,
2. Einteilung der Gruppen,
3. Bereitstellung eines Gruppenraumes, von Garderobenplätzen usw.,
4. Bereitlegen der Unterlagen für die Eltern, z. B. Kindergartenordnung, Kindergartenführer usw.,
5. Planung des Eingewöhnungsprozesses,
6. Elterngespräch zum Abschluss der Eingewöhnungsphase.

## MERKSATZ

Ausgangspunkt für die Qualitätsentwicklung ist die individuelle pädagogische Qualität jeder Kindertageseinrichtung. Sie kann weiterentwickelt werden, wenn verschiedene Qualitätsebenen bearbeitet und Qualitätsziele formuliert werden.

## AUFGABEN

1. *Nennen Sie Qualitätsstandards, die Sie während Ihres Praktikums im Kindergarten feststellen konnten. Lassen sich die Standards noch verbessern?*
2. *Entwickeln Sie Qualitätsstandards zu den Themen: Elternabend, Begrüßung, Verabschiedung, Freispiel usw.*

## 10.4.3 Qualitätssicherung

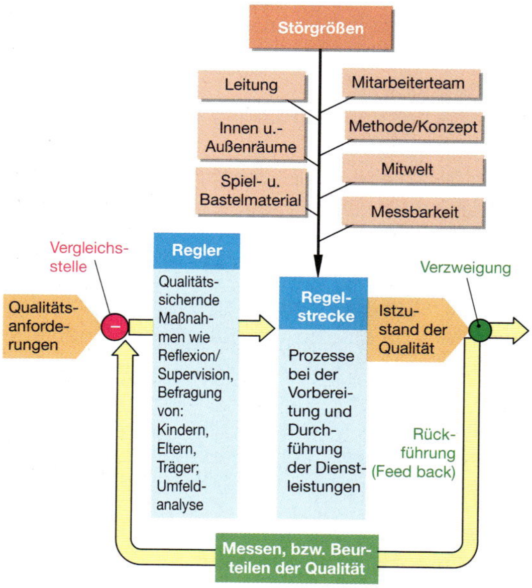


Die Entwicklung von Konzepten und Verfahren zur Qualitätsbestimmung im Kindergartenbereich gewinnt in Deutschland zunehmend an Bedeutung. Unterschiedliche Ansätze wurden insbesondere seit Ende 1997 von verschiedenen Verfassern oder Organisationen vorgelegt:

Das Ziel ist eine umfassende Evaluation und Reflexion der vorhandenen Praxis mit dem Ziel einer Verbesserung.

Des Weiteren wurde in den vergangenen Jahren im Kindergartenbereich damit begonnen, mittels **Qualitätsmanagementsystemen** die **Qualität von Kindergärten sicherzustellen.** Durch ein Qualitätsmanagement sollen die Abläufe mit den Zielen eines Kindergartens in Einklang gebracht werden. Die gelungene Anwendung eines Qualitätsmanagements wird von ernannten Zuhörern zertifiziert. In den letzten Jahren hat das Verfahren vorwiegend nach **DIN EN ISO 9000** (Deutsches Institut für Normung e. V. 1992) Anwendung gefunden.

Wichtige **Qualitätsmanagementsysteme** sind:

- Das Netzwerk Kinderbetreuung,
- das Konzept des Kronberger Kreises,
- das Konzept des Werkstatthandbuches,
- die Verfahren der Kindergarten-**Einschätz**-Skala (KES-R),
- der universitäre Bereich,
- DIN EN ISO 9000.

### Netzwerk Kinderbetreuung:

Das **Netzwerk Kinderbetreuung**, das durch den Gleichstellungsbeauftragten der EU im Rahmen eines Aktionsprogramms eingerichtet worden ist, entwickelte 1992 ein **Diskussionspapier** mit dem Titel **„Die Frage der Qualität in Kinderbetreuungseinrichtungen“** (Balagues/Mestres/Penn 1992). Dieses Diskussionspapier wurde zur Grundlage bei der anschließenden **Entwicklung von Qualitätskriterien** durch das Netzwerk Kinderbetreuung. Die Kriterien wurden ergänzt durch **Empfehlungen des Rates der Europäischen Kommission** mit **speziellen Zielbeschreibungen** für Betreuungseinrichtungen für kleine Kinder.

1996 hat das Netzwerk 40 Qualitätsziele vorgelegt. Die Ziele sind als **Orientierung für Einrichtungen und Organisationen** gedacht. Gefördert werden soll durch die Ziele eine Diskussion über **lokale Qualitätsziele**. Jede Einrichtung kann und soll ihre eigenen Qualitätsziele formulieren, um die individuelle Situation und die jeweiligen Erfordernisse berücksichtigen zu können.

Das Netzwerk hat drei Schwerpunkte mit Zielen als Untergliederung formuliert:

**a) Relativistisches Konzept:**

Die Qualitätsziele beruhen auf einem so genannten relativistischen Qualitätskonzept, das heißt, die Ziele orientieren sich an **Werten und Vorstellungen**.

**b) Dynamischer Prozess:**

Die Qualitätsziele werden in einem dynamischen und fortlaufenden Prozess entwickelt, der ständig überprüft wird und zu keinem endgültigen Abschluss kommt.

**c) Prozessuales Konzept:**

Die Qualitätsziele werden in einem Prozess entwickelt, welcher die unterschiedlichen Vorstellungen und Sichtweisen mit bedenkt und dabei alle Beteiligten mit ihren individuellen Bedürfnissen und Perspektiven beachtet.

### Konzept des Kronberger Kreises:

Der Kronberger Kreis setzt sich für eine **Qualitätsentwicklung im Dialog** ein. Er sieht sein Programm als Anregung für einen individuellen Qualitätsentwicklungsprozess eines Kindergartens. Das Ziel soll die Entwicklung einer so genannten „besten Fachpraxis“ sein.

Die dabei notwendigen Standards, Kriterien und Verfahren sollen im Rahmen einer „dialogischen Qualitätsentwicklung“ geklärt werden. Einbezogen werden sollen dabei alle relevanten Bezugsgruppen.

Die Qualitätsentwicklung kann nach Ansicht des Kronberger Kreises nur erfolgen, wenn Konsens darüber besteht, wie Qualität gewollt, definiert, geprüft und gesichert wird.

Der Kronberger Kreis gibt Anregungen und Impulse für die Qualitätsstandards. Der eigentlichen Verlauf der Qualitätsentwicklung und auch das Ergebnis werden bewusst nicht vorausgeplant. Dadurch ist die Qualitätsentwicklung nicht vorhersehbar.

Mit der Formulierung von spezifischen Standards soll der häufig anzutreffenden Beliebigkeit entgegen gewirkt werden. Das Konzept ist nicht als reine Qualitätsmessung gedacht, sondern im Vordergrund steht die **Entwicklung von Qualitätsstandards.** Die Kernfragen sind dabei:

- Wie können wir Veränderungen unterstützen?
- Wie können wir uns an die Veränderungsdynamik anschließen, die sich schon durch die Entwicklung der Kinder ergibt?

Der Kronberger Kreis beschränkt sich nicht auf den Kindergarten als abgesonderten Lebensraum, sondern die **Familie und das soziale Umfeld** müssen bei der Formulierung der Qualitätsstandards mit einbezogen werden.

Wichtig ist auch, dass die Qualitätsstandards ständig überprüft und weiterentwickelt werden. Das Konzept versteht sich als Grundlage für einen Dialog über

- Qualitätsvorstellungen,
- Qualitätsentwicklung,
- Qualitätssicherung.

Der Kronberger Kreis legt Wert auf Weiterentwicklung und Innovationsmöglichkeiten. Diese Absicht konzentriert sich in erster Linie auf die Mitarbeiterinnen und auf die Leitung.

### Konzept des Werkstatthandbuchs

1996 wurde mit der Entwicklung von Qualitätsstandards durch die KiTa-Fachberatung des Bezirks Reinickendorf in Berlin begonnen. Es wurde ein Konzept entwickelt, an dem neben Erzieherinnen auch Lehrerinnen und Eltern beteiligt waren. Im Rahmen einer so genannten **Werkstatt** wurde begonnen, ein Qualitätssicherungssystem für KiTas zu erarbeiten. Aufbauend auf der bereits vorhandenen Qualität soll ein Qualitätssicherungssystem entstehen, das eine konkrete pädagogische Zielsetzung enthält und Erzieherinnen einen bestimmten Gestaltungsfreiraum zugesteht. Für die Werkstatt wurde **die Steuerungsgruppe** entwickelt. Sie ist zuständig für die organisatorische Planung. Zu ihr gehören zehn Personen, die von Erzieherinnen, Leiterinnen, Eltern und Vertreterinnen des Jugendamtes gestellt werden.

#### Erstellungsprozess

Im Rahmen eines Entwicklungsprozesses entstanden zunächst sechs Qualitätsstandards:

- Eingewöhnung von Kindern,
- pädagogische Gestaltung von Essenssituationen,
- pädagogische Gestaltung von Schlaf- und Ruhesituationen,
- Freispiel,
- Sexualpädagogik,
- Sauberkeitserziehung.

Für die Bereiche wurde jeweils ein **höchster und ein niedrigster Qualitätsstandard** definiert. Vom höchsten Qualitätsstandard wurde ein nächst niedrigerer ermittelt und vom niedrigsten aus ebenfalls eine höhere Stufe, so dass vier Qualitätsstandards zu jedem Aspekt formuliert wurden.

Ab 1997 wurden die pädagogischen Qualitätsstandards in den Kindertagesstätten erprobt. Die Erzieherinnen und Leiterinnen der Kindertagesstätten wurden von der KiTa-Fachberatung in Dienstbesprechungen vorbereitet und begleitet. Das Werkstatthandbuch beschreibt die Möglichkeiten der Organisationsentwicklung, fachliche Voraussetzungen sowie Handlungsanregungen für den Beratungs- und Begleitverlauf. Die genannten Beispiele und Vorschläge sollen als Handlungsanregungen dienen, die vor Ort individuell ergänzt werden müssen.

### Verfahren der Kindergarten-Einschätz-Skala (KES-R)

Im Vordergrund steht die pädagogische Qualität. Diese pädagogische Qualität erweist sich als vielschichtiges Konstrukt, das in der KES-R in drei Bereiche aufgeteilt ist:

- Orientierungsqualität,
- Prozessqualität,
- Strukturqualität.

Diese drei Bereiche hängen voneinander ab und prägen in ihrer Gesamtheit das **qualitative Profil** eines Kindergartens. Als wesentlicher Bereich wird dabei die Prozessqualität gesehen.

Die Qualitätskriterien werden nach ihrer inhaltlichen Bedeutung in sieben Subskalen und 43 Items unterteilt. Die Items sind nähere Beschreibungen der Subskalen. Die Subskalen heißen:

- Platz und Ausstattung,
- Betreuung und Pflege der Kinder,
- sprachliche und kognitive Anregungen,
- Aktivitäten,
- Interaktionen,
- Strukturierung der pädagogischen Arbeit,
- Eltern und Erzieherinnen.

Die KES-R liefert durch ihr erprobtes und verbessertes Verfahren Gesamtwerte für globale Prozessqualität und ermöglicht darüber hinaus differenzierte Betrachtungen in unterschiedlichen Einzelaspekten.

Weitere Modelle zur Qualitätssicherung wurden im **universitären Bereich** entwickelt, z. B. das EPÖV-Modell. Den Universitäten geht es, genau wie in den aufgeführten Beispielen, um die Weiterentwicklung vorhandener Konzepte und Verfahren.

Auch das Verfahren nach **DIN ISO 9000** findet in Tageseinrichtungen für Kinder zunehmend Verwendung. Die ISO (International Standard Organisation) ist ein internationaler Zusammenschluss aller wichtigen Normenverbände mit Sitz in Genf. Dieser Zusammenschluss gibt Standards in Form von Normen für die unterschiedlichen Bereiche heraus.

Für den Bereich der Qualitätssicherung entstand die Normengruppe 9000. In diesen Normen ist die Struktur eines Qualitätsmanagements anhand festgelegter Merkmale vorgegeben.

Kritisch anzumerken ist, dass für die Organisationsstruktur im Kindergarten ein bestimmtes Maß an Qualität vorhanden sein muss, wenn er zertifiziert werden soll. Unberücksichtigt bleibt aber die Funktion des Kindergartens als entwicklungsfördernde Einrichtung mit der Aufgabe zur Bildung, Betreuung und Erziehung, die durch das KJHG vorgegeben sind.

### MERKSATZ

Für die Kindertagesstätten wurden in den vergangenen Jahren verschiedene Konzepte und Verfahren zur Qualitätssicherung entwickelt. Diese unterscheiden sich in der Herangehensweise und in ihren Ansätzen.

### AUFGABEN

1. *Führen Sie in Ihrer Klasse eine Pro- und Kontra-Diskussion über die verschiedenen Vorgehensweisen und Konzepte zur Sicherung der Qualität in den Kindertagesstätten durch. Besorgen Sie sich noch zusätzlich Material aus der Bücherei.*
2. *Versuchen Sie festzustellen, welche Vorgehensweise bzw. welches Konzept sich am besten umsetzen lässt.*

## 10.4.4 Dienstleistungs- und Kundenverständnis

### FALLBEISPIEL

**Rede der Leiterin eines Kindergartens in H. auf einer Elternversammlung**

... wenn ich darüber nachdenke, dass ich mich bei meinem Grußwort zum zehnjährigen Jubiläum unserer Einrichtung (1997) mit einem glücklichen Gärtner verglichen habe, der seine ihm anvertrauten Pflanzen hegt und pflegt, dann hört sich dies alles nach viel Geborgenheit, Liebe, Ruhe und Harmonie an. Wenn ich nun heute meinen Berufsstand interpretiere, dann sind prägnante Schlagwörter von Bedeutung, wie:

- Sozialmanagement in einem Non-profit-Unternehmen,
- der Kindergarten als Dienstleistungsbetrieb,
- Qualitätssicherung und -management,
- Flexibilisierung, Individualität, Kundenservice, Innovation,
- Marketing, Sponsoring.

Das sind Begriffe, die vielen Mitarbeiterinnen in einem sozialen Betrieb sehr fremd, vielleicht sogar übertrieben vorkommen und etwas Verunsicherung mit sich bringen.

Zugegeben, es hat sich einiges getan – und das ist gut so!!

Denn wir leben miteinander und leben bedeutet für mich ein „Sichverändern, Reifen, Wachsen, offen sein für Neues, sich weiter entwickeln“. Genau dies begegnet uns täglich in der Arbeit mit den Kindern und Eltern, die den Alltag mit Lebendigkeit, Freude und Spannung erfüllen. Die Ansprüche an den Kindergarten haben sich natürlich durch den gesellschaftlichen Strukturwandel geändert; damit auch unser Rollenbild als Pädagogen und die praktische Arbeit mit den Kindern und Eltern, die sich an deren Bedürfnisse orientieren muss! Es scheint, dass alles professioneller, transparenter und wirtschaftsorientierter geworden ist – und das darf es auch im 21. Jahrhundert, im Zeitalter der Multimedia.

Denn wir, als Erzieherinnen und Sozialassistentinnen, können uns mit Managern der mittleren Führungsebene vergleichen und dürfen dieses qualitative Profil auch in der Öffentlichkeit herausstellen.

Doch wenn ich dies alles kritisch betrachte und für mich ein Resümee daraus ziehe, dann komme ich zu folgendem Ergebnis:

Sämtliche Trends und Qualitätsdarstellungen orientieren sich immer am Wichtigsten: am Kind, als individuelle und ernstzunehmende Persönlichkeit, das Liebe, Geborgenheit, Halt, Schutz, Orientierung und Begleitung sucht. Wir, als Pädagogen, sind „Anwälte für die Kinder“, Begleiter und Möglichmacher – und das war schon immer so und wird sich auch in den nächsten Jahrzehnten nicht verändern! Die Harmonie, Ruhe und Geborgenheit, die der „Gärtner“ vermittelt, ist geblieben, ja vertieft worden, so dass unser Kindergarten eine Oase, ja manchmal sogar ein Zufluchtsort in unserer schnelllebigen Gesellschaft geworden ist. In diesem Sinne freue ich mich über die konzeptionelle Darstellung unserer täglichen Arbeit. Es macht Spaß und Freude, die Lebendigkeit immer wieder aufs Neue zu spüren! (Angelika K.)

## AUFGABEN

1. *Erklären Sie die Schlagwörter Sozialmanagement, Non-profit-Unternehmen, Dienstleistungsbetrieb, Qualitätssicherung und -management, Flexibilisierung, Kundenservice, Innovation, Marketing und Sponsoring. Nehmen Sie dazu ein Lexikon zur Hand.*
2. *Was meint Frau K. mit der Aussage, dass sich trotz der vielen Veränderungen alles am Kind orientiert?*

Abb. Nühs

Veränderungen jeglicher Art hängen von den pädagogischen Konzepten, von der Qualifikation der Fachkräfte, von den Arbeitsbedingungen und Ressourcen ab. Um neue Konzepte erfolgreich entwickeln und umsetzen zu können, brauchen Erzieherinnen und Sozialassistentinnen neue Kompetenzen. Dazu gehören

- die ständige Auseinandersetzung mit den Erziehungsfragen,
- der Erwerb neuer Kenntnisse über die kindliche Entwicklung,
- das Wissen über betriebswirtschaftliches und effektives Arbeiten,
- Kenntnisse über die Analyse, Planung, Beratung und gruppendynamische Prozesse,
- die Fähigkeit, Bündnispartner zu gewinnen – vom Gemeinderat über die Gewerkschaften bis hin zu den örtlichen Beratungsstellen –, um mit ihnen zu kooperieren.

## Kindergärten mit Kundenorientierung

Die finanziellen Reduzierungen führen dazu, dass Qualität und Preis, Leistung und Entgelt immer konsequenter ins Verhältnis gesetzt werden – auch im Bereich der sozialpädagogischen Betreuung, Erziehung und Bildung von Kindern. Welcher Nutzen als Qualität definiert wird, wie viel dieser Nutzen kosten darf, das liegt natürlich im Ermessen derjenigen, die die Verantwortung dafür haben. Aber auch aus zahlreichen Paragraphen des KJHG leitet sich der Dienstleistungsgedanke ab. Damit ist eine Art **Perspektivenwechsel** im **sozialen Bereich** eingetreten. **Kundenorientierung** heißt die Parole:

- die Nachfrage soll das Angebot steuern,
- das Produkt soll sich am Bedarf orientieren,
- Eltern und Kinder werden befragt,
- in den Teams diskutiert man über Qualität.

Dennoch darf nicht übersehen werden, dass die pädagogische Arbeit in Kindertageseinrichtungen schon immer eine öffentliche **Dienstleistung** war. Da bleibt es nicht aus, dass Zweifel gegenüber einer bloßen **Erfüllung von Kundenwünschen** entstehen.

In der Arbeit mit Kindern muss es auch darum gehen, für alle gültige Maßstäbe zu setzen und verbindliche Qualitätskriterien zu entwickeln. Der Dienstleistungsbetrieb Kindergarten ist nämlich mehr als eine Einrichtung, in der irgendetwas verkauft oder produziert wird:

Er hat einen **pädagogischen Auftrag,** der inhaltlich bestimmt und gesetzlich fixiert ist.

Hier sollen alle Kinder, unabhängig von den speziellen Erziehungswünschen ihrer Eltern, eine jeweils angemessene und **optimale Förderung ihrer Fähigkeiten und ihrer Persönlichkeit** erhalten.

Im Spannungsfeld zwischen Kundenorientierung und der Umsetzung pädagogischer Ansprüche zeigt sich, wie professionell Erzieherinnen und Sozialassistentinnen arbeiten müssen. Je praktikabler ihre pädagogischen Ansätze sind, je klarer sie sie vertreten, desto weniger gleicht der Kindergarten einer Gemischtwarenhandlung oder einem Dienstleistungs-Center. Qualitätssicherung muss verstanden werden:

- **als offene Auseinandersetzung mit den sich vollziehenden Wandlungsprozessen,**
- **als eine Auseinandersetzung, in der es um fachlich begründete Standpunkte, professionelle Interessen und realistische Zukunftsentwürfe geht.**

Um pädagogische Standards in der Arbeit mit Kindern sichern und weiterentwickeln zu können, muss **Qualität präzise benannt werden.** Erst wenn ein Profil sichtbar wird, können pädagogische Ansprüche formuliert und umgesetzt und neue Einnahmequellen erschlossen werden. Gute Absichten reichen heute nicht mehr aus, um sozialpädagogische Arbeit mit Kindern in ihren vernetzten Bezügen und binnendifferenzierten Angeboten öffentlich zu rechtfertigen.

Für den Beruf der Erzieherin und Sozialassistentin heißt das, sowohl die Fähigkeiten wie das Handwerkszeug und die sozialpädagogischen Möglichkeiten zu haben, um den gesellschaftlichen Anforderungen positiv begegnen zu können.

„Erzieherinnen müssen ihre eigene Sprache und eine möglichst laute Stimme finden. Das wäre das Ende einer unsichtbaren Profession und der eigentliche Beginn einer selbstbestimmten Profession", fordert Ursula Rabe-Kleberg, Diplom-Sozialpädagogin.

Erzieherinnen und Sozialassistentinnen müssen Politik und Wissenschaft konfrontieren mit ihren drängenden Fragen

- nach Erforschung der Praxis,

- nach effektiven Weiterbildungsmöglichkeiten,
- nach öffentlicher und ernsthafter Reflexion der Probleme vor Ort.

Wichtig ist, dass sie selbstbewusst, innovativ und kritisch genug sind, um die aktuelle Diskussion zur Kenntnis zu nehmen, sie mitzubestimmen und sie hin und wieder auch nur gelassen zu ertragen.

**MERKSATZ**

Von den Erzieherinnen und Sozialassistentinnen wird heute Dienstleistungs- und Kundenverständnis gefordert. Dennoch sind sie gut beraten, wenn sie den Auftrag der Kindergärten, in erster Linie eine Bildungsstätte im Elementarbereich zu sein, nach außen hin deutlich zu machen.

**AUFGABE**

*Nennen Sie Vor- und Nachteile, wenn Kindergärten sich zu Dienstleistungszentren entwickeln. Gehen Sie auf die neue Rolle der Eltern ein.*

## 10.5 Eltern- und Familienarbeit

**AUFGABE**

*Nennen Sie Möglichkeiten, Eltern verstärkt in die Kindergartenarbeit einzubinden.*

Noch vor einigen Jahren beschränkten die Erzieherinnen ihre Elternarbeit vorrangig auf die **Veranstaltung von Elternabenden und Beratungsgesprächen**, um über das Geschehen im Kindergarten zu informieren. Lediglich ein gewählter Elternbeirat engagierte sich direkt im Kindergarten und griff gelegentlich bei Unstimmigkeiten zwischen den Eltern oder zwischen Eltern und Erzieherinnen vermittelnd ein. Höhepunkt der Elternarbeit im Kindergartenjahr war schließlich ein gemeinsames Fest.

Heute verlagert sich das Angebot der Tageseinrichtung von der schwerpunktmäßigen Betreuung und Bildung von Kindern hin zu einer **intensiven Familienarbeit**. Die theoretische Diskussion, die diese Entwicklung in der Praxis begleitet, verläuft entlang von Begriffen wie **Familienorientierung, Familienarbeit und Orte für Familien**. Die Veränderung ist allerdings nicht problemlos und kann zu Spannungen zwischen Eltern und Erzieherinnen führen:

- Zum einen, weil auf die Erzieherinnen neue Aufgaben zukommen,
- zum anderen, weil vielen Eltern nicht verständlich ist, was familiennah, kindgerecht und pädagogisch sinnvoll ist.

Doch die Interessen der Eltern und Erzieherinnen sowie Sozialassistentinnen müssen nicht miteinander kollidieren, im Gegenteil sie lassen sich sehr gut auf **gemeinsame Ziele ausrichten und integrieren**.

Für beide Seiten kann diese neue Zusammenarbeit mit Vorteilen verbunden sein, da dadurch die Einrichtung die **Angebotspalette verbreitern** kann und die Eltern profitieren von der **stärkeren Partizipation**.

### 10.5.1 Gespräche

Ohne Gespräche kann eine Zusammenarbeit zwischen den Erzieherinnen und Sozialassistentinnen sowie den Eltern nicht stattfinden. Bei der Zusammenarbeit und den damit verbundenen Gesprächen spielen die Beziehungen und Kontakte der Eltern untereinander wie auch zwischen den Eltern und den Erzieherinnen eine große Rolle. Wichtig ist, dass bei den Gesprächen die **Sach-, Sozio- und Psychologik** (nach Karlheinz Geißler in seinem Buch „Lernprozesse steuern") auseinandergehalten wird:

- Mit Sachlogik ist die sachgerechte Information eines Sachverhaltes gemeint,

Abb. Morgenstern

- mit Soziologik die Dynamik zwischenmenschlicher Beziehungen,
- die Psychologik beinhaltet die Gefühle und Einstellung zum Gegenüber.

## Elterngespräche

### FALLBEISPIEL

**Aggressives Verhalten von Lukas**

Bereits in der ersten Woche seit seinem Eintritt in den Kindergarten stellten die Erzieherinnen und Sozialassistentinnen fest, dass Lukas im Umgang mit den anderen Kindern sehr aggressiv war. Wenn sie ihm etwas nicht geben wollten, weil sie selbst noch mit dem Spielzeug usw. spielen wollten, fing er zu schreien und zu schlagen an.

Mit viel Geduld und Zuwendung schaffte es seine Sozialassistentin in Situationen, die noch nicht eskaliert waren, Lukas dazu zu bringen, dass er ihr mitteilte, welchen Gegenstand er haben wollte. Sehr oft vergaß er aber diese Abmachung und schrie und schlug weiterhin.

### AUFGABE

*Trotz wiederholter Ermahnungen wird das Verhalten von Lukas nicht besser. Die Erzieherin hat sich daher für ein Gespräch mit den Eltern entschieden. Wie könnte das Gespräch verlaufen? Gestalten Sie daraus ein Rollenspiel.*

Häufig finden Gespräche mit den Eltern statt, wenn die Kinder ein auffälliges Verhalten zeigen. Hierbei ist es besonders wichtig, **konkrete Situationen aus dem Alltag in sachlicher Form** zu schildern. Bei der Darstellung des auffälligen Verhaltens ist es für das Verstehen der Eltern wichtig, Situationen auszuwählen, bei denen möglicherweise ein Elternteil in der Beobachterrolle anwesend war.

Wenn die Eltern die Situation ähnlich sehen wie die Erzieherin, so bietet sich als nächster Schritt eine um die Sichtweise und Erkenntnisse der Eltern angereicherte **gemeinsame Themenbeschreibung** an. An dieser Stelle kann das **Gespräch spannungsgeladen** werden, da Eltern leicht in die Versuchung kommen, ihre Erziehung und das Verhalten des Kindes zu rechtfertigen. Das **Kind wird häufig in Schutz genommen** und es kommt nicht selten zu **Angriffen auf die Arbeit der Einrichtung**. In dieser Phase dürfen sich Erzieherin und Sozialassistentin auf keinen Fall provozieren lassen und ihre Arbeit aus einer Verteidigungshaltung heraus erläutern. Die Erzieherin sollte an dieser Stelle eine **fachliche Einschätzung zum Verhalten des Kindes** abgeben und im weiteren Gesprächsverlauf prüfen, wieweit die Eltern ihre Meinung teilen. An erster Stelle sollte immer das Bemühen stehen, ein **gemeinsames Verständnis für das Kind** zu erreichen. Erst wenn die Erzieherin spürt, dass das Verständnis bei den Eltern vorhanden ist, können **konkrete Lösungsansätze** gesucht werden.

## Lösungsmöglichkeiten:

Die Erzieherin mit ihrem Expertenwissen kann nun zusammen mit den Eltern ein **gemeinsames Vorgehen** erarbeiten. Für beide Seiten können konkrete Maßnahmen vereinbart werden. Die Erzieherin sollte mit den Eltern einen **Zeitpunkt** festlegen, an dem die **Ergebnisse und die weitere Entwicklung besprochen werden**. Der offene Austausch über kleine Erfolge oder auftretende Probleme fördert die gegenseitige Akzeptanz und stärkt die professionelle Rolle der Erzieherin und Sozialassistentin.

Die Verbindlichkeit wird erhöht, wenn die Vereinbarungen schriftlich festgehalten werden.

**Leitfragen:** Das Gespräch kann von den nachfolgenden Leitfragen bestimmt werden:

***1. Ebene der Sachlogik:***

- Worum geht es?
- Was wollen wir den Eltern vermitteln?

Abb. Nühs

- Welche Aktivitäten habe ich durchgeführt?
- Besitze ich ausreichende Kenntnisse für die fachliche Begründung?
- Welche konkreten fachlichen Unterstützungsangebote kann ich den Eltern machen?

***2. Ebene der Soziologik:***
- Gibt es eine förderliche oder hinderliche Dynamik zwischen den Eltern und uns oder der Einrichtung?
- In welcher Dynamik stehen die Eltern des Kindes zu anderen Personen?
- Welche Dynamik kann durch das Ansprechen des auffälligen Verhaltens erwartet werden?

***3. Ebene der Psychologik:***
- Wie gut kennen wir die Eltern des Kindes?
- Welche positiven oder negativen Vorerfahrungen haben wir mit ihnen?
- Welche Emotionen sind bei uns bezüglich des Themas vorhanden?
- Wie könnte es den Eltern emotional bei diesem Thema gehen?

Die Beantwortung der Fragen zur Vorbereitung auf das Gespräch mit den Eltern trägt dazu bei,
- die verschiedenen Ebenen der Situation zu sortieren,
- einen roten Faden bei dem Gespräch zu behalten,
- die Antworten der Eltern einzuordnen und auf gleicher Ebene zu antworten.

## Die vier Aspekte der Kommunikation

**„Man kann nicht nicht kommunizieren!"** hat der bekannte Kommunikationswissenschaftler Paul Watzlawik (1921–2007) gesagt. Er meint damit, dass Menschen bei jeder Begegnung miteinander kommunizieren. Das gilt auch für das Verhältnis zwischen Eltern, Erzieherinnen, Sozialassistentinnen und Kindern. Sie stehen nicht nur über die **Sprache**, sondern auch durch ihr **Verhalten** in einem ständigen **Kommunikationsprozess.** In wechselnder Rolle sind sie einmal Sender und einmal Empfänger. Dabei verständigen sie sich auf **vier Ebenen**:

- **Auf der Sachebene:** Lukas ist ein aggressives Kind.
- **Auf der Ebene der Beziehung:** Die Art und Weise wie das Verhalten von Lukas den Eltern mitgeteilt wird und wie diese das aufnehmen.
- **Auf der Ebene der Selbstmitteilung:** Die Erzieherin und Sozialassistentin finden Lukas anstrengend. Er erschwert ihnen die Arbeit. Die Eltern sollen ihre Erfahrungen mit Lukas mitteilen.
- **Auf der Ebene des Appells:** Lukas Verhalten muss sich ändern. Aufgabe der Eltern ist es, sich dieser Aufgabe anzunehmen.

In dem Gespräch mit den Eltern kann es sehr schnell zu Missverständnissen kommen, je nachdem, wie das Gegenüber die Aussage versteht. Zu den Aussagen kommt noch das **nonverbale Verhalten**, etwa die Mimik und Gestik der Gesprächsteilnehmer, die ebenfalls falsch verstanden werden kann. So könnte eine **resignierend gemeinte Handbewegung der Mutter** von der Erzieherin und Sozialassistentin als **Ablehnung ihrer Beobachtung und Verharmlosung** gedeutet werden.

Im Verlauf eines Elterngespräches kann es bereits nach wenigen Sätzen zu einer Häufung von so genannten „doppelten Botschaften" kommen. Daher ist es wichtig, während der **Besprechung auf die vier Ebenen des Gespräches zu achten**. Durch Rückfragen kann festgestellt werden, welche Aussagen richtig angekommen sind und ob die Aussagen der Eltern mit den Aussagen der Erzieherin übereinstimmen. Ansonsten kann es zu der nachfolgenden Aussage kommen: „Ich weiß nicht, was ich gesagt habe, solange ich nicht die Antwort gehört habe!"

Neben dem Elterngespräch aufgrund besonderer Vorkommnisse gibt es das Tür- und Angelgespräch beim Bringen und Abholen des Kindes und das Gespräch am Elternabend. Gespräche finden in formellen, geregelten Strukturen statt oder in informellen und zufälligen Formen.

## Gruppengespräche

In ihrer beruflichen Tätigkeit haben Sozialassistentinnen häufig Gespräche zu leiten, zum einen im Rahmen ihrer täglichen Arbeit mit Kindern oder Jugendlichen. Das kommt vor beim Planungsgespräch mit der Gruppe im Hort oder im Heim oder beim Stuhlkreisgespräch im Kindergarten. Zum anderen werden Gespräche im Team oder bei Elternabenden geführt.

Die Gesprächsrunden können einen stärker informierenden oder diskutierenden Charakter haben.

Im Wesentlichen gelten die nachfolgenden Grundsätze bei der Leitung eines Gesprächskreises:

- **Ein Klima der Offenheit und des Vertrauens schaffen**: Die Motivation der Gesprächsteilnehmerinnen wird erhöht, wenn offen, humorvoll und entspannt miteinander gesprochen wird.
- **Die Kommunikation fördern und den Dialog kontrollieren:** Die Gesprächsleiterin sorgt für eine gute Verständigung. Es wird aufmerksam zugehört, nachgefragt und die angesprochenen Themen werden geklärt. Sie achtet auf die Regeln für einen günstigen Gesprächsverlauf, wie beispielsweise andere ausreden lassen, selbst nicht zu lange reden.
- **Jede in der Gruppe als gleichberechtigt ansehen:** Die Gesprächsleiterin behält alle anwesenden Personen im Blick. Sie sollte weder eine Kollegin noch jemanden aus der Elternschaft oder von den Kindern bevorzugt behandeln, aber auch niemanden übersehen oder ausgrenzen.
- **Sich selbst nicht unnötig unter Leistungsdruck setzen:** Die Übernahme der Gesprächsleitung setzt Erfahrung voraus. Die Technik kann man sich durch Teilnahme an einem Fortbildungskurs aneignen oder man übt sie im Team des Kindergartens.
- **Zwischenergebnisse visualisieren:** Bei wichtigen Entscheidungen oder bei Auseinandersetzungen ist es sinnvoll, die unterschiedlichen Standpunkte stichpunktartig an der Tafel, auf einem Flipchart oder auf Moderationskarten festzuhalten. Zuhörerinnen und Diskussionsteilnehmerinnen haben dadurch die Möglichkeit, die wesentlichen Beiträge jederzeit vor Augen zu haben und verlieren nicht „den roten Faden“.

Die Gesprächsleitung muss gut vorbereitet werden. Dabei ist es wichtig, sich Gedanken über den chronologischen Ablauf zu machen und ihn vorzuplanen. Idealtypisch verläuft die Gesprächsleitung in sechs Schritten:

- Begrüßung und Einstieg in das Thema,
- Aspekte und Ideen zu dem Thema sammeln,
- Aspekte und Ideen bewerten,
- Thema bearbeiten,
- Ergebnisse feststellen und einen Aktions- oder Maßnahmenplan erstellen,
- Abschluss und Reflexion.

### Tür- und Angelgespräche

Mit Tür- und Angelgesprächen sind **kurze Kontakte zwischen Eltern und der Erzieherin sowie Sozialassistentin** beim Bringen und Abholen der Kinder gemeint. In Krippen und Kindergärten sind Tür- und Angelgespräche der häufigste Kontakt mit einzelnen Eltern. Vertrauen kann hier aufgebaut und vertieft werden. Das Kind erlebt die **gute Zusammenarbeit** zwischen dem **Kindergarten und seinen Eltern.** Tür- und Angelgespräche bergen auch Gefahren in sich, wenn Informationen nur oberflächlich weitergegeben werden und von den Eltern nicht richtig verstanden werden. Daher können es nur oberflächliche Informationen oder der Hinweis auf einzuhaltende Termine sein, die hier weitergegeben werden. Für Gespräche mit Inhalten, die der Ruhe, Konzentration und Vorbereitung bedürfen, muss ein Termin vereinbart werden.

## MERKSATZ

Das Gespräch ist eine wesentliche Grundlage in der Zusammenarbeit von Erzieherinnen und Sozialassistentinnen mit den Eltern, Kindern und Jugendlichen. Die Ebenen der Sachlogik, der Soziologik und der Psychologik müssen dabei berücksichtig werden.

## AUFGABEN

1. *Vergleichen Sie die Sach-, Sozio- und Psychologik nach Karlheinz Geißler mit den vier Aspekten der Kommunikation von Watzlawik. Stellen Sie Gemeinsamkeiten und Unterschiede fest.*
2. *Führen Sie ein Rollenspiel in Ihrer Klasse durch mit dem Thema „Ben sitzt in der Ecke und verweigert jede Kommunikation mit den andern Kindern.“ Wie ist ihm zu helfen?*

## 10.5.2 Elternabende

### AUFGABE

*Zählen Sie Themen auf, die von Bedeutung für die Eltern sein könnten.*

Häufig muss ein Elternteil zu Hause bleiben und ein Kind betreuen. Alleinerziehende benötigen einen Babysitter. Aus diesem Grund verlegen manche Erzieherinnen und Sozialassistentinnen **Elternveranstaltungen** auf den **Nachmittag**, während die Kinder einschließlich ihrer Geschwister in einer Gruppe im Kindergarten betreut werden. Bei der Anmeldung des Kindes für den Kindergarten ist es sinnvoll, nach der Uhrzeit für Elternabende zu fragen.

Der **Elternbeirat** kann sich an der **Vorbereitung und Durchführung des Elternabends** beteiligen, denn seine Aufgabe besteht darin, Bindeglied zwischen den Eltern und Erzieherinnen sowie Sozialassistentinnen zu sein.

Bei der Festlegung der Tagesordnung muss die Erzieherin bzw. Sozialassistentin von der Frage ausgehen: Was interessiert die Eltern? Bei welchem Thema werden sie sagen: **„Das geht mich etwas an! Das ist wichtig für mein Kind und für mich!"**

Bei der Aufstellung der Tagesordnung sollte auch Zeit für **aktuelle Fragen und Probleme der Eltern** eingeplant werden.

Die inhaltliche Auswahl kann auch bestimmt werden durch die Ziele für die Elternmitarbeit:

- Offenlegung der pädagogischen Arbeit,
- Kooperation, Elternmitarbeit und -mitbestimmung,
- Elternberatung.

Viele Eltern werden dennoch nur kommen, wenn die Offenlegung als interessant, die Mitarbeit als wichtig und nötig und die Beratung als Hilfe angesehen werden.

Bei den methodischen Überlegungen muss berücksichtigt werden, dass **Erwachsene** oft viel **gehemmter als Kinder und Jugendliche** sind. Methoden, die bei Jugendlichen gut ankommen, z. B. das Rollenspiel, können bei Eltern **Verunsicherungen** auslösen. Sie befürchten, dass die anderen sie belächeln könnten. Oder wenn sie über die Erziehung sprechen sollen, ohne sich kompetent zu fühlen, oder malen sollen, glauben sie, das nicht zu können und verhalten sich **zurückhaltend bis ablehnend.** Bei der methodischen Planung muss deshalb vorsichtig vorgegangen werden.

Auf **ausländische Eltern** muss teilweise besonders eingegangen werden. Ihre Hemmungen sind oft sehr viel stärker und noch weniger einzuschätzen als die Unsicherheit deutscher Erwachsener. Bei Schwierigkeiten, sich sprachlich zu verständigen, muss an einen **Dolmetscher** gedacht werden.

Elterabende können ganz unterschiedlich aussehen. Im Mittelpunkt werden meist **Informationen** stehen. Erzieherinnen und Sozialassistentinnen sollten über solche Inhalte informieren, die für die gemeinsame Erziehung der Kinder von Bedeutung sind und die Zusammenarbeit mit den Eltern erfordern. Auch Beratung kann ein Teil der Tagesordnung sein.

Zwei Prinzipien tragen dazu bei, die Eltern auf dem Elternabend zu motivieren und den Abend interessant zu gestalten. Das sind die Prinzipien der

- **Anschauung und Aktivierung.**

#### Prinzip der Anschauung:

Damit ist gemeint, dass der Inhalt möglichst über viele Sinne vermittelt wird. Die Aufnahme über das Ohr ermüdet leicht. Bilder, audiovisuelle Medien, selbst eine bildhafte Sprache haben eine positive Wirkung. Andere Veranschaulichungen sind: etwas vorführen, Gedanken auf ein Plakat oder an die Tafel schreiben, Bücher und Gegenstände zeigen.

#### Prinzip der Aktivierung:

Wenn das Zuhören dadurch unterbrochen wird, dass der Zuhörer etwas zu tun hat, wird die Leistungsform „Zuhören" durch eine andere Leistungsform abgelöst. Das heißt, die geistige Aufnahmefähigkeit erfährt eine neue Motivierung und Steigerung. Deshalb ist es wichtig, die **Eltern auf unterschiedliche Weise zu aktivieren** und

Tätigkeiten der Verarbeitung und des eigenen Beitrags zu wechseln. Das heißt, die Methoden müssen gewechselt werden, durch

- Gesprächsbeiträge der Eltern,
- Kleingruppenarbeit, Ergebnisse werden auf ein Plakat geschrieben und im Plenum darüber berichtet,
- Diskussionen,
- Spiele ausprobieren und beurteilen,
- Informationsmaterial verteilen und darin blättern.

Neben den Informationen sind auch andere Inhalte angebracht. In manchen Kindergärten werden **Bastelabende** durchgeführt. Ziel eines solchen Abends ist dann nicht unbedingt das Bastelergebnis, sondern sind die **Gespräche der Eltern miteinander**, das **Vertrautwerden mit der Einrichtung** und das **Zugehörigkeitsgefühl der Eltern**.

Darüber hinaus kann es auch Elternabende geben, in denen Gruppenfahrten vorbereitet oder Feste geplant werden. Wieder andere Elternabende sind Arbeitsabende, an denen Reparaturen oder bauliche Veränderungen, z. B. Einbau einer zweiten Ebene, durchgeführt werden.

Eltern sollten immer das Gefühl haben, dass sie zu dem Kindergarten gehören und dort gebraucht werden.

## MERKSATZ

Die Tagesordnung eines Elternabends sollte sich an den Wünschen der Eltern orientieren. Das Prinzip der Anschauung und der Aktivierung muss in die Planung einbezogen werden.

## AUFGABEN

1. *Planen Sie einen Elternabend mit dem Thema: „Die Vorbereitung der Kinder auf den Schulbesuch!“*
2. *Gibt es noch weitere Möglichkeiten als die angegebenen, die Eltern bei einem Elternabend zu aktivieren?*
3. *Berichten Sie über Ihre Erfahrungen mit Elternabenden im Kindergarten.*

### 10.5.3 Elternbriefe

**Liebe Eltern!**

Nun geht auch dieses Kindergartenjahr dem Ende zu. Für 20 Familien bedeutet das „Aufbruch in einen neuen Lebensabschnitt!“ Dadurch heißt es Abschiednehmen vom Kindergarten. Gespannt warten die Schulkinder auf ihren „Ersten Schultag!“ „Endlich darf ich auch zur Schule gehen!“ „Ich bin jetzt ein Schulkind!“ Sie sind stolz darauf und das sollen sie auch sein. Sie haben jetzt immerhin sechs Jahre daran gearbeitet, um diesen weiteren Lebensabschnitt beginnen zu können. Ich wünsche ihnen allen viel Spaß und Freude in der Schule und Gottes Segen auf ihren Wegen.

Ich möchte mich bei den Kindern bedanken, dass ich drei Jahre lang ihren Weg begleiten durfte.

Bei den ausscheidenden Eltern sowie bei den bleibenden Eltern möchte ich mich recht herzlich für das entgegengebrachte Vertrauen, ihre Unterstützung und ihr Engagement bedanken.

Ein ganz besonderer Dank, auch im Namen des Fördervereins, gilt allen Eltern und Freunden des Kindergartens, die durch ihr Mitwirken, gleich welcher Art, zum Gelingen des Sommerfestes beigetragen haben. Es war ein rundum gelungenes Fest. Danke!

Wir wünschen Ihnen und Ihrer Familie einen Urlaub voll Sonnenschein, und freuen uns auf ein Wiedersehen am 30.08.

Ihre Anke M. und das KiTa-Team

Zum Lesen im Urlaub haben wir die nachfolgende Geschichte ausgesucht. Bitte teilen Sie uns mit, wie Sie Ihnen gefallen hat:

**Sonne und Wind: Wer ist der Stärkste?**

Einmal stritten Sonne und Wind miteinander. Jeder behauptete der Stärkere zu sein. Da sahen sie, wie unten einen Mann ging. Es war Anton, der von der einen Stadt zur anderen wanderte. Den Mantel trug er fest um die Schultern. „Machen wir die Probe“, schlug der Wind vor, „wem es gelingt, dem Mann den Mantel von den Schultern zu reißen, der ist der Stärkere. Einverstanden?" „Einverstanden", sagte die Sonne und lächelte mild.

Der Wind war als Erster an der Reihe. Er blies so kräftig, dass sich die Bäume bogen und die Wäsche auf der Leine wild flatterte. Anton fröstelte, er zog den Mantel fester um sich herum. Der Wind wurde zum Sturm. Er riss Blätter und Äste von den Bäumen; er jagte die Mütter und die Kinder in die Häuser, er tobte, bis auch die Tiere Schutz vor ihm suchten.

Anton ging weiter. Er stemmte sich gegen den Sturm und hielt seinen Mantel gut fest. Jedes Mal, wenn eine Böe ihm den Mantel wegzureißen drohte, hüllte Anton sich noch fester in ihn ein. Der Wind konnte ihm den Mantel nicht nehmen.

„Du hast es nicht geschafft!", sagte die Sonne. „Jetzt bin ich an der Reihe."

Die Blumen reckten der Sonne ihre Blüten entgegen. Die Vögel sangen ihre schönsten Lieder. Die Kinder kamen wieder zum Spielen heraus. Über dem Land lag bald eine brütende Hitze.

Anton wurde durstig von der Hitze. Er kam zu einem Wirtshaus und ließ sich erschöpft nieder. Vom Wirt bekam er ein Glas Most, das er in einem Zug austrank. Als er sich ein wenig ausgeruht hatte, machte sich Anton wieder auf den Weg. Die Sonne schien jetzt mit all ihrer Kraft, es wurde immer heißer. Anton seufzte und wischte sich den Schweiß von der Stirn. Endlich kam Anton zu einem Fluss. Er konnte nicht mehr weitergehen. Es war zu heiß. Er setzte sich ans Ufer und hielt die Füße ins kalte Wasser – ah, das tat gut!

Die Sonne schien ihm kräftig auf den Rücken, und Anton öffnete die Schnalle seines Mantels. Anton war müde geworden von der Hitze des Tages. Er warf den Mantel ins Gras und legte sich in den Schatten.

„Ich hab gewonnen", sagte die Sonne. „Mit Milde und Wärme erreicht man mehr als mit roher Gewalt!"

Den Ausspruch der Sonne möchten wir Ihnen mit auf den Weg geben.

## AUFGABEN

1. *Gehen Sie auf den Aufbau und Inhalt des Elternbriefs ein und teilen Sie Ihre Meinung dazu der Klasse mit.*
2. *Laden Sie weitere Elternbriefe aus dem Internet herunter bzw. bringen Sie sie aus Ihren Praktikumskindergärten mit und vergleichen Sie sie miteinander.*
3. *Stellen Sie einen Elternbrief zusammen, der Ihren Vorstellungen entspricht.*

Schriftliche Informationen an Eltern und Kinder beginnen mit der Aufnahme des Kindes. Die Eltern erhalten Informationsschriften mit formellen Angaben über Öffnungszeiten, Tagesablauf und die Konzeption des Kindergartens usw. Für nicht deutsch sprechende Eltern sind die Informationen meistens übersetzt.

Sobald das Kind die Einrichtung besucht, gibt es weitere schriftliche Informationen. Das können **Merkblätter, Kindergartenzeitungen oder Elternbriefe** sein. Kindergartenzeitungen und Elternbriefe geben die Möglichkeit der breiteren Information. Viele Kindergärten bevorzugen den **Elternbrief** gegenüber der Kindergartenzeitung, da er persönlicher ist und die Eltern direkt angesprochen werden.

Die gezielte Information der Eltern über die Themen der Einrichtung ist sicher eine **der bedeutendsten Grundlagen für eine vertrauensvolle Zusammenarbeit** zwischen den Erzieherinnen, Sozialassistentinnen und den Eltern. Es gibt auch Einrichtungen, in denen die Eltern oder der Elternbeirat an dem Elternbrief mitarbeiten. Dadurch wird er vielseitiger und berücksichtigt die Elternwünsche noch verstärkt.

Bei Kindern mit Behinderung hat sich neben dem Elternbrief das **Informationsheft** bewährt. Die

Erzieherinnen und/oder die Sozialassistentinnen tragen die Mitteilungen in das Heft ein und die Kinder geben es an die Eltern weiter. Umgekehrt antworten die Eltern auf die Mitteilungen. Auf den Elternbrief kann aber nicht verzichtet werden, da er wesentlich ausführlicher und gründlicher berichten kann.

Für kurze Nachrichten ist eine **Informationstafel** gut geeignet und kann den Elternbrief ergänzen.

Beim Elternbrief ist darauf zu achten, dass er alle Eltern erreicht. Er ist besonders gut dafür geeignet, den Eltern geplante Aktivitäten und Angebote mitzuteilen. Auch Märchen oder Kurzgeschichten lassen sich gut als Inhalt verwenden. Wenn sich etwas in der Organisation oder bei den Mitarbeiterinnen ändert, ist die Mitteilung an die Eltern über den Elternbrief verhältnismäßig einfach. Weitergehende Informationen können aus verschiedenen Themenbereichen kommen. Eltern haben ein unterschiedliches Interesse an den aktuellen Beschäftigungsprogrammen, den jahreszeitlichen Schwerpunkten, aber auch – wie schon erwähnt – an den personellen Veränderungen und baulichen Maßnahmen in der Einrichtung. Eltern benötigen Informationen:

- zu den verwaltungstechnischen Formalitäten, der Anmeldung und der Gebührenrechnung,
- zu den Gepflogenheiten, denn je schneller sie sie kennenlernen, umso besser für ihren Umgang damit,
- über die Regeln zum Tagesablauf in der Einrichtung,
- über die Kleiderordnung, z. B. Tipps für die Kleidung bei Wanderungen oder beim kreativen Gestalten,
- über die Mitwirkung bei Gruppenaktivitäten, z. B. Begleitung bei Außenkontakten,
- über die Einbeziehung bei der Erstellung von Jahres- und Rahmenplänen,
- über Feste und Feiern,
- über Freizeitangebote,
- über Kurse, z. B. Töpfern und Kochen usw.

Beim Elternbrief ist darauf zu achten, dass er ansprechend gestaltet wird. Das erhöht die Lesefreude bei den Eltern. Fotos tragen ebenfalls zur Veranschaulichung bei und werden gern von den Eltern und Kindern betrachtet. Elternbriefe geben den Eltern einen Überblick über die geleistete Arbeit im Kindergarten und tragen dazu bei, die Kontakte zu vertiefen.

## MERKSATZ

Elternbriefe geben einen Überblick über geplante und durchgeführte Aktivitäten, über Regularien und Möglichkeiten der Mitarbeit für die Eltern. Am wichtigsten ist aber die Kontaktpflege zwischen dem Kindergarten und den Eltern.

## AUFGABEN

1. *Befragen Sie die Eltern Ihres Praktikumskindergartens nach schriftlichen Informationen von Kindergarten und wie sie diese bewerten.*
2. *Nennen Sie weitere Möglichkeiten der schriftlichen Kontaktpflege mit den Eltern.*

### 10.5.4 Feste

Feste sind Höhepunkte im Ablauf eines Kindergartenjahres. Sie können mit und ohne die Eltern gefeiert werden. Feste der Eltern ohne die Kinder kommen ganz selten vor, z. B. könnten die Eltern gemeinsam Fastnacht im Kindergarten feiern.

Die Vorfreude auf ein Fest wird verstärkt, wenn Teile des Festablaufes bekannt sind. Durch die **Vorfreude** entstehen bereits **Einstimmungen auf das Fest und auf festliche Gedanken und Gefühle**. Das Fest erhält durch seinen traditionellen Ablauf einen gewichtigen Charakter und einprägsame Erinnerungen. Das spürt bereits das Kind. Die Erinnerungen an das Faschingsfest vom letzten Jahr erhöhen seine Vorfreude bzw. lässt am Ende des Festes bereits die Vorfreude auf das Fest im kommenden Jahr entstehen.

Natürlich gibt es **Abstufungen bei der Gestaltung der Feste**. Manche Feste werden jährlich auf ähnliche Art und Weise gefeiert, bei anderen werden nur Teile wiederholt, z. B. beim Faschingsfest. Die individuelle Gestaltung der Feste unterstreicht ihre Einmaligkeit.

Neben den traditionellen Festen gibt es einmalige Feste: Jubiläumsfeste, Eröffnungsfeste, Abschiedsfeste.

Festanlässe können auch erfunden werden, z. B. das Apfel- oder Kartoffelfest im Herbst, Gartenfest, Frühlingsfest usw. Neben den Festen können andere Höhepunkte geschaffen werden, z. B. Ausflüge oder gegenseitige Einladungen der Gruppen.

## Gestaltung der Feste

Das Festprogramm selbst muss so aufgebaut sein, dass es **Höhepunkte** bietet. Aber auch innerhalb der Spannung muss für Abwechslung gesorgt werden. Bei jeder Aktivität entsteht eine Spannungs- und Leistungskurve, die bei einem positiven Verlauf wie folgt aussieht:

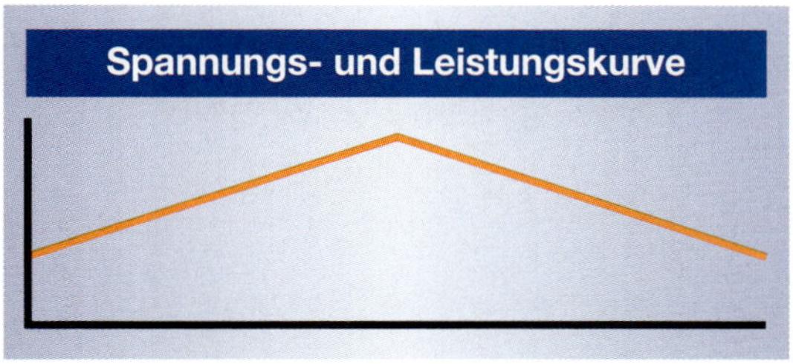


Anspannung, Motivation, Lernleistung usw. nehmen bis zu einem gewissen Grad der Ermüdung zu. Danach fällt die Kurve ab. Nicht umsonst heißt es, **dass Feste beendet werden sollen, wenn sie am schönsten sind**. Wenn die Kurve zu fallen beginnt, muss die Tätigkeit beendet oder verändert werden. Jedes Spiel ist irgendwann nicht mehr reizvoll. Dann muss es gelingen, über einen Wechsel der Tätigkeit die Motivation zu beleben, bis schließlich die Leistungs- und Motivationskurve nicht mehr zu halten ist und Müdigkeit eintritt.

Bei der Programmgestaltung für ein Fest kommt es darauf an, die Motivations- und Leistungskurve richtig einzuschätzen und ein **neues Angebot** einzusetzen, **bevor die Motivations- und Leistungskurve abfällt**.

**Feste** sollen **Höhepunkte im Alltag** der Kinder und Jugendlichen sein, deshalb ist es sinnvoll, sie so zu planen, dass sie zu einem Erlebnis für alle Beteiligten werden. Feste werden im sozialen Bereich so gut wie nie allein gefeiert. Das **Gemeinschaftserlebnis** steht deshalb im Mittelpunkt des Festes. Gemeinschaft bedeutet Geborgenheit, Sicherheit, Zuwendung und Anerkennung. Sie wird erreicht durch:

- gemeinsame Essen,
- gemeinsame Aktivitäten,
- gemeinsame Lieder oder anderes am Schluss.

Die **Stimmung und Gefühle** müssen bei einem Fest einen **Höhepunkt** erreichen. Gefühle und soziales Miteinander sind nicht voneinander zu trennen, weil Gefühle und Atmosphäre weitgehend durch das Miteinander entstehen. Bei der Gestaltung des Festes muss es gelingen, positive soziale Gefühle bei dem einzelnen Teilnehmer hervorzurufen und mit **Lebens- und Daseinsfreude zu erfüllen**.

Für die Planung der Feste spielen die **Beziehungen der Gruppenmitglieder** eine Rolle. Mit einer vertrauten Gruppe kann anders gefeiert werden als mit einer fremden Gruppe. Viele Feste werden mit fremden Menschen gefeiert, weil das soziale Miteinander und die Zuwendung zum anderen typische Merkmale der Feste sind. Es gibt aber **Feste**, die bewusst in der Gruppe gefeiert werden, weil das **Gruppenleben und das Miteinander im Mittelpunkt stehen sollen.** So soll ein emotionaler und sozialer Höhepunkt innerhalb einer Gruppe beispielsweise zu Weihnachten und Ostern für die Kinder erreicht werden. Auch die Abschiedsfeste werden meist bewusst nur auf die Gruppe ausgerichtet. Bei diesen **Festen** muss durch das Programm dafür gesorgt werden, dass für die teilnehmenden Gruppenmitglieder ein **Höhepunkt** und eine **gewisse Einmaligkeit** entstehen. So kann eine Abschiedsfeier im Kindergarten als Übernachtung oder Zeltfahrt gefeiert werden.

Im Gegensatz zu Festen haben **Feiern meist einen ernsten Charakter.** Die Bezeichnung Feier kann sich auf den stilleren Teil eines Festes beziehen. Es gibt aber auch Feiern ohne ein Fest, z. B. die Verleihung eines Preises, Jubiläumsfeier oder Abschiedsfeier einer Kollegin. Neben diesen Feiern gibt es wiederkehrende Feiern, z. B. das Erntedankfest. Kinder und Jugendliche können in die Gestaltung von Feiern einbezogen werden, wenn sie die nötige Reife und den Ernst dafür besitzen.

## MERKSATZ

Abwechselung im Programm eines Festes schafft Spannung und Motivation. Die Leistungsfähigkeit wird durch einen sinnvollen Wechsel der Tätigkeit erhöht. Eine angemessene Abwechselung wird deshalb auch zur Erhöhung der Erfolgserlebnisse beitragen.

## AUFGABEN

1. *Beurteilen Sie nachträglich die Feste, an denen Sie während Ihres Praktikums im Kindergarten teilgenommen haben, hinsichtlich des Ablaufes. Konnten Sie die genannte Motivations- und Leistungskurve feststellen?*
2. *Nennen Sie Beispiele für die Förderung des „sozialen Miteinanders“.*

### Eltern-Kind-Feste

Die Gestaltung der Eltern-Kind-Feste liegt weitgehend in der Hand der Erzieherin und Sozialassistentin.

Wie sie vorbereitet und inwieweit Kinder und Eltern in die Vorbereitung einbezogen werden, hängt mit der Art des Festes bzw. mit seiner Gestaltung zusammen. Sie lässt sich im Wesentlichen in drei Gruppen einteilen:

1. **Feste, die keine spezielle Vorbereitung mit der Kindergruppe erfordern,**
2. **Feste, die teilweise mit einer Gruppe vorbereitet werden müssen,**
3. **Vorführungen, die von den Kindern eingeübt worden sind.**

#### Zu 1. Feste, die keine spezielle Vorbereitung mit der Kindergruppe erfordern:

Eltern und Kinder feiern aufgrund von Aktivitäten ein gemeinsames Fest. Dafür wird mit den Kindern nichts vorgeübt, denn das **Festprogramm ist für die Kinder und die Eltern gleichermaßen neu**. Solche Feste sind beispielsweise Sommerfeste. Dafür werden unterschiedliche Stände aufgebaut, an denen Kinder oder bzw. und Eltern spielen. Sie können als Wettspiel organisiert sein oder der Unterhaltung dienen. Dazu einige Beispiele:

- Ein Elternteil und ein Kind schlagen um die Wette einen Nagel ein. Sieger ist, wer den Nagel als erstes eingeschlagen hat.
- Zwei Elternteile schieben jeweils ein Kind in einer Karre über einen Hindernisweg, Sieger ist, wer als Erstes ankommt.
- Das Team hat Spielecken eingerichtet, in denen gesägt, gematscht oder gewerkt werden kann. Die erstellten Gegenstände können die Kinder mit nach Hause nehmen.
- Parcours, z. B. Sehparcours, Hörparcours, sind aufgebaut worden, die von den Kindern allein oder mit den Eltern ausprobiert werden müssen.

- Spiele im Wald sind nach Art einer Schnitzeljagd geplant. An bestimmten Stellen sind Zettel versteckt, die weitere Aufgaben enthalten. Wer alle Aufgaben gelöst hat, ist Sieger und bekommt einen Preis. Die anderen Teilnehmerinnen erhalten Trostpreise.

Bei Festen im Raum können Erzählspiele durchgeführt oder Bilderbücher angesehen und nachgespielt werden.

#### Zu 2. Feste, die teilweise mit einer Gruppe vorbereitet werden müssen:

Für diese Feste werden vorweg gemeinsame Aktivitäten unternommen und auf dem Fest umgesetzt:

Diese Vorgensweise bietet sich beim Laternenfest oder bei Fasching an. In beiden Fällen erstellen die Kinder vorweg etwas, z. B. die Laterne

Abb. Nühs

für das Laternenfest oder die Maske für das Faschingsfest, die sie dann bei den Festen den Eltern vorstellen. Darüber hinaus kann es auch ihre Aufgabe sein, die Eltern an verschiedene Spiele heranzuführen, die sie vorher eingeübt haben. Das kann das **Zublinzeln** sein: Eltern und Kinder setzen sich in einen Kreis. Ein Kind oder ein Elternteil werden benannt, einem Kind oder einem Elternteil zuzublinzeln. Das Kind oder das Elternteil tauscht dann seinen Platz mit dem Kind oder dem Elternteil, dem es zugeblinzelt hat. Wer nicht aufgepasst hat, muss ein Pfand abgeben.

**Zu 3. Vorführungen, die von den Kindern eingeübt worden sind:**

Bei dieser dritten Art der Festgestaltung sind die Eltern weitgehend passiv. Die Kinder führen etwas vor, wie Theater, Lieder, Gedichte usw. und tragen es dann am Elternabend vor. Für Kindergartenkinder kommen höchstens kleine Theaterstücke in Frage, da langes Einüben für sie mit einem zu großen Stress verbunden ist. Spiele und Lieder können dagegen vorgeführt werden, da sie auch zum Alltag des Kindergartenkindes gehören. Für die Eltern bedeutet diese Art der Festgestaltung **Transparenz des Kindergartenalltags und weniger Frust und Versagensängste bei den Kindern**.

Schulkinder und Jugendliche können im **Einüben einer Vorführung** einen besonderen **Reiz empfinden**. Ein eingeübtes Theaterspiel, Handpuppenspiele oder Schattenspiele haben nicht nur einen hohen Aufforderungscharakter, sondern auch einen Lernreiz. Kinder in diesem Alter wollen sich vor ihren Eltern bewähren und zeigen, dass sie etwas gelernt haben.

Kochen und Backen für die Eltern kann für Schulkinder ebenfalls interessant sein. Für die Eltern hat ein solches Fest zwei Seiten:

- Sie nehmen die Versorgung von den Kindern an. Sie sind nicht immer die Gebenden, sondern die Nehmenden. Der **Rollentausch** kann für sie und ihre Kinder zu einer **neuen Begegnung** führen.
- Die Eltern haben Zeit, mit anderen Eltern **Kontakte** aufzubauen und Erfahrungen auszutauschen.

### Eltern-Kind-Nachmittage

Außer den Festen gibt es auch **gemeinsame Nachmittage**, an denen **Aktivitäten** im Kindergarten stattfinden. Die gemeinsamen Stunden können ebenfalls zu **Höhepunkten im Jahresablauf des Kindergartenjahrs** führen. Sie tragen dazu bei, Nähe zwischen den Eltern und der Erzieherin und Sozialassistentin sowie zwischen den Eltern herzustellen und die Verbundenheit mit dem Kindergarten zu vertiefen.

Die Eltern-Kind-Nachmittage können wie folgt aussehen:

- Eltern und Kinder basteln nach der Anweisung der Erzieherin oder Sozialassistentin Fensterbilder, die sie mit nach Hause nehmen dürfen oder im Kindergarten aufhängen.
- Eltern und Kinder basteln für einen guten Zweck, z. B. kleine Geschenke für ein Entwicklungsprojekt.
- Eltern und Kinder bereiten mit der Erzieherin und Sozialassistentin einen Tag der offenen Tür vor, indem sie Stände für Aktivitäten vorbereiten, z. B. für kleine Bastelarbeiten, Papierbatik oder die Küche zum Backen von Kleingebäck usw.

## MERKSATZ

Neben den traditionellen Festen wie Eröffnungs- oder Abschiedsfeste gibt es erfundene Feste, wie das Kartoffel- oder das Frühlingsfest. Bei der Gestaltung der Feste muss es gelingen, positive und soziale Gefühle bei der einzelnen Teilnehmerin hervorzurufen und mit Lebens- und Daseinsfreude zu füllen.

## AUFGABEN

1. *Setzen Sie sich in Gruppen zusammen und planen Sie ein Frühlingsfest für einen Kindergarten, an dessen Vorbereitung Sie Sozialassistentinnen und Kinder aus einem nahe gelegenen Kindergarten beteiligen.*
2. *Machen Sie sich Gedanken über einen Elternabend im Kindergarten, an dem vor allem die Arbeit im Kindergarten transparent gemacht werden soll. Durchdenken Sie ihn inhaltlich und methodisch und stellen Sie ihn Ihren Mitschülerinnen vor. Führen Sie anschließend eine Reflexion mit Ihren Mitschülerinnen durch.*

## 10.5.5 Elternpartizipation

Der Auslöser für eine grundsätzliche Neuorientierung in der Elternmitarbeit entstand **1991** durch das in Kraft getretene **Kinder- und Jugendhilfegesetz** und durch den **8. Jugendhilfebericht des Bundesministeriums für Familie, Senioren, Frauen und Jugend**. In den Einrichtungen wurden daraufhin die eigenen Aktivitäten überprüft und versucht, Elternmitarbeit projekthaft in das Aufgabenspektrum zu integrieren. Nicht nur hier lässt sich beobachten, wie sich bei Eltern und Erzieherinnen sowie Sozialassistentinnen die Erkenntnis durchsetzte, dass eine **erfolgreiche Kindererziehung auf jeden Fall ihre konstruktive Zusammenarbeit voraussetzt!** In der Vergangenheit wurden unter traditioneller Elternmitarbeit folgende Tätigkeiten verstanden:

- Die Anmeldung,
- das Aufnahmegespräch,
- das Tür-und-Angelgespräch,
- der Elternabend,
- die Sprechstunde,
- das Konfliktgespräch,
- das Fest im Kindergartenjahr,
- der Ausflug mit Kindern und Eltern.

Zukünftig ist eine Fortschreibung und Modernisierung der Elternpartizipation vorzusehen.

In der Pädagogik gibt es eine klassische Definition von Elternmitarbeit. Sie lautet in der Formulierung von Barbara Schmitt-Wenkebach im Fachlexikon der sozialen Arbeit wie folgt:

> „Elternarbeit begreift die Zusammenarbeit von Eltern und Institutionen der Kleinkindererziehung. Der Aspekt der Zusammenarbeit unterscheidet Elternarbeit von Elternbildung, d. h. es handelt sich nicht um einen einseitigen Informationsfluss, ausgehend vom Erzieher hin zu den Eltern. Elternarbeit ist vielmehr ein gemeinsamer Lernprozess: Eltern und Erzieher diskutieren über Lernprozesse: Eltern und Erzieher diskutieren über Ziele und Methoden der Erziehung von Kindern, die dabei auftauchenden Probleme und Lösungsvorschläge."

Diese Formulierung reicht heute nicht mehr aus, denn Elternmitarbeit hat sich verändert:

Durch Veränderung der Rahmenbedingungen erfolgt ein Perspektivenwechsel und eine Familienorientierung.

**Neue Definition der Elternpartizipation**

Unter Elternpartizipation versteht man die Gesamtheit der Angebote, die eine Tageseinrichtung an die Familien ihres Einzugsgebietes macht. Diese Angebote sind grundlegende Elemente der pädagogischen Arbeit im Rahmen der Betreuung, Bildung und Erziehung der Kinder. Sie bauen auf einer konstruktiven und partnerschaftlichen Zusammenarbeit zwischen den Eltern und den Erzieherinnen sowie Sozialassistentinnen auf. Tageseinrichtungen schaffen hierzu die notwendigen Räume.

Die einzelnen Methoden der Elternarbeit sind dabei ausgerichtet auf Einzelpersonen, auf Familien oder die Gruppe aller Eltern. Elternarbeit findet im alltäglichen Zusammentreffen oder im Rahmen von gezielt organisierten Veranstaltungen statt.

**Ziele dieser Elternarbeit sind:**

- Das Erreichen eines gemeinsamen, umfassenden Informationsstandes über die Arbeit der Einrichtung,

Abb. Morgenstern

- die Diskussion über gegenseitige Erwartungen und Vorstellungen,
- die Bereicherung des Einrichtungsalltags durch die aktive Mitarbeit der Eltern,
- die Förderung der Verständigung von Eltern untereinander, zum Beispiel durch die Bereitstellung von Begegnungsräumen für Familien sowie
- die Unterstützung bei der Gestaltung selbst organisierter nachbarschaftlicher Netzwerke.

Beim Lesen der neuen Definition der Elternmitarbeit kann man feststellen, dass im Hintergrund immer drei Handlungsebenen angesprochen sind:

- **das Kind,**
- **die Eltern,**
- **das Gemeinwesen, sprich der Orts- oder Stadtteil, in dem die Tageseinrichtung liegt.**

Diese Handlungsebenen sind zugeschnitten auf eine Tageseinrichtung moderner Prägung, die sich als Einrichtung mit einem eigenständigen Erziehungs- und Bildungsauftrag versteht. Über ihren Kernaufgaben der Betreuung, Erziehung und Bildung von Kindern nimmt sie die damit **unlösbar verbundenen Aufgaben der Elternmitarbeit** wahr, unter Berücksichtigung der Lebensbedingungen der Kinder und der Sorgeberechtigten der Kinder. Dafür ist erforderlich,

- dass die Einrichtung auf den Grundlagen einer **anerkannten Konzeption arbeitet**, z. B. situationsorientierter Ansatz, Montessori- oder Waldorfpädagogik; die Angebotsformen und Öffnungszeiten auf die Wünsche der Eltern abgestimmt sind,
- dass die Tageseinrichtung als **fester Bestandteil der sozialen Infrastruktur in den Orts- oder Stadtteil eingebunden** ist und dass aktive Beziehungen zu anderen Institutionen der Jugendhilfe und anderen Fachdiensten bestehen.

Diese Beschreibung macht deutlich, wie sehr sich die Aufgaben der Tageseinrichtungen ausgeweitet haben. Die bestehenden Ziele müssen daher für die Handlungsebenen Kind, Eltern und Gemeinwesen zusätzlich formuliert werden.

## Handlungsebenen

Nachfolgend eine Übersicht, wie die Handlungsebenen aussehen könnten:

**Handlungsebene Kind:**

Das einzelne Kind wechselt unbelastet zwischen den **beiden Lebenswelten, Elternhaus und Tageseinrichtung**, hin und her, wenn es spürt, dass zwischen den Eltern und der Erzieherin sowie Sozialassistentin ein entspannter Umgang besteht und seine Eltern sich an Aktivitäten in der Kindertageseinrichtung beteiligen.

**Handlungsebene Eltern:**

Die Eltern kennen das qualitative und quantitative Angebot der Tageseinrichtung weitgehend, wenn sie ihre Erwartungen in das Programm eingebracht haben und sie wissen, dass die Mitarbeiterinnen diese Erwartungen berücksichtigen. Für die Eltern ist die Tageseinrichtung ein Ort der Kommunikation und Begegnung. Sie diskutieren Themen der Erziehung, wie etwa den Medienkonsum oder Computerspiele. Darüber hinaus lösen sie Probleme des Familienalltags mit Unterstützung der Erzieherinnen und Sozialassistentinnen.

**Handlungsebene Gemeinwesen:**

Im Rahmen der Elternarbeit kümmert sich die Tageseinrichtung um **Themen**, die **Kinder und Familien im Einzugsgebiet** betreffen. Sie beschäftigt sich beispielsweise mit **fehlenden Freiräumen** und **Spielflächen**, mit **Verkehrsregelungen**, die Kinder nicht berücksichtigen, mit mangelhaften und unzureichenden Angeboten für Familien in der Umgebung und vielem mehr. Gemeinsam suchen Erzieherinnen, Eltern und Verantwortliche in der öffentlichen Verwaltung nach Verbesserungsmöglichkeiten. Die Tageseinrichtung liefert auch einen Beitrag zur **Förderung der Toleranz** gegenüber **Menschen aus einem anderen Kulturkreis**.

## Neue Anforderungen an den Träger

Die Verankerung der genannten Ziele der Elternarbeit ist auf der **strukturellen Ebene** sehr unterschiedlich ausgeprägt. Fest steht: Wenn diese neuen Ziele erreicht und die neue Perspektive ins Auge gefasst werden soll, dann sind im Rahmen der Elternmitarbeit noch einige institutionelle Aspekte zu klären und zu verbessern. Die Träger müssen die **Rahmenbedingungen** in den Einrichtungen an **die neue Elternmitarbeit** anpassen, d. h. es müssen entsprechende Räumlichkeiten zur Verfügung gestellt werden, in denen Besprechungen mit den Eltern stattfinden. Die Tageseinrichtungen sind für die Arbeit mit Kindern eingerichtet. Meist gibt es nur einen Büro- und Aufenthaltsraum für die Erzieherinnen und Sozialassistentinnen; ein Raum für die Elternmitarbeit fehlt.

Zurzeit erfolgt die Berechnung der Zahl der Mitarbeiterinnen nach der Anzahl der zu betreuenden Kinder. Dieser Schlüssel berücksichtigt nicht die Aufgaben, die unter der erweiterten Definition von Elternmitarbeit gefasst werden. Von Eltern geforderte Angebote der Elternmitarbeit liegen häufig außerhalb dieser Regelarbeitszeit. Auch da ist eine Regelung erforderlich.

## MERKSATZ

Zukünftig ist eine aktive Mitarbeit der Eltern auf den Handlungsebenen Kind, Eltern und Gemeinwesen gefordert aufgrund der veränderten Rahmenbedingungen, des Perspektivenwechsels und der veränderten Familienorientierung. Die Elternmitarbeit muss daher neu definiert und umgesetzt werden.

## AUFGABEN

1. a. *Bilden Sie einen Stuhlkreis. Kleben Sie Plakatpapier in die Kreismitte. Jede Teilnehmerin schreibt Formen von Elternmitarbeit auf das Plakat, so wie sie ihr einfallen.*
   b. *Schreiben Sie jetzt auf einen Zettel je einen Gedanken im Zusammenhang mit möglichen Problemen der Elternmitarbeit.*
   c. *Anschließend lesen Sie nacheinander diese Zettel vor und legen Sie sie offen auf den Fußboden.*
   d. *Nehmen Sie jetzt alle nacheinander einen dunklen Stift und setzen Sie einen Strich auf diejenigen Zettel, deren Aussage Sie als zutreffend empfinden.*
   e. *Sprechen Sie im Anschluss über die Ergebnisse.*

## 10.5.6 Elternbeirat

## FALLBEISPIEL

**Nachbesprechung über einen Elternabend**

Die Erzieherinnen Carola M., Helga L. und Ursula S. sitzen mit den Sozialassistentinnen Ilona S. und Karin P. sowie mit der Leiterin Ina E. im Arbeitszimmer der Leiterin Ina E., um über den Elternabend, der am Tag zuvor stattgefunden hat, zu sprechen. „Der Elternbeirat hat sich eine Menge vorgenommen", meint Carola, „er will sich für die Erweiterung unserer Grünfläche einsetzen, damit die Kinder mehr Platz zum Spielen haben. Das finde ich großartig!" „Aber damit nicht genug", fällt ihr Helga ins Wort, „ich bin froh, dass er erkannt hat, dass wir nicht genug Mitarbeiterinnen haben und dass wir unbedingt noch jemanden benötigen. Die Gruppen sind mit 28 und 30 Kindern zu groß. Man hat keine Zeit, sich um jedes Kind zu kümmern, wie wir es eigentlich müssen!" „In diesem Jahr haben wir einen sehr aktiven Elternbeirat", ergänzt die Leiterin Ina, „er hat schon eine Menge für uns getan. Die neue Sandkiste haben wir ihm auch zu verdanken. Ohne ihn wären die Eltern nicht bereit gewesen, diese selbst zu bauen und dadurch Geld zu sparen." „Manchmal geht er aber auch an das Eingemachte", ergänzt Ilona, „ich war doch mächtig überrascht, dass er sich im letzten Jahr dagegen gewehrt hat,

Abb. Thiele

dass wir die Vorschulkinder in geschlechtsgemischten Gruppen beim Übernachten während unserer Freizeit eingeteilt hatten." „Habe ich auch nicht eingesehen", meint die Leiterin Ina, „ ich habe mit meinem Bruder bis zum 10. Lebensjahr in einem Zimmer geschlafen, wir haben uns abends die tollsten Geschichten erzählt." „Vielleicht denken die Eltern, dass die Jungen unruhiger sind als die Mädchen, dass diese dann nicht zu ihrem Schlaf kommen." „Mag sein", erwidert die Leiterin Ina, „aber nun wollen wir uns die anderen Tagesordnungspunkte noch einmal ansehen und feststellen, was uns gefallen hat und was nicht so gut war! In den nächsten Tagen wird Herr Meyer, der Vorsitzende vom Elternbeirat, noch vorbeikommen, um mit mir über den gestrigen Elternabend zu sprechen."

## AUFGABE

*Tragen Sie die Aufgaben des Elternbeirats nach den Aussagen des Fallbeispiels zusammen.*

Durch die Wahl der Elternbeiräte ist die Mitbestimmung der Eltern in Kindertageseinrichtungen möglich. Die Rechte und Pflichten des Elternbeirats sind in den nachfolgenden Richtlinien enthalten:

### Richtlinien des Sozialministeriums

über die Bildung und Aufgaben der Elternbeiräte nach § 5 des Kindergartengesetzes vom 11. Dezember 2000. Az. 63–6930.19 (GABl. vom 7. Februar 2001, S. 231) in der im GABl. 1983 S. 463 veröffentlichten Fassung vom 20. Januar 1983

**Allgemeines**

1.1 Der Elternbeirat beim Kindergarten ist die Vertretung der Eltern der in den Kindergarten aufgenommenen Kinder.

1.2 Eltern im Sinne dieser Richtlinien sind auch Erziehungsberechtigte, denen die Sorge für die Person des Kindes anstelle der Eltern zusteht.

**2 Bildung des Elternbeirats**

2.1 Zur Bildung des Elternbeirats werden die Eltern der in den Kindergarten aufgenommenen Kinder nach Beginn des Kindergartenjahres (1. August bis 31. Juli) vom Träger einberufen.

2.2 Der Elternbeirat besteht aus mindestens drei Mitgliedern. Die Eltern jeder Gruppe wählen aus ihrer Mitte ein Mitglied. Sind weniger als drei Gruppen vorhanden, wählen alle Eltern aus ihrer Mitte ein bzw. zwei weitere Mitglieder. Für jedes Mitglied im Elternbeirat ist ein Vertreter zu wählen.

2.3 Das Wahlverfahren bestimmen im Übrigen die Eltern.

2.4 Der Elternbeirat wählt aus seiner Mitte den Vorsitzenden und dessen Stellvertreter.

2.5 Die Amtszeit des Elternbeirats beträgt in der Regel ein Jahr. Bis zur Wahl des neuen Elternbeirats führt der bisherige Elternbeirat die Geschäfte weiter.

2.6 Scheidet das Kind eines Mitglieds (Vertreters) des Elternbeirats vor Ablauf der Amtszeit aus, endet mit dem Ausscheiden auch die Mitgliedschaft im Elternbeirat.

**3 Aufgaben des Elternbeirats**

3.1 Der Elternbeirat hat die Aufgabe, die Erziehungsarbeit im Kindergarten zu unterstützen und die Zusammenarbeit zwischen Kindergarten, Elternhaus und Träger zu fördern.

3.2 Der Elternbeirat setzt sich dafür ein, dass der Anspruch der Kinder auf Bildung und Erziehung im Kindergarten verwirklicht wird. Er hat zu diesem Zweck insbesondere:

3.2.1 das Verständnis der Eltern für die Bildungs- und Erziehungsziele des Kindergartens zu wecken,

3.2.2 Wünsche, Anregungen und Vorschläge der Eltern entgegenzunehmen und dem Träger oder der Leitung des Kindergartens zu unterbreiten,

3.2.3 sich beim Träger für eine angemessene Besetzung mit Fachkräften sowie für die sachliche und räumliche Ausstattung einzusetzen und

3.2.4 das Verständnis der Öffentlichkeit für die Arbeit des Kindergartens und seiner besonderen Bedürfnisse zu gewinnen.

**4 Sitzungen des Elternbeirats**

4.1 Der Elternbeirat tritt auf Einladung seines Vorsitzenden nach Bedarf, jedoch mindestens

zweimal jährlich zusammen. Der Elternbeirat ist von seinem Vorsitzenden einzuberufen, wenn der Träger, mindestens zehn Eltern oder zwei seiner Mitglieder unter Benennung der Besprechungspunkte dies verlangen.
4.2 Verlangen die Eltern die Einberufung des Elternbeirats, ist ihnen Gelegenheit zu geben, ihr Anliegen dem Elternbeirat vorzutragen.
4.3 Zu den Sitzungen des Elternbeirats sollen die pädagogischen Mitarbeiter des Kindergartens und Vertreter des Trägers nach Bedarf eingeladen werden.

**5 Zusammenarbeit zwischen Elternbeirat und Kindergarten**

5.1 Der Elternbeirat arbeitet mit den pädagogischen Kräften, der Leitung und dem Träger des Kindergartens zusammen.
5.2 Der Träger sowie die Leitung des Kindergartens informieren den Elternbeirat über alle wesentlichen Fragen der Bildung und Erziehung im Kindergarten, insbesondere soweit sie das pädagogische Programm, die Organisation und die Betriebskosten betreffen.
5.3 Der Elternbeirat ist vor der Regelung der Ferien- und Öffnungszeiten, der Festsetzung der Elternbeiträge im Rahmen der für den Träger verbindlichen Regelungen, der Festlegung von Grundsätzen über die Aufnahme der Kinder in den Kindergarten sowie vor der Einführung neuer pädagogischer Programme zu hören.

**6 Weitere Bestimmungen**

6.1 Der Elternbeirat berichtet den Eltern mindestens einmal im Jahr über seine Tätigkeit.
6.2 Der Träger sowie die Leitung des Kindergartens unterrichten und beraten die Eltern allgemein oder im Einzelfall, soweit sich dafür aus der Bildungs- und Erziehungsaufgabe des Kindergartens ein Bedürfnis ergibt.
6.3 Der Träger des Kindergartens soll zusammen mit dem Elternbeirat und nach Anhörung der Leitung des Kindergartens den Eltern Gelegenheit geben, Fragen der Elementarerziehung gemeinsam zu erörtern.

**7 Inkrafttreten**

Diese Richtlinien sind vom 1. Januar 2001 an zu verwenden.

## MERKSATZ

Der Elternbeirat ist eine wichtige Einrichtung. Seine Aufgaben bestehen im Unterstützen der Arbeit der Erzieherinnen in der Einrichtung selbst, in Angelegenheiten gegenüber dem Träger oder der Öffentlichkeit sowie bei Unstimmigkeiten zwischen den Eltern und Erzieherinnen und Sozialassistentinnen.

## AUFGABE

*Entwickeln Sie ein Rollenspiel über die Auseinandersetzung zwischen einer Sozialassistentin mit einer Mutter, die das Gefühl hat, dass ihre Tochter nicht richtig von der Sozialassistentin behandelt wird. Der Elternbeirat übernimmt die Rolle des „Schlichters".*

## 10.5.7 Eltern als Träger einer Einrichtung

## FALLBEISPIEL

Zufälligerweise treffen sich Frau Meyer, Frau Schulz und Frau Lehmann beim Einkaufen. In ihrem Stadtteil möchte eine Elterngruppe einen Kindergarten einrichten, in dem sie selbst die Träger sind. „Ich bringe doch mein Kind nicht in einen Elterninitiative-Kindergarten, in dem die Elternbeiträge sehr viel höher sind und das Material nicht so gut ist", meint Frau Meyer, „hinzu kommt, dass alles teurer wird. Wir können es uns nicht leisten, unser Kind in einen übermäßig teuren Kindergarten hineinzugeben!" „Die Gruppen sind dort aber kleiner als in den anderen Kindergärten, die Kinder können dort viel besser betreut werden, das wiegt die höheren Beiträge auf", meint Frau Schulz, „und wir können die Erziehung mitbestimmen!" „Das halte ich nicht für gut", teilt Frau Lehmann mit, „viele Köche verderben den Brei. Die Erziehung sollte man erfahrenen Erzieherinnen überlassen." „Das sehe ich etwas anders", erwidert Frau Schulz, „ich möchte schon wissen, wie mein Kind erzogen wird. Darin sehe ich eine wichtige Aufgabe für mich als Mutter." „Du hast Recht", meinen die anderen beiden, „für uns ist die Erziehung unserer

Kinder ebenfalls wichtig. Nur waren wir mit dem Kindergarten in der Gartenstraße immer sehr zufrieden und sehen nicht ein, warum nun mit einem Mal ein neuer Kindergarten kommt, der sehr viel teurer ist. Wir sollten abwarten, ob der tatsächlich besser ist!"

## AUFGABE

1. *Beurteilen Sie die Aussagen der drei Frauen. Wie ist Ihre Meinung zu einem Kindergarten in der Trägerschaft der Eltern?*
2. *Notieren Sie auf einer Tapetenrolle die Vor- und Nachteile, wenn Eltern ein stärkeres Mitspracherecht haben. Werten Sie Ihre Aussagen aus.*

Kindergärten mit den Eltern als Träger entstehen entweder aus der Not heraus, weil Eltern nicht genügend freie Plätze finden konnten, oder als Gegenentwurf zu den Konzepten der bestehenden Kindergärten. Auch ist es vielen Eltern nicht recht, ihr Kind morgens irgendwo abzuliefern und keine ausreichende **Mitsprachemöglichkeit** bei der **Besetzung der Erzieherinnenstellen** oder bei der **Gestaltung des Tagesablaufs** zu haben. Bei einer Eltern-Kind-Initiative im klassischen Sinne machen die Eltern alles selbst:

- Finanzverwaltung,
- Einziehen der Beiträge,
- Aufstellen des pädagogischen Konzeptes,
- oft auch das Putzen und Kochen.

Die Einrichtung wird in den meisten Fällen durch einen Verein finanziert, in den alle Erziehungsberechtigten, deren Kinder die Einrichtung besuchen, als Mitglieder eintreten müssen. Der Vorstand des Vereins setzt sich aus zwei Vertreterinnen bzw. Vertretern jeder Kindergruppe zusammen. Dieser erledigt die Verwaltungsarbeit.

Einmal im Jahr findet die Mitgliederversammlung statt, in der alle wichtigen Entscheidungen beraten und beschlossen werden. Die Kindertageseinrichtung wird in der Regel finanziert durch:

- Elternbeiträge,
- städtische bzw. kommunale Zuschüsse,
- Landesmittel.

In regelmäßigen Abständen finden **Elternabende** statt, meist **einmal im Monat. Aktives Einbringen** ist in diesen Einrichtungen nicht nur erwünscht, sondern oftmals die **einzige Möglichkeit**, den **Betrieb am Laufen zu halten**. So müssen die Eltern auch mal die Vertretung für kranke Erzieherinnen oder Sozialassistentinnen übernehmen. Der Umfang der Elternarbeit ist von Einrichtung zu Einrichtung verschieden, ebenso die Öffnungszeiten, Gebühren und das Essensangebot. In Eltern-Kind-Initiativen wird jedoch öfter vegetarisch und vollwertig gekocht – das schlägt sich dann auch auf die Gebühren nieder. Generell gilt, dass solche privaten Kindergärten etwas teurer sind als die städtischen Angebote, obwohl sie von den Kommunen finanziell unterstützt werden. Auch wer sein Kind in einem privaten Kindergarten unterbringen möchte, kann bei einer bestimmten Einkommenshöhe **Unterstützung vom Jugendamt** beantragen. Die Gruppenstärke beträgt bei diesen Einrichtungen meist nur:

- 15 Kinder im Alter von drei bis sechs Jahren bei zwei Betreuungspersonen,
- acht bis neun Kinder in den Krabbelgruppen bei zwei Betreuungspersonen.

Die **Betreuungspersonen** bestehen meistens aus einer **Erzieherin** und einer **Sozialassistentin**. Das enge Verhältnis zwischen den zu betreuenden Kindern und den Betreuungspersonen gibt den Eltern das Gefühl, dass die Kinder in der Kindertageseinrichtung gut versorgt werden. Die **pädagogischen Konzepte** sind unterschiedlich, meist liegt der **Schwerpunkt** jedoch auf dem **freien Spiel** bzw. dem **Lernen von Selbstständigkeit und Eigenverantwortung**. Das Setzen, Erkennen und Akzeptieren von Grenzen ist eine sehr individuelle Angelegenheit.

Probleme und Ängste der Kinder, Verlustmeldungen von persönlichen Dingen, Beschwerden und Kritik sind Gruppenthemen, die für alle Kinder wichtig sind. Sie werden in einer **Kinderversammlung**, die jederzeit von Kindern, Eltern und Betreuerinnen einberufen werden kann, vorgebracht. In der Kinderversammlung bestehen ein **Rederecht** und eine **Schweigepflicht**. Über den Verlauf der Sitzung wird ein kurzes Protokoll angefertigt.

**Elterndienste** sind in allen selbst organisierten Einrichtungen **unumgänglich.** Hierbei gibt es Arbeiten, die im Rahmen einer gut funktionierenden Organisation wirklich Pflichtstunden sind, und andere Tätigkeiten, deren Erledigung den täglichen, reibungslosen Ablauf des Betriebs erleichtern.

**Elternarbeit vor Ort** soll nicht Engpässe in der Kinderbetreuung beseitigen, sondern in erster Linie die Möglichkeit bieten, den **Tagesablauf in der Einrichtung** und die **Kinder in unterschiedlichen Spielsituationen** kennenzulernen und verstehen zu lernen.

**Mithilfe bei der Betreuung durch Eltern** ist nur aufgrund von Betreuerinnenbesprechungen, Urlaub oder Fortbildung der Betreuerinnen notwendig. Elternbetreuung wird nicht auf Biegen oder Brechen gefordert, sondern nur in äußersten Notfällen. Mütter oder Väter sollten sich aber bewusst sein, dass sie bei der **Betreuung einer Gruppe** eine **wichtige Erfahrung** machen.

Neue Kinder werden durch **Kennenlerngespräche zwischen den Erwachsenen und Kindern** ganz behutsam in den Kindergarten eingeführt. Für die Eingewöhnungszeit werden etwa14 Tage gerechnet.

Andere Gelegenheiten, sich gegenseitig kennenzulernen, sind die **gemeinsamen Mahlzeiten**, die teilweise auch von den Eltern gekocht werden. Bei der Zusammensetzung der Mahlzeiten steht der gesundheitliche Aspekt im Mittelpunkt. Als Alternative zu Süßigkeiten bekommen die Kinder Obst. Die Kinder werden zur Mithilfe aufgefordert, z. B. müssen sie ihr benutztes Geschirr in die Küche bringen.

**Schmusetiere, Puppen und Bücher** dürfen die Kinder in den Kindergarten mitbringen. Diese werden gezeigt und als Spielanregung verwendet. Spielzeugwaffen und konsumorientiertes Spielzeug wie etwa die Barbie-Puppen dürfen nicht mitgebracht werden. Der Kindergarten bietet den Kindern so viele Anregungen, dass die Kinder vollauf beschäftigt sind. Bei allen Arbeiten werden die Kinder beratend angeleitet und zum **Experimentieren** aufgefordert. Sauberkeit und Perfektion ist nicht das Ziel, sondern die **Kreativität** des Kindes.

**Freiwillige Zusatzangebote** wie musikalische Früherziehung oder Meditation mit Musik werden oft angeboten, manchmal auch Projektarbeit oder Waldtage.

**Elternabende** finden in der Regel alle 14 Tage statt. Die aktive Mitarbeit der Eltern macht es möglich, dass sich die Eltern zum Verhalten der Kinder und zu strittigen Situationen äußern können. Auf Elternabenden werden oft **spezifische Themen** angesprochen, die auch dazu beitragen, dass Eltern besser mit eigenen Unsicherheiten und Ängsten fertig werden.

Durch den persönlichen Einsatz kann ein sehr **familiäres Gruppengefühl** unter den Mitgliedern entstehen, jedoch auch **Konflikte**, wenn unterschiedliche Meinungen der Eltern aufeinander treffen.

**Leistungsangebot** eines **Kindergartens** in der Trägerschaft der Eltern:

### 1. Für die Kinder:

- Wir achten die Persönlichkeit der Kinder. Wenn wir sie pädagogisch begleiten, stärkt dies ihre Eigenständigkeit. Wir tragen dazu bei, dass Kinder sich zu einer eigenverantwortlichen Persönlichkeit entwickeln und so zu einem fähigen Mitglied in der Gesellschaft werden.
- Kinder dürfen bei uns Kind sein. Sie werden in unseren Einrichtungen zum Ausprobieren, Erforschen und Erfinden angeregt.
- Kinder lernen soziale Verhaltensweisen durch vielfältige altersgemischte Kontakte. Das ist gerade bei den immer kleiner werdenden Familien wichtig.
- Unsere Kindergärten sind Bildungseinrichtungen. In ihnen werden Kinder erzogen, gebildet und betreut. Dabei werden durch unser fachlich qualifiziertes Personal „Bildungsgelegenheiten" geschaffen, die den Kindern Entwicklungs- und Lernanreize auf der Basis

Abb. Nühs

der Freiwilligkeit bieten. Beispiele: Natur kennenlernen durch Exkursionen in das natürliche Umfeld; Kreativität entwickeln durch eigenständiges Gestalten, Sprachentwicklung durch entsprechende Anreize.

- Kinder erfahren Werte und Normen, indem sie u. a. Regeln kennenlernen und deren Einhaltung.
- Wir sorgen dafür, dass sich Kinder angenommen und wohlfühlen. Das ist Grundlage für die Entwicklung ihrer Persönlichkeit.
- Erzieherinnen und Eltern sind Partner der Kinder. Sie begleiten und unterstützen ihre Entwicklung, aber sie bevormunden sie nicht. Kinder werden mit ihrer Meinung in die pädagogische Arbeit einbezogen.
- Kinder sind Mitglied der örtlichen Gemeinschaft. Wir vermitteln ihnen das Gefühl, wichtiger Bestandteil des Stadtteiles bzw. Dorfes zu sein (z. B. durch Öffnung des Kindergartens nach außen).
- Wir bemühen uns um die Integration ausländischer Kinder und Aussiedlerkinder (interkulturelle Erziehung).
- Kinder mit Behinderung sind willkommen. Wir fördern Sie in Absprache mit den behandelnden Therapeuten.
- Wir begleiten die Kinder beim Übergang „Elternhaus – Kindergarten" und „Kindergarten – Grundschule."

### 2. Für die Familien:

**Kindergärten** sind Dienstleister für Familien. Familien zu (unter-)stützen, in den unterschiedlichen Lebenssituationen – das ist ein wesentliches Ziel unserer Arbeit. Dazu ist unser geschultes Personal in Verbindung mit der Elternmitarbeit in der Lage. Ein besonderes Augenmerk gilt dabei den Einelternfamilien und den **Eltern** in Notsituationen.

Wir tragen mit dazu bei, den **Eltern** neben der Erziehung die Berufstätigkeit zu ermöglichen.

Sie als Familien sind unsere „Kunden" und Mitarbeiter! Das sind unsere Leistungen für Sie als Familie und Mitarbeiter:

- **Kindergärten** sind Begegnungsstätten für Familien. Sie können andere **Eltern** über gemeinsame Aktivitäten kennenlernen und sich gegenseitig unterstützen.
- Familien und Kindergarten bilden eine Erziehungspartnerschaft: **Eltern** und Erzieherinnen ergänzen und unterstützen sich gegenseitig in der Förderung der Entwicklung ihrer Kinder.
- Offenheit: Wir verschaffen Ihnen einen offenen Einblick in unsere Arbeit.
- Bildungsangebot: Wir bieten Ihnen Anregungen, Literatur etc. für die Erziehung zu Hause.
- Hilfe: Wir bieten Beratungsgespräche zu Erziehungsfragen im Einzelfall an. Das Fachpersonal ist Anlaufstelle für Ihre Sorgen mit Ihren Kindern. Wir vermitteln weitergehende Beratung zu entsprechenden Stellen.
- Berufstätigkeit: Wir bieten ein verlässliches Betreuungsangebot. Dadurch können Sie Familie und Beruf besser miteinander verbinden.
- Bedarfsgerechte Öffnungszeiten: Sie orientieren sich an Ihrem Bedarf (im Rahmen unserer personellen Möglichkeiten).
- Anlaufstelle im Notfall: Wir vermitteln in Notfällen Tagesmütter oder Nachbarschaftshilfe usw. (z. B. bei Krankheit der **Eltern** oder eines Geschwisterkindes, plötzliche berufliche Not-Situationen).
- Kooperation mit **Eltern**: Wir bieten Ihnen Mitwirkung und vielseitige Mitarbeit an! Uns ist wichtig, **Eltern-Ideen** einzubeziehen und zu verwirklichen (Erziehungspartnerschaft). Wir brauchen Ihre Mitwirkung und Mitgestaltung. Sie fördert eine lebendige Kindergartenarbeit.

### 3. Kindergarten als „Baustein" von Stadtteilen und Dörfern

Unser **Kindergarten** ist ein Teil der städtischen und dörflichen Infrastruktur. Er ist ein wichtiger Baustein des städtischen und dörflichen Lebens.

Zusammen mit Ihnen als **Eltern** wollen wir vom Kindergarten aus

- einen Beitrag für das Gemeinschaftsleben des Stadtteils und Dorfes leisten,
- die „Interessenvertretung der kleinen Generation" übernehmen,
- den Austausch zwischen den Stadtteilen und Dörfern und dem Kindergarten fördern,
- die Anlaufstelle in den Stadtteilen und Dörfern für junge Familien sein.

### 4. Wirkungskontrolle:

Das Leistungsangebot des **Kindergartens** wird in regelmäßigen Abständen von uns, den Eltern, als dem **Träger** des **Kindergartens** auf seine Wirksamkeit und Aktualität überprüft. Dabei werden wir von der Fachberaterin des Kreisjugendamtes unterstützt.

## MERKSATZ

Eltern als Träger einer Kindertagesstätte haben die Möglichkeit, Einfluss auf das Programm und die Einstellung von Erzieherinnen und Sozialassistentinnen zu nehmen. Durch den persönlichen Einsatz der Eltern kann ein sehr **familiäres Gruppengefühl** zwischen den Eltern und den Betreuungskräften entstehen.

## AUFGABEN

1. *Kreuzen Sie die Leistungen an, die Ihnen besonders gut bei diesem Kindergarten gefallen haben, begründen Sie Ihre Aussage.*
2. *Vergleichen Sie das Leistungsangebot des Kindergartens in der Trägerschaft der Eltern mit den sonst üblichen Kindergärten.*
3. *Erarbeiten Sie ein Mind-Map mit dem Thema „Der Kindergarten als Dienstleistungszentrum".*

Abb. Thiele

# Glossar

**abiotische Faktoren:**
Licht, Temperatur und Boden

**Adoleszenz:**
Zeit nach der Pubertät, Jugendalter

**Akzeleration:**
Beschleunigung

**Akzeptanz:**
einen Menschen so zu nehmen und anzuerkennen, wie er ist

**Anthropomorphisierung:**
etwas vermenschlichend gestaltet

**Antizipation:**
Vorwegnahme, Vorgriff

**Appell:**
Aufruf, Mahnruf

**Assoziation:**
Verknüpfung, gleichzeitiges Auftreten von miteinander verbundenen Gedanken

**autonom:**
selbstbestimmt

**Autonomie:**
Unabhängigkeit, Selbstbestimmtheit

**biotische Faktoren:**
auf Lebewesen bezogen

**CD:**
Compactdisc

**Curriculum:**
Lehrplan, umfasst Inhalte, Ziele, Methoden sowie die vermittelten Qualifikationen

**de facto:**
tatsächlich

**Defizit:**
Mangel

**de jure:**
rechtlich

**Depression:**
affektive Störung mit dem Leitsymptom niedergedrückte Stimmung

**Didaktik:**
Lehre, Theorie vom Unterricht

**Dokument:**
Urkunde, amtliches Schriftstück, als Beweis dienendes Schriftstück

**Dokumentation:**
Beweisführung auf Grund von Dokumenten, Urkunde

**dokumentieren:**
durch Dokumente belegen

**Dreierstruktur:**
kommt beim Märchen vor, bedeutet Einleitung, Hauptteil, Schluss

**Dynamik:**
Lehre von den Kräften, Schwung, Triebkraft

**dynamisch:**
kraftvoll

**dynamischer Prozess:**
Die Qualitätsziele werden in einem dynamischen und fortlaufenden Prozess entwickelt, der ständig überprüft wird und zu keinem endgültigen Abschluss kommt

**EDV:**
elektronische Datenverarbeitung

**Empathie:**
Einfühlungsvermögen

**Evaluation:**
Bewertung, Beurteilung

**Ethik:**
Lehre von den Grundsätzen, die sich aus Verantwortung und Verpflichtung gegenüber anderen Menschen, Lebewesen oder der Schöpfung ergeben

**frequentieren:**
häufig besuchen oder benutzen

**Feedback:**
Rückbesinnung, Mitteilung an eine Person, wie ihr Verhalten wirkt

**Frustration:**
Enttäuschung durch erzwungenen Verzicht

**heteronom:**
fremdbestimmt

**Identifikation:**
1. das genaue Wiedererkennen einer Person oder einer Sache, das Feststellen der Identität einer Person oder einer Sache, 2. das Wiedererkennen eigener Überzeugungen in den Einstellungen anderer Personen oder Gruppen, die Übernahme von Einstellungen in das eigene Ich

**Identität:**
Übereinstimmung mit sich selbst und Unverwechselbarkeit einer Sache oder eines Lebewesens über die Zeit hinweg, auch wenn sich einzelne Eigenschaften ändern

**Illusion:**
Sinnestäuschung, bei der Reize von außen falsch wahrgenommen werden

**Implikation:**
einbeziehen

**Individuum:**
das Unteilbare, der Mensch als einzelnes, unverwechselbares Wesen mit seinen besonderen Eigenschaften

**informieren:**
unterrichten, bekannt machen

**Initiative:**
der erste Schritt einer Unternehmung, entschlossener Beginn, Tatkraft

**Innovation:**
Erneuerung, Verbesserung an technischen Produkten oder Verfahren

**Inspiration:**
Eingebung, Erleuchtung

**instrumentelle Konditionierung:**
Lernen aus den angenehmen und unangenehmen Konsequenzen, die auf ein Verhalten folgen

**Integration:**
Eingliederung, Miteinbeziehen

**Integrität:**
Unversehrtheit, Makellosigkeit, Unbestechlichkeit

**Intention:**
Absicht, Plan, Bestrebung

**intentionale Erziehung:**
zielgerichtete Erziehung

**Interaktion:**
wechselseitig aufeinander bezogenes Handeln zweier oder mehrerer Personen

**interaktive Medien:**
wechselseitiges Handeln zwischen Personen und Computer, Handy usw.

**Interkulturelle Erziehung:**
Empfehlung der Kultusministerkonferenz (1996), Einbeziehen der Lebensweise anderer Menschen in den Kindergartenalltag durch Projekte, gemeinsame Feste, um die Toleranz zwischen den verschiedenen Kulturen zu fördern.

**Interrollenkonflikt:**
Konflikt, der sich aus widersprüchlichen Erwartungen der verschiedenen Rollen, die eine einzelne Person innehat, ergibt

**Intrarollenkonflikt:**
Konflikt, der sich aus widersprüchlichen Erwartungen ergibt, die von unterschiedlichen Seiten an den Inhaber einer bestimmten Rolle gestellt werden

**klassische Konditionierung:**
Lernen von Reaktionen und Reflexen auf einen als Signal gegebenen Hinweis hin

**kognitiv:**
das Erkennen und das Bewusstsein betreffend, auf Prozesse wie Denken, Lernen, Wahrnehmen bezogen

**Kommunikation:**
Verständigung, Verbindung, Zusammenhang

**kommunizieren:**
in Verbindung stehen, miteinander sprechen

**Kompetenz:**
Zuständigkeit für einen bestimmten Bereich, Fähigkeit, einen bestimmten Lebensbereich oder ein Arbeitsgebiet effektiv organisieren zu können

**komplex:**
vielschichtig

**Konditionierung:**
Erlernen von Reaktionen, Reflexen oder komplexen Verhaltensweisen, die von Reizen oder von erwarteten Konsequenzen ausgelöst werden

**Kongruenz:**
Übereinstimmung, Echtheit

**konkav:**
nach innen gewölbt

**Kontakt:**
Berührung, Verbindung

**Kontext:**
Zusammenhang

**konvex:**
nach außen gewölbt

**Konzept:**
Plan, Programm, Entwurf, theoretische Vorstellung

**Kundenservice:**
Dienst am Kunden

**Legitimation:**
Beglaubigung, Echtheitserklärung, Ausweis, Berechtigungsnachweis

**Leporello**:
Bilderbuch, das harmonikaartig zusammengefaltet ist

**Lernprozesse:**
Lernvorgang, Lernablauf

**Management:**
Leitung eines Betriebes

**managen:**
etwas zustande bringen

**Metakommunikation:**
Kommunikation über die Kommunikation, Austausch über den Verlauf eines Gesprächs

**Methodik:**
Lehre von den Methoden, vom richtigen und geschickten Unterrichten

**modellieren:**
formen, bilden

**moralisieren:**
das Handeln anderer Menschen nach moralischen Gesichtspunkten beurteilen

**Motiv:**
Beweggrund für eine Handlung

**Motivation:**
Gesamtheit der Beweggründe, die zu einer Entscheidung oder Handlung veranlassen

**motorisch:**
die willkürlichen, aktiven Bewegungen betreffend

**motorische Störungen:**
körperliche Störungen

**nonverbal:**
nicht in Worte ausgedrückt

**Norm:**
Regeln, die das Verhalten von Mitgliedern einer Gesellschaft oder einer Gruppe bestimmen

**objektiv:**
sachlich, unvoreingenommen, unabhängig von individuellen Wertvorstellungen

**Objektivität:**
Sachlichkeit, Unvoreingenommenheit, Unabhängigkeit von individuellen Wertvorstellungen und Wahrnehmungsverzerrungen

**ökologische Erziehung:**
Ökologie bedeutet Umweltschutz, sie erhöht die Lebensqualität und gibt kommenden Generationen eine Lebenschance. Diese Zielsetzung muss den Kindern bewusst gemacht werden.

**optimieren:**
bestmöglich gestalten

**Pädagogik:**
Erziehungswissenschaft, Kunst des Erziehens

**Partizipation:**
Teilhabe, Mitbestimmung

**Patchworkfamilie:**
Stieffamilie

**peer to:**
spähen, schauen

**Perspektive:**
Sicht, Blickwinkel

**Physiognomisierung**:
dem menschlichen Gesicht ähnlich gestaltet

**Pop-ups:**
Bilderbücher mit dreh-, zieh- und veränderbaren Mechanismen

**Prävention:**
Zuvorkommen, Vorbeugung

**Printmedien:**
gedruckte Medien wie Bücher, Zeitschriften, Zeitungen

**Protagonisten:**
Hauptdarsteller, Vorkämpfer

**prozessuales Konzept:**
Die Qualitätsziele werden in einem Prozess entwickelt, welcher die unterschiedlichen Vorstellungen und Sichtweisen mit bedenkt und dabei alle Beteiligten mit ihren individuellen Bedürfnissen und Perspektiven beachtet.

**Psychoanalyse:**
von Sigmund Freud begründete psychologische Theorie, die sich mit dem Einfluss des Unterbewussten auf das Verhalten und Erleben beschäftigt

**Psychologie:**
Wissenschaft, die sich mit der Beschreibung, Erklärung, Voraussage und Veränderung menschlichen Verhaltens und Erlebens beschäftigt

**Psychologik:**
sie beinhaltet Gefühle und Einstellung zum Menschen gegenüber

**Qualität:**
Beschaffenheit, Güte

**qualifizieren:**
1. kennzeichnen, beurteilen; 2. befähigen, fähig machen, ausbilden

**rational:**
vernünftig, vom Verstand geleitet

**Rationalisierung:**
das Anführen von vernünftigen Gründen für ein Verhalten oder eine Entscheidung

**Realität:**
Gegebenheit, Wirklichkeit

**Redaktion:**
Manuskriptbearbeitung, Arbeitsräume der Redakteure

**Regress:**
Ersatz, Entschädigung

**Reifung:**
genetisch gesteuerter Entwicklungsprozess

**Reiz:**
über die Sinnesorgane wahrnehmbare Informationen aus der Umwelt oder dem Körperinneren

**relativistisches Konzept:**
Die Qualitätsziele beruhen auf einem so genannten relativistischen Qualitätskonzept, das heißt, die Ziele orientieren sich an Werten und Vorstellungen

**Repertoire:**
Bestand an eingeübten Stücken bzw. Rollen

**repräsentativ:**
vertretend, typisch. In einer wissenschaftlichen Studie ist eine repräsentative Stichprobe eine Auswahl an untersuchten Personen oder Forschungsobjekten, die in ihrer Zusammensetzung und in ihren Merkmalen für eine größere Gesamtheit steht.

**Resignation:**
in das Schicksal ergeben

**resignieren:**
aufgeben

**Ressourcen:**
Quellen, Reserven

**revidieren:**
durchsehen, überprüfen

**Rezeptorzellen:**
auf den Empfang bestimmter Reize spezialisierte Zellen in den Sinnesorganen

**ROM:**
read-only-memory oder Lese-Speicher, ein EDV-Informationsspeicher

**Sachlogik:**
sachgerechte Information eines Sachverhaltes

**Satire:**
Literaturgattung, jede Dichtung, die Personen oder gesellschaftliche Zustände verspottet

**semantisch:**
die Bedeutung eines Wortes oder Textes betreffend

**sensorisch:**
die Sinnesorgane oder die sinnliche Wahrnehmung betreffend

**sensomotorisch:**
Koordination der sensiblen und motorischen Nerven bei der Steuerung willkürlicher Bewegungsabläufe

**Serifen:**
kleine Querstreifen unten an den Buchstaben

**Solidarität:**
Zusammengehörigkeitsgefühl, gegenseitige Unterstützung

**Soziabilität:**
die Gemeinschaft betreffend

**sozial:**
die Gesellschaft, die Gemeinschaft betreffend

**Sozialpsychologie:**
Teilgebiet der Psychologie, das sich schwerpunktmäßig mit der Erforschung des individuellen Verhaltens und Erlebens in Interaktionen mit anderen Menschen befasst

**Soziologie:**
Wissenschaft, die sich mit gesellschaftlichen Entwicklungen und Systemen und mit dem Verhalten der Menschen als Teil der Gesellschaft und als Mitglied in Gruppen beschäftigt

**Soziologik:**
Dynamik zwischenmenschlicher Beziehungen

**Soziometrie:**
sozialwissenschaftliche Methode, mit der Information über die Beziehungen zwischen Mitgliedern einer Gruppe gewonnen werden können

**Sponsoring:**
Bereitstellen von Mitteln für Personen und Organisationen zum Zweck der Werbung für das Unternehmen (hier Kindergarten )

**statisch:**
unbeweglich

**Strukturelemente:**
Element, das ein nicht weiter auflösbarer Grundbestandteil ist

**Subjektivität:**
persönliche Auffassung, Einfluss von persönlichen Merkmalen und Einstellungen auf Wahrnehmung und Beurteilung

**Subsidiaritätsgesetz:**
Grundsatz, wonach im Gemeinschaftsleben die jeweils übergeordnete Gemeinschaft die Wirkungsmöglichkeiten der untergeordneten anerkennen muss und nur die Aufgaben an sich ziehen soll, die von dieser nicht erstellt werden können.

**Suizid:**
Selbsttötung

**Supervisand:**
Teilnehmer/in an einer Supervision

**Supervision:**
Begleitung und Beratung bei beruflichen Belastungen und Konflikten durch einen Experten

**Supervisor/in:**
qualifizierte Fachkraft, die eine Supervision durchführen kann

**Toleranz:**
Duldsamkeit, Nachsicht

**Tradition:**
Überlieferung, Herkommen, Brauch

**vandalistisch:**
zerstörungswütig

**variabel:**
veränderlich, schwankend

**verbalisieren:**
in Worte ausdrücken

**Verinselung:**
Vereinsamung

# Literaturverzeichnis


**BM für Familie, Senioren, Frauen und Jugend:** Zehnter Kinder- und Jugendbericht, Bonn/Berlin

**Büttner, Chr.:** Kindergartenprofile, Praxisberichte für die Ausbildung, Weinheim, Beltz-Verlag

**Eppel, H.:** Mit Eltern partnerschaftlich arbeiten, Freiburg, Herder-Verlag

**Grosse-Jäger, H.:** Freude an Musik gewinnen, Freiburg, Herder-Verlag

**Hebenstreit, S.:** Kindzentrierte Kindergartenarbeit, Freiburg, Herder-Verlag

**Herrmann, S.:** EDV in Kindertageseinrichtungen, Kronach, Carl Link Verlag

**Hundmeyer, S.:** Aufsichtspflicht in Kindertageseinrichtungen, Kronach, Carl Link Verlag

**Jansen/Wentzel:** Von der Elternarbeit zur Kundenpflege, München, Don Bosco Verlag

**Klawe, W.:** Arbeit mit Jugendlichen, Weinheim, Juventa-Verlag

**Klippert, H:** Methoden-Training für den Unterricht, Weinheim/Basel, Beltz-Verlag

**Kreusch-Jacob, D.:** Musikerziehung, München, Don-Bosco-Verlag

**Lutz/Nietzer:** Handbuch ökologischer Kindergärten, Freiburg, Herder-Verlag

**Maier, R. u. a.:** Medienerziehung im Kindergarten und Grundschule, München, KoPäd-Verlag

**Neuß u. a.:** Erlebnisland Fernsehen, München, FSK Fernsehen

**Palme, H.-J.:** Computer im Fernsehen, München, Don Bosco-Verlag

**Pausewang, F.:** Dem Spielen Raum geben, Berlin, Cornelsen-Verlag

**Pausewang, F.:** Ziele suchen – Wege finden, Berlin, Cornelsen-Verlag

**Sonderheft Kindergarten heute Spezial:** Pädagogische Handlungskonzepte, Freiburg Herder-Verlag

**Sonderheft Theorie und Praxis der Sozialpädagogik:** Qualität in der Kindertagesbetreuung, Heft 2/97 Luther Verlag

**Textor, M.:** Projektarbeit im Kindergarten, Freiburg, Herder-Verlag

**Thiesen, P.:** Arbeitsbuch Spiel, Köln, Stam-Verlag

**Trautwein, G.:** Alte Kreisspiele – neu entdeckt. BD. I u II., Freiburg, Herder-Verlag

**Urban, M.:** Räume für Kinder. Pädagogische und architektonische Konzepte zur kooperativen Planung und Gestaltung von Kindertagesstätten, Frankfurt

**Widmer, M.:** Alles was klingt, Freiburg, Herder-Verlag

**Wieland, A.:** Offener Kindergarten EBV-Verlag

**Zimmer, R.:** Handbuch der Psychomotorik, Freiburg, Herder-Verlag

**Zimmer, R.:** Handbuch der Sinneswahrnehmung, Freiburg, Herder-Verlag

# Sachwortverzeichnis

## L



## M